Volker Reinhardt

VOLTAIRE

*Voltaire im Alter von etwa vierundzwanzig Jahren,
Gemälde von Nicolas de Largillière.*

Volker Reinhardt

VOLTAIRE

Die Abenteuer der Freiheit

Eine Biographie

C.H.Beck

Mit 52 Abbildungen, einem farbigen Frontispiz und zwei Karten
2., durchgesehene Auflage. 2023

© Verlag C.H.Beck oHG, München 2022
www.chbeck.de
Umschlaggestaltung: Rothfos & Gabler, Hamburg
Umschlagabbildung: Voltaire, Gemälde von Nicolas de Largillière
(Ausschnitt), 1718, Versailles, Châteaux de Versailles et de Trianon,
© akg-images/André Held
Satz: Fotosatz Amann, Memmingen
Druck und Bindung: Druckerei C.H.Beck, Nördlingen
Gedruckt auf säurefreiem, alterungsbeständigem Papier
Printed in Germany
ISBN 978 3 406 78133 9

klimaneutral produziert
www.chbeck.de/nachhaltig

«Die Natur hat den Menschen Mitgefühl und Neigung zu ihresgleichen mitgegeben. Wenn diese guten Anlagen von einem aufgeklärten Verstand angeführt werden, werden wir die Laster und die Verbrechen überwinden können. Uns kann es egal sein, ob alles gut ist, vorausgesetzt, wir wirken dafür, dass alles besser wird, als es vorher war.»

Voltaire, *Avertissement zum
«Gedicht über das Erdbeben von Lissabon»*

Inhalt

EINLEITUNG

Warum Voltaire?

13

ERSTES KAPITEL

AUF DEM WEG ZUM EIGENEN NAMEN

1694–1718

23

Das Spiel mit Geburt und Herkunft 24
Der fromme große Bruder und die freigeistige «Lebedame» .. 28
Auf dem Jesuitenkolleg Louis-le-Grand: Früher Ruhm
und subversiver Spott 34
Lehrjahre bei Juristen und Libertins 42
Ödipus: Ein sehr persönliches Drama mit
politischer Botschaft 50
Auf Konfrontationskurs mit dem Regenten:
Verbannung in die Provinz und Bastille 60

ZWEITES KAPITEL

AM HOF UND IM EXIL

1718–1728

69

Von Arouet zu Voltaire und die Entstehung der *Henriade* 70
Das Epos vom guten König 75
Viel Theater, ein nobles Leben und ein krachender Misserfolg 84
Ein diskriminierendes Testament, erfolglose Spitzeldienste,
schmachvolle Stockschläge 92
Mit Madame de Rupelmonde in den Niederlanden:
Erste Ketzereien 98
Skandale, Erfolge, Demütigungen – auf der Bühne und
hinter der Bühne 106
Ein Überfall, erneut die Bastille und das Exil in England 117
Börse, Shakespeare, Newton: Von England lernen
heißt Fortschritt lernen 122
Briefe aus England I: Religion und Kirche 132
Briefe aus England II: Politik und Kultur 141

DRITTES KAPITEL

AUF DER SUCHE NACH REICHTUM UND RUHM

1728–1734

145

Rückkehr nach Frankreich: Neue Gesundheit, neues Geld,
neue Kämpfe 146
Ein Drama über Brutus, eine Biographie Karls XII. von
Schweden und erneute Reflexionen über das Theater 153
Zwei Dramen im Banne Shakespeares 164
Große Gefühle in *Zaïre*, ätzende Satire über Kollegen 174

Lob für Newton, Kritik an Descartes, Widerlegung Pascals
und ein zweites Rührstück 183
Der Kampf um die *Philosophischen Briefe* 189

VIERTES KAPITEL

DER *HOMME DE LETTRES* UND
DIE MATHEMATIKERIN

1734–1749

195

Flucht nach Cirey, ein Ausflug an den Rhein und eine
Verbeugung vor Thron und Altar........................ 196
Lebens- und Arbeitsgemeinschaft mit Emilie du Châtelet
und ein Rührstück für die Frommen 204
Lob des Luxus und metaphysische Fragen 213
Der preußische Kronprinz, der *homme de lettres* und die
Mathematikerin 221
Newtons Physik, ein allmächtiger Gott und literarische
Querelen... 226
Ein Drama voller Rosenwasser und die Publikation
von Friedrichs *Anti-Machiavel*.......................... 232
Ernüchternde Erfahrungen in Preußen und Rückkehr zu Emilie 239
Mahomet, das Drama des Fanatismus, und neue
Schmeicheleien für den preußischen König 244
Kniefälle vor der Académie française, Spaßmacher in Potsdam 251
Hofdichter und Hofnarr im Bündnis mit Madame de
Pompadour... 258
Die Aufnahme in die Akademie und der Streit mit
Friedrich II. von Preußen über den Krieg 268
Eine Auszeit in Lothringen und Emilies letzte Liebe 279
Zwei Erzählungen voller Ironie und Optimismus 284
Tod im Kindbett 292

FÜNFTES KAPITEL

AM HOF DES KRIEGERKÖNIGS

1750–1752

303

Trauer um Emilie, erfolglose Dramen und der Weg nach
Potsdam 304
Im Haifischbecken der Hofgesellschaft, auf dem Glatteis
der Hirschel-Affäre 314
Spott über Maupertuis und die Berliner Akademie 323
Nur für Eingeweihte: Was wirklich von der Religion zu halten ist 329
Die neue Geschichtsschreibung I: Die List der Vernunft
im Zeitalter Ludwigs XIV............................... 336
Die neue Geschichtsschreibung II: *Le siècle de Louis XIV* als
politisches Manifest 341
Die Deutschlandreise und ihr jähes Ende 348

SECHSTES KAPITEL

ZWISCHENSPIEL IM ELSASS UND IN GENF

1753–1758

355

Die Misere der deutschen Geschichte und die Heilkraft
der Bäder 356
Ein Herrenhaus vor den Toren Genfs 360
Ein entzückender Garten und ein unerwarteter Rivale 364
Das Erdbeben von Lissabon, ein Lehrgedicht über die
Katastrophe und eine Debatte mit Rousseau 371
Entfremdung von Genf und philosophische Dialoge 382
Ein universalgeschichtliches Sittengemälde: Die Nationen
der Welt und die Besonderheit der Juden 387

Im Siebenjährigen Krieg zwischen allen Stühlen 396
Diderot, Genf und die *Encyclopédie* 403
Candide: Ein charmanter Blick in den Abgrund 409

SIEBTES KAPITEL

DER PATRIARCH VON FERNEY

1759–1766

Zwei Landgüter für die Freiheit und die Polemik 416
Gefällige Schriften, gutsherrliche Wohltaten 424
Gegen den «verrückten Jean-Jacques» und andere Unvernunft .. 431
Die Affäre Calas oder Die Aufdeckung eines Justizmordes ... 440
Der Traktat über die Toleranz und das Bekenntnis des
atheistischen Dorfpfarrers Jean Meslier.................... 447
Die Jungfrau von Orléans: Spott über die «Infame» 457
Das *Dictionnaire philosophique:* Wut und Empörung
der alten Eliten 464
Leben und Schreiben auf Schloss Ferney 469
Der Fall Sirven: Die Öffentlichkeit als mächtige Richterin ... 475

ACHTES KAPITEL

LETZTE KÄMPFE FÜR EHRE,
VERNUNFT UND FREIHEIT

1767–1778

Spott über Genf, Hass auf Rousseau, Satiren auf
das Ancien Régime 486
Subversive Novellen und Schulnoten für die
europäischen Länder 497

Kurze Trennung von Madame Denis und eine fromme
Inszenierung in Ferney 505
Ein literarisches Trommelfeuer mit Pamphleten,
Tragödien, Satiren 511
Neue Attacken gegen alte Feinde und ein Dorf der Toleranz. . 519
Die Maupeou-Revolution, ihr Scheitern und die Uhrmacher
von Ferney 531
Die großen alten Fragen zu Gott, den Menschen und
zur Politik 534
Die Tribute des Alters und ein Totengebet in eigener Sache . . 540
Für die Reformen Turgots 546
Eine letzte Bilanz und ein ausbleibender Kaiser............. 555

SCHLUSS

DAS ENDE IN PARIS UND
DER ANFANG DER UNSTERBLICHKEIT

565

ANHANG

577

Karte: Aufenthaltsorte Voltaires in Europa 578
Zeittafel 579
Anmerkungen 586
Literatur 597
Bildnachweis 601
Personenregister 602

EINLEITUNG

Warum Voltaire?

Nach dem islamistischen Anschlag auf die Satirezeitschrift *Charlie Hebdo* im Januar 2015 hielten Demonstranten Schilder hoch, auf denen nur ein Name stand: Voltaire. Dieser Name war ein Programm mit konkreten Forderungen: uneingeschränkte Denk-, Meinungs- und Publizierfreiheit und damit das Recht, alle Ideologien und Glaubenssysteme öffentlich zu hinterfragen, zu widerlegen und gegebenenfalls zu verspotten. Allerdings ist zweifelhaft, ob diese Botschaft, die durch Fernsehbilder um die Welt ging, bei denen ankam, an die sie gerichtet war. Die meisten Zuschauer dürften sich stattdessen gefragt haben: Wer war Voltaire, und was hatte er mit dem blutigen Attentat zu tun? Wer um dieselbe Zeit im Souvenirshop des Pariser Panthéon, wo Voltaire im Juli 1791 von den französischen Revolutionären eine pompöse Ehrengrabstätte erhielt, eine Gipsbüste von ihm verlangte, wurde enttäuscht: Produktion mangels Nachfrage eingestellt. Der Aufruf und das Desinteresse zeigen eine Diskrepanz: Voltaire steht für eine Weltsicht und ein Wertesystem, ja sogar für eine ganze Epoche – das achtzehnte Jahrhundert wird in Frankreich auch *le siècle de Voltaire*, «das Jahrhundert Voltaires», genannt. Trotzdem ist er heute nicht mehr wirklich präsent. Damit ist das Anliegen dieser Biographie umrissen: Sie will den historischen Voltaire, das heißt Voltaire in seiner Zeit und in der Auseinandersetzung mit seiner Zeit hinter allen plakativen Vereinnahmungen und Entstellungen vor Augen führen und ihn so für die Gegenwart zurückgewinnen. Zu entdecken ist ein lebenslanger Provokateur, der mit Spott und Scharfsinn alle scheinbaren Gewissheiten infrage stellt, dem man deshalb Zersetzung vorgeworfen hat, der aber stets auf konstruktive Weise verneint.

Ein weiterer Vorwurf gegen Voltaire, speziell aus dem theorieverliebten Deutschland, lautet seit jeher: Er hat alle philosophischen Systeme zerstört, aber kein eigenes System begründet. Gerade darin aber liegt die Größe Voltaires und seine Aktualität für die Gegenwart: Er fragt nicht, welches der beste Staat ist, sondern hinterfragt Entwürfe und Träume von «besten Staaten». Wem nützt diese Staatsform und warum, für welche Gesellschaft und welche Kulturstufe ist sie tauglich, und wie lange wird sie voraussichtlich Bestand haben? Für Voltaire ist alles Bestehende ein Provisorium, das stets mit seiner Abschaffung im Namen der Vernunft zu rechnen hat. Allein die absolute Freiheit, alles, auch das angeblich Undenkbare, zu denken und zu sagen, muss von Dauer sein.

In diesem Zeichen steht Voltaires Textproduktion, die an Menge, Vielfalt der Genres, Breite der Themen, Virtuosität der Stilformen und Vehemenz der Polemik ihresgleichen sucht. Fast fünfzig Theaterstücke decken die ganze Bandbreite vom blutrünstigen Drama bis zur leichtgeschürzten, sketchartigen Komödie ab. Von den beiden umfangreichen Versepen ist das eine von hohem Pathos beseelt, während das andere von ätzendem Hohn durchtränkt ist. Unter den fünf monumentalen Geschichtswerken findet sich eine Gesamtdarstellung der menschlichen Zivilisationsgeschichte von den Uranfängen bis zum siebzehnten Jahrhundert. Die zahlreichen «philosophischen» Novellen decken unter einer oft märchenhaften Einkleidung die Widersprüche der menschlichen Lebensbedingungen erbarmungslos auf. Hunderte von Kampfschriften fordern im Namen der Aufklärung Toleranz und radikale Veränderungen in allen Lebensbereichen. Und schließlich sind weit mehr als 20 000 Briefe erhalten, die nicht nur das eigene Leben, oft ironisch gebrochen, reflektieren, sondern auch das Zeitgeschehen perspektivenreich kommentieren.

Von diesem gigantischen Œuvre ist heute nur noch ein einziger Satz im kollektiven Gedächtnis abgespeichert: «Wir müssen unseren Garten bestellen», verkündet Candide, der Protagonist der gleichnamigen Novelle, als Fazit einer bewegten Lebensfahrt. Doch das ist nicht als platte Lebensweisheit gemeint, die uns alle zu selbstzufriedenen Kleingärtnern machen soll. Es ist vielmehr ein Schlussstrich unter eine nachtschwarze Weltdiagnose, nach der der Mensch dem Menschen ein Wolf ist. Das gilt auch für die wenigen Überlebenden, die sich, seelisch und körperlich schwer beschädigt, auf ihre kleine Insel im Bosporus gerettet haben. Die Fähigkeit zum reinen Glück ist dem Menschen nicht gegeben, umso mehr muss er danach streben, seine Lebensumstände Schritt für Schritt zu verbessern. Voltaire

Warum Voltaire?

hat im letzten Drittel seines Lebens selbst große Gärten gepflegt und dort sogar Blumenzwiebeln gepflanzt. Doch auch seine Gärten waren von Idylle weit entfernt. Was an seinen Wohnstätten für ihn am meisten zählte, waren die Fluchtwege. Für seine Bewunderer in der aufgeklärten Öffentlichkeit Europas war Voltaire vieles: der mutige Kämpfer gegen den Glaubensterror einer mächtigen Monopolkirche, der unermüdliche Aufdecker mörderischer Justizskandale, der unerbittliche Hinterfrager aller Ideologien und somit die Stimme der Vernunft gegen religiöse Hirngespinste aller Art. Für seine Feinde vom katholisch-konservativen Lager war er der diabolische Leugner ewiger Wahrheiten, der Untergraber der sozialen und moralischen Ordnung, der Zersetzer aller Werte. Nach seinem Tod ließ sich selbst dieses düstere Bild noch weiter verdunkeln. Für die Generationen seiner Enkel und Urenkel, die sich einer gefühlsbetonten Romantik zuwandten, war Voltaire, der radikalste und unerbittlichste aller Aufklärer, die unheimliche Verkörperung des reinen Rationalismus ohne jede Spur von Gefühl oder gar Mitgefühl, ja geradezu ein Dämon, der sein sarkastisches Lachen über eine leidende Menschheit ausschüttete, der er selbst mangels Empathie nicht angehörte. Bis heute spaltet sein Name sein Land in zwei Lager, für oder gegen die Aufklärung und die Prinzipien von 1789, die aus ihr hervorgingen. Einen posthumen Triumph feierte er 1905, als Frankreich die konsequente Trennung von Kirche und Staat vollzog und die Religion damit zu dem machte, was sie laut Voltaire immer hätte sein sollen: reine Privatsache.

Wer war Voltaire wirklich? Diese Frage wurde Voltaire selbst im letzten Vierteljahrhundert seines langen Lebens immer wieder gestellt. Als Antwort darauf hat er sich mit ausgeklügelten literarischen Kunstgriffen in Dutzende von Facetten aufgelöst und damit allen eindimensionalen und eingängigen Deutungen entzogen. Die irritierend vielfältigen Selbstbilder zeichnete er vor allem in Tausenden von Briefen an Freunde und Feinde, die meist in breiteren Kreisen zirkulierten. Darin stellte er sich in einer Vielzahl von Posen, Rollen und Seelenverfassungen dar: als chronisch krank, friedliebend und milde spöttisch; als kämpferisch, polemisch und unerbittlich; als verfolgt, verletzt und verloren; als souverän, distanziert beobachtend und kühl sezierend; als menschenfreundlich, Anteil nehmend und zur Mäßigung mahnend; als hochfahrend, apodiktisch und verdammend; als gelassen, verständnisvoll und ironisch in eigener Sache. All diese Ego-

Splitter bilden jeweils einen Aspekt und Ausschnitt einer Persönlichkeit, die sich tarnen musste, weil sie früh im Zentrum öffentlicher Aufmerksamkeit stand.

Die literarische und höfische Öffentlichkeit, die Voltaire erreichte, war weder offen noch frei, sondern ihre Akteure wurden observiert, kontrolliert, zensiert und gegebenenfalls bestraft. In Frankreich (und in den meisten anderen Ländern Europas) musste zu Lebzeiten Voltaires jedes Druckerzeugnis den zuständigen Behörden zur Genehmigung vorgelegt werden. Wenn eine solche Approbation nicht zu erwarten war, erschien es im Untergrund, das heißt mit falscher (oder gänzlich ohne) Autoren- und Verlagsangabe. Gedruckt wurde dann oft jenseits der Landesgrenze. Ein solches Versteckspiel der einen oder anderen Art war bei fast allen Werken Voltaires unverzichtbar. Täuschen ließen sich Zensoren und Leser von diesen Verschleierungsaktionen allerdings selten, so unverwechselbar waren Stil, Haltung und Aussage seiner Schriften. Obwohl die Beweise für seine Verfasserschaft oft über jeden Zweifel erhaben waren, hat Voltaire die Vertuschungs- und Irreführungsstrategien virtuos auf die Spitze getrieben: mit ausdrücklichen Verleugnungen oder erfundenen Autorennamen zum Schutz gegen Verfolgung, aus Lust am Spiel mit der Verkleidung und Verfremdung, aber auch mit der Botschaft: Es geht nicht um Personen und erst recht nicht um ihre Profilierungsbedürfnisse und Eitelkeiten, sondern um die Sache, und dieser ist Anonymität häufig förderlicher.

Die meisten Abhandlungen Voltaires zu Gott und Welt, Mensch und Geschichte, Unsterblichkeit oder Vergänglichkeit sind in der Form von erfundenen Gesprächen zwischen Vertretern unvereinbarer Positionen und Weltanschauungen gestaltet. Mit solchen literarischen Rollenspielen konnte er radikale Positionen beziehen, ohne sich selbst zu exponieren. Darüber hinaus entsprechen sie seiner Grundüberzeugung, dass alles Philosophieren über die beste Welt-, Staats- und Gesellschaftsordnung subjektiv, interessengebunden, voreingenommen und daher bestreitbar ist. Die einzige unbestreitbare Wahrheit ist, dass es sie nicht gibt. Auf die existentiell bedeutsamen Fragen, woher der Mensch komme, wozu er da sei und wohin er gehe, gab es für ihn keine sichere Antwort, sondern nur mehr oder weniger plausible Hypothesen. Deshalb musste seiner Überzeugung nach die Toleranz im Denken und Schreiben und damit die Freiheit der öffentlichen Auseinandersetzung unbegrenzt sein. Die beste Methode, diese umfas-

Warum Voltaire?

sende Offenheit und Öffentlichkeit zu erreichen, war für ihn das Gespräch. Das bedeutete keineswegs, die Meinung des Andersdenkenden achselzuckend als gleichwertig zu akzeptieren, wohl aber, ihr das Recht auf Anhörung einzuräumen. Nur dadurch, dass alles, auch das Widersinnigste, sagbar ist, lassen sich Irrtümer und Irreführungen wirkungsvoll widerlegen, nicht durch Verbote und befohlenes Verschweigen. Mit diesen Erkenntnissen ist Voltaire für das einundzwanzigste Jahrhundert höchst aktuell, wie auch immer man zu seinen Positionen im Einzelnen stehen mag.

Die Suche nach dem echten Voltaire, der sich hinter den kunstvoll konstruierten Kulissen verbirgt, hat viele Forscher beschäftigt. Die Verlockung, seine Werke zu psychologisieren und ihn selbst auf die Analyse-Couch zu legen, ist groß. Warum treten so viele tragische Helden seiner Theaterstücke als Vatermörder oder zumindest mit Vatermord-Gelüsten auf? Warum werden in seinen zahlreichen Dramen und Komödien so viele nach ihrer Geburt vertauschte Kinder beiderlei Geschlechts im Laufe der Handlung mit ihrer tatsächlichen Abstammung und wahren Identität konfrontiert, manchmal zu ihrem Leidwesen, häufiger zu ihrer ruhmvollen Selbstentfaltung? Ist Voltaire also ein bekennender Ödipus, der seinen verhassten Erzeuger mit der Feder statt mit dem Dolch tötet? Eine solche Antwort im Sinne Freuds liegt verführerisch nahe, zumal der früh erfolgreiche Literat durch seinen Namenswechsel vom ererbten Arouet zum selbst erfundenen Voltaire einen symbolischen Vatermord begangen hat. Trotzdem ist bei der Deutung dieser Motivhäufungen Vorsicht geboten. Zumindest das Thema der durch kriminelle Machenschaften verschleierten Herkunft war in der Literatur des achtzehnten Jahrhunderts verbreitet, weil es an eine Hauptfrage der Aufklärung rührte: Was macht den Menschen aus, Abstammung oder Prägung durch Milieu und Erziehung?

Dennoch bleibt die Suche nach dem «Menschen» Voltaire nicht völlig ergebnislos. Wer in seinem Leben nach Öffnungen sucht, die Blicke auf seine seelische Befindlichkeit hinter allen literarischen Verkleidungen zulassen, wird vor allem in extremen Krisensituationen fündig, zum Beispiel nach dem Tod einer Lebensgefährtin sowie in den nicht seltenen Augenblicken der akuten Verfolgung und Bedrängnis. Solche «Fenster» tun sich häufiger durch Berichte von dritter Seite auf, weniger in Selbstzeugnissen. Beobachter berichten immer wieder von tiefster Erschütterung Voltaires, grenzenloser Verzweiflung und hilflosem Versinken in Angst und Panik. Allerdings waren diese Phasen des Orientierungsverlusts und der scheinbaren Selbstaufgabe nie von längerer Dauer. Sobald Voltaire zur Feder griff oder, in späteren Lebensphasen, seinem Sekretär diktierte, stellten sich Souveränität, Selbstbeherrschung und Selbstironie wie von selbst wieder ein, oft nur wenige Stunden nach dem Ordnungs- und Kontrollverlust. Der Mechanismus ist stets derselbe: Virtuos beherrschte Sprache sublimiert potentiell zerstörerische Emotionen zu kühl abwägender Rationalität. Voltaire lebte durch die Sprache, in der Sprache, mit der Sprache; sie war sein Instrument der Selbstfindung, der Erkenntnis sowie der Herrschaft über sich selbst und die Öffentlichkeit.

Die Filterung und Läuterung von diffuser Empfindung in gelassen ausgewogene Analyse steht im Mittelpunkt der Voltaire'schen Philosophie, die konsequent alle Systembildung verweigert. Für Voltaire ist der Mensch durch seine Unbehaustheit in einer Welt, die ihm gleichgültig bis feindlich gegenübersteht, stets extremen Gefühlen und Leidenschaften ausgesetzt, die ihn zu abenteuerlichen Einbildungen verleiten, zum Beispiel zum Aberglauben der Religionen. Aber er besitzt die Kraft der Vernunft, um diese Ängste und dadurch auch die Vorspiegelungen seiner irrlichternden Phantasie zurückzudrängen und zu durchschauen. Für Voltaire waren die umfassenden Welterklärungen und Heilsversprechen der Religionen irrationale Einbildungen einer überhitzten und verängstigten Phantasie, mit denen der Mensch sein Dasein zum Tod in einer zerstörerischen Welt für sinnhaltig zu erklären versucht. Dass er dieser Absurdität der Existenz nicht wie andere Philosophen, gerade auch der Aufklärung, einen «vernünftigen» Ordnungsentwurf entgegengesetzt hat, sondern allen Systementwürfen gegenüber skeptisch blieb, macht seine Größe und bleibende Aktualität aus.

Schreiben war für Voltaire Krisenbewältigung und damit eine erste Antwort auf die Frage, wie derjenige leben soll, der die Hohlheit, Ungerechtigkeit und Unhaltbarkeit der in seiner Zeit herrschenden Zustände erfahren und erkannt hat: Er hat aufzudecken und anzuklagen. Doch das konnte nicht alles sein. Voltaires literarischer und weltanschaulicher Hauptgegner, Jean-Jacques Rousseau (1712–1778), der sich mit demselben Problem konfrontiert sah, fand für sich einen radikalen Ausweg: Er zog sich aus der fehlgeleiteten Zivilisation, die den Menschen von sich selbst entfremdete, in selbstgewählte Einsamkeit, Armut und Isolation zurück.

Warum Voltaire?

Dem lag die Überzeugung zugrunde, dass der Wahrheitsfinder nur mit einer solchen Totalverweigerung für die irregehende Welt ein Vorbild zur Nachahmung sein konnte. Ein solches Leben als Prediger in der Wüste kam für Voltaire nicht infrage, dazu schätzte er die Annehmlichkeiten des Lebens, die ihm die korrupte Gesellschaft des Hofes, des Adels und der reichen Financiers zu bieten hatte, viel zu sehr. Für diese Haltung, gleichzeitig zu genießen, zu verspotten und radikal infrage zu stellen, fehlte es ihm nicht an Rechtfertigungen. Die wichtigste lautete, dass die ebenso verkommene wie verlockende, hinter verschlossenen Türen freizügige und lästerliche, aber nach außen fromme und staatstragende, also zutiefst widersprüchliche und bigotte Gesellschaft aus einer Position der Stärke bekämpft werden muss. Diese sichere Bastion ließ sich für ihn aber nur gewinnen, wenn man in die Kreise dieser ebenso glänzenden wie korrupten Elite Eingang fand.

In verschiedenen Lebensphasen hat Voltaire diese nach außen feine, im Inneren dekadente und morsche Gesellschaft in unterschiedlichen Rollen kennengelernt: Als eleganter Verseschmied saß er an den Tafeln der Reichen und Mächtigen und konnte sich durch deren Fürsprache manche Ketzerei erlauben. Als honoriger Hofhistoriograph dichtete er in Versailles heroische Hymnen zum höheren Ruhme eines faulen und genusssüchtigen Monarchen. Seine Lebensgefährtin Emilie du Châtelet, eine aristokratische Physikerin und Mathematikerin, erklärte Frankreich und ihm selbst die Physik Newtons und verschaffte ihm durch ihre Verbindungen zu einflussreichen Persönlichkeiten die notwendige Rückendeckung für seine beißende Kritik an den herrschenden Zuständen. Als führendes Mitglied einer königlichen Tafelrunde in Potsdam, die sich den Fortschritt der Aufklärung auf die Fahnen geschrieben hatte, genoss er die Protektion des preußischen Königs. Allerdings erwiesen sich alle diese scheinbar prestigeträchtigen Rollen schnell als Illusionen: Der leichtfüßige Literat schrumpfte zum austauschbaren Spaßmacher, der bedenkenlos fallengelassen wurde, wenn es ernst wurde. Der Höfling sank zum jederzeit abstoßbaren Fremdkörper ab. Die intellektuelle Symbiose mit der großen Naturwissenschaftlerin war stets vom Menschlich-Allzumenschlichen überschattet. Und der Hofphilosoph mutierte unversehens zum Hofnarren.

Für ein komfortables Leben in der Zeit und zugleich gegen die Zeit waren also wirksamere Vorkehrungen nötig. In einer Gesellschaft, in der adelige Abstammung und Reichtum über Lebenschancen und Lebensgenuss entschieden, musste derjenige, der wie Voltaire diese Voraussetzungen qua Geburt nur sehr eingeschränkt mitbrachte, sich schleunigst beides zulegen. Zum «Kammeredelmann» konnte ihn nur der König ernennen, dem er dafür Dienstleistungen wie rühmende Verse schuldete. Bereichern aber musste sich jeder selbst, zum Beispiel dadurch, dass man eine Lotterie knackte oder durch Insiderinformationen ein Vermögen mit Aktienspekulationen machte. All diese Chancen und manch andere mehr hat Voltaire früh und mit durchschlagendem Erfolg ergriffen. Der Intellektuelle war ein mit allen Wassern gewaschener Unternehmer und Geldscheffler – eine seltene Kombination. Alle moralischen Vorhaltungen, die ihm wegen seines oft skrupellosen Geschäftsgebarens gemacht wurden, ließ er an dieser Verteidigungsmauer abprallen: Um eine zutiefst ungerechte und unmoralische Zeit aus den Angeln zu heben, müsse man starke Stellungen beziehen. In einer Welt der Willkür, in der alles käuflich sei, schützten nur Reichtum und gute Beziehungen zu den Nutznießern des Systems vor Verfolgung und Unterdrückung. Für Moralisten aller Couleurs ist das bis heute ein rotes Tuch.

Im letzten Viertel seines Lebens gründete Voltaire am Kreuzungspunkt von Frankreich, der Republik Genf und der Schweizerischen Eidgenossenschaft einen eigenen Hof, der zum Ausstrahlungszentrum des geistigen Europa wurde. Ungefährdet war er allerdings auch dort nicht, ungeachtet aller kurzen Fluchtwege. So wurde das Leben Voltaires zu einer dauernden Gratwanderung, bei der mancherlei Abstürze, auch moralischer Art, unvermeidlich waren, wie er selbstkritisch einräumte.

Dazuzugehören, um Machtverhältnisse umzukehren, oben zu stehen, um Hierarchien einzureißen, zu prüfen, um zu verwerfen – diese Leitmotive machen das Leben Voltaires, wie es hier erzählt und gedeutet werden soll, zu einem Musterfall für alle Zeit. So wie Voltaire seine Zeit nur schwer aushielt, hatte es seine Zeit schwer, ihn auszuhalten. Das gilt auch für heute, denn keine Zeit liebt es, ihre scheinbar unerschütterlichen Gewissheiten und heiligsten Überzeugungen systematisch hinterfragt, in Zweifel gezogen, widerlegt oder gar verspottet zu sehen. Für Voltaire aber war dieses Alles-Infragestellen der einzige Weg zur Toleranz, weil hinter jedem festgefügten Glaubenssystem die Fratze des Fanatismus laure. Bei dieser Generalüberprüfung aller Philosophien, Gesellschaften und Staaten wurde keineswegs alles als untauglich abgetan. Doch auch das, was ihr standhielt oder besser: standzuhalten schien, wie zum Beispiel die aufgeklärte Monarchie als beste Staatsform für das kontinentale Europa, bekam von Voltaire nur eine befristete Existenzberechtigung zugesprochen. Die Zeit war für ihn in permanenter Bewegung begriffen, nicht hin zur Seligkeit auf Erden, wohl aber seit etwa 1500 zu allmählich vernünftigeren und humaneren Lebensverhältnissen. Daher war für Voltaire das Gute immer nur bis auf Widerruf gut – mit Ausnahme des Prinzips, dass alles sagbar, diskutierbar und damit auch verwerfbar sein musste.

Mit seiner schonungslosen Analyse der Welt und des Menschen zwingt Voltaire bis heute dazu, Stellung zu beziehen und selbst nach Sinn zu suchen. Zugleich liefert er die Argumente und Methoden, die es erlauben, die eben gefundenen Lösungen in Zweifel zu ziehen. So gibt er auf die drängenden Fragen, woher das Böse in der Welt kommt, wie die allgegenwärtige Grausamkeit des Menschen zu erklären ist und wie einem endlichen und hinfälligen Leben Sinn abgewonnen werden kann, Antworten, die auf staunendes Nicht-Wissen hinauslaufen. Auch diese zutiefst humane Skepsis macht Voltaires fortdauernde Aktualität aus.

ERSTES KAPITEL

AUF DEM WEG ZUM EIGENEN NAMEN

1694–1718

Das Spiel mit Geburt und Herkunft

Der große Spötter Voltaire spottete sogar über seine eigene Herkunft. Nach dem 1871 verbrannten, doch in Kopien erhaltenen Geburtsregister der zuständigen Pariser Pfarrei wurde François-Marie Arouet, der sich vierundzwanzig Jahre später selbst in Voltaire umbenannte, am 21. November 1694 in Paris geboren und am Tag darauf in der Kirche St. André des Arcs auf dem linken Seine-Ufer getauft, und zwar als Sohn des ehemaligen Notars François Arouet und seiner Ehefrau Marie Marguerite, geborene Daumard. Zwei der in diesem Personenstandsverzeichnis enthaltenen Angaben hat der darin erstmals Bezeugte lebenslang bestritten. Zum einen machte er sich neun Monate und einen Tag älter, wäre demnach also bereits am 20. Februar 1694 geboren. Die Vorverlegung der Geburt steht in direkter Beziehung zur zweiten «Korrektur», mit der sich Voltaire einen anderen Erzeuger und dadurch eine uneheliche Abkunft zuschrieb. Die Aufstockung des Lebensalters könnte eine Spielerei mit den Fakten und somit ein Stück Camouflage gewesen sein, wie sie Voltaire bei der Frage nach der Verfasserschaft seiner Schriften so meisterlich beherrschte. Doch dagegen spricht, dass er es mit der alternativen Abstammung väterlicherseits offensichtlich ernst meinte. So schrieb er im Februar 1729 nach eben überstandener schwerer Krankheit: «Ich stamme übrigens von nie gesunden und früh verstorbenen Eltern ab.»[1] Das traf auf die Mutter zu, nicht jedoch auf den standesamtlich eingetragenen Vater. Dieser erreichte mit zweiundsiebzig Jahren ein für die Zeit respektables Alter, kann hier also nicht gemeint sein. Doch wer war dann sein biologischer Erzeuger?

In einem Jugendgedicht Voltaires auf eine schöne junge Frau, die von ihrem ältlichen Ehegatten gegen die Begierden jugendlicher Liebhaber abgeschirmt werden soll, wird einer von diesen heißblütigen Bewunderern mit Namen genannt: Rochebrune. Derselbe Name taucht 1744 in einem Vers auf, in dem sich Voltaire als «Bastard Rochebrunes» bezeichnet. Und

Das Spiel mit Geburt und Herkunft 25

im gestandenen Alter von zweiundsechzig Jahren soll er nach einem Bericht von dritter Seite diesen Rochebrune (oder auch Roquebrune), seines Zeichens Offizier, Mann von Ehre und Schriftsteller, als seinen Vater bezeichnet und die Begründung gleich mitgeliefert haben: Dieser Allround-Gentleman sei doch um einiges interessanter als sein mittelmäßiger und langweiliger offizieller Erzeuger. Als dieser Liebhaber von Madame Arouet wird meistens ein gewisser Guérin de Rochebrune identifiziert, der mit dem Notar Arouet Anfang der 1690er-Jahre geschäftliche Beziehungen pflegte, einen echten aristokratischen Stammbaum vorweisen konnte und sich als Verfasser volkstümlicher, meist anzüglicher Liedchen vorübergehend einen Namen machte. Da die Spur zu Rochebrune von Voltaire selbst gelegt worden ist, kann man sich fragen, ob er hier Legendenbildung in eigener Sache betrieb, um sich zugleich von einem verachteten Herkunftsmilieu zu distanzieren, oder ob er hier tatsächlich ein Familiengeheimnis aufdeckte, mit dem die moralische Respektabilität gewahrt werden sollte. Mangels DNA-Analysen muss die Frage offenbleiben. Jedenfalls leitete Voltaire aus der Gewissheit, in Wahrheit ein «Bastard Rochebrunes» zu sein, sein Selbstverständnis als Edelmann und Literat ab.

Gesichert ist also nur der Schluss, dass Voltaire lieber einen aristokratischen Filou zum Vater haben wollte als einen ehrbaren Rechtsgelehrten. Dieser befand sich 1694 – wie die Bezeichnung als «ehemaliger Notar» in der Geburtsanzeige andeutet – auf einer Übergangsetappe eines langsam, aber stetig nach oben führenden Karriereweges. Allerdings entwickelten sich Laufbahnen in Verwaltung und Justiz damals anders als heute; seit mehr als anderthalb Jahrhunderten war es in Frankreich Brauch, dass man solche Ämter zu kaufen hatte, die höheren für viel Geld. So erwarb François Arouet im September 1696 den Posten eines Einziehers der Sporteln, also Gebühren für Amtshandlungen, am Obersten Rechnungshof Frankreichs für die Summe von 240 000 Livres. Zum Vergleich: Ein tüchtiger Handwerker verdiente damals zwischen 300 und 400 Livres jährlich. Dass der Ex-Notar die Summe bar auf den Tisch legen konnte, zeugt von beträchtlichem Wohlstand. Allerdings hatte er sich fünf Jahre lang mit einer Position im Wartestand zu begnügen, da sein Vorgänger, dem er währenddessen zur Hand gehen musste, seinen Platz erst 1701 räumte. Daraufhin zog die Familie in eine geräumige Zehn-Zimmer-Wohnung des Pariser Justizpalastes um. Mit dieser Position ihres Oberhaupts war sie in einer

Grauzone zwischen gehobenem Bürgertum und niederem Amtsadel angekommen. Letzterem entstammte auch die angeblich so flatterhafte Gattin des angeblich so trockenen Juristen.

François Arouet setzte einen für das Frankreich des siebzehnten Jahrhunderts typischen Familienaufstieg fort: Als Enkel eines wohlhabenden Gerbers aus der Gegend von Poitiers und Sohn eines erfolgreichen Textilhändlers vollzog er den Übergang vom Kommerz in die prestigeträchtigere Ämterlaufbahn mit ihren materiellen Sicherheiten und Chancen zur Vernetzung mit den Mächtigen geradezu modellhaft. Die Familie Arouet hatte damit in der Privilegiengesellschaft des Ancien Régime einen komfortablen Nischenplatz erobert, zwar immer noch weit unterhalb des Hochadels, der die einflussreichsten Positionen am Hofe und in der katholischen Staatskirche besetzte, doch geschützt vor aufdringlichen Steuerforderungen und Zumutungen der öffentlichen Hand wie Militärdienst und anderen Fronarbeiten.

Aus Inventarlisten, die nach dem Tod von Voltaires «offiziellem» Vater im Jahr 1722 erstellt wurden, lässt sich der Lebensstil der Arouets zur Zeit von Voltaires Kindheit und Jugend erschließen. Der Verblichene hinterließ nach Abzug aller Schulden nicht nur ein Barvermögen, das dem Tausendfachen eines Handwerker-Jahresverdienstes entsprach, sondern auch zwei Häuser in Paris und zwei in der Umgebung, darunter eine Villa mit vierzehn Zimmern, außerdem kostbares Mobiliar und jede Menge schweres Tafelsilber. Auch wenn manches von diesen Besitztümern erst später erworben sein dürfte, stehen die komfortablen Lebensumstände des Neugeborenen bei seinem angeblichen Kuckucksvater außer Frage. Den sozialen Rang, den dieser durch seine Dienste für die Mächtigen erklommen hatte, spiegeln die Paten wider, die den erstgeborenen Sohn Armand, Voltaires älteren Bruder, im März 1685 aus der Taufe hoben. Mit der Herzogin von Saint-Simon und dem Herzog von Richelieu gehörten sie zu den einflussreichsten Kreisen des französischen Adels und zum Kern der Versailler Hofgesellschaft. Mit dem Sohn dieses Paten, dem dritten Herzog von Richelieu (1696–1788), der sich als Liebhaber, Lebemann und modischer Trendsetter, aber auch als unerschrockener Feldherr und kluger Zeitbeobachter einen Namen machte, sollte nicht der später überaus fromme Täufling, sondern dessen Bruder Voltaire lebenslang enge Beziehungen unterhalten, und zwar in verschiedenen Rollen: als Gläubiger und Heiratsvermittler, aber auch als

Das Spiel mit Geburt und Herkunft

Verhandlungspartner und Schutzbefohlener. Ende Dezember 1686 wurde dem Ehepaar François und Marie Marguerite Arouet eine Tochter geboren, die auf den Namen Marguerite-Catherine getauft und Catherine genannt wurde. Eine ihrer Töchter, Marie-Louise, sollte später eine Hauptrolle im Leben ihres Onkels Voltaire spielen.

Für dessen Taufe wurde eine weitaus weniger vornehme Gesellschaft aufgeboten. Patin des kleinen François-Marie wurde eine Schwägerin der Mutter, Pate war der Abbé François de Châteauneuf, ein Freund des Hauses, von Beruf Kleriker, Diplomat und Schöngeist. Die Mittel für seinen komfortablen Lebensstil bezog er aus einer lukrativen kirchlichen Pfründe, die ursprünglich einem Kloster gehört hatte und ihm kaum kirchliche Verpflichtungen und keine lästigen Einschränkungen im Verkehr mit dem anderen Geschlecht auferlegte. Als Prototyp des geistreichen und unterhaltsamen «Weltgeistlichen» war er ein gern gesehener Gast bei mondänen Festlichkeiten aller Art. Unterschiedlich fielen auch die Schulen aus, auf die Vater Arouet seine beiden einzigen überlebenden Söhne schickte. Für seinen älteren, Armand, hatte er das Seminar der Oratorianer auserkoren. Diese Ordensgemeinschaft war aus einer innerkirchlichen Reformbewegung des späten sechzehnten Jahrhunderts hervorgegangen und stand mit ihrer rigorosen Morallehre der Strömung des Jansenismus nahe. Für François-Marie wählte das ehrgeizige Familienoberhaupt das nach dem Sonnenkönig benannte Collège Louis-le-Grand aus, das bis heute prestigeträchtigste Gymnasium Frankreichs, Elite-Pflanzstätte und Ausbildungsort künftiger Staatspräsidenten. Geleitet wurde das Collège von Jesuiten-Patres, den geschworenen Gegnern der Jansenisten. Das erlaubt den Schluss, dass der karrierebewusste Jurist bei der Erziehung seiner Söhne seine Gunst auf beide Seiten verteilte, also doppelgleisig fuhr und sich damit in einem Konflikt neutral positionierte, der die französische Geisteslandschaft und Kulturszene ein Jahrhundert lang polarisierte. Seine persönliche Neigung galt der strengen Richtung der Jansenisten und damit auch dem älteren, fügsamen Sohn.

Der fromme große Bruder
und die freigeistige «Lebedame»

Die Kontroverse zwischen Jesuiten und Jansenisten war mit politischen Motiven und Intrigen und den Rivalitäten einflussreicher Institutionen verbunden, etwa zwischen dem *Parlement de Paris*, dem Obersten Gerichtshof des Königreichs, dem François Arouet beruflich eng verbunden war und das dem Jansenismus zuneigte, und dem königlichen Hof, der lange Zeit die Jesuiten begünstigte. Hinzu kamen Grabenkämpfe zwischen konservativen und aufgeklärten Intellektuellen, wobei die aufgeklärten die Jesuiten als repressive Zensurinstanz bekämpften und die konservativen in ihnen ein Bollwerk gegen den Verlust aller Werte sahen. Der grundsätzliche Konflikt hatte sich schon vor der Mitte des siebzehnten Jahrhunderts an der Augustinus-Biographie Cornelius Jansens, seines Zeichens Bischof von Ypern, entzündet. Dieser hob in seiner Interpretation des afrikanischen Kirchenvaters dessen Prädestinationslehre hervor, wonach jeder Mensch von Gott vor seiner Geburt zu Erwählung oder Verdammnis vorherbestimmt sei. Damit bewegte sich der katholische Prälat hart an der Grenze zur Häresie, denn diese Doktrin war seit den 1540er-Jahren das Markenzeichen des Calvinismus, wenngleich unterdessen auch in der reformierten Kirche nicht unumstritten. In Abgrenzung zu den calvinistischen «Ketzern» lehrten die Anhänger und Nachfolger Jansens, die sich in der zweiten Hälfte um das Kloster Port-Royal in der Nähe von Paris scharten, dass die menschliche Willensfreiheit trotz dieses göttlichen Ratschlusses nicht völlig aufgehoben sei. So könne der Erwählte der ihm zugedachten göttlichen Gnade theoretisch widerstehen, doch sei das aufgrund der Anziehungskraft dieses unverdienten Geschenks de facto ausgeschlossen – was umgekehrt auch für die Attraktivität der Sünde bei den Verdammten galt. Mit der Lehre, dass Christus, der Erlöser, nicht für alle, sondern nur für die Minderheit der Erwählten gestorben sei, verbanden die Jansenisten eine kritische Haltung gegenüber der reichen und mächtigen Amtskirche. Dagegen setzten sie das Lob des einfachen, durch aufopferungsvolle Seelsorge geadelten Priestertums und eine kompromisslose Morallehre, die auch von den Mächtigen die Einhaltung der Zehn Gebote forderte. Bei einem König

Der fromme große Bruder und die freigeistige «Lebedame»

wie Ludwig XIV., dessen Mätressen Tagesgespräch waren, und den Päpsten, die intensive Verwandtenförderung betrieben, waren die Jansenisten daher alles andere als beliebt. So zogen sie in den jahrzehntelangen Kontroversen mit ihren Erzfeinden, den Jesuiten, an der Kurie und auch beim König stets den Kürzeren; sinnfälliger Ausdruck dafür war 1709 die Zerstörung des Klosters Port-Royal, das bis auf die Grundmauern abgetragen wurde.

In der Welt des Geistes aber hatten die Jesuiten 1656 eine Niederlage hinnehmen müssen, die sich nicht mehr wettmachen ließ. In diesem Jahr nämlich veröffentlichte der dreiunddreißigjährige Blaise Pascal, der sich als bahnbrechender Mathematiker und Physiker in ganz Europa einen Namen gemacht hatte, seine *Lettres écrites à un Provincial*: ein scharfsinniges theologisches Lehrbuch für gebildete Laien und eine grandiose Satire über dogmatische Spitzfindigkeiten, die sich am Ende zu einer vehementen Polemik gegen die Jesuiten steigert, die mit ihrer laxen Morallehre als rückgratlose Speichellecker der Mächtigen und Verderber des christlichen Glaubens angeprangert werden. Dieser Konflikt war Voltaire durch Familie und Erziehung also von Anfang an vertraut; mit den Ideen der verfeindeten Parteien, speziell mit Pascal, setzte er sich früh und intensiv auseinander, und zwar mit einem letztlich für beide Seiten vernichtenden Urteil.

Voltaires Mutter starb 1701, gerade einmal einundvierzig Jahre alt. Im Werk des Sohnes findet sie mit Ausnahme der anzüglichen Anspielungen auf ihren angeblichen Seitensprung kaum Erwähnung. Sein Vater kommt öfter vor, doch wird er durchgehend lieblos als großer Groller und Schmoller geschildert, später heißt es etwas versöhnlicher: Brummbär. Diese Abstempelung dürfte damit zusammenhängen, dass der geschäftstüchtige Jurist wie so viele seines Standes überwiegend herablassende Geringschätzung für die Poeten und Intellektuellen, mit denen er beruflich zu tun hatte, an den Tag legte. Den Dichterfürsten Pierre Corneille etwa – so wusste Voltaire noch im fortgeschrittenen Alter von fünfundsechzig Jahren indigniert zu berichten – bezeichnete er «als den langweiligsten Sterblichen, den ich jemals gesehen habe, und den mit der ödesten Unterhaltung».[2] Für den Sohn, der den großen Dramatiker lebenslang eifersüchtig bewunderte, war das eine peinliche Denkmalsschändung. Immerhin verkehrte sein Vater auch mit dem Freundeskreis Corneilles und einigen jüngeren Literaten, so dass sich die Abendgesellschaften in der Dienstwohnung des Justizpalastes kaum so trocken und geistlos abgespielt haben dürften, wie der Gastgeber behauptete.

Nachrichten aus erster Hand über das Familienleben der Arouets fehlen völlig, umso reichlicher fließen die Informationen mehr oder weniger zeitgenössischer Biographen. Einer der am besten unterrichteten von ihnen namens Théophile Duvernet, dessen *Vie de Voltaire* 1786 in Genf erschien, weiß viel von dessen poetischer Früherziehung zu berichten. Besonders der umtriebige Abbé de Châteauneuf habe sein begabtes Patenkind zeitig und mit durchschlagendem Erfolg in die Kunst des Verseschmiedens eingeführt. So habe der kleine François-Marie seinen immerhin neun Jahre älteren Bruder bei den innerfamiliären Wettbewerben, die der Vater bewusst gefördert habe, mühelos ausgestochen. Glaubwürdigkeit gewinnen diese Berichte durch einen Brief, den der greise Voltaire dreizehn Monate vor seinem Tod an seinen Neffen schrieb. Darin vergleicht er sich mit dem biblischen Brudermörder Kain:

> Ich weiß nicht, wie es Kain schaffte, in der Zeit seines Umherirrens die Stadt Enos zu erbauen, als dritter Mensch auf Erden. Aber wenn er dabei so viel Ärger gehabt hat wie ich, war das eine harte Strafe dafür, dass er seinem Bruder den Kopf eingeschlagen hat. Ich habe meinen Bruder nicht getötet – den Jansenisten, Konvulsionisten (*convulsionnaire*) und Fanatiker, der sich in Taten und Worten für so mächtig hielt.[3]

Doch auch Worte können töten. Selbst im höchsten Alter zittert die Erregung des brüderlichen Kräftemessens noch heftig nach und zeigt damit Voltaires hervorstechenden Charakterzug: In Sachen Dichtung und Philosophie duldete er keinen neben sich. Alle Konkurrenten, die ihm den ersten Platz in diesen Disziplinen streitig zu machen wagten, verfolgte er mit unbarmherzigem Spott und, wenn das alles nichts nützte wie im Fall Rousseaus, auch mit ausgeprägtem Vernichtungswillen. Als *convulsionnaires* wurden übrigens die jansenistischen Extremisten bezeichnet, die ihre religiöse Verzückung und Entrückung durch öffentlich zelebrierte Zitter- und Krampfzustände bezeugten, vorzugsweise an ihnen heiligen Stätten wie dem auf Anweisung des Königs gleichfalls dem Erdboden gleichgemachten Friedhof von Port-Royal. Für Voltaire waren solche Verhaltensmuster und die ihnen zugrundeliegenden Denkweisen der Gipfel fehlgeleiteter Irrationalität, die es mit den Mitteln der Vernunft um jeden Preis zu bekämpfen galt. So ist die Vermutung erlaubt, dass seine Überzeugungen bereits in geschwisterlichen Grabenkämpfen erste Umrisse erhielten.

Für Voltaires aufgeklärte Denkweise kommen allerdings auch noch andere Einflüsse infrage. Glaubt man Duvernet, so soll der bekennende *libertin* – so wurden in Frankreich Freigeister mit lockerem Lebenswandel genannt – Châteauneuf dem kleinen Voltaire nicht nur das Reimen beigebracht, sondern diesem auch seine skeptische Haltung gegenüber den Mysterien der christlichen Religion vermittelt haben. Zu solchem vorschulischem Unterricht in Freidenkertum habe es gehört, sein dreijähriges Patenkind eine anonym zirkulierende Satire zum Leben des Moses aufsagen zu lassen, in der es unter anderem hieß:

> Durch eitle Sophismen
> Werden Sie meinen Verstand nicht überrumpeln.
> Der menschliche Geist will klarere Beweise
> Als die Gemeinplätze eines Gemeindepfarrers.[4]

Solche Berichte klingen allerdings verdächtig nach Legendenbildung. Der späte Voltaire wurde nicht müde, die Wunderberichte des Alten Testaments mit Hohn und Spott zu überziehen, und dabei geriet ihm Mose, der Befreier des Volkes Israel, besonders kritisch ins Visier. So lag es nahe, diese Haltung biographisch so weit wie möglich nach hinten zu verschieben:

> Die raffinierte Lüge galt als Wahrheit
> Und begründete die Autorität dieses Gesetzgebers
> Und mündete in einen öffentlichen Glauben,
> mit dem die Welt infiziert wurde.[5]

Das war Geist vom Geist des späteren Voltaire, allerdings hat er dazu elegantere Verse geschrieben als der unbekannte Satiriker aus seiner Kindheit.

Im Gegensatz zu solchen mehr oder weniger apokryphen Berichten ist sicher bezeugt, dass der kleine François-Marie Arouet 1704 Ninon de Lenclos und damit einer heftig umstrittenen lebenden Legende begegnete. Ninon de Lenclos wurde 1620 geboren, war von adliger Abkunft und in ihrer Jugend von großer Schönheit, machte sich als Schriftstellerin einen Namen und lebte ihren freigeistigen Überzeugungen gemäß nach damaligen Maßstäben äußerst freizügig, was ihr den Ruf einer Kurtisane einbrachte. Sie war eine der Ersten, die gleiche Rechte für Frauen und Männer forderte, und führte in ihren späteren Jahren einen der lebendigsten und subversivsten Salons von Paris, in dem sich kritische Intellektuelle und hoffnungsvolle Nachwuchspoeten ein Stelldichein gaben. Ihr Interesse an dem knapp zehnjährigen Sohn ihres Rechtsberaters dürfte auf die begeisterten Berichte Châteauneufs, ihres laut Voltaire letzten Liebhabers, zurückzuführen sein, dessen «Erzieherrolle» damit eine weitere Bestätigung findet.

Dieser schillernden Grande Dame, die so eindrucksvoll die Kultur des vergangenen Jahrhunderts repräsentierte, wurde der kleine François-Marie also jetzt vorgestellt, wegen einiger Verse, «die zwar nichts taugten, doch für sein Alter gut erschienen»[6] – so Voltaire im Abstand von siebenundvierzig Jahren zu diesem aufregenden und wohl auch prägenden Ereignis seiner Kindheit. Noch in höherem Alter wusste er Ninons Rolle als mutige Freidenkerin inmitten von Heuchlern zu würdigen: Als sich ein miserabler Verseschmied rühmte, von ihr angelernt worden zu sein, «antwortete sie, dass sie es damit wie Gott halte, der bereut hatte, den Menschen geschaffen zu haben».[7] Auch umgekehrt muss der Eindruck positiv gewesen sein, denn Ninon de Lenclos vermachte dem begabten Knaben in ihrem Testament eine hübsche Geldsumme für den Kauf von Büchern – was für Bücher das sein sollten, ist nicht schwer zu erraten: Der kleine Arouet sollte mit ihnen den Weg kritischen Selbstdenkens weitergehen, auf den ihn Châteauneuf geführt hatte. Doch dem stand der wachsame Vater im Wege; erst fünf Jahre nach dessen Tod, bei der Verteilung des Erbes, erhielt Voltaire die ihm von der 1705 verstorbenen Literatin zugedachte Summe.

Als Inhaber eines teuren Amtes am königlichen Rechnungshof wusste Voltaires Vater nur zu gut, warum er sich gegen solche «zersetzenden» Einflüsse sperrte: Kritik an den Glaubenslehren der Kirche war gefährlich. Was in der zweiten Hälfte des siebzehnten Jahrhunderts, der großen Zeit der Ninon de Lenclos, in den exklusivsten Salons noch denkbar und sagbar gewesen war, behielt man in den späten Regierungsjahren des immer stärker unter jesuitischem Einfluss frömmelnden Ludwig XIV. besser für sich. Die Kirche war Zensurinstanz und verbot in enger Kooperation mit staatlichen Behörden alle Publikationen, in denen sie Widerspruch zu ihren

Dogmen oder gar eine feindselige Haltung zu Religion und Klerus witterte. Derartige Schriften mussten daher anonym und mit fingiertem Druckort erscheinen; daran sollte sich bis zum Beginn der Französischen Revolution nichts ändern. Doch durch solche Finten allein ließen sich die Rechtgläubigkeits- und Anstandswächter nicht irreführen. Um die Spuren der Verfasserschaft für die Aufsichtsorgane zu verwischen und zugleich für das eingeweihte Publikum offenzulegen, mussten die oppositionellen Autoren raffiniertere Strategien der Textentschärfung entwickeln. Sie reichten von subtiler Ironie, die das Publikum zum Lesen zwischen den Zeilen aufforderte, über fingierte Wohlanständigkeit bis hin zu geheuchelter Empörung über staatsgefährdende Meinungen. Auf diesem Gebiet der auktorialen Rollenspiele sollte es Voltaire zu unerreichter Meisterschaft bringen.

Besonders beunruhigend an der herrschenden Zensurpraxis war ihre Willkür, da dabei je nach politischer Lage Faktoren wie Protektion oder Missliebigkeit, Suche nach Sündenböcken, Bedarf an Schauprozessen, Demonstration von Härte oder ostentativer Liberalität ins Spiel kommen konnten. Das führte unter Autoren, Verlegern und Buchhändlern zu einem Klima absoluter Rechtsunsicherheit, zumal ein königlicher Haftbefehl gegen «skandalöse» Literaten und Freidenker schnell ausgestellt war. Eine solche *lettre de cachet* hatte zur Folge, dass die missliebige Person ohne Prozess auf unbestimmte Zeit hinter Gefängnismauern verschwand. Solche «Besserungsaufenthalte» waren zwar meistens auf einige Monate begrenzt, doch konnten sie im Extremfall auch lebenslang dauern. Der Abschreckungseffekt lag in dieser Ungewissheit, auch das sollte Voltaire am eigenen Leib erfahren. Zudem konnten Kirche und Staat, bei der Unterdrückung «schädlicher» Gesinnungen in trauter Union, schon aus weitaus geringerem Anlass, etwa bei «Delikten» wie der Missachtung religiöser Prozessionen, mit aller Härte zuschlagen. Grausame Hinrichtungen für solche «Blasphemien» waren im «aufgeklärten» achtzehnten Jahrhundert durchaus an der Tagesordnung.

Was als Gefährdung der guten Sitten oder der öffentlichen Ordnung eingestuft wurde, hing von stark schwankenden und sehr subjektiv eingefärbten Einschätzungen ab. Bei diesem Ausspähen und Denunzieren «subversiver» Literatur hatten die Jesuiten eine unangefochtene Führungsstellung inne. Texte, die in ihrem ab 1701 publizierten *Journal de Trévoux* als bedenklich oder schlimmer eingestuft wurden, zogen regelmäßig den öffentlichen Bannstrahl auf sich und wurden daraufhin vom Henker verbrannt. Nicht wenige von Voltaires Schriften fielen diesem Autodafé zum Opfer. Das musste für seine Verleger nicht unbedingt ein Nachteil sein, denn Verbote steigerten die Neugier des Publikums und damit die Verkaufszahlen der klandestin gedruckten Ware.

Auf dem Jesuitenkolleg Louis-le-Grand: Früher Ruhm und subversiver Spott

Im ersten Jahrzehnt des achtzehnten Jahrhunderts standen die Jesuiten in Frankreich auf dem Gipfel ihres Einflusses: als Beichtväter eines immer kirchenfrommeren Monarchen, als Kontrolleure der veröffentlichten Meinungen und vor allem als Erzieher der nachrückenden Eliten. Dass François Arouet, der gut etablierte Sporteleinnehmer am Obersten Rechnungshof des Königreichs, seinen zweiten Sohn, der früh aus der Art zu schlagen drohte, den Patres der mächtigen Sozietät Jesu zur Ausbildung und Charakterformung anvertraute, hatte also gute Gründe. Mit der Schule der Oratorianer für den älteren Sohn Armand hatte er seine jansenistische Einstellung ziemlich offen dokumentiert; nun nahm er diese Option 1704 mit der Wahl des Collège Louis-le-Grand ostentativ zurück und hängte sein Mäntelchen damit geschickt nach dem Wind, der den Anhängern von Port-Royal immer heftiger ins Gesicht blies.

Ein zweiter wichtiger Grund für die Wahl eines Jesuitenkollegs dürfte gewesen sein, dass «Louis-le-Grand» eine Netzwerk- und Kaderschmiede ersten Ranges war. Hier wurden die Sprösslinge des Hochadels mit der Dosis Bildung versehen, die man für ihre künftige Karriere in Militär und Diplomatie als zuträglich erachtete. Zudem sollte hier künftiges Führungspersonal für Verwaltung, Justiz und Kirche herangezogen, also nicht nur mit den dafür nötigen Kenntnissen versehen, sondern auch mental geprägt werden. Auf diese Weise spiegelte das Collège die komplexe Schichtung der höheren Klassen wider, auch im Alltag: Die Knaben aristokratischer Abkunft brachten ihre persönlichen Diener mit und waren komfortabel untergebracht. Solche Privilegien wurden «Bürgerlichen» wie François-

Marie Arouet nicht zuteil. Ein dritter Grund, der für das Jesuitenkolleg sprach, könnten die Frühreife des Knaben, seine ungewöhnliche Begabung für Sprache – ein Schwerpunkt der Jesuitenschulen – sowie seine notorische Aufmüpfigkeit gewesen sein. Für solche Probleme spricht, dass Vater Arouet seinen zehnjährigen Filius nicht als Tagesschüler anmeldete, sondern ins Internat schickte. Damit war er zugleich jeder weiteren Verantwortung für dessen Entwicklung ledig, auch das wohl ein willkommener Effekt dieser räumlichen Abschiebung.

Wenn es Lehrer gab, die ihren Zöglingen solche Sperenzien austreiben konnten, dann waren es die Väter vom Orden des heiligen Ignatius. Ihr Erziehungssystem war darauf ausgelegt, die natürlichen, von der Erbsünde verdorbenen Anlagen der ihnen anvertrauten Zöglinge erst zu brechen und ihre Charaktere danach durch Frömmigkeit, Gehorsam und Disziplin wieder aufzubauen. Zu diesem Zweck wurden die Schüler in kleinsten Gruppen «betreut», also nicht nur unterrichtet, sondern durchgehend kontrolliert und regelrecht observiert, sogar nachts, und zwar durch einen meist jungen *Pater cubicularius*, den «Schlafsaalvater», dessen Hauptaufgabe darin bestand, unaussprechliche «Unzüchtigkeiten» zu verhindern. Ob das gelang, ist zumindest zweifelhaft. Für die Feinde der Jesuiten stand fest, dass es dort zu ungeheuerlichen Ausschweifungen «widernatürlicher» Art kam. Ganz in diesem Sinne hat Voltaire während seines englischen Exils nach glaubwürdigem Zeugnis von dritter Seite einer illustren Tischgesellschaft unter Vorsitz des hoch angesehenen – und zudem katholischen – Literaten Alexander Pope die bestürzende Mitteilung gemacht, dass er während seiner Internatszeit Opfer brutaler sexueller Übergriffe geworden sei und seine Gesundheit bis heute darunter leide.

Allerdings findet diese gravierende Anschuldigung in seinem Œuvre, das mit Vorwürfen an die Adresse der Societas Jesu wahrlich nicht spart, keine Entsprechung. So liegt die Vermutung nahe, dass er mit dieser Skandalgeschichte die steife Atmosphäre britischer Wohlanständigkeit aufsprengen wollte, was ihm denn auch mit durchschlagendem Erfolg gelang. Jahrzehnte später sollte Voltaire seiner Abneigung gegen die homoerotische Atmosphäre am Hofe König Friedrichs II. von Preußen beredten Ausdruck verleihen. Vielleicht wurden hier Erinnerungen an «Louis-le-Grand» wieder wach. Auf jeden Fall war für Voltaire jegliche Form von Gruppen- und Gemeinschaftsbildung ohne feminines Element unerträglich.

Die Hausordnung des Collège war streng: Geweckt wurde um fünf Uhr morgens, um neun Uhr abends gingen die Lichter aus. Unterrichtet wurde zwischen halb acht und zehn Uhr vormittags sowie von zwei bis sechs Uhr nachmittags. Nicht nur dieses strenge Reglement und seine Umsetzung, sondern auch die Art der Unterweisung und das dabei zugrunde gelegte Lehrprogramm waren ganz dem Geist des Konfessionellen Zeitalters verpflichtet. An erster Stelle stand die religiöse Indoktrination. Sie war darauf ausgerichtet, die Lehren der katholischen Kirche als unverrückbare Wahrheiten und Leitlinien in Kopf und Gemüt der Schüler zu verankern. Diesem Zweck dienten nicht nur die Unterrichtseinheiten, sondern auch eine tägliche Messe sowie abendliche Gebete und diverse geistliche Übungen.

Im Rückblick des Alters hat Voltaire das, was ihm auf dem Jesuiten-Collège in sieben Jahren vermittelt worden war, lakonisch zusammengefasst: Latein und Sottisen. Das hieß, negativ formuliert: kein Griechisch, was ihm vor allem in der deutschen Gelehrtenwelt Geringschätzung einbrachte, kaum Mathematik, sehr wenig Geographie und Geschichte und keine modernen Sprachen. Diese Auslassung erklärte sich daraus, dass die Patres Latein zur lebendigen Sprache zu machen suchten: Ihre Schüler sollten lateinisch denken, fühlen und dichten. Dazu wurden ihnen fromme Aufsatzthemen gestellt, zum Beispiel sollten sie die Christenverfolgungen unter Diokletian in rhetorisch reich verzierten und kunstvoll gegliederten Satzkonstruktionen beschreiben und beklagen. Die Defizite in lebenden Sprachen hat Voltaire durch Selbststudium reichlich kompensiert. Englisch und Italienisch beherrschte er nicht nur fließend, sondern sogar elegant, nur mit dem Deutschen konnte er sich lebenslang nicht anfreunden. Und für die modernsten Naturwissenschaften seiner Zeit gewann er im Alter von vierzig Jahren die beste Lehrerin, die Europa damals zu bieten hatte.

Gerecht wird die Bilanz «außer Latein nichts als Dummheiten» den Anregungen der Schulzeit trotz aller Einseitigkeiten und Verengungen des Lehrplans nicht. Der spätere Dramatiker Voltaire vergaß vor allem, das Theater zu erwähnen. Zum pädagogischen Konzept der Jesuitenkollegien in ganz Europa gehörten Aufführungen frommer lateinischer Stücke, vorzugsweise Märtyrerdramen. Im «mondänen» Louis-le-Grand gab es zusätzlich Ballett und Komödie, letztere auf Französisch. Dafür wurden sogar Profis von der Oper angeheuert, die den Eleven graziöse Schrittfolgen beizubringen hatten – ein Adliger musste schließlich nicht nur fechten, sondern auch tanzen können. Dementsprechend war das Publikum, das diesen Schauspielen beiwohnte, sehr «weltlich»: «Tout Paris», darunter Mütter und Schwestern der Schüler, strömte zu diesen Spektakeln. Ob François-Marie Arouet darin als Schauspieler mitwirkte, ist nicht bekannt. Die Eindrücke, die er aus diesen Darbietungen mitnahm, sollten sich jedoch für seine eigene Theaterproduktion als prägend erweisen: nicht durch die frommen Botschaften, wohl aber durch die dramatischen Schaueffekte und Schrecken erregenden Zuspitzungen, die den unermüdlichen Stückeschreiber Voltaire lebenslang zu Nachahmung und Parodie antrieben.

Zu den pädagogischen Rezepten der Jesuiten gehörte es, nach dem Frontalunterricht vor hundert und mehr Schülern kleinere Gruppen zu bilden, diese mit eigenen lateinischen Texten gegeneinander antreten zu lassen und für die Sieger Preise auszuloben. Die besten dieser Arbeiten wurden sogar in einem Goldenen Buch für die Nachwelt aufbewahrt; auf diese Weise spiegelte das Collège den Literaturbetrieb mit seinen Rivalitäten und Eifersüchteleien im Kleinen wider. Das kam dem Ehrgeiz des Zöglings Arouet und seinen ausgeprägten Profilierungsbestrebungen entgegen und hatte gleichfalls lebenslange Folgen. Als ihm Jahrzehnte später ein Papst mit väterlicher Herablassung vorhielt, in einem lateinischen Vers gegen die Gesetze der Metrik verstoßen zu haben, reagierte der so Getadelte äußerst ungnädig – auch das fraglos eine Erinnerung an die Schulzeit.

An weiteren Eindrücken ist die kosmopolitische Zusammensetzung der Schülerschaft zu nennen; dazu gehörten Stipendiaten aus Zypern, dem Nahen Osten und sogar aus China. Der junge Arouet empfand die Sprache seiner asiatischen Kommilitonen als eigentümlich ungegliedert, doch könnte der Kontakt mit ihnen sein später so markantes Interesse an der chinesischen Hochkultur geweckt haben, die von den moralischen und politischen Beschädigungen durch das Christentum und die Papstkirche verschont geblieben war.

So verwundert es nicht, dass der Sohn des Sporteleinnehmers am Rechnungshof schon bald in den Annalen der Eliteschule ehrenvolle Erwähnung fand. Für die französische Übersetzung eines lateinischen Gedichts an Genoveva, die Stadtheilige von Paris, die als Nothelferin in schwerer Zeit angerufen wurde, erwarb sich der Fünfzehnjährige nicht nur hohes Lob, sondern auch ein Stückchen Ewigkeit: Seine Verse wurden aufwendig gedruckt und sind der Nachwelt erhalten. Die so verheißungsvoll begonnene Schulkarriere setzte sich glanzvoll fort. Am Ende des Unterrichtsjahres 1709/10 trug François-Marie Arouet gleich zwei erste Preise davon: in lateinischer Prosa und in französischen Versen. Als Ehrengeschenk erhielt der Vorzeige-Eleve ein dickes Buch mit dem Titel *Die Geschichte der Bürgerkriege in Frankreich*. Natürlich stammte die Darstellung der Kriege zwischen Katholiken und Hugenotten im späten sechzehnten Jahrhundert aus der Feder eines Jesuiten, der darin die Rolle der ultrakatholischen Partei, des Papstes und Spaniens verherrlichte. Auch dieses Präsent erzielte andere Wirkungen, als es sich die stolzen Patres erhofften: Wenige Jahre später sollte ihr Musterschüler ein großes Versepos vorlegen, in dem er die Idee der Glaubens- und Gewissensfreiheit pries, die seine Lehrer für die Wurzel allen Übels hielten. Trotz aller ideologischen Divergenzen blieb Voltaire seinem Lieblingslehrer Pater Porée lebenslang verbunden; diese Anhänglichkeit zeigt, dass er menschliche Qualitäten unabhängig von religiösen und politischen Überzeugungen zu würdigen wusste.

Weiterer Ruhm kam hinzu, als der Sechzehnjährige für einen alten Soldaten Verse verfasste, die diesem eine längst verdiente Pension einbrachten; sie waren so virtuos gedrechselt, dass der Ruf ihres Verfassers über die Schulmauern hinaus bis an den Hof drang. Für seine Lehrer war das erfreulich und bedenklich zugleich. Zum einen mehrte es das Ansehen der Schule, zum anderen kamen seelsorgerliche Bedenken auf: «Er ist vom Durst nach Berühmtheit zerfressen»,[8] notierte der Beichtvater des jungen Arouet besorgt. Das war ein Satz, der als Motto über dessen ganzer erster Lebensphase hätte stehen können. Noch viel tiefer wären die Sorgenfalten der Patres gewesen, wenn sie von den Gelüsten ihres Starschülers außerhalb des Collège Kenntnis gehabt hätten. Schenkt man autobiographischen Angaben Glauben, die als Reminiszenzen in spätere Briefe eingestreut oder in literarischen Texten verarbeitet wurden, dann befand sich der sechzehnjährige Gymnasiast in permanenter Geldnot, die er durch Anleihen bei Wucherern beiderlei Geschlechts zu beheben suchte, nicht ohne bei diesen dilettantisch eingefädelten Operationen kräftig übers Ohr gehauen zu werden. Ob diese Episoden tatsächlich erlebt oder nur hübsch erfunden waren, der Drang, sich den aristokratischen Normen seiner privilegierten Mitschüler anzupassen, war offenbar unwiderstehlich. Für diese war Geld dazu da, prestigeträchtig für teure Kleidung, elegante Karossen

Auf dem Jesuitenkolleg Louis-le-Grand

und anspruchsvolle Mätressen ausgegeben zu werden. Ein solches Gehabe war zugleich eine Demonstration der Verachtung für das spießige Bürgertum und seine hausväterlichen Sittlichkeits- und Sparsamkeitsideale. Auch möglichst (melo)dramatisch ausgetragene Vater-Sohn-Konflikte standen weit oben auf der Renommee-Skala junger Adliger und solcher, die es ihnen gleichtun wollten.

Die glänzendsten Erfolge des Schülers Arouet datierten aus seinem vorletzten Jahr am Collège Louis-le-Grand, das ganz der «Rhetorik», also der Kunst der Rede, gewidmet war. Danach kam Theologie als Schwerpunktfach an die Reihe, womit für Voltaire zumindest im Rückblick die Zeit der Sottisen anbrach. Theologie, das hieß in den jesuitischen Lehrplänen des Schuljahres 1710/11: Scholastik nach Art des heiligen Thomas von Aquin (1225–1274). Schüchterne Versuche, die auch nicht mehr ganz taufrische rationalistische Philosophie René Descartes' (1596–1650) – ebenfalls Absolvent eines Jesuitenkollegs – mit ihren «Gottesbeweisen» im Unterricht zuzulassen, waren von der Ordensleitung als gottlose Neuerung abgeschmettert worden. Mit der Mischung aus aristotelischer Philosophie und biblischen Glaubenssätzen aber konnte der brillante junge Verseschmied Arouet absolut nichts anfangen. So stürzte der Primus zum Klassenletzten ab. Eine erste Thesenverteidigung im Mai 1711 wurde als nicht bestanden bewertet. Die Vermutung liegt nahe, dass er passiv gegen einen Prüfungsstoff protestierte, den er später als abstruse Verirrung des menschlichen Geistes anprangerte. Seine Lehrer dürften den plötzlichen Leistungsabfall ähnlich erklärt haben, denn ein zweiter Versuch wurde ihm wegen «Migräne» erlassen. Der erfolglose Kandidat selbst führte sein Scheitern auf persönliche Gründe zurück:

> Allzu sehr bemerke ich allenthalben, dass Ihr nicht mehr da seid; jedes Mal, wenn ich durchs Fenster schaue, sehe ich Euer Zimmer leer; ich höre Euch im Klassenzimmer nicht mehr lachen; ich spüre Euer Fehlen überall, und mir bleibt nur noch das Vergnügen, Euch zu schreiben... Eure Abreise hatte mich so durcheinandergebracht, dass ich weder Geistesgegenwart noch Kraft hatte, mit Euch zu sprechen, als Ihr kamt, um mir Adieu zu sagen; und als ich am Abend meine These verteidigen sollte, antwortete ich den Disputanten ebenso schlecht wie auf die Freundlichkeiten Eures Abschieds. Und wenn ich bald noch einmal antreten werde, brauche ich Euch dringend, um mich etwas zu erholen.[9]

Empfänger dieser Freundschaftsschwüre, die in den nachfolgenden vier Briefen noch glühender ausfielen, war Claude Philippe Fyot de la Marche, Sohn eines hohen Amtsadligen aus Dijon, der das Glück hatte, den theologischen Exerzitien des Collège einige Monate früher zu entrinnen.

Was wie rasende Verliebtheit anmutet, war empfindsamer Freundschaftskult – und damals unter jungen Leuten angesagt. Zugleich war sich der Briefschreiber bewusst, dass er an einen Höhergestellten schrieb, den er für sich einnehmen wollte. Das stellt die zweifellos vorhandene Sympathie für den ehemaligen Klassenkameraden nicht infrage, gibt dem Schreiben aber eine besondere Note, die sich durch die gesamte Korrespondenz Voltaires, die mit diesem Brief ihren Anfang nahm, hindurchzieht: Emotionale und nützliche Freundschaft konnten durchaus zusammenfallen, doch war der Ausdruck persönlicher Wertschätzung nicht selten reines Mittel zum Zweck. Darüber hinaus war der schriftliche Gedanken- und Gefühlsaustausch mit Fyot de la Marche – dessen Antworten leider nicht erhalten sind – auch eine Stilübung und ein Mittel der Selbstvergewisserung, wie die Reflexion über die eigene Sprache und die des Freundes belegt. In erster Linie aber dokumentieren die Briefe aus der späten Schulzeit Voltaires zunehmende Distanz gegenüber der Anstalt und ihren Lehrern – und seinen ausgeprägten Sinn für Komik:

> Ein Trauerspiel des Paters Lejay ist wegen starker Regenfälle buchstäblich ins Wasser gefallen; zwei Mönche auf der Treppe sind so spektakulär gestürzt, dass die Erheiterung der Schüler keine Grenzen kannte; der Besuch des Nuntius seiner Heiligkeit hat erfreulicherweise acht Tage schulfrei mit sich gebracht; Pater Porée betete um schönes Wetter, woraufhin ein neuer Wolkenbruch einsetzte.[10]

Damit war ein ironischer Ton angeschlagen, der sich in den Briefen Voltaires nicht mehr verlieren sollte:

> In der Freundschaft muss alles gleich sein, und um meine Schuld wettzumachen, werde ich mich nicht mehr [über ausbleibende Briefe des Freundes] beklagen. Und was Euch betrifft, so wird Eure Buße darin bestehen, mir zu schreiben, sobald Ihr meinen Brief erhalten habt. Mit welchem Vergnügen ich Euch diese Buße auferlege! Ich hoffe, dass Ihr sie genauso gern auf Euch nehmt. Und da wir gerade von Buße reden, fällt mir eine ziemlich komische Sache ein, die mir Herr

Auf dem Jesuitenkolleg Louis-le-Grand

> Blanchard [wohl ein weiterer Schulkamerad] erzählte. Er teilte mir mit, dass Ihr mit mir zusammen dem Orden [der Jesuiten] beitreten wolltet. Ich antwortete ihm, dass ich nicht genügend Verdienste besäße, um mich zu dieser Seite zu wenden, und dass Ihr zu viel Geist hättet, um eine solche Dummheit (*sottise*) zu begehen.[11]

Die Passage zeigt schlaglichtartig, wie kritisch der knapp Siebzehnjährige dem Milieu gegenüberstand, das er bald verlassen sollte:

> In der Tat, ich glaube nicht, dass wir große Lust haben, gewisse Schüler des Jesuitenkollegs nachzuahmen, die aus ebenso frommen wie albernen, ja geradezu lächerlichen Gesprächen und Reflexionen über die Gefahren dieser Welt, deren Zauber sie noch gar nicht kennen, und aus der Süße des Klosterlebens, dessen Ekel ihnen unbekannt ist, die Schlussfolgerung ziehen, dass man sich von dieser Welt abwenden soll.[12]

Das ist noch kein Manifest der Kirchen- oder auch nur Jesuitenfeindlichkeit, sondern schlicht Ausdruck eines unbändigen Freiheitsdranges, gewürzt mit Spott über die Lebensängstlichkeit der anderen. Den Zöglingen des Collège, die als Lehrer an dieses zurückkehren wollten, mangelte es offenbar an Mut: «Selbst wählen war zu schwer für sie.»[13] François-Marie Arouet aber war entschlossen, sein Schicksal in die eigenen Hände zu nehmen. Der Zauber der Welt außerhalb der Internatsmauern war unwiderstehlich, wie viel auch immer er davon schon gekostet haben mochte. Und außer Hemmungen und Vorurteilen gab es dort nichts zu verlieren.

Solchen Äußerungen bereits ein festgefügtes Weltbild zu unterstellen, würde bedeuten, intellektuelle Erkenntnisse nachfolgender Lebensphasen in diese «Uranfänge» zurückzuprojizieren, aber einige glaubwürdig überlieferte Episoden lassen doch zumindest Ansätze solcher Entwicklungen erkennen. So machte schon zu Lebzeiten Voltaires die Anekdote die Runde, dass ein erzürnter Jesuitenpater nach einer aufsässigen Replik des Schülers Arouet wütend und prophetisch zugleich ausgerufen habe, dieser werde einst der Herold des Deismus in Frankreich werden. Dazu ist zu bemerken, dass die Jesuiten bei der Brandmarkung ihrer Gegner sehr plakative Etikettierungen verwendeten und keinen großen Unterschied zwischen dem hier unterstellten Glauben an einen nichtchristlichen Schöpfergott und Atheismus oder anderen «Irrlehren» machten. Der Vorfall – wenn er sich denn so abgespielt hat – zeugt somit allenfalls von zunehmender Skepsis gegen Indoktrinierung und vom Streben nach Gedankenfreiheit.

Lehrjahre bei Juristen und Libertins

Die Zauber dieser Welt wollten genossen werden, doch das war leichter gesagt als getan. Konkret stellte sich jetzt die Frage, wie es beruflich weitergehen sollte. Sieben Jahre Lehrzeit im Louis-le-Grand waren eine respektable erste Etappe, doch mehr auch nicht. Für den besorgten Vater kam nur die sichere und profitable Juristenlaufbahn infrage, um den ebenso nutzlos wie gefährlich talentierten Sohn vor weiteren Verirrungen zu schützen. Das Berufsziel des Sohnes stand allerdings ebenfalls fest. Er wollte ein *homme de lettres* werden. Der unübersetzbare, im deutschen Kultur- und Gesellschaftsleben der Zeit eher verpönte Begriff bezeichnete den geistvollen Mann von Welt, der mit eleganten Dichtungen bezaubert, mit ebenso gedankenreichen wie fesselnden Essays die Welt erklärt, in den Salons der vornehmen Gesellschaft durch frivole Bonmots brilliert und im Idealfall sogar den Mächtigen mit philosophisch fundierten Maximen zur Seite steht. Für den Vater hingegen waren diese professionellen Schöngeister Schmarotzer und Hungerleider der schlimmsten Art. Und der Vater saß am längeren Hebel, so dass der Möchtegern-Literat ab 1711 die harte Bank der Rechtsschule drücken musste, mit dem deprimierenden Ziel vor Augen, als Rechtsanwalt in der ödesten aller beruflichen Welten zu enden. «Was mich betrifft, so hat mich am Advokaten-Beruf am meisten die Menge unnützer Dinge abgestoßen, mit denen man mein Gehirn belasten wollte»[14] – so der Fünfundvierzigjährige im schaudernden Rückblick auf seine fremdbestimmten Anfänge. Damit gewinnt ein weiteres Feindbild Konturen: das französische Rechtssystem, das jeglichem natürlichem Rechtsempfinden Hohn sprach und in Voltaire seinen eloquentesten Gegner finden sollte.

Der Jurastudent wider Willen suchte und fand Milieus, die seinem Geschmack sehr viel mehr entsprachen. Dabei war ihm ein weiteres Mal sein höher gestellter Schulfreund Claude Philippe Fyot de la Marche von Nutzen, der ihn in den Salon der Marquise de Mimeure einführte. Das war zwar nicht die Spitzenadresse unter den mondänen Zirkeln der Hauptstadt, doch immerhin ein Treffpunkt adliger Mäzene und anerkannter Literaten. Außerdem frequentierte der junge Schöngeist Arouet die «Tempel-Gesellschaft», der ihn sein Pate, der inzwischen verstorbene Abbé de Châteauneuf, schon einige Jahre zuvor als vielversprechendes Talent vorgestellt und vorgeführt hatte. In diesem Kreis sprachen alternde *libertins* sowie Hobbydichter beiderlei Geschlechts kräftig dem Alkohol zu und priesen in Prosa und Lyrik einen heiter-heidnischen Lebensgenuss. Dabei versäumten sie nicht, dieses *carpe diem* im Stil des Horaz mit Spitzen gegen die lebensfeindliche Moral der Kirche und die kleinliche klerikale Zensur zu versehen. Das Genre «Wein, Weib und Gesang» beherrschte der junge Arouet rasch mühelos, doch konnte er, wenn es die Umstände erforderten, auch andere Töne anschlagen. Das zeigte sich, als die Académie française, die oberste Instanz der Dichtung und des Sprachgebrauchs in Frankreich, den Poesie-Wettbewerb des Jahres 1712 bekanntgab. Das Thema «Das Gelöbnis Ludwigs XIII.», das die illustre Vereinigung der in Ehren ergrauten Literatur-Honoratioren ausgewählt hatte, huldigte dem vierundsiebzigjährigen Louis XIV und seinem Vater. Es handelte nämlich davon, dass Ludwig XIII. versprochen hatte, der Kathedrale Notre-Dame de Paris einen neuen Hauptaltar zu stiften, wenn ihm nach langer kinderloser Ehe durch göttliche Gnade doch noch ein Sohn geschenkt werden sollte. Dieses Ex-voto löste dieser 1638 tatsächlich geborene Sohn nun, spät genug, ein – und der hoffnungsvolle literarische Nachwuchs durfte sich an diesem weihevollen Gegenstand abarbeiten. Die Aufgabe war patriotisch und pikant zugleich: Nach schweren Niederlagen im Spanischen Erbfolgekrieg stand Frankreich zeitweise am Rand des Abgrunds; die Dichtungen, die aus dem Wettbewerb hervorgehen würden, sollten Hoffnung auf göttliche Unterstützung gegen eine Welt von Feinden wecken und dadurch Mut machen. Kritische Geister konnten das Thema allerdings auch unterlaufen und sich fragen, ob die späte Geburt des Thronfolgers nicht eher ein Fluch als ein Segen gewesen sei. Doch so subversive Ideen lagen dem achtzehnjährigen François-Marie Arouet fern, wenn man seinem Poem Glauben schenkt, denn darin wimmelt es nur so von bombastischen Allegorien: Friede, Glaube und Frömmigkeit treten in Person auf und liefern sich hitzige Duelle mit den Verkörperungen des Bösen. Am Ende des schwülstigen Machwerks steht ein pompöses Gebet, das dem greisen Monarchen, dessen Sonne längst untergegangen war, noch eine lange Herrschaft wünscht: «Möge er die Stütze unserer Neffen sein, wie er die Stütze unserer Väter war.»[15] Zu einem Zeitpunkt, an dem die junge Generation nichts dringlicher herbeisehnte als einen Thronwechsel, musste diese fromme Bitte seltsam anmuten: Schoss hier ein beflissener Nachwuchsdichter, der die Erwartungen der Jury um jeden Preis erfüllen wollte, übers Ziel hinaus? Oder war statt unfreiwillig komischer Übererfüllung von Normen hintergründige Ironie am Werk?

In einem zweiten Gedicht *Sur les malheurs du temps*, das mit seinem Titel auf die unglückselige Gegenwart Bezug nahm, werden nicht minder befremdliche Töne angeschlagen. Für die schweren Rückschläge der jüngsten Zeit machte der junge Poet moralischen Verfall – übermäßige Genusssucht, Schönfärbung der Dekadenz, Luxus und Verweichlichung – verantwortlich und sprach damit seinen Lehrern vom Collège Louis-le-Grand aus dem Herzen: Gott straft die Lasterhaften; wenn die christliche Tugend zurückkehrt, stellt sich auch der Erfolg wieder ein. In beiden Poemen geht es nicht nur um Könige, sondern auch um die Nation und ihre Größe. Und bei diesem Thema hatten für den jungen Arouet wie für den alten Voltaire Ironie und Spott ein Ende. Daher ist von unbeholfener Überanpassung an zunehmend obsolete Normen auszugehen: Die Verse fielen umso ungelenker aus, je weniger ihr Schmied von ihrer Botschaft überzeugt war.

Für die drei folgenden Jahre von 1713 bis 1715 fließen die belastbaren Quellen spärlich und die anekdotisch eingefärbten Berichte aus dritter Hand umso üppiger. Legt man sie zugrunde, so imitierte der Neunzehnjährige die Großmeister der aristokratischen Ausschweifung genauso ungeschickt wie das hohe literarische Genre. So soll der Sohn des sparsamen Sporteleinziehers das erkleckliche Geldgeschenk, das ihm eine hochgeborene Dame für die Korrektur ihrer Verse gemacht hatte, zum Kauf einer Prunkkarosse nebst Rössern verwendet haben und mit diesem stolzen Gefährt durch das nächtliche Paris gefahren sein. Allerdings endete diese Adelsmimikry kläglich: Bei der Rückkehr ins väterliche Haus zu nachtschlafender Zeit machte der Möchtegern-Libertin einen solchen Lärm, dass sein Vater jäh aus dem Bett aufschreckte und am nächsten Morgen den ganzen Plunder verkaufte. Ob diese Geschichte nun wahr ist oder er-

Lehrjahre bei Juristen und Libertins

funden, solche Konflikte zwischen den Generationen gehörten in der Oberschicht des achtzehnten Jahrhunderts und bei denen, die dazugehören wollten, zum guten Ton. Wer nie gegen die verknöcherten Alten den Stachel gelöckt und dafür «Besserungsaufenthalte» auf sich genommen hatte, war ein Duckmäuser, hatte nicht wirklich gelebt und erst recht nichts zu sagen.

Dass diese Anekdoten einen wahren Kern haben und es zwischen dem Karriere-Juristen und seinem aufmüpfigen Filius schwere Auseinandersetzungen gegeben haben muss, lässt sich aus nüchternen Fakten erschließen. Für den besorgten Vater war an den Verirrungen des Sohnes offensichtlich die Metropole Paris mit ihren allgegenwärtigen Verführungen schuld. Deshalb schickte er ihn 1713 nach Caen in die Normandie. Doch von dort kehrte der Verbannte schneller als vorgesehen wieder zurück; offenbar hatte er sich durch freigeistige und freizügige Verse im Salon einer lokalen Adligen unmöglich gemacht. Der nächste Versuch, den fast schon verlorenen Sohn auf den rechten Weg zurückzuführen, zeugt (wenn es denn so war) davon, wie ernst es das alternde Familienoberhaupt mit dessen Umerziehung meinte. Nach Duvernet bot er François-Marie an, ihm das Amt eines Rates im Parlament von Paris zu kaufen. Das hätte den kaum Zwanzigjährigen jäh in die obersten Lagen des Amtsadels katapultiert und ihm viel Sozialprestige eingebracht, das Familienvermögen aber weitestgehend aufgezehrt. Doch der künftige Voltaire – so sein stolzer Biograph – strebte zwar nach Aufstieg, doch nicht durch väterliches Geld, sondern durch eigene literarische Leistung. Daher habe er das verführerische, aber vergiftete Angebot kalt lächelnd abgelehnt.

Der dritte Versuch bestand darin, dem wortgewandten Sprössling eine Karriere im auswärtigen Dienst zu eröffnen. Das war an sich keine schlechte Idee: Diplomatie beruht auf Verhandlungen, Verhandlungen basieren auf Sprache, und reden konnte François-Marie nur allzu gut – warum nicht zum Vorteil seines Königs und Vaterlandes? Bei der Suche nach einem geeigneten «Praktikumsplatz» zahlten sich die guten Verbindungen des renommierten Juristen-Vaters aus: Ein Bruder des Abbé de Châteauneuf war soeben zum Botschafter in der Republik der Vereinigten Provinzen der Niederlande in Den Haag ernannt worden und erklärte sich bereit, den jungen Arouet als «Privatsekretär» anzustellen. Doch auch diese Mission endete schnell in einem Fiasko. Der Diplomatenlehrling verkehrte im

Hause einer gewissen Madame Dunoyer, einer zum Katholizismus übergetretenen Ex-Hugenottin, die ihren Lebensunterhalt durch ein übelbeleumdetes Klatschmagazin und durch Kuppelei bestritt. Noch größeren Profit versuchte sie aus der Verheiratung ihrer beiden Töchter zu schlagen. Bei der älteren war ihr das gelungen, bei der jüngeren namens Olympe, genannt Pimpette, kam ihr allerdings der junge Arouet in die Quere. Glaubt man seinen Briefen, dann war es eine *amour fou*, ein *coup de foudre*, eine rasende Leidenschaft, ein Blitz, der auf beiden Seiten einschlug. Auf jeden Fall entwickelte sich zwischen dem Neunzehnjährigen und der Einundzwanzigjährigen eine Liebesaffäre mit allem, was nach den Regeln des empfindsamen Melodrams dazugehörte, vor allem von seiner Seite: stürmische Schwüre ewiger Treue, wildbewegte Szenen der Eifersucht und raffiniertes Versteckspiel. Die Gegenspielerin des Paares war Madame Dunoyer, die einen reifen Herrn mit prall gefüllter Kasse für Pimpette im Auge hatte. Um den lästigen jungen Verehrer ihrer Tochter auszuschalten, der ihre Pläne zu durchkreuzen begann, drohte sie, mit unliebsamen Enthüllungen die gerade wiederaufgenommenen diplomatischen Beziehungen zwischen den lange verfeindeten Mächten Frankreich und Holland zu stören. So mussten die Liebenden mancherlei Hindernisse überwinden, um zusammenzukommen; ins Spiel kamen bestochene Diener, die geheime Billette aushändigten, Sprünge aus dem Fenster, ausgefallene Verkleidungen und Gottesdienstbesuche mit heimlichem Stelldichein – alles wie einem Trivialroman der Zeit entnommen.

Allerdings trat bald eine höhere Macht auf den Plan, denn der Vater des schmachtenden Liebhabers wurde von «wohlmeinender» Seite über dessen «sittenloses» Treiben informiert. Der notorische Tunichtgut musste daraufhin mit Schimpf und Schande nach Paris zurückkehren, wo ihm das erzürnte Familienoberhaupt am liebsten einen Zwangsaufenthalt in der Bastille verordnet hätte, sich jedoch durch inständige Bitten des Sünders zu Straferlass erweichen ließ. Zuerst wurde erwogen, den ungehorsamen Sohn nach Amerika zu verschiffen, doch auch die schmachvolle Deportation konnte durch vollständige Unterwerfung abgewendet werden. Die schließlich verhängte Buße war weniger spektakulär, dafür aber von erlesener Gemeinheit: Der gescheiterte Jungdiplomat musste eine Lehrzeit im Büro des Herrn Alain, seines Zeichens königlicher Anwalt am Pariser Stadtgericht, antreten. Pimpette sollte sich rasch trösten: zuerst mit einem neuen «Verlobten», einem Adligen mit literarischen Ambitionen, später mit einem gut situierten Ehemann, wie er der Mutter immer vorgeschwebt hatte. Voltaire aber gab sich am Boden zerstört:

> Wenn Sie so unmenschlich sind, mich die Frucht meiner unseligen Anstrengungen verlieren zu lassen, und in Holland bleiben sollten, so verspreche ich Ihnen ganz sicher, dass ich mich bei der ersten Nachricht davon töten werde.[16]

Pimpette kam nicht nach Paris, aber von Selbstmord aus Liebeskummer war auch keine Rede mehr. Stattdessen war ein biographisches Pflichtpensum erfüllt und abgehakt worden, denn für einen künftigen *homme de lettres* gehörte eine *amour fou* genauso dazu wie ein Zwangsaufenthalt in der Bastille.

Schon früh zeichnete sich in Voltaires Leben eine eigentümliche Ökonomie ab: Hauptzweck war die Produktion von Texten, die ihrem Verfasser Prestige verschaffen und auf die Öffentlichkeit einwirken sollten. Diese Priorität durfte nicht infrage gestellt werden. Das schloss innere Krisen und äußere Gefährdungen nicht aus, doch wurde danach regelmäßig ein inneres Gleichgewicht zurückgewonnen, das die Rückkehr zur Normalität, und das hieß: zum Schreiben, erlaubte.

Voltaires Lehrzeit bei dem trockenen Juristen war erst einmal grau, doch zeichneten sich schon bald Silberstreifen am Horizont ab. Eine erste Aufhellung war die Bekanntschaft mit Nicolas Thiriot, der ebenfalls bei *Maître* Alain ein Praktikum absolvierte. Im Vergleich mit dem Schulfreund Fyot de la Marche hatte dieser Leidensgenosse einen großen Vorzug: Seine Familie stand auf der sozialen Stufenleiter nicht über den Arouets, was einen sehr viel informelleren Umgang und Umgangston, mündlich wie schriftlich, erlaubte. Dass auf beiden Seiten von Anfang an viel Sympathie im Spiel war, steht außer Frage, doch «herrschaftsfrei» oder gar «symmetrisch» war auch diese lebenslange Freundschaft nicht, denn die intellektuelle Überlegenheit des einen hatte die faktische Unterordnung des anderen zur Folge. Für Voltaire wurde Thiriot zum vertrauten Ratgeber in allen Lebenslagen, aber auch zum Befehlsempfänger und Agenten, und diese Rolle schloss harsche Zurechtweisungen bei ungenügender Funktionserfüllung des «Freundes» selbstverständlich mit ein. Thiriot revanchierte sich mit mancherlei Eigenmächtigkeiten und sogar Diebstählen, ohne dass es dadurch zum Bruch kam. So unerbittlich Voltaire lebenslang auf Illoyalität reagierte, bei seinem Faktotum Thiriot sah er darüber hinweg – als ob solche Verstöße zum Spiel gehörten.

Das Jahr 1714, das so trist begonnen hatte, wartete schon bald mit einer weiteren Annehmlichkeit auf. Ein hochgestellter Klient des hochgeschätzten Rechtsberaters François Arouet, Louis Urbain Lefèvre de Caumartin, Marquis de Saint-Ange, bewog diesen dazu, dem notdürftig zur Raison gebrachten Sohn einen «Besinnungsurlaub» auf seinem Schloss in der Nähe von Fontainebleau zu gewähren. Die Familie Caumartin hatte in den letzten Generationen einen ähnlichen sozialen Aufstieg in Angriff genommen wie die Arouets, doch war sie dabei viel weiter nach oben gelangt als diese. So hatte es François-Maries Gastgeber zu Rang und Ansehen am Hof von Versailles gebracht, wo Ludwig XIV. die Vertreter des Amtsadels, die sehr viel weniger historisch gewachsenen Status und kaum Einfluss in der Provinz besaßen, gegenüber den Spitzen der alten Aristokratie, des «Schwertadels», systematisch bevorzugte, um durch diese kunstvoll geschürte Rivalität seine eigene Autorität zu stärken. Immerhin musste selbst ein so ressentimentgeladener Wortführer der alten Elite wie der Herzog von Saint-Simon zähneknirschend eingestehen, dass Saint-Ange als Mitglied des königlichen Rates und oberster Aufseher der königlichen Finanzen eine gute Figur machte – mit Ausnahme seiner Kleidung, bei der er Seide und Samt geschmacklos kombinierte. Die Hintergedanken des alten Arouet mögen gewesen sein, seinem Sohn vor Augen zu führen, was man mit juristischem Know-how und guten Manieren alles erreichen konnte. Falls das seine Absicht war, wurde der Aufenthalt im Schloss Saint-Ange, wörtlich: des Heiligen Engels, ein eklatanter Misserfolg. Denn wie so viele Parvenüs hatte der Marquis die Werte der alten Führungsschicht, der er sich anglich, tiefer verinnerlicht als diese selbst. So war er ein lebendes Adelslexikon, wusste alle Genealogien der vornehmen Geschlechter auswendig und unterhielt seinen jungen Gast mit Anekdoten aus einer Epoche, die am krisengeschüttelten Ende der Regierungszeit Ludwigs XIV. wie ein verlorenes Paradies und zugleich wie eine Chance zum Neuanfang erschien. Der Held dieser Geschichten war König Heinrich IV., der große Befrieder und Versöhner nach Jahrzehnten blutiger Bürgerkriege:

Caumartin ist immer neu
Für mein Ohr, das er bezaubert;
Denn in seinem Kopf sind eingeschrieben
Alle Taten und alle Worte
Der großen und der geistreichen Männer.[17]

So lautete eine erste Huldigung des jungen Gastes an den Vermittler lebendiger Geschichte und dessen Idol; eine zweite Hommage sollte in Gestalt eines monumentalen Versepos sehr viel imposanter ausfallen.

Auf so viel Anregung und Ermutigung folgte dann eine herbe Enttäuschung. Die Académie française hatte sich bei der Entscheidung über das beste Lobgedicht auf die beiden Ludwigs volle zwei Jahre Zeit gelassen. Preisgekrönt wurde schließlich das poetische Machwerk eines sechzigjährigen Abbés namens Dujarry, der diese Auszeichnung im Laufe von vierzig Jahren bereits dreimal eingeheimst hatte. Für den wütenden Verlierer Arouet war das ein abgekartetes Spiel abgehalfterter Dichter-Greise, das man diesen nicht durchgehen lassen durfte. So startete er eine verbale Attacke, die es in sich hatte, und zeigte dabei erstmals sein Talent, rivalisierende Autoren durch die Besprechung ihrer Werke zu vernichten: «Einer dieser professionellen Poeten, die man überall trifft und die man nirgendwo sehen will», so lautete eine der noch freundlicheren Bezeichnungen für den Sieger, «der sich für eine gute Mahlzeit mit schlechten Versen revanchiert»,[18] wie es sich für einen speichelleckerischen Kostgänger an den reich gedeckten Tischen der Mächtigen ziemte. Nach dem Dichter kam das Gedicht an die Reihe: Was sollte man von einem Poem sagen, das das Eichenlaub der römischen Bürgerkrone mit den Ölzweigen des Olympiasiegers verwechselte? Der eilfertige Lobredner Dujarry hatte Ludwig XIV. offenbar mit beiderlei Trophäen gekrönt, diese aber falsch zugeordnet.

Der Irrtum in Sachen antiker Ehrenzeichen war für den unerbittlichen jungen Rezensenten kein Zufall. Der unberatene Verseschmied hatte sich wie die Strippenzieher der Preisverleihung in dem seit Langem wogenden Streit, ob die Kultur des Altertums oder die der Moderne höher stehe, zum Nachteil der antiken Dichter Horaz und Vergil geäußert. Für den Zögling des Collège Louis-le-Grand, der die klassischen Texte schätzen gelernt hatte, war das eine Denkmalsschändung, die nur durch Ignoranz zu erklären war. Und so holte er in seinem Gegenschlag noch viel weiter aus. In seinem Gedicht *Der Parnass* – alternativer Titel *Die Schlammgrube* –

erquicken sich die großen griechischen und römischen Schriftsteller in lieblichen Gärten an kristallklaren Quellen, während sich ihre borniertenen Kritiker von der Akademie in Schmutz und Kot suhlen. Damit machte sich der junge Literat, der selbst noch kein größeres Werk vorgelegt hatte, einflussreiche Feinde und übersah, dass man auch seine eigenen Preisoden-Verse mit Fug und Recht als abgekupferten Schwulst abqualifizieren konnte.

Nach diesem Misserfolg musste Voltaire dringend einen Text vorweisen, der eindrucksvoll belegte, dass er es besser konnte als die von ihm verhöhnten Konkurrenten. Bei der Suche nach den dafür infrage kommenden Stoffen stand ihm der dreiundzwanzig Jahre ältere Literat Jean-Baptiste Rousseau zur Seite. Dessen Aufnahmegesuch hatte die Académie française 1710 unter beleidigenden Umständen abgelehnt, so dass er selbst mit dem Establishment eine Rechnung offen hatte. Wegen seiner «diffamierenden» Verse musste er sogar zeitweilig vor der Polizei fliehen und sich anonym in Paris verstecken. Die Wahl des jungen Literaten und seines erfahrenen Beraters fiel schließlich auf die Gattung Tragödie und auf das Thema Ödipus. Die Arbeit an diesem Stück zog sich bis zum Sommer 1715 hin. Danach reichte es der hoffnungsvolle Autor zur Aufführung ein – und wurde brüsk abgewiesen. Doch dieser Misserfolg entmutigte ihn nicht, sondern spornte ihn zur Überarbeitung seines Erstlings an, die er in der Bastille fertigstellte – doch dazu später. 1718 wurde das Drama in seiner neuen Fassung aufgeführt und ein rauschender Erfolg. Das hatte nicht nur mit den geschickt gedrechselten Versen zu tun, sondern auch mit den gewandelten Zeitverhältnissen, die darin ihren Niederschlag fanden.

«Ödipus»: Ein sehr persönliches Drama mit politischer Botschaft

Warum wandte sich ein vor Ehrgeiz brennender Literat von zwanzig Jahren ausgerechnet dem Thema Ödipus zu, das in der klassischen Behandlung durch den athenischen Dramatiker Sophokles vom tragischen Schicksal eines Verstoßenen erzählt, der vergeblich dem Fluch der Götter zu entkommen sucht, unwissend seinen Vater tötet und seine Mutter heiratet und diese schuldlos auf sich geladene Schuld durch Selbstblendung und Exil sühnt? So fern der mehr als zweitausend Jahre alte Mythos dem Frankreich des frühen achtzehnten Jahrhunderts auch zu stehen scheint, so stechen doch einige Parallelen ins Auge, die die Ereignisse im antiken Theben überraschend aktuell erscheinen lassen. Die Handlung setzt dort in einer Zeit schwerer Krisen ein, die König Ödipus durch seine Freveltaten selbst verursacht hat, ohne dass ihm das bewusst ist. Das ließ sich ohne Weiteres auf die späte Regierungszeit Ludwigs XIV. übertragen: Der Sonnenkönig hatte die öffentlichen Finanzen, die durch seine zahllosen Feldzüge in mehr als vierzig Jahren ohnehin zerrüttet waren, durch den Spanischen Erbfolgekrieg vollends ruiniert. Schwere Hungersnöte hatten seit dem legendären «Großen Winter» von 1708/09 Millionen Todesopfer gefordert. So viel Unheil warf, genau wie im Drama, die Frage nach dem Schuldigen auf. Der ehemalige Prinzenerzieher und Erzbischof von Cambrai, François de Fénelon, hatte die Antwort darauf gegeben: Dieser König ordnete alles seinem persönlichen Ruhm unter, anstatt sich wie ein gütiger Vater um die Nöte seiner Untertanen zu kümmern. Das waren kühne Sätze, die mit Gunstentzug und Verbannung vom Hof bestraft wurden.

Als der greise Monarch, der bis zum Schluss wie ein düsterer Übervater das soziale und kulturelle Leben in Frankreich kontrolliert und erdrückt hatte, am 1. September 1715 endlich das Zeitliche segnete, schien vieles, was vorher undenkbar gewesen war, auf einmal sagbar und machbar zu werden. Ludwig XIV. hatte alle seine legitimen Söhne und Enkel überlebt. Nomineller Thronfolger war sein fünf Jahre alter Urenkel namens Ludwig, für den dessen Großonkel Philippe d'Orléans die Regentschaft führte. Als bekennender Freidenker war dieser das schiere Gegenteil seines frömmelnden Vorgängers. Er hatte sich dem Prinzip religiöser Toleranz gegenüber offen gezeigt und schien so das Land in eine vielversprechende Zukunft führen zu können, in welcher Rolle auch immer, als Regent oder König. Zwischen ihm und der Krone stand schließlich nur ein fünfjähriger Knabe von zarter Gesundheit.

Doch nicht nur die vom Monarchen selbst verschuldeten krisenhaften Zeitumstände, sondern auch die Grundkonstellation des antiken Dramas und seine Konflikte machten den Stoff für den jungen Literaten interessant: Konnte sich der Einzelne gegen die Mächte der Vorsehung behaupten – oder war sein Lebensweg bereits vor seiner Geburt durch den Willen des Himmels vorherbestimmt? François-Marie Arouet war in einem Elternhaus aufgewachsen, das den Theorien der Jansenisten zuneigte und damit der Lehre von der unbeeinflussbaren göttlichen Gnadenwahl anhing. Solche Ideen standen in schroffem Widerspruch zu den Vorstellungen der frühen Aufklärung, wonach der Mensch selbst mit uneingeschränkter Willensfreiheit der alleinige Gestalter seines Schicksals war.

Die Ödipus-Thematik bot also reizvolle Anknüpfungspunkte für provokante Aktualisierungen persönlicher und öffentlicher Art. Die Protagonisten des Stücks waren zudem allesamt hochgeboren, was gemäß der klassischen Dramentheorie einen erhabenen Stil mit viel Pathos erforderlich machte: Große Seelen werden von unstillbaren Leidenschaften verzehrt, die sie mit heroischer Selbstüberwindung zu bändigen versuchen. Wenn sie diesen Kampf dennoch verlieren, mindert der Untergang ihre Würde nicht, denn furchtlos dem eigenen Ende entgegenzusehen und entgegenzugehen ist für den wahren Aristokraten der Gipfel des Ruhms. So strotzt Voltaires *Oedipe* nur so vor stolzen Beteuerungen der Akteure, ihre Ehre bis zum freiwilligen Selbstopfer zu verteidigen.

Allerdings hatte sich der Geschmack seit den Zeiten eines Corneille und Racine gewandelt. 1715 war die Zeit der erhabenen Seelenkämpfe und der stoischen Opfergänge vorbei, sei es im Leben, sei es auf der Bühne. Dort hatte jetzt ein leichteres Genre Konjunktur, mit lockeren Liebschaften statt zerstörerischer Passionen und mit gesundem Eigennutz statt unbeugsamer Selbstverleugnung. Aber diese neue Vorliebe schloss die Sehnsucht nach einer zeitgemäßen Erneuerung des tragischen Genres nicht aus. Die große literarische Tradition war weiterhin eine Herausforderung und verlockte den jungen Arouet zur Nachahmung, doch zugleich war der Drang übermächtig, sie durch kritische Hinterfragung aufzubrechen. Das blieb auch in der Folgezeit so: Aufwallende Emotionen und ihre rationalen Widerlegungen treffen in Voltaires Stücken unverbunden aufeinander. Der Kontrast zwischen der Hitzekammer des schwelgerischen Pathos und dem ernüchternden Kältebad der Ironie wurde schon in seinem ersten Drama zum Leitmotiv.

Das Stück spielt im pestverseuchten Theben, in dem der Tod sich langsam, aber unerbittlich dem Königspalast nähert. Dort regiert der junge König Ödipus, der die Stadt vier Jahre zuvor, damals noch Thronerbe in Korinth, vom Terror der Sphinx dadurch befreit hat, dass er ihr Rätsel löste. Als Lohn hat er die Witwe des Königs, Jokaste, zur Frau erhalten und ist selbst Herrscher von Theben geworden. Doch die erhoffte Blütezeit ist danach nicht angebrochen, weil nun ein Fluch der Götter über Theben liegt. Solange nicht bekannt ist, warum die Unsterblichen zürnen, ist kein Ende der Hungersnöte und Seuchen in Sicht. Die eigentliche Handlung des Stücks beginnt damit, dass Philoktet, seines Zeichens Prinz von Euböa und heldenhafter Gefährte des Herkules, in Theben auftaucht. Dort hatte er gemäß der antiken Mythologie nichts zu suchen, aber Voltaire entlehnte ihn aus einem anderen Drama des Sophokles, um seinem Stück zusätzliches Konfliktpotential zuzuführen. Denn Philoktet liebt Jokaste, die Gattin des Ödipus und Witwe des vier Jahre zuvor ermordeten Königs Laios, und wird von ihr mit entsagungsvoller Leidenschaft wiedergeliebt. Jokaste war – so viel enthüllen ihre hoch emotionalen Monologe – von ihrem Vater in die erste Ehe mit dem viel älteren Laios gezwungen worden, den sie nicht liebte, aber achtete, und hat danach den scheinbaren Retter Ödipus geheiratet, für den sie nur «etwas Zärtlichkeit» empfindet, dessen Tugend sie aber umso höher schätzt. Ihre Passion für Philoktet hat sie ebenso heroisch wie vergeblich zu unterdrücken versucht, wie sie ihrer Vertrauten gegenüber bekennt:

> Ich habe sie zu sehr bekämpft. Gleichwohl, liebe Egine,
> Was immer auch ein großes Herz, von der Tugend beherrscht, macht,
> Man kann vor sich die geheimen Regungen nicht verbergen,
> Die unzähmbaren Kinder der Natur in uns.[19]

Diese Leidenschaft ist nur scheinbar erkaltet, wie sich gleich nach der Ankunft Philoktets zeigt. Die Tugend kann ihr widerstehen, doch auslöschen kann sie die weiterhin lodernden Flammen nicht. Auf diese Weise wird die heroische Tugend zum Laster, denn sie macht am Ende alle unglücklich, und zwar die Tugendhafte selbst zuallererst:

> Zweimal habe ich die Ungerechtigkeit meines Schicksals erlitten,
> Und nur die Versklavung oder eher die Hinrichtungsart gewechselt:
> Und der Einzige, der mein Herz je berührt hat,
> Sollte meinen Wünschen für immer entrissen werden.[20]

Wie sich am Ende des Stückes zeigen wird, hat diese unmenschliche Tugend sogar fatale politische Konsequenzen: Hätte Jokaste ihrer Neigung für Philoktet nachgegeben, wäre dieser strahlende Tugendheld der Herr von Theben geworden und den Thebanern unsägliches Elend erspart geblieben. Die Absage an eine übersteigerte aristokratische Ethik der Selbstüberwindung ist von schneidender Schärfe. Für das Publikum war die Handlung damit aus dem antiken Theben in die Gegenwart übergewechselt. Und dort blieb sie auch in den nachfolgenden Szenen des Dramas angesiedelt.

Wie man unzeitgemäß gewordenes Standesverhalten überwindet und sich menschlicheren Werten zuwendet, spiegelt der Lebenslauf Philoktets wider, den dieser gleich nach seinem Eintreffen in Theben seinem Vertrauten Dimas erzählt: Er entfloh seiner vergeblichen Leidenschaft für Jokaste und beschritt nach einer Phase aussichtslosen Schmachtens den Weg der heroischen *vita activa*. So half er als treuer Gefährte dem tatkräftigen Halbgott Herkules bei dessen Heldentaten, die die Welt von Ungeheuern befreiten, und gewann auf diese Weise eine ganz neue Identität:

> Was wäre ich ohne ihn gewesen? Nichts als der Sohn eines Königs,
> Nichts als ein vulgärer Prinz, und ich wäre vielleicht
> Sklave meiner Sinne, zu deren Herrn er mich machte, geblieben.[21]

Seit dem fünfzehnten Jahrhundert lehrten die Humanisten, dass wahrer Adel Tugend voraussetzt; nur wenn die Hoheit der Abstammung wie im Falle Philoktets mit der Reinheit der Moral zusammenfiel, gereichte monarchische Herrschaft den Untertanen zum Segen. Doch eine solche Synthese kam in der Geschichte nur selten vor, in ihr überwog der «vulgäre Prinz» bei Weitem. Das war nicht nur eine kühne Infragestellung adliger Werte, sondern auch eine direkte Kampfansage an das königliche Selbstverständnis der Gegenwart. Denn nach uralter Lehre war der gesalbte Monarch Frankreichs der direkte Beauftragte Gottes und damit als *roi thaumaturge*, als wundertätiger König, sogar heilkräftig. Diese religiöse Weihe stellte er Jahr für Jahr unter Beweis, wenn er seine Hand auf die Häupter ausgewählter Personen legte, die an Skrofeln litten, und sie nach offizieller Version dadurch von dieser Hautkrankheit heilte. Für Philoktet, die Stimme des Autors, war das alles pseudosakraler Hokuspokus:

Ein König ist für seine Untertanen ein Gott, den man verehrt;
Für Herkules und mich ist er ein gewöhnlicher Mensch.

Ein echter Heros braucht den Königstitel nicht: «Herkules verschmähte es, zu diesem hohen Rang aufzusteigen».[22] Diesem Motto seines Mentors schließt sich Philoktet umgehend an: Er habe, so seine stolze Aussage, Souveräne gemacht, doch selbst einer werden wolle er nicht. Warum sollte er auch? «Krieger wie ihr sind den Monarchen gleich»,[23] das muss selbst Ödipus, Monarch, aber kein Krieger, zugeben.

Solche Verse sind keine Absage an die Monarchie als Staatsform; diese bleibt in Kraft und wird am Ende des Dramas bestätigt, als der tatkräftige Weltreiniger Philoktet entgegen seinem Bekenntnis doch noch zum König von Theben erhoben wird. Aber er wird ein König von neuer, besserer Art sein. Er wird seine Macht ausschließlich zum Wohle des Volkes einsetzen und dieses zu Vernunft und Menschlichkeit erziehen. Dafür muss sich vieles ändern. Ein König ist für sein Volk da, nicht umgekehrt: «Für sein Land zu sterben, ist die Pflicht eines Königs».[24] Die Realität sieht jedoch anders aus:

In den Herzen der Menschen vermögen die Könige nicht zu lesen;
Oft lassen sie ihre Schläge auf die Unschuld niederfallen.[25]

Wie eine vorbildliche Königsherrschaft aussehen müsste, hatte bereits Laios vorgemacht. Davon weiß seine Witwe Jokaste eindringlich zu berichten:

Dieser König, größer als sein Glück,
Verachtete wie Ihr jeden lästigen Pomp;
Vor seinem Wagen sah man nie
Die prunkvolle Wehr einer mächtigen Garde;
Inmitten der Untertanen, die seiner Gewalt unterworfen waren,
Ging er ohne Schutz, da ohne Furcht.
Durch die Liebe seines Volks hielt er sich für bestens geschützt.[26]

All diese Aussagen über gute und schlechte Regierung summieren sich zu einem Kontrastprogramm zur soeben zu Ende gegangenen Regierungszeit Ludwigs XIV. Der *Roi Soleil* hatte in Versailles vorher nie gesehenen Prunk entfaltet, beispiellosen Personenkult betrieben und eine regelrechte Industrie der Verherrlichung begründet, die jahrzehntelang Statuen, Bilder und Medaillen des zum unumschränkten Statthalter Gottes auf Erden, ja zu einem irdischen Vizegott überhöhten Monarchen produzierte. Diese Verklärung setzte im Umgang mit dem Volk ausgeklügelte Strategien der Distanzierung voraus; so konnten die Untertanen ihren Herrscher nur aus ehrfurchtsvoller Entfernung bewundern. Sich nach dem Beispiel des Laios wie ein gütiger Familienvater vertrauensvoll unters Volk zu mischen, sahen die Regeln der Versailler Hofgesellschaft nicht vor. Nach dem Tod des Sonnenkönigs aber war die Diskussion über einen zeitgemäßen neuen Herrschaftsstil eröffnet. Selbst die religiöse Legitimation der königlichen Herrschaft war jetzt kein Tabu mehr, zumindest nach Einschätzung des Dramendichters François-Marie Arouet.

Zurück zum Geschehen auf der Bühne! Die Debatten über die falsche oder richtige Ausübung monarchischer Macht werden in einer Atempause der dramatischen Ereignisse geführt. Immerhin ist zu diesem Zeitpunkt ein wichtiger Tatbestand geklärt: Die Ursache für das Massensterben in Theben ist der ungesühnte Mord an Laios, so weit hat der Hohepriester von Theben den Schleier über dem Mysterium des Fluches gehoben. Doch wer diese Freveltat begangen hat, bleibt offen. Alle sind sich einig, dass der Mörder so schnell wie möglich ausfindig gemacht und seiner gerechten Strafe zugeführt werden muss. Ödipus macht sich sogar zum Wortführer der Menge und lenkt den Verdacht abwechselnd auf Philoktet und Phorbas, den alten Diener des Laios und Augenzeugen von dessen Ermordung. Zwischen diesen Verdächtigen schwankt auch der Pöbel, den es nach Lynchjustiz gelüstet. Umso dringlicher ist eine rückhaltlose Aufklärung des Verbrechens, wie sie jetzt in die Wege geleitet wird: Phorbas soll aussagen, was damals geschah; warum er so lange Zeit geschwiegen hat, bleibt allerdings offen. Doch das Geheimnis wird schon vor seinem Eintreffen jäh gelüftet: Der Mörder des alten Königs ist niemand anders als der junge König Ödipus selbst, so offenbart es der Hohepriester dem ebenso bestürzten wie ungläubigen Volk. Der Beschuldigte reagiert reflexartig: Nichts als Lügen, hier wird ein Komplott der perfiden Geistlichkeit gegen die weltliche Gewalt geschmiedet!

Damit wechselte die Handlung für das zeitgenössische Publikum ein weiteres Mal von Theben nach Paris über. Jetzt ging es nicht mehr um

«Ödipus»: Ein sehr persönliches Drama mit politischer Botschaft　　57

Ödipus, sondern um das Verhältnis von Monarchie und Kirche in Frankreich und damit um eine Kontroverse, die seit vierhundert Jahren schwelte. In dieser Auseinandersetzung hatte der französische Klerus im Auftrag Ludwigs XIV. mit den *Vier Artikeln* von 1682 eine extreme Position bezogen, die dem Papst nur noch einen Ehrenvorsitz beließ und dessen Einfluss auf die Reglementierung des kirchlichen Lebens sowie auf Rechtsprechung, Reformen und Besetzung von Spitzenpositionen in Frankreich rigoros ausschloss. Doch das war leichter dekretiert als umgesetzt. In der Folgezeit spitzte sich der Streit zwischen den Befürwortern einer «gallikanischen», von Rom weitgehend abgelösten Nationalkirche, zu der sich vor allem die Jansenisten und das Pariser *Parlement* bekannten, und den papsttreuen Kräften weiter zu. Die Fronten verschoben sich vor allem dadurch, dass der König selbst in seinen späteren Jahren unter dem Einfluss seines jesuitischen Beichtvaters Le Tellier teilweise von seinen staatskirchlichen Prinzipien abrückte und Aussöhnung und Verständigung mit der zuvor heftig befehdeten Kurie suchte. Diese Rückwendung hatte weitreichende Folgen für das kulturelle Klima, nicht zuletzt durch die verstärkte Zensur. Umso größer waren auch hier die Hoffnungen auf einen Neuanfang unter der Regie des Regenten. Diesen Erwartungen verdankt der Hohepriester sein Erscheinen auf der Bühne. Bei Sophokles tritt nur der blinde Seher Teiresias als erster Verkünder der Mordtat auf, also eine Privatperson mit hohem moralischem Prestige. 1718 muss es ein Geistlicher sein, der sich anmaßt, über der weltlichen Gewalt zu stehen, schlimmer noch: über sie zu richten.

Ganz auf der Höhe des Pariser Zeitgeists ergreift der Tugendheld Philoktet daraufhin das Wort zu einer Anklagerede gegen einen machtgierigen und pflichtvergessenen Klerus:

> Ein Oberpriester ist für die Herrscher oft bedrohlich,
> Wenn er von wahnhaften Orakeln gestützt wird.
> Und in seinem blinden Eifer tritt ein starrsinniges,
> Dummes Volk, seinen höchsten Pflichten abtrünnig, die heiligsten Gesetze mit Füßen
> Und glaubt, durch den Verrat an seinen Königen seine Götter zu ehren,
> Vor allem dann, wenn schnödes Interesse, Urgrund aller Zügellosigkeit,
> Die Frechheit seines gottlosen Eiferns weiter anfacht.[27]

Damit sprach der künftige König von Theben ein Credo aus, an dem François-Marie Arouet alias Voltaire lebenslang festhalten sollte: Durch ihre eigennützigen Interventionen in der Politik höhlt die katholische Kirche die herrscherliche Autorität aus, untergräbt die vernünftige Ordnung von Gesellschaft und Politik und hetzt, wenn es ihren Interessen entspricht, das unwissende Volk im Namen Gottes zu Aufständen gegen die legitimen Gewalten auf. Diese unheilvolle Aufspaltung der Macht ist die Ursache der meisten historischen Fehlentwicklungen, speziell in Frankreich. Mit seiner Beschwörung des zerstörerischen Fanatismus, zu dem sich der ignorante Pöbel, angestachelt durch die Priester, hinreißen lässt, wies Philoktet darüber hinaus das Publikum auf ein literarisches Projekt hin, das den Autor während der Arbeit an *Oedipe* intensiv beschäftigte. Darin ging es um die Geschichte eines anderen ermordeten Königs, Heinrichs IV., des besten Herrschers, der jemals ein Volk regiert hat.

Danach eilt die Bühnenhandlung rasant ihrem Ende entgegen. Die Anklage des Hohepriesters gegen Ödipus, die Aussage des endlich herbeizitierten Dieners Phorbas, die plötzlich wieder belebten Erinnerungen an unheilvolle Orakelsprüche – auf einmal passt alles zusammen: Ödipus ist der Sohn Jokastes und des Laios, der ihn töten lassen wollte, weil ihm verheißen worden war, dass er selbst von seinem Sohn getötet werden würde. Doch dieses erste Todesurteil wurde nicht vollstreckt. Ödipus wurde stattdessen in der Wildnis ausgesetzt, von Hirten aufgefunden und vom König von Korinth adoptiert, womit das von den Göttern dekretierte Unheil seinen Lauf nahm: Der Sohn erschlug bei einem Streit um die Vorfahrt an einer Wegkreuzung, also aus purer aristokratischer Arroganz, seinen Vater, heiratete seine Mutter und zeugte Kinder mit ihr. Das Volk von Theben schaudert es nach der Aufdeckung dieser fatalen Verkettung. Nur Ödipus bleibt – in markantem Gegensatz zu seiner bodenlosen Verzweiflung bei Sophokles – erstaunlich gelassen. Dass er nicht mehr König von Theben bleiben kann, steht auch für ihn außer Frage, hier soll Philoktet zum Zuge kommen. Doch noch gibt es ja den Zufluchtsort Korinth, wo ein sicher alter Monarch namens Polybos in den letzten Zügen liegt und ein Nachfolger dringend gesucht wird. Von tiefer seelischer Erschütterung und nachfolgender Seelenreinigung des Vatermörders kann also keine Rede sein.

Macht macht süchtig, kein Mächtiger gibt Macht ohne äußerste Not ab: Auch diese Aussage des Stücks war eine Entmythisierung der Monarchie, die unter Ludwig XIV. Blasphemie gewesen wäre. Daran schließt sich eine noch viel bestürzendere Erkenntnis an, die Ödipus beim Blick in sein aufgewühltes Inneres gewinnt: «Wir sind manchmal verbrecherischer, als wir glauben»,[28] so lautet das Fazit seiner Selbstbetrachtung. In jedem Menschen und vor allem in den Mächtigen tut sich ein Abgrund auf, in dem zerstörerische Kräfte toben. Alles kommt darauf an, wie man sie bändigen kann. Um diese Frage sollten in Zukunft die literarischen, philosophischen und politischen Werke Arouet-Voltaires kreisen.

Danach verfliegen auf der Bühne die letzten Illusionen schnell. Ein Bote aus Korinth trifft ein, der davon berichtet, dass Polybos das Zeitliche gesegnet und Ödipus, seinen Ziehsohn, vom Erbe ausgeschlossen hat. Daraufhin sieht dieser keinen Ausweg mehr und tut, was man von ihm erwartet: Er sticht sich die Augen aus und geht ins Exil. Seine Mutter und Gattin ist konsequenter. Sie geht freiwillig in den Tod, aber vorher hat sie das letzte Wort des Stücks: «Ich habe die Götter erröten lassen, die mich zum Verbrechen gezwungen haben.»[29] Damit gelingt ihr ein starker Abgang: Nicht wir Menschen, sondern die Unsterblichen da oben sind schuld, denn sie haben ein Komplott geschmiedet, dem keiner entrinnen konnte. Und warum? Aus purer Bosheit und diebischer Freude an unauflöslichen Verstrickungen, denen die nichts ahnenden Sterblichen zum Opfer fallen mussten. Diese Götter verdienen nicht Verehrung, sondern ewige Schande. Im Klartext war das ein Verdammungsurteil gegen die Jansenisten: Euer Dogma der Prädestination spricht irdischer und himmlischer Gerechtigkeit Hohn. Ein Gott, der seine Geschöpfe vor deren Geburt, ohne Ansehen ihres Strebens und Wollens, verdammt, ist durch und durch böse und daher eine absurde Einbildung fehlgeleiteter Theologen. Arouets Absage an das Elternhaus war total. Doch auch die Gegner der Jansenisten, die Jesuiten, mussten nicht mehr lange auf ihr Verdammungsurteil warten.

Auf Konfrontationskurs mit dem Regenten: Verbannung in die Provinz und Bastille

Während der Literat Arouet zwischen 1715 und 1718 an der Verbesserung seines *Oedipe* arbeitete und die Probleme der Gegenwart in die Mythologie der Antike einkleidete, gingen die Kämpfe und Intrigen des Alltags ungebrochen weiter. Die schnöde Zurückweisung des Stücks in seiner ersten Fassung legte es nahe, engere Beziehungen zur Theaterszene zu knüpfen. Bei diesen Bemühungen verliebte Voltaire sich – glaubt man seinen Versen – in eine gefeierte Schauspielerin namens Duclos, die fast ein Vierteljahrhundert älter war:

> Oh liebenswürdige Herrscherin des Theaters,
> Schöne Chloé, Tochter der Melpomene,
> Mögen Ihnen diese Verse doch gefallen!
> Amor will es, denn Amor hat sie diktiert.[30]

Doch Amor hatte keinen Erfolg, die Angebetete suchte sich einen älteren und zahlungskräftigeren Liebhaber, obwohl man ihr einen ausgeprägten Hang zu jungen Männern nachsagte. Der abgewiesene Liebhaber Arouet rächte sich mit Spottversen und erzählte noch fast sechzig Jahre später spöttische Anekdoten über die ebenso schöne wie dumme Duclos.

Mit größerem Erfolg als die Hinterzimmer der Bühnenwelt frequentierte der junge Dramatiker alte und neue literarische Zirkel, die vom gewandelten Zeitklima profitierten. So wurden die Sitzungen der Tempel-Gesellschaft, die mit ihrem epikureisch eingefärbten Hedonismus und ihren kirchenkritischen Tönen den Bannstrahl des greisen Sonnenkönigs auf sich gezogen hatte, jetzt mit neuem Elan wiederaufgenommen, und zwar mit François-Marie Arouet als Mittelpunkt. Er fand es an der Zeit zu erproben, wie weit man in dieser deutlich gelockerten Atmosphäre mit neuen Ideen gehen konnte. Eines zeigte sich bei diesen literarischen Testläufen schnell: Frivolitäten gingen immer, selbst wenn sie sich hart an der Grenze zur Blasphemie bewegten. In seinen Gelegenheitsversen *An eine etwas mondäne und zu fromme Dame* heißt es: «In deiner Jugend mach

Liebe, / Im Alter sorg für dein Seelenheil».³¹ Doch natürlich war der Ratschlag für das Alter nicht ernst gemeint, denn die frommen Damen «glauben Gott zu dienen; aber Sie dienen dem Teufel». Kurz zuvor ist in diesen Versen von «der Geschichte eines chimärenhaften doppelten Testaments» die Rede. Der falsche Gott, hinter dem sich der Teufel verbirgt, war für Voltaire der Gott der Juden und der Christen. Doch das bedeute nicht, dass es keinen Gott gäbe, obwohl auch diese Frage nach dem Sein oder Nicht-Sein eines Höchsten Wesens gestellt werden müsse. Die lyrische Antwort des Jahres 1716 darauf lautete: Es gibt ihn, aber er ist ganz anders, als ihn sich die Religionen vorstellen, nämlich gütig und verständnisvoll. Er interessiert sich nicht für das Liebesleben seiner Kreaturen und mischt sich auch sonst nicht in den Lauf seiner Schöpfung ein. Daraus folgte für Voltaire die Devise: Es lebe die Liebe, und zwar im Hier und Jetzt!

Wie radikal sich Arouet-Voltaire von nun an zu religiösen Grundsatzfragen äußerte, hing nicht nur vom jeweiligen Stand seiner Überzeugungen ab, sondern auch von äußeren Faktoren: Wie viel Kritik am Christentum konnte man dem jeweiligen Publikum zumuten? Was sollte dadurch erreicht werden? Und wo lag die Gefahrenschwelle, nach deren Überschreitung mit konkreten Unannehmlichkeiten zu rechnen war? In der *Société du Temple* waren Bespitzelung und fromme Opposition kaum zu befürchten, daher bot es sich an, vor diesem Forum neu entdeckte Wahrheiten erstmals vorzutragen. Die Frage, ob der Zustand der Welt und des Menschen für das Vorhandensein eines gütigen Schöpfergottes spricht oder nicht, sollte mehr als sechs Jahrzehnte lang im Zentrum von Voltaires Werken stehen, und zwar so, dass der Leser letztlich selbst eine Antwort suchen muss.

Zu den wichtigsten neuen Zirkeln, die im Tauwetter der frühen Regentschaft Philippe d'Orléans' aufblühten, gehörte der Salon der Prinzessin Louise de Bourbon, ihres Zeichens Enkelin des legendären Feldherrn Condé, vermählt mit Louis Auguste de Bourbon, Herzog von Maine, einem unehelichen Sohn Ludwigs XIV. und der Madame de Montespan, den sein Vater kurz vor seinem Tod zum legalen Spross erhoben, damit sogar für erbfolgefähig erklärt und gemeinsam mit Philippe d'Orléans zum Vormund des jungen Ludwig XV. ernannt hatte. Allerdings hatte das *Parlement* von Paris im Zusammenspiel mit Philippe Anfang September 1715 diese Deklaration weitgehend für ungültig erklärt und Louis Auguste nur die persönliche Vormundschaft über den fünfjährigen Knaben belassen.

Um den Herzog und die Herzogin scharten sich daher die Verlierer der neuen Ordnung, die auf ihre Chance zum Gegenschlag warteten. Im August 1718 glaubten sie diesen Moment gekommen, doch wurde ihre Verschwörung zum Sturz des Regenten rechtzeitig aufgedeckt. Die Strafe fiel gnädig aus: Das oppositionelle Paar wurde auf sein Schloss in der Provinz verbannt und verlor jeden Einfluss.

In so hoher und politisch brisanter Gesellschaft hatte sich der junge Literat bislang noch nicht bewegt, aber auch diesem Milieu vermochte er sich mit seinen Texten perfekt anzupassen. Dabei war eine robuste Kondition gefragt, denn die legendären Feste der Duchesse du Maine dauerten bis zum frühen Morgen. Endlose Gastereien waren jedoch nicht nach Arouets Geschmack, sein schwacher Magen spielte da nicht mit, vom Verlust kostbarer Schreibzeit ganz abgesehen. Andere Vergnügungen hingegen kamen ihm gelegener. Zum Unterhaltungsprogramm gehörten nämlich auch literarische Lotterien: Die Gäste griffen in eine Lostrommel mit Zetteln, auf denen Textgattungen verzeichnet waren. Wer wie Madame de Montauban ein «N» zog, hatte eine Novelle zu liefern. Diese ließ sie sich mangels eigener Einfälle von dem gefälligen jungen Literaten Arouet schreiben.

Von solchen Geschichten verfasste dieser sogar gleich zwei, die erste anzüglicher als die zweite. Die erste heißt *Così-Sancta* (So heilig) und hat gleich zwei Untertitel: *Ein kleines Übel für ein großes Gutes. Afrikanische Novelle*. Diese spielt um 400 in Hippo Regius, der Stadt des Bischofs und späteren Kirchenlehrers Augustinus, auf den auch postwendend Bezug genommen wird: Dieser habe einer Moral, die eine Sünde wegen des daraus entspringenden Guten rechtfertigt, stets eine harsche Absage erteilt. Damit war der Gegenwartsbezug der Erzählung von Anfang an unübersehbar: Augustinus, der Theologe der Prädestination, war die Referenzfigur der französischen Jansenisten schlechthin. Nordafrika war also in Wahrheit Frankreich. Die Geschichte beginnt konventionell: Eine schöne junge Frau, die immer nur Così-Sancta genannt wird, ist an einen abstoßenden alten Ehemann gefesselt und wird von einem reizvollen Galan umworben. Solch eine pikante Konstellation war Ausgangspunkt und Gemeinplatz zahlloser Novellen im Stile Boccaccios und ebenso vieler Komödien. Diese enden in der Regel vorhersehbar, nämlich mit dem Triumph der Natur, die sich gegen alle künstlichen sozialen Zwänge durchsetzt.

Doch hier kommt es anders. Die tugendhafte Gattin gibt, obwohl verliebt, ihrer Neigung nicht nach. Trotzdem riecht der eifersüchtige Ehemann Lunte, stellt dem erfolglos Schmachtenden, der sich als Karmelitermönch verkleidet, eine Falle und tötet ihn. Das ist der Auftakt zu weiteren Verwicklungen. Der Ermordete ist nämlich mit dem Prokonsul der Provinz verwandt, und dieser oberste politische und militärische Machthaber wartet seit Langem auf die Gelegenheit, offene Rechnungen mit Così-Sanctas Ehemann zu begleichen, da dieser ihm als Richter am obersten Tribunal, in seiner Eigenschaft als «hässlicher kleiner Robenadliger», öfter ins Handwerk gepfuscht hat. Jetzt ist also die Gelegenheit gekommen, ihn als Mörder hinrichten zu lassen – oder eine noch exquisitere Rache zu genießen: Der korrupte Gouverneur stellt die tugendhafte Gattin vor die Alternative, eine Nacht mit ihm zu verbringen oder ihren Gatten dem Henker auszuliefern. Ihre tugendhafte Antwort lautet, das hänge nicht von ihr, sondern von ihrem Eheherrn ab. So muss dieser die Wahl treffen. Wie unschwer vorhersehbar, entscheidet er sich dafür, zum Preis des Gehörntwerdens am Leben zu bleiben. Und so geschieht es. Kurz darauf droht Così-Sanctas Sohn einer Krankheit zum Opfer zu fallen, die nur der gefeierte Modearzt in einer Nachbarstadt heilen kann. Auf dem Weg dorthin wird die treusorgende Mutter in Begleitung ihres Bruders von einer Räuberbande gefangen genommen, deren Anführer sie vor dieselbe Alternative wie der Prokonsul stellt: Dein Bruder wird getötet, wenn du nicht ... Natürlich wählt sie wieder, ganz im Sinne des Untertitels, das kleinere Übel. Dieser Vorgang wiederholt sich in der Praxis des Wunderdoktors: Für die Heilung des Knaben will er kein Geld, sondern dasselbe wie der Prokonsul und der Räuberhauptmann, und so zahlt Così-Sancta ein drittes Mal in dieser Währung, mit der sie drei Leben rettet. Für diese heroischen Leistungen wird die bekennende Frömmlerin nach ihrem seligen Ende von ihren Mit-Frömmlern heiliggesprochen. Auf diese Weise erfüllt sich alles, was ihr ein weissagender Pfarrer von Anfang an prophezeit hatte.

Das Fazit der Novelle lautet somit: Moral heißt nicht, Äußerlichkeiten und rigide Regeln einzuhalten, sondern Gutes zu tun, auch wenn es gegen alle Konventionen verstößt. Das schloss Kritik an der Lehre der Kirche ein: Mit ihren Dogmen steht sie in unüberwindlichem Widerspruch zur Natur und verursacht nichts als Unheil. Ihr Lehrer Augustinus predigt eine Moral, die vom Leben selbst widerlegt wird. Die christliche Religion erweist sich damit als lebensfeindlich; wer sie lebt, geht an ihr zugrunde. Darüber hinaus enthält die kurze, aber prägnante Erzählung eine Menge Seitenhiebe. Das Milieu der hohen Gerichtshöfe wird lächerlich gemacht und mit ihm der Vater. Auch dieser trockene Jurist war ja mit einer viel jüngeren, lebenslustigen Frau verheiratet gewesen – war nicht der Erzähler selbst aus einem Seitensprung dieser allzu früh verstorbenen munteren Gattin hervorgegangen? Così-Sancta wird heilig, weil sie drei Leben rettet. Die Untreue von Madame Arouet aber brachte neues Leben hervor, und was für eins!

Die zweite Novelle *Le Crocheteur borgne* (Der einäugige Lastträger) fiel konventioneller aus: Ein armer Tagelöhner träumt von einem Liebesabenteuer mit einer schönen Prinzessin, die unverkennbar mit den Zügen der Duchesse du Maine beschrieben wird, erwacht jäh aus diesen erotischen Phantasien, als ihm ein Eimer kaltes Wasser ins Gesicht geschüttet wird – und freut sich trotzdem seines Daseins, da er mit seinem einen Auge nur die Annehmlichkeiten des Lebens und nicht dessen Schattenseiten sieht. Die Geschichte huldigte dem Zeitgeschmack, der seit der ab 1704 vorliegenden französischen Übersetzung von *Tausendundeine Nacht* orientalisch eingefärbt war, und ließ sich zugleich als ein Bekenntnis zum eigenen sozialen Standort verstehen: Hohe Geburt hat ihren Glanz, aber durch zahllose Verpflichtungen gegenüber der Macht und den Mächtigen ebenso viele Nachteile. Einen klaren Blick behielt nur derjenige, der zwar genau beobachtete, sich aber nicht blenden ließ.

Schattenseiten hatte auch das neue, duldsamere Klima unter dem Regenten Philippe d'Orléans, und zwar sowohl für diesen selbst als auch für den hoffnungsvollen jungen Literaten Arouet. Als gern gesehener Gast im Salon der Duchesse du Maine geriet auch er in den Verdacht, zu dessen Gegnern und damit zu den Autoren zu gehören, die ihn mit satirischen Versen und kritischen Memoranden regelrecht überschütteten. So legte man ihm ein Pamphlet mit dem Titel *J'ai vu* (Ich habe gesehen) zur Last, das den maroden Zustand der öffentlichen Finanzen und das Elend des Volkes vor 1715 mit bedrückender Faktenfülle auflistete. Der Beschuldigte bestritt vehement, diesen Anklagetext gegen den alten Sonnenkönig verfasst zu haben. Das ist aus heutiger Sicht glaubwürdig, denn sein Bild von diesem Monarchen und seinem Zeitalter war viel differenzierter und damit auch positiver. Doch das Pariser Publikum nahm ihm diese Unschuldsbeteuerungen nicht ab, ebenso wenig wie der Regent selbst. Gravierender als diese wahrscheinlich unberechtigten Vorwürfe aber war, dass man ihm satirische Verse über die ungeheuerlichen sexuellen Ausschweifungen des Regenten zur Last legte, deren Urheberschaft ihm allerdings erst nachträglich nachgewiesen werden konnte.

Das brachte das Fass zum Überlaufen. Verbannung in die Provinz, lautete das Urteil im Mai 1716. Beim Ort dieses Exils ließ der Regent nach Intervention des Vaters mit sich reden. Am Ende fiel die Wahl auf Sully-sur-Loire, wo die Arouets angeblich Verwandte hatten, die einen positiven Einfluss auf die «Unvorsichtigkeit» und übersteigerte «Lebhaftigkeit» des jungen Literaten ausüben sollten. Von solchen Angehörigen ist allerdings nichts bekannt. Stattdessen traf der kühne Verseschmied dort alte Bekannte aus der Tempel-Gesellschaft, die ihn nicht zur Zurückhaltung ermahnten, sondern eher zu neuen Attacken anstachelten. Zum Kreis dieser Freidenker ebenso wie zu den Klienten des bestens vernetzten Juristen Arouet gehörte auch der Gastgeber, der Herzog von Sully, in dessen Schloss mit den trutzigen Festungstürmen an der Loire der junge Verbannte jetzt sein Quartier bezog.

Der Schlossherr trug einen großen Namen. Sein Urgroßvater hatte zum Kreis der engsten Vertrauten und Mitstreiter Heinrichs IV. gehört, dem er bis zu dessen Ermordung im Mai 1610 als Finanzminister diente. In dieser Funktion wurde der strenge Calvinist als sparsamer Verwalter der öffentlichen Gelder und kluger Förderer der Wirtschaft zum Mythos und zum Vorbild in einer späteren Zeit, die nur noch Schulden auf Schulden häufen konnte. So wurde jeder neue «Generalkontrolleur der Finanzen» im achtzehnten Jahrhundert mit dem vergeblichen Stoßseufzer «Möge er ein neuer Sully werden!» begrüßt. Rigoros war der große Sully auch in Religionsfragen. Bis zu seinem Tod mit zweiundachtzig Jahren hielt er unbeugsam an der reformierten Konfession fest, die so viele Wendehälse aus Karrieregründen inzwischen gegen den Katholizismus getauscht hatten. Legendär war seine Antwort auf ein päpstliches Schreiben, das ihn zur Konversion aufforderte: Solange der Bischof von Rom nicht belegen könne, dass Messe und Fegefeuer biblischen Ursprungs seien, ziehe er es vor, bei seinem angestammten Glauben zu bleiben.

Der mondäne junge Literat Arouet tauchte somit in ein Milieu ein, das der Jeunesse Dorée von 1716 zugleich altväterlich und durch das Beharren auf Glaubensfreiheit überraschend aktuell vorkommen musste. Der jetzige Herzog hatte allerdings wenig von seinem legendären Vorfahren. Dafür entzückten seine musikalisch untermalten Maskenbälle den hohen Provinzadel; ja, sie konnten sich, was Prunk und Raffinesse anging, fast mit den Festen der Duchesse du Maine in Paris messen. Bei solchen Anlässen machte auch Arouet – glaubt man seinen frühen Biographen – amouröse Eroberungen; durch Briefe oder andere authentische Dokumente sind sie allerdings nicht belegt. Seine reichlich bemessene Freizeit verbrachte er überwiegend damit, gegenüber Philippe d'Orléans seine Unschuld zu beteuern und sich bei diesem ins rechte Licht zu setzen. Das klang dann so:

> Gütig mit Noblesse, und groß mit Güte
> War er majestätisch ohne Hochmut;
> Und der Gott der Kämpfe und die gelehrte Minerva
> Überschütteten ihn mit ihren göttlichen Geschenken ganz.[32]

Völlig überzeugt scheint der wendige junge Literat von der Wirkung solcher Verse jedoch nicht gewesen zu sein, und in der Tat ließ seine Begnadigung noch einige Zeit auf sich warten. Erst als sich einflussreiche Fürsprecher einschalteten, wurde Ende Oktober 1716 die Erlaubnis zur Rückkehr nach Paris erteilt. Bis es so weit war, bot sich also viel Zeit für die Überarbeitung des *Oedipe* – und für neue Satiren gegen den Regenten.

Am heftigsten wurde Philippe d'Orléans in Versen attackiert, die ihm seinen bekanntermaßen exzessiven Lebensstil und sogar ein inzestuöses Verhältnis mit seiner Tochter, der Herzogin von Berry, vorwarfen. Solche Anklagen konnte auch ein «liberaler» Herrscher nicht auf sich sitzen lassen, und so wurde eifrig nach den Autoren dieser Machwerke gesucht. Bei diesen Fahndungen geriet Arouet, dessen spitze Feder genügsam bekannt war, Anfang Mai 1717 ins Visier der Spitzel, die zwei im Wesentlichen gleichlautende Berichte verfassten. Demnach habe sich der junge Literat ihnen gegenüber mit aller wünschenswerten Offenheit zu zwei Serien solcher Pamphlete bekannt, und zwar verbunden mit beleidigenden Ausfällen gegen den Regenten und dessen Tochter. Die Verse, um die es dabei ging, haben sich ermitteln lassen. Das erste der anstößigen Poeme beginnt wie folgt:

So ist euer Geist endlich geheilt
Von der Furcht des Pöbels;
Schöne Herzogin von Berry,
Vollendet das Geheimnis.
Ein neuer Loth dient euch als Gatte,
Mutter der Moabiter,
Ein neues Volk der Ammoniter
Möge bald aus euch hervorgehen.³³

Das ließ an Deutlichkeit nichts zu wünschen übrig. Im Alten Testament zeugte Loth mit seinen Töchtern, die ihn zu diesem Zweck betrunken machten, Nachkommen, aus denen die beiden Stämme der Moabiter und Ammoniter hervorgingen.

Aus seiner Verbannung hatte der Autor dieser Verse also keine Lehren gezogen. Als sei nichts gewesen, nahm er in Paris seine Kontakte zur Herzogin von Maine und ihrem oppositionellen Kreis wieder auf und verfasste weitere Anklageverse, die Philippe d'Orléans der schwersten Staatsverbrechen beschuldigten: Vergeudung öffentlicher Finanzen, Missbrauch der Justiz zur Verfolgung Unschuldiger, Vergiftung der ursprünglich vorgesehenen Thronfolger, Planung eines Anschlags gegen den jungen König mit dem Ziel, selbst den Thron zu besteigen. Und auch das Inzestmotiv erwies sich als steigerungsfähig: Der neue Ödipus an der Spitze des Königreichs Frankreich werde wie dieser bald beide Augen verlieren.

Dass der Verfasser so ungeheuerlicher Verunglimpfungen auch noch sein Einverständnis dazu gab, diese in Paris kursieren zu lassen, ist doppelt unverständlich. Zum einen musste er damit rechnen, dass ihm das Publikum, einschließlich des Adressaten, diese Verse zuschreiben würde. Zum anderen widersprachen die Angriffe gegen den Regenten allen politischen Überzeugungen, die er bislang in seinen Texten ausgedrückt hatte. Demnach konnte Fortschritt nur von einer klug beratenen Reformmonarchie kommen, und Ansätze dazu zeichneten sich unter der Regentschaft Philippe d'Orléans' nach 1715 immerhin recht deutlich ab. So bleibt nur die – unbefriedigende – Erklärung, dass sich der unberatene Poet, von literarischem Ehrgeiz getrieben und von dem hochadeligen Milieu, in dem er vortragen durfte, geschmeichelt, in gefährlicher Weise instrumentalisieren ließ.

Die Quittung ließ nicht lange auf sich warten. Am Pfingstsonntag, dem 16. Mai 1717, wurde François-Marie Arouet von den Agenten des Pariser

Polizei-Leutnants festgenommen. Nach deren Aussagen nahm er es mit Humor: Er habe nicht geglaubt, dass an einem so hohen Feiertag gearbeitet werde. Zudem komme ihm ein Aufenthalt im Staatsgefängnis gelegen, weil er dort in Ruhe seine Milchdiät fortsetzen könne; daher werde er um mindestens zwei Wochen Einquartierung bitten. Eine Haftzeit in der Bastille leichtzunehmen und mit überlegenem Spott zu kommentieren, gehörte zum guten Ton unter jungen Intellektuellen und Lebemännern. Ja, ein solcher Zwangsaufenthalt galt geradezu als ein Prestigetitel, zumal er sich in der Regel nicht allzu lange hinzog. Doch ein so glimpflicher Ausgang war keineswegs sicher. Grundlage der Einkerkerung war eine vom Regenten unterschriebene *lettre de cachet*. Mit einem solchen «Siegelbrief» ließen sich unliebsame Zeitgenossen aus dem Verkehr ziehen; ein formelles Gerichtsverfahren konnte sich anschließen, doch obligatorisch war es nicht. So wussten Insassen der Bastille nie, wann sie wieder in Freiheit gelangen würden. Die Übeltäter sollten ausreichend Gelegenheit erhalten, ihre Taten zu bereuen, in sich zu gehen und Anzeichen einer moralischen Läuterung erkennen zu lassen. Blieben solche heilsamen Wirkungen aus, konnte es sehr lange dauern.

Für François-Marie Arouet gab es reichlich Grund zur Besorgnis: Sein Schuldkonto war lang, eine Entschuldigung beim Regenten daher dringend erforderlich. Die Räumlichkeiten, die ihm in der Bastille zugewiesen wurden, scheinen immerhin erträglich gewesen zu sein. Für eine akzeptable Verpflegung sorgten die Finanzmittel des Vaters. Am schlimmsten waren daher die Unsicherheit und die Langeweile. Um sie zu bekämpfen, bestellte der Häftling Arouet zwei Bände Homer. Doch die beste Methode der Selbstbehauptung bestand darin, selbst zu schreiben, genauer: weiterzuschreiben an einem Anfang 1716 begonnenen Text. Ob und wie das gemäß dem strengen Reglement des Staatsgefängnisses überhaupt möglich war, darüber gehen die späteren Aussagen des Verhafteten auseinander. Einmal behauptete er, in Ermangelung von Tinte und Papier einen Großteil seines neuen Werkes auswendig gelernt zu haben, ein anderes Mal wollte er es auf einem sehr unappetitlichen Ersatzpapier, danach zwischen die Zeilen seiner Homerausgabe gekritzelt haben. Wie dem auch gewesen sein mag – das Werk, das hinter Gefängnismauern fortgeführt wurde, bewirkte ein dreifaches Wunder: Es verschaffte seinem Verfasser die Freiheit, die Gunst des Regenten und den literarischen Durchbruch. Doch der Reihe nach!

ZWEITES KAPITEL

AM HOF UND IM EXIL

1718–1728

Von Arouet zu Voltaire und die Entstehung der «Henriade»

Voltaires Haftzeit in der Bastille dauerte elf Monate minus zwei Tage. Am Gründonnerstag, dem 14. April 1718, war der junge Arouet wieder in Freiheit. Doch Paris war erst einmal verbotenes Terrain; die entlassenen Häftlinge sollten noch eine Zeitlang in Quarantäne gehalten werden, um die für Unmoral so anfällige Hauptstadt nicht mit ihren gefährlichen Ideen zu infizieren. Immerhin lag der neue Verbannungsort Chatenay (heute Châtenay-Malabry) nicht allzu weit von der Metropole entfernt. Der Alptraum einer unbeschränkten Einkerkerung war zu Ende, gedeihliche Beziehungen zum Regenten bahnten sich an, ein großes Werk schritt voran. So war es an der Zeit, einen Wendepunkt und damit einen neuen Lebensabschnitt zu markieren: Vom 12. Juni 1718 datiert der erste Brief, der mit «Arouet de Voltaire» unterschrieben war; ab November lautete der Name dann nur noch «Voltaire». Die doppelte Form, mit dem aristokratischen «de» als Koppelglied, suggerierte vornehme Abkunft und war vor allem bei Familien des Amtsadels beliebt, die ihrem mehr oder weniger prosaischen Namen meist die Bezeichnung eines ihrer Lehen oder Landgüter folgen ließen. So hat man die neue Selbstbezeichnung denn auch von einem Pachthof namens Veautaire abgeleitet, der der Familie Arouet gehörte. Die meisten Zeitgenossen erklärten sich den Namen als ein Anagramm aus «Arouet le jeune» (Arouet der Jüngere), wobei wie im Lateinischen «U» wie «V» und «J» wie «I» geschrieben und «le jeune» abgekürzt wird: Die Buchstaben «AROVETLI» lassen sich zu «VOLTAIRE» umstellen. Weniger überzeugend war schon damals die Ableitung des neuen Namens «Voltaire» von einer Bühnengestalt des siebzehnten Jahrhunderts, die als radikaler Gottesleugner kurzfristig für Furore gesorgt hatte. Kaum plausibler ist die Rückführung auf das Städtchen Airvault, den Ursprungsort der väterlichen Sippe. Warum Voltaire seinen Familiennamen ablegen wollte, lässt

Von Arouet zu Voltaire

sich am besten nachvollziehen, wenn man den alten, abgelegten Namen ausgesprochen hört. Er klingt wie «à rouer», zu rädern oder zu verprügeln. So konnte ein streitlustiger Literat nicht in die Arena steigen, der Spott seiner Gegner war ihm sicher.

Familiäre Verpflichtungen standen dem Namenswechsel nicht im Wege, vielmehr dürfte das angespannte Verhältnis zu einem «offiziellen» Vater, der als Hindernis bei der Selbstentfaltung empfunden wurde, der eigentliche Anstoß gewesen sein. Wahrscheinlich kamen noch Voltaires wachsende Zweifel daran hinzu, dass Arouet der Ältere überhaupt sein Erzeuger war. Ob diese Zweifel aus der Aversion gegen den alten Pedanten entsprangen oder umgekehrt «Kuckuckskind»-Gerüchte zu dem tiefen Zerwürfnis führten, lässt sich nicht mehr entscheiden. Sicher hingegen ist, dass mit der neuen Namensgebung ein Akt der Selbsterfindung vollzogen wurde: Arouet war fremdbestimmt, Voltaire hingegen verdankte alles sich selbst, ja er schuf sich selbst. Die Ähnlichkeit mit Ödipus, dem Mörder seines Vaters Laios, drängt sich auf, doch führt sie nicht allzu weit. Voltaire machte sich die Hände am Blut dieser traurigen Vatergestalt nicht schmutzig, er schob sie verächtlich zur Seite und damit ins Nichts. Das war die eigentliche Botschaft des neuen Namens. Ein weiteres Motiv kam hinzu: Das neue Werk, das in der Zeit der Haft Konturen annahm, sollte seinem Verfasser endlich den großen Namen verschaffen, den er nach seiner Selbsteinschätzung längst verdiente. Das schäbige «Arouet» kam für solchen Ruhm nicht infrage.

So fiel das neue Projekt noch ehrgeiziger aus als das erste Theaterstück. Mit seinem Versepos *La Henriade* wählte sich der Verfasser des *Oedipe* keinen Geringeren als Vergil zum Vorbild, der mit seiner *Aeneis* dem augusteischen Rom seinen Gründungsmythos, seine historische Rechtfertigung und überzeitliche Verherrlichung geschenkt hatte. Lange hatte Voltaire das Epos, das am Ende mehr als 4300 Verse umfasste, *La Ligue* (Die Liga) nennen wollen, nach der «Heiligen Liga», in der sich die ultrakatholischen Kräfte sammelten, die ab 1576 jeden Kompromiss mit den Anhängern der reformierten Konfession, den «Hugenotten», und damit auch die in ihren Augen viel zu nachgiebige Krone bekämpften. Erst am Ende entschied er sich dafür, das Werk nicht nach dieser Kraft des Bösen zu benennen, sondern es mit dem Titel *La Henriade* dem strahlenden Helden dieser Krisenzeit zu widmen. Henri de Bourbon, geboren als Kronprinz von

Navarra, nach der Ermordung des letzten Valois-Monarchen Heinrich III. am 1. August 1589 gemäß dem salischen Erbfolgerecht dessen legitimer Nachfolger und damit König von Frankreich – in der Theorie. In der politischen und militärischen Realität stellten sich der Thronbesteigung des ersten Bourbonen scheinbar unüberwindliche Hindernisse entgegen: Als Calvinist war er Angehöriger der religiösen Minderheit und wurde daher von den Anhängern der Liga in seiner Rechtmäßigkeit bestritten und mit allen Mitteln erbittert bekämpft. Sie erklärten die Katholizität des Königs zum unantastbaren Grundgesetz der französischen Monarchie, erhoben einen «rechtgläubigen» Gegenkandidaten aus der Hochadelsfamilie Guise auf den Thron und wurden vom Papst und dem spanischen König Philipp II. finanziell und militärisch unterstützt.

Schon für die zeitgenössischen Staatstheoretiker und Historiker wie Jean Bodin stand in diesem Konflikt nicht nur die religiöse Ausrichtung, sondern auch die nationale Einheit und Würde Frankreichs auf dem Spiel. Die sogenannten «Religionskriege» hatten weite Teile des Landes verwüstet, die Wirtschaft ruiniert und die Sitten verroht. Denn die blutigen Auseinandersetzungen, die zwischen dem bis 1589 moderat katholischen Königshaus, den hocharistokratischen Anführern der calvinistischen Hugenotten und der ultrakatholischen Liga ausgetragen wurden, setzten sich auf lokaler Ebene nicht weniger zerstörerisch fort. In den Städten und sogar auf dem Lande, wo man eben noch mehr oder weniger friedlich zusammengelebt hatte, massakrierten die Anhänger der einen Religion unversehens die Parteigänger der anderen. Auslöser für diese bestialischen Exzesse waren keine theologischen Divergenzen über die Auslegung des Abendmahls mit oder ohne Realpräsenz Christi, sondern Alltagsereignisse: gestörte Prozessionen, profanierte Kirchen, nächtliche Spottgesänge, an Hauswände geschmierte Parolen. Für den leidenschaftlichen Menschenforscher Michel de Montaigne (1533–1592), der als Bürgermeister von Bordeaux dem Zusammenbruch der gesellschaftlichen und politischen Ordnung so weit wie möglich entgegenzuwirken versuchte, waren in diesen Orgien der Gewalt denn auch nicht religiöse Überzeugungen, sondern Hass, Habgier, Neid, Zerstörungswut, Geltungssucht und Opportunismus am Werk, also die ganze Bandbreite der in jedem Menschen angelegten Destruktivität. Diese fatale Glut wurde – so Montaigne – durch religiösen Fanatismus zu verheerenden Flächenbränden angefacht, die sich jeglicher Eindämmung entzogen: Kein Hader ist so schrecklich wie der christliche, so lautete sein Fazit, denn so glaubt jede Partei, ihre Gräueltaten zum Ruhme Gottes zu begehen. Voltaire, der die *Essais* des weltklugen Gascogners kannte und schätzte, machte sich dieses Urteil zu eigen: Religiöser Fanatismus verunstaltet den Menschen zur reißenden Bestie. Diese Verrohung bildet den düsteren Hintergrund des Epos und damit die Kontrastfolie, vor der sich die Lichtgestalt der Zeit, der Friedensbringer, Versöhner und Einheitsstifter Henri de Navarre, ab 1589 Henri IV, *Roi de France et de Navarre*, umso strahlender abhebt. Henri IV, der «Vert Galant», «der grüne Galan», wie ihn seine Untertanen nach seiner Gewandung und wegen seiner legendären Qualitäten als Liebhaber schöner junger Frauen bewundernd und zugleich liebevoll-spöttisch nannten, steht nicht nur für die Zurückdrängung der päpstlichen Oberhoheitsansprüche und der spanischen Einmischung, sondern darüber hinaus für das Grundprinzip jeder vernünftigen Politik: für religiöse Duldsamkeit, verbunden mit konsequenter Unterordnung der Kirche unter die Interessen und Belange des Staates. In diesem Sinne wagte er, ganz der Vater seines Volkes und zum Selbstopfer bereit, 1593 den «Todessprung» und trat abermals zum Katholizismus über, nicht aus religiöser Überzeugung, sondern aus der Einsicht heraus, dass allein dieser pragmatische Schritt auf die Seite der Mehrheitsreligion das Land befrieden kann. Der berühmte Satz «Paris ist eine Messe wert» wurde ihm allerdings erst später in den Mund gelegt. Fünf Jahre später erließ er gegen den wütenden Widerstand des Papstes das Toleranzedikt von Nantes, das den Hugenotten, seinen ehemaligen Glaubensgenossen, die zivilrechtliche Gleichstellung und das Recht auf freie Ausübung des Gottesdienstes in ihren traditionellen Hochburgen gewährte. Dies alles tat er in dem Bewusstsein oder zumindest mit der Ahnung, dass ihn diese Akte der Hochherzigkeit und Gerechtigkeit durch die Hand eines Attentäters das Leben kosten würden. Am 14. Mai 1610 wurde «der gute König Heinrich», wie er in seiner Heimat hieß, von François Ravaillac in Paris erstochen.

Die Handlung des Epos konzentriert sich in wirkungsvoller Verdichtung auf die Jahre 1588 bis 1590, in denen das Schicksal Frankreichs, ja Europas auf dem Spiel steht: Siegen die Mächte des Fanatismus, der Unterdrückung von Gewissen und Freiheit, die von Spanien und dem Papsttum verkörpert werden, oder triumphieren am Ende Toleranz, Menschlichkeit,

Milde, Fürsorge und Reformeifer als Vorboten der Aufklärung? Das Lesepublikum kannte den Ausgang der Geschichte, die Voltaire in wohltönenden Versen erzählte: Henri IV, tapfer wie Alexander der Große und gütig wie der römische Kaiser Titus, besiegt seine perfiden Gegner in den großen Schlachten von Coutras, Arques und Ivry mit todesverachtendem Heldenmut, nimmt danach durch seine väterliche Güte auch das widerspenstige Paris ein und leitet damit eine Friedens- und Wiederaufbauzeit ein, die den Aufstieg Frankreichs zur kulturellen und politischen Vormacht Europas unter Ludwig XIV. anbahnt.

Diese übergeordneten historischen Zusammenhänge legte Voltaire in einer Prosazusammenfassung sowie in diversen Vorreden und Einleitungen dar, die sich im Laufe der Zeit zu einem regelrechten Begleit- und Erläuterungskompendium entwickelten.

1718 weit gediehen, im Oktober 1721 in einer ersten Fassung abgeschlossen und 1723 erstmals veröffentlicht, hat das umfangreiche Gedicht, das nach der Absicht seines Verfassers das französische Nationalepos werden sollte, ein halbes Jahrhundert lang immer neue Überarbeitungen und Ergänzungen erfahren. In seiner ersten Phase wurde es, ganz wie von Voltaire erhofft, zum offiziösen Staatskunstwerk, denn an seiner Entstehung und Verbreitung nahm der Regent Philippe d'Orléans lebhaften Anteil. Das war eine wahrhaft erstaunliche Entwicklung, denn so wandelte sich der allmächtige Vormund des jungen Königs auf wundersame Weise vom gekränkten Verfolger zum verständnisvollen Mäzen Voltaires. Auch der Rollenwechsel, den der Dichter selbst vollzog, verblüffte die Zeitgenossen: Vom Ankläger und Verleumder des Herrschers zum staatstragenden Nationaldichter, das war eine atemberaubende Karriere, die mancherlei bissige Kommentare provozierte.

Die radikale Kehrtwendung hatte mit den persönlichen Ambitionen des Regenten, aber auch mit der aktuellen politischen Großwetterlage zu tun. Philippe war der Urenkel des epischen Helden Henri IV und soll ihm wie aus dem Gesicht geschnitten gewesen sein – eine Ähnlichkeit, die er sorgfältig pflegte. Von seinen Aussichten, selbst König zu werden, war schon die Rede. Eine bessere Rechtfertigung dafür als diese physische und – wie Voltaire in seinem Epos hervorhob – charakteristische Ebenbildlichkeit konnte es nicht geben, denn nach dem Tod des greisen Louis XIV war zusammen mit der Sehnsucht nach umfassender Erneuerung die

Henri-IV-Nostalgie ausgebrochen: als Kritik am eben verstorbenen Autokraten und zugleich als Hoffnung auf den Aufbruch in eine bessere, friedlichere, den Ideen der Aufklärung angepasste Zukunft. So stand der Rückblick auf eine der bewegtesten Phasen der französischen Geschichte für eine Neuorientierung der Politik, vor allem gegenüber der Kirche. Der Sonnenkönig hatte im Oktober 1685 das Toleranzedikt seines Großvaters aufgehoben, das durch mancherlei Schikanen und Repressionen gegenüber der religiösen Minorität bereits seit Jahrzehnten ausgehöhlt worden war. Die Hugenotten hatten auf diese Weise keine rechtliche Lebensgrundlage mehr in ihrem Heimatland, mit den bekannten Folgen der – verbotenen, aber nicht zu verhindernden – Massenauswanderung und der brutalen Unterdrückung der zurückgebliebenen Unbeugsamen. Dem Regenten sagte man nach, dass er auch auf diesem Gebiet seinem großen Ahnen nacheifern, also Glaubens- und Gewissensfreiheit wiedereinführen wollte. Für Voltaire waren das gute Gründe, um diesem Hoffnungsträger gebührend zu huldigen.

Das Epos vom guten König

Für die Hommage an den Regenten waren in der *Henriade* diverse literarische Hilfskonstruktionen notwendig. Im siebten der zehn Gesänge (*Chants*) wird der künftige Henri IV, zu diesem Zeitpunkt noch Henri de Navarre, von den Verkörperungen des Schlafes (*Sommeil*) und der Hoffnung (*Espérance*) in süße Träume versenkt. Herbeigerufen wurden Schlaf und Hoffnung vom besten König, der Frankreich bis zu diesem Zeitpunkt regiert hatte, nämlich von Ludwig IX., dem Heiligen, der seinen Zeitgenossen als Inkarnation der herrscherlichen Kardinaltugenden Gerechtigkeit, Tapferkeit, Mäßigung, Milde und Klugheit galt. Er «trägt Henri IV im Geiste in Himmel und Hölle und führt ihm im Palast der Schicksale seine Nachkommenschaft und die großen Männer vor Augen, die Frankreich hervorbringen muss».[1] In der finsteren Unterwelt treffen die beiden unerschrockenen Heroen auf Königsmörder, und auf den Elyseischen Feldern begegnen ihnen die tapferen Feldherrn der verschiedenen Jahrhunderte.

Dabei bietet sich reichlich Gelegenheit, den Mächtigen der Gegenwart, dem Kardinal Fleury, dem Erzieher und späteren Minister Ludwigs XV., und natürlich Philippe d'Orléans kräftig zu huldigen:

> Durch neue Kräfte hält seine Politik
> Europa in Atem, geteilt und zugleich in Ruhe,
> Die Künste werden von seinen wachsamen Augen erleuchtet.
> Geboren für alle Aufgaben hat er alle Talente,
> Die eines Chefs, eines Soldaten, eines Bürgers, eines Herrn.
> Er ist nicht König, mein Sohn, aber er lehrt, König zu sein.[2]

Aristokrat und Bürger, Herr und Diener des Staates: Erlesener konnte man dem Regenten kaum schmeicheln. Dazu kam heroische Selbstbeschränkung: Obwohl durch seine glänzenden Eigenschaften zum Herrscher geboren, begnügt er sich damit, Mentor des jungen Königs zu sein.

Das alles zeigt Ludwig der Heilige dem guten König Henri IV in dieser Zukunftsschau. Und er hat noch viel mehr wundersame Wendungen der Geschichte zu bieten: Hundert Jahre nach dem Tod des ersten Bourbonen auf dem französischen Thron ist dessen großes Ziel erreicht, die Macht des Frankreich umklammernden Hauses Habsburg zu brechen. Mehr noch: Seit 1714 regiert in Madrid einer seiner Nachkommen, der ebenfalls vom weisen und uneigennützigen Regenten Frankreichs angeleitet wird.

> Alles wandelt sich, und alles hat sein Grab.
> Verehren wir die verborgene Weisheit des Allerhöchsten.
> Die Nachkommenschaft Karls V., des Mächtigen, ist zurückgedrängt.
> Spanien kniet vor uns und bittet um Könige:
> Einer unserer Neffen gibt ihm Gesetze, Philipp ....[3]

Hier bricht die Prophezeiung ab, da Henri IV, der Zuhörer, aus Verblüffung und Freude die Fassung zu verlieren droht. Frankreich bezwingt Habsburg – das war eine Wendung durch Gottes Fügung, die man 1588 kaum glauben konnte, denn damit wurden die Machtverhältnisse, die die Geschehnisse des Epos bestimmen, radikal umgekehrt. Doch zu eitel Freude und Sorglosigkeit – so der weise Traumführer und Traumdeuter Ludwig der Heilige – besteht auch in Zukunft kein Anlass:

Das Epos vom guten König

> Ja, Madrid erhält aus dem Schoß von Paris einen Herrn:
> Doch diese Ehre kann für beide Seiten gefährlich sein.
> O ihr Könige aus meinem Blut! O Philipp, mein Sohn!
> Frankreich und Spanien, könntet ihr doch für immer vereint sein!
> Wie lange noch wollt ihr, unselige Staatsmänner,
> die Fackeln der öffentlichen Zwietracht entzünden?[4]

Das war eine direkte Anspielung auf die politischen Debatten nach 1715. Der Spanische Erbfolgekrieg, der mit dem erbenlosen Tod des letzten spanischen Habsburgers Karl II. im Jahr 1700 ausgebrochen war, hatte vierzehn Jahre später nach schweren Niederlagen Frankreichs mit einem Kompromiss der europäischen Großmächte geendet: Spanien ging von den Habsburgern an die Bourbonen über, doch Philipp V., ein Enkel Ludwigs XIV., musste als Voraussetzung für seine Erhebung zum spanischen König auf alle Ansprüche in Frankreich verzichten, damit kein vereinigtes Königreich von Frankreich und Spanien und damit eine europäische Vormacht entstehen konnte. Doch nachdem beide Länder von der gleichen Dynastie regiert wurden, war diese Idee in Frankreich weiter lebendig. Vor diesem Hintergrund macht der Stoßseufzer Ludwigs des Heiligen Sinn: Gewiss, eine Vereinigung beider Königreiche wäre wünschenswert, doch nicht um den Preis eines erneuten Kriegs, dessen Folgen die kleinen Leute zu tragen hätten.

Die *Henriade* weist weitere Bezüge zur Tagespolitik der *Régence* auf, etwa das Lob der englischen Allianz des Helden, die sich unter Philippe d'Orléans zeitweilig erneuerte. Ja, die Liebedienerei geht so weit, dass Voltaire den künftigen Henri IV in krassem Widerspruch zu den historischen Fakten eine diplomatische Mission nach England unternehmen und von dort mit der Botschaft zurückkehren lässt: Britannien, du hast es unter deiner weisen Königin Elisabeth besser!

> Eine Frau hat die Pforten des Krieges verschlossen
> Und sorgt für das Glück ihres Volkes, das sie vergöttert.
> Dadurch, dass sie Zwietracht und Schrecken verbannt.[5]

Die guten Dienste, die der Poet den Mächtigen auf beiden Seiten des Ärmelkanals mit seiner geschmeidigen Feder erwies, sollten nicht unbelohnt bleiben. Der Regent honorierte das Lobgedicht auf seinen Urgroßvater 1722 zuerst mit einem opulenten Geldgeschenk und kurz darauf mit einer jährlichen Pension von 2000 Livres; davon konnte ein junger Literat standesgemäß leben, wenn er einigermaßen haushielt. Auch das Lob auf England zahlte sich aus: Voltaire gewann die Gunst von König George I., als dessen treuer Untertan er sich in einem Widmungsbrief präsentierte. Er konnte nicht ahnen, wie willkommen ihm dessen Wohlwollen bald sein würde.

Ein Werk des Opportunismus ist die Versgeschichte Heinrichs des Großen, wie die offizielle Bezeichnung des darin verewigten Monarchen bis zur Französischen Revolution lautete, trotzdem nicht. Ungeachtet aller zeitbedingten literarischen Bücklinge ist die *Henriade* ein politisches Glaubensbekenntnis und als solches reichlich gespickt mit kunstvoll abgefederter Kritik und uneingelösten Forderungen an die Gegenwart. Im Zentrum dieses Credos steht der Glaube an die Herrschaft eines guten Königs als beste aller politischen Welten. Das hervorstechende Merkmal eines guten Königs aber ist die Güte. Doch mit Güte allein lässt sich diese Welt nicht regieren. Gegen die zerstörerischen Kräfte der Liga und des Papsttums hilft nur Gewalt. So muss zur Güte die Größe kommen, die Henri IV als charismatischer Feldherr im dichtesten Schlachtengetümmel stets aufs Neue belegt. Aber auch hier kommt die Güte nicht zu kurz, denn nach dem alles entscheidenden Sieg von Ivry schenkt der König den Gefangenen gnädig das Leben.

So wird der große und gute König in den Versen des Vaterverächters und Vaterstürzers Voltaire zur Vaterfigur, ja geradezu zum Übervater. An keiner anderen Stelle seines literarischen Werkes entfaltet Voltaire ein so empfindsames Pathos wie hier. Die damit getroffenen Einschätzungen hat er später zwar nüchterner formuliert, doch im Kern bestätigt: Die Figur des guten, den Fortschritt fördernden Königs wurde mit der *Henriade* zu einem politischen Modell, an dem Voltaire lebenslang festhalten sollte.

Argumente für dieses Modell werden in der *Henriade* reichlich geliefert: Der Hochadel tritt durchgehend als eine egoistische, spalterische und zerstörerische Kraft auf; die Herrschaft der Aristokratie ist daher die schlechteste aller politischen Welten. Auf der anderen Seite ist das Volk ignorant, verführbar, gewalttätig und höchstens nach und nach zum Guten erziehbar, jede Form von Demokratie daher bestenfalls eine Utopie. Eine gute Monarchie allein kann die zahllosen Egoismen von Ständen, Korporationen und Individuen überwinden: So lautet die politische Botschaft des Werks für Frankreich in Gegenwart und Zukunft.

Doch führt die *Henriade* zugleich auch Gegenargumente zu dieser *thèse royale* vor Augen: Unter den Helden Frankreichs, die Ludwig der Heilige vor dem Traum-Auge Heinrichs IV. vorbeiziehen lässt, ist nur ein einziger König vertreten, nämlich Ludwig XII., der sich durch seine Sparsamkeit und den daraus folgenden Verzicht auf neue Steuern den Ehrennamen eines «Vaters seines Volkes» verdient habe. Als Voltaire gut drei Jahrzehnte später seine Zivilisationsgeschichte der Welt veröffentlichte, fielen seine Urteile über den neunten wie über den zwölften Ludwig deutlich differenzierter aus: Ludwig der Heilige folgt den fatalen Aufrufen der Päpste zum Kreuzzug, der nur Elend und Unheil mit sich bringt. Und der «Vater des Volkes» Ludwig XII. wird in seiner Außenpolitik von seinem krankhaften Geiz gelähmt, der Kehrseite seiner Sparsamkeit im Inneren. Ein wahrhaft guter König ist also eine sehr seltene Erscheinung: ein historischer Glücksfall und daher als politisches Modell eigentlich nicht tauglich. Das war die empirisch-rationale Sicht der Dinge, die der Emotion und der schönen Theorie widersprach.

Hochgehende Gefühle durchziehen die *Henriade* von Anfang bis Ende. Die Faszination des *roi conquérant*, des Eroberer-Königs, der sich mit einer zahlenmäßig weit schwächeren, moralisch aber überlegenen Truppe von Sieg zu Sieg und Heldentat zu Heldentat den Weg zur segensreichen Herrschaft freikämpft, durchpulst das ganze Epos. Darin spiegelt sich die uralte und tief verankerte Bewunderung des Bürgers für den Krieger-Adligen, eine Befindlichkeit, die im vernünftigen Koordinatensystem der Aufklärung eigentlich keinen Platz mehr hatte und sich auch in der *Henriade* nur notdürftig rationalisieren ließ. Dieselbe tief gespaltene Grundhaltung sollte Jahrzehnte später auch das Verhältnis Voltaires zu einem lebenden Krieger- und Eroberer-Monarchen in Potsdam bestimmen: Am Hof des preußischen Königs Friedrich II. paarte sich bei ihm der Respekt vor dem todesmutigen Feldherrn mit der Verachtung des skrupellosen Machtpolitikers, der ohne Bedenken über Hunderttausende von Leichen ging.

In der liebevollen Ausmalung seines Lieblingskönigs Henri IV ließ der Kritiker und Spötter Voltaire Gefühlen freien Lauf, die mit dieser Intensität in seinem Werk selten auftreten und deshalb befremdlich wirken. So hat der große König als Mensch seinen Anteil am Menschlich-Allzumenschlichen und wird zum Beispiel für seinen erotischen Heißhunger vom heiligen Ludwig auch milde gerügt. Doch sind diese Schwächen letztlich sogar Stärken: Nicht der Ochse, sondern der Stier kämpft. So lautete ein Lieblingssatz Voltaires, nicht nur zur Kennzeichnung des «Vert Galant». Zudem vernachlässigt der große Liebhaber über der Liebe seine herben Pflichten nur kurz. Im neunten und vorletzten Gesang der *Henriade* nimmt sich der heroische Sieger von Ivry mit der schönen Gabrièle d'Estrées eine Auszeit, die es dem Dichter erlaubt, alle Register konventioneller Liebespoesie zu ziehen. Gabrièles tapferer alter Vater hat für seinen König mit dem Schwert gekämpft; seine Tochter aber, lieblicher als die schöne Helena selbst, besiegt den Sieger mit ihrem unwiderstehlichen Charme.

> Noch keines Liebhabers Wünsche hatte sie erhört:
> In ihrem Frühling der neuen Rose ähnlich,
> Die beim Aufgehen ihre natürliche Schönheit umschließt,
> Den Stürmen der Liebe die Schätze ihres Busens verschließt
> Und sich den süßen Strahlen eines heiteren und reinen Tages öffnet.[6]

Danach kommt es, diskret angedeutet, zu inniger Umarmung und mehr an einem lieblichen Ort:

> Die Liebe lässt an allen diesen Orten ihre Macht wohl fühlen:
> Alles scheint verwandelt, alle Herzen seufzen;
> Alle sind vom Zauber, den sie atmen, wie gelähmt.
> Alles spricht dort von Liebe. Die Vögel auf den Feldern
> Verdoppeln ihre Küsse, ihr Kosen, ihren Gesang.[7]

Dann blasen die Trompeten zum letzten Gefecht: Nach der schönen Blonden muss Paris erobert werden, wo die finsteren Gegenkräfte noch nicht völlig besiegt sind. Voltaire lässt sie im selben Gesang als mythologische Figuren auftreten:

> Plötzlich stößt die Zwietracht, geführt von der Kriegswut,
> Die Vergnügen beiseite und bahnt sich ihren Weg,
> Schüttelt in ihren Händen entzündete Fackeln,
> Die Stirn mit Blut befleckt, die Augen entflammt.[8]

Die Zwietracht ist empört, weil ein siegreicher König ihre Schlangen zertreten hat; sie fürchtet ihre endgültige Niederlage und hofft auf ein Comeback mithilfe des blind machenden Amor – doch vergeblich, denn Henri IV findet rechtzeitig zu seinen Pflichten und zur Armee zurück. Das pastorale Liebesgetändel beim Schlachtfeld von Ivry ist ganz und gar Rokoko, die Beschwörung des Bösen gemahnt an barocke Bilder, in denen die Monster Zwist und Aufruhr von gekrönten Tugendhelden vertrieben werden.

Sieht man von diesen schwülstigen Dialogen der allegorischen Figuren ab, sind die Bösen viel differenzierter gezeichnet als die Guten. Die Führer der Liga, die Guise und Mayenne, sind von unstillbarem Ehrgeiz getrieben, sie wollen mehr sein, als ihnen gebührt, und werden daher zu käuflichen Marionetten der Fädenzieher in Madrid und Rom. Vor allem das Papsttum und der regierende Pontifex Maximus geraten ins Fadenkreuz fundamentaler Kritik. Gemäß der literarischen Fiktion ist die Zwietracht auf der Suche nach starken Verbündeten gegen den immer erfolgreicheren Henri IV nach Rom gezogen, wo sie eine Fülle von Geistesverwandten findet, da Rom in anderthalb Jahrtausenden eine bestürzende Verkehrung aller Werte erlebt hat.

> Dort hat Gott selbst den Grundstein seiner Kirche gelegt,
> Die Verfolgung und Triumphe gleichermaßen erfuhr:
> Dorthin hat ihr erster Apostel zusammen mit der Wahrheit Sanftmut und Einfachheit geführt.[9]

Doch die Zeit der Urkirche mit ihrer Nächstenliebe und der Bereitschaft zum Martyrium ist nicht von Dauer:

> Um uns zu strafen, gab ihnen [den Päpsten] der Himmel weltliche Größe. Seit dieser Zeit ist Rom mächtig und entweiht
> Und sieht sich dem Ratschlag der Bösen ausgeliefert;
> Verrat, Mord und Giftanschläge
> Wurden die Grundlagen seiner neuen Macht.
> Die Nachfolger Christi setzten, ohne zu erröten,
> Inzest und Ehebruch an den Grund ihres Heiligtums.[10]

So viel zum Rom der Borgia. An diesen Zuständen hat sich auch nach dem Konzil von Trient drei Jahrzehnte vor Henri IV nichts geändert, denn die angebliche Reform war ein reines Täuschungsmanöver zur Irreführung der naiven Gläubigen. Unter der Maske der Demut herrschen im Vatikan weiterhin Hochmut, Machtgier und Falschheit; der regierende Pontifex Maximus Sixtus V. verkörpert diese Laster exemplarisch und wird von der Zwietracht daher innig geliebt.

Die Gegen-Religion des Calvinismus ist allerdings nicht besser. Auch ihre Vertreter wollen die alleinige Hoheit über die Gewissen der Menschen und damit die Macht über sie erobern. Das weiß der weise Alte, der Henri IV am Beginn der *Henriade* über seine künftigen Herrscherpflichten unterrichtet, sehr genau. Dementsprechend zeichnet er den Entwicklungsgang der reformierten Kirche kritisch nach. Am Anfang stehen auch hier Demut und Bescheidenheit, dann aber breitet sich die neue Sekte durch «hundert obskure Manöver»[11] aus, bis schließlich

> Das furchtbare Gespenst sein hochmütiges Haupt erhebt,
> Sich auf den Thron setzt, die Sterblichen beleidigt
> Und mit verächtlichem Fuß unsere Altäre stürzt.[12]

> Doch das wird nicht so bleiben:
> Ein so neuer Kult kann nicht von Dauer sein.
> Denn er verdankt der Unbeständigkeit der Menschen sein Dasein.[13]

Das Urteil des klugen Greises, der unmittelbar danach dem Calvinisten Henri IV den Sieg über seine Feinde und die Thronbesteigung in Frankreich vorhersagt, fällt daher für alle etablierten Religionen kritisch aus:

> Die Wahrheit ruht zu Füßen des Ewigen.
> Selten erleuchtet sie einen hochmütigen Sterblichen.
> Wer sie mit dem Herzen sucht, kann sie eines Tages erfahren.[14]

Gott blickt in die Herzen und schaut nicht auf Dogmen und Kultformen. Für ihn zählen allein Rechtschaffenheit und Aufrichtigkeit. Nur wer diese Tugenden pflegt und dadurch diesem barmherzigen Gott ähnelt, darf auf himmlische Unterstützung zählen. Deshalb ist es besser, unter Verzicht auf theologische Spitzfindigkeiten beim einfachen Glauben der Väter zu bleiben bzw. zu ihm zurückzukehren, denn diese Lösung allein garantiert die

Das Epos vom guten König

Befriedung Frankreichs und entspricht damit dem Willen eines gütigen und milden Schöpfers.

Dieses theologisch entkernte Christentum war in Wirklichkeit reiner Deismus, das heißt: der Glaube an einen guten Schöpfergott, der nicht in den Lauf der Welt eingreift, nicht durch Offenbarungen, nicht durch Wunder und schon gar nicht durch die Sendung seines Sohnes. Damit zeigte sich ein weiteres Mal, wie radikal sich Voltaire von den Ansichten seines Elternhauses und seiner Lehrer auf dem Collège gelöst hatte. Für ehrenfeste Jansenisten war die Kritik am Papsttum, das hemmungslos nach weltlicher Macht strebte, akzeptabel, doch widersprach das Bild eines Gottes, der nicht auf komplizierte Credos und langatmige Katechismen, sondern allein auf den guten Willen und edles Streben Wert legte, ihrer Auffassung von Prädestination und rigoroser Lebensführung fundamental. Für die Jesuiten hingegen war die Schilderung der katholischen Kirche nach Trient, die sie wesentlich mitgeformt hatten, eine Provokation ohnegleichen. Der Sprengkraft dieser Kritik war sich Voltaire bewusst. Um sie zu entschärfen und sein Epos auch für undogmatische Katholiken akzeptabel zu machen, fügte er das Lob auf das Urchristentum und Petrus als Begründer der Kirche ein. Auch die Versicherung, dass diese heiligen Traditionen in einem duldsamen Katholizismus wiederbelebt werden könnten, gehört zweifellos zu den Sicherungsmaßnahmen in eigener Sache.

Eine solche Kirche war jedoch ein Wunschbild, 1590 wie 1718. Der Feind, den es zu bekämpfen galt, stand daher für Voltaire ein für alle Mal fest:

> Zwietracht bringt aus ihren düsteren Reichen plötzlich
> Den grausamsten Tyrannen aus dem Imperium der Schatten herbei.
> Er kommt, Fanatismus ist sein Name.
> Er ist das entartete Kind der Religion,
> Er ist bewaffnet, um diese zu verteidigen,
> Doch in Wahrheit will er sie zerstören,
> Einmal aufgenommen in ihrem Busen, umarmt und zerreißt er sie.[15]

Fanatismus wütete von Anfang an in allen Religionen, schon bei den alten Griechen, dann bei den Juden und Römern, er tobte in der Spanischen und Portugiesischen Inquisition, triumphierte in der Liga und lebt bis heute fort. Auch das war eine Botschaft des Epos: Wachsamkeit ist angesagt, der gute König hat noch nicht endgültig gesiegt.

Viel Theater, ein nobles Leben und ein krachender Misserfolg

Nach Voltaires Freilassung aus der Bastille im April 1718 boten sich auch für sein Drama *Oedipe* ganz neue Aussichten. In ihrer überarbeiteten Fassung wurde die Tragödie von der Comédie-Française, der renommiertesten Bühne der Hauptstadt, zur Aufführung angenommen. Umso sehnlicher wartete ihr Autor auf die Erlaubnis, nach Paris zurückzukehren. Als diese im Oktober 1718 endlich erteilt wurde, stürzte er sich Hals über Kopf in die Vorbereitungen der Premiere. Die Proben gestalteten sich allerdings schwierig. So standen die altertümlichen Räumlichkeiten einer würdigen Aufführung entgegen. Sie waren so konstruiert, dass sich die Logen der feinen Leute gegenüberlagen, mit der Folge, dass sich eine Salon-Atmosphäre mit angeregter Konversation und wenig Aufmerksamkeit für das Bühnengeschehen entwickelte. Doch das Hauptproblem war der mangelnde Enthusiasmus des Ensembles. Dieses hatte weiterhin gegen das Stück gestimmt, aber am Ende dem Druck höherer Kreise nachgeben müssen. Das ließ Schlimmes befürchten. Doch es kam anders. Die Uraufführung vom 18. November 1718 wurde der lang ersehnte rauschende Erfolg; er hatte neunundzwanzig Wiederholungen und einen Reinertrag von 3000 Livres für den Autor zur Folge.

Am heftigsten wurden die Szenen akklamiert, in denen die Macht der Priester kritisiert und auf die Leichtgläubigkeit des Volkes zurückgeführt wurde. Auf große Zustimmung stieß auch Philoktets Ausspruch, dass er ohne die Lehrzeit beim tugendhaften Herkules nichts als ein Königssohn gewesen wäre. Macht sollte auf Verdienst beruhen und sich durch Leistung rechtfertigen. Dieses politische Grundprinzip der Aufklärung kam mit Voltaire im Theater an.

Als Nachbereitung des Bühnenerfolgs fügte Voltaire der Druckfassung seines Stückes unter dem Titel *Lettres écrites par l'auteur* Kommentare zu frü-

Viel Theater, ein nobles Leben und ein krachender Misserfolg 85

Ödipus erfährt, dass er der Mörder seines Vaters ist (4. Akt, 2. Szene). Illustration von 1785

heren Bearbeitungen des Ödipus-Stoffes und zu seinem eigenen Werk hinzu. In diesen Bemerkungen zeigte er sich gegenüber seinen großen Vorgängern Sophokles und Corneille ausgesprochen ungnädig. Speziell dem Großmeister der altgriechischen Tragödie wurden mancherlei ungeschlachte Wendungen und hohle Deklamationen vorgehalten. Bei der Erörterung seiner eigenen Produktion hingegen sparte er nicht mit Lob; das war nicht die feine französische Art.

Ausgesprochen theatralisch wirken auch Voltaires amouröse Unternehmungen in dieser Zeit. So schwärmte der Autor des *Oedipe* erneut für eine Dame, die altersmäßig seine Mutter hätte sein können und auf der sozialen Stufenleiter weit über ihm stand: Die Maréchale de Villars, Gattin des einzigen echten Kriegshelden, den Frankreich im militärisch desaströsen Spanischen Erbfolgekrieg hervorgebracht hatte, geruhte, einiges Interesse für den jungen Erfolgsautor zu bekunden und sich wohl auch auf den einen oder anderen Flirt einzulassen, auf mehr jedoch nicht. Der Abgewiesene reagierte zutiefst gekränkt und danach mit einer Abgeklärtheit, die schlecht zu seinem Lebensalter und zu seinen Aspirationen passte:

> Mir scheint, dass ich keineswegs für die großen Leidenschaften gemacht bin. Ich finde mich lächerlich, wenn ich liebe, und ich finde von dieser Lächerlichkeit noch mehr in den Frauen, die mich lieben würden. So ist es also entschieden, ich verzichte für den Rest meines Lebens darauf.[16]

Der angeblich für immer Entsagende ließ sich schon bald danach mit einer Provinzschauspielerin namens Suzanne de Livry auf eine Liaison ein, die aber durch ihre kurze Dauer Voltaires Selbstdiagnose bestätigte: Große amouröse Leidenschaften waren auch künftig nicht seine Sache. Die Passion seines Lebens war das Schreiben und der damit verbundene Kampf um den ersten Platz als Literat und Publizist, danach kamen die Freundschaften, die er mit Hingabe pflegte. Für mehr war kein Platz.

Die Affäre mit der Schauspielerin hatte ein unschönes Nachspiel. Voltaire verschaffte ihr Anfang Mai 1719 die Rolle der Jokaste in einer Aufführung seines *Oedipe*, die sie mit ihrem penetranten Dialekt gründlich verdarb, sehr zum Vergnügen der restlichen Truppe. Daraufhin kursierte das Bonmot, dass der Erfolg des Autors sich nicht auf die Darstellerin übertragen habe, obwohl er diese mit seinem Beischlaf beehre. Der Streit eskalierte so weit, dass einer der Schauspieler namens Poisson Voltaire zum Duell forderte, was diese hochmütig ablehnte: Mit einem Komödianten schlug sich ein Mann von Welt und Ehre nicht. Aber damit war die unerquickliche Geschichte noch nicht zu Ende. Poisson drohte mit Prügeln, woraufhin sich Voltaire am Tag darauf mit zwei geladenen Pistolen zu dessen Wohnung begab und diesen aufforderte, sich zu stellen, allem Anschein nach mit der Absicht, ihn zu erschießen. Doch Poisson hütete sich zu erscheinen, und der Poet wurde im Gegensatz zu so vielen seiner Bühnenhelden nicht zum Mörder. Das skandalöse Geschehen ist nicht von Voltaire selbst, sondern von dritter, allerdings befreundeter Hand dokumentiert. Folgt man diesem Bericht, so verlangte Voltaire, rachsüchtig wie eh und je, den Ausschluss seines Feindes aus den Reihen der Comédie-Française und dessen Verhaftung. Letzteres erreichte er zwar, doch nur unter der Bedingung, umgehend die Freilassung seines Kontrahenten zu beantragen, was den Triumph bedeutend schmälerte, wenn nicht entwertete. Der absurd anmutende Richterspruch zeigt, wie Justiz im Ancien Régime funktionierte: Willkür, die vom Stand des Klägers und des Beklagten abhing. Zu mehr als einer symbolischen Verurteilung reichte der Einfluss Voltaires bei den Mächtigen nicht aus.

Die Hintertreppen-Episode lässt ein weiteres Mal tief blicken. Ging es um seine Ehre, reagierte Voltaire äußerst empfindlich und nicht selten unbeherrscht. Das war typisch für einen Aufsteiger in der Ständegesellschaft, der die Werte der angestrebten Adelsschicht nicht nur übernahm, sondern überinternalisierte. Vor allem aber zeigen die von jetzt an nicht mehr abreißenden Fehden mit Kritikern und Rivalen, wie herrisch der Autor des *Oedipe* eine uneingeschränkte Führungsposition einforderte, wenn es um Fragen der Literatur und des guten Geschmacks ging. Diesen Anspruch überhöhte er in späteren Jahren zur umfassenden Deutungshegemonie über Mensch, Welt und Geschichte. Wer diesen Vorrang infrage stellte, musste damit rechnen, von Voltaire erbarmungslos bekämpft zu werden. Wer hingegen seine Meinungsführerschaft akzeptierte, wurde mit Gunst und Bekundungen generöser Freundschaft bedacht. In solchen Auseinandersetzungen um Ehre und Rang, aber auch im Kampf gegen kirchliche und staatliche Autoritäten tritt ein Leitmotiv seines Lebens, die tiefe Kluft zwischen ungezügelter Emotion – Wut, Angst, ja Hysterie – und souveräner Lebensmeisterung, besonders deutlich hervor. Dieses Widerspruchs war sich Voltaire sehr wohl bewusst, er sollte in seiner Lebensphilosophie vielfältigen Niederschlag finden.

Die zweite Hälfte des Jahres 1719 verbrachte der schlagartig berühmt gewordene junge Dichter auf verschiedenen Landsitzen adeliger Gönner, darunter der Herzog von Sully und die Maréchale de Villars. Das Leben auf Schlössern mit dem dazugehörigen Zeitvertreib – Jagd, Kartenspiel, Theateraufführungen, Bälle – sagte ihm zu, und er machte kein Hehl daraus. Ein Poet seines Ranges nahm seiner Ansicht nach eine offizielle Stellung ein und gehörte deshalb zu den Kreisen der Mächtigen, Reichen und Schönen. So und nicht anders wollte Voltaire seine Rolle jahrzehntelang sehen, obwohl ihm diese Selbsteinschätzung immer wieder als Illusion vor Augen geführt wurde. Trotz aller Einsicht in die politische und moralische Brüchigkeit des späten Ancien Régime und trotz aller Abneigung gegen die sittliche Verkommenheit des Hochadels verlor dessen Lebensstil, das *vivre noblement*, für ihn nie seine Anziehungskraft.

Um den frisch erworbenen Lorbeer des Bühnendichters nicht welken zu lassen, war es an der Zeit, nachzulegen. Die erhabene Tragik des Ödipus-Themas hatte selbst bei hartgesottenen *libertins* Tränen der Rührung fließen lassen und, falls die von dritter Hand berichtete Anekdote stimmt, sogar dem alten Arouet Ausrufe der Bewunderung entlockt. So bot es sich an, diese hohe Tonlage erneut anzuvisieren und ein weiteres Mal die Zerrissenheit zwischen Pflicht und Neigung zu thematisieren, die die Figur der Jokaste so wirkungsvoll gemacht hatte: Jokastes Schwester im Geiste hieß jetzt wie das ganze Stück *Artémire*. Als Ort des Geschehens für erhabene Konflikte aller Art empfahl sich Griechenland; allerdings spielt die Handlung jetzt nicht mehr in mythischer, sondern in historischer Zeit.

Nach dem Tod Alexanders des Großen ist die Zeit der allgemeinen Meuchelei angebrochen. Besonders schlimm treibt es König Cassandre von Mazedonien, ein blutgieriger Wüterich par excellence. Zum Lieblingsobjekt seines Hasses hat er seine Ehefrau Artémire auserkoren, deren Verwandte er ermorden lässt. Auch die Tötung des jungen Philotas, der sich in diese verliebt hat, hat er befohlen. Jetzt steht die Rückkehr des Tyrannen von einem Feldzug bevor, und die Angst vor weiteren Repressalien geht um. Um sein perverses Behagen an den Qualen seines Opfers weiter zu steigern, beauftragt Cassandre einen gefügigen Handlanger namens Pallante, der Artémire ihren Tod ankündigen soll. Doch Pallante spielt ein verräterisches Spiel und macht Artémire ein ebenso unmoralisches wie verführerisches Angebot: Sie soll seinem Liebeswerben nachgeben, sich mit ihm gegen den finsteren Despoten verbünden, um nach dessen Ausschaltung gemeinsam mit ihm die Macht zu übernehmen. Aber diesen Rettungsanker ergreift die zum Untergang bestimmte Königin nicht. Dem steht ihre unerschütterliche Tugend unüberwindlich entgegen. Cassandre ist nach seiner Rückkehr allerdings vom Gegenteil überzeugt und wirft ihr Verrat vor. Das bietet Artémire die Gelegenheit, ihre schöne Seele und die ungerechten Verfolgungen, denen sie seit Langem ausgesetzt ist, in voller Breite zu offenbaren:

> Ach, seht hier mein Herz, es fürchtet eure Schläge nicht;
> Lasst, Barbar, nur mein Blut fließen, es gehört ja euch.
> Aber die Heirat, die uns aneinander kettet,
> Bindet, so unglücklich sie auch sein mag, meine Ehre an die eure:
> Warum wollt ihr euch mit solcher Schande bedecken?[17]

Aber mit solchen Herzensergießungen stachelt sie ihren wütenden Gatten nur zu weiterer Raserei an. Er behauptet, ihr Herz zu kennen, und dieses Herz sei voller Hass auf ihn. Daraufhin lässt Artémire ihr Herz erst recht überfließen:

> Nun wohl! Lernt meine Seele also zur Gänze kennen,
> Ja, Cassandre, es ist wahr, ich konnte euch nicht lieben.
> Ich sage es euch ohne Hehl, und dieses aufrichtige Geständnis
> Darf euch nicht wundern und auch nicht missfallen.
> Denn welches Recht hattet ihr auf ein Herz,
> Das in euch nur den Verfolger sah?
> Blutiger Feind der Meinen,
> Habt ihr in meinen Armen meinen Vater ermordet;
> Niemals habe ich mich euch ohne Entsetzen genähert,
> Euren Arm habe ich stets gegen mich erhoben gesehen …
> Bevor ein fatales Band mich euren Gesetzen unterwarf,
> War meine Seele in einen anderen als euch verliebt.
> Ich erstickte in euren Armen diese allzu mächtige Liebe;
> Ich bekämpfe sie immer noch, sogar in diesem Moment.
> Seid nicht stolz darauf, es geschieht nicht, um euch zu gefallen.
> Ihr seid mein Gatte, euer Ruhm ist mir teuer,
> Meine Pflicht genügt mir, und dieses unschuldige Herz
> Hat euch Treue bewahrt, obwohl es euch hasst.[18]

Durch diesen Widerstreit zwischen Pflicht und Gefühl werden nicht nur Motive des *Oedipe*, sondern auch Themen von *Cosi-Sancta* wiederaufgenommen, allerdings vermischt und verwandelt. In der ironisch eingefärbten Novelle *Cosi-Sancta* stellt der dreifache Ehebruch der Tugendheldin die mit Füßen getretene Gerechtigkeit wieder her, womit die konventionelle Moral auf den Kopf gestellt wird. Nichts dergleichen in *Artémire*. Hier werden die alten moralischen Werte geradezu in Granit gemeißelt. Das Gebot der Tugend kann zwar die Gefühle nicht ersticken, steht aber ihrer Erfüllung unüberwindlich entgegen, so dass selbst die mörderische Heimtücke Cassandres diese Verpflichtung nicht auflösen kann. Daraus entspringt ein krasser Kontrast zwischen dem Stück und seinem Publikum, denn solch archaische Regeln waren in der feinen Gesellschaft von 1719 längst aus der Mode gekommen. Nach dem aristokratischen Eheverständnis der Zeit hatte die Ehefrau legitime Kinder zur Welt zu bringen. Eheliche Treue wurde ihr darüber hinaus nicht abverlangt. Vielmehr galten Eheleute, die aus echter Neigung monogam lebten, als kuriose Außenseiter und wurden oft bespöttelt. Ehebruch war also keine Ehrabschneidung. Die Ehre des durch die Heirat begründeten Hauses verlangte kategorisch nach ehelicher Abstammung des Nachwuchses, mehr nicht. Wenn die adelige Ehefrau danach eigenständige amouröse Wege einschlug, minderte das die Ehre ihres Gatten nicht, es sei denn, sie ließ sich mit Personen niederen Standes ein. In reiferem Alter sollte Voltaire selbst durch diese stark gelockerten Gesetze der Ehe und der Ehre erst gewinnen und dann verlieren. Dass sich Artémire in eine unauflösliche Ruhmesunion mit ihrem Gatten eingemauert fühlt, ist für das Publikum also historisch nachvollziehbar, doch nicht mehr wirklich nachfühlbar. Zudem wird das Ehrgefühl der Ehegattin durch die blutigen Missetaten des Ehegatten ins Unglaubwürdige übersteigert.

Zurück zur Handlung, die ihrem dramatischen Ende entgegenstrebt! Artémire kann Cassandre durch die hehren Bekundungen ihrer Tugend nicht überzeugen. So ist alles zu ihrer Hinrichtung vorbereitet, als plötzlich der ermordet geglaubte Philotas, einst Gegenstand von Artémires züchtiger Liebe, auftaucht und in den Kampf gegen den Tyrannen ziehen will. Doch selbst jetzt, als erstmals ein Hoffnungsschimmer am Horizont erscheint, verharrt Artémire unerschütterlich bei ihrer rigiden Moral:

> Nein, bleibt, mein Herr.
> Ich ziehe euer Bedauern [über ihren unschuldigen Tod] einer unnötigen
> Kühnheit vor:
> Bin ich nur in euren Augen unschuldig, so werde ich in Seelenruhe untergehen;
> Und das Schicksal, das mich erwartet,
> Wird süß mir scheinen können.[19]

Ihre Einstellung ändert sich auch nicht, als sie auf dem Gang zum Schafott von Philotas' Freunden befreit wird und dieser das Volk zum Aufstand gegen den Unterdrücker aufruft.

> Ihr Götter, deren Hand seit jeher so schwer auf mir lastet
> Und mich nach eurem Gutdünken vom Tod zum Leben führt,
> Ihr mächtigen Götter, streckt nur nach mir eure Arme aus!

Gebt mir mein Todesurteil zurück und rettet Philotas.
Erstickt in meinem Blut eine untreue Glut:
Je größer deren Gefahr ist, desto verbrecherischer bin ich.[20]

Extremer ließ sich das Verständnis von Tugend nicht steigern: Schon die reine Empfindung der Liebe war Sünde, nicht erst das Ausleben dieser Neigung. So hatte es der strengste aller theologischen Gesetzgeber, der Reformator Calvin, gelehrt. In seiner *Henriade* prangerte Voltaire die Lebensfeindlichkeit dieser Doktrin an; in Artémire ist diese Tugendliebe zur Todesverliebtheit und damit gleichfalls zum Laster geworden.

Am Ende kommt alles anders, denn die Kräfte der Lebensbejahung setzen sich durch. Im Zuge der allgemeinen Erhebung gegen Cassandres Unrechtsherrschaft stirbt zuerst Pallante, das Werkzeug des Bösen. Vor seinem letzten Seufzer hat er noch Gelegenheit, Artémires Tugend zu bezeugen. Das hört Cassandre, der auch schon im Sterben liegt und sich nach einem verbrecherischen Leben in letzter Minute zum Guten bekehrt. Auch er spricht seine so übel verleumdete Gattin von allen Vorwürfen frei und übereignet sie Philotas, der an ihrer Seite und an seiner Stelle väterlich über die geschundenen Mazedonier herrschen soll.

Das war des Guten und der allgemeinen Beglückung zu viel. Bei der Uraufführung am 15. Februar 1720 wurde der erste Akt noch mit Beifall aufgenommen, danach aber nur noch gemurrt und gepfiffen, und am Ende fiel das Stück gründlich durch, ja wurde sogar parodiert. Das ist nur allzu verständlich. Der wie ein *Deus ex machina* wiederauferstandene Philotas, die wenig glaubhafte Bekehrung des Unholds, die unzeitgemäße Moral der Heldin, die das ganze Stück hindurch vom Tod spricht und doch nicht stirbt – das alles wirkte unfreiwillig komisch. Erschwerend kommt hinzu, dass die Handlung keinen wirklichen Fortgang hat und daher die Spannungsmomente fehlen, die das Publikum bei Laune halten könnten. Zudem waren im Gegensatz zum *Oedipe* keine Anspielungen auf die französische Gegenwart zu erkennen, denn ein Ungeheuer wie Cassandre hatte Frankreich selbst in seinen düstersten Zeiten nicht erlebt. Voltaire zog die Konsequenzen daraus und verzichtete auf eine Veröffentlichung der *Artémire*. Zur völligen Vernichtung des Manuskripts rang er sich jedoch nicht durch, so dass aussagekräftige Passagen des Stücks erhalten blieben und posthum veröffentlicht werden konnten. Das Urteil des Publikums war nicht nur unwiderruflich, sondern auch finanziell abträglich. Die erhoffte Auffrischung seines Budgets durch dauerhaften Bühnenerfolg musste Voltaire abschreiben. Da die Pension des Regenten für die *Henriade* noch zwei Jahre auf sich warten ließ, lebte er einstweilen von der Summe, die ihm der alte Arouet ausgesetzt hatte. Für einen mondänen Lebensstil reichte dieser bescheidene monatliche Wechsel hinten und vorne nicht aus, so dass der Vater mehr als einmal für die Schulden des verlorenen Sohnes, der weiterhin unter seinem Dach wohnte, einzustehen hatte.

Ein diskriminierendes Testament, erfolglose Spitzeldienste, schmachvolle Stockschläge

Voltaires Geldknappheit hatte auch ihr Gutes in einer Zeit, in der sehr viel Geld durch waghalsige Operationen verbrannt wurde. 1719 und 1720 erlebte Frankreich zuerst den Boom und dann den Einbruch des «Systems Law». John Law, schottischer Bankier, Wirtschaftstheoretiker und Unternehmer, stieg als Vertrauter des Regenten zum Finanzminister Frankreichs auf, vermehrte den Umlauf der Zahlungsmittel durch die massenhafte Ausgabe von Papiergeld, propagierte den Absatz von Aktien auf Kolonialbesitz, die binnen Kurzem stark an Wert gewannen, und erzeugte auf diese Weise eine Spekulationsblase, die schließlich spektakulär platzte, was den Ruin zahlreicher Adliger und großbürgerlicher Familien zur Folge hatte. Voltaire hatte sich von der «Law-Manie» im Gegensatz zu vielen Freunden nicht anstecken lassen, was nicht nur auf fehlendes Kapital, sondern auch auf Skepsis gegenüber den undurchschaubaren Praktiken der internationalen Finanzmärkte zurückzuführen war. Später, nach profunder Einarbeitung in deren Prozeduren und Mechanismen, sollte er diese Zurückhaltung allerdings gründlich ablegen und selbst als Spekulant erfolgreich operieren.

Im Zeichen der allgemeinen Finanzkrise machte der über siebzigjährige Vater Arouet sein Testament. Am 19. August 1721 teilte er sein Erbe zu gleichen Teilen unter seine beiden Söhne und seine Tochter Catherine auf, doch hatte er für François-Marie einige diskriminierende Bestimmungen in petto. Dieser flatterhafte Sprössling sollte keinen Zugriff auf die ihm zufallenden Vermögenswerte erhalten, sondern nur deren Erträge beziehen. Das Kapital sollte stattdessen von Catherines Ehemann Mignot verwaltet werden, einem Juristen, den Voltaire für einen ausgemachten Trottel hielt. Ganz zum Schluss folgte dann noch eine geradezu erpresserische Klausel: Wenn der so Benachteiligte bis zum Ablauf seines fünfunddreißigsten Lebensjahres glaubwürdige Zeugnisse für einen geregelten Lebenswandel beibrachte, konnten alle diese demütigenden Einschränkungen aufgehoben werden. Voraussetzung dafür war die Zustimmung des Präsidenten des königlichen Rechnungshofes, der diese Nachweise sorgfältig zu prüfen hatte. Doch das war noch nicht das letzte Wort des misstrauischen alten Juristen. Am 26. Dezember hob er, bereits von schwerer Krankheit gezeichnet, die Sonderbestimmungen für seinen zweiten Sohn auf, allerdings ohne diesen Zusatz zum Testament zu unterschreiben, so dass dieses bei seinem Tod am Neujahrstag 1722 in Kraft blieb. Bei der Verlesung dieses Letzten Willens ohne die allerletzten Verfügungen schäumte Voltaire vor Wut und kündigte die Anfechtung des Dokuments an, was er nach nüchterner Betrachtung der Sachlage dann allerdings unterließ. Das Drittel, das ihm nach der umständlichen Inventarisierung aller hinterlassenen Vermögenswerte theoretisch zufiel, belief sich auf etwas mehr als 150 000 Livres. Das war ein ansehnliches Kapital; umso ärgerlicher war es, dass er darauf nicht zugreifen konnte. Unter geregeltem Lebenswandel hatte der Erblasser verstanden, dass sein Sohn wirtschaftlich auf eigenen Füßen stand und seiner Familie keine Schande machte. Das war eine Herausforderung, die Voltaire geradezu lustvoll annahm. Dem verachteten Vater posthum zu zeigen, dass literarisches Genie und Geschäftssinn sehr wohl zusammengehen konnten, war fraglos ein starker Anreiz für profitable Finanzoperationen, denen er sich in der Folgezeit mit Hingabe widmete. Das merkantile Erbe der Ahnen mag dabei zum Tragen gekommen sein. Aus Voltaires Briefen geht hervor, dass er nach dem Tod des Vaters virtuos ein Finanzimperium aufbaute. Um die Fachkenntnisse, die er sich dafür erwarb, das Fingerspitzengefühl und das Gespür für Konjunkturen konnten ihn professionelle Börsenmakler und Devisenhändler nur beneiden.

Der stärkste Antrieb zu diesen oft waghalsigen Aktivitäten war eine nüchterne Erkenntnis: Die Ständegesellschaft wurde zunehmend von den Hierarchien des Geldes überlagert, dem die Zukunft gehören würde. Ohne finanziellen Unterbau war ein Adelstitel wenig wert. Bevor die unumschränkte Herrschaft des Kapitals anbrach, musste man sich daher auf beiden Skalen möglichst günstig platzieren, um ein Höchstmaß an Unabhängigkeit gegenüber den weltlichen und kirchlichen Gewalten zu gewinnen. Dieser Zweck rechtfertigte die Mittel, auch moralisch anrüchige. Und so viel sei an dieser Stelle vorweggenommen: Im Februar 1730, drei Monate nach seinem «offiziellen» fünfunddreißigsten Geburtstag, erlebte Voltaire den definitiven Triumph über seinen angeblichen Erzeuger. Von allerhöchster Seite wurde ihm bescheinigt, dass er sich nicht, wie vom Erblasser befürchtet, weiter verschuldet, sondern sein Hab und Gut wie ein strebsamer Bürger tüchtig vermehrt hatte und daher sein Erbe uneingeschränkt antreten durfte.

Dieser Erfolg schloss vorübergehende Irrungen und Wirrungen nicht aus. So nahmen sich die Wege zu Reichtum und Ruhm, die Voltaire in den Jahren 1721 und 1722 zu beschreiten suchte, selbst für wohlmeinende Zeitgenossen oft zweifelhaft oder sogar anrüchig aus. Dass er mit der sieben Jahre älteren Marquise de Bernières, der Gattin eines hohen Amtsadligen in Rouen, eine Liaison anknüpfte, konnten ihm nur verknöcherte Moralapostel vorwerfen. Allerdings war dieses Verhältnis nicht nur amourös, sondern auch – und vielleicht sogar hauptsächlich – durch Geschäftsinteressen begründet, wie Voltaires Brief vom Juli 1722 an die Marquise belegt:

> Wenn ich eine Postkutsche bekommen hätte, wäre ich nach Paris gekommen, um Ihnen meine Aufwartung zu machen und das Geschäft mit Hochdruck zum Ende zu bringen. Dieses habe ich nicht vernachlässigt, obwohl ich in Villars geblieben bin. Man schrieb mir, dass der Herr Regent sein Wort gegeben hat; und da ich das Wort desjenigen habe, der es vom Regenten erhalten hat, fürchte ich nicht, dass man sich eines anderen Kanals als des meinigen bedienen wird. Ich kann Ihnen sogar versichern, dass mein bescheidener Kredit bei gewissen Personen groß genug wäre, um ihr Unternehmen zum Scheitern zu verurteilen, wenn sie auf den Gedanken kämen, sich an andere zu wenden.[21]

Bei einem so riskanten Unternehmen kamen Intrigen, Drohungen und falsche Vorspiegelungen ins Spiel. Doch die Marquise – so der Brief weiter – durfte beruhigt sein, denn einen Voltaire betrügt man nicht:

Nicolas de Largillière,
Porträt Voltaires, 1730

Teilen Sie Ihren Herren mit, dass sie den Kürzeren ziehen werden, denn mir allein hat man das Privileg versprochen. Und wenn ich es erst einmal habe, werde ich die Gesellschaft aussuchen, die mir gefällt.[22]

Offenbar ging es bei diesen Verdrängungskämpfen um die lukrative Pacht der Salzsteuer. Abgaben auf Verbrauchsgüter wurden im Frankreich des achtzehnten Jahrhunderts von Unternehmern eingezogen, die der Krone vorab eine vertraglich festgesetzte Pauschalsumme zahlten. Alles, was sie darüber hinaus einnahmen, war ihre Gewinnspanne. In späteren Briefen ist keine Rede mehr von dieser Option, daher muss offenbleiben, ob der große Coup gelang. Da sich Voltaires finanzielle Lage keineswegs sprunghaft verbesserte, spricht jedoch alles dafür, dass er seine Position in diesem hart umkämpften Geschäftsbereich überschätzt hatte und leer ausging.

Ein weiterer Weg nach oben konnte über die Diplomatie führen. Trotz seines Fiaskos als «Privatsekretär» in Den Haag liebäugelte Voltaire weiterhin mit geheimen Diensten im Auftrag der Mächtigen. Dabei war er bei nüchterner Selbstbetrachtung für solche Missionen denkbar ungeeignet. Diplomaten mussten sich zurücknehmen und im richtigen Moment schweigen können. Für den spottlustigen Voltaire aber war Diskretion ein

Fremdwort, ganz abgesehen davon, dass er sich über die moralischen Qualitäten der potentiellen Auftraggeber keine Illusionen machte. Hinzu kam, dass er für nachhaltige Auftritte in den Zentren der Macht nicht den nötigen Familienstatus mitbrachte. Zwar ließ er sich auch in späteren Jahren immer wieder als Vermittler zwischen europäischen Souveränen einschalten, mit denen er einen ausgedehnten Briefverkehr pflegte, doch zeigte sich dabei mit deprimierender Regelmäßigkeit, dass sein Rang als führender *homme de lettres* Europas auf dem Parkett europäischer Machtpolitik sehr wenig zählte.

1722 musste Voltaire klein anfangen. Seine Bewährungsprobe bestand darin, Spitzeldienste im Auftrag des leitenden Ministers Kardinal Dubois zu leisten, bei dem sich der Möchtegern-Agent Voltaire mit eleganten Versen gebührend eingeschmeichelt hatte. Sein erster Auftrag in diesem zwielichtigen Gewerbe bestand darin, einen Spion namens Salomon Levi zu observieren, der der französischen Regierung jahrelang Informationen aus der feindlichen Kapitale Wien geliefert hatte, sich jetzt aber wegen Schwierigkeiten mit der Pariser Justiz verborgen hielt. In seinem Bericht an Dubois vom 28. Mai 1722 stehen Sätze wie diese:

> Wenn Eure Eminenz die Sache für wichtig halten, wage ich Ihnen vor Augen zu führen, dass ein Jude nur dem Land angehört, in dem er Geld verdient, und daher den König für den Kaiser und den Kaiser für den König verraten kann.[23]

In seinem *Mémoire touchant Salomon Lévi*, das dem Schreiben beigefügt ist, heißt es dementsprechend:

> Er ging zum Feind über mit der Leichtigkeit, die die Juden an den Tag legen, wenn es darum geht, angenommen oder verjagt zu werden.[24]

Damit machte sich der Agent Voltaire gängige judenfeindliche Klischees der Zeit zu eigen. Über sein spannungsreiches, in vielem widersprüchliches Verhältnis zum jüdischen Volk und zum Alten Testament wird an anderer Stelle zu sprechen sein.

Im Juli 1722 zeigte sich dann schlaglichtartig, was die Mächtigen wirklich vom Dichter-Spion Voltaire hielten. Dieser traf zufällig den Spitzel wieder, der ihm 1717 den Zwangsaufenthalt in der Bastille eingebracht

Ein diskriminierendes Testament 97

hatte und als Belohnung für solche Dienste zum gern gesehenen Gast an der Tafel des Kriegsministers aufgestiegen war. Als Voltaire sich darüber lauthals empörte, bereitete der Günstling, der auf den sympathischen Namen Beauregard («Schönblick») hörte, mit der Genehmigung des Ministers den Gegenschlag vor: Er lauerte Voltaire auf dem Weg von Paris nach Versailles auf und schlug ihn eigenhändig zusammen. Das Opfer wandte sich daraufhin an alle Instanzen der Justiz und stieß auf dumpfe Ablehnung: Gegen den Favoriten eines Ministers wagte kein Untersuchungsrichter vorzugehen. Zudem war selbst Philippe d'Orléans davon überzeugt, dass es Voltaire recht geschehen war. Ihr seid Dichter und habt Stockschläge empfangen; das ist in Ordnung, mehr habe ich Euch nicht zu sagen – so soll er sich gegenüber dem Verfasser der *Henriade* geäußert haben, deren Erscheinen immer noch auf sich warten ließ. Überhaupt kühlte das Verhältnis des Regenten zum Literaten nach der kurzen Phase der Annäherung ab 1718 spürbar wieder ab, was viel mit dessen Politik zu tun hatte. Philippe war bemüht, seinen Ruf bei den konservativen Kräften von Kirche und Adel aufzubessern. Seine Hand über einen so unberechenbaren Literaten wie Voltaire zu halten, war daher nicht ratsam.

Unter diesen Umständen hielt diesen nichts mehr in Frankreich. Im Sommer 1722 reiste er in Begleitung von Marie-Marguerite de Rupelmonde in die habsburgischen Niederlande, das heutige Belgien. Seine Begleiterin – und Geliebte, wie er brieflich mitzuteilen nicht versäumte – entstammte dem hohen Adel, war wie frühere Mätressen einige Jahre älter, bereits verwitwet und für den konservativen Hofkritiker Saint-Simon eine anstößige Person von beispielloser Dreistigkeit. Das hieß: Sie war selbständig, selbstbewusst und schätzte in ihrem Liebesleben wie ihre männlichen Standesgenossen die Abwechslung. Auf dem Weg nach Brüssel machte das ungewöhnliche Paar in Cambrai, dem Erzbistum des Kardinals Dubois, Station, wo gerade eine Botschafterkonferenz der Großmächte stattfand. Von dort schrieb Voltaire Dubois einen Brief, der mit folgenden Versen begann:

> Eine Schönheit, die man Rupelmonde nennt,
> Mit der Amor und ich seit Kurzem durch die Welt ziehen
> Und die der ganzen Welt ihr Gesetz aufdrückt,
> Will, dass ich Ihnen sofort schreibe.[25]

Der Eminenz war nichts Weltliches fremd, doch sich so unverblümt an einen Kirchenfürsten und Minister zu wenden, war eine Unverschämtheit. Als Diplomat kam der Verfasser des unbotmäßigen Schreibens danach nicht mehr infrage. Da halfen auch die dick aufgetragenen Schmeicheleien nichts, mit denen die ominöse Epistel schloss. Den negativen Eindruck bestätigte Voltaire kurz darauf durch sein Betragen in der Öffentlichkeit. In Brüssel, wo die lustige Witwe und ihr Begleiter Anfang September 1722 eintrafen, kam es schon bald zum Eklat. Bei aller Verachtung der herrschenden Konventionen hatte sich Madame de Rupelmonde eine gewisse Restfrömmigkeit bewahrt, die sie schon am nächsten Morgen zur Messe trieb, mit Voltaire im Schlepptau. Dieser fiel während des Gottesdienstes durch ein Verhalten auf, das er Jahre später als «ein wenig unfromm»[26] bezeichnete. Das dürfte eine gelinde Untertreibung gewesen sein. Folgt man einem – allerdings nicht unvoreingenommenen – Augenzeugenbericht, so störte er die heiligen Handlungen durch lauthals vorgebrachte Scherze und sorgte darüber hinaus durch wildes Gestikulieren für Unruhe unter den andächtigen Gläubigen.

Mit Madame de Rupelmonde in den Niederlanden: Erste Ketzereien

Was er mit seinen Brüsseler Protestbekundungen sagen wollte, fasste Voltaire in einem längeren Sinngedicht zusammen, das ursprünglich den Titel *Epître à Julie* trug, nach einer Umarbeitung 1726 *Epître à Uranie* hieß, aber erst 1772 unter dem Titel *Le Pour et Contre* in einer Voltaire-Werkausgabe erschien. Dass der Achtundzwanzigjährige sein philosophisches Poem so lange unter Verschluss hielt, war eine lebensrettende Maßnahme, denn wäre der Text in die Hände der Zensur gefallen, hätte ihm ein Prozess wegen Gotteslästerung gedroht. Wie gefährlich die Aufgabe war, die er hier in Angriff nahm, wurde bereits in den einleitenden Versen angesprochen:

> Du willst also, schöne Urania,
> Dass ich, durch deinen Befehl zum neuen Lukrez erhoben,
> Vor deinen Augen mit kühner Hand
> Den Schleier von der Religion reiße
> Und dir das gefährliche Tableau
> Der heiligen Lügen offenbare,
> Von denen die Erde überquillt.[27]

Urania alias Julie ist Madame de Rupelmonde, die das schlechte Gewissen wegen ihres freizügigen Lebenswandels peinigte und die sich in stillen Momenten die Frage stellte, die so viele *libertins* beiderlei Geschlechts ungeachtet ihrer öffentlich bekundeten Verachtung der Religion insgeheim quälte: Und wenn doch etwas dran ist an den Predigten von Fegefeuer und Hölle? Diese Ängste seiner Mätresse will Voltaire in seinem philosophischen Lehrgedicht zerstreuen, so wie der römische Dichter-Philosoph Lukrez knapp 1800 Jahre zuvor seine Leser von Götter- und Todesfurcht zu befreien suchte:

> Und möge meine Philosophie
> Dich endlich lehren, das Grauen des Grabes zu verachten
> Ebenso wie die Schrecken des Lebens nach dem Tode.[28]

Um zu diesem Ziel zu gelangen, musste Lukrez die antike Götterwelt und ihre Mythen demontieren, womit er beim gebildeten Publikum seiner Zeit offene Türen einrannte. Voltaire aber hatte es mit einem mächtigeren Gegner zu tun: Er wollte mehr als anderthalb Jahrtausende christlicher Dogmen und Doktrinen als Wahngebilde entlarven und so eine Tradition stürzen, die alle Lebensbereiche durchdrang – von der Rechtfertigung der Macht über die Gestaltung des Alltags durch Rituale bis in die Bewusstseinswelten aller Bildungsschichten. Bei dieser Überzeugungsarbeit, so die nachfolgenden Verse, musste er mit einem Fingerspitzengefühl vorgehen, das, so glaubte Voltaire, seine Vorgänger im Kampf gegen die Hirngespinste der Religion hatten vermissen lassen. Weil Hohn und Spott die Gläubigen in ihrer dumpfen Befangenheit bestärkten, wollte er anders vorgehen:

> Ich will es wagen, mit respektvollem Schritt
> Die Tiefen des Heiligtums zu durchdringen.[29]

Diese Nachforschungen – so die literarische Fiktion – bestehen darin, den Gott, den die Christen verehren, zu befragen. Dieser entzieht sich zwar dem Kreuzverhör und entflieht ins Dunkel, aber der kritischen Überprüfung entkommt er nicht:

> Aber die Vernunft, die mich führt,
> Lässt vor mir ihre Fackel marschieren, die mich erleuchtet.[30]

Sie zeigt ihm den Gott der Kirche, den der Mensch hassen muss, denn dieser Gott hat ihn – glaubt man den Priestern – als ein verächtliches Wesen geschaffen:

> Er gab uns schuldige Herzen,
> Um das Recht zu haben, uns zu bestrafen.
> Er machte uns sich ähnlich,
> Um uns noch mehr herabzuwürdigen
> Und um uns auf ewig die fürchterlichsten Qualen erleiden zu lassen.[31]

Der Gott des Alten Testaments, der seine eigenen Kreaturen zur Sünde geschaffen hat, um sie danach zu verdammen, ist wie ein unfähiger Handwerker, der seine missratenen Produkte nicht erträgt und deshalb in der Sintflut vernichtet. Nach diesem ersten missglückten Testlauf wird es nicht besser: Die Menschen können den unmöglichen Vorgaben ihres Schöpfers weiterhin nicht genügen. Doch der eben noch so grausame Gott legt plötzlich ganz neue, menschenfreundliche Neigungen an den Tag:

> Er hat die Väter ertränkt,
> Für die Kinder wird er sterben.[32]

Sterben wird er nicht selbst, sondern ein Betrüger, der sich als sein Sohn ausgibt. Nach dem Alten Testament sind jetzt die Evangelien an der Reihe, verspottet zu werden:

Es gibt ein dunkles, dummes, unbeständiges Volk,
Das unsinnig den Aberglauben liebt,
Von den Nachbarn besiegt, in Versklavung kriechend
Und von den anderen Nationen auf ewig verachtet,
Der Sohn Gottes, ja Gott selbst, seiner Macht uneingedenk,
Macht sich zum Mitbürger dieses hassenswerten Volkes.
Aus der Flanke einer Jüdin wird er geboren.
Er kriecht unter seiner Mutter, er erleidet unter ihren Augen
Die Krankheiten der Kindheit.[33]

Danach wird der angebliche Gottessohn Tischler, predigt drei Jahre lang und wird schließlich hingerichtet. Das dabei vergossene Blut soll nach seinen Worten die sündige Menschheit von den Qualen der Hölle erlösen.

Aber von diesem umfassenden Straferlass – so die weiteren Verse – ist schon bald keine Rede mehr. Denn der eben noch so milde Erlöser verwandelt sich, kaum ist er in den Himmel aufgestiegen, in einen blutrünstigen Tyrannen und wütet noch schlimmer als der finstere Gott des Alten Testaments. Dieser bestrafte immerhin Taten, die er zuvor als Vergehen gekennzeichnet hatte. Jetzt aber müssen hundert Völker außerhalb Europas dafür büßen, dass sie niemals von der vermeintlich rettenden Botschaft des angeblich am Kreuz für die Menschheit gestorbenen Tischlers erfahren haben. So lautet die Schlussfolgerung der Vernunft, die den Dichter durch das alptraumhafte Labyrinth des Glaubenswahns geführt hat:

Ich erkenne in diesem unwürdigen Bild
Nicht den Gott, den ich verehren muss.
Ja, ich glaubte ihn zu entehren,
Wenn ich ihm eine so verbrecherische Huldigung entgegenbrächte.[34]

Danach stimmt der Dichter ein Gebet an den wahren Gott an, den die Wahnvorstellungen des Alten und des Neuen Testaments grotesk verzerrt haben. Dieser Gott ist kein Tyrann, sondern ein liebender Vater, der die Menschen zur Mitmenschlichkeit bestimmt hat. Ob er ihnen auch die Unsterblichkeit der Seele und damit das ewige Leben geschenkt hat, bleibt offen. Deshalb hat der vernünftige Gott bei den Armen im Geiste kaum eine Chance; sie glauben weiterhin an den falschen Gott Christus, der die Hölle und den Tod besiegt zu haben behauptet:

Und obwohl er seine Lehre auf Betrug gründet,
Ist es doch ein Glück, von ihm getäuscht zu werden.³⁵

Voltaire hätte hier auch sagen können: Selig sind die Dummen, die sich irreführen lassen, denn sie sind aller existentiellen Ängste ledig. Rationale Durchdringung der angeblichen Mysterien oder dumpfe Hingabe an sie – zwischen diesen Angeboten muss sich Urania, so der Schluss des Gedichts, jetzt entscheiden. Dabei soll sie guten Mutes sein. Für den wahren Gott zählen nicht heruntergeleierte Glaubensbekenntnisse, sondern allein Aufrichtigkeit und Güte. Das ist die natürliche Religion, die ihr ins Herz geschrieben ist und keiner Offenbarung bedarf. So wird sie vor den Augen des Schöpfers Gnade finden, im Gegensatz zu den Lehren der unerbittlichen Jansenisten und den intriganten Jesuiten, denn der wahre Gott straft nicht vernünftigen Lebensgenuss, sondern nur Ungerechtigkeit.

Voltaires scheinbar versöhnliches Bild vom Christentum als Trost der Ängstlichen, Getriebenen und Entrechteten gibt Antwort auf eine Frage, die er immer wieder aufgreifen sollte: Wie ist es möglich, dass lebenstüchtige und weltkluge Menschen beiderlei Geschlechts, die in Beruf und Alltag mannigfaltige Zeugnisse vernünftiger Kritikfähigkeit an den Tag legen, puren Wahngebilden verfallen, die eine machtgierige Kirche erfunden hat, um die Herrschaft über ihre Gewissen zu gewinnen und sie dadurch lebenslang unterdrücken zu können? Die Willfährigkeit, mit der sie sich unterordnen, ist umso irritierender, als es laut Voltaire nur einer nüchternen Betrachtung im hellen Licht der Vernunft bedarf, um die vermeintlichen Glaubenswahrheiten als absurde Hirngespinste zu demaskieren. Doch genau davor schrecken die meisten Menschen zurück, weil sie im vorvernünftigen Alter der frühen Kindheit indoktriniert worden sind. So war es mehr als unwahrscheinlich, dass der neue Lukrez seine Mätresse von Todesangst und Aberglauben kurieren würde. Der reine Deismus, den er als Heilmittel vorschlug, war für verunsicherte Seelen kein hinreichender Ersatz, denn er war keine Religion. Religion und damit eine fatale Fehlentwicklung war für Voltaire von jetzt an alles, was über die vernünftige These, dass ein Schöpfergott existiert, hinausging.

In Frankreich war es lebensgefährlich, solche Überzeugungen an den Tag zu legen. In Brüssel wagte er es, die religionskritischen Verse dem renommierten Literaten Jean-Baptiste Rousseau zur Kenntnis zu bringen,

Mit Madame de Rupelmonde in den Niederlanden

da diesen Angriffe gegen das Christentum und die Mächtigen ins Exil getrieben hatten. Ihm traute er zu, die *Epître à Julie* angemessen zu würdigen. Für Rousseau sprach zudem, dass er sich über die Verse der *Henriade*, die ihm Voltaire kurz zuvor gezeigt hatte, lobend geäußert hatte, allerdings nicht, ohne Verbesserungen und eine längere Reifezeit des Epos vorzuschlagen. Hatte Voltaire diese Zwischentöne überhört? Jedenfalls geschah jetzt das Unerwartete: Rousseau verwahrte sich empört gegen die unerhörten Gotteslästereien der *Epître*. Voltaire hatte übersehen, dass sich der Freidenker im Alter zum Frömmler gemausert hatte. Von jetzt an standen sich der alte und der junge Literat in mörderischer Feindseligkeit gegenüber.

Von Brüssel reiste das anstößige Paar nach Den Haag und Amsterdam. Die Haupttätigkeit Voltaires während seines Aufenthalts in Holland bestand darin, endlich sein großes Versepos über den guten König Henri IV zu publizieren. Das Interesse, das der Regent seinem Werk 1718 entgegengebracht und mit einer Pension belohnt hatte, ließ Voltaire auf eine hochoffizielle Veröffentlichung hoffen, mit allem, was dazugehörte: mit königlichem Privileg und pompösen Vorreden, unter anderem an den Monarchen selbst. So sollte es nicht nur ein literarischer, sondern auch ein finanzieller Erfolg werden. Zu diesem Zweck wurden, wie damals üblich, Subskriptionslisten ausgelegt, auf denen man das Werk vorbestellen konnte. Dies geschah nicht nur in Frankreich, sondern auch in Holland und in England, wo ein Geschäftsträger der französischen Regierung die Aufgabe übernommen hatte, für das Meisterwerk des jungen Poeten Reklame zu machen. In Paris war vor allem Voltaires Faktotum Thiriot für die Werbefeldzüge verantwortlich. Die Instruktionen, die er in kurzen Abständen von seinem Freund und Gebieter erhielt, zeigen, wie strategisch dieser zu Werke ging: Nichts sollte dem Zufall überlassen bleiben, sämtliche Verzweigungen des Netzwerks, das der alte Arouet seinem Sohn als sein kostbarstes Erbe hinterlassen hatte und das von diesem emsig weiter ausgebaut worden war, wurden jetzt aktiviert. Diese Umtriebe wurden so notorisch, dass es sich Voltaires Schauspieler-Feinde von der Comédie-Française nicht nehmen ließen, sie in einer Harlekinade auf offener Bühne zu verspotten.

Mit dieser Parodie konnte Voltaire leben, obwohl er sonst aggressiv auf alles reagierte, was seine persönliche Ehre tangierte. Bedenklicher war, dass der Ruf des Staatskunstwerks, der seinem Versepos vorauseilte, im

Zeichen des abgekühlten Verhältnisses zum Regenten zu bröckeln begann. In weiser Erkenntnis der unberechenbaren Zensurverhältnisse in Frankreich wählte Voltaire deshalb als Erscheinungsort Den Haag und als Verleger den renommierten Drucker und Buchhändler Charles Le Viers, womit das Werk dem unmittelbaren Zugriff der französischen Behörden entzogen war. Zu Beginn des Jahres 1723 aber, als der Druck beginnen konnte, schlug die Stunde seiner Feinde. Angeführt wurden sie, wie kaum anders zu erwarten, vom päpstlichen Nuntius in Paris, den das abschreckende Bild Sixtus' V. und des päpstlichen Hofes störte. Auch André Hercule de Fleury, der siebzigjährige Bischof von Fréjus und Erzieher des jungen Ludwig XV., nahm Anstoß, vor allem an der Widmung an seinen Zögling, in der dieser aufgefordert wurde, sich an seinem toleranten Vorfahren Henri IV ein Beispiel zu nehmen. Der leitende Minister Kardinal Dubois gab daraufhin ein Gutachten in Auftrag, das flugs das gewünschte Resultat lieferte: Voltaire erhielt für die Veröffentlichung kein königliches Privileg, was einem Druck- und Verkaufsverbot gleichkam. Das entsprach voll und ganz dem Kurs des Regenten, der in immer konservativeres Fahrwasser steuerte.

Das Verbot der Drucklegung und Verbreitung, auf das jetzt alles hinauszulaufen schien, ließ sich dank glücklicher Zufälle umgehen. Dubois starb im August 1723; im nachfolgenden Machtvakuum setzte die Maréchale de Villars, Voltaires vergeblich umgarnte Protektorin, einen typischen Kompromiss des Ancien Régime durch. Offiziell blieb die Verbreitung des Buches in Frankreich verboten, doch würden die kirchlichen und weltlichen Behörden im Falle der Zuwiderhandlung beide Augen zudrücken und nicht zur Beschlagnahmung schreiten. Das war ein Teilerfolg, aber die Widmung an den König war damit hinfällig und die geplante kostspielige Ausstattung mit Stichen unbezahlbar. Angesichts dieser unsicheren Rechtslage gestaltete sich der Transport der Bücher von Den Haag nach Paris abenteuerlich. Am Neujahrstag 1724 kamen die ersten Exemplare unter den Planen von Pferdewagen nach Paris, mit denen die Marquise de Bernières Möbel von einer Residenz in die andere transportieren ließ. Ob ehemalige Geliebte, alte Klassenkameraden oder einstige Klienten seines Vaters – zum höheren Ruhm des Epos wurden sie jetzt alle gleichermaßen eingespannt, um das Buch zu verstecken und zu verbreiten. Der Erfolg war durchschlagend: *La Ligue*, wie die *Henriade* immer noch hieß, wurde nahezu einhellig als Meisterwerk gefeiert und ihr Autor als größter lebender Literat Frankreichs begrüßt. Die Mischung aus Pathos und Sentimentalität, Heroismus und Erotik traf den Geschmack der Zeit, ebenso wie die Botschaft des Textes, dass in Frankreich jetzt eine neue Epoche der religiösen Duldsamkeit und der umfassenden inneren Erneuerung anbrechen sollte.

Es hätte nicht viel gefehlt, und Voltaire hätte diesen Triumph nicht mehr erlebt. Im Mai 1723 erkrankte der Achtundzwanzigjährige an den Pocken, der Krankheit, die damals die meisten Todesopfer unter Erwachsenen forderte. Er fiel der grassierenden Epidemie zwar nicht zum Opfer, blieb aber monatelang geschwächt. Klagen über seine fragile Gesundheit waren schon vorher nicht selten, von jetzt an wurden sie zu einem Leitmotiv seiner Korrespondenz. Der Hochbetagte sprach im Rückblick sogar von einem sechzig Jahre andauernden Sterben. Aus heutiger Sicht sticht dagegen seine Ökonomie des Überlebens ins Auge: Voltaire lernte, mit den Schwächen und Defekten seines Körpers umzugehen und diesem ein Maximum an intellektueller Produktion abzuringen.

Anfang Dezember 1723 starb, gerade einmal neunundvierzig Jahre alt, Philippe d'Orléans an einem Schlaganfall, den die spottlustige Pariser Öffentlichkeit auf seine legendären sexuellen Eskapaden zurückführte. Als Epoche der Öffnung und Erneuerung hatte die «Regentschaft» schon vorher geendet, und formell war sie mit der Volljährigkeit des Königs, der im Februar 1723 dreizehn Jahre alt wurde, ohnehin zu Ende. Nachfolger als Premierminister wurde der Herzog Louis Henri de Bourbon, doch die graue – und durch die Verleihung des Kardinalshutes bald schon rote – Eminenz wurde der siebzigjährige Fleury, dem noch eine zwanzigjährige Karriere als Leiter der französischen Politik bevorstand. In dieser Position wurde er für Voltaire zur Ziel- und Ansprechperson, von der er sich Förderung und Protektion erhoffte.

Mit dem Tod des Regenten kehrten sich die Machtverhältnisse, wie sie Ludwig XIV. begründet hatte, allmählich um. Dieser hatte den Hof zum wichtigsten Instrument seiner Macht geschmiedet. Seine beiden Nachfolger, Ludwig XV. und Ludwig XVI., aber wurden nach und nach zu Marionetten ihres Hofes. Alle diese Entwicklungen sollte Voltaire in seinen späteren historischen Werken nachzeichnen und luzide analysieren, zeitweise sogar aus der Insiderperspektive des Höflings.

Skandale, Erfolge, Demütigungen – auf der Bühne und hinter der Bühne

Wie schon nach dem Erfolg des *Oedipe* bot es sich für Voltaire auf dem Höhepunkt der Begeisterung für die *Henriade* an, nachzulegen und mit einem Theaterstück die Scharte der *Artémire* auszuwetzen. Auch finanziell galt es, die Gunst der Stunde zu nutzen. Die viertausend Exemplare des Versepos, für die die Subskribenten auf dem Kontinent und in England gezeichnet hatten, brachten seinem Verfasser eine erkleckliche Summe ein. Ein erfolgreiches Drama versprach allerdings noch viel profitabler zu werden. Es entstand im Laufe des Jahres 1723, das Voltaire abwechselnd in Paris, in Rouen und auf nahegelegenen Schlössern adeliger Familien verbrachte.

Schon am 6. März 1724 war es so weit: Voltaires Drama *Mariamne* wurde uraufgeführt. Um das neue Werk des angesagten Erfolgsautors sehen zu dürfen, mussten die Zuschauer tief in die Tasche greifen. Die Comédie-Française hatte die Eintrittspreise verdoppelt und damit das Interesse des Publikums richtig eingeschätzt. Nicht nur die Stehplätze im Parkett, sondern auch die Logen waren schnell ausverkauft. Am Anfang lief alles gut, doch ab dem vierten Akt mehrten sich die Pfiffe, danach ging das Bühnengeschehen in wüstem Gegröle unter, so dass die Aufführung vorzeitig abgebrochen werden musste. Am meisten Empörung erregte die Szene, in der die Heldin auf offener Bühne einen Giftbecher trank, statt diskret hinter den Kulissen zu sterben. Ihren Abschiedsmonolog konnte sie deshalb nicht mehr zu Gehör bringen. Doch dieser Bruch mit der Tradition rechtfertigte kaum so schroffe Reaktionen. Auch dieses Mal kamen typische Theaterintrigen hinzu. Tragödien dieser Machart und Thematik waren seit Längerem das Markenzeichen eines gewissen Abbé Augustin Nadal, dem Voltaire mit seinem Stück daher ins Gehege gekommen war. Dieser machte Voltaire für den Misserfolg seiner eigenen *Mariamne* wenige Monate später verantwortlich. Die Rivalität der beiden Autoren hatte einen wütenden verbalen Schlagabtausch beider Autoren zur Folge, den das Pariser Publikum mit Genuss verfolgte.

«Skandalstücke» hatten langfristig gesehen fast immer Erfolg, insofern war der Eklat ein günstiges Vorzeichen für einen zweiten Versuch. Voltaire überarbeitete in aller Eile sein Drama, das schon am 10. April, jetzt unter dem Titel *Hérode et Mariamne*, rauschenden Beifall und positive Kritiken in den maßgeblichen Journalen erntete. Heute ist allein diese Fassung bekannt. Handlung und Konflikte sind denen der *Artémire* in Vielem ähnlich. Die Szene spielt in Jerusalem, wo Mariamne auf die Rückkehr ihres Gatten Herodes, seines Zeichens König von Judäa, aus Rom wartet. Dieser war im römischen Bürgerkrieg mit dem Verlierer Marcus Antonius verbündet gewesen und hatte daher jetzt bei Oktavian, dem Herrn seiner Schutzmacht, vor der er sich rechtfertigen musste, einen schweren Stand. Ja, in Jerusalem kursieren sogar Gerüchte, dass Herodes bereits gestürzt sei:

> Das Volk, seinen Königen gegenüber immer voller Ungerechtigkeit,
> Kühn in seinen Reden, blind in seinen Capricen,
> Ließ lauthals verkünden, dass er in Rom verurteilt
> Und zur Sklaverei verdammt worden sei.[36]

Umso beliebter ist die Königin Mariamne, die vom Volk geradezu vergöttert wird. Das erhöht die Gefahr, die ohnehin über ihr schwebt. Denn Salomé, Herodes' ehrgeizige Schwester, plant mit ihrem ruchlosen Gehilfen Mazael den Sturz der verhassten Rivalin. Herodes selbst schwankt in den Gefühlen zu seiner Gattin zwischen rasender Leidenschaft und tödlichem Hass, denn ihre unerschütterliche Tugend erregt seine Liebe und Bewunderung ebenso wie seine Wut und Scham. So bleibt ihm nur die Wahl, sie zu sich herabzuziehen, ihr Mitleid zu erregen oder sie zu vernichten.

Die Nachrichten von Herodes' Untergang erweisen sich nur allzu bald als verfrüht. Herodes hat sich in Rom mit Oktavian, dem künftigen Kaiser Augustus, verbündet und wird binnen Kurzem als unumschränkter Herrscher über Judäa nach Jerusalem zurückkehren. Schon zuvor hat er Order gegeben, Mariamne ermorden zu lassen. Diese fürchtet also zu Recht das Schlimmste, hatte Herodes doch bereits ihren Vater umbringen lassen. Dadurch ist sie eine Bühnen-Schwester der Artémire. Wie diese hasst sie ihren blutrünstigen Gatten, und wie diese fühlt sie sich zugleich unauflöslich an ihn gekettet. Und wie diese wird sie von ihrem verbrecherischen Gemahl zu Unrecht des Ehebruchs und des Verrats verdächtigt. Rettung in letzter Minute kommt von dem römischen Statthalter Varus, der den von Herodes befohlenen Mordanschlag verhindert. Als Mariamne ihn um Hilfe bei der Flucht nach Rom bittet, gesteht er ihr seine Liebe und wird – weitere Analogie zu Artémire – tugendhaft zurückgewiesen. Mariamne bleibt also in Jerusalem und stellt sich ihrem Schicksal, das heißt: Herodes. Dieser trifft mit der festen Absicht ein, sie endgültig zu vernichten, entflammt aber schon bei der ersten Begegnung erneut in frenetischer Liebe, in die sich mehr denn je glühender Hass mischt. Warum, das offenbart er in einem Monolog, der einer scharfsichtigen Selbstanalyse gleichkommt:

> Nun wohl, ich habe deinen Vater und meinen König vernichtet:
> Ich habe sein Blut vergossen, um mit dir zu herrschen.
> Dein Hass ist der Preis dafür, und dein Hass ist berechtigt;
> Ich grolle deswegen nicht, ich kenne das Ausmaß meines Verbrechens.
> Was sage ich? Sein Tod und das Unrecht an deinen Söhnen
> Sind die geringsten Untaten, die mein Herz begangen hat.
> Bis zu dir habe ich meine Barbarei gesteigert.[37]

Ein Missetäter aus einem Guss, der nicht nur morden lässt, sondern auch zu seinen Verbrechen steht, ist Herodes jedoch nicht. Er braucht Mariamnes Verzeihung, um sein stets bedrohtes inneres Gleichgewicht wiederzufinden. Dieser seelischen Achillesferse ist er sich bewusst und warnt daher seine Gattin, diese Schwäche auszunutzen:

> Hüte dich, die Unruhe, die mich bedrängt, zu missbrauchen.
> Liebes und grausames Objekt der Liebe und der Wut,
> Wenn wenigstens das Mitleid in dein Herz Eingang finden könnte,
> Beruhige den schrecklichen Aufruhr, in dem sich meine Seele verliert.[38]

Doch alle Drohungen und Bitten fruchten nichts. Im Machtkampf der Geschlechter ist Mariamne die Stärkere, wie der Tyrann hellsichtig erkennt:

> Je schuldiger Herodes in deinen Augen erscheinen muss,
> Desto stärker tritt deine Größe hervor, in mir
> Diese unglücklichen Bande zu respektieren, die mich an dich fesseln.[39]

Daher bestimmt die scheinbar Ohnmächtige den weiteren Fortgang des Stücks, ja ihr blutrünstiger Gatte wird geradezu Wachs in ihren Händen:

Skandale, Erfolge, Demütigungen

> Du hast mich zum Barbaren gemacht,
> Als du aufhörtest, mich zu lieben.
> Wenn mein Verbrechen schrecklich ist,
> möge es von Reue ausgelöscht werden.[40]

So windet sich Herodes wie ein Wurm vor ihr, doch durch seine Weinerlichkeit erregt der Despot nur noch mehr Abscheu bei seiner Gattin. Kühl bis ins Herz überlegt sie, wie sie ihn vollständig vernichten kann: Ihr höchster Triumph bestünde darin, heroisch von fremder oder eigener Hand zu sterben und damit Herodes den Todesstoß zu versetzen. Diesen Plan hält sie sich von jetzt an offen. Wie Artémire betont sie die Unauflöslichkeit ihrer Ehe, weist weiterhin jegliches Ansinnen, sich durch Ehebruch zu retten, von sich und bestätigt auf diese Weise ein weiteres Mal ein im Paris des Jahres 1725 archaisch anmutendes Verständnis aristokratischer Ehre.

Die Wahl, den Wüterich durch gute Worte zu zähmen oder durch ihren freiwillig gewählten Untergang tödlich zu beschämen, wird ihr im weiteren Verlauf der immer turbulenteren Handlung erst einmal abgenommen. Denn Varus schreitet zum Aufstand gegen den Tyrannen, woraufhin dieser, eben noch nach Versöhnung mit seiner Gattin lechzend, diese gefangen nehmen und ein weiteres Mal zum Tode verurteilen lässt. Das letzte Wort hat er jedoch nicht. Denn jetzt erhebt sich auch das Volk, um seine geliebte Königin den Klauen des Herodes zu entreißen, und zwar mit Erfolg. Doch diese hat sich endgültig entschieden: Sie widersetzt sich ihrer Befreiung, begibt sich freiwillig auf das Schafott, das ihre Todfeindin Salomé für sie vorbereitet hat, und stirbt dort unter den Tränen des Volkes durch das Beil des Henkers. Mariamnes selbstgewähltes Ende wird den Zuschauern allerdings nicht gezeigt. Voltaire hatte aus den Pfiffen des Vorjahres Lehren gezogen. Auch Herodes ist nicht Augenzeuge, sondern muss wie das Publikum das Schreckliche aus dem Mund eines Boten vernehmen:

> Unter den Tränen der Hebräer tröstete die empfindsame Mariamne
> Das ganze Volk bei ihrem Weg in den Tod.
> Schließlich führte man ihre Schritte zum Schafott.
> Und dort erhob sie ihre Hände,
> Die vom schrecklichen Gewicht unwürdiger Ketten beschwert waren:
> Grausamer und unglücklicher Gatte, sprach sie,

> Im Sterben weint Mariamne nur über Euch.
> Möget Ihr durch meinen Tod eure Ungerechtigkeiten beenden können.
> Lebt und regiert glücklich unter besseren Vorzeichen.[41]

Der Bericht rührt die Menge zu Tränen und bedeutet zugleich das Ende für Herodes. Dadurch, dass seine Gattin das ungerechte Urteil ohne jeglichen Zwang an sich selbst vollstrecken lässt, entmachtet sie ihn endgültig und stürzt ihn in einen Abgrund der Verzweiflung. Zeitweilig verliert er den Verstand, doch diese Phase gnädiger Selbstvergessenheit ist nicht von Dauer. Wieder bei Sinnen, spricht er das Urteil über sich, das einer Verfluchung gleichkommt:

> Orte, vom schönen Blut gefärbt, das gerade vergossen wurde,
> Mauern, die ich wiedererrichtet habe, Paläste, zerfallt zu Asche,
> Verbergt unter den Trümmern eurer stolzen Türme
> Den Platz, an dem Mariamne ihr Leben ausgehaucht hat.
> Was! Mariamne ist tot, und ich bin ihr Mörder!
> Bestraft, zerreißt dieses mörderische Monstrum:
> Bewaffnet euch gegen mich, ihr Untertanen, die ihr sie verliert,
> Donnert, zermalmt mich, ihr Himmel, die ihr sie nun besitzt.[42]

Der Fluch des reuigen Tyrannen gilt ihm selbst, nicht dem jüdischen Volk, das er zum Aufstand gegen sich aufruft. Zu einer kollektiven Verdammung besteht auch kein Anlass, denn die Untertanen haben die Verbrechen ihres Herrn tugendhaft missbilligt, zur Rettung der Unschuldigen die Waffen ergriffen und deren Ende mitfühlend beweint. Der Triumph aber gebührt der Königin, die ihren gewalttätigen Gatten mit ihren eigenen Waffen schlägt. Sie ist die dritte starke Frau im dritten Drama Voltaires. Wie Jokaste und Artémire ist sie unschuldig grausamen Gewalten ausgeliefert und verweigert alles, was ihre Ehre beschädigen könnte, die sie mehr liebt als ihr Leben. Wie ihre Vorgängerinnen auf der Bühne verschmäht sie alle bequemen Lösungen und beweist damit mehr Mut als ihre Gegenspieler und Peiniger. Dadurch zeigt sie sich den Männern, die die Macht zu besitzen scheinen, hoch überlegen.

Seelengröße und Sadismus, blutige Haupt- und Staatsaktionen und empfindsame Herzensergießungen: Mit dieser Mischung traf Voltaire 1725 den Nerv der Zeit und den Geschmack des Publikums, auch des höchstgestellten. Das Drama wurde nicht nur in der Comédie-Française, sondern auch bei Hof ein großer Erfolg, nicht jedoch bei seinem selbstkritischen Verfasser. Fast vier Jahrzehnte später arbeitete Voltaire es nochmals um. An die Stelle des gefühlsseligen römischen Generals Varus, der psychologisch schwächsten Gestalt des Stücks, tritt jetzt ein Frömmler mit ausgeprägt jansenistischen Zügen; mit dieser Absage an das kommende Christentum erhielt das Stück eine ganz neue Botschaft. Zudem ruft Herodes jetzt die Rache des Himmels über das jüdische Volk herab, das als Strafe für seine Schande in alle Winde zerstreut werden wird.

Nicht nur in Jerusalem zur Zeit des Augustus, sondern auch am Hof des fünfzehnjährigen Ludwig XV. tobten die Machtkämpfe heftiger denn je. Dabei standen sich die Anhänger des Premierministers, des Herzogs de Bourbon, und seiner schönen jungen Mätresse, der Marquise de Prie, auf der einen Seite und Bischof Fleury mit seinen Parteigängern auf der anderen Seite immer feindlicher gegenüber. Fleury war Erzieher des Monarchen und gewohnheitsmäßig an allen Unterredungen zwischen dem jungen König, auf den er starken Einfluss hatte, und seinem Premierminister beteiligt, was diesem ein Dorn im Auge war. Währenddessen zeigte das Objekt ihres Liebeswerbens, der König, immer deutlicher, welchen Interessen allein er lebenslang treu bleiben würde, nämlich amourösen Eroberungen und glamourösen Festen. Um durch die Auswahl der richtigen Gattin dauerhaften Einfluss auf ihn zu gewinnen, bemühte man sich von verschiedener Seite, ihn möglichst schnell zu verheiraten. Dafür sprach auch die Staatsräson, denn nur die Zeugung eines Thronfolgers konnte verhindern, dass ein mehr dem Kloster als dem Hofleben zugeneigter Prinz aus dem Hause Orléans den Thron besteigt, falls der junge König vorzeitig zu Tode kommen sollte. In diesem Fall hätte zudem die Einmischung der spanischen Bourbonen gedroht, die alle Hofparteien um jeden Preis verhindern wollten.

So ergriffen der Herzog von Bourbon und die Marquise de Prie die Initiative. Sie kündigten brüsk ein älteres Ehebündnis mit Spanien auf, da die als Gattin Ludwigs XV. vorgesehene Infantin erst drei Jahre alt war. Bei der hektischen Suche nach einer sofort verfügbaren Königin wurden sie bei Maria Leszczynska fündig, der Tochter des ehemaligen Königs Stanislas von Polen, den der russische Zar Peter der Große seines Thrones beraubt und außer Landes getrieben hatte. Diese Braut brachte wenig Rang und Ansehen in die Ehe ein und musste daher befürchten, Wachs in den Händen ihrer Förderer zu werden. Umso mehr war sie darauf angewiesen, sich an diesem fremden Hof ein Netzwerk nützlicher Beziehungen aufzubauen; dazu zählten auch Poeten, die ihr Lob zu singen versprachen. Das war genau die Rolle, die Voltaire als Gefolgsmann der Bourbon-de-Prie-Partei für sich auserkoren hatte. Als Höfling in spe wohnte er sogar der feierlichen Zeremonie bei, in der Ludwig XV. offiziell seine Vermählung ankündigte. Der Ton, in dem Voltaire darüber der Marquise de Bernières berichtete, war allerdings alles andere als höfisch:

> Gestern um halb elf erklärte der König, dass er die Prinzessin von Polen heiraten wird, und schien dabei sehr zufrieden. Er gab seinen Fuß Herrn von Epernon zu küssen und seinen Hintern Herrn von Maurepas und empfing die Glückwünsche seines ganzen Hofes, den er alle Tage durch seine Jagd bei schrecklichstem Regen durchnässt.... Die Heirat Ludwigs XV. fügt dem armen Voltaire Schaden zu, man spricht von keiner zu zahlenden Pension oder auch nur von der Bewahrung der alten.[43]

Das war entweder Ironie in eigener Sache oder Zweckpessimismus, denn Gunstbeweise der jungen Monarchin ließen nicht lange auf sich warten. Schon im November 1725 wurde eine prächtige Urkunde auf kostbarem Pergament und mit eigenhändiger Unterschrift der Königin über eine jährliche Pension von 1500 Livres ausgestellt. Das war zwar ein Viertel weniger als die alte Pension des verstorbenen Regenten, die ebenfalls weitergezahlt wurde, doch immerhin ein Anfang. Dieses Jahresgehalt hatte sich Voltaire redlich verdient, schließlich hatte er Maria Leszczynska sein Drama *Herodes und Mariamne* mit überaus schmeichelhaften Versen gewidmet.

Auch die Marquise de Prie konnte sich über mangelndes Lob nicht beklagen, wie Voltaires Zueignung seiner Komödie *L'Indiscret* belegt:

> Ihr, die ihr die Schönheit besitzt,
> Ohne eitel oder kokett zu sein,
> Und die höchste Lebhaftigkeit,
> ohne jemals indiskret zu sein:
> Ihr, die ihr von den Göttern
> So viel natürlichen Verstand
> Und einen gerechten und liebenswürdigen Geist,
> Fest in ernsthaften Dingen
> Und bezaubernd in Nebensächlichkeiten, erhalten habt.

Dieser Ausbund an Verstand und Charme möge ein Lustspiel gnädig aufnehmen, in dem ein chronischer Aufschneider durch seine Prahlerei verliert, was ihm am teuersten ist. Danach nimmt die Widmung eine recht gewagte Wendung:

> Hätte die Heldin des Stücks,
> De Prie, eure Schönheit gehabt,
> So würde man die Schwäche desjenigen entschuldigen,
> Der sich der Gunst dieser Schönheit rühmte.
> Welcher Liebhaber käme nicht in Versuchung,
> Von einer solchen Mätresse zu schwärmen,
> Durch ein Übermaß an Stolz
> Oder durch ein Übermaß an Zärtlichkeit?[44]

Unter dem alten Sonnenkönig hätten mit erotischen Anspielungen gespickte Schmeicheleien an eine Mätresse die Verbannung vom Hof zur Folge gehabt, ein Jahrzehnt später wurden sie mehr als gnädig aufgenommen. Die Komödie wurde mit großem Erfolg vor dem Königspaar und seinem Hof gespielt, obwohl sie mit einer eindringlichen Warnung vor eben diesem Publikum beginnt:

> Seit höchstens zwei Monaten seid ihr jetzt am Hof:
> Und ihr kennt diesen gefährlichen Aufenthaltsort nicht;
> Der heimtückische Höfling wirft auf den Neuankömmling
> Mit Missgunst seinen gierigen Blick.
> Er erkundet seine Fehler, und vom ersten Tage an
> Verdammt er ihn ohne Mitleid und ohne Pardon.
> Fürchtet also die tiefe Bosheit dieser Herren.
> Der erste Schritt, mein Sohn, den man in dieser Welt tut,
> Ist der, von dem der Rest unserer Tage abhängt.[45]

Solch profunde Erkenntnisse über die Gesetze der höfischen Gesellschaft verkündet Euphémie, die Mutter des Antihelden Damis, den sie auf diese Weise zu Zurückhaltung und Vorsicht erziehen möchte. Sie weiß, warum:

> Ihr habt Talente, Geist und auch Herz,
> Aber glaubt mir, an diesem Ort voller Unrecht
> Gibt es keine Tugend, die die Laster aufwiegt.

Man zitiert unsere Fehler bei jeder Gelegenheit,
Und der schlimmste Fehler ist Indiskretion.
Am Hof, mein Sohn, ist die wichtigste Kunst
Nicht, gut zu reden, sondern schweigen zu können.[46]

Genau das ist das Problem: Damis hat ein lockeres Mundwerk und ist auch noch stolz darauf.

Die weitere Handlung zeichnet sich rasch ab. Der Neu-Höfling Damis beherzigt die guten Ratschläge Euphémies natürlich nicht, und glaubt sogar, dass bei Hofe gewinnt, wer den Mund am vollsten nimmt. Er prahlt mit seiner Unwiderstehlichkeit, rühmt sich diverser Mätressen und verliert am Ende, nach exakt 665 Versen, die kluge Hortense, die ihn wirklich liebt, an seinen sehr viel geschickter auftretenden Rivalen Clitandre. Zum Lachen war an diesem Stück nicht der eher triste Ausgang, sondern nur die Ungeschicklichkeit des Protagonisten, der wie ein Elefant über das höfische Parkett stampft. Darüber konnten sich die professionellen Höflinge amüsieren, die es besser wussten, doch das Lachen musste ihnen schnell vergehen, schließlich wurde das höfische Milieu insgesamt im Laufe der kurzen Handlung in nachtschwarzen Farben gemalt. Interessant ist das einaktige Lustspiel bis heute vor allem als eine Art Selbstporträt. Auch Voltaire hatte in nunmehr zehn Jahren als Literat mit wechselnder Nähe zum Hof und zu den Mächtigen mancherlei Talente bewiesen, doch wie Damis nicht die Gabe, im richtigen Moment zu schweigen. An der Fähigkeit oder am Willen dazu sollte es ihm bis zum Schluss mangeln, und dieses Manko machten auch die vielen panegyrischen Verse nicht wett.

Ende 1725 schien noch alles zum Besten zu stehen, so dass die Hoffnung auf höhere höfische Chargen gerechtfertigt schien. Allerdings hatte diese Anwartschaft ihren Preis. Das bekam jetzt auch der Hofpoet auf Probe namens Voltaire zu spüren, der die Marquise de Prie und ihre elegante Entourage auf ein Schloss in der Nähe von Fontainebleau zu begleiten hatte. Dort vergnügte man sich auf typisch aristokratische Art durch die Verhöhnung der Niedrigergestellten. Zum Objekt des adeligen Gelächters wurde der dortige Dorfpfarrer erkoren, der wegen seiner Leibesfülle und seiner Neigung zu Wein, Weib und Gesang weithin bekannt war. Er wurde in einer schnell improvisierten Farce zum Dichter gekrönt; dann verkündete ein düsterer Chor seine Sünden, und als Strafe für diese musste er einen besseren Nachfolger bestimmen, und das war niemand anderer als Voltaire. Für die vornehme Gesellschaft war das ein wahrhaft königlicher Spaß: Der notorische Freidenker und Salonlöwe als wohlbestallter Seelsorger in der tiefsten Provinz! Voltaire dürfte gute Miene zum bösen Spiel gemacht haben. Jetzt wusste er wenigstens, wozu er für seine Gastgeber gut war: Seine Aufenthaltsberechtigung bestand darin, zu unterhalten, notfalls auf eigene Kosten, als Genie für Regentage oder als Hofnarr. Der Gipfel der Demütigung war erreicht, als der Dichter des neuen französischen Nationalepos am Ende der bösen Komödie Verse zur eigenen Verspottung beisteuern musste.

Um dieselbe Zeit gab es anregenderen Zeitvertreib. Voltaire machte die Bekanntschaft von Lord Bolingbroke, der nach einem umtriebigen Politikerleben als Folge veränderter Machtverhältnisse in England nach Frankreich ins Exil gehen musste. Dorthin brachte er als notorischer Freidenker nicht nur eine Fülle provokanter eigener Ideen mit, sondern auch erregende Lektürevorschläge. John Locke und Isaac Newton, so lauteten die Namen der Autoren, die der unkonventionelle Aristokrat seinem jüngeren Gesprächspartner dringend ans Herz legte – mit weitreichenden Folgen und zur rechten Zeit, wie sich bald zeigen sollte.

Währenddessen schien der notorische Religionskritiker Voltaire den Weg in den Schoß der allein selig machenden Kirche zurückzufinden. Während der Fronleichnamsprozession des Jahres 1725 wurde eine gelähmte Handwerkergattin namens Madame Lafosse durch göttliche Gnade von ihren Gebrechen geheilt – so zumindest stellte es der Erzbischof von Paris nach Anhörung und Prüfung von mehr als hundert Zeugen in seinem offiziellen Bericht dar. Unter diesen wurde auch ein nicht näher genannter Mann von Welt aufgeführt, auf den die Ereignisse großen Eindruck gemacht hätten – gemeint war Voltaire. Dieser kannte das ehrbare Ehepaar aus seiner Nachbarschaft und hatte ihm finanzielle Unterstützung angeboten, weiter reichende Kontakte gab es nicht. Trotzdem kursierte jetzt das Gerücht, dass der hartnäckigste aller Freidenker durch das Wunder zum wahren Glauben bekehrt worden sei.

Das konnte Voltaire nicht auf sich sitzen lassen, wie er seiner alten Freundin, der Marquise de Bernières, am 20. August 1725 aus seiner Loge in der Comédie-Française während der Aufführung von *Herodes und Mariamne* und *L'Indiscret* brieflich mitteilte:

> Seit einem vollen Monat bin ich von Agenten, Scharlatanen, Druckern und Komödianten umgeben ... Aber glauben Sie bitte nicht, dass ich mich in Paris damit begnüge, Tragödien und Komödien aufführen zu lassen. Ich diene Gott und dem Teufel zugleich und zwar, wie ich finde, ziemlich gut. In den Augen der Welt gelte ich als fromm, und zwar wegen des Wunders im Faubourg St-Antoine. Die Wunder-Frau ist heute Morgen in mein Zimmer gekommen. Der Herr Kardinal von Noailles [der Erzbischof von Paris] hat heute aus Anlass des Wunders einen schönen Sendbrief verfasst, und als Krönung, sei es der Ehre, sei es der Lächerlichkeit, werde ich darin zitiert. Man hat mich sogar ganz förmlich zu dem Te Deum eingeladen, das als Dank für die Heilung der Madame Lafosse in Notre-Dame gesungen werden wird. Der Herr Abbé Couet, Generalvikar seiner Eminenz, hat mir heute den Sendbrief zukommen lassen. Ich habe ihm eine *Mariamne* mit den folgenden kleinen Versen zurückgeschickt: Sie schicken mir einen Sendbrief: Empfangen Sie dafür eine Tragödie, mögen wir uns so wechselseitig eine Komödie vorspielen.[47]

Die Eilbotschaft an die Freunde lautete also: Voltaire bleibt Voltaire. Das angebliche Wunder interessierte ihn jedoch weiterhin, offenbar auf der Suche nach einer plausiblen medizinischen Erklärung, denn die Lähmung der Madame Lafosse kehrte nicht zurück. Ob er die Lösung fand, ist nicht bekannt. Im Abstand von mehr als einem Jahrzehnt äußerte er sich nur noch spöttisch zu diesem Ausbruch des volkstümlichen Aberglaubens.

Mit der ironischen Absage an die feierliche Zeremonie stieß Voltaire einflussreiche Kreise vor den Kopf, auch in Versailles. Die Reaktion erfolgte prompt. So wurde ihm die neue Pension trotz des prunkvollen Diploms nicht ausbezahlt; die Königin ließ die Summe stattdessen einem Kriegsveteranen zukommen. An eine offizielle Publikation des großen Versepos über die Liga und Henri IV in Frankreich war nun erst recht nicht zu denken. So streckte Voltaire seine Fühler auf die andere Seite des Ärmelkanals aus:

> Sire, seit Langem betrachte ich mich als einen Untertanen Eurer Majestät. Ich wage es, Eure Protektion für eines meiner Werke zu erbitten. Es handelt sich dabei um ein episches Gedicht, dessen Gegenstand Henri IV, der beste unserer Könige, bildet. Die Ähnlichkeit, die ihm sein Titel als Vater seiner Völker mit Euch verleiht, erlaubt es mir, mich an Eure Majestät zu wenden.

Ein Überfall, erneut die Bastille und das Exil in England

Auf diese elegante Schmeichelei an die Adresse König Georges I., des Empfängers des Schreibens, folgen weitere Erläuterungen zur Förderungswürdigkeit des Werkes:

> Ich sah mich darin gezwungen, von der Politik Roms und den Intrigen der Mönche zu sprechen. Ich habe die reformierte Religion respektvoll behandelt; ich habe die Königin Elisabeth von England gelobt. Ich habe in meinem Werk mit Freiheit und mit Wahrheit gesprochen. Sie, Sire, sind der Beschützer der einen wie der anderen. Und so wage ich mir zu schmeicheln, dass Sie mir Ihre königliche Protektion zukommen lassen werden, um in Ihren Staaten ein Werk drucken zu lassen, das Sie interessieren muss, da es eine Lobrede auf die Tugend ist. Um diese noch besser schildern zu lernen, ersuche ich Sie inständig um die Ehre, nach London kommen zu dürfen, um Ihnen meinen tiefen Respekt und meine Dankbarkeit zu erweisen.[48]

Der Brief zeigt eindrucksvoll, wie perfekt Voltaire alle Register der höfischen Kommunikation beherrschte: galant, verspielt und anspielungsreich mit der Marquise de Prie, gesammelt, ernst und philosophisch würdevoll mit dem britischen Monarchen. Vom Erfolg seiner Werbung war er so überzeugt, dass er Ende 1725 seine Übersiedlung auf die Insel in die Wege zu leiten begann. Doch schließlich reiste er unter ganz anderen Umständen als geplant über den Kanal.

Ein Überfall, erneut die Bastille und das Exil in England

Voltaire zögerte den Aufbruch nach England bis Ende Januar 1726 hinaus, weil er immer noch auf einen gehobenen Posten am Hof hoffte, der ihm bei seinem englischen Aufenthalt Prestige einbringen und beizeiten eine ehrenvolle Rückkehr nach Frankreich erlauben würde. Doch diese Erwartungen beruhten auf einer fatalen Fehleinschätzung seiner Funktion und seines Ranges. Die Verhöhnung durch den Klüngel der Marquise de Prie hatte ihn offensichtlich nicht klüger gemacht. Wo sein Platz in der höfischen Gesellschaft tatsächlich war, wie ihn die Reichen und Schönen wirklich sahen und welchen Rang sie ihm zubilligten, was seine vielen Bekanntschaften mit hochgestellten Persönlichkeiten wert waren und wie es um die Justiz des Landes bestellt war – das alles wurde ihm jetzt in einem gezielten Affront mit brutaler Deutlichkeit vor Augen geführt.

Die sorgfältig inszenierte Demütigung des François-Marie Arouet alias Voltaire vollzog sich in fünf Akten. Akt eins: Der Chevalier de Rohan-Chabot, der übelbeleumdete Spross aus einer Seitenlinie des vornehmen und schwerreichen Adelsgeschlechts Rohan, fragte Voltaire, den er seit Längerem kannte, in der Oper mit allen Zeichen verächtlicher Herablassung nach seinem Namen: Heißen Sie eigentlich Arouet oder Voltaire? Der plötzlich Attackierte reagierte mit der naheliegenden Replik: Und Sie, sind Sie ein Rohan oder ein Chabot? Mit so viel Geistesgegenwart hatte der Provokateur offenbar nicht gerechnet, denn er ließ es vorerst bei diesem kurzen Schlagabtausch bewenden.

Zweiter Akt: Zwei Tage später stellte Rohan-Chabot, der es offensichtlich auf eine Eskalation abgesehen hatte, Voltaire nochmals dieselbe Frage: Arouet oder Voltaire? Diesmal war der Beleidigte noch besser vorbereitet, seine Replik traf den Aggressor bis ins Mark: Ich, mein Herr, bin dabei, mir einen Namen zu machen, Ihr aber ruiniert den Euren. Darauf wusste das schwarze Schaf der einflussreichen Sippe keine Entgegnung mehr, griff zum Stock, schlug aber nicht zu, wohl aus Rücksicht auf die vielen interessierten Zuschauer.

Dritter Akt: Voltaire erhielt die Einladung zu einem Diner beim Herzog von Sully und wurde dort auch freundlich begrüßt, obwohl man ihn gar nicht erwartet hatte. Dann überreichte ihm ein Diener ein kurzes Schreiben, dass man ihn am Eingang des Palais zu sprechen wünsche. Dort lauerten die Lakaien des Chevaliers auf ihr Opfer. Dieser sah aus der sicheren Entfernung seiner Karosse zu, wie seine Handlanger Voltaire übel malträtierten.

Vierter Akt: Das Opfer verlangte unverzüglich Wiedergutmachung. Der Herzog von Sully fand die Attacke zwar feige und ungehörig, war jedoch nicht bereit, juristische Schritte einzuleiten. Ganz ähnlich fiel die Reaktion der Marquise de Prie aus, an die sich der geschundene Voltaire danach wandte: Gute Worte, keine Taten. Später sagte die einflussreiche Mätresse des königlichen Vormunds dazu, dass Voltaire in der Sache recht, in der Form aber unrecht habe. Damit wollte sie wohl andeuten, dass jetzt der Zeitpunkt gekommen sei, das Ganze zu vergessen. Ebenso freundlich

Ein Überfall, erneut die Bastille und das Exil in England

wie hinhaltend äußerte sich die Königin, Voltaires vermeintliche Protektorin: Ein unschöner Vorfall, gewiss, doch nicht wert, an die große Glocke gehängt zu werden. Ähnlich dachten auch die anderen vornehmen «Freunde» Voltaires: Dumm gelaufen für ihn, doch einen Rüpel wie Rohan-Chabot reizt man auch nicht. So ist die Schuld zumindest geteilt, also soll der Misshandelte endlich Ruhe geben.

Doch dazu war Voltaire nicht bereit. Daraufhin ließ die feine Gesellschaft endgültig die Maske fallen und schloss sich reflexartig zur Wagenburg zusammen: Wo kommen wir hin, wenn wir einem frechen Dichterling nicht zeigen dürfen, wo sein Platz ist? In den Augen seiner hochgestellten «Freunde» stritt Voltaire nicht nur für das, was er nicht hatte, nämlich für seine Ehre, sondern er bekämpfte darüber hinaus ihre Privilegien und mit ihnen die gesamte ständische Ordnung. Diese beruhte auf einer sorgfältig abgestuften Skala der Ungleichheiten. Besonders ausgeprägt war diese im Bereich der Justiz. Adlige hatten eigene Gerichtshöfe, die mit ihren Standesgenossen besetzt waren. Und wenn es wirklich einmal schlimm für sie kam, konnte immer noch der König einspringen, der Herr der gesamten Rechtsprechung. Als oberster Gerichtsherr des Königreichs konnte er jederzeit alle Urteile kassieren, Verurteilte freilassen und stattdessen die Ankläger einkerkern lassen. Das System lief auf eine weitgehende Straflosigkeit für die Mitglieder der obersten Aristokratie hinaus. Auf diese Unantastbarkeit hatte Rohan-Chabot gezählt, und das zu Recht, wie sich schnell zeigen sollte.

Nachdem er bei seinen «Beschützern» beiderlei Geschlechts abgeblitzt und bei den Gerichten auf Granit gestoßen war, sah sich Voltaire im fünften Akt des Dramas gezwungen, die Angelegenheit auf eigene Faust weiterzuverfolgen, und das hieß: seinen Beleidiger zum Duell zu fordern. Da die Polizei davon Wind bekam, entwickelte sich im Februar und März 1726 ein regelrechtes Katz-und-Maus-Spiel. Der schmächtige *homme de lettres* wechselte in kurzen Abständen seine Verstecke, trainierte mit dem Degen und veranstaltete Schießübungen mit der Pistole. In beiden Waffengattungen ließ er sich angeblich sogar von Profis anleiten. Die allerletzte Szene dieses letzten Akts ist in zwei verschiedenen Fassungen überliefert. Folgt man der verbreitetsten Version, dann stellte Voltaire den Feind und forderte ihn in aller Form zum Zweikampf auf. Dieser erklärte sich einverstanden, informierte aber umgehend die Behörden. Folgt man der alternativen, für Voltaire deutlich weniger schmeichelhaften Erzählung, dann fahndete er in Begleitung gedungener Meuchelmörder erfolglos nach seinem Beleidiger. Was auch immer geschah, das Resultat steht fest: In der Nacht vom 17. auf den 18. April 1726 wurde Voltaire verhaftet und zum zweiten Mal in der Bastille gefangen gesetzt.

Recht war ihm geschehen, so lautete die vorherrschende Meinung. Trotzdem scheint den Verantwortlichen bei diesem Ausgang der ärgerlichen Affäre nicht ganz wohl gewesen zu sein. Zum einen saß das Opfer hinter Gittern, während der Täter frei herumlief. Außerhalb höfischer Kreise war diese Logik schwer vermittelbar. Zudem war der Leidtragende der Angelegenheit von furchterregender Eloquenz. Er würde also voraussichtlich keine Ruhe geben und damit den Zweck des abgesprochenen Verhaltens, das Ansehen des Adels in der Öffentlichkeit durch systematisches Verschweigen zu wahren, akut gefährden.

Um den Ruf des Adels war es seit Längerem nicht mehr gut bestellt. Einflussreiche Autoren der Frühaufklärung wie Pierre Bayle in Frankreich und John Locke in England hatten das Prinzip der Rechtsgleichheit eingefordert und das Wertesystem der reinen Meritokratie, des Aufstiegs durch persönliche Fähigkeit und Leistung allein, begründet. Vor dem Hintergrund dieser neuen Ideen gerieten Adelswillkür und Adelsarroganz zunehmend ins Fadenkreuz aufgeklärter Publizistik und Belletristik. All diese Entwicklungen standen im Frankreich des Jahres 1726 noch am Anfang; in den nachfolgenden Jahrzehnten sollte ihnen niemand anderes als Voltaire den stärksten Nachdruck verleihen.

Damit begann er schon in der Bastille. Wenige Tage nach seiner Verhaftung schrieb er mit ätzender Ironie an den einflussreichen Minister Maurepas:

> Ich wende untertänigst ein, dass ich von dem tapferen Chevalier de Rohan überfallen wurde, der dabei von sechs Halunken unterstützt wurde, hinter denen er sich mit großer Kühnheit platziert hatte. Seit dieser Zeit habe ich immer nur versucht, nicht meine, sondern seine Ehre wiederherzustellen, was sich jedoch als allzu schwierig erwies.[49]

Im Namen seiner weiterhin intakten Ehre verlangte der Gefangene, am Tisch des Gouverneurs der Bastille zu speisen und so viel Besuch zu empfangen, wie er wollte. Daran schloss sich eine sehr viel weitreichendere Forderung an:

> Mit noch sehr viel mehr Nachdruck verlange ich die Erlaubnis, mich unverzüglich nach England zu begeben; wenn man wegen meiner Abreise Zweifel hegt, soll man mich in Begleitung eines Agenten nach Calais schicken.[50]

Alle drei Forderungen wurden binnen Kurzem bewilligt. Offenbar glaubten die zuständigen Stellen, auf diese Weise doch noch einen glimpflichen Abschluss der peinlichen Angelegenheit herbeizuführen. Voltaire hatte gehofft, als gefeierter Hofdichter eine Auszeit in England nehmen zu können. Jetzt würde er als Opfer französischer Willkürjustiz über den Kanal ziehen; das war ein anderes, aber ebenfalls vielversprechendes Image. Im selben Sinne, doch im Ton etwas verbindlicher, drückte er sich in einem Brief an René Hérault, seines Zeichens Polizeichef von Paris, aus:

> Ich finde mich jetzt in der Bastille wieder, weil ich mit zu viel Überstürzung und zu viel Feuer den Gesetzen gefolgt bin, die die Welt für die Ehre eingerichtet hat.[51]

Das hieß im Klartext: Der wahre Aristokrat bin ich. Und ich büße für das Verbrechen eines Lumpen mit aristokratischem Namen:

> Unter dem Strich werde ich für das Verbrechen eines anderen bestraft, weil ich diesen nicht durch die Organe der Justiz bestrafen lassen wollte.[52]

Das stimmte zwar nicht, entsprach aber Voltaires Selbstdarstellung, er habe nicht nur seine Ehre verteidigt, sondern auch die Ehre des Ehrlosen zu retten versucht. So würde der zu Unrecht Bestrafte sein Heimatland erhobenen Hauptes und vor allem freiwillig verlassen, wie er in einem weiteren Brief an Hérault betonte:

> Ich habe nicht den Befehl, sondern die Erlaubnis, Frankreich zu verlassen, und ich wage Ihnen zu sagen, dass es nicht der königlichen Gerechtigkeit entspräche, einen Mann aus seinem Vaterland zu verbannen, der Opfer eines Überfalls geworden ist.[53]

Damit war gesagt, was gesagt werden musste. Am 5. Mai 1726 traf Voltaire in Calais ein, am 11. Mai ging er im Themsehafen von Gravesend an Land. Sprachlich hatte er sich schon vor dem Skandal auf das Gastland vorbereitet, und zwar gründlich, mit Grammatik und Wörterbuch. Darüber hinaus lieferte ihm eine dickleibige Landeskunde mit dem vielversprechenden Titel *Gegenwärtiger Zustand Großbritanniens* aktuelle Informationen über die Insel und ihre Bewohner.

Börse, Shakespeare, Newton:
Von England lernen heißt Fortschritt lernen

Die ersten Eindrücke, die Voltaire von England gewann, stimmten ihn hoffnungsvoll:

> Als ich in der Nähe von London von Bord ging, hatte der Frühling seine Mitte erreicht; der Himmel war wolkenlos, wie an den schönsten Tagen im Süden Frankreichs, die Luft wurde von einem milden Westwind erfrischt, der die Natur noch heiterer machte und die Geister freudig stimmte: So sehr sind wir Maschinen, und so sehr hängen unsere Seelen von den Handlungen der Körper ab.[54]

Auf die Euphorie folgte bald die Ernüchterung – das bereits ein halbes Jahr zuvor über den Kanal transferierte Geld war verloren:

> Ich hatte nur einige Wechselbriefe über acht- oder neuntausend Livres für einen Juden namens Medina bei mir. Doch als ich nach London kam, stellte ich fest, dass mein verdammter Jude Bankrott gemacht hatte. So stand ich ohne einen Penny da, auf den Tod an einem heftigen Fieber erkrankt, ein Fremder, allein, hilflos inmitten einer Stadt, in der ich niemandem bekannt war. In diesem elenden Zustand konnte ich es nicht wagen, unserem Botschafter meine Aufwartung zu machen. Niemals habe ich ein solches Unglück erlebt; aber ich bin dazu geboren, alle Misshelligkeiten, die das Leben zu bieten hat, zu durchlaufen.[55]

So dramatisch schilderte Voltaire ein knappes halbes Jahr später seine Ausgangslage in einem Brief an Thiriot, der mittlerweile zu seinem Agenten für französische Angelegenheiten geworden war. Dieser dürfte geschmunzelt haben: Voltaire, der Heimatlose und Mittellose, das Stiefkind der Vorsehung, ohne Freunde, ganz allein auf sich gestellt in einer tosenden Metropole – das konnte nur literarische Übertreibung und Pose sein, zudem traten die ironischen Untertöne unüberhörbar hervor. Dass das tatsächlich alles nicht so ernst gemeint war, machte schon die Sprache des Briefes deutlich: Voltaire schrieb auf Englisch, und zwar äußerst gewandt. Zumindest die Kommunikation mit den Einheimischen war also gewährleistet. Und schon bald nahten gute Mächte, um dem gestrandeten Fremdling aufzuhelfen. Ein erster Samariter drängte ihm das dringend benötigte Geld auf; und auch eine behagliche Zufluchtsstätte fand sich bald:

> Und ein Bürger von London, den ich einst in Paris kennengelernt hatte, brachte mich zu seinem Landhaus, wo ich seitdem ein ebenso zurückgezogenes wie bezauberndes Leben führe, ohne nach London zu gehen, ganz den Freuden des Nichtstuns und der Freundschaft ergeben.[56]

Dem Starken hilft das Schicksal in Gestalt nützlicher Freunde, so lautete jetzt die Schlussfolgerung. Wieder war eine Prüfung glänzend bestanden.

«Mein verdammter Jude»: Dieser Wutausbruch galt Anthony Mendes da Costa, Spross einer aus Portugal stammenden Bankiersfamilie, der kurz nach Empfang von Voltaires Überweisung in Zahlungsschwierigkeiten geraten und nach Paris geflohen war. Der dadurch um seine finanziellen Reserven Gebrachte versuchte daraufhin, sich bei dessen Vater John, dem Patriarchen der Familie, schadlos zu halten, der laut Urteil des zuständigen Gerichts für die Schulden seines Sohnes zu haften hatte. Doch mit seinen Vorwürfen lief der Wutschnaubende ins Leere, wenn man einem vierundvierzig Jahre später verfassten Text Glauben schenken darf:

> Er sagte mir, das sei nicht seine Schuld, dass er unglücklich sei, dass er niemals ein Kind der Verderbnis gewesen sei, dass er sich immer bemüht habe, als ein Kind Gottes zu leben, das heißt: als Ehrenmann und guter Israelit. Er rührte mich, ich umarmte ihn, wir lobten gemeinsam Gott, und ich verlor 80 Prozent.[57]

Die verlorene Summe wird im Rückblick mit 20 000 Livres zwar falsch angegeben, doch der Rest klingt glaubwürdig. Das zweiundsiebzigjährige Familienoberhaupt war auf den Tod erkrankt, fühlte sich am geschäftlichen Misserfolg seines Sohnes unschuldig und konnte zu Recht auf einen ehrenvollen Lebenslauf verweisen. Was mit dem Verlust von 80 Prozent gemeint war, findet in einem weiteren späten Text Voltaires zur selben Begebenheit seine Erklärung:

> Ich beteure, meine Herren, dass ich keineswegs verärgert bin: Ich kam zu spät bei Herrn Acosta an, ich hatte einen Wechselbrief über 20 000 Livres für ihn; er sagte mir, dass er am Vorabend seinen Bankrott erklärt habe, und hatte die Großzügigkeit, mir einige Guineen in die Hand zu drücken, auf die er verzichten konnte.[58]

In dieser Darstellung setzte sich der zweiundachtzigjährige Voltaire bewusst über viele Fakten hinweg. Die Goldstücke erhielt er nicht vom flüchtigen Bankrotteur, sondern von dessen untröstlichem Vater, der ihm damit immerhin ein Fünftel der geschuldeten Summe zurückerstattete. Dass er «keineswegs verärgert» sei, bezog sich auf das jüdische Volk insgesamt, sollte also heißen: Ich verfalle nicht in den Irrtum, das Fehlverhalten eines Einzelnen der Gemeinschaft insgesamt zuzuschreiben. Solche Differenzierungen finden sich im Werk Voltaires keineswegs selten, doch stehen sie wie die biblische Würde des moribunden jüdischen Patriarchen unverbunden neben sehr pauschal abwertenden Schilderungen «der Juden», in denen sich antisemitische Klischees widerspiegeln.

Der flüchtige Bekannte aus Pariser Tagen, der sich als Freund und Wohltäter entpuppte, war Edward Fawkener, Spross einer angesehenen Familie des Landadels und Mitinhaber eines florierenden Import-Export-Geschäfts, also ein Gentleman-Großhändler, wie es ihn in der starren Ständegesellschaft Frankreichs nicht gab. Dort war aristokratische Abstammung mit Handelsgeschäften weitgehend unvereinbar. Ein Edelmann hatte von den Pachterträgen seiner Landgüter zu leben, die er allenfalls selbst bewirtschaften durfte; jede handwerkliche oder unmittelbar merkantile Tätigkeit hatte das gefürchtete *décrasser*, den Ausschluss aus dem Adel nebst Verlust der damit verbundenen Privilegien, zur Folge. In England waren die Verhältnisse anders: Diese fundamentale Alteritätserfahrung machte Voltaire also schon im Hause seines ersten Gastgebers. In seinem

Heimatland stand der Beruf des Kaufmanns für Habgier, Geiz und Wucher. Für die französischen Adligen war Kommerz gleichbedeutend mit borniertem Engstirnigkeit und frechem Imponiergehabe, für die kleinen Leute mit rücksichtsloser Preistreiberei und verbrecherischer Monopolbildung. In England hingegen war der Handel eine prestigeträchtige Aktivität, die den Wohlstand der Nation mehrte. Zudem war sie, wie Voltaire jetzt aus nächster Nähe erkennen konnte, mit Weltoffenheit und Interesse an Wissenschaft und Kunst bestens vereinbar. Am Anfang seiner kommerziellen Karriere war der gleichaltrige Fawkener in Syrien, Ägypten, Tunesien, Persien und Indien gewesen. Bei diesen Aufenthalten hatte er nicht nur viel Geld verdient, sondern auch Sprachkenntnisse erworben und sogar archäologische Studien betrieben. Im Gegensatz zur erstarrten französischen Klassengesellschaft mit den arroganten Hofadligen vom Schlage eines Rohan-Chabot, den Financiers und Steuerpächtern, die ihren königlichen Auftraggeber betrogen und das Volk auspressten, der verknöcherten Bourgeoisie und dem abergläubischen Kleinbürgertum, das Wachs in den Händen intriganter Priester war, gab es also in England eine neue soziale Schicht, die dynamischen Wirtschaftsgeist mit lebhaftem Interesse an einer neuen, von allen ständischen und konfessionellen Fesseln befreiten Kultur verband und selbst zur Trägerin dieser neuen, zukunftsweisenden Trends und Strömungen wurde.

Handel brachte für Voltaire nicht nur Wohlstand, sondern auch Freiheit hervor:

> Der Handel, der die Bürger in England reich gemacht hat, hat dazu beigetragen, sie frei zu machen, und diese Freiheit hat ihrerseits dem Handel Auftrieb verliehen; und dadurch hat sich die Größe des Staates entwickelt.[59]

Die dickleibige Schwarte über Land und Leute, mit der er sich auf seinen Englandaufenthalt vorbereitet hatte, konnte Voltaire getrost zur Seite legen, denn seine eigenen landeskundlichen Expeditionen erbrachten viel interessantere Ergebnisse. Schon bei seinen ersten Begegnungen mit den Inselbewohnern hatte der Menschenforscher Voltaire faszinierende Entdeckungen gemacht: ein neues Metier, eine neue Klasse, eine neue Gesellschaft, eine neue Kultur, summa summarum: eine neue Zeit, die Frankreich weit voraus war. Dass dieses neue oder besser: runderneuerte Land längst Europa beherrschte, ohne dass die anderen es wahrhaben wollten, war in Voltaires Augen kein Zufall.

Das veranschaulichte für ihn eine Anekdote aus dem Jahr 1706: Der größte Kriegsherr der neueren Zeit, Prinz Eugen von Savoyen, zieht im Dienst des Kaisers nach Oberitalien, um dort gegen das übermächtige Frankreich zu kämpfen. Dazu fehlt ihm das nötige Geld, doch dieses weiß er sich zu beschaffen. Er richtet eine Anfrage an die Londoner City – und erhält binnen einer halben Stunde einen Kreditrahmen von 50 Millionen, mit dem er Turin befreit, die Armeen Ludwigs XIV. besiegt und dem Spanischen Erbfolgekrieg die entscheidende Wende gibt. Seine Rückmeldung an die britischen Bankiers lautet danach kurz und bündig: «Meine Herren, ich habe Ihr Geld erhalten, und ich schmeichle mir, es zu Ihrer Zufriedenheit investiert zu haben.»[60] So geht Geschichte heute: Geld regiert die Welt, hinter den pompösen Fassaden der Höfe und dem bigotten Gehabe der Kirche ziehen die Bankiers der City die Fäden. Diese Schlussfolgerung zog Voltaire nicht nur für die große Politik, sondern auch für das eigene Leben: Geld und Geist passen bestens zusammen. Für das Streben nach Reichtum muss sich auch ein *homme de lettres* nicht schämen:

> Das alles verleiht dem englischen Kaufmann einen gerechten Stolz und führt dazu, dass er sich nicht ohne eine gewisse Berechtigung dem römischen Bürger an die Seite zu stellen wagt.[61]

Von dieser neuen Elite und ihrem Selbstbewusstsein können die übrigen Europäer und besonders die adelsstolzen Deutschen nur lernen:

> Sie können nicht begreifen, dass der Sohn eines Pairs von England nichts als ein reicher und mächtiger Bürger ist, während in Deutschland jeder ein Prinz ist.[62]

Auf der Insel erbt nur der älteste Sohn den Adelstitel des Vaters. Doch dadurch fühlen sich die Nachgeborenen keineswegs zurückgesetzt, steht es ihnen doch frei, sich durch kommerzielle und politische Aktivitäten einen ebenbürtigen Namen zu erwerben.

Gleichheit vor dem Geld ist nicht das einzige positive Merkmal, das der Geist des Handels der neuen Gesellschaft aufdrückt. Wenn sich der Erwerbstrieb des Menschen ungehemmt entfalten kann wie auf der Insel, drängt er, so Voltaires optimistische Einschätzung, andere, zerstörerische Instinkte zurück:

> Betreten Sie die Börse von London, diesen Platz, der respektabler ist als viele Höfe, so sehen Sie dort die Vertreter aller Nationen zum Nutzen der Menschen versammelt. Dort verhandeln der Jude, der Mohammedaner und der Christ miteinander, als ob sie von derselben Religion wären, und als ungläubig bezeichnen sie nur diejenigen, die Bankrott machen. Dort vertraut der Presbyterianer dem Wiedertäufer, und der Anglikaner setzt auf das Versprechen des Quäkers. Und wenn diese friedlichen und freien Versammlungen zu Ende sind, gehen die einen in die Synagoge, die anderen gehen etwas trinken, dieser lässt sich in einer großen Wanne im Namen des Vaters durch den Sohn im Heiligen Geist taufen, jener lässt die Vorhaut seines Sohnes beschneiden und über das Kind hebräische Worte murmeln, die er gar nicht versteht; und die anderen gehen in ihre Kirche und warten, den Hut auf dem Kopf, auf die Inspiration durch Gott – und alle sind zufrieden.[63]

Der Kult des Geldes ist die wahre Religion; sie schweißt so stark zusammen, dass die unterschiedlichen Glaubensbekenntnisse, Konfessionen und Kirchen diese Union nicht mehr aufbrechen können. England hatte es besser, denn England war im Prozess der Zivilisation einige entscheidende Schritte weiter vorangeschritten als der Rest der Welt: Das war die Botschaft, die Voltaire seinen Landsleuten von seinem Aufenthalt jenseits des Kanals mitzuteilen hatte. Sie wurde überwiegend mit Unglauben, oft sogar mit Empörung aufgenommen. In den Augen französischer Intellektueller galt England als rückständig, ja barbarisch. Dabei stand ihnen vor allem das England des siebzehnten Jahrhunderts vor Augen, weniger die Gegenwart. Während Frankreich unter Ludwig XIV. eine höfische Kultur mit einem Glanz entfaltete, wie ihn die Welt noch nicht gesehen hatte, zerfleischten sich die Briten, so die vorherrschende Meinung, in einem Bürgerkrieg, der von religiösem Fanatismus angeheizt wurde, den rechtmäßigen König den Kopf kostete und mit Oliver Cromwell einen brutalen Abenteurer an die Macht brachte, der jeglicher Legitimation entbehrte. Dass sich im nachfolgenden Menschenalter ein neues politisches System, eine kirchlich-religiöse Landschaft von ungewöhnlicher Vielfalt und Duldsamkeit und eine neue Wissenschaftskultur entwickelt hatten, blieb vorerst auf dem Kontinent und vor allem in Frankreich weitgehend unbeachtet.

Für Voltaire hieß es jetzt jedoch: Von England lernen heißt Fortschritt lernen, und er selbst wollte Lehrmeister sein. Seine Lektionen formulierte er in seinen *Lettres philosophiques*, dem eigentlichen Ertrag seines Englandaufenthalts. Die meisten dieser *Philosophischen Briefe* brachte er im Herbst 1728, als er seine Zelte auf der Insel abbrach, mit nach Frankreich zurück, allerdings unter einem anderen Titel und in einer anderen Sprache. So wurden sie 1733 als *Letters concerning the English Nation* veröffentlicht; die französische Ausgabe folgte erst im Jahr darauf und wurde sofort verboten. Als Erklärung dafür reichen schon die daraus zitierten Passagen über Handel, Freiheit und Kirche völlig aus. Doch hatten die *Philosophischen Briefe* den Mächtigen Frankreichs, besonders seinen Klerikern, noch sehr viel mehr unangenehme Wahrheiten mitzuteilen.

Im Nachhinein stellt sich Voltaires zweieinhalbjähriger Englandaufenthalt als ein systematisches Sammeln von Bekanntschaften, Texten und Eindrücken zum Zweck der literarischen Auswertung dar, die immer auch eine Abrechnung mit Frankreich und seiner skandalösen Rückständigkeit war, die er im wahrsten Sinne des Wortes am eigenen Leib erfahren hatte. Voltaire hatte nichts vergessen und erst recht nichts verziehen. So reiste er schon im Juli 1726 entgegen allen Verboten für kurze Zeit nach Paris zurück, um seinen Beleidiger Rohan-Chabot erneut zum Duell zu fordern oder zu töten. Da sich dieser wohlweislich versteckt hielt, schlug beides fehl. Kurz darauf erreichte Voltaire die Nachricht vom Tod seiner Schwester Catherine Mignot, die zwei Töchter und einen Sohn, alle drei im Kindesalter, hinterließ. Ihr frühes Ableben stürzte ihren Bruder, glaubt man seinem Brief an Thiriot, in düstere Nachtgedanken über Endlichkeit und Unsterblichkeit:

> Ich habe über ihren Tod geweint und wäre froh, mit ihr zu sein. Das Leben ist nichts als ein Traum voll von Verrücktheiten und eingebildetem wie echtem Elend. Der Tod weckt uns aus diesem schmerzvollen Traum auf und gibt uns eine bessere Existenz – oder gar keine.[64]

Auch dieses Schreiben ist in englischer Sprache verfasst, denn kurz zuvor hatte Voltaire erste Bekanntschaft mit einem außerhalb Englands kaum bekannten Dramatiker namens William Shakespeare gemacht, dessen Werk ihn zutiefst beeindruckte und zugleich empörte: So viel Genie, aber auch so viel Regellosigkeit, und das alles ohne jede Spur von Dezenz! In der melancholischen Meditation über Leben und Tod scheint jedenfalls

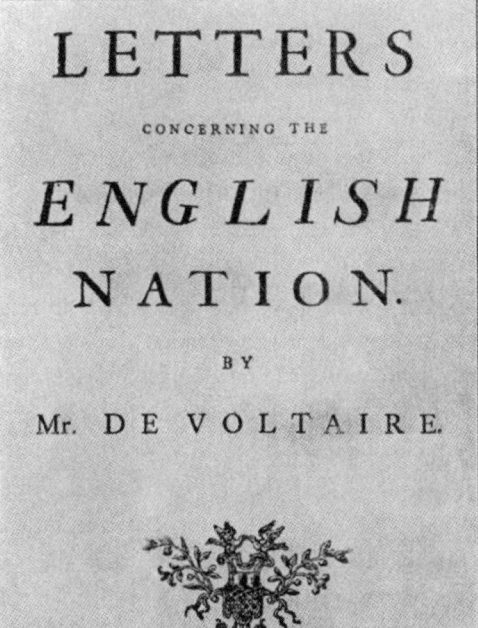

Voltaires «Lettres philosophiques» in der englischen Erstausgabe von 1733

die Lektüre von *Hamlet* und *Der Sturm* nachzuhallen. Die Trauer um die Schwester war zweifellos authentisch, ebenso wie die Sorge um die eigene Vergänglichkeit; doch das Lebensgefühl zwischen Sein oder Nichtsein war literarische Attitüde und nicht von Dauer. Der große Religionsphilosoph Blaise Pascal (1623–1662), mit dessen *Pensées* sich Voltaire um diese Zeit intensiv auseinanderzusetzen begann, hatte die Existenz des Menschen in das Bild eines Schilfrohrs gefasst, das von jedem Windhauch geknickt werden kann, sich dieser Hinfälligkeit aber als einziges Wesen in der Natur bewusst ist und daraus seine Würde gewinnt. Voltaire zog aus derselben

Feststellung den umgekehrten Schluss: *Carpe diem!* Koste jeden Tag aus, denn es könnte der letzte sein!

Dieser Maxime huldigte er, soweit möglich, schon in England. Aus den wenigen Originaldokumenten zu seinem dortigen Aufenthalt lässt sich entnehmen, dass er mit führenden Persönlichkeiten der englischen Adelsgesellschaft wie Lord Peterborough und der Witwe des Kriegshelden Marlborough sowie mit tonangebenden Literaten wie Alexander Pope Bekanntschaft machte. Sie alle, Politiker wie Dichter, sollten in seine *Philosophischen Briefe* Eingang finden. Weitere wichtige Autoren wie Jonathan Swift lernte er zumindest durch ihre Texte kennen. Auch einen alten Protektor traf er wieder: Lord Bolingbroke war inzwischen in seine Heimat zurückgekehrt, wo er sich als Führer der Tory-Partei erneut ins politische Getümmel stürzte. So lag es nahe, dass seinem Schützling Voltaire eine im Februar 1727 unter dem Titel *Occasional letters* veröffentlichte Kampfschrift gegen Robert Walpole, den Führer der «Whigs», zugeschrieben wurde. Doch dagegen sprechen alle Fakten, nicht zuletzt die guten Beziehungen, die Voltaire in der Folgezeit zu Walpole anknüpfte. Einen tiefen und bleibenden Eindruck auf Voltaire hinterließ ein illustrer Todesfall: Sir Isaac Newton wurde am 8. April 1727 in der Westminster Abbey zu Grabe getragen, feierlich und mit allen Zeichen der höchsten Ehrerbietung, so, wie es laut Voltaire dem König im Reich des Geistes gebührte. Bald nach dem großen Gelehrten starb König George I. in Hannover; in England hatte er nie Wurzeln geschlagen. Mit seinem Sohn und Nachfolger George II. änderte sich diese Situation grundlegend. Voltaire wurde ihm vorgestellt und durfte auf Förderung hoffen, vor allem von der Königin Caroline, der er seine *Letters concerning the English Nation* später widmete.

Ende 1727 brachte Voltaire als Zeichen der Verbundenheit mit dem Gastland einen Doppelessay heraus, der in enger Beziehung zu seinen beiden bisherigen Hauptwerken stand, der *Henriade* und den in Entstehung befindlichen *Letters*. Im ersten Teil, der den Ursachen der französischen Religionskriege gewidmet ist, beschreibt er den historischen Hintergrund seines Versepos, um dieses für das englische Publikum verständlich zu machen. In der zweiten Abhandlung über das literarische Genre des Epos zwischen Homer und dem siebzehnten Jahrhundert ging es ebenfalls darum, seine eigenen literarischen Errungenschaften ins rechte Licht zu rücken. Darüber hinaus markiert die Schrift den Beginn seines Newton-Kults, der sich in den Briefen über England und die Engländer weiter steigern sollte.

So sprach alles für einen langen und gedeihlichen Aufenthalt auf der Insel, wo sich Hof und Adel für seine Werke interessierten und ein dicht geknüpftes Netzwerk an Unterstützern beiderlei Geschlechts bereitstand. Doch das war nur die eine Seite der Medaille. Die andere Seite liegt im Zwielicht und lässt sich nur schemenhaft erfassen. Die neue Ausgabe der *Henriade*, deretwegen Voltaire ursprünglich nach England gehen wollte, erschien zwar in London, doch erbrachte sie nicht den erhofften finanziellen Ertrag. So lebte er über seine Verhältnisse und verschuldete sich. Das war gefährlich, weil säumige Schuldner in zeitlich unbegrenzte Schuldhaft genommen werden konnten. Fünf Jahre nach Voltaires Abreise aus England unterstellte ihm ein Quäker, Scheckbetrug begangen zu haben. Etwas später war sogar von gefälschten Banknoten die Rede. Ob diese Vorwürfe stichhaltig waren, muss offenbleiben; beide Ankläger hatten gute Gründe, dem Freigeist aus Frankreich zu grollen. Das galt für einen großen Teil der gehobenen Gesellschaft insgesamt: Sein Spott über die etablierten Kirchen entsprach nicht den Geboten britischer Zurückhaltung. Schockierend wirkte auch seine Gewohnheit, anstößige Anekdoten wie die von den pädophilen Jesuiten im Collège Louis-le-Grand zu erzählen.

Bei seinem Bericht über seine Ankunft bei London hatte Voltaire die Ursachen, die das Gefühlsleben des Menschen bestimmen, treffend auf den Punkt gebracht: Unser Körper bestimmt unseren Geist, und unser Körper, diese Maschine, wird von äußeren Eindrücken bestimmt, die auch unsere Wahrnehmung der Welt prägen. Diese Beobachtung hatte er in körperlicher und seelischer Hochstimmung gemacht. Doch seine Stimmung trübte sich ein, je länger er in England lebte. Düstere Kneipen, Betrunkene auf den Straßen, eine brutale Justiz, die Borniertheit der gehobenen Kreise, das Elend der Massen – England war eben doch nicht die Insel der Seligen. Die gab es allenfalls in der literarischen Fiktion. Die real existierende Insel war deshalb auch kein angemessener Wirkungsplatz für einen *homme de lettres*, der alle bestehenden Verhältnisse mit subversiver Ironie infrage zu stellen begonnen hatte. Dabei förderte gerade der Aufenthalt in England diese Neigung ganz wesentlich und bewirkte einen entscheidenden Prozess der Selbstfindung: In England wurde Voltaire, der sich bislang als Dichter großer Epen und erhabener Tragödien gesehen hatte, zum Essayisten und Zeitkritiker und fand dadurch zu seinem eigentlichen Metier.

Briefe aus England I: Religion und Kirche

Trotz aller Enttäuschungen und Eintrübungen war England mit seiner erregenden Modernität der eigentliche Untersuchungsgegenstand von Voltaires ersten großen Essays, den *Philosophischen Briefen*. Bei aller Zeit- und Ortsgebundenheit erörtert Voltaire hier bohrende Menschheitsfragen. Der Gattung des «Versuchs» angemessen herrscht über weite Strecken ein lockerer Plauderton vor, doch hinter der funkelnden Fassade von Wortwitz und beziehungsreicher Anspielung sind stets Verve und Polemik zu erkennen. Für Feldforschungen zum Menschen eignete sich London wie kein anderer Platz auf der Welt, denn hier konnte sich dieses rätselhafte Wesen in all seiner Lächerlichkeit und Großartigkeit voll entfalten. Im Gegensatz zu Paris durfte an den Ufern der Themse jeder Einzelne seine Spleens und Obsessionen, aber auch seinen Drang nach Wissen und Erkenntnis weitgehend unbehindert von Zensur und Rechtgläubigkeitswächtern ausleben. Diese in Frankreich unbekannte Freiheit erstreckte sich auf alle Bereiche des öffentlichen und privaten Lebens, doch nirgendwo waren ihre Auswirkungen so fühlbar wie im Bereich der Religion. Die ersten sieben Brief-Essays konzentrieren sich daher ganz auf diesen Lebensbereich, in dem sich die Eigenschaften des Menschen für Voltaire am reinsten zeigen. Religionen werden von Menschen gemacht, sind die Summe ihrer Hoffnungen, Ängste, Sehnsüchte und Wahnvorstellungen, aber auch Ausdruck und Instrument von Unduldsamkeit, Verfolgungswut, Neid und Hass. Die religiösen Zustände eines Landes sind daher der sicherste Indikator für den Stand seiner Zivilisation.

Die vier ersten *Philosophischen Briefe* widmete Voltaire den Quäkern und damit einer Glaubensgemeinschaft sehr jungen Ursprungs, was deren Mitglieder allerdings vehement bestritten:

> Die Quäker datieren sich von Jesus Christus an, der nach ihrer Ansicht der erste Quäker war. Nach seinem Tod – so ihre Theorie – wurde seine Religion verdorben und verharrte in diesem Zustand der Korruption ungefähr 1600 Jahre lang, doch gab es ihrer Meinung nach auch in dieser Zeit immer einige in der Welt verborgene Quäker.[65]

Erst 1642 – so das Selbstverständnis der Gemeinschaft – wurde mit ihrer Gründung die wahre Lehre in ihrer ganzen Reinheit und Erhabenheit wiederhergestellt. Dass Voltaire seine religionssoziologischen und religionspsychologischen Studien mit dem, historisch gesehen, letzten Ast am reich verzweigten Baum christlicher Kirchengründungen begann, war von zwingender Logik: Der Schoß, aus dem die religiösen Wahngebilde hervorgingen, war immer noch fruchtbar. Warum das so war, ließ sich am besten an besonders jugendfrischen und lebenskräftigen Gruppierungen erforschen. Zudem stach eine Gemeinsamkeit ins Auge: Wie für die Quäker war auch für Voltaire die Geschichte des Christentums eine Fehlentwicklung, allerdings von Anfang an. Seine Schilderungen der Blüten, die diese Entwicklung trieb, ist daher von Distanz, Ironie und der Lust an der Parodie geprägt.

Parodie eines großen Vorbilds sind schon die beiden ersten Briefe. Sie sind unübersehbar nach dem Muster von Pascals *Lettres écrites à un provincial* von 1656 gestaltet, deren Botschaft und Zweck sie ins Gegenteil verkehren, denn bei Pascal verbirgt sich hinter der komischen Fassade heiliger Ernst, bei Voltaire hinter der ernsthaften Einkleidung Komik und Spott. In den ersten seiner Briefe an einen Empfänger in der Provinz lässt Pascal den auktorialen Erzähler von Kirche zu Kirche und Kloster zu Kloster wandern, um Antworten auf eine Frage zu erhalten, die außerhalb enger theologischer Zirkel niemand versteht, obwohl sie alle Menschen betrifft: Wem lässt Gott seine erlösende Gnade zukommen, nur den vor ihrer Geburt Erwählten oder allen Menschen guten Willens und Strebens? Ganz ähnlich klopft Voltaire – schenkt man der literarischen Fiktion der beiden ersten Essays Glauben – bei einem führenden Quäker an und fragt diesen nach seinen religiösen Grundsätzen, wobei er selbst, im Interesse eines wirkungsvollen Kontrasts, während dieses Gesprächs gut katholische Meinungen vorbringt. So heben sich die unterschiedlichen Standpunkte, die sich auf dieselben Quellen, nämlich die Evangelien, beziehen, gegenseitig auf, was dem Ich-Erzähler immer wieder Anknüpfungspunkte für seine ebenso brillant formulierten wie ernüchternden, ja für Gläubige schockierenden Schlussfolgerungen bietet:

> Ich hütete mich wohl, ihm zu widersprechen, denn in der Auseinandersetzung mit einem religiösen Enthusiasten kann man nichts gewinnen. Ebenso wenig darf

man mit einem Liebhaber von den Fehlern seiner Mätresse sprechen, einem Kläger die Schwächen seines Verfahrens aufzeigen oder einem Erleuchteten mit Vernunft kommen.[66]

Religiöser Glaube ist für Voltaire ein Phänomen geistiger Verwirrung, ebenso wie rasende Verliebtheit oder ungezügelte Prozesswut. Immerhin sind die Quäker zwar religiös ergriffen, erweckt und inspiriert, aber nicht fanatisch. Sie missionieren zwar, aber sie verfolgen nicht. Stattdessen wurden sie anfangs selbst verfolgt, was ihre Anzahl nur weiter vermehrte. Diese Beobachtung führt Voltaire zu einer zweiten allgemeinen These: Religionen brauchen zu ihrer Ausbreitung Märtyrer. Ihre Anhänger müssen sich zumindest in der Gründungsphase als kleine erwählte Minderheit inmitten einer bösen Welt fühlen, um später, wenn sie Mehrheit geworden sind, ebenso gesetzmäßig Abweichler mit derselben Grausamkeit zu bestrafen, die sie zuvor erlitten haben. So weit ist es mit den Quäkern allerdings noch nicht gekommen. Aus ihrem Beispiel leitet Voltaire noch eine dritte Gesetzmäßigkeit ab:

Er [der Gründer der Quäker] fing an zu predigen. Anfangs lachte man über ihn, dann hörte man ihm zu. Und da der Enthusiasmus eine ansteckende Krankheit ist, überzeugte er mehrere, und diejenigen, die ihn ausgepeitscht hatten, wurden seine ersten Jünger.[67]

Dass die Quäker nicht selbst zu Verfolgern wurden, erklärt sich nicht nur daraus, dass sie in England eine Minorität bildeten. In einem Teil der englischen Kolonien jenseits des Atlantiks, im Gebiet von Pennsylvania, wurden sie – wie Voltaire im vierten Quäker-Brief darlegt – Majorität und bestanden diese Charakterprobe mit Auszeichnung: Sie wurden von der Macht nicht korrumpiert, sondern unter der väterlichen Leitung William Penns entwickelte sich ein Gemeinwesen im Zeichen der Gleichheit, Duldsamkeit und Gerechtigkeit, nicht nur unter den Siedlern selbst, sondern auch gegenüber den Ureinwohnern. Die Quäker, so Voltaire, waren die einzigen Europäer, die die «Indianer» als gleichwertige Menschen ansahen und die mit ihnen geschlossenen Verträge respektierten. Voltaires Fazit, mit dialektischer Schärfe auf den Punkt gebracht, lautet also: «Tugend in lächerlicher Erscheinungsform.»[68]

Tugendhaft waren nicht nur die humanen Grundsätze des transatlantischen Gemeinwesens. Vorbildlich war auch, dass die Quäker den Krieg als staatlich organisierten Massenmord und Priester als Instrumente der Gewissensunterdrückung ablehnten, so wie Voltaire auch. Lächerlich und «auf heilige Weise verrückt»[69] waren sie hingegen in ihren religiösen Versammlungen:

> Ich setzte mich unter sie, ohne dass sich auch nur ein Augenpaar auf mich richtete. Die Stille dauerte eine Viertelstunde. Endlich erhob sich einer von ihnen, nahm seinen Hut ab und gab nach einigen Grimassen und Seufzern dann, teils in Worten, teils schnaubend, einen Unsinn von sich, den er aus dem Evangelium entnommen glaubte, den aber weder er selbst noch sonst jemand verstand. Als dieser Meister der Zuckungen und Verrenkungen seinen schönen Monolog beendet und sich die Versammlung ganz erbaut und ganz verdummt getrennt hatte, fragte ich meinen Quäker, warum die Einsichtigsten unter ihnen solche Sottisen duldeten.[70]

Die Antwort lautete: Wir wissen nicht, ob er verrückt oder wirklich von Gott ergriffen ist. Das war Toleranz in ihrer reinsten Form, doch wie gesagt nicht ungefährlich, denn die Geisteskrankheit der Religion konnte sich jederzeit zur Epidemie auswachsen. Trotzdem war Voltaire mit diesem Prinzip der äußersten Duldsamkeit einverstanden: Solange eine Glaubensgemeinschaft nicht andere unterdrückt, soll sie geduldet werden, denn allein schon durch ihre Existenz trägt sie ungewollt zur öffentlichen Duldsamkeit bei:

> Wenn es in England nur eine Religion gäbe, wäre ihr Despotismus zu fürchten; wenn es zwei von ihnen gäbe, würden sie sich gegenseitig die Kehle durchschneiden; aber es gibt dreißig von ihnen, und so leben sie in glücklichem Frieden.[71]

So lautet der am häufigsten zitierte Absatz der *Lettres philosophiques* – und zugleich der ironischste und daher missverständlichste, denn so weit ist es mit Gleichheit und Duldsamkeit unter den Religionen auf der Insel auch wieder nicht her, wie sich bei der Inspizierung der verschiedenen Kirchen und ihrer Lehren zeigen wird. Trotzdem ist die Insel auf dem langen Weg zur Toleranz einige Etappen weiter vorangeschritten als der Rest Europas:

Der religiöse Eifer war unter der Regierung der Tories in den letzten Jahren der Königin Anne ziemlich lebendig, aber mehr als ein paar eingeschlagene Fenster in häretischen Kapellen hatte er nicht zur Folge. Denn die Tollwut der Sekten ist mit dem Bürgerkrieg beendet.[72]

Die Insel hat die tödlichen Fieberschübe der Religionskrankheit hinter sich, befindet sich aber noch im Stadium der Rekonvaleszenz. Der Fanatismus ist immer noch ansteckend, aber Epidemien sind nicht mehr zu befürchten:

> Wenn Cromwell, der seinen König köpfen ließ und sich selbst zum Souverän machte, heute wieder geboren würde, wäre er ein einfacher Kaufmann in London.[73]

Die religiösen Rattenfänger machen also keine fette Beute mehr. Überhaupt ist in England die Zeit der Gefolgschaftsbildung zu Ende und die Ära des Individualismus angebrochen. Selbst Philosophen wie der große Isaac Newton, der allerdings mit seinen religiösen Theorien auch nicht immer vernünftig ist, und der kluge John Locke, die wahre Leuchte seiner Zeit, scharen nicht mehr viele Anhänger um sich. Die Ursachen dafür hatte Voltaire bereits im Brief über den Handel genannt: Die neue Religion ist das Geld, und Geld verdient man nicht in der Kirche, sondern an der Börse. Individualismus ist daher auch in den letzten Dingen angesagt: «Als freier Mann zieht der Engländer auf dem Weg, der ihm gefällt, gen Himmel.»[74]

Bei so viel Lob für England musste sich den französischen Lesern die Frage aufdrängen, wo Frankreich im Verhältnis zur Insel stand, vor allem hinsichtlich Kirche und Religion. Frankreich hatte ein Menschenalter vor England seine eigenen religiösen Bürgerkriege erlebt, und das dreieinhalb Jahrzehnte lang. Das Ergebnis, das der gute König Henri IV mit dem Toleranzedikt von Nantes 1598 erzielt hatte, war ein kompliziertes Zwei-Religionen-System in einem Land mit einer dominierenden katholischen und einer geduldeten reformierten Kirche. Doch diese strikt reglementierte und teilweise auch limitierte Form der Toleranz hielt nicht lange vor; zuerst verloren die Hugenotten ihre Festungen, dann nach und nach weitere öffentliche und zivile Rechte. Den Schlusspunkt setzte Ludwig XIV. im Oktober 1685, als er das Edikt seines Großvaters aufhob und den Calvinisten dadurch in seinem Königreich die Lebensgrundlage entzog. Seitdem hatte, zumindest offiziell, die katholische Staatskirche das Glaubensmonopol. Für Voltaire war das die schlechteste Lösung der Religionsfrage überhaupt, denn eine Monopolkirche neigte zwangsläufig zu Verfolgung und Unduldsamkeit. Die einzige Möglichkeit, diesen Zustand der permanenten Unterdrückung zu beheben, bestand darin, alle Glaubensrichtungen zuzulassen, die mit ihrem Ehrenwort darauf verzichteten, Andersgläubige anzuschwärzen und in ihrer Freiheit einzuschränken. Die große Frage, die die Leser der *Lettres philosophiques* selbst beantworten mussten, war, wie der beneidenswerte englische Zustand des religiösen und kirchlichen Pluralismus in Frankreich herbeigeführt werden konnte.

Für Voltaire drängte sich noch eine andere Frage auf: Warum bedurften Vernunft und Tugend, die im Leben der Quäker so eindrucksvoll hervorstachen, der grotesken Einkleidung in eine so unvernünftige Religion wie die christliche? Warum glaubten vernünftige Menschen nicht einfach an einen gütigen Schöpfergott, der ihnen auftrug, moralisch einwandfrei zu handeln, also ihre Mitmenschen so zu behandeln, wie sie von ihnen behandelt zu werden wünschten? Diese Frage durchzieht leitmotivisch die sieben ersten *Lettres philosophiques*. Dabei schneiden die Quäker am besten ab, weil sie sich diesem Ideal immerhin ein wenig annähern und dadurch hoffen lassen, dass eines nicht allzu fernen Tages Vernunft und Tugend ohne religiöse Hirngespinste auskommen könnten. Bei den älteren, etablierten Kirchen aber ist Hopfen und Malz verloren; sie lassen sich nicht mit milder Ironie, sondern nur in sarkastischer Tonlage beschreiben:

> Obwohl hier jeder seinem Gott nach seiner Mode dienen kann, ist ihre wahre Religion, die, in der man ein Vermögen machen kann, nämlich die Sekte der Bischöfe, die anglikanische Kirche, die auch nur *die Kirche* schlechthin genannt wird. Weder in Irland noch in England kann man eine öffentliche Stelle bekleiden, ohne zu den gläubigen Anglikanern gezählt zu werden. Dieser Grund, der einen exzellenten Glaubensbeweis bildet, hat die Bekehrung so vieler Abweichler bewirkt, dass heute nicht einmal der zwanzigste Teil der Nation außerhalb des Schoßes der herrschenden Kirche steht.[75]

Glaube geht nach Brot. Die Frömmigkeit des staatstragenden Klerus schlägt sich daher vor allem darin nieder, dass er die kirchliche Abgabe des Zehnten mit wahrhaft skrupulöser Genauigkeit einzieht.

Eine so übermächtige Kirche würde unweigerlich zur Unterdrückung der Andersgläubigen führen, hätte der Staat nicht nach dem Ende der Bürgerkriege wirksame Maßnahmen gegen solche Missbräuche ergriffen. Die erste besteht in einer heilsamen Herabstufung:

> Es gibt kaum einen Bischof, Dekan oder Erzpriester, der nicht glaubt, göttlichen Rechts zu sein. Es ist daher eine große Demütigung, ja eine regelrechte Abtötung der Eitelkeit für sie, zugeben zu müssen, dass sie ihre Stellung einem kümmerlichen Gesetz verdanken, das Laien gemacht haben.[76]

Einer Abtötung des Fleisches bedürfen die Vertreter der Staatskirche hingegen nicht mehr, dafür hat bereits die Natur gesorgt:

> Zu den höheren Würden der Kirche werden sie erst sehr spät berufen, nämlich in einem Alter, in dem die Menschen keine anderen Leidenschaften als Geiz und Habgier mehr haben ... Zudem sind fast alle Priester verheiratet; das schroffe Benehmen, das sie an der Universität angenommen haben, und der beschränkte Umgang, den man hier mit Frauen hat, haben zur Folge, dass ein Bischof gewöhnlich gezwungen ist, sich mit seiner Angetrauten zu begnügen. Die Priester gehen manchmal in die Kneipe, weil der Brauch es ihnen erlaubt, doch wenn sie sich betrinken, dann mit heiligem Ernst und ohne unliebsames Aufsehen zu erregen.[77]

Somit belegen die ergrauten Würdenträger der privilegierten Staatskirche eine tiefe Weisheit: Der Mensch verlässt nicht die Laster, sondern die Laster verlassen mit zunehmendem Alter den Menschen. Diese Wahrheit sollte Voltaire nicht nur an seinen Mitmenschen stets aufs Neue bestätigt finden, sondern in vorgerücktem Alter auch bei sich selbst feststellen.

Das hatte auch die anglikanische Staatskirche begriffen, wie ihre Vorsichtsmaßnahmen belegen, und damit war sie gegenüber dem französischen Klerus im Vorteil:

> Dieses undefinierbare, weder kirchliche noch weltliche Wesen, das man einen Abbé nennt, ist in England eine unbekannte Spezies; die Geistlichen sind hier zurückhaltend und kleingeistig. Wenn man ihnen sagt, dass in Frankreich junge Leute, die für ihre Ausschweifungen bekannt sind und durch Intrigen von Frauen in die höhere kirchliche Laufbahn befördert werden, sich öffentlich den Freuden der Liebe hingeben, sich am Komponieren schmachtender Chansons ergötzen,

Briefe aus England I: Religion und Kirche

jeden Tag ausgiebige Soupers mit erlesenen Speisen geben, danach die Erleuchtung durch den Heiligen Geist erflehen und sich kühn Nachfolger der Apostel nennen, dann danken sie Gott dafür, dass sie Protestanten sind.[78]

Die hier brillant definierte, nur in Frankreich vorkommende «Spezies» Abbé gedieh aufs Prächtigste in den Biotopen Boudoir und Salon und war zudem in schneller Ausbreitung begriffen. Vierzig Jahre später lieferte Voltaire in seinem *Philosophischen Wörterbuch* unter dem Stichwort «Abbé» eine ebenso prägnante wie bissige Definition: Ein Abbé hat einen geschorenen Schädel, trägt einen kleinen Kragen und einen kurzen Mantel und ist stets auf der Suche nach lukrativen Pfründen. Mit anderen Worten: Ein Abbé war ein sehr weltlicher Weltgeistlicher mit geringen geistlichen Pflichten und freizügigem Lebenswandel. Abbé zu werden war daher vor allem für nachgeborene Söhne des Adels ein attraktives Lebensziel. Beliebt machte sich Voltaire durch seine ebenso witzigen wie treffenden Bemerkungen nicht. Gut drei Viertel seiner zahlreichen literarischen und sonstigen Gegner nannten sich «Abbé».

Die Besichtigungstour durch englische Kirchen war mit dem Besuch bei den Anglikanern noch nicht abgeschlossen. Das Bestiarium der Geistlichkeit konnte mit noch viel seltsameren Arten aufwarten. Im Vergleich mit den strengsten Calvinisten, den schottischen Presbyterianern, nehmen sich die behäbigen und sittenfesten Anglikaner wie heißblütige junge Galane aus:

> Dieser Presbyterianer gibt sich ein gravitätisches Gehabe, setzt eine verärgerte Miene auf, trägt einen großen Schlapphut und einen langen Mantel über einem kurzen Anzug, predigt durch die Nase und bezeichnet jede Kirche als Hure von Babylon, in der einige Kleriker glücklich genug sind, über 50 000 Livres Jahreseinkommen zu verfügen, und wo das Volk gutmütig genug ist, diese Zustände zu dulden und die Geistlichen Monseigneur, Eure Großartigkeit und Eure Eminenz tituliert.[79]

Zu Geiz und Habgier kommt der Neid als anthropologisches Kernmerkmal christlicher Gemeindebildungen erschwerend hinzu. Die calvinistischen Heuchler haben, obwohl in der Minderzahl, durchgesetzt, dass der Sonntag in allen Teilen des Vereinigten Königreichs geheiligt wird. So darf niemand arbeiten oder sich vergnügen: Keine Oper, keine Komödien, selbst Kartenspiel ist untersagt, doch halten sich die oberen Schichten nicht an dieses Verbot. Die Folgen dieser unsinnigen Gesetzgebung sind kontraproduktiv: «Der Rest der Nation geht zur Predigt, ins Wirtshaus und zu den Freudenmädchen.»[80] Eine Religion mit widersinnigen Dogmen und lebensfremder Moral macht die Menschen schlechter, als sie ohnehin schon sind, weil sie diese entweder zu Bigotterie oder zur Missachtung der Gesetze zwingt. Davon abgesehen herrscht laut Voltaire in England weitgehende religiöse Toleranz, doch sollte man sich diese nicht zu harmonisch vorstellen:

> Obwohl die bischöfliche [anglikanische] und die presbyterianische [calvinistische] Sekte in Großbritannien vorherrschen, sind auch alle anderen willkommen, und alle kommen recht gut miteinander aus, obwohl sich die meisten ihrer Prediger gegenseitig mit fast ebenso viel Herzlichkeit verabscheuen, mit der ein Jansenist einen Jesuiten verdammt.[81]

Auch daraus folgt eine Gesetzmäßigkeit: Welcher Religionsgemeinschaft sie auch angehören mögen, professionelle Gottesmänner werden von sich aus nie Frieden geben, sondern immer zum Fanatismus aufrufen. Also ist es die Aufgabe des Staates, sie zur Toleranz zu zwingen, auch wenn diese gläubigen Gemütern immer als Verrat erscheint.

Religion ist für Voltaire alles, was über die vernünftige Annahme eines gütigen Schöpfergottes hinausgeht. Mit diesem abstrakten Konstrukt der reinen Vernunft können jedoch nur wenige leben, so dass Religion als Produkt der menschlichen Angst und Einbildungskraft weiterhin Konjunktur hat. Unter allen Religionen kommt in den Augen Voltaires die Gemeinschaft der «Sozinianer oder Arianer oder Anti-Trinitarier» – gemeint sind alle, für die Jesus ein Mensch war und nicht zugleich auch Gott – der Vernunft noch am nächsten:

> Der große Herr Newton tat dieser Ansicht die Ehre an, sie zu begünstigen: Dieser Philosoph fand, dass die Unitarier geometrischer argumentieren als wir.[82]

Bei aller Verehrung für den Kosmos-Erklärer Newton bleibt auch er von Voltaires Spott nicht verschont: Die Menschen machen sich ein Bild von

Gott, das ihren Neigungen und Eigenschaften entspricht, so auch der große Physiker und Mathematiker, der Gott als eine physische Kraft betrachtete, die die Harmonie des Kosmos aufrechterhält und die gesamte Materie durchpulst.

Briefe aus England II: Politik und Kultur

Die kritischen und spöttischen Betrachtungen über Religionen und Kirchen durften im England des Jahres 1733 gedruckt und verkauft werden. Zu diesem Zweck verfasste Voltaire in englischer Sprache eine Widmung an die Königin. In Frankreich drohte dem Verfasser so subversiver Texte die Bastille oder Schlimmeres, sollte er es wagen, seinen Namen aufs Titelblatt zu setzen. Dass die *Letters* speziell in den oberen Schichten Englands gut ankamen, hatte viel mit dem Lob zu tun, das Voltaire in den Briefen 8 und 9 dem britischen Regierungssystem spendete. Der glücklich überstandene Fieberschub des Bürgerkriegs hatte seiner Ansicht nach langfristig nicht nur religiöse, sondern auch politische Befreiung zur Folge. Diese hatte sich England nach Jahrhunderten der Versklavung durch Römer, Angelsachsen, Dänen und Normannen mühsam erkämpfen müssen.

In diesen Konflikten zeichnete sich eine historische Dialektik ab, die Voltaire in seinen späteren Geschichtswerken zum Leitmotiv erheben sollte: Was die Mächtigen in ihrem Interesse unternehmen, kann ganz andere Wirkungen hervorbringen, als sie beabsichtigen. Das gilt auch für die Entwicklung der bürgerlichen und politischen Freiheiten in England. Die ersten Parlamente waren Versammlungen von «kirchlichen Tyrannen und Plünderern, die sich Barone nannten».[83] Diesem Kastengeist entsprach auch die viel gerühmte Magna Charta, denn die Freiheiten, die sie zugestand, waren auf dieselbe schmale Oberschicht beschränkt. So reduzierte sich die Geschichte der Insel auf erbitterte Kämpfe zwischen Königtum und Adel, in denen sich die alte Elite zum Segen der Nation gegenseitig ausrottete. Lachende Dritte waren die übrigen Einwohner des Landes, die sich die gewissermaßen herrenlos gewordenen Freiheiten aneigneten. So bildete sich nach der Vertreibung des letzten Stuart-Königs ab 1689 ein neues politisches System heraus: «Diese glückliche Mischung in der Regierung Englands, dieses Miteinander von Mitgliedern des Unterhauses, Lords und König.»[84] Der Monarch wurde dadurch zur Kooperation mit den Vertretern der Nation gezwungen. Daraus ergab sich ein Gleichgewicht der Kräfte, die sich gegenseitig misstrauisch beäugten und in Schach hielten. Da zudem der neue Geist des Handels die Ständegesellschaft aufgelöst hatte, herrschte auf der Insel eine Gleichheit vor dem Gesetz, die in Form einer für alle einheitlichen Steuer auf Land auch den unteren Schichten zugutekam:

> Der Bauer sieht seine Füße nicht durch grobe Holzschuhe deformiert, er isst Weißbrot, ist gut gekleidet und fürchtet keineswegs, seine Viehherde zu vergrößern oder sein Dach mit Ziegeln zu decken, denn man wird ihm deswegen im nächsten Jahr nicht den Steuersatz erhöhen.[85]

In Frankreich hätte der einfache Landmann genau das befürchten müssen, denn dort wurden die Steuern nach einem extrem ungerechten System umgelegt, das die Abgabenlast auf die Landbevölkerung abwälzte und dort vor allem die etwas Wohlhabenderen vernichtend traf. Voltaires Fazit zu Religion, Politik und Ökonomie lautet also: England, du hast es besser! Während in Frankreich die schäbigen Reste des menschenverachtenden Feudalsystems Gesellschaft, Wirtschaft und Mentalitäten lähmen, hat sich auf der Insel eine weitgehend freie Zivilgesellschaft und damit eine aufgeklärte Öffentlichkeit gebildet.

Die schönsten Früchte trägt diese Freiheit mit einer freien Kultur. Sie hat mit Isaac Newton den größten Menschen der Geschichte hervorgebracht. Hohes Lob verdienen auch seine Vorläufer auf dem Weg zur exakten Naturwissenschaft wie Francis Bacon, der in Brief 12 gewürdigt wird, sowie die neuere englische Literatur (Briefe 18, 19, 21, 22). Im Zentrum dieser Erörterungen steht William Shakespeare, dieses ungezogene Genie:

> Er schuf das Theater, er hatte einen Geist voller Kraft und Fruchtbarkeit, Sinn für das Natürliche und das Erhabene, doch ohne den geringsten Funken guten Geschmacks und ohne die geringste Kenntnis der Regeln.[86]

Briefe aus England II: Politik und Kultur 143

Damit waren die Gesetze der Dezenz gemeint, die seit Aristoteles und Horaz für die Bühne und die Dichtung allgemein galten: Einheit von Zeit und Raum, Plausibilität der Handlung, Nichtüberschneidung der sozialen Milieus. Das hieß: Tragödien spielen unter den Großen dieser Welt, Komödien unter dem Volk. Unter diesen Gesichtspunkten fiel Voltaires Urteil über den Dichter aus Stratford vernichtend aus:

> Ich werde Ihnen etwas Kühnes, aber Wahres sagen: Die Verdienste dieses Autors haben das englische Theater ins Verderben gestürzt; es gibt so schöne Szenen, so großartige Auftritte in diesen monströsen Farcen, die man Tragödien nennt, dass diese Stücke immer mit großem Erfolg gespielt worden sind.[87]

Dadurch sind die skandalösen Verstöße mit der Zeit ehrwürdig und zur Norm geworden. Diese Theorie der zur Tradition gewordenen Regelübertretung machte Voltaire an zwei Beispielen fest:

> Sie wissen, dass in der Tragödie *Der Mohr von Venedig*, einem äußerst rührenden Stück, ein Ehemann auf der Bühne seine Gattin erwürgt, und als die arme Dame erwürgt ist, schreit sie plötzlich, dass sie zu Unrecht stirbt.[88]

Noch schockierender fand der Kritiker der englischen Theaterliteratur eine Szene aus Shakespeares berühmtestem Stück:

> Ihnen ist ebenfalls nicht unbekannt, dass in *Hamlet* Totengräber ein Grab ausheben und dabei saufen, Zoten singen und über die Totenschädel, die sie finden, Scherze machen, wie sie Leuten ihres Metiers gebühren.[89]

Bei Shakespeare stießen Voltaires Lust an Regelübertretungen und sein unbändiger Drang, Konventionen infrage zu stellen, an Grenzen. Das Erhabene verträgt sich nicht mit dem Schmutzigen und Grotesken. Das haben die Engländer zu lange nicht wahrhaben wollen:

> Was Sie verwundern wird, ist, dass man solche Sottisen [wie in *Hamlet*] noch unter der Regierung Karls II. nachgeahmt hat, die doch eine Blütezeit der höfischen Kultur und ein goldenes Zeitalter der schönen Künste war.[90]

Die Einsicht, dass es so nicht geht und so erst recht nicht weitergehen darf, habe sich zwar inzwischen durchgesetzt, doch seien die Ergebnisse dieser Bekehrung zum guten Geschmack bescheiden ausgefallen:

> Seitdem sind die Stücke regelkonformer geworden, das Publikum ist anspruchsvoller, und die Autoren sind korrekter und weniger kühn.[91]

Das Resultat ist gehobene Langeweile:

> Ich habe neue Stücke gesehen, die sehr klug, aber kalt sind. Es scheint, dass die Engländer bis jetzt nur dazu geschaffen sind, irreguläre Schönheit zu produzieren. Die brillanten Ungeheuer Shakespeares gefallen tausend Mal mehr als alle moderne Vernünftigkeit. Der poetische Geist der Engländer ähnelt einem weit ausladenden Baum der Natur, der ungebändigt tausend Zweige treibt und ungleich, aber kraftvoll wächst. Er stirbt ab, wenn Sie seine Natur unterjochen und nach dem Muster des Gartens von Marly zurechtschneiden wollen.[92]

Der Garten des Schlosses von Marly war eine Anlage nach dem Geschmack Ludwigs XIV., in der die Gärtner mit der Gartenschere jedem Busch und Baum das Wachstum vorschrieben. Die Erkenntnis, dass Zwang zu starren Regeln die Einbildungskraft abtötet, blieb jedoch in eigener Sache folgenlos. In seinen eigenen Stücken zeigte sich Voltaire lebenslang den Prinzipien der klassischen Tragödie eines Corneille und Racine, also «Marly», verpflichtet. Welche Wirkungen der locker-brillante Stil seiner *Lettres philosophiques* auf der Bühne hervorgebracht hätte, lässt sich daher nur vermuten. Denn auch im Genre der Komödie, für das die Engländer seiner Ansicht nach sehr viel mehr Talent besaßen, hat Voltaire die Kunstgriffe seiner Prosa – Wechsel der Perspektiven und Sprachebenen, Lust an scheinbaren Paradoxien und literarischen Maskierungen – nicht wirklich ausgelebt.

DRITTES KAPITEL

AUF DER SUCHE NACH REICHTUM UND RUHM

1728–1734

Rückkehr nach Frankreich:
Neue Gesundheit, neues Geld, neue Kämpfe

Voltaire verfasste die meisten seiner *Philosophischen Briefe* während seines England-Aufenthalts von Mai 1726 bis Oktober 1728. Für die englische Erstausgabe von 1733 fügte er in Frankreich weitere Briefe zu Philosophie und Wissenschaft und deren Wertschätzung in England hinzu (Briefe 9, 11, 13–17, 20, 23, 24). Die Rückkehr nach Frankreich war von finanziellen Engpässen, Krankheit und Rechtsunsicherheit überschattet. Vor der Reise nach England war ihm untersagt worden, Paris näher als fünfzig Meilen zu kommen; im Jahr darauf wurde dieses Verbot für eine Frist von drei Monaten aufgehoben, ohne dass er von dieser Ausnahmeregelung Gebrauch gemacht hatte. Voltaire zog daraus den Schluss, sich in seinem Heimatland weiterhin als *persona non grata* zu betrachten, betrat dieses im Herbst 1728 vorsichtshalber inkognito und quartierte sich unter falschem Namen in dem normannischen Hafenstädtchen Dieppe bei einem Apotheker namens Jacques Féret ein. Dort harrte er der Dinge, die da kommen sollten. Vorerst war das nichts Gutes. So schrieb ihm der inzwischen vom Prinzenerzieher zum Kardinal und Ersten Minister avancierte Fleury in aller Freundlichkeit an seine Londoner Adresse, dass seine Majestät der König in seiner Güte geruht habe, ihm seine beiden Pensionen zu entziehen. Dieser Schlag traf den Fremdling im eigenen Land umso härter, als ihn einige Monate zuvor in Paris Diebe um den Ertrag seiner *Henriade* gebracht hatten. Das war zumindest die Version, die ihm sein «Freund» und Sachwalter Thiriot auftischte: Die Räuber seien bei ihm eingebrochen, als er nichtsahnend seine religiösen Pflichten beim Gottesdienst erfüllt habe. Eine solche Geschichte hätte Voltaire für eine Komödie oder Novelle erfinden können, aus der Feder seines Faktotums klang sie jedoch unglaubwürdig; die traurige Wahrheit war, dass der ungetreue Treuhänder das Geld selbst durchgebracht hatte. Dieser Fehltritt wurde ihm wie manche weitere krumme Tour in der Folgezeit verziehen. Voltaire brauchte einen Vertrauten, dem er ansonsten Unsagbares mitteilen konnte. Und auch die Dienste des wendigen Allzweckagenten blieben unverzichtbar.

Das erste erhaltene Schreiben des Literaten ohne Aufenthaltsrecht ist daher an Thiriot gerichtet und datiert vom Februar 1729. Der Brief spiegelt einen Zustand umfassender Verlassenheit und Verwirrung wider, allein schon durch die Mischung aus lateinischen, englischen und französischen Passagen. Dabei steht der desolate Gesundheitszustand im Mittelpunkt:

> Ich habe mancherlei Unglück erfahren, und ich weiß aus trauriger Erfahrung, dass diese Krankheit die schlimmste von allen ist. Fieber und Pocken gehen vorbei, aber jahrelang von Schwäche und Erschöpfung niedergedrückt zu werden, alle seine Freuden absterben zu sehen, noch genug Leben in sich zu haben, um das Leben genießen zu wollen, aber zu wenig Kraft zu diesem Genuss zu besitzen, sich selbst unnütz und unerträglich zu werden, im Kleinen nach und nach zu sterben: Das ist es, was ich erlitten habe, und das ist grausamer als alles, was ich bislang erlebt habe.[1]

Doch schon bald nach dieser bewegten Klage zeichnete sich ein Silberstreif am Horizont ab. Der Aufenthalt beim einfachen Provinzapotheker hatte sein Gutes. Dieser hatte zwar nicht Medizin studiert, doch gerade das war sein großer Vorzug. Statt der mörderischen Rezepte der akademisch approbierten Quacksalber setzte er auf ebenso einfache wie wirksame Heilmittel, die Voltaire auch dem Bonvivant Thiriot dringend ans Herz legte:

> Wenn alle Menschen wie arme Leute leben würden, hätte man keinerlei Bedarf an Ärzten mehr. Dank Diät [*régime*] und körperlicher Ertüchtigung [*exercice*] lebe ich noch, und für mich ist das viel. Ihr, die Ihr von gesunden Eltern abstammt und von Natur aus eine kräftige Konstitution besitzt, wenn Ihr denselben Lebensstil wie ich pflegen würdet, Ihr würdet lange und gesund leben.[2]

Régime und *exercice*: An diese Regel sollte sich der stets Krankheitsanfällige sein Leben lang halten – und auf diese Weise acht Jahre länger leben als Thiriot, der es immerhin auch auf fast sechsundsiebzig Lenze brachte. Mit innerweltlicher Askese nach dem Muster «Leben, um zu arbeiten» hatte das nichts zu tun, wohl aber mit wohlverstandener Ökonomie der Lebensenergie: Jedem das Seine, dem physischen Genuss wie dem intellektuellen Plaisir.

Schon im Monat darauf waren denn auch die alten Lebensgeister wieder lebendig. Schließlich hatte Cicero «in seinen beredten Geschwätzigkeiten» den noblen Grundsatz aufgestellt, «dass es schimpflich ist, seine Interessen aufzugeben».[3] Nun kam es darauf an, nichts schleifen zu lassen, nichts unversucht zu lassen, sondern allen Misshelligkeiten die Stirn zu bieten. Voltaire hatte seine Kämpfernatur wiedergefunden und ergriff Gegenmaßnahmen, um das widrige Schicksal in die Knie zu zwingen. Zum einen sollte die Königin an die prächtige Urkunde erinnert werden, mit der sie eine Pension versprochen hatte, die bislang nicht ausbezahlt worden war. Zum anderen wurden die nützlichen Freunde, deren Zahl sich nach der Rohan-Chabot-Affäre beträchtlich reduziert hatte, mobilisiert, um endlich Voltaires legale Rückkehr zu erwirken. Einer von diesen namens Pallu wandte sich an den zweitmächtigsten Minister, den *comte* de Maurepas – und schon stand Paris wieder offen, nur Versailles blieb noch verschlossen. Daran zeigte sich schlaglichtartig, dass der suspekte *homme de lettres* von offizieller Seite als Ansteckungsherd eingeschätzt wurde, den man unter Kontrolle halten und eindämmen musste. Die Aufhebung des diskriminierenden Bannes war eine Sache des Prinzips und der Ehre. Voltaire zog umgehend die Konsequenzen aus dem prekären Status dieser eingeschränkten Duldung: Die Gunst der Mächtigen war so schnell zerronnen, wie sie gewonnen war, und daran würde sich so schnell auch nichts ändern. Aus eigener Kraft verbessern ließ sich allein die finanzielle Basis. Mit Reichtum im Rücken konnte man sich gegen die Willkür des Hofes und der Justiz wirkungsvoll verteidigen. So widmete sich der halb legale, halb illegale Literat jetzt mit der Kraft der wiedergewonnenen Gesundheit seinen finanziellen Angelegenheiten, und das mit vollem Erfolg. Die Pension der Königin wurde einschließlich aller Rückstände wie von Zauberhand ausbezahlt. Und auch Verleger im In- und Ausland überwiesen seit Längerem geschuldete Beträge. So verfügte der eben noch mittellose Voltaire im Frühjahr 1729 über ein Kapital, mit dem sich einiges anfangen ließ.

Wie er aus der beruflichen Praxis seines Vaters wusste, war das Finanzgebaren des Staates undurchsichtig und ungerecht. Die öffentlichen Gelder wurden nicht von Staatsbeamten eingezogen, sondern von zahlreichen Finanzunternehmern im Auftrag des Königs verwaltet, was oft zu Veruntreuung führte. Dafür zahlten die kleinen Leute die Zeche. Diesen war vorerst nicht zu helfen, aber Selbsthilfe auf Kosten dieses absurden Systems war möglich, wie der mit Voltaire befreundete Mathematiker La Condamine entdeckt hatte. Um den stetig steigenden Finanzbedarf der öffentlichen Hand zu decken, wurden seit Längerem Staatsanleihen angeboten, deren Erträge in Form von Renten ausbezahlt wurden, und zwar nominell über das Rathaus von Paris. Wer das eingezahlte Kapital zurückhaben wollte, konnte sich dieses nicht einfach erstatten lassen, sondern musste seine Anteilsscheine verkaufen. Diese wurden an der Börse quotiert. Allerdings sank ihr Wert Ende der 1720er-Jahre rapide, weil der Finanzminister Le Pelletier-Desforts den Kredit, den ihm die Öffentlichkeit einräumte, überzogen hatte und nicht mehr als verlässlicher Schuldner galt. Um der Abwertung entgegenzuwirken, kam dieser auf die Idee, monatlich eine staatliche Lotterie zu veranstalten, bei der alle Anteilseigner zu einem nach der Höhe ihrer Anleihe gestaffelten Preis Lose erwerben konnten. Ihre Gewinne wurden aus einem Topf gezogen, in den die Einnahmen aus dem Losverkauf plus eine halbe Million Livres öffentlicher Gelder flossen. Der Fehler des Systems bestand darin, dass alle Lose, auch die der Kleingläubiger, gleiche Gewinnchancen hatten und dass der Weiterverkauf der Lose nicht ausdrücklich verboten war. Daher – so La Condamines Rechnung – musste man nur die Mehrheit der Lose, von denen die meisten billig waren, aufkaufen, um den Jackpot zu knacken und einen Gewinn zu erzielen, der weit über den Kosten dieser Investition lag. Der Vorschlag fand unter seinen Freunden einschließlich Voltaires Gehör, und das gemeinsam eingebrachte Kapital reichte aus, um die kühne Operation fast ein Jahr lang Monat für Monat zu wiederholen. Die Freude daran wurde dadurch gesteigert, dass Le Pelletier-Desforts nicht nur den Schaden, sondern auch den Spott hatte. Die Gewinner waren nämlich aufgefordert, bei der Ziehung ihren Namen zu nennen und ein Motto beizufügen, etwa «Es lebe der König», «Die Königin ist schwanger» oder andere patriotische Parolen. Natürlich deckte der Verschwörerkreis um La Condamine seine Identität nicht auf; stattdessen unterschrieben sie mit Phantasienamen wie Jean-Baptiste Lilly (dem von Voltaire sehr geschätzten Hofkomponisten Ludwigs XIV. Lully zum Verwechseln ähnlich klingend), und auch ihre Sinnsprüche strotzten nur so vor triumphaler Ironie. Einmal lautete die Devise «Fleury lässt den Staat florieren», ein anderes Mal «Ich brachte das Los in der Schubkarre, ich hole es in der Karosse ab».

Das kam der Realität sehr nahe. Bei jeder Ziehung lag der Gesamtgewinn nach Voltaires Angaben bei einer Million; auch wenn der Verteilungsschlüssel im Einzelnen nicht bekannt ist, darf man davon ausgehen, dass jedes Mitglied der «Loskäuferbande», wie sie der wütende Finanzminister titulierte, für Jahrzehnte ausgesorgt hatte. Mit seinem unnachahmlichen Witz brachte Voltaire den großen Coup auf den Punkt: «Um in diesem Land ein Vermögen zu machen, muss man nur die Dekrete des Staatsrats lesen.»[4] Um sich gegen ein zutiefst unmoralisches System zu wehren, ist alles erlaubt.

Obwohl der Aufkauf der Lose formell legal war und Le Pelletier-Desforts gerichtlich zum Zahlen verdonnert wurde, hielt es Voltaire für opportun, sich eine Zeitlang aus Paris zu entfernen, um sich vor eventuellen Revanchemaßnahmen des wütenden Ministers in Sicherheit zu bringen. Auch dieser Ausflug, der ihn nach Lothringen führte, gestaltete sich äußerst profitabel. Dort hatte der neue Herzog, der es später zum Gatten der habsburgischen Erbherrscherin Maria Theresia und als Franz I. zum Kaiser des Heiligen Römischen Reichs deutscher Nation bringen sollte, Aktien ausgegeben, die – so der Insider-Tipp – unaufhaltsam an Wert gewinnen mussten. Es hieß also zugreifen, doch das war leichter gesagt als getan. Zeichnungsberechtigt waren nämlich nur lothringische «Landeskinder». Da traf es sich gut, dass Voltaires alter Familienname Arouet sehr lothringisch klang. Wer wollte schon beweisen, dass hier keine Verwandtschaftsbeziehungen bestanden? So ließen sich fünfzig der begehrten Anteilsscheine erwerben und kurz darauf zum dreifachen Kurs wieder veräußern. Der eben noch von den Brosamen höfischer Tische abhängige Literat war mit zwei Schlägen reich geworden und sollte das für den Rest seines Lebens bleiben. Der Anteil an der väterlichen Hinterlassenschaft, der ihm bald danach ausgezahlt wurde, bildete jetzt nur noch einen bescheidenen Zuschuss.

Auf dem Weg nach Lothringen bekam Voltaire eine Landschaft «mit wenig Handel, wenig fruchtbarem Boden und sehr wenig Bevölkerung»[5] zu sehen. Dieses Elend kommentierte er brieflich in Versform:

Denn nach sehr langen Ebenen
Erreicht man kleine Weiler,
Und einige schäbige Hütten,
Aus Planken und altem Schiffsholz gebaut.
Darin leben moderne Diogenese,
In ihren Fässern und Fässchen,
Von Gerstenbrot und Eicheln,
Und glauben sich von allen Übeln verschont,
Wenn sie nur nicht arbeiten müssen.[6]

Die Landbevölkerung ist durch ihre Faulheit selbst an ihrer Misere schuld: Das war ein sehr einseitiges und liebloses Fazit zur sozialen Frage. In den *Lettres philosophiques* hatte es noch anders geklungen, hier war von Ausbeutung durch Adel und Staat die Rede gewesen. Beide Standpunkte waren jedoch nicht unvereinbar. Wie die aufgeklärten Obrigkeiten der Zeit unterschied Voltaire zwischen selbstverschuldeter und systembedingter Armut; Unterstützung verdiente nur die letztere. Als Grundherr und ländlicher Patriarch sollte er Jahrzehnte später denselben Grundsätzen huldigen.

Wenige Monate nach der erfolgreichen Spekulationsreise ergriff Voltaire auf andere Weise die Partei der Schwächeren. Im März 1730 starb, erst achtunddreißigjährig, Adrienne Lecouvreur, die erste Darstellerin der Artémire sowie der Jokaste in *Oedipe*, mit dem Verfasser der beiden Stücke zeitweise auch amourös verbunden. Für die französische Kirche gingen Schauspieler beiderlei Geschlechts einem unehrenhaften Gewerbe nach, standen außerhalb der ständischen Gesellschaft und galten als exkommuniziert, waren also von den Sakramenten ausgeschlossen. Das hatte zur Folge, dass die zu Lebzeiten gefeierte Aktrice nicht auf einem Friedhof beerdigt, sondern in einem obskuren Winkel an der Peripherie der Hauptstadt anonym verscharrt wurde. Gegen dieses entwürdigende Verfahren legte Voltaire Protest ein, und zwar als Einziger, denn die gute Gesellschaft hüllte sich nebst ihren Salonpoeten in Schweigen und zeigte dadurch – wie schon in der Rohan-Chabot-Affäre – ihr hässliches Gesicht: Als Bühnendiven und Mätressen waren Schauspielerinnen begehrt, doch ihr Status als soziale Außenseiterinnen blieb davon unberührt. Mit seinem *Gedicht auf den Tod der Adrienne Lecouvreur* klagte Voltaire nicht nur die hartherzigen Priester, sondern die bigotte Gesellschaft als Ganze an:

> Sie berauben des Begräbnisses
> Diejenige, der man in Griechenland Altäre errichtet hätte.
> Als sie noch auf der Welt war, schmachteten alle nach ihr;
> Ich habe sie in ihrem Bann gesehen, beflissen um sie herum:
> Kaum ist sie nicht mehr da, ist sie schon kriminell;
> Sie hat die Welt bezaubert, und ihr bestraft sie dafür!
> Nein, diese Gegend wird künftig nie mehr entweiht sein;
> Sie enthält deine Asche, und dieses traurige Grab
> Wird von unseren Gesängen geehrt und von deinen Manen geweiht.
> Und für uns ist es ein neuer Tempel! Hier ist jetzt mein Saint-Denis ...

In der Abteikirche von Saint-Denis liegen die französischen Könige begraben. Der Kultort eines Landes, das den wahren Werten huldigt, müsste stattdessen der Schindanger mit den sterblichen Überresten der Schauspielerin sein:

> Ach! Wird meine schwache Nation immer und ewig
> Schwankend in ihren Wünschen schänden, was sie bewundert,
> Und werden sich unsere Sitten und Gesetze immer widersprechen,
> Und wird der flatterhafte Franzose immer dämmern
> Unter der Herrschaft des Aberglaubens?[7]

Einen Wertewandel konnte nur eine Revolution herbeiführen. Wieder einmal hatte es England besser. Dort wurde – so der Fortgang des Poems – eine berühmte Schauspielerin mit höchsten Ehren in der Westminster-Abtei, an der Seite Newtons, bestattet. Denn auf der Insel herrscht der Geist der Freiheit:

> Dort darf man alles sagen und alles belohnen;
> Keine Kunst wird verachtet, jeder Erfolg hat seinen Ruhm.
> ... Jeder, der Talent hat, ist in London ein großer Mann.

Oder eben wie im Falle Adrienne Lecouvreurs eine große Frau. Am Ende bleibt Voltaire nur eine verzweifelte Frage: «Gott! Warum ist mein Land nicht mehr die Heimat / Des Ruhmes und des Talents?» Die Antwort, die sich der Leser selbst geben muss, lautet: Nicht die Schauspielerin, sondern die verlogene Ständegesellschaft gehört in ungeweihter Erde verscharrt! Natürlich konnte man so etwas in Frankreich nicht öffentlich sagen. Voltaires wütende Verse zirkulierten in Paris nur unter den engsten Freunden, publiziert wurden sie 1732 in Amsterdam in einer ersten Zusammenstellung seiner gesammelten Werke. Für Paris hatte er eine andere Protestaktion vorgesehen: Das Ensemble der Comédie-Française sollte kollektiv in den Streik treten, um gegen die Verachtung ihres Metiers Einspruch zu erheben. Doch daraus wurde nichts. Sich offen gegen die öffentliche Meinung und die Kirche zu wenden, erschien den Theaterleuten nicht ratsam.

Ein Drama über Brutus, eine Biographie Karls XII. von Schweden und erneute Reflexionen über das Theater

Voltaire trieb die Auseinandersetzung nicht auf die Spitze, denn auch er brauchte die Bühne, die es nach längerer Abwesenheit zurückzuerobern galt. Ein neues Stück bot ihm die Gelegenheit, seine in England entwickelte kritische Dramentheorie zur Anwendung zu bringen. Das hieß konkret, zu übernehmen, was an Shakespeare groß war, ohne in dessen Fehler zu verfallen. Für diese Kombination aus heroischen Aktionen und aufwallenden Emotionen in einem erlesenen sozialen Ambiente kam nur ein Stoff aus der Antike infrage. Zugleich mussten Parallelen zur Gegenwart unübersehbar hervortreten. Einen solchen Aktualitätsbezug sollte der Widerstreit zwischen Pflicht und Tugend, Macht und Ideal herstellen, wie ihn Brutus, der Befreier Roms von der Tyrannei der Könige, verkörperte. Damit wurde zugleich das Problem der Staatsräson angesprochen, das die aufgeklärte Politiktheorie intensiv beschäftigte: Wo lagen die Grenzen der Macht, welche Moral galt für die Politik? Den Plan zu einem Brutus-Drama hatte Voltaire schon in England gefasst, im Dezember 1729 war das Stück so weit gediehen, dass es in der Comédie-Française vorgelesen werden konnte. Begeisterung erregte der Text bei dieser Gelegenheit nicht, ganz im Gegenteil. Bei den ersten Proben drängte sich dem Verfasser der Verdacht auf, dass die Truppe insgeheim die Aufführung torpedierte, ob aus eigenem Antrieb oder auf Anstiftung Rohan-Chabots oder eines Dichter-Rivalen blieb ihm verborgen. Jedenfalls zog Voltaire sein Brutus-Drama einstweilen zurück und ließ es erst im Dezember 1730 uraufführen. Der Druckfassung, die die Zensur mühelos passierte und sich daher mit dem Unschädlichkeitssiegel des königlichen Privilegs schmücken durfte, stellte Voltaire eine längere Vorrede an Lord Bolingbroke voran. Darin schwelgte er nicht nur in Erinnerungen an freundschaftliche Gespräche über Shakespeare, das Brutus-Projekt und andere literarische Themen, sondern reflektierte auch sehr intensiv über sein eigenes Schreiben. Er habe auf der Insel mit Bolingbrokes Hilfe nicht nur Englisch sprechen gelernt, sondern sich auch fast schon daran gewöhnt, auf Englisch zu denken, mit der beängstigenden Konsequenz, dass ihm dabei seine Erfindungskraft in der Muttersprache weitgehend verloren gegangen sei und erst wieder zurückgewonnen werden müsse. Dieser zeitweilige Sprachverlust – so weiter Voltaire – hatte weitreichendere Einsichten zur Folge: Sprache und Ideen sind unauflöslich miteinander verknüpft:

> Ein englischer Dichter, so sagte ich mir, ist ein freier Mensch, der die Sprache seinem Geist unterwirft; der Franzose aber ist ein Sklave des Reimes und daher manchmal gezwungen, vier Verse für einen Gedanken zu machen, den ein Engländer in einer einzigen Zeile ausdrücken kann.[8]

Diese britische Sprachfreiheit geht so weit, dass ein Autor wie Shakespeare neue Wörter für neue Botschaften erfindet. Und diese Sprachschöpfungen setzen sich durch, weil sie bislang nicht markierte Bedeutungsfelder besetzen. Das hat gravierende Auswirkungen auf die Gedankenfreiheit:

> Der Engländer sagt alles, was er will, der Franzose sagt nur, was er kann. Der eine durchmisst einen weiten Parcours, der andere sieht sich auf einem rutschigen und engen Weg stets behindert.

Diese Hemmnisse bestehen nicht nur aus sprachlichen Zwängen, sondern auch aus dem erdrückenden Gewicht der literarischen Tradition. So wird jeder, der das Joch der gereimten Verse auf der französischen Bühne abschüttelt, nicht als Befreier von einer unerträglichen Tyrannei bejubelt, sondern als ein Feigling verhöhnt, der den Wettbewerb mit großen Vorgängern ängstlich verweigert. Es hilft also alles nichts: Wer Tragödien für ein

Ein Drama über Brutus

französisches Publikum schreiben und damit reüssieren will, muss sich dieser Konkurrenz stellen. Zeitgemäße Tragödien in erhabenen Versen zu schreiben, wird auf diese Weise zu einem heroischen Unterfangen:

> Wir wollen, dass der Reim den Gedanken niemals etwas wegnimmt und dass er weder trivial noch gekünstelt wirkt. Und wir fordern im Vers dieselbe Reinheit und Präzision wie in der Prosa.

So neigt sich die Waagschale der Würde unversehens zur französischen Seite. Gewiss, die Engländer haben es leichter, doch macht nicht die Leichtigkeit, sondern die Schwere die Würde des Dichters aus: «Daher ist es einfacher, hundert Verse in jeder anderen Sprache zu machen als deren vier auf Französisch.» Der französische Theaterdichter ist ein Held in Ketten. Seine Größe besteht nicht darin, sie zu sprengen, sondern sie neu zu schmieden. So beredt Voltaire diese Begründung auch vorträgt, überzeugend wirkt sie nicht. War die Grenzüberschreitung in ein Prosa-Drama nicht wenigstens einen Versuch wert? Wer wie Voltaire lebenslang gegen so viele Konventionen und Zwänge aller Art rebellierte, die Vorurteile seiner Zeit verachtete, in seinen Erzählungen und Essays neue Regeln schuf und mit seinen bisher vorgelegten Dramen zur Genüge bewiesen hatte, dass er den hohen Stil des vorangegangenen Jahrhunderts beherrschte, wäre zum Vorreiter eines neuen Theaters, dem die differenzierten Stilmittel seiner Prosa zugutekamen, geradezu prädestiniert gewesen. Doch in seiner Bühnenproduktion erwies sich die Tradition als übermächtig.

Auf jeden Fall legte Voltaire in der Vorrede die Messlatte für das nachfolgende Drama *Brutus* sehr hoch, denn dieses musste die Stichhaltigkeit seiner theoretischen Ausführungen belegen. Die Handlung setzt unmittelbar nach der Vertreibung des Tyrannen Tarquinius aus Rom ein. Dieser hat sich zum Etruskerkönig Porsenna geflüchtet und versucht, von dort aus die Rückeroberung seines Königreichs voranzutreiben. In Rom selbst stehen die Chancen für eine Restauration schlecht, denn dort herrscht republikanische Gesinnungseuphorie:

> Ihr kennt Rom und seinen Geist sehr schlecht.
> Die Väter der Römer [die Senatoren], die Vorkämpfer der Gleichheit,
> Haben sich im Purpur des Amts und in der Armut geläutert.

Weit mehr als die Schätze, die sie euch gerne überlassen,
Zählt ihnen der Ruhm, die Könige zu zähmen, die diese Schätze besitzen.⁹

So stolz äußert sich Brutus, einer der beiden Konsuln, die das befreite Rom im Namen der Tugend und des Volkes regieren, gegenüber dem Gesandten Arons, der die belagerte Stadt im Auftrag Porsennas wieder zur Monarchie zurückführen soll. Für diesen Fürstenknecht zeugen solche Sätze von gottloser Rebellion und heilloser Selbstüberschätzung:

> Ach! Selbst wenn es wahr wäre, dass die absolute Macht
> Tarquinius zur Überschreitung seiner Pflichten verführt
> Und er dem Reiz dieser Macht zu sehr nachgegeben hätte:
> Welcher Mensch ist ohne Fehler, und welcher König ohne Schwäche?
> Habt ihr etwa das Recht, ihn zu bestrafen?
> Ihr, die ihr als seine Untertanen geboren und zum Gehorsam bestimmt seid!
> Ein Sohn greift gegen einen schuldigen Vater nicht zu den Waffen;
> Er wendet die Augen ab, klagt und verehrt ihn weiter.
> Die Rechte der Souveräne, sind sie weniger wert?
> Wir sind ihre Kinder, ihre Richter sind allein die Götter.¹⁰

Dieses politische Credo hätte von Ludwig XIV. stammen können, der sich in seinen Maximen für den Thronfolger ganz ähnlich äußert. Das war reines Gottesgnadentum und als solches 1730 in Frankreich weiterhin offizielle Staatsideologie. Darauf muss Brutus nur einen Satz entgegnen: Es ist die Zeit der Könige nicht mehr. Wir Römer sind jetzt zur Freiheit aufgerufen, während ihr Toskaner weiterhin dazu bestimmt scheint, euren Tyrannen Sklavendienste zu leisten. Für das Pariser Publikum hieß das im Klartext: England ist reif für die Freiheit, Frankreich hingegen noch nicht. Welche Voraussetzungen für diese Freiheit gegeben sein müssen und welche Gefahren ihr drohen, macht der weitere Verlauf des Stückes exemplarisch deutlich. Dafür bedarf es wie in den meisten Dramen Voltaires einer ebenso intelligenten wie skrupellosen Verrätergestalt; in *Brutus* hört sie auf den Namen Messala. Er beurteilt alle Menschen nach sich selbst und sieht im hehren Republikanertum eines Brutus und seiner Gesinnungsgenossen nichts als Anmaßung. Auf die Frage Arons': «Sind sie denn ohne Leidenschaften, ohne Eigeninteresse, ohne Laster?», antwortet er:

Sie wagen es, sich dessen zu rühmen, doch ihre geheuchelte Gerechtigkeit,
Ihre herbe Anspruchslosigkeit, die sich nicht bestechen lässt,
Ist in diesen hochmütigen Herzen nichts als Durst nach Macht;
Ihr Stolz tritt den gekrönten Stolz mit Füßen;
Sie haben das Joch gebrochen, um es selbst den anderen aufzulegen.[11]

Damit fasst er die jahrhundertealten Argumente der Monarchisten gegen die Republikaner adäquat zusammen: Republik ist ein Synonym für kollektive Ausplünderung und Ausbeutung. Ein König besitzt bereits alles und ist deshalb saturiert; in der Republik aber ist dem ungezügelten Drang einer arroganten Oligarchie nach immer mehr Macht, Prestige und Reichtum keine Grenze gesetzt.

Mit dieser zynischen Sicht des Menschen fällt es Messala nicht schwer, die Achillesferse im Tugendpanzer des republikanischen Rom zu finden. Sie heißt Titus. Er ist der Sohn des Brutus und im anschließenden Kampfgetümmel der Held, der sein Vaterland vor der Rückeroberung durch den Tyrannen bewahrt. Als solcher wird er zwar vom Volk bejubelt, doch vom Senat nicht mit dem erhofften Konsulat belohnt. Diese Enttäuschung macht sich Messala geschickt zu Nutze:

Und ich weiß, dass er grollt;
Sein stolzes und heftiges Herz ist ganz von diesem Unrecht erfüllt;
Als ganze Belohnung erhält er nur leere Worte,
Einen flüchtigen Triumphzug, einen Glanz, der sich schnell verflüchtigt.[12]

Um die Unzufriedenheit voll zu machen, ist Titus Tullia, der Tochter des Tarquinius, die dieser bei seiner Flucht in Rom zurückgelassen hat, in aussichtsloser Liebe verfallen. Tullia wird zwar von den tugendhaften Republikanern vor allen Repressalien geschützt, kommt aber als Braut für den Sohn des Tyrannenvertreibers nicht infrage. Nach langem Schwanken zwischen der Loyalität zu Vater und Republik auf der einen Seite und Ehrgeiz und unerfüllter Liebe auf der anderen entscheidet sich Titus schließlich für den Staatsstreich. Doch sein Komplott wird aufgedeckt und er selbst als Staatsverbrecher angeklagt. Das Urteil hat sein Vater, der Konsul, zu fällen, und es lautet: Tod wegen Hochverrats. Vor der Vollstreckung finden Vater und Sohn wieder in edler republikanischer Gesinnungsgemeinschaft zusammen. Titus nimmt seine Strafe an, und die Republik ist auf Dauer gerettet.

Mit dem Stoff traf Voltaire den Nerv der Zeit. Zeitkritische Reflexionen über Aufstieg und Untergang, Größe und Schwäche des antiken Rom waren en vogue. Der Literat und Politiktheoretiker Charles de Saint-Evremond (1613–1703), der zum Kreis um die Freidenkerin Ninon de Lenclos gehörte, stand am Anfang einer Entwicklung, die bis zur Französischen Revolution nicht mehr abreißen sollte. Vier Jahre nach Voltaires *Brutus* veröffentlichte der Baron de Montesquieu seine Betrachtungen zum selben Thema. Kernthesen wie die, dass Republiken allein vom Geist der Tugend am Leben gehalten werden, sollten in sein monumentales Hauptwerk *Vom Geist der Gesetze* Eingang finden, in dem er die Theorie der Gewaltenteilung zum Gemeingut des europäischen Verfassungsdenkens erhob. Wie die Abhandlungen seiner Vorgänger und Nachfolger war auch Voltaires *Brutus* eine kaum verschlüsselte Auseinandersetzung mit dem Frankreich seiner Zeit. Unmittelbar auf die Gegenwart bezogen war die Ablehnung der absoluten Monarchie alten Stils; Brutus' Ansicht, dass ein Regierungsstil wie der Ludwigs XIV. nicht mehr in die Zeit passte, entsprach voll und ganz der Einschätzung Voltaires. Doch waren auch die Bedrohungen, denen sich eine Republik ausgesetzt sah, nicht zu unterschätzen. Was in Rom durch die übermenschliche Selbstüberwindung des Konsuls abgewendet wurde, nämlich die Unterwanderung und Zerstörung der freiheitlichen Verfassung durch ehrgeizige Aristokraten, würde sich nach Voltaires Einschätzung in Frankreich kaum verhindern lassen. Dann träten an die Stelle eines Monarchen Dutzende von adeligen Kleinkönigen, die den Staat als ihr Eigentum betrachten und hemmungslos ausbeuten würden. Eine solche Oligarchie war die schlechteste aller politischen Lösungen, wie schon die *Henriade* erwiesen hatte. So blieb nur die Hoffnung auf einen neuen Henri IV im Geiste der Aufklärung, der über den Klasseninteressen stehen und für ein Fortschreiten der Vernunft auf allen Ebenen sorgen würde, also ein aufgeklärter Absolutismus.

Neben dem *Brutus*-Stoff brachte Voltaire aus England das Projekt eines Geschichtswerks mit nach Frankreich, das rund 1700 Jahre nach dem Römerdrama spielt, sich bei näherer Betrachtung aber als dessen Fortsetzung und Vertiefung darstellt. Während die *Henriade* ein Versepos ist und *Brutus* eine Tragödie, handelt es sich bei der *Geschichte Karls XII., König*

Ein Drama über Brutus

von Schweden, um eine Biographie, die ebenfalls virtuos alle Register des Pathos, des Heroischen, des Schreckens und der Ironie zieht. Das Werk wurde 1730 abgeschlossen und im darauffolgenden Jahr in England und Frankreich in beiden Sprachen veröffentlicht.

Der Protagonist Karl XII. war im Dezember 1718, gerade einmal sechsunddreißigjährig, unter geheimnisumwitterten Umständen ums Leben gekommen. Im nächtlichen Laufgraben vor der von seinen Truppen belagerten norwegischen Festung Frederikshall hatte ihn eine Kugel getroffen, über deren Schussbahn heftig gestritten wurde (und bis heute gestritten wird): War es ein feindlicher Zufallstreffer oder eine gezielte Hinrichtung aus den eigenen Reihen? Bei dieser Frage setzt Voltaire publikumswirksam an. Er behauptet nämlich, Informationen aus erster Hand zu besitzen: Der französische Offizier namens Siquier, der den König auf seinem letzten Inspektionsgang begleitete, habe überzeugend seine Unschuld beteuert; zudem sei er in seiner Heimat arm gestorben, was die Theorie eines von fremder Seite bezahlten Auftragsmordes ausschließe. Andererseits habe sich Siquier kurz nach dem Tod des Königs in einem Fieberanfall als dessen Mörder bezeichnet, diese Selbstanklage aber nach seiner Genesung wieder zurückgenommen. Dann war in der fatalen Winternacht noch der französische Ingenieur Mégret mit von der Partie gewesen. Dieser habe nach dem tödlichen Schuss auf seinen Dienstherrn nichts weiter zu bemerken gehabt als: «Endlich ist das Stück zu Ende, gehen wir zum Abendessen.»[13] So war das Ende des Königs und seiner Geschichte weiterhin offen und die Mordtheorie auch bei Voltaire nicht widerlegt. Daher blieb die Spannung, ob es nun ein heimtückischer Mord oder ein einfacher Soldatentod war, bis zum Schluss aufrechterhalten – mit der klug kalkulierten Konsequenz, dass das Publikum weiterhin rätseln und eigene Theorien ausspinnen konnte.

Spannung versprach auch der einleitende *Discours*. Er hätte – so Voltaire – den vielen mehr oder weniger halbseidenen Büchern über Karl XII. und seinen Gegner, Zar Peter I. von Russland, kein weiteres hinzugefügt, wenn diese beiden nicht «nach dem Urteil der ganzen Welt die einzigartigsten Persönlichkeiten gewesen wären, die in den letzten zwanzig Jahrhunderten auf den Plan getreten waren».[14] Das klang nach historischem Kolportageroman, doch verwahrte sich Voltaire vehement gegen dieses beliebte Genre, das pikante Anekdoten, galante Abenteuer, verwegene Verschwörungstheorien und blutige Schlachtentableaus zu einem effektvollen Ganzen verschmilzt. Für ihn ist Geschichte nur wert, aufgeschrieben zu werden, wenn sie Exempelcharakter hat. Gute Beispiele sind die Könige, die ihrem Volk Wohltaten erwiesen haben wie Henri IV. Doch das ist eine rare Spezies, und zudem in der *Henriade* abgearbeitet. An die schlechten Herrscher erinnert man sich wie an Überschwemmungen, Feuersbrünste und Pestepidemien. Dazwischen, allerdings viel näher bei den Tyrannen als bei den vorbildlichen Monarchen, liegen die großen Eroberer. Der Kitzel, der von ihren Taten ausgeht, ist unwiderstehlich, sie sind der Stoff, aus dem Bestseller gemacht werden:

> So groß ist die elende Schwäche der Menschen, dass sie diejenigen, die brillante Missetaten begangen haben, mit Bewunderung betrachten und lieber über die Zerstörer als über die Gründer großer Reiche sprechen.[15]

Diese perverse Neugier will Voltaires Königsbiographie nicht befriedigen, ebenso wenig den nicht minder beliebten Blick durch das Schlüsselloch auf die geheimen Laster des Hofes werfen. Die Ankündigung, die Geschichte einer Ausnahmegestalt zu erzählen, ist ein Köder, der das Publikum anlocken soll, aber dem höheren Zweck dient, die Folgen absoluter Macht vor Augen zu führen und vor Nachahmung zu warnen:

> Denn wo ist der Souverän, der sagen könnte: «Ich habe mehr Mut und mehr Tugenden, eine stärkere Seele, einen robusteren Körper, ich verstehe den Krieg besser und habe bessere Truppen als Karl XII.?»[16]

Die heilsame Lektion aus der Geschichte Karls XII. lautet also:

> Gewiss gibt es keinen Souverän, der nach der Lektüre dieses Lebens nicht vom Wahnsinn der Eroberungen geheilt sein sollte.[17]

Auf diese Weise käme das Zeitalter einem großen Ideal der Aufklärer, dem ewigen Frieden, einen entscheidenden Schritt näher. Die Schlussfolgerung und zugleich Rechtfertigung der abschreckenden Biographie lautet also: Nie wieder einen solchen König! Diese Konsequenz haben, wie am Ende lapidar berichtet wird, auch die Schweden gezogen, die mit vielen Tausend

Toten im Großen Nordischen Krieg um die Vorherrschaft im Ostseeraum die Zeche für die größenwahnsinnigen Taten Karls XII. zu bezahlen hatten: Sie schafften die absolute Monarchie ab und banden den Willen der künftigen Könige an den Konsens der Stände, schufen also eine Art rudimentäre Gewaltenteilung. So hat der kriegerischste aller Könige nicht nur seine eigene Macht, sondern auch die seiner Nachfolger verspielt. Seine Geschichte wird so zu einem negativen Fürstenspiegel, ja über weite Strecken sogar zu einer Pathologie der Macht schlechthin – so beratungsresistent, starrsinnig, grausam, ruhmessüchtig, adelsstolz, menschenverachtend und schicksalsgläubig war dieser König, dem der Krieg vom Beginn seiner Herrschaft an zum einzigen Lebens- und Regierungszweck wurde.

Doch das ist nur die eine Seite der Medaille. Auf der anderen Seite stechen in dieser unheimlichen Ausnahmepersönlichkeit Eigenschaften wie Mut, Nervenstärke, Disziplin und Todesverachtung hervor, die gemeinhin als Tugenden betrachtet werden, doch ins Übermenschliche gesteigert gefährlich sind:

> Er ist vielleicht der einzige aller Menschen und bis heute der einzige König, der ohne Schwäche gelebt hat; er hat alle Tugenden eines Helden so weit übersteigert, dass sie ebenso gefährlich geworden sind wie die ihnen entgegengesetzten Laster.[18]

Glücklich die Welt, die ohne solche Helden auskommt, denn Helden ohne Schwächen, und das heißt: ohne Menschlichkeit, sind die Geißel der Menschheit. Henri IV war genauso todesmutig und tapfer wie Karl XII., aber er war gütig und nachsichtig mit den anderen. Gerade seine Schwächen, vor allem die für das schöne Geschlecht, machten ihn zutiefst menschlich. Karl XII. aber hatte an Frauen keinerlei Interesse. Für Voltaire war das eine gemeinsame Eigenschaft menschenverachtender Kriegsherren; in einer späteren Lebensphase sollte er in Potsdam mit Friedrich II. von Preußen den lebenden Vertreter dieser Spezies aus nächster Nähe studieren können. Schon in der Einleitung seiner Biographie Karls XII. kommt Voltaire daher zu einem düsteren Ergebnis:

> Seine großen Qualitäten, von denen eine einzige ausgereicht hätte, einen anderen Fürsten unsterblich zu machen, haben so das Unglück seines Landes bewirkt.[19]

Doch bis es so weit ist und der mysteriöse Schuss im Schützengraben von Frederikshall fällt, wird der Leser vom Erzähler Voltaire durch ein wildbewegtes Leben mit Höhen und Tiefen geführt. Gleich nach seiner Thronbesteigung 1697 im Alter von fünfzehn Jahren überfällt der jugendliche König Sachsen und Dänemark, besiegt sie und zwingt ihnen seinen Willen auf, setzt Fürsten ab und ein und bereitet seinen großen Coup vor: den Überfall auf das scheinbar übermächtige russische Zarenreich. Entgegen allen Erwartungen schlägt er anfangs die zehnfach überlegene Armee Peters I., den die Nachwelt im Gegensatz zu ihm «den Großen» nennen wird, treibt diesen in der Tiefe des Raumes vor sich her, rächt sich durch bestialische Hinrichtungen an vermeintlichen Verrätern und berauscht sich bis zur Bewusstlosigkeit an seinem eigenen Ruhm. Auf so viel Heroismus und Hochmut folgt ein tiefer Fall, auf diesen folgt neues, noch viel vergeblicheres Heldentum.

Im Juli 1708 hat die Verfolgungsjagd vor der ukrainischen Festung Poltawa ein Ende, das erschöpfte und dezimierte schwedische Heer wird nach tapferster Gegenwehr zersprengt und weitgehend vernichtet. Als alles verloren ist, flieht Karl XII. mit einem abenteuerlichen Parforce-Ritt ins Osmanische Reich, wo er den Sultan zum Krieg gegen Russland zu bewegen sucht, aufgrund seines herrischen Benehmens aber zur *persona non grata* erklärt wird. Wieder zurück in Schweden, hat er nichts Besseres zu tun, als den Krieg gegen den besonnenen Dänenkönig Frederik IV., der auf Nebenschauplätzen längst gesiegt hat, wieder aufzunehmen – und bekommt in der ominösen Winternacht des Jahres 1718 eine faustgroße Kugel in den Kopf gejagt.

Obwohl Voltaire den Abschreckungseffekt dieser ungewöhnlichen Königs-Biografie nie aus den Augen verliert, lässt er sich von den unerhörten Taten dieses negativen Übermenschen phasenweise mitreißen. So schwingt bei aller Ablehnung des blutrünstigen Feldherrn und bei allem Widerwillen gegen die von diesem angerichteten Gräuel etwas von der Bewunderung des unkriegerischen Bürgers und Schreibtischtäters für den aristokratischen Tatmenschen mit. Nebenbei konnte Voltaire mit der Charakterschilderung des monströsen Heros auch ein paar persönliche Rechnungen begleichen. So wurde Karl XII. zwar im Luthertum erzogen, doch wurde er der angestammten Religion bald abtrünnig; am Ende pflegte er nur noch den Glauben an seine Vorherbestimmung durch die Vorsehung,

Ein Drama über Brutus 163

wurde also zu einer Art protestantischem Jansenisten. In Wirklichkeit aber trieb das Glück sein Spiel mit ihm wie mit den anderen Potentaten der Geschichte, so dass er am Ende das Gegenteil von dem bewirkte, was er angestrebt hatte. Denn die Mächtigen machen ihre Rechnung, ohne den entscheidenden Faktor der Geschichte, den allumfassenden Wandel, in ihr Kalkül einzubeziehen:

> Wer nur die Geschichte der großen Zeit Ludwigs XIV. liest, sagt sich: Die Franzosen sind zum Gehorchen, zum Siegen und für die Künste geboren. Ein anderer, der die Erinnerungen aus den ersten Jahren Ludwigs XV. betrachtet, stellt in unserer Nation nur Verweichlichung, extreme Gier nach Bereicherung und Gleichgültigkeit für alles andere fest.[20]

Alles ist im Fluss, auch der Charakter einer Nation. Damit hat sich der Schauplatz unversehens aus dem hohen Norden nach Versailles verschoben.

> Man sagt von einem Mann: Er war tapfer an einem bestimmten Tag. Von einer Nation müsste man sagen: Sie stellte sich unter einer bestimmten Regierung in einem bestimmten Jahr so dar.[21]

Das stellte dem jungen Ludwig XV. und seinem leitenden Minister, dem Kardinal Fleury, kein gutes Zeugnis aus, denn so waren sie für den beklagenswerten mentalen und moralischen Zustand Frankreichs verantwortlich. Beschweren durften sie sich über solch offene Kritik nicht:

> Wenn irgendein Fürst oder irgendein Minister in diesem Werk unangenehme Wahrheiten findet, so möge er sich erinnern, dass Männer der Öffentlichkeit eben dieser Öffentlichkeit Rechenschaft über ihre Handlungen schulden; zu diesem Preis erkaufen sie ihre Größe. Und die Geschichte ist Zeugin, nicht Schmeichlerin. Und das einzige Mittel, das die Menschen verpflichtet, Gutes über uns zu sagen, ist, Gutes zu tun.[22]

Das waren stolze Worte: Der Geschichtsschreiber richtet über die Mächtigen und ist in seiner Urteilsfindung unbestechlich.

Minister und Fürsten, die an Voltaires Geschichte des irrlichternden

Selbstzerstörers Karl XII. etwas auszusetzen hatten, fanden sich in der Tat. Einer der Verlierer der kriegerischen Verwicklungen, Kurfürst August der Starke von Sachsen, war noch am Leben und wäre von der Darstellung Voltaires, in der er eine klägliche Figur abgab, nicht erbaut gewesen. Möglicherweise war es die Rücksicht auf ihn, die den König 1730 dazu veranlasste, das bereits gewährte Druckprivileg zurückzuziehen; die fertig gebundenen 2600 Exemplare wurden gewissermaßen an der Druckerpresse beschlagnahmt und aus dem Verkehr gezogen. Bei dieser Büchervernichtung leistete die Polizei ganze Arbeit. Bis heute ist keines von ihnen wieder aufgetaucht. Verständlich war das Verdikt der Zensurbehörden allemal. Jeder unvoreingenommene Leser musste die Geschichte des Hochrisiko-Monarchen als ein Manifest gegen eine Monarchie verstehen, die allein dem Ruhme des Herrschers diente. Schließlich waren keine Vorkehrungen erkennbar, sie zum Wohle der Untertanen einzudämmen – es sei denn, man wollte die Kugel im nächtlichen Laufgraben von Frederikshall als eine solche *ultima ratio* betrachten. Doch täte man Voltaire Unrecht, wenn man die Geschichte des schlechten Königs als Absage an die monarchische Staatsform an sich betrachtete. Man sollte sie vielmehr als Plädoyer für eine friedensfördernde Reformherrschaft eines aufgeklärten und von Aufklärern beratenen und angeleiteten Königs lesen. Doch das blieb im Europa des Jahres 1731 ein frommer Wunsch. Die große, weiterhin offene Frage lautete, wie man statt eines Karl XII. einen Henri IV erhielt. Mit dem Griff in die historische Lostrommel konnte es nicht sein Bewenden haben, darin lagen zu viele Nieten.

Zwei Dramen im Banne Shakespeares

Mit dem Entzug der offiziellen Druckerlaubnis für die Geschichte des Schwedenkönigs war die stillschweigende Zusicherung verbunden, den «heimlichen» Verkauf einer zweiten Auflage nicht zu unterbinden. So mussten die neuen, in Rouen gedruckten Exemplare wie die Bände der *Henriade* im November 1731 auf abenteuerlichen Wegen in die Hauptstadt geschmuggelt werden. In Rouen hielt sich in den Monaten davor auch ihr

Verfasser auf. Eine Vorsichtsmaßnahme gegen unerwartete Repressalien der Zensoren? Die Briefe aus diesen Monaten handeln von Krankheit, Niedergeschlagenheit, ja Todesahnung. Doch ließ auch diesmal nach Selbstheilung durch strenge Diät die alte Lebensfreude und Spottlust nicht lange auf sich warten. Am 1. Juni 1731 heißt es in einem Brief an Thiriot:

> Ich schreibe dir mit vom Fieber geschwächter Hand, mit festem Sinn und Verachtung für den Tod, frei von Vorurteilen, Bindungen und Vaterland, ohne Respekt für die Großen und ohne Furcht vor dem Schicksal, geduldig in meinen Leiden und heiter in meinen Schmerzen, voller Spott über jeden dummen Hochmut, immer einen Fuß im Sarg und mit dem anderen kräftig um mich schlagend. So ist der Zustand, in dem ich mich befinde: sterbend und seelenruhig.[23]

Wer so über sein Krankenlager schrieb, befand sich auf dem Weg der Besserung. Wohin dieser Weg führte, wird im selben Schreiben angedeutet: mit zwei neuen Tragödien ins Theater. Mit den wiedererweckten Lebensgeistern kehrte auch die Lust an literarischen Kontroversen zurück, wie ein geharnischter Brief an den Herausgeber der *Nouvelles du Parnasse*, einer angesehenen Rezensionszeitschrift, belegt. Darin verwahrte sich Voltaire gegen den Vorwurf, einen verdienten Literaten namens Campistron posthum verhöhnt zu haben:

> Ich habe niemals eine Broschüre dieser Art verfasst. Und wenn jemals ein Mensch vor solch einer Anklage geschützt sein sollte, dann – so wage ich zu sagen – bin ich es. Im Alter von sechzehn Jahren habe ich einige etwas satirische Verse verfasst, die man verurteilen mag, obwohl sie der Unbedachtheit dieses Alters und der Empörung über Unrecht zuzuschreiben waren. Danach habe ich mir das Gesetz auferlegt, niemals in dieses verabscheuungswürdige Text-Genre zu verfallen.[24]

Das mochte für den Fall Campistron zutreffen, doch ansonsten sprach die Selbstbeschreibung als literarischer Friedensengel der rauen Wirklichkeit Hohn: Voltaire konnte mit aller Härte austeilen, das Einstecken hingegen war seine Sache nicht.

Das erste der beiden Theaterstücke des Jahres 1731 hieß *La Mort de César*. Nach dem älteren Brutus, dem Tyrannen-Vertreiber, kam jetzt also der jüngere Brutus, der Cäsar-Mörder, an die Reihe. Zur Handlung! Im Jahr 44 v. Chr. ist die republikanische Begeisterung, die im älteren Stück vorherrschte, längst verflogen. Wie in der Einleitung zur Geschichte Karls XII. dargelegt, haben sich die Zeiten und Gesinnungen gründlich geändert. Cäsar ist aus dem Bürgerkrieg gegen Pompeius und den jüngeren Cato als Sieger hervorgegangen und schickt sich an, Rom und sein Imperium in ganz neuen Formen zu regieren:

> Ich habe das Schicksal der Nationen bestimmt
> Und Rom glücklich und einträchtig gemacht.
> Es liegt jetzt nur noch beim Senat, zu entscheiden, unter welchem Titel
> Ich Schiedsrichter Roms und der Welt werden soll.²⁵

Der Senat, das alte Machtzentrum der Republik, darf nur noch die Bezeichnung von Cäsars Stellung, also scheinbar eine Formalie, festlegen. Doch die Titelfrage ist nicht ohne Bedeutung:

> Es braucht einen neuen Namen für ein neues Reich,
> Einen größeren, heiligeren Namen,
> Der weniger Rückschlägen unterworfen ist.²⁶

Dieser neue heilige Name kann nur der eines Königs sein, wie Cäsar danach ausführt, denn nur ein König kann die Perser besiegen und damit die Schmach tilgen, die Rom mit der Niederlage des Crassus einige Jahre zuvor erlitten hat. Doch der Königstitel ist seit den Zeiten des älteren Brutus verpönt. Neuen Glanz kann er nur gewinnen, wenn er vom römischen Volk in freier Willensentscheidung verliehen wird. Auf ein solches Votum behauptet Cäsar zu hoffen, aber in Wirklichkeit hat der große Manipulator bereits alles in die Wege geleitet: «Römer, ihr versteht mich, ihr kennt meine Hoffnung, / Denkt an meine Wohltaten, denkt an meine Macht.»²⁷ Das Volk ist durch die «Wohltaten» Brot und Spiele korrumpiert, der Senat eingeschüchtert und willfährig gemacht.

Damit steht nur noch ein einziges lebendes Hindernis der legalisierten Alleinherrschaft des siegreichen Diktators entgegen: Brutus, der glühende Gesinnungs-Republikaner, über dessen Umtriebe sich Cäsar mit seinem militärischen Adjutanten Marcus Antonius unterhält. Diesem macht er im Vertrauen eine erstaunliche Mitteilung: Brutus ist sein leiblicher Sohn, den er in einer ersten Ehe mit Servilia, der Tochter des ebenso unbeugsamen

Republikaners Cato, gezeugt hat. Da diese kurz darauf von ihm geschieden und einem Gesinnungsgenossen Catos zur Frau gegeben wurde, blieb die Vaterschaft unentdeckt; das war eine Kuckuckskind-Geschichte, die frappant an Voltaires Erzählungen über seine eigene Geburt erinnert. Diesen Sohn liebt Cäsar heiß und innig, und zwar nicht trotz, sondern wegen dessen republikanischen Idealen, in denen er seine eigene rebellische Jugend wiederzuerkennen glaubt:

> Er hat andere Tugenden; sein herrlicher Mut
> Schmeichelt heimlich dem meinen, sogar wenn er ihn beleidigt.
> Er irritiert mich, er gefällt mir. Sein unabhängiges Herz
> Gewinnt meine erstaunten Sinne für sich.
> Seine Festigkeit imponiert mir, und ich entschuldige ihn sogar,
> Wenn er in mir die höchste Autorität verdammt.[28]

Brutus' Opposition nimmt der stolze Vater daher auf die leichte Schulter. Aufmüpfigkeit gehöre nun einmal zur Jugend, er selbst habe auch gegen die Mächtigen seiner Zeit aufbegehrt. Doch mit zunehmendem Alter werden die Verlockungen der Macht unwiderstehlich: «Glaub mir, das Diadem, das seiner Stirn bestimmt ist, / Wird seine lästige Härte erweichen.»[29] Der erste Schritt in diese Richtung besteht darin, dass Cäsar den rebellischen Filius über seine wahre Abstammung aufklärt. Dieser fällt aus allen Wolken und macht seinem Erzeuger dann ein Angebot: Sohnesliebe als Belohnung für Machtverzicht. Cäsar will jedoch beides, lehnt diesen Vorschlag brüsk ab und stürzt Brutus dadurch in ein Dilemma. Für die Verschwörung gegen den neuen Alleinherrscher, die er zuvor zusammen mit Cassius angeführt hatte, wird er aufgrund seines inneren Zwiespalts immer unbrauchbarer. Ja, er unternimmt sogar einen weiteren Anlauf, den machthungrigen Vater zur republikanischen Ethik zu bekehren, und gefährdet damit das Komplott aufs Höchste. Doch Cäsar schmettert auch diesen zweiten Versuch ungerührt ab. Er weiß, warum:

> Rom verlangt nach einem Herrn;
> Eines Tages wirst du es auf deine Kosten vielleicht begreifen ...
> Unsere Sitten wandeln sich, Brutus, wir müssen unsere Gesetze ändern.
> Die Freiheit ist nur noch das Recht, sich zu schaden.
> Rom, das alles zerstört, scheint sich schließlich selbst zu zerstören.[30]

Brutus nimmt daraufhin am Attentat gegen Cäsar teil, aber er zerstört sich dabei selbst, weil sein Dolch nicht nur den verhassten Tyrannen tötet, sondern auch den Vater, der ihn liebt und ihm diese Liebe nach Empfang des tödlichen Stichs mit letzten Worten erklärt:

> Dort hat Brutus, diese verirrte Seele,
> In Cäsars Flanke seine entartete Hand besudelt.
> Doch Cäsar sah ihn mit ruhigem und mildem Auge an
> Und verzieh ihm, schon fallend, seine Schläge.
> Er nannte ihn seinen Sohn; und dieser liebe und zärtliche Name
> Ist der einzige, den Cäsar sterbend hören ließ: O mein Sohn, sagte er.[31]

So schildert Marcus Antonius in seiner fulminanten Anklagerede gegen die Verschwörer die letzten Augenblicke Cäsars und erregt die Menge damit zur Weißglut. Damit ist auch Brutus' Ruf vernichtet: «O du Ungeheuer, das die Götter / Vor diesem schrecklichen Anschlag hätten ausrotten sollen.»[32] So schreien ihm die Römer ins Gesicht. Damit hat der Ermordete seinen Mörder im Moment des Mordes perfekt für seine Zwecke ausgenutzt: Die Empörung über das feige Attentat ist grenzenlos, die Verschwörung gescheitert, die Republik für immer begraben, genauso, wie es Cäsar wollte. Der Weg zur Alleinherrschaft ist damit gebahnt. Sie tritt nicht der alte und körperlich verbrauchte Diktator an, der seinen baldigen Tod ohnehin vorhersah, sondern dessen Adoptivsohn Oktavian, der sich nach der Machteroberung Augustus nennt.

Die Verschwörer bewirken also genau das Gegenteil von dem, was sie erträumt haben. Ihre große Illusion bestand in dem Glauben, dass sich die Geschichte wiederholt und sich eine große Vergangenheit daher in der Gegenwart erneuern lässt. Dabei übersehen sie, dass sich Rom grundlegend gewandelt hat. Die Führungsschicht besteht nicht mehr aus tugendhaften Republikanern, die an den Pflug zurückkehren, wenn sie ihre Pflicht gegenüber dem Vaterland erfüllt haben, sondern aus Dutzenden von Möchtegern-Warlords, die wie ihre großen Vorbilder Marius, Sulla oder Pompeius heimlich oder offen nach der Alleinherrschaft streben und damit die Republik zerstören. Die neuen Gesetze, die Rom braucht, müssen den Prinzipat, also die verschleierte Monarchie, begründen; für ihre Einführung und Durchsetzung ist der Heißsporn Brutus jedoch denkbar ungeeignet. Der Ausgang des Vater-Sohn-Konflikts ist also derselbe wie in *Oedipe*: In beiden Stücken geht der Sohn am Vatermord zugrunde.

Man sollte das Motiv des Vatermordes, das Voltaire wiederholt aufgreift, biographisch nicht überschätzen. Nichts spricht dafür, dass er sich 1731 an seiner offiziellen Vatergestalt abarbeiten musste, über die er kurz zuvor mit der Aushebelung des perfiden Testaments triumphiert hatte. Das Stück verrät jedoch viel über Voltaires Sicht der Geschichte: Für ihn gab es keine sozialen oder politischen Dauerlösungen, sondern immer nur mehr oder weniger angemessene Anpassungen an schnell wechselnde Umstände. Nur wer die wirtschaftlichen und kulturellen Kräfteverhältnisse einer Gesellschaft unvoreingenommen einschätzt, kann die für diesen historischen Moment besten politischen Lösungen finden. Diese Deutungshoheit hat in dem Stück nicht die verblendete Verschwörergruppe, sondern Cäsar allein. Idealismus macht blind für schnöde Realitäten, erfolgreiche Politik ist die kühle Einsicht in widerstreitende Interessen, die sich hinter einem Wust hohler ideologischer Phrasen verbergen.

Dabei geht es immer um die Frage *cui bono*: Wem nützt welche Machtverteilung, und wo liegt die größte Schnittmenge an gemeinsamem Nutzen? Im Rom des Jahres 44 v. Chr. behaupten Brutus und Cassius, allein der Tugend und dem Volk aufhelfen zu wollen, doch in Wirklichkeit dienen sie den Interessen ihrer eigenen Klasse, den Patriziern. Auch Cäsar argumentiert selbstverständlich nicht uneigennützig, aber sein Eigeninteresse hat einen großen Vorzug: Seine Macht befriedet das Imperium und kommt damit der Mehrheit seiner Bewohner zugute. Diese Botschaft war ganz unmittelbar auf die Gegenwart bezogen: Frankreich war noch nicht reif für eine Gewaltenteilung nach englischem Vorbild, geschweige denn für eine Republik. Hier war zunächst eine aufgeklärte Alleinherrschaft notwendig. Hatte sie erst einmal ihre segensreichen Wirkungen entfaltet, war der Boden für das englische Modell oder sogar für noch radikalere Neuerungen bereitet. Keine Macht war auf Ewigkeit gegründet, auch wenn ihre Lobredner bei Hofe oder auf der Kanzel das Gegenteil behaupteten.

Während der Arbeit an seinem Römerdrama und dem griechischen Geschwisterstück *Eriphyle* kehrte Voltaire aus Rouen nach Paris zurück. Seine beträchtlichen Finanzmittel hätten es ihm erlaubt, sich standesgemäß mit mehrköpfiger Dienerschaft in einem ansehnlichen Palais niederzulassen. Stattdessen zog er zuerst von einer Pension zur anderen und quartierte sich schließlich ab Dezember 1731 in der oberen Etage des Stadthauses der Baronin von Fontaine-Martel ein, das in der Straße der «Braven Kinder» (Bons-Enfants) lag. Der Ruf seiner Vermieterin entsprach dieser Bezeichnung in keiner Weise. Als sie im Januar 1733 auf dem Sterbebett lag, fand sie ihren Trost nicht in Christus, dem Erlöser, sondern in der Gewissheit, dass sich das menschliche Geschlecht bis in alle Ewigkeit fortpflanzen würde, wie Voltaire amüsiert und beeindruckt zugleich notierte. Dazu hatte sie ihren Teil beigesteuert, allerdings ohne Mithilfe ihres Gatten. Jetzt, über siebzigjährig, stand ihr der Sinn nach anderer Zerstreuung, nämlich nach geistreicher und witziger Gesellschaft, vorzugsweise auf Kosten von Kirche und Religion. Diese Aufgabe hatte zunächst Voltaires Faktotum Thiriot erfüllt, der für seine Unterhaltungskünste sogar ein Gehalt bezog, doch war er in Ungnade gefallen, weil er ein Verhältnis mit einer Tänzerin von der Oper angefangen hatte – nicht aus moralischen Gründen, sondern weil die ebenso reiche wie geizige Baronin fürchtete, einem Raubmord des halbseidenen Paars zum Opfer zu fallen. In ihrem Haus, das die gute Gesellschaft mied, tauchte Voltaire wieder in das Milieu seiner frühen Jahre, der Tempelgesellschaft und ihrer *libertins*, ein. Außerdem bot ihm die stets nach neuen Sensationen lechzende Halbwelt-Seniorin die Gelegenheit, seine Texte in Privatlesungen und Privataufführungen vorzustellen und ihre Wirkung zu testen.

Der Theaterdichter Voltaire stand immer noch ganz im Banne Englands. Sein *Tod des Cäsar* war ein Nachhall des widersprüchlichen, aus Erschütterung und Ablehnung gemischten Shakespeare-Erlebnisses. Diese Eindrücke prägten auch sein Drama *Eriphyle*, das Motive des *Hamlet*, des *Macbeth* und des *Oedipe* miteinander verbindet. Das Ziel, das er mit der Verschmelzung dieser drei Stoffe zu erreichen suchte, fasste er in einer kurz nach der Uraufführung des Stücks im März 1732 nachgelieferten Vorrede zusammen: Paris habe sich von den großen Tragödien eines Corneille und Racine abgewandt und dem komischen Genre geöffnet. Doch jetzt seien nicht mehr die Komödien eines Molière en vogue, der mit seinen ebenso witzigen wie kritischen Sittengemälden zur Tugend anzuleiten vermochte, sondern alberne Schwänke:

> Tändelnd in grotesken Kostümen,
> Steigt die Muse zum schlechten Geschmack des Burlesken hinab:
> «Man kann sich ihr vorübergehend hingeben,
> Weniger um Applaus zu ernten, als um sich gehen zu lassen.»[33]

Dieser schlechten Mode gilt es gegenzusteuern und so den verloren gegangenen Sinn für das Erhabene wiederzubeleben:

> Franzosen, an diesem Ort wollen wir euch Schritt für Schritt
> Wieder die Größe der Helden und die Gefahren der Liebe malen.
> So nehmt hin, dass der Schrecken heute wiederaufersteht;
> Dass die Kühnheit aus Aischylos im Grabe wiedergeboren wird.

Mitleid und Furcht zu verbreiten, um die Seele des Publikums von allen Schlacken zu reinigen, war der älteste Zweck des antiken Dramas, der jetzt wieder maßgeblich werden sollte. Doch war die Zeit wirklich reif für eine solche Katharsis durch das Bühnengeschehen?

> Wenn wir zu viel gewagt haben, wenn wir in unseren schwachen Gesängen
> Zu kühne Töne mit zu hohen Themen anschlagen,
> So entmutigt ein so gewagtes Unterfangen doch nicht ganz.

Voltaire scheint also Zweifel gehegt zu haben, ob das, was im antiken Griechenland als tragisch empfunden wurde, im Paris des Jahres 1732 dieselben Wirkungen erzielen konnte, und versuchte daher, das Publikum auf diese ungewohnte Tonlage einzustimmen:

> Seid bereit, euch in diese Zeiten und an diese Orte zu versetzen
> Zu den ersten Menschen, die mit den Göttern leben!

Sich in die großen Emotionen einer seit mehr als zweitausend Jahren vergangenen Zeit einzufühlen, war keine geringe Aufgabe, sowohl für das Publikum als auch für den Autor. Wie dieser bei diesem schwierigen Unterfangen vorzugehen gedachte, wird ebenfalls im Prolog vorgetragen:

Aber um den Schritten dieser ersten Autoren zu folgen,
Den illustren Erfindern dieses nützlichen Schauspiels,
Müsste man verschmelzen können in tragischer Wucht
Moderne Eleganz mit antiker Kraft.

Zudem müsse diese Synthese aus Alt und Neu stets kritisch hinterfragt und wenn nötig korrigiert werden.

Das waren ungewohnt selbstkritische Töne. Sie sollten das Publikum auf ein kühnes Experiment einstimmen, das quer zu den Trends der Zeit stand. Allerdings sollte nicht Aischylos aus dem Grabe wiedergeboren werden, sondern Shakespeare, der dem französischen Publikum anders als der antike Dramatiker weitgehend unbekannt war. Am offensichtlichsten ist der Geist des toten Königs von Argos namens Amphiaraüs aus Shakespeares *Hamlet* entlehnt. Er treibt die Handlung des Stücks aus dem Jenseits voran, denn zu Lebzeiten war er einem Anschlag seiner Gattin Eriphyle zum Opfer gefallen, die ihn durch ihren Geliebten Hermogide beseitigen ließ. Dieser brachte sicherheitshalber auch gleich den kleinen Sohn des Königspaares um; zumindest wiegt er die Königin und das Publikum in diesem Glauben. Dass sich der ermordete Monarch gerade jetzt lärmig und für alle sichtbar aus dem Schattenreich zurückmeldet, ist nur allzu verständlich, denn Eriphyle will öffentlich bekanntmachen, wen sie zum zweiten Gatten und damit zum neuen Herrscher erwählt hat. Dass ihr Komplize Hermogide fest damit rechnet, den Thron zu besteigen, ist logisch, weitaus weniger leuchtet ein, dass das mörderische Paar mit dieser Erhebung so lange gewartet hat. Dieses Zögern rächt sich nun. Denn plötzlich tritt mit dem heldenhaften jungen Krieger Alcméon ein weiterer Kandidat auf den Plan, den niemand auf der Rechnung gehabt hatte, mit Ausnahme des Wiedergängers Amphiaraüs. Eriphyle fühlt sich von dem strahlenden Heros unwiderstehlich angezogen und entscheidet sich für ihn als Gatten und König. In diesem Moment hat der ruhelose Geist seinen großen Auftritt: Er sprengt die Tore des Tempels auf und befiehlt Alcméon, seine Ermordung zu rächen. Auf die Frage: An wem?, erhält er die Antwort: An deiner Mutter! Alcméon reagiert zuerst begriffsstutzig, bis er versteht, was sich die Zuschauer längst zusammengereimt haben: Hermogide hat seinerzeit den falschen Knaben oder gar keinen töten lassen, auf jeden Fall ist Alcméon der legitime Erbe des Throns und am Leben. Doch die Herrschaft muss er sich gegen den wütenden Hermogide noch erkämpfen. Bei diesen Gefechten gerät Eriphyle zwischen die Fronten und wird von ihrem Sohn im Gewühl erdolcht. Dieser hat also den Auftrag des Vaters ausgeführt, allerdings gegen seinen Willen.

Das war, wie in Voltaires Prolog angekündigt, viel des Schreckens: eine Königin, die ihren Gatten ermorden lässt und mit dem Mörder zusammenlebt; ein ermordeter Gatte, der aus dem Grab steigt und seinen Sohn zur Ermordung der Mutter aufruft; eine Mutter, die ihren Sohn unwissentlich zum Gatten nehmen will; ein Sohn, der zur Erfüllung eines finsteren Schicksals als neuer König von Argos mit dem Fluch leben muss, seine Mutter getötet zu haben. Mehr tragische Verwicklungen in einem Stück waren kaum denkbar, doch die von Voltaire erhofften Wirkungen blieben aus. Das Gespenst des gemeuchelten Monarchen trat auf der Bühne nicht wie ein unheimliches Wesen aus einer finsteren Zwischenwelt auf, sondern wie ein höfischer Intrigant. Darüber hinaus reduzierte sich die Handlung auf einen Thronstreit, in dem niemand klare moralische Vorzüge für sich geltend machen konnte. In *Oedipe* übernahm nach überstandener Krisenzeit die Lichtgestalt des Philoktet die Macht und führte die gebeutelten Thebaner herrlichen Zeiten entgegen, doch auf eine solch leuchtende Zukunft durften die Untertanen in *Eriphyle* nicht hoffen. Eine politische Botschaft zeichnete sich zwischen all dem Horror somit nicht ab. Gewiss, es war eine ganze Menge faul im Königreich Argos, doch wer diesen Augiasstall ausmisten sollte, blieb offen. Stattdessen drängt sich die Frage auf, ob das Übermaß an Grauen und Gräueltaten nicht die Grenze zur unfreiwilligen Komik überschritt. Zum Glück für Voltaire empfand das Premierenpublikum das nicht so. Stattdessen reagierte es lau und ließ sich weder zu Beifallsstürmen noch zu lauten Pfiffen hinreißen. Nach acht Aufführungen zog der Verfasser das Stück zurück.

Große Gefühle in Zaïre, ätzende Satire über Kollegen

Shakespeare und Sophokles zu kombinieren und das Ganze in elegante französische Verse einzukleiden, war also kein Erfolgsrezept. Doch Voltaire wäre sich untreu geworden, wenn ihn die schwache Resonanz entmutigt hätte. Das Publikum hat recht: Getreu dieser Maxime stürzte er sich Ende Mai 1732 auf einen neuen Stoff und eilte mit der Geburtsanzeige der Geburt der Tragödie voraus:

> Ich las, lieber Freund, dieser Tage, dass die Verfasser von Tragödien schlechte Briefschreiber sind und ihren Freunden selten schreiben. Dieser Fall trifft leider auf mich zu, und ich schäme mich gebührend dafür. ... Ich habe in *Eriphyle* alle Fehler korrigiert, die wir darin festgestellt hatten. Kaum war diese lästige Arbeit getan, da habe ich – um mein Werk mit weniger Selbstverliebtheit betrachten zu können und mir die Zeit zu geben, es zu vergessen – flugs schon ein neues begonnen und den festen Entschluss gefasst, auf *Eriphyle* erst wieder einen Blick zu werfen, wenn die neue Tragödie abgeschlossen ist. Diese wird ganz für das Herz gemacht werden, so wie *Eriphyle* für die Einbildungskraft gemacht war. Die Handlung wird an einem äußerst ungewöhnlichen Ort angesiedelt sein und zwischen Türken und Christen spielen. Ich werde deren Sitten so kräftig ausmalen, wie es mir möglich ist, und ich werde versuchen, in dieses Werk alles einzubringen, was das Christentum an Erhabenstem und Interessantestem aufweist, und alles, was die Liebe an Zärtlichem und Grausamem hat.[34]

So kündigte Voltaire seinem alten Schulfreund Pierre de Cideville, der es unterdessen zum Parlamentsrat in Rouen gebracht hatte, aber immer noch mit einer unglücklichen Neigung zum Versemachen geschlagen war, sein neues Stück an. Herzschmerz, gepaart mit Religionsproblematik, aufgemacht im modischen Türkei-Dekor: Wenn das kein Knüller werden sollte!

Und es wurde einer: *Zaïre*, wie das in zweiundzwanzig Tagen niedergeschriebene Drama hieß, bescherte Voltaire schon bei der Premiere im August 1732 einen ansehnlichen Erfolg und kurz darauf, nach Überarbeitung einiger Partien, einen veritablen Triumph, der den des *Oedipe* noch übertraf. Sogar der Hof einschließlich König und Königin applaudierte, unter Tränen versteht sich. Zu keinem anderen Werk Voltaires sollte jemals wieder so viel geweint werden. Selbst der strenge Erzbischof von Rouen vergoss, so wurde berichtet, bei der Lektüre des Stücks heiße Zähren. Bisher hatte sich Voltaire in seinen Werken nicht durch Empfindsamkeit, sondern eher durch Spott über allzu viel Tränenseligkeit hervorgetan. Doch er stand zu seinem Rührstück:

> Zaïre ist das erste Theaterstück, in dem ich mich der ganzen Empfindsamkeit meines Herzens hinzugeben wage. Es ist die einzige zärtliche Tragödie, die ich gemacht habe. Im Alter der heftigsten Leidenschaften glaubte ich, dass die Liebe nicht für das tragische Theater gemacht sei.³⁵

Von diesem verzeihlichen Irrtum seiner frühen Jahre – so Voltaire weiter in seinem Brief an den Herausgeber der maßgeblichen Hof- und Klatschzeitschrift *Mercure de France* – sei er jetzt, in reiferem Alter, geheilt. Konnte man dem notorischen Spötter diese Hinwendung zur reinen Gefühlsseligkeit abnehmen?

Die weiteren Ausführungen im selben Schreiben wecken begründete Zweifel:

> Das Publikum, das heute die Theater füllt, ist ganz dem Geschmack eines Correggio ergeben. Es will Zärtlichkeit und Empfindsamkeit, und das ist auch das, was die Schauspieler am besten können ... Ich musste mich also den Sitten der Zeit beugen und spät damit anfangen, von Liebe zu sprechen.³⁶

Auf das nüchterne Gesetz von Nachfrage und Angebot lief es also hinaus. Voltaire lieferte, was das Publikum verlangte. Der berühmte italienische Renaissance-Maler Correggio stand für eine Kunst, in der sich das Nackte mit dem Zärtlichen paarte, und das durchaus wortwörtlich. Wie er bei seiner Anpassung an diesen degenerierten Publikumsgeschmack vorging, erläuterte Voltaire mit aller wünschenswerten Deutlichkeit:

> Ich habe zumindest versucht, die Leidenschaft mit Schicklichkeit einzukleiden. Und um sie zu adeln, habe ich sie an die Seite dessen gestellt, was die Menschen am meisten respektieren. Dabei kam mir die Idee, in einem einzigen Tableau Ehre, Abkunft, Vaterland und Religion auf der einen Seite und auf der anderen die zärtlichste und unglücklichste Liebe gegenüberzustellen.³⁷

Doch damit der herzzerreißenden Gegensätze nicht genug: Auch die Sitten der Muslime und der Christen sowie der Hof des Sultans und der des Königs von Frankreich trafen in *Zaïre* hart aufeinander, und zwar in einem wildbewegten Geschehen. Der ungewöhnliche Ort, den er in seinem Brief an de Cideville ankündigte, ist Palästina einige Zeit nach der Eroberung durch Sultan Saladin. In Jerusalem regiert der tugendhafte Orosmane wie ein muslimischer Henri IV, nämlich milde und tolerant gegenüber anderen Religionen, ganz «im Geist der Freiheit seiner Vorfahren».[38] Diese Großherzigkeit kommt seinen christlichen Sklaven und ganz besonders dem jungen Nérestan und dessen Herzensfreundin Zaïre zugute. Nérestan war als kleines Kind beim Fall von Cäsarea den muslimischen Siegern in die Hände gefallen, wurde von Christen freigekauft, am Hof König Ludwigs des Heiligen von Frankreich nach den Regeln des Kreuzrittertums erzogen und bei seiner Rückkehr ins Heilige Land abermals von den dortigen Machthabern gefangen genommen. Wer seine Eltern sind, weiß er ebenso wenig wie Zaïre, das zweite Findelkind aus Cäsarea, das im Palast des Sultans aufwuchs, sich jedoch wie Nérestan ihrer christlichen Ursprünge sicher ist. Das Symbol dafür ist ein Kreuz, das sie an einem Armband trägt.

Die Handlung kommt in Bewegung, als Nérestan die Großzügigkeit und religiöse Duldsamkeit seines muslimischen Gebieters durch ein kühnes Anliegen auf die Probe stellt: Er will nach Frankreich zurück, dort seine Güter veräußern und mit deren Erlös Zaïre und gefangene französische Ritter freikaufen; als Garantie für seine Rückkehr hat er nichts als sein Ehrenwort als Edelmann zu bieten. Die Bitte wird ihm trotzdem gewährt, Nérestan reist ab, bleibt zwei Jahre lang fort – und es kommt, wie es kommen muss: Orosmane verliebt sich unsterblich in Zaïre und sie sich in ihn; über ihre Liebe vergisst sie ihre christlichen Wurzeln, so dass einer Heirat nichts im Wege zu stehen scheint. Da kehrt Nérestan zurück, der mit Mühe und Not das Lösegeld für Zaïre und zehn Adlige aufgetrieben hat und jetzt zu seiner Enttäuschung erfahren muss, dass seine Angebetete anderweitig vergeben ist. Um ihm diese bittere Pille zu versüßen, schenkt Orosmane hundert statt zehn Rittern die Freiheit und erlässt Nérestan das Lösegeld. Als ihn Zaïre inständig darum bittet, gibt er auch seine wertvollste Geisel, den alten Prinzen von Lusignan, frei, der als Erbe der gleichnamigen Kreuzfahrerdynastie eine potentielle Bedrohung seiner Herrschaft darstellt.

Große Gefühle in Zaïre, ätzende Satire über Kollegen 177

Kaum von seinen Ketten befreit, klagt dieser edle Greis Nérestan und Zaïre sein Leid: Beim Fall Cäsareas wurden ihm die Gemahlin und zwei seiner Kinder getötet sowie zwei weitere entführt. Der zufällige Blick auf Zaïres Armband und ein gezielter Blick auf eine kleine Narbe Nérestans bringen an den Tag, was der Zuschauer längst ahnt: Die beiden sind die so lange Vermissten und somit Bruder und Schwester. Doch in Lusignans Glück mischt sich ein großer Wermutstropfen: Seine Tochter will den Sultan ehelichen und wird dadurch dem Glauben ihrer Väter untreu. Um diesen Verrat zu verhindern, nimmt ihr der durch die seelischen Erschütterungen auf den Tod geschwächte Greis das Versprechen ab, sich noch am selben Tag taufen zu lassen. Hin- und hergerissen zwischen diesem Gelöbnis und ihrer Liebe zu Orosmane bittet Zaïre diesen darum, die Heirat um vierundzwanzig Stunden zu verschieben. Der Bräutigam in spe hält das für weibliche Koketterie und willigt ein.

Danach bricht in Form eines Briefs das Verhängnis über die Protagonisten herein. Nérestan bittet Zaïre um eine nächtliche Unterredung, um die Modalitäten der Taufe mit ihr zu besprechen. Das Schreiben wird abgefangen und Orosmane gezeigt, der an ein heimliches Stelldichein glaubt und sich von diesem vermeintlichen Rivalen aufs Schäbigste betrogen fühlt:

> Nachdem er einen Fremden, zudem einen Gefangenen, mit Wohltaten überhäuft hat; nachdem er sein Herz und seine Krone einer Sklavin geschenkt hat; nachdem er ihr alles geopfert hat und nur noch für sie leben will, sieht er sich durch den Gefangenen getäuscht, von der Vorspiegelung der zärtlichsten Liebe betrogen, fühlt die heftigsten Bewegungen der Liebe und sieht sich der schwärzesten Undankbarkeit und dem heimtückischsten Verrat gegenüber: Das war in der Tat ein grauenhafter Zustand.[39]

Doch der zutiefst Enttäuschte hat sich immer noch in der Gewalt; er setzt weiterhin auf Zaïres Treue und stellt diese auf eine letzte Probe. Er lässt ihr den Brief aushändigen, verbirgt sich am Ort des Treffens und hofft, dass die Geliebte der Aufforderung nicht Folge leisten wird. Doch diese erscheint, ruft nach Nérestan und wird von Orosmane, der das als Schuldeingeständnis wertet, in einem Anfall schwärzester Verzweiflung erdolcht. Als Nérestan kurz darauf auftaucht und klagt: Was hast du meiner Schwester angetan?, erkennt der Mörder aus Eifersucht seine Schuld, lässt alle Sklaven frei und tötet sich selbst.

Auf allen Seiten nur Tugend, Edelmut und nobles Streben und trotzdem am Ende Tod und Verzweiflung: Dass am Schluss jeder *Zaïre*-Aufführung akute Knappheit an Taschentüchern herrschte, verwundert nicht. Wer oder was aber war schuld daran, dass sich alles zum Schlechtesten wendete? Im Gegensatz zu Voltaires vorangehenden Dramen fehlte es hier an Schurken, die das Verhängnis gezielt herbeiführten. Auch die Tragik des schuldlos Schuldigen Ödipus kam nicht ins Spiel. Ausschlaggebend dafür, dass es am Ende keine fröhliche Fürstenhochzeit, sondern zwei schöne Tote gab, war stattdessen ein banales Versehen: Nérestan hatte schlicht vergessen, Orosmane davon zu unterrichten, dass er und Zaïre Geschwister waren. Da diese Entdeckung die Sensation am Hofe schlechthin bildete, war es mehr als unwahrscheinlich, dass ausgerechnet der Herrscher davon nichts erfahren haben sollte. Logische Brüche dieser Art und ähnliche Schwächen räumte Voltaire durchaus ein:

> Wer kennt nicht die Illusion des Theaters? Wer weiß nicht, dass eine interessante, aber triviale Situation, eine glänzende und gewagte Neuerung oder auch nur die bloße Stimme einer Schauspielerin das Publikum eine Zeitlang täuschen können?[40]

Da war es ausgesprochen, das böse Wort: trivial. Trotzdem schämte sich der Autor seines Werkes nicht. Das Publikum wollte die süße Illusion und durfte sich reichlich in ihr wiegen. Es durfte schluchzen, und Voltaire durfte sich amüsieren. So war allen gedient.

War das alles, oder war in *Zaïre* wie in den meisten vorangehenden Stücken Voltaires eine weiter reichende Botschaft angelegt? Immerhin steht das Aufeinandertreffen zweier Weltreligionen im Mittelpunkt des Geschehens. Da beide mit dem Sultan Orosmane und dem Prinzen von Lusignan von wahren Tugendhelden vertreten werden, scheint der Ausgang des Wettbewerbs unentschieden. Doch dieser Eindruck täuscht. Der verhärtete Kreuzfahrergeist Lusignans, der auf der christlichen Identität seiner Tochter beharrt, führt die Katastrophe herbei; demgegenüber erscheint der Sultan weit weniger engherzig und dogmatisch. Von Fanatismus, dem Erzübel jeder Religion, ist bei Orosmane im Gegensatz zu seinen christlichen Gefangenen nichts zu spüren. Ihn hat seine Auffassung vom Islam menschlich und tolerant gemacht; damit kommt er der einzig vernünftigen Glau-

Große Gefühle in Zaïre, ätzende Satire über Kollegen 179

benshaltung, einem milden Deismus als Aufforderung zu irdischer Tugend, mit Abstand am nächsten. Doch diese Botschaft war hinter so dichten Schichten von Tränen treibender Empfindsamkeit versteckt, dass sie zu Zuschauern und Lesern kaum durchgedrungen sein dürfte.

Kurz darauf musste Voltaire selbst Theater spielen. Der Tod seiner fidelen Gastgeberin, der Baronin Fontaine-Martel, verlangte ihm im Januar 1733 eine makabre Komödie ab. Wenn sie unversöhnt mit der allein seligmachenden Kirche starb, würde man ihm diesen unbußfertigen Tod in die Schuhe schieben; also musste ein frommes Abscheiden fingiert werden. Erstaunlicherweise fand sich ein Priester, der mitspielte, und auch die Sterbende war ihrer Rolle voll und ganz gewachsen. Auf die Frage, ob sie im Sakrament der Eucharistie den Leib des Herrn erkenne, antwortete sie mit einem überzeugenden «Aber ja doch!». Er wäre in Lachen ausgebrochen, wäre die Situation nicht so traurig gewesen, so Voltaire. Der Humor verging ihm auch wegen seiner eigenen Gebrechen. Er konnte wieder einmal tagelang nichts essen, zeitweise sogar nicht einmal sitzen, und magerte erschreckend ab.

So schien es ihm an der Zeit, seine Vermögensverhältnisse zu ordnen. Der damalige Kapitalmarkt bot verschiedene Anlagemöglichkeiten: Aktien großer Handelskompanien, Anteile an Kapitalgesellschaften mit verschiedenen, meist undurchsichtigen Aktivitäten, Erwerb von Immobilien, Zeichnen von Staatsanleihen oder Vergabe von Krediten an solvente und vertrauenswürdige Privatpersonen. Voltaire setzte vor allem auf die letztere Investition. Aktien konnten schnell ins Bodenlose fallen, die «Hedgefonds» der Zeit widmeten sich oft gefährlichen Schneeballgeschäften, die Rendite aus Grund und Boden oder Häusern war niedrig und der König alles andere als ein solider Schuldner. Für seine Darlehen an einzelne, meist hochgestellte Persönlichkeiten bediente sich Voltaire eines Strohmannes namens Demoulin, dessen Schwager seinem Vater einst gute Dienste geleistet hatte. Demoulin ließ sich nicht nur für Finanzgeschäfte einsetzen, sondern führte Voltaire auch zusammen mit seiner Frau den Haushalt. Nach dem Tod seiner Gastgeberin zog dieser im Mai 1733 in ein Viertel nahe dem heutigen Rathaus. Sein neues Domizil war umgeben von Kirchen und Klöstern, die mit ihrem Dauergeläut das bessere Publikum vertrieben. Dass es der Freidenker in dieser klerikalen Klangwelt aushielt, erstaunte seine Freunde: Brauchte er die hörbare Gegenwelt, um zu höchster literarischer Form aufzulaufen?

Nach den vielen schönen Seelen der *Zaïre* stand Voltaire der Sinn nach Satire. Seine eigenen Werke waren regelmäßig kritisiert und parodiert worden. Es war also an der Zeit, im mörderischen Verdrängungskampf der Literaten zum Angriff zu schreiben. Zu diesem Zweck errichtete er zwei poetische Heiligtümer. In der Satire *Tempel der Freundschaft (Temple de l'Amitié)* werden die Schmeichler und Frömmler als schlechte Ratgeber des Dichters vertrieben. Dagegen war kaum etwas einzuwenden. In der Satire *Tempel des Geschmacks (Temple du Goût)* hingegen, die im März 1733 erschien, ging es härter zur Sache. Der Sturm der Entrüstung, den der aus Versen und Prosapassagen gemischte Text vor allem bei den verhöhnten «Kollegen» erregte, war sorgfältig einkalkuliert.

Die ätzende Kritik, die diesen Text durchzieht, ist in die Fiktion einer Forschungsreise eingekleidet. Der Erzähler behauptet, den einflussreichen Kardinal Melchior de Polignac, der selbst als Dichter lateinischer Verse und Autor eines «Anti-Lukrez» hervorgetreten war, auf der Fahrt ins Land der Schönheit und auf der Suche nach deren Gottheit begleitet zu haben. Die einleitende Huldigung an den schöngeistigen Kirchenmann bot Voltaire die Gelegenheit zu gepflegten Ausfällen gegen dessen Vorgesetzten:

> Ihr seid, so meine ich,
> Der wahre Papst dieser Kirche [des Schönen];
> Aber zwischen dem anderen Papst und Euch
> (Mag Rom auch noch so sehr zürnen)
> Gibt es einen sehr sichtbaren Unterschied:
> Wagt die Sorbonne doch zu versichern,
> Dass Sankt Peter irren kann,
> Was ich für sehr gut möglich halte;
> Aber wenn ich Euch Eure brillanten Reden
> In einem so milden und überzeugenden Ton
> Vortragen höre,
> Würde ich euch fast für unfehlbar halten.[41]

Darauf habe der Kardinal geantwortet: «Ach, die Unfehlbarkeit gilt in Rom für die Dinge, die niemand versteht, und im Tempel des Geschmacks für die Dinge, die alle Welt zu begreifen glaubt.»[42] Das war ein geistreicher Seitenhieb gegen die Allmachtansprüche des Papsttums, der durch die gallikanische Tradition der französischen Kirche gedeckt und daher nicht allzu gewagt war. Voltaire – so weiter die literarische Fiktion – ist bereit, die Tour zum Heiligtum des guten Geschmacks anzutreten, unter einer Bedingung:

> Voltaire wird einfach
> Einen kurzen Bericht verfassen,
> Der auf frivole Scherze hinausläuft.
> Aber über diesen Bericht wird man grollen;
> Und am Hof wird man murren.[43]

Auf dem weiten und mühsamen Weg zur guten Literatur treffen die Reisenden zuerst die gelehrten Kompilatoren und Kommentatoren. Als Wegweiser sind sie wenig hilfreich, denn mit dem Schönen haben sie nichts im Sinn und mit Esprit erst recht nicht: «Wir haben die Gewohnheit, des Langen und Breiten zusammenzustellen, / Was andere dachten; aber selbst denken tun wir nie.»[44] Danach kommen die schlechten Architekten und Maler an die Reihe, die die Regeln des guten Geschmacks durch Vermischung der Gattungen mit Füßen treten. Auf sie folgen die hohlen Prunkredner und die unberatenen Musiker, die französische Texte im italienischen Stil vertonen. Nach all diesen Tempel-Entweihern ist das Heiligtum des Geschmacks endlich erreicht. Es hat eine lange Geschichte, die aus Errichtung, Zerstörung und Wiederherstellung besteht. Die Griechen haben die Fundamente gelegt, die Römer haben darauf aufgebaut, die Türken haben alles dem Erdboden gleichgemacht, die Italiener haben diese Trümmer wieder zusammengestellt, und der französische König Franz I. hat daraus ein schönes Gebäude gemacht, das Richelieu, Ludwig der Große (alias der Vierzehnte) und sein Finanzminister Colbert zur Vollendung brachten. Das war eine Weltkulturgeschichte in dreißig Versen, ganz auf den Ruhm Frankreichs und speziell des Sonnenkönigs zugeschnitten. Antike und Renaissance bilden nur die Vorgeschichte für die Blüte der Künste im Zeitalter Versailles. Diese Geschichtskonstruktion kam nicht von ungefähr; während der Arbeit am *Tempel des Geschmacks* fasste Voltaire den Plan zu einem groß angelegten Geschichtswerk mit dem Titel *Zeitalter Ludwigs XIV*. So ist es nur folgerichtig, dass der Tempel die Grundzüge und Prinzipien der französischen Kunst widerspiegelt:

Einfach war seine edle Architektur;
Jeder Schmuck hatte seinen richtigen Platz,
Und stand da, wo er stehen musste,
Die Kunst verbarg sich hinter dem Antlitz der Natur;
Das zufriedene Auge liebkoste das Ganze,
Nie überrascht, stets bezaubert.[45]

Ordnung und Würde statt italienischer Kaprizen: Das ist die Zauberformel des guten Geschmacks, den es nur in Frankreich gibt. Dessen Heiligtum zieht allerdings nicht nur die Verehrer des Schönen, sondern auch ganze Horden von Blendern, Schmeichlern, Verderbern der französischen Sprache, professionellen Anschwärzern, hämischen Rezensenten und anderen Herabwürdigern des Guten und Schönen an. All diesen «Insekten der Geselligkeit, die nur bemerkt werden, weil sie stechen»,[46] verweigert die personifizierte Kritik den Eintritt in den Tempel. Belagert wird sie nicht nur von schlechten Schriftstellern, sondern auch von deren Fürsprechern, die da heißen: Hochmut, Neid, Bestechlichkeit, Verdacht und Verleumdung. Damit ist die Bühne für ein Literatur-Tribunal bereitet, das einem vorgezogenen Jüngsten Gericht gleichkommt: Alle Kritiker, Rivalen und Feinde Voltaires werden nacheinander mit erbarmungslosem Spott abgeurteilt. La Motte-Houdard, der es gewagt hatte, mit einem eigenen *Ödipus* aufzutreten, wird wegen seiner unleidlichen Verse verhöhnt; Jean-Baptiste Rousseau, ehemaliger Förderer und jetziger Todfeind, quakt wie ein Frosch, da ihn die Musen wegen seiner vielen Gemeinheiten der menschlichen Stimme beraubt haben. Selbst die ganz Großen sind vor herber Kritik nicht gefeit. So wirft der erhabene Corneille in weiser Selbsterkenntnis sein von nachlassender dichterischer Kraft gezeichnetes Spätwerk ins Feuer, während der stets amüsante, aber durch allzu viele Längen ermüdende La Fontaine seine Fabeln kürzt.

Bevor die Gesellschaft die Rückreise antritt, gibt ihr der Gott des guten Geschmacks noch einige Ratschläge und Aufträge mit auf den Weg. Sein wichtigster Tipp lautet: Gute Literatur entwickelt nicht nur vernünftige Ideen, sondern schwelgt auch in großen Gefühlen – das war ein kaum verhohlenes Lob für *Zaïre*. Die vornehmste Aufgabe der beiden Rückkehrer aber besteht darin, die Lektionen aus dem Tempel des Guten und Schönen im Frankreich der Gegenwart zur Anwendung zu bringen:

Adieu, meine liebsten Günstlinge,
Die ihr mit den Gunstbeweisen des Parnasses überschüttet seid;
Duldet nicht, dass in Paris
Mein Rivale meinen Platz okkupiert.
Ich weiß, dass der schlechte Geschmack
Davor zittern wird, vor euren erleuchteten Augen zu erscheinen.
Wenn ihr ihn dennoch trefft,
Werdet ihr ihn leicht erkennen.[47]

Dieser Rundumschlag gegen ältere, neuere und jüngste Kunst war an Aggressivität und Selbstsicherheit kaum zu überbieten. Unerträglich für die Abgekanzelten war nicht nur der Sarkasmus, mit dem sie und ihre Werke bloßgestellt wurden, sondern auch der Anspruch, der dahinterstand. Voltaire behauptete schließlich, im Namen ewig gültiger Normen und Werte zu urteilen.

Lob für Newton, Kritik an Descartes, Widerlegung Pascals und ein zweites Rührstück

Neben dem pathetischen Drama und der ätzenden Satire pflegte Voltaire in den Jahren 1732 und 1733 ein drittes Genre: Er vervollständigte seine *Lettres philosophiques*. Diese zusätzlichen Briefe verdienen den Titel, unter denen sie in französischer Sprache erschienen, voll und ganz, denn sie sind der Auseinandersetzung mit den maßgeblichen Denkern und Ideengebern des siebzehnten und frühen achtzehnten Jahrhunderts und damit einem Zivilisationsvergleich gewidmet, in dem das moderne, der Zukunft zugewandte England über das rückständige Frankreich ein weiteres Mal den Sieg davonträgt. Auf diesem langen und dornigen Weg zu wissenschaftlicher Methode und Vernunft kommt dem französischen Physiker und Metaphysiker René Descartes immerhin das Verdienst zu, durch seine Polemik gegen die falschen Theorien des Aristoteles und gegen die Phantasmagorien der Theologen, die sich dessen Methode bedienten, die gröbsten Irrtümer aus der Welt geschafft zu haben. Allerdings – so die postwendende Einschränkung dieses Lobes – habe er das dadurch geschaffene

Vakuum mit seinen eigenen, kaum weniger verstiegenen Dogmen aufgefüllt. Sein größter Fehler bestand laut Voltaire in seiner Selbstüberschätzung: Descartes glaubte, die physikalische Welt weitestgehend entschlüsselt zu haben, und schor dabei alles über einen Kamm. So waren Tiere für Descartes bloße Maschinen, ohne Bewusstsein und Gefühle. Für Voltaire war das eine eklatante Beleidigung des gütigen Schöpfergottes: «Gott hat ihnen [den Tieren] dieselben Organe für Empfindungen wie uns gegeben; wenn sie also nichts fühlen, hat Gott ein sinnloses Werk vollbracht.»[48]

Die Polemik gegen den eitlen Welterklärungsanspruch Descartes' ist in den dreizehnten Brief eingefügt, der den Ideen John Lockes gewidmet ist:

> Locke hat dem Menschen die menschliche Vernunft vor Augen geführt, so wie ein hervorragender Anatom das Zusammenspiel des menschlichen Körpers erklärt. Er bedient sich dabei überall der Fackel der Physik, wagt manchmal etwas sicher zu behaupten, wagt aber auch zu zweifeln; anstatt mit einem Schlage zu behaupten, was wir nicht wissen, prüft er schrittweise, was wir wissen wollen.[49]

Im Rahmen dieser Überprüfung durch den gesunden Menschenverstand, der sich auf die Erfahrung stützt, werden die Hirngespinste der philosophischen und theologischen Tradition gleich reihenweise widerlegt, zusammen mit den überflüssigen Fragestellungen, aus denen sie hervorgegangen sind. An ihre Stelle tritt ein ruhiges, empirisch belegtes Wissen, aber ebenso oft auch ein offen eingestandenes Nichtwissen. So kann niemand genau erklären, warum das Körperwesen Mensch denkt. Und das ist auch nicht nötig; die Überzeugung, dass Gott dem Menschen die Fähigkeit zu denken verliehen hat, reicht völlig aus: «Ich bin Körper und ich denke; mehr weiß ich darüber nicht ... Wie Sie es auch drehen und wenden, so müssen Sie doch Ihre Ignoranz und die immense Macht Gottes zugeben.» Dieses heilsame Nichtwissen erstreckt sich auf die Frage nach der Unsterblichkeit der Seele. Der Verstand alleine kann diese Unvergänglichkeit ebenso wenig wie das Gegenteil beweisen, doch das Glücksstreben des Menschen gebietet es, daran zu glauben. Viel wichtiger als solche metaphysischen Probleme ist die Konsequenz, die sich aus diesem undogmatischen Deismus ergibt: die Moral der Humanität, Duldsamkeit und Solidarität, die von den Fanatikern der christlichen Konfessionen bekämpft wird. Solche Theologen – und nicht Philosophen wie Locke und Newton – stellen dadurch die Grundlagen des friedlichen Zusammenlebens infrage. Der Gott, der den Menschen zum Denken und damit zur Selbsthilfe erschaffen hat, hat das Universum nach festen Regeln errichtet und damit zur Erforschung und Entschlüsselung durch den Menschen bestimmt. Diese vornehmste Aufgabe hat niemand mit so durchschlagendem Erfolg erfüllt wie Isaac Newton. Auf den Beobachtungen seiner großen Vorläufer Galilei und Kepler aufbauend, hat er die Gesetze der Schwerkraft entdeckt, in seiner Optik die Geheimnisse des Lichts, seiner Brechung und seiner Zusammensetzung enthüllt und damit die Welt in ihren Grundzügen erklärt. Der Planet Erde wird demnach wie der Kosmos als Ganzer von ehernen, unveränderlichen Gesetzen regiert, die der Mensch durch systematische Analyse erkennen kann. Mit diesen Überlegungen war für Voltaire die physikalische Grundlage für einen undogmatischen Deismus geschaffen, denn beide, Welt und Mensch, spiegeln seiner Ansicht nach das Wesen eines gütigen Schöpfergottes ganz rein wider. Mit seinen epochalen Forschungen habe Newton der Menschheit den Weg gebahnt, auf dem weitere große Entdeckungen zu erwarten sind – unter der Voraussetzung, dass die Freiheit des Denkens und Forschens erhalten bleibt, die im Laufe der Jahrhunderte so mühsam erkämpft wurde. Im Vergleich mit Newton, dem Heros des Fortschritts, schneidet Blaise Pascal, ein anderer großer Pionier der Physik und Mathematik, bei Voltaire schlecht ab, nicht durch seine Forschungen zur Natur, sondern durch sein unvollendet gebliebenes Hauptwerk, die *Gedanken (Pensées)* zur Religion.

Für Voltaire war Pascal der herausragende Vertreter einer glücklich überwundenen, nämlich zutiefst theologisch eingefärbten Weltsicht und damit eine intellektuelle Herausforderung ohnegleichen. Pascal betrachtete den Menschen als ein Produkt des Sündenfalls, gemischt aus Restbeständen weitgehend verlorener Erhabenheit und einer unwiderstehlichen Neigung zum Bösen, die nur durch die unverdiente Gnade Gottes aufgehoben werden könne. Diese gespaltene und daher zutiefst unglückliche *condition humaine* lasse sich zwar mit dem menschlichen Verstand in den Grundzügen erfassen, den Sprung in den Glauben aber könne diese sezierende Ratio nicht aus eigener Kraft vollziehen, auch dafür sei das Geschenk der Gnade unverzichtbar. Die Aufgabe, die sich Pascal stellte, bestand darin, den skeptischen Intellektuellen zu zeigen, dass die widersprüchlichen Erfahrungen der menschlichen Existenz nicht nur nicht im Gegensatz zu den Wahrheiten und Offenbarungen des Christentums stehen, sondern allein mit ihrer Hilfe erklärt werden können, um durch die Ausräumung dieser Widersprüche der Gnade den Weg zu bereiten. Ratio und Fides, Glaube und Vernunft, bildeten für Pascal also eine Einheit.

Dagegen erhob Voltaire vehementen Einspruch: Nicht weniger als siebenundfünfzig zentrale Aussagen Pascals versuchte er durch bündige Kommentare zu widerlegen. Das war ein anspruchsvolles Kräftemessen, denn Pascals *Pensées* sind keine skizzenhaften Entwürfe, sondern geschliffene Aphorismen, die virtuos mit allen Techniken der Rhetorik, mit kunstvoll konstruierten Paradoxien, unerwarteten Pointen, kühnen Vergleichen und unauslöschlich eindrucksvollen Bildern operieren und ihre Überzeugungskraft gerade aus der extremen Zuspitzung und Verknappung der Argumente ziehen. Pascals brillant formulierte Gedanken demontieren zu wollen, hat unweigerlich etwas Beckmesserisches und Pedantisches, ja Scholastisches, und hätte dem Essayisten Voltaire eigentlich widerstreben müssen. Zudem hatte die selbstgestellte Aufgabe, die menschlichen Lebensbedingungen gegen die nachtschwarze Einfärbung Pascals aufzuhellen, ihre Tücken. Die Schwierigkeit bestand darin, die unleugbare *miseria humana* – Krankheit, Unrecht, Tod – zu erklären, ohne die Denkfigur des Sündenfalls in Anspruch zu nehmen und ohne den Schöpfergott einer misslungenen Schöpfung zu bezichtigen.

In einigen seiner faszinierendsten psychologischen Tiefenbohrungen kommt Pascal zu dem Schluss, dass sich das menschliche Elend am beweiskräftigsten darin zeige, dass die Menschen nie in der Gegenwart leben, sondern immer auf eine vermeintlich bessere Zukunft hoffen. Daher – so seine durch Lebenserfahrung gestützte Beweisführung – stürzt sie ein einziger Tag ohne äußere Ablenkung in tiefste Verzweiflung, weil sie so die Gedanken an den unerbittlich nahenden Tod und die Flüchtigkeit aller irdischen Genüsse nicht länger verdrängen können. Umgekehrt genügt ein einziger Jagdausflug, um die Stimmung eines Mannes, der soeben seinen einzigen Sohn verloren hat, aufzuhellen. Ist diese Zerstreuung vorbei, fällt er ins Bodenlose, denn sein Verstand allein kann ihm die Widersprüche seines Daseins nicht erklären. Das Leben des Menschen ist für Pascal daher eine einzige Flucht vor sich selbst und den Abgründen, die sich unter ihm auftun.

In seiner Gegenrede wertet Voltaire diese düstere Diagnose radikal um:

> Man muss, weit davon entfernt, sich zu beklagen, dem Schöpfer der Natur dafür danken, dass er uns den Instinkt gegeben hat, der uns unablässig der Zukunft entgegenträgt. Der kostbarste Schatz des Menschen ist diese Hoffnung, die uns unseren Kummer versüßt und uns im gegenwärtigen Unglück künftige Vergnügungen ausmalt.[50]

Wenn die Menschen ganz in der Gegenwart aufgingen, gäbe es keine Vorsorge für die Zukunft, also kein Aussäen auf den Feldern, keine Industrie, keine Kultur. Doch das hatte Pascal nicht gemeint, sondern die Unfähigkeit des Menschen, den Blick auf sich selbst und damit auf die Brüchigkeit seiner Existenz auszuhalten. Auch den permanenten Drang nach dem *divertissement* wertet Voltaire ins Positive um:

> Dieser Instinkt ist das erste Prinzip und die notwendige Grundlage der Gesellschaft, entspringt daher der Güte Gottes und ist ein Instrument unseres Glücks und nicht das Gefühl unseres Elends. Ich weiß nicht, was unsere Vorväter im Paradies so trieben, aber wenn jeder nur an sich gedacht hätte, wäre die Existenz des Menschengeschlechts aufs Höchste gefährdet gewesen.[51]

Auch damit argumentierte Voltaire an Pascals Gedankengängen vorbei. Zwischen der von diesem diagnostizierten Angst, sich ungeschönt wahrzunehmen, und der von Voltaire unterstellten heilsamen Selbstbezogenheit liegen Welten.

Entschiedenen Widerspruch legte er gegen Pascals düsterste Metapher des menschlichen Daseins ein: Um sich seine prekäre Existenz ungeschönt vor Augen zu führen – so eines der beklemmendsten Bilder der *Pensées* –, soll sich der Mensch eine Gruppe zum Tode verurteilter Sträflinge in Ketten vorstellen, von denen die einen heute vor den Augen ihrer Leidensgenossen, die anderen wenig später erwürgt werden. Das war für Voltaire ein empörender Vergleich:

> Man kann in einer Satire den Menschen so oft man will von seiner schlechten Seite vorführen, aber wenn man sich dabei seines Verstandes bedient, wird man zugeben, dass der Mensch von allen Lebewesen das vollendetste, glücklichste und langlebigste ist.[52]

Um als Philosoph zu sprechen – so Voltaire am Ende seines Kommentars –, finde er es sehr überheblich und undankbar, dass die Menschen mit den Lebensbedingungen, die Gott für sie geschaffen hatte, unzufrieden waren und glaubten, von der Natur Besseres verdient zu haben. Doch auch das hatte Pascal nicht gemeint. Die richtige Haltung des Menschen gegenüber seinem gütigen Schöpfer – so die Quintessenz von Voltaires Lebensphilosophie – besteht darin, die von diesem diktierten Konditionen dankbar anzunehmen:

> Das natürliche Schicksal des Menschen ist nicht, angekettet zu sein und erwürgt zu werden, sondern alle Menschen sind wie die Tiere und die Pflanzen dazu gemacht, zu wachsen, eine Zeitlang zu leben und zu sterben.[53]

Für Pascal ist der Mensch ein denkendes Schilfrohr, das den Gedanken an den Tod nicht ertragen kann. Dieses Dilemma sparte Voltaire aus, wie manche weiteren Argumente Pascals auch. Ihm ging es nicht um deren Widerlegung im Einzelnen, sondern seine Polemik richtete sich gegen Pascals Vernünftigsprechung der christlichen Religion als Ganzer. Ein Gott, der sich systematisch verbirgt und nur durch die unverdiente Verleihung des Glaubens erkannt werden kann, war für Voltaire ein Monstrum. Trotzdem konnte ihm die Rolle des Schönredners der menschlichen Existenz auf Dauer nicht behagen, zumal das Problem der Theodizee, der Rechtfertigung Gottes angesichts des irdischen Leids, auch für ihn ungelöst blieb.

Optimistisch, wenngleich auf ganz andere Art als die *Lettres philosophiques*, war auch ein weiteres Theaterstück aus dem so fruchtbaren Jahr 1733. Es hieß *Adélaïde Duguesclin* und hatte zur Titelheldin die erfundene Nichte des großen Connétable Bertrand Du Guesclin, der Frankreich im Hundertjährigen Krieg nach katastrophalen Niederlagen seiner Vorgänger gegen England durch seine zähe Guerillataktik vor dem Untergang bewahrt hatte. Offenbar war Voltaire durch das Milieu der *Zaïre* auf den Geschmack am Ritterdrama gekommen. Als Ritter ohne Furcht und Tadel agieren denn auch die hochadeligen Protagonisten beiderlei Geschlechts, die zwischen Liebe und Pflicht hin- und hergerissen sind, doch dabei ihre Ehre nie aus den Augen verlieren und am Ende dem Vaterland widmen, was des Vaterlandes ist, nämlich ihre Hingabe und ihren Ruhm. So fügt sich am Ende alles zum Besten: Adélaïde, ganz die würdige Verwandte des

Nationalhelden, bekehrt ihren Verehrer Vendôme, der auf der Seite der Engländer kämpft, durch ihre heroische Tugend zu seinen patriotischen Verpflichtungen und darf als Lohn dafür dessen Bruder Nemours heiraten, der von Anfang an auf der richtigen Seite gestritten hat.

Lesungen der *Adélaïde* im Freundeskreis erzielten die erhofften Wirkungen: Alle schwammen in Tränen der Rührung. Die Uraufführung reizte hingegen nicht zum Weinen, sondern zum Lachen – das allzu Erhabene war eben stets vom Umschlag ins unfreiwillig Komische bedroht. Eine zweite Aufführung kam zwar weitaus besser an, doch zum dauerhaften Erfolg reichte es definitiv nicht. In einem Brief an seinen Freund de Cideville vom 15. November 1733 umriss Voltaire sein Stück mit wenigen Worten:

> Die Leidenschaft besetzt das Stück von einem Ende zum anderen. ... Die Liebe ist eine seltsame Sache. Wenn sie irgendwo auftaucht, will sie herrschen.[54]

Vor dem Hintergrund dieser ironischen Kommentare fällt es schwer, in *Adélaïde Du Guesclin* mehr als einen Versuch zu sehen, die höfische Gesellschaft für den Autor einzunehmen.

Der Kampf um die «Philosophischen Briefe»

Protektion hatte Voltaire zu diesem Zeitpunkt dringend nötig. Die *Letters concerning the English Nation* erschienen im August 1733 in London und blieben in Paris weitgehend unbemerkt; die französische Übersetzung war erst für März 1734 vorgesehen. An ein königliches Privileg für eine französische Ausgabe in Frankreich war nicht zu denken, dem standen die Zensoren wie eine geschlossene Phalanx entgegen. Maximal war wieder einmal eine stillschweigende Duldung zu erhoffen. Für ein solches Unternehmen bedurfte es eines waghalsigen Verlegers wie Claude-François Jore in Rouen, der bereits eine frühe Version der *Henriade* und die *Geschichte Karls XII.* unter diesen zwielichtigen Umständen herausgebracht hatte.

Der mit Jore geschlossene Vertrag sah den Druck von 2500 Exemplaren vor, mit der Einschränkung, dass diese erst nach den beiden Londoner Ausgaben erscheinen durften. Doch als der französische Chefzensor im Sommer 1733 von diesem Plan erfuhr, drohte er beiden, dem Autor wie dem Verleger, mit der Bastille. Jore zog daraufhin die zur Auslieferung bereiten Bücher zurück und lagerte sie in seinem Magazin; Voltaire hätte einen Aufbewahrungsplatz unter seiner Schlüsselhoheit vorgezogen. Als die *Letters* im Herbst 1733 in London mit Erfolg verkauft wurden, juckte es Jore in den Fingern, und er startete einen riskanten Versuch: Er ließ einige Exemplare seiner französischen Ausgabe in Paris herumreichen und wartete gespannt auf die Reaktion der Behörden. Diese schlugen umgehend zu, luden den unbotmäßigen Verleger vor und mahnten ihn in schärfsten Tönen ab. Doch damit erreichten sie das Gegenteil. Vor die Wahl gestellt, einige Zeit in der Bastille zu verbringen oder auf seiner Auflage sitzenzubleiben, entschied sich Jore im April 1734 für die Hochrisiko-Strategie, bot die *Lettres philosophiques* öffentlich feil und beging damit in den Augen Voltaires einen unverzeihlichen Treuebruch.

Das Aufsehen, das das schmale Bändchen erregte, war ungeheuer. Obwohl an keiner Stelle direkte Kritik an den politischen und kirchlichen Zuständen Frankreichs geübt wurde, waren sich Zensoren und Minister der Sprengkraft dieser *Englischen Briefe* (wie Voltaire selbst sie bis zum Schluss bezeichnete) bewusst. Mit ihrem scheinbar gelassenen Plauderton und ihrer souveränen Ironie untergruben sie die vermeintlich sakrosankte Ordnung aller Lebensverhältnisse gründlicher und irreparabler als jedes revolutionäre Manifest. Ständeordnung und soziale Hierarchien, das Vorgehen der Justiz, die privilegierte Stellung der Kirche, der Einzug von Steuern und Abgaben, die Legitimität des Feudalsystems, der Kult der aristokratischen Werte: Nichts, was geschichtlich gewachsen war, hielt der sezierenden Hinterfragung durch die kritische Ratio stand. Die Reaktion der Obrigkeiten ließ denn auch nicht lange auf sich warten: Jore wurde verhaftet. Er verbrachte zwar nur zwei Wochen im Staatsgefängnis, verlor aber seine Zulassung als Verleger und Buchhändler. Wie gegen den Verfasser der staatsgefährdenden Schrift vorgegangen werden sollte, bildete drei Wochen lang den Gegenstand geheimer Beratungen.

Kurz bevor die Bombe in Paris platzte, war Voltaire in bester Laune zu einer ebenso vornehmen wie heiteren Veranstaltung aufgebrochen, an deren Zustandekommen er beträchtlichen Anteil hatte:

Der Kampf um die «Philosophischen Briefe»

Ich war hier, mein charmanter Freund, in Montjeu bei Autun in aller Seelenruhe und genoss friedlich die Früchte meiner Verhandlungen mit Herrn von Richelieu und Fräulein von Guise. Ich sehe nicht unbedingt wie Hymenäus, der blonde Gott der Heirat, aus, aber ich erfüllte die Funktionen dieser hilfreichen Gottheit und tat mein Bestes, vor einem Notar Herzen zu vereinigen, als plötzlich die alarmierendsten Nachrichten meine Ruhe störten.[55]

Voltaire hatte, wie er seinem Freund de Cideville am 24. April 1734 so launig berichtete, den Vermittler bei der Heirat des Herzogs von Richelieu mit einer Dame aus einem Seitenzweig der Familie Guise gespielt, deren Rolle als Widerpart des guten Königs Henri IV er in der *Henriade* in den abschreckendsten Farben ausgemalt hatte. Die lebenden Nachkommen, bei denen er öfter zu Gast gewesen war, nahmen ihm die literarische Verdammung ihrer Vorfahren offenbar nicht übel, doch mit der von ihm in die Wege geleiteten Verehelichung waren keineswegs alle von ihnen einverstanden. Die Ahnen des großen Kardinals Richelieu gehörten nämlich dem niederen Provinzadel an; hartnäckige Gerüchte sprachen sogar von einem Lautenspieler, also einem Domestiken, der sich in diese Abstammungslinie eingeschlichen haben sollte. Wie bei der Prügelattacke durch den Chevalier von Rohan-Chabot zeigte die scheinbar so offene und duldsame Führungsschicht des Ancien Régime unversehens ihr archaisches Gesicht: Bei Eheschließungen ging es um Ehre, Rang und Ansehen. Wenn eine Mésalliance drohte, hatte aller Spaß ein Ende.

Das erfuhr der umstrittene Ehestifter Voltaire gleich doppelt. «Diese verfluchten englischen Briefe»,[56] die er kurz zuvor noch guten Mutes hochgestellten Persönlichkeiten ans Herz gelegt hatte, wuchsen sich zu einer Affäre aus, in der der alte Staat die Maske vollends fallen ließ: Am 10. Juni 1734 wurde das Buch durch einen feierlichen Erlass des *Parlement* von Paris dazu verurteilt, vor den Stufen des Gerichtsgebäudes vom Henker zerrissen und ins Feuer geworfen zu werden. Ob die Flammen das *corpus delicti* wirklich verzehrten, ist jedoch fraglich. Nach einem glaubwürdigen Augenzeugenbericht versteckte der mit der Leitung der makabren Zeremonie beauftragte Beamte, ein bekennender Bücherfreund, das beanstandete Werk unter seinem Mantel und überantwortete stattdessen einen ganz und gar unschuldigen Text dem Autodafé. Auch das war das Ancien Régime, wie es leibte und lebte: Terror, gemischt mit Willkür.

Kaum hatte Voltaire von der unautorisierten Veröffentlichung durch seinen Verleger Jore erfahren, startete er mit allen ihm zur Verfügung stehenden Mitteln seine Verteidigungskampagne: «Ich bin untröstlich, dass das Buch erscheint, und ich hätte die Hälfte meines Vermögens dafür gegeben, das zu verhindern.»[57] In so zerknirschtem Ton schrieb er, ebenfalls noch am 24. April, an den allmächtigen Kardinal-Minister Fleury. Mit dem Reuebekenntnis hatte es nicht sein Bewenden: «Ich werde in meinem Namen (sofern Sie es erlauben) mit äußerster Härte gegen den Buchhändler vorgehen, der das Buch in Frankreich verbreitet.»[58] Voltaires Ärger über Jores eigenmächtiges Vorgehen ist verständlich, doch diese Ankündigung musste die Behörden in ihrer harten Haltung gegenüber allen Beteiligten bestärken, denn der Verleger hatte den anstößigen Text zwar unters Publikum gebracht, doch verfasst hatte ihn Voltaire, der das ja auch gar nicht bestritt. Da sein Ablenkungsmanöver nicht funktionierte, tischte er Fleury eine Verschwörungsgeschichte auf:

> Ich weiß, mit welcher Wut meine Feinde sich gegen mich anlässlich dieses Werkes entfesseln. Ich flehe Sie an, Monseigneur, der Bitternis, in der ich mich befinde, nicht auch noch das Gewicht ihrer Empörung hinzuzufügen. Ich erhole mich gerade von einer tödlichen Krankheit, und der Kummer, Ihnen zu missfallen, wäre der letzte Schlag, der mir das unglücklichste Leben der Welt nehmen würde.[59]

Das Schreiben spiegelt eine extreme Paniksituation wider, wie sie sich bis ins höchste Alter in gewissen Abständen bei Voltaire wiederholen sollte. In diesem Seelenzustand waren ihm alle Mittel wie Denunziation, Demütigung, flehentliches Bitten und platteste Schmeichelei recht, um das drohende Unheil abzuwenden: «Ich bitte Sie gnädigst um etwas Güte für den eifrigsten Bewunderer der großen Dinge, die Sie tun.»[60] Vom selben Schreckenstag datiert das Schreiben an den einflussreichen Minister Maurepas:

> Wenn mein Geschmack über mein Verhalten entschiede, würde ich Ihnen mein Leben lang meine Aufwartung machen. Stattdessen verbringe ich es damit, krank zu sein oder verleumdet und verfolgt zu werden.[61]

Von Krankheit und Verfolgung zu schreiben, ging an, doch von Verleumdung konnte keine Rede sein.

Der Kampf um die «Philosophischen Briefe» 193

Diese englischen Briefe, die Sie amüsiert haben und in denen Sie zwei Dinge gefunden haben, die Sie lieben, nämlich Wahrheiten und Scherze, erscheinen endlich, und ich schwöre Ihnen, dass man sie gegen meinen Willen verbreitet.[62]

Im Schreiben an Maurepas zeigt sich nochmals die ganze Janusköpfigkeit des Ancien Régime: Was dieser persönlich amüsant fand, musste er als Minister verdammen; Wahrheit ließ sich im privaten Rahmen vortragen, aber nicht veröffentlichen. Seine Hoffnung auf Gnade gründete der verängstigte Briefschreiber darauf, dass die Jansenisten in seinem Brief schlecht wegkämen; das musste den Jansenisten-Fressern Fleury und Maurepas doch gefallen.

Es ist leicht, aus der sicheren Distanz von fast drei Jahrhunderten über ein solches Verhalten den Kopf zu schütteln, doch das wird der historischen Situation nicht gerecht. Selbst ein Herzog von Richelieu konnte nicht straflos alle Normen und Konventionen mit Füßen treten. Ein unbequemer Publizist wie Voltaire musste jederzeit damit rechnen, von einem Augenblick zum anderen aus hoher herrscherlicher Gunst ins Bodenlose, das heißt in unbegrenzte Bastille-Haft, zu stürzen. Diese Willkür war ein wichtiger Bestandteil des Systems und damit des Drohszenariums. Daher reagierte Voltaire mit seiner reflexartigen Unterwerfung so, wie man es von ihm erwartete.

Allerdings hielt der seelische Ausnahmezustand nicht lange an. Schon am darauffolgenden Morgen hatte der eben noch Verängstigte seine Geistesgegenwart zurückgewonnen und entwarf weitere Verteidigungsstrategien. Das nächste Schreiben ging an Jean-Baptiste-Nicolas Formont, einen Freund seines alten Freundes de Cideville, der es wie dieser zum Mitglied des *Parlement* von Rouen gebracht hatte, also ein wenig Schutz und viele Informationen darüber liefern konnte, was sich in Paris zusammenbraute. Obwohl solche Auskünfte dringend benötigt wurden, fiel Voltaire nicht mit der Tür ins Haus, sondern schilderte zunächst, warum es ihn überhaupt nach Montjeu verschlagen hatte:

Ich hatte mich nun einmal darauf eingelassen, Herrn von Richelieu mit Fräulein von Guise zu verheiraten, und musste daher bei den Hochzeitsfeierlichkeiten dabei sein. Ich bin also achtzig Meilen weit gereist, um zu sehen, wie ein Mann mit einer Frau schläft. Wahrlich, es war der Mühe wert, so weit zu gehen.[63]

Dann erst kam der Brief zur Sache:

> Die Frommen verfluchen mich, meine Feinde schreien, und man lässt mich einen Verhaftungsbrief (*lettre de cachet*) fürchten, der sehr viel gefährlicher ist als meine englischen Briefe.[64]

Die zurückgewonnene Besonnenheit hatte zur Folge, dass jetzt das gesamte Beziehungsnetz, das Voltaire von seinem Vater geerbt und selbst weiter ausgebaut hatte, eingespannt wurde. Dabei sollte sich zeigen, dass sich die Position des kritischen Literaten im letzten Jahrzehnt wesentlich gebessert hatte. Erst einmal aber konnten an der harschen Reaktion der Obrigkeit weder die Bettelbriefe an Fleury und Maurepas noch die Interventionen nützlicher Freunde etwas ändern: Anfang Mai unterzeichnete Ludwig XV. tatsächlich eine *lettre de cachet* gegen einen gewissen «Arouet de Voltaire», womit dessen schlimmste Befürchtungen Wirklichkeit wurden. Dieser sollte in Montjeu gefangen genommen und in ein burgundisches Schlossgefängnis überführt werden. Doch dazu kam es nicht. Ein weiterer einflussreicher Freund, der *comte* d'Argental, warnte Voltaire per Eilboten, dass die Häscher unterwegs seien. Als dieser seinem Wohltäter, den er zusammen mit dessen Frau als «meine lieben Engel» bezeichnete, am 8. Mai 1734 für die wertvollen Dienste dankte, war er bereits auf dem Weg zu einem Schloss in der Champagne. Das bot ihm die Gelegenheit, sich und seine so heftig befehdeten *Englischen Briefe* in einem größeren Zusammenhang zu verorten:

> Ich schmeichle mir, dass die Präsidenten Hénault und Roujaut und die Bertier sich euch anschließen werden und dass ihr einen schönen Erlass ausfertigen werdet, in dem gesagt wird, dass Rabelais, Montaigne, der Autor der Perserbriefe [Montesquieu], Bayle, Locke und meine Wenigkeit als Ehrenmänner anzusehen und von Gerichtsverfahren freizustellen sind.[65]

Der Vierzigjährige wollte von seinen Freunden also auf gleicher Augenhöhe mit diesen prominenten Vorläufern und Zeitgenossen gesehen werden. Wie seine spätere Kritik an den hier genannten französischen Autoren belegt, schätzte er sich in reiferen Jahren noch weitaus höher ein.

VIERTES KAPITEL

DER *HOMME DE LETTRES* UND DIE MATHEMATIKERIN

1734–1749

Flucht nach Cirey, ein Ausflug an den Rhein und eine Verbeugung vor Thron und Altar

Auf Schloss Cirey in der Champagne, das in Fluchtnähe zum Herzogtum Lothringen lag, durfte sich Voltaire in Sicherheit fühlen. An seinen «lieben Engel», der ihn vor der Festungshaft bewahrt hatte, den *comte* d'Argental, schrieb er von dort:

> Sie wissen, was ich der generösen Freundschaft der Madame du Châtelet verdanke, die extra einen Diener in Paris zurückgelassen hatte, um mir per Post die neuesten Nachrichten nachzusenden. Sie hatten die Güte, mir zu schreiben, was ich zu befürchten hatte; Ihnen und ihr verdanke ich meine Freiheit. Alles, was mich momentan quält, ist, dass diejenigen, die davon gehört haben können, mit welcher Lebhaftigkeit Madame du Châtelet sich für mich eingesetzt hat, und kein so zärtliches und tugendhaftes Herz wie Sie besitzen, der hochherzigen Freundschaft und den achtenswerten Gefühlen, mit denen sie mich beehrt, nicht die Gerechtigkeit widerfahren lassen, die ihr Verhalten verdient. Das aber würde mich in Verzweiflung versetzen, und deshalb erhoffe ich mir von Ihrem Wohlwollen, dass Sie denjenigen, die in Ihrem Beisein eine so wahre und außergewöhnliche Freundschaft verleumden, Einhalt gebieten.[1]

Für den galanten und manchmal sehr frivolen Spötter Voltaire war das eine reichlich gewundene Ehrenerklärung, mit der er Gerüchten über eine Liebesbeziehung zwischen ihm und Madame du Châtelet entgegenwirken wollte. Diejenige, die so hochherzig vor allem üblen Klatsch geschützt werden sollte, schilderte die Beziehung ähnlich. In einem Brief an einen gemeinsamen Bekannten, den Abbé de Sade, der sich als Petrarca-Forscher einen internationalen Namen gemacht hatte (und als Onkel und Lehrmeister des Marquis de Sade in die Skandal- und Literaturgeschichte Eingang finden sollte), schrieb sie, zu diesem Zeitpunkt noch in tiefer Sorge um ihren «Freund»:

Flucht nach Cirey 197

Ort heiterer Studien, einer spannungsreichen Paarbeziehung und einer Katastrophe:
Schloss Cirey zur Zeit Voltaires

> Ich hätte nie geglaubt, dass reine Freundschaft einen so fühlbaren Schmerz verursachen kann ... Alles tröstet uns über den Verlust eines Liebhabers hinweg; aber die Zeit, die sonst alle Wunden heilt, vergiftet diese Wunde nur noch mehr.[2]

Ob Voltaire nicht beides, Freund (*ami*) und Liebhaber (*amant*), sein konnte, blieb hier noch offen. Vielleicht war diese Verschmelzung auch längst vollzogen, und beide hatten sich darauf geeinigt, ihr Verhältnis nach außen «respektabel» darzustellen. Jedenfalls hatte Voltaire schon im Sommer 1733, kurz nachdem er sie kennengelernt hatte, galante Verse an «Emilie» alias Madame du Châtelet gerichtet:

> Hören Sie mir zu, charmante Emilie,
> Sie sind schön, also ist die Hälfte
> Des Menschengeschlechts Ihr Feind.
> Sie besitzen einen hohen Geist,
> Deshalb wird man Sie fürchten: Ihre zärtliche Freundschaft
> Ist voller Vertrauen, deshalb werden Sie verraten werden.
> Ihre Tugend, im Auftreten unbekümmert,
> Einfach und ungeschminkt, hat unseren Frömmlern
> Kein Opfer gebracht, also fürchten Sie die Verleumdung.[3]

Das hieß ungeschminkt: Tugend bemisst sich nicht an der Zahl der Liebhaber, sondern an der Disposition des Herzens. Die Angebetete stimmte dem aus vollem Herzen zu – jetzt, aber zum Leidwesen Voltaires auch später.

Die hier gepriesenen Eigenschaften hatte «Emilie» von ihrem Vater, dem Baron Louis Nicolas Le Tonnelier de Breteuil, einem Edelmann, der wie aus einem Alexandre-Dumas-Roman entsprungen anmutet: kühner Krieger, unermüdlicher Herzensbrecher, aber auch kluger Diplomat, treuer Diener seines Königs, scharfsinniger Menschenkenner und Liebhaber der schönen Künste. Einige seiner Amouren aus jüngeren Jahren waren in den Legendenschatz der Zeit eingegangen. Aus seiner späten Ehe mit der strengen und tugendhaften Anne de Forlay ging im Dezember 1706 eine Tochter namens Gabrielle Emilie, Voltaires «schöne Emilie», hervor. Sie entstammte also deutlich höheren Kreisen als ihr Freund Voltaire. Auch an intellektuellen Anregungen fehlte es in diesem Milieu nicht. Ihr Vater zählte nicht nur einflussreiche Höflinge wie den Herzog von Saint-Simon zu seinen Tischgästen, sondern auch führende Vertreter der Frühaufklärung wie Bernard Le Bovier de Fontenelle, den Voltaire in seinem *Temple du Goût* respektvoll mit wohlwollendem Spott bedacht hatte. Breteuils letzte Leidenschaft wurde die Erziehung seiner Tochter, die früh bemerkenswerte Talente an den Tag legte. Sie lernte nicht nur mühelos Latein, sondern interessierte sich auch für Philosophie und, nach den Zeitmaßstäben noch erstaunlicher, für die reinen «Männerdomänen» Mathematik und Physik. Auch diese Studien wurden von dem alternden Baron eifrig gefördert, der aus seiner begabten Tochter eine Vorzeige-Gelehrte machen wollte, allerdings nicht, um damit uralte frauenfeindliche Vorurteile zu widerlegen, sondern um Gabrielle Emilie zu einer Ausnahmeerscheinung zu machen, die letztlich die Regel bestätigte. Voltaire, der nach ihrem Tod einen sehr persönlich eingefärbten Nachruf verfasste, erinnerte sich, dass sie mit neunstelligen Zahlen dividieren und multiplizieren konnte, ohne auch nur eine Ziffer zu Papier zu bringen. Doch in solchen Rechen-Kunststücken erschöpften sich ihre mathematischen Fähigkeiten nicht.

Daraus einen Beruf zu machen, verboten ihr Stand und Geschlecht. Beides schrieb einen anderen Lebensweg vor: Der sechsundsiebzigjährige Baron verheiratete seine achtzehnjährige Tochter so gut, wie es sein Vermögen zuließ, das durch die vielen Abenteuer arg dezimiert war. Der glückliche

Flucht nach Cirey

Grande Dame und innovative Wissenschaftlerin: Madame du Châtelet, Voltaires Emilie. Porträt von Marianne Loir

Bräutigam war Florent Claude, *marquis* du Châtelet. Dieser brachte in die Ehe mit der elf Jahre jüngeren Emilie einen uralten Namen – seine Vorfahren hatten nachweislich auf den ersten Kreuzzügen vor den Mauern Jerusalems gekämpft –, aber wenig Vermögen, das baufällige Schloss Cirey und einen gutartigen Charakter ein. Dieser zeigte sich unter anderem darin, dass er die intellektuelle Überlegenheit seiner Gattin neidlos anerkannte und ihr bei ihren Forschungen keine Steine in den Weg legte, ebenso wenig wie bei der Auswahl ihrer Liebhaber. Mit dieser Freiheit, sich zu nehmen, was ihr gefiel, sollte Voltaire größere Schwierigkeiten als ihr Ehemann haben, der die Rollenverteilung in Sachen adeliger Ehre viel leichter akzeptierte als der Liebhaber. Der eigenen Mutter ein galantes Verhältnis zu unterstellen, war eben etwas anderes, als sich selbst «gehörnt» zu fühlen. Das aristokratische Rollenverständnis besagte, dass Madame du Châtelet eheliche Nachkommen zur Welt zu bringen hatte und dann frei war. Diese Pflicht erfüllte sie mit der Geburt einer Tochter und eines Sohnes in den Jahren 1726 und 1727. Danach trennten sich die Wege des Paares für einige Jahre, was der Gattin Gelegenheit bot, ihre Leidenschaften für Mathematik und Physik, aber auch für mondäne Spektakel und Geselligkeit nach Herzenslust auszuleben. Zu ihren Liebhabern zählte kurzfristig auch der mit ihr entfernt verwandte Herzog von Richelieu, der schönste Mann und erfolgreichste Don Juan seiner Zeit, den Voltaire kurz darauf unter die Haube bringen sollte. Die handverlesenen Mitglieder der kleinen Führungszirkel trafen sich immer wieder in wechselnden Biotopen und je nach Geschlecht im Boudoir, im Salon, im Theater, beim Duell oder auf dem Schlachtfeld.

Zu diesen Konstellationen gehörte, dass Voltaire im Mai und Juni 1734 auf Schloss Cirey weilte, in Abwesenheit seiner «Herzensfreundin» Emilie, offiziell als «Freund der Familie», doch de facto als Hausherr. Das Anwesen war heruntergekommen, ein Neubau mangels Finanzierung steckengeblieben. Hier konnte Voltaire aushelfen: Mit seinem Geld und unter seiner Überwachung wurde jetzt ein neuer Flügel mit dringend benötigten Räumen zum Wohnen und Forschen der Schlossherrin und des neuen Schlossherrn errichtet. In Briefen an die befreundete Gräfin de la Neuville schrieb Voltaire ausgiebig von seinen Freuden als ländlicher Bauherr: «Ich erwarte hier jeden Tag Arbeiter, und ich fungiere selbst als ihr Aufseher. Ich schreibe jeden Tag ihre Namen in ein großes Rechnungsbuch.»[4] Um dieselbe Zeit traf eine Schreckensmeldung in Cirey ein: Der Herzog von Richelieu sei nach einem Duell im Feldlager von Philippsburg in Baden lebensbedrohlich verwundet worden; daraufhin brach Voltaire sofort zu dem vermeintlich Moribunden auf.

In Baden hatte der vielseitig verwendbare Lebemann Richelieu eigentlich als Oberst eines Regiments im gerade ausgebrochenen Polnischen Thronfolgekrieg gegen die Österreicher kämpfen sollen. Doch war er vor Beginn der Kämpfe von einem Verwandten der Guise als «unebenbürtiger» Ehemann schwer beleidigt worden. Das war ein fataler Fehler, denn der große Galan führte den Duell-Degen mit unfehlbarer Sicherheit. So blieb nicht er, sondern sein Gegner auf diesem ganz speziellen Feld der Ehre tödlich getroffen zurück. Voltaire hätte sich die Reise also sparen können, doch ohne bleibende Eindrücke kehrte er trotzdem nicht zurück, wie sein Brief an die Gräfin de la Neuville zeigt:

> Es hat den Anschein, als ob der Prinz Eugen [der Oberbefehlshaber der Reichstruppen am Rhein] die Franzosen mit anderen Dingen beschäftigen wird, als in ihren Zelten Briefe zu schreiben. Die Armeen sind versammelt. Jeden Moment erwartet man eine blutige Schlacht ... Die Truppen zeigen eine große, geradezu

erstaunliche Kampfeslust. Man schwört, dass man den Prinzen Eugen schlagen wird, man fürchtet ihn nicht. Aber um auf Nummer sicher zu gehen, verschanzt man sich bis zu den Zähnen.⁵

Zur Schlacht kam es jedoch nicht. Der greise Prinz Eugen, seit Jahrzehnten der Gestalt gewordene Alptraum des französischen Militärs, verzichtete in weiser Einschätzung der Kräfteverhältnisse – 35 000 kaiserliche Soldaten gegen 100 000 Franzosen – auf ein aussichtsloses Gefecht. Das belagerte Philippsburg wurde kurz darauf nach ehrenvoller Kapitulation von den Franzosen eingenommen. Voltaire hatte trotzdem genug gesehen. Seine Haltung zum Krieg blieb ambivalent: Nervenkitzel und Spott, Faszination und Ablehnung hielten sich wie schon bei der Schilderung der Feldzüge Karls XII. die Waage.

Wie alles, was er tat, wurde auch Voltaires Ausflug an die Front in Versailles ungünstig aufgenommen; sogar von einer Verbannung aus Frankreich war die Rede. Das Exil des Literaten Jean-Baptiste Rousseau dauerte inzwischen zweiundzwanzig Jahre, was Voltaire nicht davon abhielt, in diesem einen seiner schlimmsten Feinde zu sehen. Nachdem sich Rousseau hämische Kommentare über Voltaires galante Verse an Madame du Châtelet, die als *Brief über die Verleumdung* erschienen waren, erlaubt hatte, schrieb ihm dieser im Juni 1734:

> Schurke, man sagt, dass Sie etwas über den *Brief über die Verleumdung* geschrieben haben. Sie haben recht. Das ist genau Ihr Metier. Aber man sagt, dass Sie auch über die Tragödie und die Komödie geschrieben haben. Ach, armer Mann, der Verfasser der *Eingebildeten Ahnen* möge doch schweigen – im Übrigen, was für ein plattes Machwerk sind deine *Eingebildeten Ahnen*! Ach, Gauner, wie langweilig bist du.⁶

Das wütende Schreiben spiegelt die Seelenlage des Sommers 1734 wider – arkadische Freuden wechselten sich mit Panikattacken und Wutanfällen ab. Voltaire war zwar dem Kerker entronnen, doch die *lettre de cachet* vom Mai war nicht aufgehoben. Zudem war Cirey, kulturell gesehen, eine Wüste: Es gab keine größere Stadt weit und breit, keinerlei anregende Gesellschaft und erst recht keine Madame du Châtelet. Sie antichambrierte unaufhörlich, um Voltaire die Rückkehr nach Paris zu bahnen, aber ihre Bemühungen blieben einstweilen erfolglos. Das jansenistisch beherrschte

Parlement von Paris verzieh dem Verfasser der *Philosophischen Briefe* weiterhin die Kritik an seinem Heiligen Pascal nicht. Und für den Polizeileutnant von Paris, der die Anordnungen der Zensurbehörde auszuführen hatte, war Voltaire unverändert ein Feind der Kirche und der öffentlichen Ordnung. Mit den Jansenisten konnte dieser sich beim besten Willen nicht verständigen, diese Feindschaft dauerte ein Leben lang. Doch mit den königlichen Behörden, die mit dem *Parlement* auf äußerst gespanntem Fuß verkehrten, schien ein Arrangement nicht ausgeschlossen. Voraussetzung dafür war ein offizielles *désaveu*, ein Widerruf, der in ein Bekenntnis zur katholischen Religion münden musste.

Für Henri IV, den Helden von Voltaires Versepos, war sein Königreich eine Messe wert gewesen. Auch Voltaire bereitete ein Schriftstück vor, mit dem er seine Treue zum Glauben seiner Väter ausdrücken wollte. Weder jetzt noch später plagten ihn deswegen Gewissensbisse, denn im Umgang mit den Rechtgläubigkeitswächtern war jede Form der Täuschung erlaubt. Allerdings gab es elegantere Methoden, diese scheinbare Versöhnung zu zelebrieren, als ein plattes Glaubensbekenntnis. Am 27. Juni schrieb er erneut an Jean-Baptiste-Nicolas Formont, seinen Vertrauten im *Parlement* von Rouen: «Bitte sprechen Sie nicht von der Reise, die meine verzweifelte tragische Muse nach Amerika unternommen hat.»[7] Die Anspielung bezieht sich auf Voltaires neues Drama *Alzire ou les Américains*, das er bis zum Herbst 1734 fertigstellte. Warum seine «Muse» – gemeint war das eigene künstlerische Talent – verzweifelt war, legte er dem Freund in bewegten Worten dar:

> Man begeht jede Art von Niedrigkeit und Kriecherei, um gewisse Posten in der Justiz oder an den Akademien zu bekommen; und der Geist der Kleinlichkeit und Engstirnigkeit hat so zugenommen, dass man nur noch fade Bücher drucken lassen kann.[8]

Der Beruf des Schriftstellers, der zur Zeit Ludwigs XIV. noch Ehren und Prestige mit sich brachte, mache sich heute nicht mehr bezahlt:

> Das ist alles, was man mit diesem ebenso lieblichen wie gefährlichen Metier gewinnt: Reputation, die man sich nur einbildet, und Verfolgung, die es in sich hat.[9]

Zu den «Niedrigkeiten», die Literaten um des schnöden Erfolgs willen begingen, zählte auch das neue Stück *Alzire*, das Voltaire seinem einflussreichen Freund d'Argental mit gebührender Ironie vorstellte:

> Soll ich Ihnen, wenn ich schon so bald nicht zurückkehre, eine gewisse, ganz einzigartige Tragödie schicken, die ich in meiner Einsamkeit fertiggestellt habe? Es ist ein sehr christliches Stück, das mich mit gewissen Frömmlern versöhnen kann ... Darin erscheinen eine ganz neue Welt und ganz neue Sitten. Ich bin überzeugt, dass es in Panama und in Pernambuco ein Riesenerfolg werden würde.[10]

Die Zusendung an d'Argental erübrigte sich; Madame du Châtelet gab das Stück persönlich ab, um es über diesen verlässlichen Unterstützer an die richtigen Adressen gelangen zu lassen. Dort tat es die erhoffte Wirkung: Der notorische Verächter der Religion, so glaubte man, hatte zur guten Gesinnung zurückgefunden. Was der Autor selbst von seinem Werk hielt, zeigte er dadurch, dass er es vorerst nicht aufführen ließ.

Nach der erzwungenen Verbeugung vor den verachteten Werten der Mächtigen war Voltaires Drang, diese Werte zu demaskieren, unwiderstehlich. Im selben Brief, in dem von der Verirrung seiner Muse nach Amerika die Rede war, kündigte Voltaire ein neues Epos an, das gleichfalls im Entstehen sei. Es sollte den Titel *La Pucelle* (Die Jungfrau) tragen, von Jeanne d'Arc handeln, der Retterin Frankreichs im Hundertjährigen Krieg gegen England, und diese nationale Lichtgestalt mit den Mitteln der Satire gründlich demontieren. Zugleich gewann ein zweites Heilmittel gegen den niedrigen Geist der Zeit klarere Umrisse: Sein Geschichtswerk *Das Zeitalter Ludwigs XIV.* sollte als Gegenbild zur servilen Gegenwart zeigen, wie große Kunst und Kultur entstanden.

Die vielen guten Worte, die die zahlreichen nützlichen Freunde für Voltaire einlegten, sein devotes Stück und ein eigenhändig unterzeichnetes Bekenntnis zum Katholizismus hatten schließlich die erhofften Wirkungen. So signalisierten ihm die weltliche und die kirchliche Obrigkeit im März 1735 unisono, dass er nach Paris zurückkehren dürfe. Der Polizeileutnant Hérault verband diese Mitteilung mit der Aufforderung, sich künftig seiner unleugbaren Talente und der ihm erwiesenen Begnadigung durch ein korrektes, seinem gesetzten Alter von vierzig Jahren angemessenes Verhalten würdig zu erweisen. Das war eine kaum verschlüsselte Drohung:

Blieb diese Anpassung aus, wartete die Bastille auf den Störenfried. Denn die *lettre de cachet* war weiterhin nur ausgesetzt, nicht aufgehoben.

Lebens- und Arbeitsgemeinschaft mit Emilie du Châtelet und ein Rührstück für die Frommen

Da über Voltaire weiterhin das Damoklesschwert der Bastille schwebte, war sein Verbleib in Paris im Frühjahr 1735 nur von kurzer Dauer. Er machte Fleury und anderen Mächtigen seine Aufwartung, aber nach dieser lästigen Pflichtübung hielt ihn nichts mehr in der Hauptstadt: «Alles fällt, alles entschwindet in Paris. Ich gehe auch weg, denn weder Sie [de Formont] noch die Musen weilen dort.»[11] Die Muse der Wissenschaft weilte nicht mehr in Paris, sondern inzwischen in Cirey, wodurch die vormalige Wüste zum anregendsten Ort auf Erden wurde. «An Einbildungskraft und Verstand übertrifft sie alle, die sich solcher Qualitäten rühmen. Sie versteht Locke viel besser als ich.»[12] Diese Muse namens Emilie schrieb einige Monate später über ihren Verehrer: «Je länger ich über Voltaires Situation und über die meinige nachdenke, desto mehr glaube ich, dass der Entschluss, den ich fasse, notwendig ist.»[13] Dieser Entschluss lautete:

> Ich liebe ihn, wie ich Ihnen gestehe, genug, um für das Glück, mit ihm zu leben, und für das Vergnügen, ihn gegen seinen Willen seinen Unvorsichtigkeiten und seinem Schicksal zu entreißen, alles andere hintanzustellen.[14]

Das war eine eigentümliche Liebeserklärung: Die Liebende will den Geliebten vor seinen Dämonen beschützen, ihre Liebe grenzt an mütterliche Fürsorge. Voltaire seinerseits bekannte, von der Geliebten lernen zu wollen.

So schien sich alles harmonisch zusammenzufügen, zumindest nach außen. Ein Brief Voltaires an die Gräfin de la Neuville deutet bei aller überquellenden Launigkeit an, wie spannungsreich das Zusammenleben in Wirklichkeit war:

Seit Madame du Châtelet in Cirey gelandet ist, ist sie Architektin und Gärtnerin geworden. Sie lässt Fenster einsetzen, wo ich Türen gesetzt hatte. Sie verwandelt die Treppen in Kamine und die Kamine in Treppen. Sie lässt Linden pflanzen, wo ich Ulmen gesetzt hatte; und hätte ich einen Gemüsegarten angelegt, würde sie eine Terrasse daraus machen.[15]

Doch gab es ein schöneres Los, als sich den Launen einer schönen und klugen Gärtnerin zu fügen?

Diese Beschäftigungen werden sie eine Weile in Atem halten. Ich schmeichle mir, dass ich dann die Ehre haben werde, ihr als Schildhalter bis nach Neuville zu dienen, nachdem ich vorher ihr Gärtnerjunge gewesen bin.[16]

Hinter so viel Scherz und Ironie zeichnen sich harte Realitäten ab. «Emilie» stand in der sozialen Rangordnung höher, als Gattin des Schlossbesitzers war sie die nominelle Schlossherrin. Die Türen und Treppen aber hatte Voltaire mit seinem Geld einbauen lassen, und selbstverständlich kam er auch dafür auf, sie in Fenster und Kamine zu verwandeln. Die Schlossherrin und ihr Gatte hatten dafür keine Mittel. Voltaires jährliche Einkünfte hingegen wurden von kundiger Seite auf 80 000 Livres, also auf das Zweihundertfache eines Handwerkereinkommens, geschätzt; dafür ließ sich eine Menge bauen und renovieren. Seine Gewinne aus der Lotterie und aus der lothringischen Aktienspekulation hatte er erfolgreich angelegt. Nach der Devise «Hunger haben die Leute immer, und Krieg wird es leider auch immer geben» hatte er in internationale Getreidehandelskonsortien und Heereslieferungen investiert, und erzielte damit gute Renditen. Während seines Aufenthalts bei den Truppen vor Philippsburg konnte er an den französischen Soldaten Uniformen bewundern, deren Stoffe er zu lukrativen Konditionen mitgeliefert hatte.

Einem komfortablen Zusammenleben der Marquise und des *homme de lettres* stand also nichts entgegen. Dass es intellektuell produktiv sein würde, stand gleichfalls außer Frage. Voltaire hatte neidlos anerkannt, dass ihm seine künftige Gefährtin in Sachen Philosophie einiges voraushatte; in Sachen Mathematik und Physik war dieser Wissensvorsprung sogar noch größer. Emilie wiederum konnte von Voltaires sprachlicher Meisterschaft und seinen stupenden Geschichts- und Religionskenntnissen profitieren.

Voltaire im Alter von einundvierzig Jahren. Kopie eines verschollenen Gemäldes von Maurice Quentin de la Tour

Auch die äußeren Hindernisse für eine kreative Zusammenarbeit waren aus dem Weg geräumt, als die Schlossherrin von den Behörden die offizielle Erlaubnis erhielt, Monsieur de Voltaire in Cirey zu beherbergen. Konkubinat und Ehebruch galten zwar weiterhin als Vergehen gegen kirchliche und weltliche Gebote, doch sahen beide Gewalten von einer Verfolgung in der Regel ab, denn unter Präsidenten und Räten der obersten Gerichte war diese «Sünde» nicht weniger verbreitet als beim hohen Klerus. Wenn das Verhalten der «illegalen» Paare keinen öffentlichen Skandal erregte und keiner der «Betrogenen» Klage führte, ließ man sie also gewähren und die Sache mit Gott allein ausmachen. Für Beschwerden bei Gericht sahen die «Gehörnten» beiderlei Geschlechts meist umso weniger Anlass, als sie sich ihrerseits mit neuen *liaisons* trösteten, so auch der Marquis du Châtelet. Trotzdem hielt es der Herzog von Richelieu, der unübertroffene Lehrmeister in Sachen Liebe und Ehre, für angebracht, Emilies tolerantem Gatten von dritter Seite ein für alle Mal erklären zu lassen, dass seine Reputation durch das Zusammenleben der beiden Schöngeister in Cirey keinen Schaden nehmen würde:

Lebens- und Arbeitsgemeinschaft mit Emilie du Châtelet

> Sprechen Sie mit ihm [dem Marquis du Châtelet] über Voltaire, einfach und offen, aber lebhaft und freundschaftlich. Und vor allem versuchen Sie ihm klarzumachen, dass man verrückt sein muss, um auf eine Frau eifersüchtig zu sein, an der man ansonsten nichts auszusetzen hat, die man schätzt, die sich gut aufführt, denn das scheint mir das Wesentliche.[17]

Solche Ermahnungen erwiesen sich jedoch als überflüssig, da der Marquis seinen Part mit Anstand und Würde spielte. Die schwierigste Rolle hatte Voltaire selbst übernommen. So wollte es die Regisseurin, die dem gemeinsamen Leben mit Hoffnung und zugleich mit Furcht entgegensah:

> Ich sehe nur das höchste Glück voraus, ihn von seinen Befürchtungen zu kurieren und mein Leben mit ihm zu verbringen ... Ich gestehe jedoch, dass seine Besorgnisse und sein Misstrauen mich spürbar bedrücken. Ich weiß, dass das die Qual seines Lebens ausmacht, und das vergiftet natürlich das meinige. Trotzdem sollten wir beide dieser Schwierigkeiten Herr werden können. Denn es ist ein großer Unterschied zwischen der Eifersucht und der Furcht, nicht genug geliebt zu werden. Das eine ist ein ärgerliches Gefühl und das andere eine heikle Unruhe, gegen die es nur eine Waffe und ein Heilmittel gibt, nämlich in Cirey glücklich zu sein.[18]

Das hieß unverklausuliert: Voltaire durfte mit Liebe rechnen, aber nicht mit «Treue» – Emilie war nicht bereit, auf erotische Abenteuer zu verzichten. Objekte, auf die sich seine Eifersucht richten konnte, gab es genug, auch unter Intellektuellen. So hatte sich die Marquise mit dem angesehenen Naturforscher Pierre Louis de Maupertuis in ihrem Pariser Salon nicht nur über Newtons Gravitationsgesetze ausgetauscht. Trotzdem lud Voltaire den prominenten Rivalen, den er mit respektvoller Ironie Sir Isaac nannte, also als zweiten Newton ansprach, zu einem Besuch in Cirey ein:

> Die schönste Seele der Welt verbringt ihre Zeit damit, Ihnen in Algebra zu schreiben, und ich sage Ihnen in Prosa, dass ich mein ganzes Leben lang Ihr Bewunderer und Freund bleiben werde.[19]

Wollte Voltaire dem Nebenbuhler seinen Triumph vorführen oder seine Gefährtin auf die Probe stellen? Maupertuis' Weg führte jedenfalls nicht nach Cirey. Auch die schöne Männerfreundschaft, die hier beschworen wurde, zerbrach später. Als Rivalen um die Gunst eines Königs sollten sich die beiden gut anderthalb Jahrzehnte später in alter Eifersucht und neuer Feindschaft gegenüberstehen. Dagegen war die Einladung an den Herzog von Richelieu in frivolen Versen formuliert, so wie es der Wesensart des Empfängers entsprach:

> Auf Eurem Weg wird Eure Gnädigkeit
> Sich der ersten Besten bemächtigen,
> Die Euch in die Hände fallen wird,
> Egal ob tugendhafte Frömmlerin oder Hure,
> Klug oder verrückt, willig oder spröde.
> Doch wenn Ihr noch etwas
> Mitleid für Euren Nächsten übrig habt,
> Verschont auf Eurem Weg
> Die Schöne, die mein Herz anbetet.[20]

Der Herzog war bekannt dafür, mit seinen ehemaligen Geliebten nur noch freundschaftliche Beziehungen zu pflegen. Doch konnte man dieser Abgeklärtheit bei einem so heißblütigen Paar wirklich sicher sein? Offensichtlich nicht. Als der Unwiderstehliche im November 1735 in Cirey zu Besuch weilte, kehrte die alte Leidenschaft nicht bei ihm, sondern bei ihr zurück, doch wohl ohne weiter reichende Konsequenzen. Einen alten Freund in dessen Haus mit dessen Geliebter zu betrügen, widersprach dem Ehrenkodex des Edelmannes. Voltaire scheint vom Aufflackern des Feuers, mit dem er leichtsinnig gespielt hatte, nichts mitbekommen zu haben.

Trotz aller Versuchungen, Befürchtungen und Reserven gestaltete sich das Zusammenleben auf Cirey 1735 äußerst befriedigend. Zum ersten Mal seit Langem erklärte sich Voltaire für gesund, wozu lange Spaziergänge mit extra dafür angeschafften Hunden, Jagdausflüge und abendliche Schachpartien das Ihre beitrugen. Damit solche Zerstreuungen nicht überhand nahmen, musste ein strenges Reglement entworfen, in Kraft gesetzt und respektiert werden. Es legte die Stunden fest, die für den Gedankenaustausch, für gemeinsame Arbeiten, fürs Schreiben in getrennten stillen Kämmerlein und für Erholung bestimmt waren. Die Einhaltung dieses Zeitplans garantierte der Schlag einer Glocke. Vor dieser Idylle erblassten selbst die üblichen Pariser Misshelligkeiten.

Dazu gehörte, dass Voltaires literarische Feinde sein Drama über Cäsars Tod als Aufforderung zum Königsmord im Hier und Jetzt denunzierten. Wie üblich geriet der Beschuldigte zuerst in Panik und dann in Wut, um danach durch Einschaltung seiner nützlichen Freunde die üblichen Gegenmaßnahmen zu ergreifen, die ihre Wirkung auch nicht verfehlten. So hieß es am Ende: viel Lärm um fast nichts. Unliebsame Aufregung verursachten auch verliebte Verse aus Voltaires Feder an Emilie, die ein heimtückischer Neider hinter seinem Rücken in einer vielgelesenen Zeitschrift veröffentlichte. Sie sagten dem Kreis der Eingeweihten zwar nichts Neues, doch durchbrachen sie den Schein der Honorigkeit, der aus Rücksicht auf den Marquis gegenüber der Öffentlichkeit aufrechterhalten wurde. Doch auch dieser Sturm ließ sich beilegen – stilvolle Dementis stellten den Ruf aller Beteiligten wieder her.

So blieb viel Zeit für die Vorbereitung neuer Texte und die Überarbeitung früherer Publikationen. Für das geplante Werk über das Zeitalter des Sonnenkönigs musste Quellenmaterial, am besten von noch lebenden Zeitzeugen, beschafft werden. Zu diesem Zweck erneuerte Voltaire eine seiner ältesten «Bekanntschaften»: «Mein alter Lehrer, der Ihr dies, wie Ihr wisst, immer noch seid und den ich liebe, als wenn Ihr nicht mein Lehrer wäret»[21] – mit dieser witzigen, auf respektlose Weise respektvollen Anrede wandte er sich an den Abbé d'Olivet, eine Lichtgestalt aus den fernen Zeiten des Collège Louis-le-Grand, und bat ihn um Anekdoten zu Literatur, Philosophie und «zur Geschichte des menschlichen Geistes, das heißt zur Geschichte der menschlichen Dummheit, Dichtung, Malerei, Musik».[22] Alles, auch das scheinbar Nebensächlichste, war willkommen, denn es diente dem großen Ziel, «den Fortschritt der Künste im Zeitalter Ludwigs XIV. bekannt zu machen».[23] Parallel dazu nahm sich Voltaire sein Drama *Alzire ou les Américains* vor, das in den Wirren um die *lettre de cachet* seine christliche Wohlanständigkeit unter Beweis gestellt hatte und im Januar 1736 in einer überarbeiteten Form auf der Pariser Bühne Triumphe feierte.

Wie Voltaire brieflich angekündigt hatte und der Titel besagte, spielte es unter «Amerikanern», nämlich in Lima. Doch das war reine Camouflage. In Wirklichkeit ging es in der exotischen Gegenwelt und hinter dem Schein der Wohlanständigkeit um Voltaire selbst und seine ungerechte Verfolgung, auch wenn der Anfang der langen Vorrede das Gegenteil behauptete:

Wir haben uns in dieser Tragödie, die ganz und gar erfunden und von ziemlich neuer Art ist, bemüht, zu zeigen, wie sehr der wahre Geist der Religion den Tugenden der Natur überlegen ist.[24]

Diesem edlen Zweck konnte auch ein Kardinal Fleury seine Zustimmung nicht versagen. Doch schon bei der nachfolgenden Passage mussten er und seinesgleichen ins Grübeln kommen:

> Die Religion eines Barbaren besteht darin, seinen Göttern das Blut seiner Feinde darzubieten. Ein schlecht unterrichteter Christ ist oft kaum gerechter. Seine Religion besteht darin, irgendwelchen unnützen Praktiken treu und den wahren Pflichten des Menschen untreu zu sein, gewisse Gebete aufzusagen und seine Laster zu behalten, zu fasten, aber zu hassen, zu intrigieren und zu verfolgen. Die Religion des wahren Christen besteht jedoch darin, alle Menschen als Brüder zu betrachten, ihnen Gutes zu tun und ihnen das Böse zu verzeihen.

Das klang nach Bergpredigt, aber auch nach umfassender religiöser Toleranz, wenn man unter den zu liebenden Brüdern Häretiker wie die Calvinisten oder, schlimmer noch, Deisten vom Schlag des Verfassers verstand.

Dem wahren Christentum, wie es die spanischen Protagonisten des Dramas, Alvarès und sein Sohn Gusman, ihres Zeichens königliche Statthalter in Peru, und der Henri IV seines Versepos vorlebten, habe er sich, so Voltaire weiter, immer verpflichtet gefühlt:

> Man wird in fast allen meinen Schriften diese Menschlichkeit finden, welche die hervorstechende Eigenschaft eines denkenden Wesens sein muss. Und man wird darin – wenn ich mich so ausdrücken darf – die Sehnsucht nach dem Glück der Menschen, den Abscheu gegenüber Unrecht und Unterdrückung entdecken.

Die salbungsvolle Vorrede schlug danach in eine Anklagerede um: Seine edlen Absichten – so Voltaire weiter – seien von seinen vielen Feinden bewusst verzerrt worden, was ihm mancherlei Verfolgung eingebracht habe. Diese sei nicht nur ungerecht, sondern sogar unbegreiflich:

Ein Ausländer wunderte sich kürzlich in Paris über eine Fülle von Kampfschriften aller Art und über eine regelrechte Hasswelle, durch die ein Mann unterdrückt wurde. Da muss es sich, so sagte er sich, um einen schlimmen Ehrgeizling handeln, der nach einer jener Stellen strebt, die die menschliche Begierde und den Neid reizen. Nein, entgegnete man ihm, das ist ein weitgehend unbekannter Bürger, der zurückgezogen und eher mit Virgil und Locke als mit seinen Zeitgenossen lebt ... Er ist Autor einiger Stücke, die Sie Tränen vergießen ließen, und einiger Werke, in denen Sie trotz ihrer Fehler den Geist der Menschlichkeit, der Gerechtigkeit und der Freiheit liebten, der dort herrscht.

Das war ein rührendes Selbstporträt, an dem vor allem die Auslassungen, zum Beispiel die Satire *Der Tempel des Geschmacks* mit ihrem Rundumschlag gegen alle Rivalen, hervorstechen. Hier nun folgt ein bewegendes Plädoyer für einen fairen Umgang der Intellektuellen untereinander:

Es ist sehr grausam und sehr schändlich für den menschlichen Geist, dass die Literatur von diesen persönlichen Animositäten infiziert wird, von diesen Ränken und diesen Intrigen, die eigentlich den schäbigen Glücksrittern vorbehalten sein sollten. Was gewinnen die Autoren dadurch, dass sie sich gegenseitig zerfleischen? Sie würdigen einen Beruf herab, den sie eigentlich adeln sollten.

Der kürzlich als Schurke angeredete Jean-Baptiste Rousseau hätte dazu sicher einiges zu sagen gehabt.

Die Botschaft dieser Vorrede lautete also: Wir haben uns von jetzt an alle lieb, und bei diesen guten Vorsätzen gehe ich in meinem Theaterstück mit gutem Beispiel voran. Dementsprechend strotzt es in *Alzire* nur so von guter Gesinnung, und das ausgerechnet im spanisch beherrschten Peru, wo das übrige Europa überwiegend die niedrigsten Instinkte blutrünstiger Unterdrücker und brutaler Ausbeuter am Werk sah. Auf der Bühne aber überbieten sich die Kolonialherren und die von ihnen unterdrückten indigenen Völkerschaften nur so an Edelmut. Kriegerische Auseinandersetzungen und die damit verbundenen Grausamkeiten entspringen letztlich Missverständnissen und menschlich-allzumenschlichen Eifersüchteleien. Dabei steht viel auf dem Spiel: die Hand der schönen Alzire, der Tochter eines formell zum Christentum übergetretenen Inka-

Chefs, und darüber hinaus die Macht und ihre Ausübung. Der abtretende Gouverneur Alvarès plädiert für Milde, da er einst von einem edel gesinnten und mächtigen Ureinwohner namens Zamore gerettet wurde; sein Sohn Gusman, der Alzire begehrt und heiratet, votiert dagegen für Methoden des Terrors, um die Unterwerfung des Landes zu vollenden. Nach mancherlei Irrungen und Wirrungen kommt es zu einer wahrhaft herzerwärmenden Auflösung aller Konflikte: Gusman, der zeitweilige Unterdrücker, wird von Zamore, dem Freiheitskämpfer, tödlich verwundet. Sterbend verzichtet er auf die Gattin und auf die Macht. Beides fällt dem jungen Rebellen zu, der sich, von so hoher Menschlichkeit und so viel Großzügigkeit überwältigt, flugs zum Christentum bekehrt. Über diesen ebenso frommen wie märchenhaften Schluss durften Jansenisten und Jesuiten gleichermaßen heiße Tränen vergießen. So war es von Voltaire gewollt, und so kam es auch.

Um die Zuschauer zu rühren, zog Voltaire alle Register: «Was für eine Mischung, großer Gott, aus Liebe und Schrecken!»[25] Dieser Ausruf des gepeinigten Alvarès kommt einem ironischen Kommentar Voltaires in eigener Sache gleich. Noch dicker wird in den finalen Szenen aufgetragen. Bevor es zum weihevollen Schluss kommt, verzeiht Alvarès dem Aufrührer Zamore, der schon bald seinen schwer verwundeten Sohn auf dem Gewissen haben wird, doch dieser schlägt das Angebot, durch die Taufe sein Leben und das Alzires zu retten, mit wahrhaft aristokratischem Stolz aus: So schnell sollt ihr Christen uns unseren Göttern nicht abtrünnig machen! Alzire ist damit vollkommen einverstanden: lieber den Tod als eine solche Demütigung! Erst als der moribunde Gusman selbst diese Offerte wiederholt und dazu die Herrschaft über Peru verspricht, gibt sich Zamore, durch so viel Seelengröße überwältigt, geschlagen, wie er seinem Wohltäter Alvarès tränenreich bekennt:

> Ich verharre unbeweglich, verstört, erschüttert;
> So haben die wahren Christen doch so viel Tugend!
> Ach, das Gesetz, das Dich zu dieser höchsten Anstrengung zwingt,
> Ist – ich fange an, es zu glauben – das Gesetz Gottes selbst.
> Ich kannte Freundschaft, Tapferkeit, Glauben;
> Aber so viel Seelengröße übersteigt mein Wesen:
> So viel Tugend wirft mich nieder, und ihr Zauber zieht mich an.
> Schande über die Rache, ich liebe und bewundere Dich.[26]

Bekehrung zum Christentum durch die Tugend spanischer Conquistadoren – ironischer ließ sich die Rückkehr zur angestammten Religion kaum zelebrieren. Noch krasser fiel die Schlusswendung aus. Alvarès hat einen Sohn verloren, aber ein liebendes Paar, das ihn wie einen Vater verehrt, gewonnen. Hände und Augen zum Himmel gewendet ruft er aus:

> Ich sehe den Finger Gottes in unserem Unglück.
> Mein verzweifeltes Herz unterwirft sich und gibt sich
> Dem Willen eines Gottes hin, der schlägt und verzeiht.[27]

Ein besseres Glaubensbekenntnis, das Jesuiten wie Jansenisten gleichermaßen zufriedenstellen konnte, ließ sich auf der Bühne kaum ablegen: Gott lenkt die Geschichte und die Geschicke der Menschen, straft und vergibt und tut damit all das, worauf der Gott Voltaires tunlichst verzichtet, um seine Schöpfung nicht zu kompromittieren. Die Anklage des Deismus war damit schlagend widerlegt – falls man die ironischen Zwischentöne überhörte. Ähnliches galt für das Opernlibretto über den Samson-und-Delila-Stoff, das Voltaire kurz zuvor für den führenden Komponisten Frankreichs, Jean-Philippe Rameau, zu Papier gebracht hatte.

Lob des Luxus und metaphysische Fragen

Die Reihe der Werke, die aus der Lebens- und Arbeitsgemeinschaft von Cirey entsprangen, begann 1734 mit einer Farce, die außer einigen misstrauischen Geistlichen erstaunlicherweise niemand als solche verstand. Die relativ ruhigen Jahre, die jetzt folgten, standen im Zeichen vertiefter philosophischer und naturwissenschaftlicher Studien. Doch durfte bei so viel angestrengter Gedankenarbeit auch das satirische Genre nicht zu kurz kommen: «Newton ist der Gott, dem ich opfere, aber ich habe auch noch Kapellen für andere, untergeordnete Gottheiten»[28] – mit diesen launigen Worten kündigte Voltaire am 25. September 1736 seinem Freund de Cideville ein kleines Gedicht an, das binnen Kurzem hohe Wellen schlagen und seinen frisch erworbenen Ruf als frommer Christ gründlich zerstören sollte: *Le Mondain* war, wie die anschließende *Verteidigung von Le Mondain* mit ihrem Untertitel *Oder die Apologie des Luxus* anzeigte, eine Ode an den Lebensgenuss und daher, aus der Perspektive verknöcherter Frömmler betrachtet, ein Werk der reinen Verdammnis. Warum so viel Aufregung um *Der Mondäne*? Bereits die ersten Verse geben Antworten auf diese Frage:

> Gestern, bei Tisch, durch einen traurigen Zufall,
> Saß ich neben einem Meister der Heuchelei,
> Der mir sagte: Sie sehen mir aus
> Wie einer, der bald die Küche
> Luzifers anheizen wird. Ich aber, prädestiniert,
> Werde lachen, wenn Sie verdammt werden.[29]

Nach der Verhöhnung selbstgerechter Frömmler folgt in *Le Mondain* das Lob auf die kulturellen Errungenschaften der Gegenwart, die damit weit über der Antike steht. Damit bezog Voltaire eine klare Position in der «Querelle des anciens et des modernes», in der Literaten und Wissenschaftler seit Langem über den Vorrang «der Alten» und «der Modernen» stritten. Ungeachtet der Hochschätzung des klassischen Altertums, die Voltaire am Jesuitenkolleg dauerhaft vermittelt worden war, stand für ihn die Neuzeit, was Kunst, Wissenschaft und den Fortschritt der Vernunft im Allgemeinen betraf, unvergleichlich viel höher. Das war für die Gläubigen aller Richtungen verzeihlich, nicht jedoch die ironische Absage an «den Garten unserer ersten Eltern».[30] Denn das Leben in diesem Paradies wird äußerst despektierlich ausgemalt:

> Gesteht mir ein, dass ihr beide [Eva und Adam]
> Lange, etwas schwarze und dreckige Nägel hattet
> Und die Haare schlecht frisiert,
> Mit bräunlichem Teint, die Haut grau und gegerbt.
> Ohne Sauberkeit ist die glücklichste Liebe
> Keine Liebe mehr, sondern schändliche Notdurft.[31]

Im Zustand der reinen Natur, wie er im imaginären Paradies der Bibel herrscht, ist der Mensch nicht mehr als ein Tier. Mensch im höheren Sinne wird er erst nach dem «Sündenfall», der in Wirklichkeit ein Glücksfall ist, da er den Prozess der Zivilisation in Gang bringt. Diese Entwicklung zum höheren Menschentum ist ohne das Streben nach Luxus nicht denkbar. Al-

Lob des Luxus und metaphysische Fragen 215

ler Handel und Wandel, alles Gewerbe und alle Industrie entstehen aus der Sehnsucht des Menschen nach Wohlstand und dessen Annehmlichkeiten. Die Kultur selbst ist eine Erscheinungsform des Luxus, denn sie erwächst aus dem Überfluss: Erst kommt das Fressen, dann der Kunstgenuss. Als Nutznießer des Überflusses und Profiteure des Luxus haben Literaten und Philosophen kein Recht, diesen zu beklagen, im Gegenteil: Dadurch vernichten sie ihre eigenen Existenzgrundlagen. Sich zum Hedonismus zu bekennen ist also nicht nur ein Akt der Ehrlichkeit, sondern auch Ausdruck einer Staat, Gesellschaft und Wirtschaft nützlichen Gesinnung:

> Diese profane Zeit ist ganz nach meinem Geschmack gemacht,
> Ich liebe den Luxus und sogar die Verweichlichung,
> Alle Vergnügungen, die Künste jeglicher Art,
> Die Reinlichkeit, den guten Geschmack, die Verzierungen des Lebens:
> Jeder ehrenhafte Mensch hat dieselben Neigungen.[32]

Die Suche nach dem biblischen Paradies, das zahlreiche Forscher des sechzehnten und siebzehnten Jahrhunderts in abgelegenen Weltgegenden zu verorten suchten, ist damit hinfällig: «Das irdische Paradies ist da, wo ich bin.»[33] Das Paradies lag in Cirey.

So war mit knapp zweihundert brillanten Versen der Staatszweck Alteuropas widerlegt. Dieser bestand für die Herrschenden darin, die christlichen Untertanen mit strenger Hand durch das irdische Jammertal hindurchzuführen, dort zum Verzicht auf Vergnügungen und Belustigungen aller Art anzuhalten und dadurch am Tag des Jüngsten Gerichts paradiesfähig zu machen. Diese Erziehungsaufgabe hatte sich laut Voltaire jetzt erledigt. An die Stelle des Ancien Régime mit seinen vielfältigen Kontroll- und Zwangsapparaten sollte eine Zivilgesellschaft treten, in der der wohlverstandene Eigennutz alle sozialen Belange wie mit unsichtbarer Hand regeln würde. Die Aufgabe der Reichen bestand darin, kräftig zu konsumieren, damit die Armen in Arbeit und Brot kamen. Die Kirche als Lehrerin einer verlogenen und kontraproduktiven Moral des Genussverzichts hatte in dieser schönen neuen Welt keinen Platz mehr, und der Staat wurde nur noch als Regelgeber und Regelüberwacher gebraucht.

Die Gesetze der Ökonomie fielen also mit dem Drang nach Lebensgenuss zusammen. Für Wirtschaft und Gesellschaft waren die großen Zusammenhänge damit geklärt, doch fehlte der Theorie noch die anthropologische Basis. Das Zusammenleben mit der mathematisch geschulten Denkerin Emilie und die Gespräche mit ihr legten es nahe, die großen Problemstellungen der Philosophie systematisch zu überprüfen, und das hieß: auf der Basis der reinen, unvoreingenommenen Vernunft. Dabei lautete die Frage aller Fragen, scheinbar simpel, doch in Wirklichkeit vertrackt: Was ist der Mensch? Da es seit mehr als zweitausend Jahren Philosophen gab, die hochragende Gedankengebäude errichtet hatten, sollte man mit einem überzeugenden Angebot an Antworten rechnen. Doch dem – so Voltaire in einer ebenso summarischen wie vernichtenden Bilanz – war absolut nicht so:

> Wer glaubt, dass die Philosophen umfassendere Vorstellungen von der Natur des Menschen haben [als das einfache Volk], täuscht sich gründlich. Denn mit Ausnahme von Hobbes, Locke, Descartes und Bayle und einer sehr kleinen Zahl weiser Geister machen sich alle anderen genauso verengte Vorstellungen wie die Plebs, und zwar noch konfusere.[34]

Mit dieser pauschalen Kritik an der philosophischen Tradition setzt Voltaires *Traité de Métaphysique* ein. Die Geschichte des vernünftigen Nachdenkens über den Menschen begann für ihn erst im siebzehnten Jahrhundert, und auch dann noch mühsam genug und in vielem fehlerhaft. Das lag an den falschen Ansätzen und Methoden, die von zu vielen unbewiesenen Prämissen ausgingen und daher in die Irre führten. Doch wie geht man auf der Suche nach der Natur des Menschen und seinem Platz im Kosmos richtig vor?

> Ich möchte mich auf der Suche nach dem Menschen so verhalten wie beim Studium der Astronomie: Mein Verstand versetzt sich in eine Sphäre außerhalb der Erde, von wo aus alle Himmelsbewegungen unregelmäßig und wirr erscheinen.[35]

Das ist kein Greifen nach den Sternen, sondern der Beginn einer Forschungsreise, die dem Planeten Erde und seinen rätselhaften Bewohnern gewidmet ist. Voltaire will den Menschen und damit sich selbst mit den Augen eines Welt-Fremden betrachten, also mit der größtmöglichen Distanz. «Herabgestiegen auf diesen kleinen Haufen Schlamm und mit ebenso wenig Wissen über den Menschen, wie der Mensch von den Bewohnern des Mars und des Jupiter hat»,[36] beginnt er diese Expedition, die, bis 1738 überarbeitet und ergänzt, alle Lesenden mit gesundem Menschenverstand und ohne dogmatische Geistesverhärtungen mit auf den Weg nehmen will.

Eine erste Weltumrundung führt zu dem Ergebnis, dass es mit den Menschen dieselbe Bewandtnis hat wie mit den Obstbäumen, die allesamt aus unterschiedlichen Wurzeln erwachsen: Die Völker der verschiedenen Weltgegenden stammen nicht vom selben Urmenschen ab, womit die Schöpfungsgeschichte der Genesis widerlegt ist, und sie haben sehr unterschiedliche zivilisatorische Leistungen erbracht, was für Voltaire auf den Vorrang Europas, Indiens und Chinas und die Abwertung Afrikas hinausläuft. Die nächste Erkundung gilt der Gottesvorstellung: Glauben alle Menschen aller Kontinente an ein höchstes Wesen, das sie geschaffen hat? Die Antwort lautet: Die meisten glauben daran, doch es gibt Ausnahmen. Zudem wissen kleine Kinder nichts von Gott, wenn man sie nicht entsprechend indoktriniert hat. Die Gottesidee ist also ein Produkt der Akkulturierung und keine angeborene Idee, wie manche Philosophen und Theologen behaupten. Über ihre Richtigkeit oder Falschheit sagt das noch nichts aus, also gilt es weiterzufragen. Dafür wägt Voltaire die Argumente für und wider ab. Für die Existenz eines Gottes spricht das Uhrmacher-Argument: Ein perfektes Instrument muss von einem überlegenen Werkmeister geschaffen worden sein, das gilt erst recht für ein so komplexes Gebilde wie den menschlichen Körper. Da der Mensch sich nicht selbst gemacht haben kann, muss es einen Großen Schöpfer geben, der über Zeit und Raum steht. Doch warum hat dieser in seiner Schöpfung keine klareren Spuren von sich hinterlassen?

Das «Contra» der Atheisten besagt, dass nicht Gott, sondern allein die Materie, aus der auch der Mensch besteht, ewig und ungeschaffen existiert; auch seine Fähigkeit zu denken entspringt somit der Materie. Gegen ein solches materialistisches Welt- und Menschenbild sprechen laut Voltaire zwei starke Gründe. Zum einen: Bewegung und Denken gehören nicht zum Wesen der Materie, müssen ihr also verliehen worden sein. Das zweite Argument gegen die Gottesleugner lautet: Wie soll sich die Materie selbst aus dem Nichts erzeugt haben? Doch entschieden ist damit in dieser Kontroverse noch nichts, zumal sich weitere Hypothesen anbieten: Können die ewigen Naturgesetze, die ein Newton zu enthüllen begonnen hat, nicht einfach per se, ohne einen Schöpfer, existieren? Und schließlich lautet die beklemmendste von allen Fragen: Wenn man an der Theorie des göttlichen Weltschöpfers festhält, spricht dann nicht alles für einen barbarischen Gott?

Wenn man alle Tiere betrachtet, wird man sehen, dass jede Art einen unwiderstehlichen Instinkt hat, der sie dazu zwingt, eine andere Art zu vernichten. Und was das Elend des Menschen betrifft, so haben wir reichlich Grund, der Gottheit unser ganzes Leben lang Vorwürfe zu machen.[37]

Die Antwort der Theologen, dass Gott höhere Begriffe von Güte und Gerechtigkeit hat als die Menschen, ist für Voltaire hohles Geschwätz, denn dann betrügt der Schöpfer seine Kreaturen, denen er diese Einsicht verweigert, systematisch. Diese Widersprüche werden mit den Argumenten der Materialisten, die ohne Gott auskommen, hinfällig, was ihnen Gewicht verleiht.

Nach Abwägung aller Gründe und Gegengründe gelangt Voltaire zu einem differenzierten Fazit: «Die Meinung, dass es einen Gott gibt, ist mit Schwierigkeiten verbunden, die umgekehrte Ansicht jedoch mit Absurditäten.»[38] Das läuft auf einen Punktsieg für die Deisten hinaus. Weiter reichende Gewissheit lässt sich auf der Forschungsreise zum Wesen des Menschen nicht gewinnen; zudem bleibt dabei der Ursprung des Bösen und des Unrechts offen. Mit Ungewissheit muss sich der Mensch auch in der für religiöse Naturen wichtigsten aller Fragen bescheiden: Ist die Seele unsterblich? Dass Mensch und Tier eine Seele haben, lässt sich für Voltaire empirisch, zum Beispiel im Ausdruck von Gefühlen, belegen. Dass diese Seele von Gott stammt, gehört zu der begründeten Annahme, dass es einen Weltschöpfer gibt. Alles Übrige liegt im Dunkeln:

> Weiter schreite ich in diese Finsternis nicht voran; ich bleibe da stehen, wo das Licht meiner Fackel ausgeht ... Ich behaupte keineswegs, dass ich Beweise gegen die Spiritualität und Unsterblichkeit der Seele habe. Aber alle Wahrscheinlichkeiten sprechen gegen sie.[39]

Lob des Luxus und metaphysische Fragen

Diese Wahrscheinlichkeiten hatte der am griechischen Philosophen Epikur geschulte Römer Lukrez, auf den sich Voltaire schon in seiner *Epistel an Julie* bzw. *Uranie* berufen hatte, in seinem großen Lehrgedicht *De rerum natura* (Von der Natur der Dinge) zusammengetragen. Lukrez' Bilanz lautete: Die menschliche Seele ist hinfällig wie der Körper; sie altert mit ihm und stirbt mit ihm, manchmal sogar vor ihm. Dieses Resultat empirischer Menschenforschung ist auch für Voltaire kaum zu widerlegen. Doch wer will, mag das Gegenteil glauben.

Auf sehr viel sichererem Grund steht der Menschenforscher, wenn er nach der Freiheit des menschlichen Willens und den daraus folgenden Regeln der Moral fragt. Diese Freiheit ist für Voltaire ganz neu zu definieren. Absolut wäre die Freiheit, wenn der menschliche Verstand souverän herrschen würde, doch das ist nicht der Fall. Voltaire sprach hier aus leidvoller Erfahrung. Die Unfreiheit ist total, wenn Leidenschaften und Ängste die Macht über den Menschen an sich reißen. In der Regel aber pendelt sich zwischen Ratio und Passion ein prekärer Schwebezustand oder Waffenstillstand ein. Dabei verschmelzen Verstand und Wille letztlich zu einer Einheit. So erscheint dem Verstand gut, was ihm Vergnügen verspricht; umgekehrt kann er nicht wollen, was ihm Unannehmlichkeiten bereitet. Doch das muss auch nicht sein: «Denn das zu tun, was Vergnügen bereitet, heißt frei zu sein.»[40] So kann der Mensch das machen, was er will. Diese relative, von allem metaphysischen Ballast befreite Freiheit reicht aus, um den Menschen für sein Handeln verantwortlich zu machen, denn er kann seinen Willen vor dem verschließen, was der Verstand als Unrecht erkennt. Diese Freiheit ist jedem Menschen von Natur aus mitgegeben, denn zu dieser Grundausstattung gehört nicht nur der Trieb zu Selbsterhaltung und Geltung, sondern auch das Wohlwollen gegenüber seinem Mitmenschen. Natürlich kann jeder Mensch sein natürliches Mitleiden mit anderen unterdrücken, doch das ist dann nicht die Schuld Gottes, sondern seine eigene.

Der Grundpfeiler der Gesellschaft ist für Voltaire *orgueil*, die dünkelhafte Selbstüberschätzung des Menschen, die die Theologen als *superbia* unter die Sieben Hauptlaster einreihen. Aufgabe der Gesellschaft ist es, das Streben nach Anerkennung durch die anderen so einzudämmen, dass es ihr in Form eines freien Wettbewerbs zugutekommt. Das gelingt durch Gesetze, die der historischen Entwicklung angepasst werden müssen, also reine Konventionen sind. Über diesen Gesetzen des Staates stehen natürliche Gesetze; sie schreiben vor, dass man sein Wort halten und seinen Mitmenschen helfen soll. Doch in Notstandssituationen müssen diese erhabenen Regeln hinter Konventionen zurücktreten, die sogar das Gegenteil besagen können, denn dann ist sich jeder selbst der Nächste. Das Fazit dieses *Metaphysischen Traktats* lautet ganz und gar unmetaphysisch:

> Wer die Hilfe der Religion braucht, um ein anständiger Mensch zu sein, ist sehr zu beklagen; und er wäre ein Monster der Gesellschaft, wenn er nicht in sich die für diese Gesellschaft nötigen Gefühle fände und gezwungen wäre, anderswo zu entleihen, was sich in unserer Natur finden muss.[41]

Damit waren Religionen und Kirchen nicht nur überflüssig, sondern sogar schädlich, es sei denn, sie dienten dazu, der unwissenden Masse eine milde Mitmenschlichkeitsmoral einzuflößen. So wurde der öffentlichen Ordnung des Ancien Régime nach der wirtschaftlichen, sozialen und politischen Rechtfertigung auch die philosophische und theologische Basis und mit ihr der letzte Rest höherer Weihen entzogen. Es versteht sich von selbst, dass sich dieser Traktat gegen die Metaphysik nicht zu Lebzeiten seines Autors veröffentlichen, sondern allenfalls ausgewählten Gleichgesinnten zeigen ließ. Einer von diesen handverlesenen Lesern, der Kronprinz von Preußen, kommentierte den Text, der ihm aus dem Herzen sprach, denn auch sehr richtig mit dem Satz, dass er schnurstracks zum Giftbecher führe – den Verfasser, nicht den Leser.

Der preußische Kronprinz, der homme de lettres und die Mathematikerin

Der Beginn der Korrespondenz zwischen Voltaire und dem künftigen König Friedrich II. in Preußen war die folgenreichste biographische Weichenstellung der ersten Jahre auf Schloss Cirey. Sie begann mit einem Schreiben Friedrichs vom 8. August 1736, das den Adressaten völlig unerwartet erreichte.

Darin zeigte sich der Kronprinz über Voltaires bereits veröffentlichte Werke wie über dessen in Arbeit befindlichen Projekte aufs Beste informiert und lobte diese in den höchsten Tönen als wahre Geistesschätze. In diesem apologetischen Stil ging es weiter: Voltaire allein gebe in der Kontroverse zwischen den Autoren der Antike und der Gegenwart den Ausschlag zugunsten der letzteren, er sei in allen Wissensbereichen eine Quelle unschätzbarer Kenntnisse und daher wie alle großen Männer der Geschichte kleinlichen Eifersüchteleien und Nachstellungen ausgesetzt. Doch damit könne es schon bald ein Ende haben: Ihm, Friedrich, möge der Ruhm zufallen, Voltaires Triumphe durch seine Förderung zu krönen! Das war ein Versprechen und eine Option für die Zukunft. Dass dafür Gegenleistungen zu erbringen sein würden, deutete das Schreiben ebenfalls an: «Das alles lässt mich glühend wünschen, alle Ihre Werke zu besitzen.»[42] Damit waren nicht nur die bereits erschienenen gemeint, sondern auch die in Entstehung befindlichen und geplanten Texte. Die künftige Patronage würde also ihren Preis haben: Einweihung, Teilhabe, wahrscheinlich auch Einflussnahme. Trotzdem eröffneten sich für Voltaire damit verlockende Perspektiven: Endlich winkte ihm die Stellung, die ihm der französische Hof verweigerte. Er würde als *homme de lettres* im Interesse von Vernunft und Fortschritt auf die Politik einwirken können. Dafür schienen die Zeichen in Potsdam ausgezeichnet zu stehen: Wer sich so enthusiastisch zu seinem Werk bekannte, teilte die darin ausgedrückten Werte. Einer künftigen Harmonie zwischen dem Philosophen und dem Mächtigen schien also nichts mehr im Wege zu stehen.

Das Schreiben aus dem fernen Brandenburg machte deutlich, dass Voltaires Ruf weit über Frankreich hinausgedrungen war, selbst in die hinterste

Briefpartner und Sprachschüler Voltaires: Friedrich II. als Kronprinz von Preußen im Jahr 1736. Gemälde von Antoine Pesne

kulturelle Provinz. «Macht eure Verse in Paris, und geht bloß nicht nach Deutschland.»[43] Diesen Ratschlag hatte die personifizierte Kritik im *Tempel des Geschmacks* allen Literaten, die etwas auf sich hielten, mit auf den Weg gegeben. Deutschland stand in den Augen Voltaires für Rückständigkeit in all ihren Erscheinungsformen: unzeitgemäßer Adelsstolz, haltlos spekulierende Philosophie, Ungeschlachtheit der Sitten, Tölpelhaftigkeit im Auftreten. An diesem Stereotyp sollte auch der Briefverkehr mit dem Kronprinzen und König von Preußen nichts ändern, denn erstens teilte dieser Voltaires Vorurteile und zweitens präsentierte er sich als die Ausnahme, die die Regel bestätigt: Er beherrschte selbst das Deutsche nur unvollkommen, verachtete die deutsche Literatur und Kultur und schrieb deshalb seine Briefe, Verse und historisch-politischen Abhandlungen auf Französisch.

Voltaire betrachtete Friedrichs Hochschätzung seines Werks als Beleg dafür, in welchem Maße sich die französische Sprache und Literatur im siebzehnten Jahrhundert von ihren Schlacken gereinigt, durch ihre großen Dichter unwiderstehliche Anziehungskraft auf die europäischen Eliten gewonnen und diese dadurch zivilisiert habe. Ob sich diese Veredelung auch in Friedrichs französischen Texten niederschlug, war eine andere Frage.

Der preußische Kronprinz 223

Nach außen lobte Voltaire den Stil von dessen Gedichten und Prosawerken in den höchsten Tönen; dass hier vieles zu verbessern war und ihm nicht nur die hehre Rolle des philosophischen Lehrmeisters, sondern auch die untergeordnete Funktion eines Sprachlehrers und Korrektors zufiel, teilte er nur wenigen Eingeweihten mit.

Mit dem Schreiben des Kronprinzen vom August 1736 wurde ein Briefwechsel eröffnet, der sich über fast zweiundvierzig Jahre hinziehen sollte und sich in fünf Phasen gliedert. Die erste Phase erstreckt sich bis zum 31. Mai 1740, dem Tag, an dem aus dem Kronprinz Friedrich der König Friedrich II. in (später von) Preußen wurde. In dieser ersten Zeit dominierte der Ton der wechselseitigen Beweihräucherung. Bis 1749 stehen dann – bei leicht ernüchterter Tonlage – die Versuche des Königs im Zentrum, Voltaire nach Potsdam abzuwerben. Die dritte Phase ist die kürzeste und turbulenteste. Sie beginnt mit Voltaires Ankunft in Potsdam im Juli 1750 und endet mit seinem überstürzten Aufbruch im März 1753 und der von Friedrich angeordneten Festsetzung in Frankfurt am Main. Danach folgt viertens eine Eiszeit mit wechselseitigen Anschuldigungen und sehr wenigen zweckgebundenen Mitteilungen, die erst Ende 1758 von einer Wiederaufnahme des Briefwechsels abgelöst wird, in dem sich beide Seiten trotz aller persönlichen Abneigung und weltanschaulichen Differenzen wieder Hochachtung erweisen. 1736 war von solchen Höhen und Tiefen noch nichts zu ahnen. Voltaire nahm in seiner ersten Entgegnung auf das Schreiben des Kronprinzen dessen schmeichlerischen Ton auf, perfektionierte ihn mit seinen unvergleichlich reicheren sprachlichen Mitteln und gab damit den Stil der künftigen Korrespondenz vor: Tausendmal mehr als die lobenden Worte zu seinen Werken habe ihn erfreut, «zu sehen, dass es auf der Welt einen Fürsten gibt, der wie ein Mensch denkt, einen Philosophen-Fürsten, der die Menschen glücklich machen wird».[44] Um diese Mission zu erfüllen, sei sehr viel mehr als guter Wille erforderlich: «Glauben Sie mir, wirklich gute Könige waren nur diejenigen, die wie Sie begonnen haben, sich zu bilden, um die Menschen zu kennen, um das Gute zu lieben und um die Verfolgung und den Aberglauben hassen zu lernen.»[45] Doch mit dieser heilsamen Erziehungsarbeit zum Wohl der Untertanen durfte sich der ehrgeizige Thronfolger von vierundzwanzig Jahren nicht begnügen – er musste sich noch höhere Ziele setzen:

Ein aufgeklärter Monarch ist kein pedantischer Herrscher,
Er kämpft wie ein Held, und denkt als wahrer Gelehrter.
So war der glänzende Charakter Julians,
des Philosophen und Kriegers, schrecklich und volkstümlich zugleich.[46]

So lautete die nächste Lektion des Fürstenerziehers Voltaire Ende September 1736. Zum Zweck sprachlicher Nachhilfe und um der Botschaft mehr Nachdruck zu verleihen, war sie in Versen gehalten. Ein guter König muss Fortschritt bewirken, aber wie Henri IV auch kämpfen können. Alte und neue Ideale treffen hier hart aufeinander. Verknüpft sind sie durch die Idee, dass dieser Kampf den historischen Gegenkräften Fanatismus und Aberglaube gelten soll, Heroismus also zweckgebunden ist.

Damit war ein stilvolles Lehrer-Schüler-Verhältnis begründet; zugleich zeichnete sich mit umgekehrtem Gefälle eine Protektor-Klient-Beziehung ab. Wie sich beides miteinander vereinbaren lassen würde, musste sich erweisen. Die scharfsichtige Emilie du Châtelet war jedenfalls schon von den Anfängen dieser «asymmetrischen» und von wechselseitiger Beweihräucherung umwaberten Männerfreundschaft wenig angetan. Der Kronprinz versäumte es zwar nicht, in seinen Briefen an Voltaire auch dessen Gefährtin und ihrem geradezu «männlichen Verstand» zu huldigen, aber damit konnte er sie nicht täuschen: In den Augen Friedrichs und des maskulin geprägten «Musenhofs», den dieser in Schloss Rheinsberg um sich geschart hatte, war sie nicht mehr als ein lästiges Anhängsel des großen *homme de lettres*. Ihr Urteil über den penetranten Bewunderer ihres Lebensgefährten fiel denn auch kühl aus: Wenn es schon einen König geben müsse – wobei niemand verstehe, warum –, dann in Gottes Namen einen wie diesen. Als Rivalin hatte sie eine feine Witterung für die Rolle, die Voltaire am Hofe eines solchen Monarchen spielen würde, nämlich als Bildungstrophäe und eloquenter Tafelschmuck, aber nicht als Ratgeber auf gleicher Augenhöhe. So entspann sich zwischen der Marquise und dem Kronprinzen ein zähes Ringen, dessen spielerische Töne nicht über den erbitterten Ernst dieser Konkurrenz hinwegtäuschen konnten. Wenn der Kronprinz von den großartigen Werken schwärmte, die Voltaire unter seinem Schutz und Schirm und mit seiner Förderung verfassen werde, musste sie das als Kampfansage verstehen. Ihre Gegenstrategie bestand darin, den preußischen Hof in den düstersten Farben zu malen. Das war nicht schwer, denn Friedrichs Vater, König Friedrich Wilhelm I., eilte der abschreckende Ruf eines jähzornigen Despoten mit der ausgeprägten Neigung zu Aberglauben, Gewalttätigkeit und Pedanterie voraus.

Ende 1736 suchte Voltaire einen Verlagsort für sein neuestes Werk, die *Eléments de la philosophie de Newton*, zu dem seine Gefährtin als herausragende Physikerin ihrer Zeit wichtige Wissensvermittlungsdienste geleistet hatte.

Zur Auswahl standen Amsterdam und Berlin. Von Letzterem riet Emilie dringend ab: «Der Kronprinz ist nicht König ... Sein Vater ist misstrauisch und grausam, er hasst und verfolgt seinen Sohn.»[47] Damit drohten auch Voltaire Verfolgung und Verhaftung. So schaltete sie einflussreiche Freunde wie d'Argental ein, die auf den allzu Gutgläubigen einwirken sollten – mit Erfolg: Voltaire ging nach Holland, wo die *Elemente der Philosophie Newtons* im April 1738 erschienen. Als 1737 ein Bote des Kronprinzen nach Cirey kam, um in Abwesenheit des Verfassers noch unveröffentlichte Texte nach Rheinsberg zu entführen, speiste Madame du Châtelet diesen, von berechtigtem Misstrauen beseelt, mit harmlosem Sekundärmaterial ab; die bereits fertiggestellten Gesänge von *La Pucelle*, dem Versepos über Jeanne d'Arc, nach denen Friedrich seit Längerem lechzte, hielt sie wohlweislich unter Verschluss.

Ähnlich harmlos wie die ausgehändigten Texte waren auch die drei Komödien – *Les Originaux* (*Die Originale*, zuvor: *Le comte de Boursoufle*), *Le Préjugé à la mode* (*Das modische Vorurteil*) und *L'Enfant Prodigue* (*Der verlorene Sohn*) –, die Voltaire teils vor, teils parallel zu den *Elementen* verfasst hatte und die allesamt dasselbe Thema behandelten, nämlich die in den Augen der aristokratischen Trendsetter ganz und gar unzeitgemäße Liebe des Gatten zu seiner Gattin bzw. des Verlobten zu seiner Verlobten. Diese Liebe setzt sich nach mancherlei burlesken Verwicklungen gegen alle Konventionen durch, über die sich die am Ende glücklich Vereinten und Angetrauten souverän hinwegsetzen. Komisch an diesen Stücken waren die Vorurteile und die von ihnen gesteuerten Verhaltensweisen der männlichen Protagonisten, die sich gegen ihre innersten Neigungen sträubten, sowie manche Nebenfiguren, die mithalfen, den Verblendeten die Augen dafür zu öffnen, wo ihr wahres Glück lag. Die Botschaft der Stücke aber war hochmoralisch und im Falle des *Enfant Prodigue*, des verlorenen Sohnes, sogar tränenselig: Wahre Liebe ist zum Verzicht bereit und versetzt gerade dadurch Berge, das heißt: Sie setzt die Regeln einer dekadenten Gesellschaft außer Kraft. Voltaires Freunde stuften die drei herzerwärmenden Lustspiele als Liebeserklärungen an Emilie ein und lagen damit sicherlich richtig. Das zeigte sich auch an den Reaktionen in Rheinsberg: Ausnahmsweise war Voltaires größter Bewunderer nicht einverstanden. So fürchtete Voltaire negative Reaktionen auch in Paris und verweigerte *L'Enfant prodigue* seinen Verfassernamen. Damit verkannte er den Geschmack des Publikums: Das Stück «eines unbekannten Autors» traf mit seinen empfindsamen Tönen den Nerv der Zeit und wurde mit sechsundzwanzig Aufführungen ein rauschender Erfolg.

Newtons Physik, ein allmächtiger Gott und literarische Querelen

Die Studie zu den Elementen der Newton'schen Philosophie bildet die logische Ergänzung zur Abhandlung über Metaphysik, denn ein gütiger Schöpfergott musste für Voltaire die Natur nach unveränderlichen Gesetzen konstruiert haben:

> Newton war zutiefst davon überzeugt, dass Gott existiert, und er verstand darunter nicht nur ein unendliches, allmächtiges, ewiges Schöpferwesen, sondern einen Meister, der eine Verbindung zwischen sich und seinen Kreaturen geschaffen hat. Denn ohne diese Verbindung ist die Erkenntnis Gottes nur eine unfruchtbare Idee.[48]

Gott ist also keine abstrakte Größe, sondern ein Lehrer, der seinem Lieblingsschüler, dem Menschen, Aufgaben stellt. Die anspruchsvollste von diesen besteht darin, die der Welt bei ihrer Schöpfung mitgegebenen ewigen und unveränderlichen Gesetze zu verstehen und sich damit deren Schöpfer so weit anzunähern, wie es einem beschränkten Geschöpf möglich ist. Deswegen – so Voltaire in ungewohnt andächtigem Tonfall – habe Newton immer von «meinem Gott», also von einem sehr persönlichen Vertrauens- und Schutzverhältnis, gesprochen – «und so sollten es auch

Frontispiz und Haupttitel der «Elemente der Philosophie Newtons», 1738

alle Menschen halten». Mit diesen Attributen wurde der Uhrmacher-Gott dem lieben Gott der christlichen Erbauungsliteratur erstaunlich ähnlich. Auch die von Voltaire so vehement abgelehnten Gottesbeweise der scholastischen Theologie tauchten plötzlich in neuer, wissenschaftlich erhärteter Variante wieder auf:

> Die gesamte Philosophie Newtons führt mit Notwendigkeit zur Erkenntnis eines höchsten Wesens, das alles geschaffen hat und alles nach seinem freien Willen einrichtet. Denn wenn nach Newton (und nach der Vernunft) die Welt endlich ist und wenn es also leere Räume gibt, existiert die Materie nicht mit Notwendigkeit, sondern verdankt ihre Existenz einer freien Ursache. Wenn die Materie der Gravitation unterworfen ist, wie es bewiesen ist, so ist sie dies nicht so, wie sie durch ihre Natur ausgedehnt ist, sondern sie hat diese Gravitation von Gott erhalten.[49]

Der Schöpfung liegt also ein Masterplan zugrunde, in dem alle Kreaturen ihren Platz haben und mit ihrem Schöpfer verbunden sind:

In einem Wort, ich weiß nicht ob es einen schlagenderen metaphysischen Beweis gibt, der stärker zum Menschen spricht, als diese wunderbare Ordnung, die in der Welt herrscht, und ob es jemals ein schöneres Argument gegeben hat als diesen Vers: Coeli enarrant gloriam Dei [Die Himmel künden vom Ruhm Gottes].[50]

Damit näherte sich der Jünger Newtons dem christlichen Konzept der *theologia naturalis* an: Der Blick in die Natur offenbart dem Menschen das Wesen Gottes, ihres Schöpfers – mit dem Unterschied, dass das menschliche Auge für die christlichen Theologen erst durch die biblische Offenbarung und das Geschenk des Glaubens geöffnet werden musste.

Allerdings – so Voltaire weiter – lassen sich bis heute nicht alle denkenden Menschen von dieser tiefen Wahrheit überzeugen:

> Wenn ich einen Gott zugestehe, sagen sie, muss dieser Gott die Güte selbst sein. Wer mir das Sein gegeben hat, schuldet mir das Wohl-Sein (*bien-être*); doch sehe ich im Menschengeschlecht nichts als Unordnung und Elend. Die Notwendigkeit einer ewigen Materie stößt mich weniger ab als ein Schöpfer, der seine Kreaturen so schlecht behandelt.[51]

Das waren Zweifel, die auch Voltaire hegte, und zwar bis zu seinem Lebensende immer stärker und drängender. An keiner Stelle seines Werks trat er ihnen so vehement entgegen wie hier:

> Diesem Atheisten antworten wir: Die Wörter gut und Wohlsein (*bien-être*) sind doppeldeutig. Was in Bezug auf euch schlecht ist, ist gut in der allgemeinen Anordnung ... Wollt ihr eure Meinung nur deshalb ändern, weil die Wölfe die Schafe und die Spinnen die Fliegen fressen? Seht ihr denn nicht, dass im Gegenteil diese aufeinander folgenden Generationen, die immer gefressen und immer wieder neu gezeugt werden, zum Plan des Universums gehören?[52]

Nicht alles ist gut für alle, aber das Ganze ist gut: Zwei Jahrzehnte später sollte sich Voltaires wortmächtigster Gegner, Jean-Jacques Rousseau, genau diese Formel zu eigen machen, und zwar in der Auseinandersetzung mit Voltaire, der längst nicht mehr daran glaubte. In seiner Apologie Newtons aber legte er einen geradezu aggressiven Optimismus an den Tag: «Warum sollte Gott euch dieses Wohl-Sein schulden? Welchen Vertrag hat er denn mit euch gemacht?«[53] Dieses den unbelehrbaren Atheisten entgegengeschleuderte Argument gemahnt geradezu an Calvin: Darf denn ein Tongefäß gegen den Töpfer rebellieren? Das war Weltdeutung aus der Perspektive des Schöpfers und der Wölfe; in späteren Lebensphasen teilte Voltaire die Blickrichtung der Schafe.

Das forcierte Lob des allmächtigen Schöpfers am Beginn eines Textes, der die Physik Newtons einem breiteren Publikum erläutern sollte, hatte einen genau umrissenen Zweck zu erfüllen. Voltaire wollte keinen Skandal wie nach dem Erscheinen der *Lettres philosophiques*, sondern sein deistisches Weltbild auf verbindlichere Art und Weise vermitteln. Heftige Kontroversen waren trotzdem die Folge, denn die Entdeckungen und Schlussfolgerungen des großen britischen Forschers widerlegten zentrale Dogmen Descartes', zum Beispiel in der Optik. Descartes hatte das Licht als eine Art Feinstaub erklärt und die Farben als die Eindrücke definiert, die Gott durch die Bewegungen hervorruft, die diesen Staub auf die menschlichen Organe einwirken lassen. Demgegenüber hatte Newton – so Voltaire in einer ausführlichen Nachzeichnung von dessen Versuchen – ein für alle Mal bewiesen, dass die helle Tönung des Lichts durch die Bündelung der Spektralfarben zustande kam; ein einziges Prisma, sinnreich angeordnet, bereitete allen phantastischen Theorien spekulativer Naturforscher ein Ende. Dasselbe galt für die Gravitation, die Descartes als Ergebnis von Luftwirbeln erklärte, die mit ihrer Wucht die Körper zur Erde herabdrückten. Hier schuf der überlegene Verstand Newtons dadurch Klarheit, dass er experimentierte und maß, statt wie Descartes wild zu spekulieren. Newtons Messungen ergaben unwiderleglich, dass die Stärke der Gravitation proportional zum Produkt der wechselseitigen Massen und umgekehrt proportional zum Quadrat ihrer Distanzen ausfällt. So waren die auf der Erde wirkende Schwerkraft, der Umlauf des Mondes um die Erde und die Bahnen der Planeten erklärt und in einen sinnstiftenden Rahmen eingefügt. Die äußere Welt war damit als Werk des Großen Gesetzgebers erklärt.

Die Newton-Exegese hatte sich Voltaire nicht leicht gemacht: Ganze Raumfluchten des Schlosses von Cirey verwandelten sich in Laboratorien eines ehrgeizigen Forschers, der seinem alten Lehrer, dem Abbé d'Olivet, stolz und zugleich nicht ohne Ironie von seinen Experimenten berichtete:

> Momentan beschäftige ich mich damit, das Gewicht der Sonne zu ermitteln – was für eine weitere Verrücktheit! Was geht uns ihr Gewicht an, werden Sie sagen, Hauptsache, wir genießen ihre Strahlen! Oh, für uns Traumtänzer und Tiefenbohrer ist das von großer Bedeutung, denn es hängt mit dem großen Prinzip der Gravitation zusammen.[54]

Das Gewicht der Sonne ermittelte der von der Newton-Manie erfasste Schlossherr nicht, doch wichtige Ergebnisse erbrachten seine Untersuchungen dennoch:

> Mein lieber Freund und lieber Lehrer, Newton ist der größte Mensch, der je gelebt hat, so groß, dass die Geistesriesen der Antike neben ihm wie Kinder, die in der Sandkiste spielen, erscheinen ... Doch lassen wir uns davon nicht entmutigen. Pflücken wir Blumen in der Welt, die er ausgemessen, gewogen und alleine erkannt hat. Spielen wir unter den Armen dieses Atlas, der den Himmel trägt, schreiben wir Dramen, Oden und andere Nichtigkeiten. Lieben Sie mich, trösten Sie mich, so klein zu sein.[55]

Dass die Naturwissenschaft im Gegensatz zu deren literarischer Vermittlung nicht Voltaires ureigenes Fach sei, war weise Selbsterkenntnis. Kurz zuvor hatte er ebenso wie seine Gefährtin eine Schrift über die Natur des Feuers verfasst, mit der er den Preis der Pariser Akademie der Wissenschaften gewinnen wollte. Diesen erhielten die beiden Gelehrten von Cirey nicht. Den Sieg trug stattdessen Leonhard Euler davon, der aufgehende Stern am nach-newtonschen Physik-Himmel, bezeichnenderweise zusammen mit zwei unbelehrbaren Descartes-Nachbetern. Madame du Châtelet und ihr Gefährte heimsten immerhin eine ehrenvolle Erwähnung ein.

Zu den Nichtigkeiten, die Voltaire gegenüber d'Olivet erwähnte, zählte eine Kurznovelle, die spätere Herausgeber *Die Blinden beurteilen die Farben* nannten. Sie ist eine Karikatur des Wissenschaftsbetriebs, die ihren Biss bis heute bewahrt hat: Im Streit über die Farbe ihrer Kleider teilen sich die Blinden in zwei Parteien, die sich mit gleichermaßen unhaltbaren Argumenten erbittert bekämpfen. Am Ende kommt ein Tauber zu dem Ergebnis, dass sie allesamt Unrecht hatten – und dass ihm allein das Urteil über die Qualität von Musik zukommt. Blind und taub waren für Voltaire nicht nur die Gegner Newtons, sondern auch seine eigenen Feinde. Als sein Hauptkritiker hatte sich seit geraumer Zeit der ehemalige Jesuit Pierre François Guyot Desfontaines hervorgetan. Gegen dessen Angriffe setzte er sich 1738 in einer geharnischten Streitschrift mit dem Titel *Le Préservatif* (*Die Schutzmaßnahme*, aber auch: *Das Präservativ*) zur Wehr, deren Verfasserschaft er wohlweislich abstritt. Sie besteht aus dreißig Kurzabschnitten, die die Verunglimpfungen seiner Werke durch Lügen, Verleumdungen und Entstellungen widerlegen sollen. Als Opfer dieser böswilligen Nachstellungen redet Voltaire dabei von sich selbst stets in der dritten Person – und in der Rolle eines angeblich unvoreingenommenen Zeugen. Als solcher wird er sogar ausführlich als Förderer Desfontaines' zitiert: «Ich empfing ihn [Desfontaines] mit Freundlichkeit, wie ich alle empfange, die sich dem Kult der Wissenschaften widmen.»[56] Als Desfontaines kurz darauf wegen eines schweren Verbrechens, das ihn den Kopf kosten konnte, eingekerkert wurde, habe er – so Voltaire weiter – durch unablässiges Antichambrieren dessen Freilassung bewirkt.

Wollen Sie wissen, was er danach tat? Er fabrizierte eine Kampfschrift gegen mich ... Ich aber hatte die Schwäche, ihm zu verzeihen, und diese Schwäche verschaffte mir in seiner Person einen Todfeind, der mir anonyme Briefe schrieb und zwanzig gegen mich gerichtete Pamphlete nach Holland sandte.[57]

Desfontaines war, wie die Eingeweihten wussten, homosexuell. Das war das «Vergehen», gegen das ihn Voltaire einst verteidigt hatte, ohne dafür Dankbarkeit zu ernten.

Das alles konnte der Ex-Jesuit nicht auf sich sitzen lassen. Kurz vor Weihnachten 1738 traf seine *Voltairomanie* in Cirey ein. Auf den Titel hätte der damit Attackierte eigentlich stolz sein können, besagte dieser doch, dass er ganz Frankreich den Kopf verdrehte. Doch was danach kam, hatte es in sich. Von unbezahlten Rechnungen, infamen Versen, abgekupferten Tragödien, missverstandenen philosophischen Lehren bis zur systematischen Unterwanderung von Staat und Kirche wurde nichts ausgelassen, was sich gegen den Autor des *Temple du Goût* und der *Lettres philosophiques* verwenden ließ. Das Fazit lautete: Voltaire sei «entehrt in der Zivilgesellschaft durch seine feigen Betrügereien und Gaunereien, durch seine schändliche Niedrigkeit, seine Diebstähle öffentlichen und privaten Gutes und seine ungeheuerliche Überheblichkeit».[58] Die Prügel, die ihm von Rohan-Chabot verabreicht wurden, habe er sich mithin redlich verdient. Voltaire replizierte im selben Ton und schaltete diverse Stellen der Justiz ein.

Fast ebenso sehr wie die grobschlächtigen Anwürfe des außer Rand und Band geratenen Desfontaines schmerzte Voltaire die mehr als doppeldeutige Rolle, die sein Vertrauter Thiriot in Tateinheit mit einer «Freundin» des Hauses namens Françoise de Graffigny in der ganzen Affäre spielte. Madame du Châtelet war davon überzeugt, dass sich Voltaires ältester Freund von der Gegenseite hatte anwerben lassen und Verrat begangen hatte. Voltaire selbst führte das Fehlverhalten auf harmlose Charakterschwächen zurück. Am Ende unterschrieben die beiden Todfeinde Voltaire und Desfontaines eine Erklärung, in der sie wahrheitswidrig versicherten, die beiden Kampfschriften nicht verfasst zu haben.

Ein Drama voller Rosenwasser und die Publikation von Friedrichs Anti-Machiavel

Im Mai 1739 begleitete Voltaire Madame du Châtelet nach Brüssel und Umgebung. Von dort aus reiste das Paar nach Paris weiter, wo die Pamphlete *Préservatif* und *Voltairomanie* in den Salons weiterhin hohe Wellen schlugen. Dabei zeigte sich nicht zum ersten Mal, dass die Vorstellungen des Paares von einem erstrebenswerten Lebensstil ungeachtet der gemeinsamen intellektuellen Interessen immer schwerer miteinander zu vereinbaren waren. Die zwölf Jahre jüngere Marquise brauchte die aristokratische Gesellschaft wie die Luft zum Atmen, während dem regelmäßig kränkelnden *homme de lettres* die nächtelangen Gastereien mit ihren endlosen Soupers im doppelten Sinne des Wortes auf den Magen schlugen. Je mehr ihn, den Lobredner des Mondänen, das mondäne Leben ermüdete, desto unwiderstehlicher wurde die Sehnsucht nach dem stillen Cirey, wo nicht weniger als vier Projekte auf ihre Vollendung warteten: zwei Tragödien, ein monumentales Geschichtswerk und eine Schülerarbeit, die es zu korrigieren und mit sprachlichem Glanz zu versehen galt. Zuerst schloss Voltaire das Drama *Zulime* ab, «ein Stück ganz aus Liebe, ganz aus dem Rosenwasser der französischen Damen destilliert».⁵⁹ Die ironische Etikettierung spiegelt das Unbehagen am eigenen Werk wider, das bei seiner Uraufführung im Juni 1740 ein Fiasko erlebte und fortan als sein schwächstes überhaupt galt.

Dieses Urteil wird *Zulime* jedoch nicht gerecht. Rosenwasser wurde darin tatsächlich reichlich verspritzt, doch mischte sich in diese süße Duftessenz der kalte Strom der Staatsräson, denn die larmoyante Geschichte einer aussichtslosen Liebe war mit politischen Intrigen und Maximen verwoben. Beide Handlungsstränge treffen in der tragischen Titelheldin zusammen. Zulime, die Tochter des afrikanischen Königs Benassar, wird zwischen der Loyalität zu ihrem großherzigen Vater und der rasenden Leidenschaft zu Ramire, einem Sklaven aus spanischem Königsgeschlecht, hin- und hergerissen, wie ihr voll und ganz bewusst ist:

> Alle Ordnung hängt von ihm [Ramire] ab, alles ist in seinen Händen;
> Er ist der Herr meiner Seele, er ist der Herr meines Schicksals.⁶⁰

Von dieser unwiderstehlichen Neigung getrieben, wird die Königstochter zur Staatsverbrecherin. Um Ramire gegen den Willen ihres Vaters heiraten zu können, beteiligt sie sich an einem Aufstand der Untertanen und ergreift selbst die Macht. Doch zur Herrin ihres Geschicks wird sie dadurch nicht, weiß sie doch selbst, dass sie nicht aus Stärke, sondern aus Liebe, also aus Schwäche, handelt. Diese Schwäche macht sie, wie sie klar erkennt, zur Verräterin an ihrem Vaterland und an ihrem Vater. Doch auch dieser geht in sich und erkennt wie ein afrikanischer König Lear seine Fehler:

> Meine Güte war ihr Verbrechen und machte mein ganzes Unglück aus.
> Ich werfe mir mein Übermaß an Nachsicht vor.⁶¹

Schuld ist jedoch nicht das Übermaß an Nachsicht, sondern das Übermaß an Liebe zu einer Tochter, die ihrerseits von der Liebe zu Ramire überwältigt wird. Doch Liebe lässt sich nicht erzwingen. In ihrem Werben um den versklavten Prinzen trifft Zulime auf eine Rivalin, die durch ihre Schwäche übermächtig wird. Ramires Herz gehört nämlich der schönen Atide, einer spanischen Mitsklavin; die Ketten der Unterjochung haben die beiden unauflöslich zusammengeschmiedet. Trotzdem scheint am Ende dramatischer Verwicklungen, die nacheinander alle Protagonisten dem Tod nahebringen, ein glückliches Ende in unmittelbarer Reichweite zu sein. Der weise Benassar, der wieder zur Herrschaft gelangt ist, fasst, von grenzenloser Großherzigkeit beseelt, eine Lösung ins Auge, die alle glücklich machen soll: «Sei ihr Gatte, Ramire, und regiere meine Staaten»[62] – so lautet seine Aufforderung an den Sklaven, der König werden soll. Doch dem stehen, wie sich plötzlich zeigt, unüberwindliche Hindernisse entgegen: Ramire ist längst mit Atide vermählt, und dieses heilige Band lässt sich nicht einfach aufsprengen. Das erkennt auch Zulime, die sich betrogen fühlt: Warum hat ihr Ramire nicht von Anfang an erklärt, dass ihr Werben um ihn aussichtslos ist? Daraufhin will sich Atide erdolchen, um den Weg für Benassars Lösung frei zu machen. Doch der Dolch wird ihr entwunden und geht stattdessen in Zulimes Hände über, die sich als verratene Verräterin schuldig bekennt, selbst ihr Urteil spricht und sich den verdienten Tod gibt. Ihre letzten Worte an Ramire und Atide scheinen von bewegender Seelengröße zu zeugen:

> Nun seid also vereint; nun seid also glücklich
> Auf Kosten meines Lebens, auf Kosten meiner Liebe.[63]

Doch dieses letzte Geschenk ist vergiftet. Wie sollen die beiden ihres Lebens und ihrer Herrschaft jetzt noch froh werden?

Hinter allem Pathos und Herzschmerz tritt die politische Aussage der «Rosenwasser-Tragödie» deutlich genug hervor: Gefühle und Politik, Menschlichkeit und Macht passen nicht zusammen. Damit stellt sich das unterschätzte Drama unversehens an die Seite eines Textes aus anderer Feder und aus einer anderen Gattung.

Seit 1739 redigierte Voltaire einen politischen Traktat des preußischen Kronprinzen, der den Titel *Anti-Machiavel* tragen sollte und schon dadurch als Manifest, ja als Regierungsprogramm des künftigen Königs ausgewiesen war. Der siebenundzwanzigjährige Thronfolger war nicht der Erste, der sich empört an dem florentinischen Staatstheoretiker und seinem *Buch vom Fürsten* abarbeitete. «Widerlegungen» dieses vermeintlich unmoralischen Textes, der trotzdem – oder gerade deshalb – jahrhundertelang zum Bestseller und zur Nachttischlektüre europäischer Fürsten avanciert war, bildeten seit der Mitte des sechzehnten Jahrhunderts ein eigenes

Genre. Darin herrschte bis in die zweite Hälfte des siebzehnten Jahrhunderts der Versuch vor, die von Machiavelli für politisch untauglich erklärte christliche Religion mit den Interessen eines Staates zu verschmelzen und zu versöhnen, der immer mehr Rechte und Kompetenzen für sich beanspruchte. Das lief in der Regel auf eine Quadratur des Kreises hinaus, da die von Machiavelli legitimierte Staatsräson und die traditionelle christliche Moral in unaufhebbarem Gegensatz zueinander stehen, christliche Staatsräson also einen Widerspruch in sich bildet – es sei denn, man beschränkte diese Freisprechung des Staates von überlieferten ethischen Bindungen auf den Umgang mit Andersgläubigen und anderen «Ausnahmeverbrechern» gegen die göttliche Weltordnung.

Der preußische Kronprinz, der an keinen Gott, sondern nur an die Unerbittlichkeit des Schicksals glaubte, attackierte Machiavelli nicht als Gegner der christlichen Religion, sondern als heimtückischen Feind des Menschengeschlechts schlechthin. Seit mehr als zwei Jahrhunderten habe der perfide Florentiner seine mörderischen Lehren in Umlauf gebracht und dadurch Kopf und Herz der Mächtigen vergiftet. Eine Widerlegung dieses durch und durch bösen Ratgebers war also ein Dienst an der Humanität. Diese Mission erklärt den pathetischen Ton und die überschwänglichen Beteuerungen edler Gesinnungen ebenso wie die wütende Polemik gegen den Florentiner, dessen Aussagen oft aus dem Zusammenhang gerissen, einseitig zugespitzt und manchmal sogar verfälscht wiedergegeben werden.

Herrschaft, so Friedrichs Kernaussage, ist den Herrschern ausschließlich zum Wohle der Beherrschten anvertraut worden. Könige sind daher erste Diener ihres Volkes, allerdings mit einem unkündbaren Herrschaftsvertrag. Das höchste ihnen anvertraute Gut ist das Leben ihrer Untertanen, mit dem sie überaus vorsichtig umgehen müssen. Todesstrafen müssen auf ein Minimum, de facto auf schwerste Staatsverbrechen, beschränkt werden; Kriege dürfen nur als Ultima ratio legitimer Selbstverteidigung geführt werden. Das Grundübel, das es ein für alle Mal auszurotten gilt, ist das Misstrauen, das Machiavelli in allen Feldern der Politik gesät hat: zwischen Herrschern und Beherrschten, aber auch unter Fürsten. Urvertrauen kann nur zurückkehren, wenn Verträge wieder geheiligt werden und das gegebene Fürstenwort wieder unverbrüchlich gilt. Die vornehmste Aufgabe des guten Herrschers aber ist es, sein noch unmündiges Volk behutsam zur

Vernunft und damit zu den Werten der Toleranz und der Menschlichkeit anzuleiten. Tugend allein muss das Motiv herrscherlicher Handlungen sein, denn diese Tugend fällt mit der Vernunft zusammen. Nur ein Fürst, der seinen Untertanen in allen Lebenslagen ein leuchtendes Vorbild ist, kann als Erzieher Erfolg haben. Eine solche Herrschaftspädagogik hatte Erasmus von Rotterdam zweieinviertel Jahrhunderte zuvor bereits entwickelt. So feierte anno 1740 der humanistische Fürstenspiegel im Jargon der Aufklärung fröhliche Wiederauferstehung, fast so, als habe es Machiavelli nie gegeben.

Der *Anti-Machiavel* stellte sich damit bewusst an die Seite von Voltaires *Henriade*: Friedrich von Hohenzollern versprach mit diesem Bekenntnis zur politischen Güte ein neuer Henri IV zu werden. Voltaire schmolz bei Lektüre und Korrektur dieses politischen Tugendkatalogs regelrecht dahin. Seine kluge Gefährtin war jedoch skeptischer. Aus diesem Buch, so meinte sie, würde das Glück des Menschengeschlechts entspringen, falls ein Buch so viel bewirken könne. Aber um das ermessen zu können, müsse man die Probe aufs Exempel machen, das heißt: Friedrich als König erleben. Damit hatte Madame du Châtelet recht, doch ein solcher Augenschein war gar nicht nötig. Es reicht völlig aus, den *Anti-Machiavel* auf seine Zwischen- und Untertöne hin zu überprüfen. Dabei zeigt sich schnell, dass alle menschenfreundlichen Herrschaftsmaximen letztlich nur für den Zustand des inneren und äußeren Friedens gelten, in dem auch Machiavelli dem erfolgreichen Fürsten überwiegend die Strategien der Milde und Güte anrät. Der Notstand aber rechtfertigte auch 1740 außerordentliche, mit der herkömmlichen Moral keineswegs vereinbare Methoden. So gab es auch für Friedrich Umstände und Situationen, in denen man mit Gewalt durchsetzen musste, was aufgrund der Bösartigkeit der Menschen mit sanften Methoden nicht zu erreichen war. Genau diese Maxime hatte Machiavelli selbst zum Leitmotiv seines Traktats erhoben: Erfolgreiche Politik muss so sein, wie die Menschen sind; da diese ganz überwiegend böse sind, muss sich die Politik danach richten. Friedrich widersprach Machiavelli zwar im letzteren Punkt vehement, kam aber zu demselben Schluss. Für ihn neigten die meisten Menschen zum Guten, auch wenn sie dieses Gute nicht immer fanden und noch seltener taten. Gegen die anderen, die auch durch aufgeklärte Erziehung nicht zu bessern waren, musste der Fürst weiterhin mit harter Hand vorgehen.

Ein Drama voller Rosenwasser

Zu dieser Ansicht gelangte auch der tugendhafte Benassar im fünften und letzten Akt von *Zulime*: «Das Interesse des Staates siegte über das Gesetz»;[64] diese Regel galt zumindest in Zeiten der Krise und des Chaos. In solchen Lagen ist ein Übermaß an Güte, Verständnis und Nachgiebigkeit ein Herrschaftslaster und zielgerichtet eingesetzte Gewalt eine Herrschaftstugend, vorausgesetzt, sie dient wie in der *Henriade* der Befriedung und Versöhnung. Voltaire und sein hochgeborener Schüler waren sich also auch in diesem Punkt einig. Trotzdem ging der Letztere bald auf Distanz zum gemeinsamen Werk. Am 3. Februar 1740 bestand Friedrich darauf, dass der *Anti-Machiavel* nicht unter seinem Namen erscheinen dürfe. Die Begründung, dass er sich über große Fürsten allzu freimütig geäußert habe, klingt fadenscheinig, denn lebende Herrscher werden in seinem Text kaum kritisiert. Ausschlaggebend für das Abrücken vom vollmundigen Tugendkatalog war vielmehr, dass der Beginn von Friedrichs selbständiger Herrschaft schneller als erwartet näherrückte.

Friedrich Wilhelm I. kränkelte seit vielen Jahren, doch diesmal war eine Genesung unwahrscheinlich. Am 31. Mai 1740 war es schließlich so weit: Der «Soldatenkönig», der keine Kriege geführt hatte, starb, und der Schöngeist, der das von seinem sadistischen Vater verordnete Soldatenspielen gehasst hatte, bestieg den Thron. Würde er derselbe bleiben wie zuvor? Der erste Brief, den Friedrich als König in Preußen am 6. Juni an Voltaire richtete, weckte die kühnsten Hoffnungen: «Bei Gott, schreiben Sie mir nur als Mensch, und verachten Sie mit mir zusammen die Titel, die Namen und den äußeren Glanz».[65] Das war eine doppelte Irreführung. Der bei seinen Französisch- und Philosophielektionen überwiegend gefügige Schüler war in allen übrigen Lebenslagen ein hochfahrender Aristokrat, nur wusste er diese Seite vor Voltaire anfangs geschickt zu verbergen. Allerdings hatte er sich schon ab 1738 die eine oder andere kritische Bemerkung zu Werken und Thesen seines Lehrers erlaubt, zum Beispiel zu dessen Konzept der menschlichen Willensfreiheit. Diese Einsprüche wurden verbindlich formuliert, doch für eine kritische Leserin wie Madame du Châtelet waren sie Alarmzeichen. Mit der Übernahme der Macht traten die machiavellistischen Wesenszüge, die der Kronprinz durch sein joviales Auftreten in Rheinsberg geschickt überspielt hatte, unübersehbar hervor. Eine Verwandlung war dazu nicht nötig, insofern sagte der Brief durchaus die Wahrheit.

Um den Traktat des zum König gewordenen Kronprinzen aber entspann sich ein Intrigenspiel, das eine Aufführung auf der Bühne verdient hätte. Drei Wochen nach Friedrichs Herrschaftsantritt erreichte Voltaire ein erster königlicher Befehl: «Bei Gott, kaufen Sie die gesamte Ausgabe des *Anti-Machiavel* auf!»[66] Das betraf die anonyme Ausgabe, für die Voltaire wunschgemäß bei dem Verleger Van Duren in Den Haag gesorgt hatte. Als er Ende Juli bei diesem vorstellig wurde, hatte der Druck noch gar nicht begonnen, doch war Van Duren, der einen Bestseller witterte, verständlicherweise nicht bereit, das vielversprechende Unternehmen abzublasen. Daraufhin verfiel Voltaire, ganz der treue Diener seines Herrn, auf die Idee, das Manuskript durch sinnentstellende Zusätze unbrauchbar zu machen, doch wusste es ihm der schlaue Verleger mit gleicher Münze heimzuzahlen: Er drohte, den Text mit diesen grotesken Einschüben zu publizieren und dadurch beide, Voltaire und den König, der Lächerlichkeit preiszugeben. Diese schlechteste aller Lösungen konnte der alarmierte Voltaire mit knapper Not dadurch verhindern, dass er jetzt doch der Veröffentlichung des Originalmanuskripts zustimmte, das er bei einer forcierten Korrektur der Druckfahnen noch leicht «verbessern» konnte, vor allem dadurch, dass er die Zugeständnisse an die Staatsräson des so vehement verdammten Florentiners etwas abschwächte. Dieser Text erschien Anfang Oktober 1740 zusammen mit dem *Buch vom Fürsten* Machiavellis in französischer Übersetzung. Doch nun waren alle unzufrieden: der König, der jede Beteiligung daran leugnete, wegen Voltaires eigenmächtiger Eingriffe; Voltaire, der den Text gerne durchgreifender verändert hätte; der Verleger, weil Voltaire kurz darauf seinen Plan wahrmachte und den *Anti-Machiavel* in einer gründlich überarbeiteten Fassung bei einem anderen Verleger herausbrachte. Die Komplikationen der Editionsgeschichte setzten sich in anderen Sprachen fort.

Kurz vor der Erstpublikation in Den Haag trafen sich der *homme de lettres* und der König erstmals am 11. September 1740 auf Schloss Moyland bei Cleve. Der erste Eindruck war für Voltaire ernüchternd:

> Ich bemerkte in einem Kabinett bei Kerzenschein auf einer zweieinhalb Fuß breiten Liege einen kleinen Mann in einem Hausrock aus einfachem blauem Stoff; es war der König, der unter einer schäbigen Decke in einem heftigen Fieberanfall schwitzte und zitterte.[67]

Immerhin machte die Krankheit den Monarchen menschlich: «Ich hätte mir gewünscht, dass auch Sie sehen, wie ein König aussieht, der Mensch geworden ist»[68] – so begeistert schrieb Voltaire vier Tage darauf seinem Freund d'Argental. Die Leutseligkeit, die Friedrich in Cleve an den Tag legte, diente dem Zweck, den berühmten Literaten und Philosophen an seinen Hof zu locken. Einige Wochen zuvor hatte diese Werbung ihren Ausdruck in ungewöhnlichen Versen gefunden:

> Ich werde seine hellen und so durchdringenden Augen bewundern,
> Deren mächtigen Blicken sich die Geheimnisse der Natur,
> Verborgen in dunkler Nacht,
> Nicht zu entziehen vermochten.
> Ich werde hundert Mal diesen
> Im Ernst und im Scherz beredten Mund küssen,
> Der im Erhabenen wie im Komischen
> Gleichermaßen verzaubert und entzückt.[69]

Das war ein Gedicht eines Liebenden an den Geliebten, und es klang ganz und gar nicht platonisch. Bei der erhofften Vereinigung der Liebenden konnte die Geliebte des Geliebten nur stören: «Sie, lieber Freund, begehre ich zu sehen. Wenn es sein muss, dass Emilie Apollo begleitet, bin ich einverstanden, aber sehr viel lieber würde ich Sie alleine sehen.»[70] Für Eingeweihte ließ das nicht an Deutlichkeit zu wünschen übrig, doch noch gehörte Voltaire nicht zu diesem erlauchten Kreis.

Ernüchternde Erfahrungen in Preußen
und Rückkehr zu Emilie

Das Liebeswerben des Königs ließ Emilie nicht ruhen. Als Antwort darauf agierte und agitierte sie in Versailles umso umtriebiger für ihren Lebensgefährten und hatte Erfolg. Der Kardinal-Minister Fleury, inzwischen siebenundachtzig Jahre alt, aber mächtiger denn je, geruhte, Voltaire wieder in Gnaden aufzunehmen, wofür dieser umgehend seinen untertänigsten Dank ausdrückte: «Ich erfahre mit der lebhaftesten Freude, dass Sie mir wieder wohlgesinnt sind (*le retour de vos bontez pour moi*); meine Gegenleistung wird darin bestehen, diese Gnaden mein Leben lang zu verdienen.»[71] Das war erlesene Schmeichelei, gewürzt mit einer Prise Aufsässigkeit, blieb doch die Frage unbeantwortet, warum Voltaire überhaupt in Ungnade gefallen war. Dieser packte die Gelegenheit beim Schopf und bot Fleury an, sich durch diplomatische Dienste in Berlin dessen Gunst würdig zu erweisen. Ein solcher Auftrag hätte den Vorteil gehabt, die inzwischen geplante Reise zu Friedrich II. offiziell zu machen und ihn als Botschafter des französischen Königs aufzuwerten. Doch Fleury winkte ab. Der Autor der *Lettres philosophiques* stand noch unter Bewährung und kam für eine so wichtige Aufgabe mangels erprobter Gesinnung nicht infrage, trotz des über weite Strecken so tugendhaften *Anti-Machiavel*, von dem seine Eminenz allerdings erst die Eingangskapitel gelesen hatte.

Voltaire reiste trotzdem nach Berlin. Von dort schrieb er am 26. November 1740 seinem Nicht-Auftraggeber Fleury einen Brief von wahrhaft doppelbödiger Höflichkeit: «Ich habe den Anweisungen gehorcht, die Eure Eminenz mir nicht gegeben haben.»[72] Diese nicht gegebenen Befehle hätten darin bestehen müssen, ein Bündnis zu knüpfen: «Es ist für das Glück aller Nationen Europas oder zumindest für einen großen Teil von ihnen zu wünschen, dass der König von Frankreich und der König von Preußen Freunde sein mögen.»[73] Für diplomatische Gespräche waren die Zeitläufe allerdings denkbar ungünstig, und so hieß es schon zwei Tage später in einem an Friedrich gerichteten Gedicht: «Ich verlasse einen Halbgott, vor dem ich Weihrauch schwenken muss.»[74]

Dieser Halbgott hatte in dem halben Jahr, in dem er als König herrschte, eine Verwandlung an den Tag gelegt, die nicht nur seiner Rivalin um die Gunst Voltaires in Cirey den Atem verschlug:

> Ich fordere ihn heraus, mich mehr zu hassen, als ich ihn seit zwei Monaten hasse … Ich glaube nicht, dass es einen größeren Widerspruch zwischen seinem Einmarsch in Schlesien und dem *Anti-Machiavel* gibt. Aber von mir aus kann er so viele Provinzen erobern, wie er will, wenn er mir nur nicht mehr das wegnimmt, was den Zauber meines Lebens ausmacht.[75]

Genauso kam es: Friedrich II. besetzte bis Januar 1741 handstreichartig Schlesien. Voltaire kehrte daraufhin Anfang Dezember zu Emilie zurück und erklärte dem König noch auf dem Rückweg, warum:

> Sie öffnen mit kühner Hand
> Den schrecklichen Tempel des Janus;
> So kehre ich, ganz verwirrt,
> Zur Kapelle Emilies zurück.
> Ich muss unter ihr Gesetz zurückkehren,
> Das ist meine Pflicht, und der bin ich treu.[76]

Allerdings erfüllt der Blick zurück den Dichter mit Beklommenheit und Zuversicht zugleich. So enden die Verse mit der Frage, ob mit der Abreise denn alles, Glück und König, verloren sei, doch die Antwort, die er sich selbst gibt, lautet: Zu so viel Verzagtheit besteht kein Anlass. So schließt der in Cleve abgeschickte Brief, in den das Gedicht eingefügt ist, optimistisch mit der Hoffnung auf Rückkehr unter günstigeren Vorzeichen: «Sire, ich bitte den Gott des Friedens und des Krieges, dass er Ihre großen Unternehmungen begünstigen möge und dass ich meinen Helden in Berlin bald wiedersehe, und zwar mit einem doppelten Lorbeerkranz geschmückt.»[77] Am letzten Tag des ereignisreichen Jahres 1740 schrieb Voltaire erneut an den zum Feldherrn mutierten Philosophen- und Musenkönig. Ein weiteres Mal fühlte er sich zur Rechtfertigung seiner Abreise genötigt, als sei es eine Fahnenflucht gewesen:

> Ich habe Ihren wunderbaren Hof nicht verlassen, um wie ein Dummkopf zu Füßen einer Frau zu schmachten. Aber, Sire, diese Frau hat für mich alles aufgegeben, für das die anderen Frauen ihre Freunde aufgeben. So bin ich ihr in jeder Hinsicht zutiefst verpflichtet.[78]

Die Entscheidung gegen Friedrich und für Emilie war nicht nur ein Votum für den Frieden und gegen den Krieg, sondern auch eine Distanzierung von einem Hof, dessen Atmosphäre Voltaire zutiefst irritiert hatte. Diese verstörenden Eindrücke verarbeitete er in Versen, deren spielerische Töne nicht über die tiefe Befremdung hinwegtäuschen können:

> Großer König, ich hatte es Ihnen vorhergesagt,
> Dass Berlin Athen werden würde,
> Was die Vergnügungen und den Geist betrifft;
> Und diese Vorhersage ist eingetroffen.[79]

Berlin, das neue Athen an der Spree: Das klang schmeichelhaft, doch «die Sachen Griechenlands», die danach zur Sprache kamen, betrafen nicht den Geist, sondern den Körper. «Die Sachen» bestanden darin, dass ein Höfling bei einem «zärtlichen» Gastgeber unter dessen Augen seinen schönen Freund «lebhaft» umarmte, und erinnerten an Sokrates «auf dem Rücken des Alkibiades». An den damit ziemlich ungeschminkt beschriebenen homosexuellen Praktiken, so Voltaire weiter, sei er «sehr desinteressiert». Diese Absage konnte durch derbe Scherze wie den Vergleich von Sokrates mit dem heiligen Carlo Borromeo abgemildert werden, doch in der Substanz hatte sie Bestand. Das männerbündlerisch Martialische war Voltaire zutiefst zuwider, gehobene Geselligkeit war für ihn ohne das feminine Element nicht denkbar. So gewann sein Brief an d'Argental vom 6. Januar 1741 die Züge eines Bekenntnisses:

> Es scheint mir eine große Torheit, irgendetwas dem Glück der Freundschaft vorziehen zu wollen. Was kann mir derjenige voraushaben, der Schlesien besitzen wird? ... Niemals stand Madame du Châtelet höher über den Königen als jetzt.[80]

Zu diesem Zeitpunkt hatte der von Voltaires Gefährtin beklagte Einmarsch in Schlesien bereits stattgefunden. Die habsburgische Provinz war dem preußischen König, der sie ohne jede stichhaltige Rechtsgrundlage beanspruchte, wie erhofft weitgehend kampflos in den Schoß gefallen. Nach dem plötzlichen Tod Kaiser Karls VI. im Oktober 1740 sah sich Maria Theresia, die dreiundzwanzigjährige Thronfolgerin in den habsburgischen Erblanden, von beutegierigen Nachbarmächten umzingelt. Der Kaiser hatte zwar durch diverse Abkommen den gleitenden Übergang der Herrschaft an seine Erbtochter so weit wie möglich zu sichern versucht, doch als der Ernstfall eintraf, waren diese Vereinbarungen der «Pragmatischen Sanktion» nicht das Papier wert, auf dem sie standen. Europa sah somit kriegerischen Zeiten entgegen. Friedrich II. war der Erste, der die Gunst der Stunde erkannte und ganz im Sinne Machiavellis die Gelegenheit ergriff, sich an der ausgedehnten Landmasse der Habsburger zu bedienen. Doch ganz so glatt wie erwartet verlief das Unternehmen Schlesien dann doch nicht. Mit dem Beginn des Frühjahrs 1741 schickte Wien Truppen in die besetzte Provinz, die den achtundzwanzigjährigen König zu seiner ersten größeren Schlacht zwangen. Das Treffen bei Mollwitz am 10. April ging zwar zu seinen Gunsten aus, doch seine persönliche Rolle in diesem Gefecht wurde von beiden Seiten ganz unterschiedlich dargestellt. Nach der österreichischen Version floh er im kritischen Moment feige aus dem Getümmel und überließ die Leitung des Schlusskampfs seinem General von Schwerin; folgt man seiner eigenen Darstellung, so zog er sich nach tapferem Kampf Mann gegen Mann aus taktischen Gründen zurück, um als souveräner Feldherr den Sieg in die Wege zu leiten. Voltaire zeigte sich dieser zweiten Version verpflichtet – seine Bewunderung für den Krieger-König stand weiterhin unverbunden neben der Ablehnung des Krieges an sich.

In diesen aufregenden Monaten trug Voltaire seine eigenen inneren Kämpfe aus. Seit 1739 arbeitete er an einem Drama, das die *Zulime*-Scharte auswetzen sollte, und schickte erste Entwürfe und Szenen an seinen preußischen Bewunderer, der sich begeistert zeigte: *Mahomet* war ganz nach seinem Geschmack. Worum es ihm in diesem Stück über den Propheten der muslimischen Religion ging, legte Voltaire kurz nach seiner Abreise aus Berlin in einem Brief an den inzwischen mit der Eroberung Schlesiens beschäftigten Monarchen dar. Molières *Tartuffe*, in seinen Augen das unübertroffene Meisterwerk der Bühnenkunst überhaupt, «hat den Menschen sehr viel Gutes getan, da es die Heuchelei in all ihrer Hässlichkeit gezeigt hat».[81] An die Errungenschaften dieses großen Menschenkenners, den er einige Jahre zuvor einer kurzen Lebens- und Werkbeschreibung gewürdigt hatte, galt es anzuknüpfen:

> Kann man nicht versuchen, in einer Tragödie diese Art des Betruges anzugreifen, die die Heuchelei der einen und die Wut der anderen befeuert? Kann man nicht bis zu diesen alten Verbrechern zurückgehen, die den Aberglauben und den Fanatismus begründet haben und die als Erste das Messer auf den Altar gelegt haben, um diejenigen zu Opfern zu machen, die sich weigerten, ihre Jünger zu werden? Diejenigen, die sagen, dass diese Verbrechen Vergangenheit sind und dass man keine Bar Kochbas, Mahomets und Johann van Leydens [der «König» des Täuferreichs von Münster] mehr sehen wird, weil die Flammen der Religionskriege erstickt sind, erweisen, so scheint mir, der menschlichen Natur zu viel Ehre. Dasselbe Gift gibt es noch, wenngleich weniger weit ent-wickelt. Diese Pest, die ausgelöscht scheint, bringt immer wieder neue Keime hervor, die die Welt infizieren können.[82]

«Mahomet», das Drama des Fanatismus, und neue Schmeicheleien für den preußischen König

Voltaires Medizin gegen die Krankheit des religiösen Fanatismus, die in Frankreich den guten König Henri IV und in den Niederlanden Wilhelm von Oranien das Leben gekostet hatte, bestand in heilsamem Schrecken, und diesen inszenierte er anschaulicher und erschütternder, als man ihn jemals auf der Bühne zu sehen bekommen hatte:

> Es geht um einen jungen Mann, der mit der Tugend geboren ist, aber, durch seinen Fanatismus verführt, einen Greis tötet, der ihn liebt, und sich im Glauben, Gott zu dienen, ohne es zu wissen des Vatermords schuldig macht; diesen Mord befiehlt ein Betrüger, der dem Mörder als Lohn dafür Inzest verspricht.[83]

Damit sind die Grundzüge der Bühnenhandlung zusammengefasst. Die Szene spielt vor den Mauern Mekkas, das von Mahomets Truppen belagert wird. Dieser hat behauptet, von Gott den Auftrag zur Eroberung der Welt erhalten zu haben, um diese im wahren Glauben zu vereinen. Mekka wird von dem weisen Zopire verteidigt, der sich als letzter Vertreter des gesunden Menschenverstandes in einer Zeit des grassierenden Aberglaubens präsentiert; für ihn ist Mahomet nichts weiter als ein Betrüger, der seine Gier nach Lust und Macht durch eine erfundene Religion zu stillen versucht. Damit trifft er ins Schwarze, wie Mahomet selbst seinem willenlosen Werkzeug Omar offenbart:

> Die Liebe allein tröstet mich; sie ist meine Belohnung,
> Der Gegenstand meiner Anbetung, die Göttin, der ich huldige,
> Der Gott Mahomets; und diese Leidenschaft
> Ist so stark wie die Wut meines Ehrgeizes.[84]

Objekt von Mahomets Begierde ist die schöne junge Palmire, die mit dem tapferen und heißblütigen Séide verlobt ist. Beide sind Geschwister und die Kinder Zofires, doch im Gegensatz zu Mahomet und Omar wissen sie nichts von dieser Abstammung und ihrer Verwandtschaft. Nicht

«Mahomet», Titelseite eines
unautorisierten Drucks
von 1742

weniger offenherzig als gegenüber Omar zeigt sich Mahomet im Gespräch mit Zofire, den er für seine weltumspannenden Pläne zu gewinnen sucht:

> Wenn ich jemand anderem als Zofire antworten müsste,
> Würde ich nur von Gott sprechen, der mich entflammt.
> Das Schwert und der Koran in meinen blutigen Händen
> Würden dem Rest der Menschheit Schweigen auferlegen.
> Meine Stimme hätte auf sie die Wirkung des Donners.[85]

Eine solche Täuschung, der das gutgläubige Volk zum Opfer fällt, erübrigt sich im Falle des klugen Zofire. Zudem glaubt sich Mahomet sicher genug, um auf solche Vertuschungsmanöver verzichten zu können:

> Ich spreche zu dir als Mensch, ohne etwas zu verbergen,
> Denn ich fühle mich groß genug, um dich nicht zu täuschen.[86]

Diese Sicherheit erlaubt es Mahomet, seine wahren Absichten offenzulegen:

> Ich bin ehrgeizig, jeder Mensch ist das ohne Frage,
> Doch niemals hat ein König, Hohepriester, Häuptling oder Bürger
> Einen so großen Plan wie den meinen entwickelt.[87]

Dieser Plan fußt auf einer globalen Sicht der Geschichte. Ein Imperium nach dem anderen stieg auf, stand im Zenit und verfiel. Nach den Ägyptern, Persern und Römern sind jetzt die Araber am Zuge, die bisher in ihrer abgelegenen Wüstenei ein unbeachtetes Dasein gefristet haben und daher für die Botschaft des künftigen Ruhmes, die ihnen Mahomet verkündet, umso empfänglicher sind. Die Lektion, die dieser aus der Vergangenheit zieht, lautet also, geschickter und dadurch erfolgreicher vorzugehen als alle Imperiumsgründer vor ihm. Konkret heißt das:

> Es bedarf eines neuen Kultes, aus dem sich neue Ketten schmieden lassen.
> Es bedarf eines neuen Gottes für dieses blinde Universum.[88]

Einen neuen Kult einzusetzen, haben – so Mahomet – vor ihm schon Osiris in Ägypten, Zarathustra in Persien und Numa Pompilius in Rom versucht, doch mit eher mäßigen Resultaten:

> Tausend Jahre später werde ich diese grobschlächtigen Gesetze verfeinern:
> Ich erlege den Nationen ein edleres Joch auf:
> Ich schaffe die falschen Kulte ab; und mein gereinigter Kult
> Ist der erste Schritt zu meiner künftigen Größe.[89]

Die diabolische Klugheit des Religionserfinders Mahomet besteht also darin, den abgenutzten Götzendienst abzuschaffen und diesen durch einen

«Mahomet», das Drama des Fanatismus

sehr viel glaubwürdigeren Monotheismus zu ersetzen, der in Wirklichkeit nichts anderes als maßlos übersteigerte Selbstverherrlichung ist. Auf Zofires empörte Frage, woher er das Recht zu einem so ungeheuerlichen Betrug nehme, gibt Mahomet zwei Antworten. Die erste lautet: Das dumme Volk will zu seinem Besten getäuscht werden. Die zweite:

> Es ist das Recht, mit dem ein großer Geist, der fest in seinen Plänen ist, Über den groben Sinn des menschlichen Pöbels gebietet.[90]

Seinen großen Plan rechtfertigt Mahomet des Weiteren mit Argumenten, die direkt aus Machiavellis *Buch vom Fürsten* entlehnt sind: Der Zweck heiligt die Mittel, und der nobelste Zweck ist die Eroberung eines Imperiums. Dafür bedarf es einer Staatsreligion, die die Aufopferung des Einzelnen fürs Vaterland zum Willen Gottes und zum höchsten Zweck des menschlichen Daseins erklärt. Den damit erhobenen Anspruch auf wahre Größe hat Mahomet in den Augen des Publikums durch seine schäbigen Begierden und seinen krassen Eigennutz längst verwirkt: Das Imperium bin ich, so lautet seine Devise. 1741 gab es weit und breit nur einen Eroberer, nämlich den König von Preußen, der seinen Überfall auf Schlesien, das dem erzkatholischen Haus Habsburg gehörte, mit Motiven der Religion zu rechtfertigen versuchte. Natürlich war er deswegen noch kein religiöser Fanatiker, aber auch er musste sich fragen lassen, ob sein Krieg der Befriedigung persönlicher Ruhmsucht oder der Beförderung religiöser Toleranz und damit der Menschheit diente. In der Auseinandersetzung zwischen Zofire und Mahomet ging es also auch um Voltaire und Friedrich II.

Als Mahomet und Zofire ergebnislos und verfeindeter denn je auseinandergehen, ist der intellektuelle Höhepunkt des Stücks überschritten, die Handlung hingegen kommt erst richtig in Gang. Nach der Zurückweisung durch den weisen Alten von Mekka sinnt Mahomet auf Rache, und diese fädelt er mit wahrhaft teuflischer Schläue ein: Er schickt Séide mit dem Dolch im Gewande zu Zofire, der seinem Mörder und dessen Gefährtin Palmire sterbend offenbart, dass er ihr Vater ist, und ihnen zugleich verzeiht. Daraufhin ruft das vatermörderische Geschwisterpaar das Volk von Mekka zur Revolte auf – Mahomet scheint verloren, sein Plan gescheitert. Doch Omar hat verbrecherische Vorsorge getroffen, so dass sich die Niederlage zum Triumph wendet. Just in dem Augenblick, in dem Séide der empörten Menge die Verbrechen des Religionsstifters offenbaren will, beginnt das Gift, das ihm Mahomets finsterer Gehilfe eingeflößt hat, zu wirken. So glauben alle an ein Wunder des Himmels, mit dem der sterbende Ankläger des Propheten widerlegt und dieser endgültig bestätigt wird. Palmire gibt sich daraufhin selbst den Tod, so dass Mahomets fleischliche Begierden ungestillt bleiben – im Gegensatz zu seinem Hunger nach globaler Herrschaft, die von jetzt an ihren unaufhaltsamen Lauf nehmen wird, denn die Welt will mehr denn je betrogen werden.

Die große Schwäche des Stücks ist seine Eindimensionalität: Mahomet weiß sehr genau, dass die von ihm begründete Religion eine pure Erfindung ist. Viel überzeugender und gefährlicher als solche zynischen Machtmenschen sind auf der Bühne wie im realen Leben die Fanatiker, die wie der perfide indoktrinierte Attentäter Séide an ihre Sendung glauben und daraus die göttliche Erlaubnis ableiten, die Ungläubigen auszurotten. Der Protagonist des Stücks aber bleibt trotz oder gerade wegen seiner kruden Pläne und Taten und seiner enthüllenden Monologe blass, letztlich ist er eine austauschbare Chiffre. Das wiederum soll er auch sein: Voltaire geht es nicht um den historischen Mohammed und den Islam, sondern um den Typus des Fanatikers, dessen Aktualität er weiterhin als bedrohlich einstuft. Die Premiere des *Mahomet* in Lille im April 1741 wurde ein Triumph, doch Lille war nicht Paris. Bis es auch dort so weit war, musste Voltaire, der notorische Preußenfreund, diplomatisches Lehrgeld bezahlen.

Ludwig XV. hatte auf den Ausbruch des Schlesischen Krieges mit seiner üblichen Passivität reagiert, so als ob all das Frankreich nichts angehe. Dieser Ansicht war auch Fleury, der keine neuen militärischen Abenteuer wollte, die nur neue Schulden zur Folge hatten. Doch im Laufe der Jahre 1741 und 1742 sank der Stern des purpurgeschmückten Greises unaufhaltsam, und die Kriegspartei der jungen Höflinge und Möchtegern-Feldherren setzte sich durch. So trat Frankreich an der Seite Preußens in den Krieg gegen Habsburg ein, und das mit verheerenden Folgen, auch für Voltaire. Nach verlustreichen Feldzügen zog sich die französische Armee ruhmlos zurück, und Friedrich II. schloss im Juni 1742 mit Maria Theresia einen Separatfrieden, der Frankreich zutiefst brüskierte.

Voltaire aber war begeistert, dass sich der Kriegerkönig zum Friedensfürsten mauserte, und schrieb dem Berliner Apollo einen überschwänglichen Glückwunschbrief:

So sind Sie, Sire, nun nicht mehr unser Verbündeter? Aber Sie werden der Verbündete des Menschengeschlechts sein, denn Sie werden wollen, dass jeder seine Rechte und sein Erbe genießt und dass es keine Unruhen mehr gibt.[91]

Die Interessen der Menschheit und Frankreichs fielen laut Voltaire also nicht zusammen; der preußische Aggressor hingegen agierte im Einklang mit diesen hehren Prinzipien. Als dieser Brief plötzlich in zahlreichen Abschriften in Paris zu zirkulieren begann, stand sein Verfasser als Landesverräter dar – und sah sich als Opfer finsterer Machenschaften. Völlig aufgeklärt sind die Umstände dieser Publikmachung bis heute nicht. Da der preußische König durch die Bloßstellung seines größten Bewunderers nichts zu gewinnen hatte, sondern nur verlieren konnte, ist die These am wahrscheinlichsten, dass die französische Zensur den Brief abfing, um dessen Verfasser zu desavouieren. Immerhin hielt sich der Schaden für diesen in Grenzen: Die öffentliche Meinung war kriegsmüde und froh über das Ende des militärischen Abenteuers.

Im August 1742 war es dann so weit. *Mahomet* wurde in der Comédie-Française aufgeführt, obwohl der oberste Zensor nicht sein Einverständnis erteilt hatte. Das Stück machte bei der Mehrheit des Publikums großen Eindruck, doch über sein weiteres Schicksal entschied eine Minderheit: Die einflussreiche «Partei der Frommen», der Jansenisten mit ihren engen Verbindungen zum *Parlement* von Paris, fühlte sich völlig zu Recht angegriffen. Denn die arabische Tünche in *Mahomet* ist nur dünn aufgetragen, in Wirklichkeit geht es um Religionen im Allgemeinen. Voltaire will zeigen, dass Glaubenslehren von Machtmenschen erfunden werden, um damit eine Herrschaft zu errichten, die durch Gewissensterror unerschütterlich wird. Zum anderen soll das Stück vor Augen führen, dass der Mensch ein abergläubisches und opportunistisches Herdenwesen ist und nur allzu bereit, sich dem nächstbesten Scharlatan anzuschließen, der ihn mit der Parole «Gott will es!» unterjocht. Mit dieser Aussage steht das räumlich und zeitlich scheinbar so ferne Stück an der Seite der *Henriade* – Mekka ist in Wirklichkeit Paris.

Vor dem Protest, der die verfeindeten Parteien der Jansenisten und Jesuiten ausnahmsweise vereinte, knickten die Behörden rasch ein. Schon nach einer Woche wurde *Mahomet* von der Bühne zurückgezogen und durch ein konventionelles Stück ersetzt, das vom enttäuschten Publikum ausgepfiffen wurde. Dass *Mahomet* nicht dem historischen Urteil Voltaires über den Islam und seinen Begründer entsprach, zeigen spätere Schriften zum Thema. Schon in dem sechs Jahre später entstandenen Essay *De l'Alcoran et de Mahomet* (Über den Koran und Mohammed) fiel sein Urteil viel differenzierter aus. Gutgeschrieben werden dem Religionsstifter die Einführung des Monotheismus, der die Ergebenheit in den Willen des einen Gottes in sich birgt, das Verbot des Wuchers und die Pflicht zur Solidarität mit den Armen. Das änderte jedoch nichts an Voltaires Meinung, dass Erfolg und Ausbreitung jeder neuen Religion nur durch Betrug und Gewalt erreicht werden.

Die letzten Monate des Jahres 1742 widmete Voltaire in Cirey intensiven historischen Studien. Sie galten einem großen und einem riesengroßen Projekt: der umfassend angelegten Studie über das Zeitalter Ludwigs XIV. und einer Weltgeschichte der Zivilisation von den Anfängen bis an die Schwelle der Gegenwart. Unterbrochen wurden diese Forschungen von Ausflügen nach Paris, bei denen Madame du Châtelet ihre mondänen Verpflichtungen genussvoll erfüllte, von einer kurzen Begegnung mit König Friedrich II. in Aachen, wo dieser erneut mit einer prestigeträchtigen Anstellung in Berlin lockte, und von einer Annäherung an den fast neunzigjährigen Kardinal Fleury, der trotz altersbedingter Ausfallerscheinungen und der Opposition der «Falken» seinen Resteinfluss auf den König bis zu seinem Tod im Januar 1743 bewahrte. Voltaires gut ein Jahr zuvor gefälltes Schlussurteil über diesen Grandseigneur, der der längst vergangenen Zeit des Sonnenkönigs entstiegen zu sein schien, fiel ungeachtet wechselvoller Erfahrungen mit dessen Politik versöhnlich, witzig und für den Adressaten Friedrich II. schmeichelhaft aus:

> Nach langer Krankheit entkräftet, beschloss der Kardinal de Fleury, der nicht wusste, was er machen sollte, an einem kleinen Altar in einem frostkalten Garten die Messe zu lesen. Als die Herren Amelot und Breteuil dazueilten und ihm sagten, dass er sich dabei den Tod holen könne, entgegnete er: Nur die Ruhe, meine Herren, Sie wärmen mich wie Daunen. Mit neunzig Jahren, was für ein Mann! Sire, leben Sie genauso lange, auch wenn Sie dafür in diesem Alter die Messe lesen müssen und ich Ihnen dabei als Messdiener zur Seite stehe![92]

Nach leisen Zwischen- und Misstönen hatte sich die Spirale der wechselseitigen Beweihräucherung im Briefwechsel zwischen Voltaire und dem König wieder zur reinen Apologie emporgedreht: «Eure Menschlichkeit ist verehrungswürdiger denn je, es fehlen mir schlicht die Worte, um diese Majestät auszudrücken.»⁹³ Wenige Zeilen später geht die Lobeshymne sogar in Verse über:

> Sagen Sie mir, durch welche erhabene Kunst
> Sie es fertiggebracht haben, gleichzeitig
> In der Kunst der Könige
> Und in der bezaubernden Kunst des Reimes solche Fortschritte zu machen.⁹⁴

Voltaires ehrliche Meinung war das allerdings nicht. Was das Metier des Monarchen betraf, so war er weiterhin gespalten zwischen der Bewunderung für den erfolgreichen Feldherrn und dem Entsetzen über die vielen Kriegsopfer. Und von eleganten Versen aus der Feder des Kriegsherrn konnte keine Rede sein, darüber war er sich mit seiner klugen Gefährtin einig.

Kniefälle vor der Académie française, Spaßmacher in Potsdam

Voltaire brauchte Friedrich II., um sich gegenüber dem französischen Hof abzusichern. Im Zeichen der Fleury-Dämmerung war das wichtiger denn je. Als Vertrauter des preußischen Monarchen, der diesem vieles sagen konnte, was über diplomatische Kanäle nicht kommunizierbar war, wurde er für die französischen Minister und sogar für den König selbst interessant, wie ihm dieser mitteilen zu lassen geruhte. Der so lange subversive und suspekte Literat schien an der Schwelle zu seinem fünfzigsten Lebensjahr auf dem besten Wege, hofzahm zu werden. Zu dieser neuen Honorigkeit gehörte es, in die Académie française und damit in den Olymp anerkannter und meist schon etwas angejahrter Autoren von unanfechtbar staatstragender Gesinnung gewählt zu werden. Im *Temple du Goût* hatte Voltaire die Käuflichkeit der Intellektuellen durch Titel und Pensionen verhöhnt. Trotzdem blieb die Institution, deren Mitgliedern sein Spott gegolten hatte, für ihn prestigeträchtig – ein sehr menschlicher Widerspruch. So war es an der Zeit, ein Stück auf die Bühne zu bringen, das alle nur denkbaren guten Gesinnungen zusammen unter Beweis stellen und überdies das Publikum ein weiteres Mal zu Tränen rühren sollte. Dieses Unterfangen gelang im Februar 1743 mit der Aufführung des Dramas *Mérope*, an dem Voltaire seit mehr als fünf Jahren gearbeitet hatte und das jetzt 53 Aufführungen vor mehr als 50 000 Zuschauern erleben sollte. An diesem Hohenlied der Mutterliebe und der Witwentreue über den Tod hinaus konnten auch die Übelwollendsten keinen Anstoß nehmen: *Mérope* ist ein in allgemeine Glückseligkeit verwandelter *Oedipe*. Wie in diesem Stück steht ein verlorener Sohn, dessen Identität lange ungeklärt bleibt, im Zentrum der wildbewegten Verwicklungen. Als sein Geheimnis schließlich gelüftet wird und damit feststeht, dass er Egisthe ist, der ermordet geglaubte Nachkomme des gleichfalls gemeuchelten Königs Chresphonte von Messenien und dessen tugendhafter Gattin Mérope, wendet sich die dramatische Handlung endlich zum Guten. Denn jetzt geht es dem grausamen Putschisten Polyphonte, der Mérope zur Heirat zwingen und dadurch König werden wollte, endlich an den Kragen. Am strahlenden Ende tötet der tapfere Egisthe eigenhändig den Tyrannen und dessen finsteren Gehilfen Erox, so dass der Fluch über Messenien endlich aufgehoben ist und einer glorreichen Zukunft des Landes nichts mehr im Wege steht – Mutter und Sohn teilen sich die Herrschaft, nicht Tisch und Bett wie in Theben. Und das Volk akklamiert wie immer den schönen neuen Machtverhältnissen:

> Unsere Freunde haben gesprochen, die Herzen sind gerührt:
> Das eben noch ungeduldige Volk weint jetzt Tränen der Freude;
> Es vergöttert den König, den der Himmel ihm schickt.[95]

Auch eine gefühlvolle Lehre über gute Herrschaft wird dem neuen König im allgemeinen Jubel zuteil:

> O König! Kommt und genießt den Preis des Sieges,
> Dieser Preis ist unsere Liebe, sie ist mehr wert als der Ruhm.[96]

Darin konnte, wer wollte, ein Votum für die Fortsetzung der Friedenspolitik des Kardinals sehen, der drei Wochen zuvor das Zeitliche gesegnet hatte. Am Ende des Stücks wird vom neuen Mit-König Egisthe höchstpersönlich das Lob höherer Mächte angestimmt:

Dieser Ruhm gebührt nicht mir, sondern den Göttern:
So wie das Glück kommt auch die Tugend von ihnen zu uns.[97]

Das klang geradezu nach Gottesgnadentum. Wer nach Voltaires Markenzeichen, also nach Widerhaken, Doppeldeutigkeiten, Anzüglichkeiten und ironischen Unterwanderungen sucht, geht in *Mérope* leer aus, mit einer Ausnahme: Der tugendhafte Sohn und Retter Egisthe trägt einen fluchbelasteten Namen. In der Orestie des Aischylos ermordet sein Namensvetter seinen Onkel Atreus und König Agamemnon, den Gatten seiner Geliebten Klytemnestra. Dem edlen Helden ausgerechnet den Namen des feigen und perfiden Lüstlings und Meuchelmörders zu geben, zeugte von schwarzem Humor, der sich dem gerührten Publikum augenscheinlich nicht erschloss.

Die irdischen Götter der Académie française zeigten sich dem Kandidaten Voltaire, der den durch den Tod Fleurys vakant gewordenen Platz einnehmen wollte, weit weniger gewogen. Am 22. März 1743 wurde nicht der eben noch hymnisch gefeierte Autor der *Mérope*, sondern ein obskurer Bischof von Bayeux gewählt, dessen Hauptleistung darin bestand, der Bruder des einflussreichen Herzogs von Luynes zu sein. Die Zurückweisung war für Voltaire umso demütigender, als er sich nicht zu schade gewesen war, zwecks Mehrung seiner Wahlchancen ein weiteres Bekenntnis seiner guten Gesinnungen abzulegen: «Ich kann daher vor Gott, der mir zuhört, sagen, dass ich ein guter Bürger und ein wahrer Katholik bin, und ich sage dies nur, weil ich beides immer von Herzen gewesen bin.»[98] Das war immerhin noch eine Sache der Auslegung. Was ein guter Bürger war, ließ sich verschieden interpretieren, und ein guter Katholik war für Voltaire letztlich ein Deist wie er selbst. Doch im selben Schreiben verleugnete Voltaire seine *Lettres philosophiques*. Und gegenüber Friedrich II., der sich über den Kniefall des Freidenkers vor der Phalanx der Wohlgesinnten königlich amüsierte, behauptete er, dieses Zeugnis der Wohlanständigkeit gar nicht verfasst zu haben. Beides glaubte ihm natürlich niemand. Schlimmer noch: Es machte ihn für alle Seiten unglaubwürdig. Für den König von Preußen war Voltaires peinliche Niederlage ein willkommener Anlass zu einem erneuten Vorstoß, um den seit Langem Umworbenen definitiv nach Berlin zu lotsen:

Warum, mein lieber Voltaire, nehmen Sie es hin, dass man sie schimpflich von der Akademie ausschließt und dass Sie im Theater bejubelt, am Hof verachtet und in der Hauptstadt verehrt werden? Was mich betrifft, ich würde mich mit diesem Widerspruch nicht abfinden. Außerdem können die Franzosen durch ihre Leichtfertigkeit in ihren Huldigungen oder Missfallensbekundungen nie beständig sein.[99]

Das war Balsam auf die frische Wunde. Natürlich machte Voltaire das Werben des Preußenkönigs in Paris publik. Er sei – so schrieb er Friedrich – zur Übersiedlung nach Berlin bereit, nichts und niemand könne ihn davon abhalten: «Ich werde Minerva um Apollos willen verlassen. Sire, Sie sind meine größte Leidenschaft, und man muss sich im Leben zufriedenzugeben wissen.»[100] Nur gut, dass Minerva alias Emilie dieses Schreiben nicht gelesen hatte, denn es kam abermals anders: Voltaire ging zwar nach Berlin, doch als Diplomat, nicht als Dauergast. Seit Beginn des Österreichischen Erbfolgekrieges hatten die französischen Armeen einen Misserfolg nach dem anderen hinnehmen müssen, während die holländisch-englische Allianz an der Seite Maria Theresias immer bedrohlicher auftrat. In dieser Situation war der König von Preußen das Zünglein an der Waage; wenn es gelang, ihn wieder in die anti-habsburgische Koalition zurückzuholen, musste dies das militärische und politische Kräfteverhältnis wesentlich verschieben.

So erhielt Voltaire im Juni 1743 endlich die offizielle Mission als Diplomat, die man ihm bei früheren Gelegenheiten verweigert hatte. Auch dieses Mal fiel die Anwerbung alles andere als prestigeträchtig aus. Voltaire bezog zwar ein Gehalt, doch hielt man es nicht für nötig, ihm einen formellen Akkreditierungsbrief auszustellen. Seinem Stolz tat das keinen Abbruch. Paris und der Präsident der Académie française hatten Voltaire so übel mitgespielt, dass Berlin für ihn jetzt das kleinere Übel war, mochte die schöne Emilie noch so sehr dagegen opponieren. Hätte Voltaire gewusst, wie Friedrich II. seine Rolle einschätzte, so wäre seine hochgemute Stimmung allerdings schnell verflogen. Der König äußerte sich in spöttischen Versen über Voltaire, die ihren Lehrer nicht verleugneten.

> Aber was soll's, er wird uns zum Lachen bringen,
> Wenn wir ihn werden erzählen hören
> Von Maurepas und Boyer,
> Voll vom Gift der Satire.[101]

Der Graf von Maurepas, Minister für die königliche Marine, und Jean-François Boyer, seines Zeichens Bischof von Mirepoix und für die Vergabe lukrativer Pfründen zuständig, waren nach Fleurys Tod die neuen Leiter der französischen Außenpolitik. Wie Friedrichs lyrischer Erguss zeigt, nahm er sie genauso wenig ernst wie den Diplomaten Voltaire, der nur zur Unterhaltung seines Hofes beitragen sollte. Schon im Vorfeld hatte der Sieger im Ersten Schlesischen Krieg aus seiner Geringschätzung des französischen Militärs kein Hehl gemacht: «Ihr Franzosen lasst euch wie Feiglinge schlagen, ich erkenne diese Nation nicht wieder, die Wollust hat sie verweichlicht, sie ist wie Hannibal nach seinem Aufenthalt in Capua.»[102] Knapp zwei Monate später, im August 1743, schlug Friedrich in dieselbe Kerbe:

Diese liebenswerten Feiglinge sind mehr Frauen als Soldaten
Und für das Theater gemacht, nicht für den Kampf.[103]

Voltaires Mission war also gescheitert, bevor sie überhaupt begonnen hatte. Das war seiner klugen Gefährtin von Anfang an klar. Sie setzte daher Himmel und Hölle in Bewegung, um ihren in der Einschätzung seiner Rolle allzu naiven Lebensgefährten von seiner unsinnigen Reise so schnell wie möglich zurückrufen zu lassen, und hatte Erfolg.

Am 21. August war Voltaire von Den Haag, wo er zu Tarnungszwecken zuerst Station gemacht hatte, nach Berlin und Potsdam aufgebrochen, und schon vom 30. desselben Monats datiert das Schreiben Maurepas', das ihn im Namen des Königs unverzüglich zurückbeorderte. Seinen kurzen Aufenthalt bei «Apollo» bewertete der Möchtegern-Diplomat trotzdem sehr viel positiver als sein nächstes Umfeld. Er habe mit dem König tiefsinnige Gespräche über die aktuelle politische Lage geführt und diese mit ähnlichen Konstellationen der Antike verglichen, so wie Titus Livius sie beschrieben hatte. Friedrich II. selbst schilderte die Unterredungen im Rückblick sehr viel zutreffender: «Die glänzende Einbildungskraft des Dichters entfaltete sich rückhaltlos auf dem weiten Feld der Politik: Er hatte keinerlei Beglaubigung, und seine Mission war ein Spiel, ein Spaß.»[104] Die ihm zugedachte Rolle des geistreichen Alleinunterhalters hatte Voltaire also perfekt gespielt, ohne es zu bemerken, was den König besonders erheiterte. So hatte er auf die Äußerung des Königs, einer der erfolglosen Marschälle

Frankreichs verdiene die Hinrichtung, entgegnet: «Das wissen wir, Sire, doch schlagen wir niemandem den Kopf ab, der keinen hat.»[105] An Witz mangelte es Voltaire nie; diplomatische Zurückhaltung oder gar Diskretion war nicht seine Stärke.

Um den geistreichen *causeur* auf Dauer an sich zu binden, fädelte der preußische König eine böse Intrige ein, die diesem die Rückkehr nach Frankreich verbauen sollte. Er ließ ein Schriftstück an den französischen Hof schicken, das aus echten Briefausschnitten Voltaires, aus dem Zusammenhang gerissenen Versen desselben und «Zusätzen» bestand, die er aus Gesprächen mit seinem Gast wiederzugeben behauptete. Zum Glück für Voltaire ließ das perfide Machwerk den französischen Hof und Ludwig XV., «den dümmsten König, den Frankreich je hatte»,[106] in so ungünstigem Licht erscheinen, dass es selbst für seine geschworenen Feinde unglaubwürdig wirkte. Das Verleumdungsschreiben verfehlte denn auch seinen Zweck. Boyer, der im selben Brief als «Esel von Mirepoix» bezeichnet wurde, beklagte sich zwar beim Monarchen, doch dieser war ausnahmsweise einmal richtig beraten und gab die Order aus, darauf nicht zu reagieren.

So bestand das einzige Ergebnis der so hochgemut angetretenen Preußenreise in einem Ratschlag des preußischen Königs an die französische Nation, der vor Arroganz und verächtlicher Herablassung nur so triefte: «Der einzige Auftrag, den ich Ihnen für Frankreich mitgeben kann, besteht darin, den Franzosen zu raten, sich künftig klüger zu verhalten, als es bislang geschehen ist.»[107] Diese ausgesuchte Beleidigung musste Voltaire an einer empfindlichen Stelle treffen. Über unfähige Generäle ließ sich trefflich spotten, doch in Sachen nationaler Ehre hörte für ihn der Spaß auf. Aber auch der erfolglose Gesandte hatte ein paar vergiftete Pfeile im Köcher. In autobiographischen Aufzeichnungen, die er ab 1758 festhielt, beschrieb Voltaire das Potsdam des Jahres 1743 als eine Mischung aus Sparta und Istanbul. Der König speiste und schlief frugal, stand früh auf, arbeitete hart und gönnte sich zwischendrin eine einzige Zerstreuung: Wie der Sultan im Serail warf er dem Objekt seiner Begierde ein Taschentuch zu und verschwand darauf mit dem schönen jungen Mann, den diese Auszeichnung traf, für eine Viertelstunde in seinem Privatkabinett, wo er aufgrund eines körperlichen Defekts die passive Rolle spielte. Für die borussophile Geschichtsschreibung war das eine perfide Verunglimpfung, für die neuere Forschung steht die von Voltaire beschriebene geschlechtliche Orientierung des Königs hingegen außer Frage. Nachhaltiger als alle echten oder erfundenen Blicke durchs Schlüsselloch war die Konsequenz, die beide Seiten aus der kurzfristigen Mission zogen: Voltaire versprach Friedrich II. seine baldige Rückkehr, und beide schrieben sich weiter, als sei nichts geschehen, im weihevollen Ton gegenseitiger Verehrung.

Ende Oktober 1743 war Voltaire zurück in Cirey; sein Abenteuer im Dienst der Mächtigen hatte ihn ein knappes halbes Jahr wertvoller Studien- und Schreibzeit gekostet. War es wirklich notwendig, als Statist auf historischer Bühne zu agieren, um große Geschichte, das *Zeitalter Ludwigs XIV.* und den globalen Prozess der menschlichen Zivilisation, schreiben zu können? Voltaire sollte im Rückblick diese Aktivitäten nicht als vergebliche Liebesmühe ansehen, sondern sich weiterhin mit vermeintlichen Erfolgen auf höfisch-diplomatischem Parkett selbst belügen.

Zur ungebrochenen Attraktivität des höfischen Milieus trug Madame du Châtelet das Ihre bei. Um ihren Gefährten taub für die Sirenengesänge aus Berlin zu machen, gab es nur ein wirkungsvolles Gegenmittel: Man musste ihm eine Karriere am Hof von Versailles, immer noch dem renommiertesten Europas, schmackhaft machen. Eine solche Anbindung hatte den unschätzbaren Vorteil, Voltaire im Lande, in ihrer Nähe und unter ihrer Kontrolle zu halten. Zudem konnte die gelehrte Aristokratin so ihre Neigung zu spektakulären Auftritten und klug eingefädelten Manövern ausleben. Unter tatkräftiger Mithilfe des allgegenwärtigen Herzogs von Richelieu, der bunten Eminenz des Hofes, ging sie jetzt mit großem Geschick daran, die notwendigen Fäden zu knüpfen. Als Diplomat kam der Autor der *Lettres philosophiques* definitiv nicht mehr infrage. Aber an einem Hof, der unter Ludwig XIV. einen Racine ehrenvoll beschäftigt hatte, sollte doch wohl auch für einen Voltaire prestigeträchtige Verwendung zu finden sein. Schließlich blieb Versailles unter dem Urenkel des Sonnenkönigs ein Platz erlesener Zerstreuung in Form von Balletten, Theater- und Musikaufführungen. Allerdings waren die Widerstände von Kirche und *Parlement* gegen eine solche Berufung nicht zu unterschätzen. Auch der König selbst und seine nächste Umgebung blieben lange skeptisch: War der subversivste aller Autoren wirklich zu staatstragender Gesinnung bekehrt?

Nicht nur für kritische Literaten, sondern auch für spielsüchtige Aristokratinnen wie Emilie war der Hof ein gefährliches Biotop, sehr zum Leidwesen Voltaires. In mehr als einer Nacht verlor sie am Kartentisch ein Vermögen, so dass sie ihren «lieben Geliebten»[108] im Frühjahr 1744 um ein beträchtliches «Darlehen» bitten musste; auch die freundschaftlichen Beziehungen zu ihrem Ehemann litten unter dieser immer weniger beherrschten Leidenschaft zum risikoträchtigen Glücksspiel. Immerhin trugen die glamourösen Abende auch Früchte: Voltaire wurde bei Hofe wieder zugelassen, erst einmal auf Probe.

Hofdichter und Hofnarr im Bündnis mit Madame de Pompadour

Voltaire spielte die Rolle des Höflings, die ihm Emilie zugedacht hatte, zunächst eher widerwillig. Sein stets schwacher Magen ertrug die endlosen Soupers weniger denn je. Auch die ihm zugedachten Aufgaben eines höfischen Chefunterhalters behagten ihm nicht. Das zeigte sich schon daran, wie viel Zeit er ab dem Frühjahr 1744 brauchte, um die Ballett-Komödie *Die Prinzessin von Navarra* zu Papier zu bringen. Während er seine großen Tragödien meist in wenigen Wochen verfasst hatte, kostete ihn das banale Singspiel unersetzliche zehn Monate Lebens- und Schaffenszeit. Ärger darüber klang an einer Stelle an, wo eigentlich nur fröhliche Töne angeschlagen werden sollten, nämlich in der Vorrede zu dem Stück:

> Man hat also gewollt, dass derjenige, der das Fest zu gestalten hatte, eines jener dramatischen Werke verfassen sollte, in denen die musikalische Unterhaltung einen Teil des Themas ausmacht, sich das Scherzhafte mit dem Heroischen vermischt, so dass man darin eine Kombination aus Oper, Komödie und Tragödie sieht.[109]

Für den Autor des *Oedipe* und der *Henriade* war dieses «gemischte» Genre entwürdigend. So war es kein Wunder, dass er sich bei der Abfassung des hybriden Textes regelrecht blockiert fühlte: «Molière und alle anderen, die auf Auftragsbasis gearbeitet haben, sind daran gescheitert.»[110] Einbildungskraft ließ sich eben nicht erzwingen. Als der Herzog von Richelieu erste Skizzen des ungeliebten Stücks unautorisiert an einflussreiche Persönlichkeiten weiterreichte, wurde er von Voltaire mit ganz ungewöhnlicher Schärfe angefahren:

> Sie lassen mich auf niedriger Flamme schmoren. Es handelt sich ja nur um eine unglückselige Skizze, noch weitgehend gestaltlos, von der vielleicht nicht einmal hundert Verse Bestand haben werden, ausschließlich für Ihre Augen geschaffen, ein kaum zu Papier gebrachter Entwurf, nur um Ihnen zu gehorchen und um zu wissen, ob Sie diesen Umriss des künftigen Gebäudes gutheißen. So aber wird man es für das fertige Haus halten und mich lächerlich finden ... Sich so zu verhalten heißt, die Welt zu verspotten und mich in Verzweiflung zu stürzen.[111]

Dabei hatte sich der große Lebemann Richelieu selbst positiv über die ersten Skizzen geäußert und mehr davon verlangt. Aber genau darin lag für Voltaire das Problem:

> Sie werden mich fragen, mein Herr, warum ich nicht mehr in dieser Geschmackslage geliefert habe. Das liegt, mit Verlaub, daran, dass ich beim Schreiben nicht so schnell geistreich bin wie Sie beim Reden und dass ich lieber zwei Tragödien schreiben würde als ein Stück, in dem sich alles vermischt und nichts einander widersprechen darf.[112]

Voltaire taugte nicht zum Hofdichter, damit war der Sachverhalt ein für alle Mal auf den Punkt gebracht. Immerhin machte er am Schluss des Beschwerdebriefs an Richelieu ganz nebenbei seiner Gefährtin das schönste Kompliment: «Madame du Châtelet hat sich sehr kritisch dazu geäußert, und ich habe bis heute nie bemerkt, dass sie sich in ihrem Urteil über anspruchsvolle Werke jemals getäuscht hat.»[113] Ganz im Gegensatz zu Richelieu, der damit nochmals abgestraft wurde.

Währenddessen verlief der Österreichische Erbfolgekrieg, aus dem sich Friedrich II. wohlweislich zurückgezogen hatte, weiterhin zum Nachteil Frankreichs. An der Nordfront zu den Niederlanden war die Lage der inkompetent geführten französischen Armee so kritisch, dass sogar Ludwig XV. aus seiner Lethargie gerissen wurde, seinen auf dem Rückzug befindlichen Truppen einen Besuch abstattete und in diesem rauen Ambiente prompt schwer erkrankte. Das höfische Fest, zu dem die *Prinzessin von Navarra* gegeben werden sollte, rückte damit in weite Ferne. Madame du Châtelet nutzte die gewonnene Zeit, um sich und dem gequälten Poeten die dringend benötigte Zerstreuung zu verschaffen, und nahm deshalb die Einladung zu einem spätsommerlichen Aufenthalt auf dem Schloss des Herzogs von La Vallière an. Dieser Enkel einer Schwester der legendären Mätresse Ludwigs XIV. gehörte dem innersten Hofzirkel an und nahm die dazugehörigen Aufgaben wahr: Offiziell Großfalkner seiner Majestät, belieferte er den Monarchen nicht mit Greifvögeln, sondern mit schönen jungen Frauen und versuchte als Theaterverantwortlicher des Hofes mit sehr viel geringerem Erfolg, diesen auch für Schöngeistiges zu interessieren. Offiziell in seinen Ansichten zu Gott und der Welt so korrekt, wie es sein bigotter Herr verlangte, ließ der mondäne Aristokrat auf seinem Château de Champs zusammen mit seiner nicht weniger lebenslustigen Gattin die Maske fallen, spielte in Privataufführungen Molières *Tartuffe*, veranstaltete ausschweifende Feste und duldete sehr «freigeistige» Gespräche, die ihm, wären sie in Versailles bekannt geworden, sofortigen Gunstentzug und Verbannung eingebracht hätten. In der geschützten Sphäre des eigenen Schlosses aber ließ sich unter Gleichgesinnten diskutieren, infrage stellen oder sogar bespötteln, was im Einzugsbereich von Monarchie und Staatskirche sakrosankt war – darin bestand seit den Tagen des «libertinen» Regenten Philippe d'Orléans die Gratwanderung des aufgeklärten Adels und der von ihm protegierten Intellektuellen. Dabei konnte ein einziger falscher Schritt den Absturz ins Bodenlose, in die Bastille oder Verbannung, im schlimmsten Fall sogar das Schafott zur Folge haben. Wer sich in diesem gefährlichen Milieu behaupten wollte, musste trittsicher sein, und das hieß: schweigen können, wenn Schweigen angesagt war. Doch genau das war nicht Voltaires Stärke:

> Wollen Sie nicht einen armen Teufel beklagen, der es mit fünfzig Jahren gerade einmal zum Hofnarren des Königs gebracht hat und mit Musikern, Dekorateuren, Komödianten und Komödiantinnen, Sängern und Tänzern mehr Plackerei hat als die acht oder neun Kurfürsten bei der Wahl eines neuen deutschen Cäsars?[114]

Hofdichter und Hofnarr

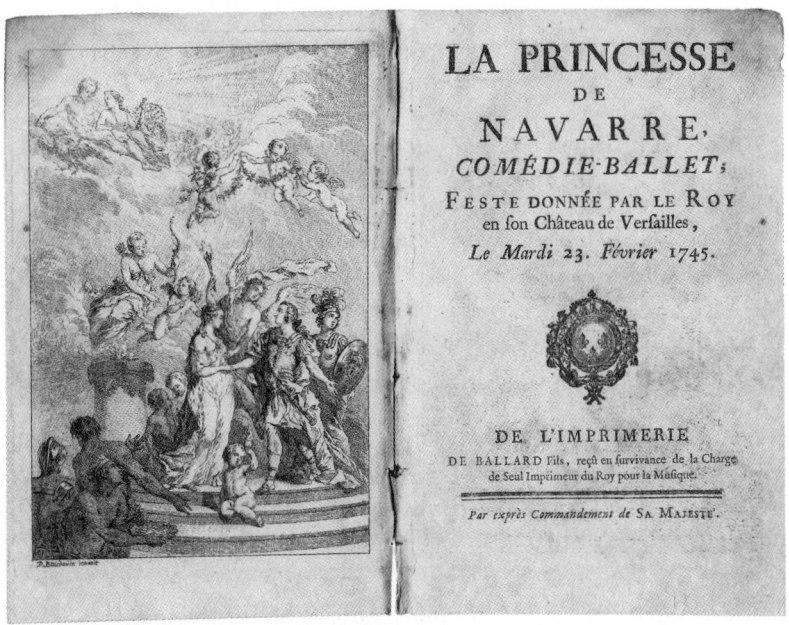

«Die Prinzessin von Navarra», Frontispiz und Haupttitel der Erstausgabe von 1745

Bei aller Selbstbespöttelung klingt im Vergleich mit den Mühen der Kaiserwahl doch ein wenig Stolz durch, mit der unsäglichen Ballett-Komödie dem Nachfolger des Sonnenkönigs zu dienen.

Darüber hinaus fiel dem Hofdichter Voltaire die Aufgabe zu, die Taten des Monarchen und seiner Paladine im abgelaufenen Jahr 1744 zu verherrlichen. Auch hier war guter Rat teuer, denn außer mehr oder weniger raschen Rückzügen und der Genesung Ludwigs XV. gab es nichts zu feiern – im Gegenteil, wie schon die Anspielung auf die Kür eines neuen Reichsoberhauptes andeutete. Frankreich war eine treibende Kraft bei der Erhebung Karls VII. aus dem Hause Wittelsbach zum Kaiser gewesen. Doch mit dessen frühem Tod nach einer kurzen und erfolglosen Regierung brach Anfang 1745 ein weiterer Pfeiler der anti-habsburgischen Politik ein. In seinem *Discours en vers sur les événements de l'année 1744* tat Voltaire gleichwohl sein Bestes und griff in die Vollen:

Die Fluten des Var, der sich darob erschreckt, überquert man,
Vom reißenden Bergbach zum ragenden Fels, vom Berg zum Abgrund
Belagert man den Gipfel der zürnenden Alpen;
Man trotzt dort dem Blitz und sieht von allen Seiten
Die Natur, die Kunst und den Feind unterworfen.[115]

Die Abwehrscharmützel in der Provence werden so hochtönend beschrieben, dass für den verantwortlichen General nur die erhabensten Vergleiche infrage kommen:

Conti, den man kritisierte und den das Universum feiert,
Ist ein neuer Hannibal, der kein Capua kennt.

War das ernst gemeint, oder war hier Voltaires Ironie am Werke? Vieles spricht für Verspottung statt Verherrlichung, vor allem wenn am Schluss des Poems die Heroen der Vergangenheit, der Große Condé (nach dem Friedrich II. sein Schlachtross benannte) und Ludwig XIV., gnädig auf die Heroen der Gegenwart blicken und unisono verkünden: Ihr seid unserer würdig. In seinen großen Geschichtswerken sollte Voltaire einige Jahre später seine wahre Meinung dazu sagen: Ihr seid klägliche Epigonen in dürftiger Zeit.

In der Zwischenzeit wurde das höfische Ballettstück *Die Prinzessin von Navarra* trotz aller Widrigkeiten und der Streitigkeiten mit dem Komponisten Rameau, der Voltaires Verse für die zur Vertonung bestimmten Partien eigenmächtig abänderte, fertig und konnte auf der königlichen Bühne geprobt werden. Mitten in dieser turbulenten Zeit, am 20. Januar 1745, starb Voltaires Bruder Armand, der bekennende Jansenist. Über die Umstände von dessen Ableben informierte der Polizeileutnant von Paris den zuständigen Minister Maurepas in allen Einzelheiten. Sein Bericht fiel für Voltaire unfreundlich aus: Dieser habe mit dem zuständigen Gemeindepfarrer, der dem Moribunden mit dem Sakrament der Kirche beistehen sollte, über eine theologische Quisquilie so erbittert debattiert, dass der Sterbende die Streithähne bitten musste, ihren Disput im Nebenzimmer fortzusetzen, was diese auch taten – um danach den Kranken tot vorzufinden. Interessanter als die Frage, ob diese Geschichte wahr oder nur böswillig erfunden ist, ist die Nachricht selbst. Denn sie zeigt, dass verdächtige

Prominente wie Voltaire von einem engmaschigen Spitzelnetz überwacht wurden. In seinem Testament hinterließ Armand dem ungeliebten Bruder die Nutznießung seines halben Besitzes, die andere Hälfte ging an seine Nichten. Die freie Verfügung über das Kapital wäre Voltaire fraglos lieber gewesen, außerdem wurde er nicht zum Vollstrecker des Letzten Willens eingesetzt. Geschwisterliche Animosität dauerte über den Tod hinaus.

Mit fünfzig Jahren bin ich nur der Hofnarr eines Königs: Diese briefliche Äußerung spricht dafür, dass Voltaire um diese Zeit eine Lebensbilanz zog. Was hatte er vorzuweisen, wenn ihn dasselbe Schicksal wie seinen Bruder ereilte? Voltaire selbst hätte, wie seine Briefe deutlich machen, auf die *Henriade* und seine Tragödien im Stil des *Oedipe* verwiesen, die ihn auf gleicher Augenhöhe mit Corneille und Racine zeigen sollten. Aus heutiger Sicht wäre ein mit fünfzig Jahren verschiedener Voltaire als Autor der brillanten *Lettres philosophiques* und damit als Prophet eines neuen Zeitalters in Erinnerung geblieben, doch noch nicht als der «eigentliche» Voltaire, der systematische Hinterfrager aller vermeintlichen Gewissheiten, der Ankläger einer unmenschlichen Justiz, das Haupt der europäischen Aufklärung und der große Zertrümmerer des Ancien Régime.

Die Aufführung der lange erwarteten *Prinzessin von Navarra* erfüllte ihren Zweck, nicht mehr und nicht weniger: «Mein Werk ist dezent und hat gefallen, ohne zu schmeicheln. Der König weiß mir Dank, und die Mirepoix-Bande kann mir nicht schaden.»[116] So lautete das erste briefliche Fazit. Die Probe war bestanden, jetzt durfte auf mehr gehofft werden:

> Das Amt eines *gentilhomme ordinaire* bleibt fast nie vakant, und da das eine Verpflichtung ohne Verpflichtungen ist, kann man gleich den kleinen Posten des königlichen Historiographen hinzufügen. Und anstelle der damit verbundenen Pension verlange ich nur ein Gehalt von 400 Livres. Das alles scheint mir bescheiden.[117]

Bei seinen Vorstellungen von seiner künftigen Anstellung bei Hofe musste sich Voltaire keine Zurückhaltung auferlegen, denn der Adressat des Briefes, sein alter Schulkamerad Marquis d'Argenson, hatte es kurz zuvor zum Außenminister gebracht. So wurde der Pakt denn auch zu den von ihm diktierten Bedingungen geschlossen, doch endgültig besiegelt war er noch nicht. Dazu musste Voltaire dem König persönlich seine Aufwartung machen, und der dafür nötige Termin war im vollgepackten Kalender der königlichen Vergnügungen nicht leicht zu finden:

> Man sagte mir, dass man dem König im rasenden Galopp nachjagen und sich zu einem bestimmten Moment an einer bestimmten Ecke einfinden müsse, um ihm zu danken. Dabei wusste ich nicht einmal genau, wofür, denn ich hatte um verschiedene Dinge nachgesucht, und man sagte mir, dass er alles zugestanden habe. Man stellte mich also seiner sehr gnädigen Majestät vor, die mich sehr gnädig empfing und der ich sehr demütig dankte.[118]

Wer seinerzeit einer Unterredung mit dem Sonnenkönig gewürdigt wurde – so notierte Voltaire um dieselbe Zeit in seinem *Zeitalter Ludwigs XIV*. –, war von der persönlichen Majestät des Monarchen, in der sich die Hoheit seines Amtes spiegelte, so ergriffen, dass er zu stammeln begann. Davon konnte bei seinem Nachfolger keine Rede sein. Er imitierte zwar die Gesten und Riten seines Urgroßvaters, doch der Effekt war nur noch komisch. Mit der mühsam erlangten Audienz war die Jagd nach den beiden Ämtern noch keineswegs zu Ende. Urkunden mussten ausgestellt, Sporteln bezahlt, Siegel daraufgesetzt werden.

Anfang April 1745 war es endlich so weit. Die Anwartschaft auf den nächsten frei werdenden Posten eines *gentilhomme de la chambre*, das Amt des königlichen Geschichtsschreibers und eine jährliche Pension von 2000 Livres plus Sondereinnahmen waren gesichert, wie Voltaire postwendend seiner «Allerliebsten», «seiner lieben Seele», «seinem lieben Kind», «seinem sehr lieben Kind» mitteilte. Mit diesen Kosewörtern war nicht Madame du Châtelet gemeint, die sich über solch verbale Zärtlichkeiten gewundert hätte, sondern Marie Louise Mignot, die Tochter von Voltaires 1726 verstorbener Schwester Catherine. Mit dieser – nach kurzer Ehe mit dem königlichen Kriegskommissar Nicolas Denis früh verwitweten – «Madame Denis», die ihren berühmten Onkel rückhaltlos anhimmelte, unterhielt Voltaire seit etwa einem Jahr immer engere Beziehungen:

> Wenn Sie ihrer Schwester sagen, dass ich ihr geschrieben habe, so sagen Sie ihr, dass sie nach Ihnen meine Lieblingsnichte ist. Sie, mein liebes Kind, verdienen ganz besondere Gefühle, die ich für Sie mit Sicherheit mein ganzes Leben empfinden werde.[119]

Mit diesem Brief vom 1. April 1745 an seine Nichte ist der Übergang von geschmeichelter Tändelei zu einem Liebesverhältnis präzise markiert – was Emilie recht war, war Voltaire billig. Welche Auswirkungen diese Onkel-Nichte-Liaison auf die Arbeits- und Kampfgemeinschaft in Cirey haben würde, stand in den Sternen. Ein Effekt machte sich allerdings recht früh bemerkbar, wie aus Madame du Châtelets *Betrachtungen über das Glück* hervorgeht, die nach ihrem Tod aufgefunden wurden. Darin beklagt sie – empfindsam im Ton, doch eindeutig in der Aussage –, dass Voltaires sinnliche Leidenschaft nach etwa zehn Jahren erloschen sei, und führt diesen Mangel an Libido mit viel mütterlichem Verständnis auf Alter und Krankheit zurück. An die Stelle der körperlichen Liebe, die sie in ihrem Gefährten nicht mehr zu entfachen vermochte, sei eine tiefe Seelenfreundschaft getreten, die sie über diesen Verlust hinweggetröstet habe. Zudem wusste sie sich Ersatz für die Genüsse zu verschaffen, die ihr der Gefährte versagte. Ob sie wusste, dass sich auch dieser anderweitig tröstete, muss offenbleiben.

Von der Ballett-Komödie, die ihn zum königlichen Kammeredelmann in spe und Staatshistoriographen emportrug, verabschiedete sich Voltaire auf seine Weise mit ironischen Versen:

> Mein Henri IV und meine Zaire
> Und meine Amerikanerin Alzire
> Haben mir niemals auch nur einen Blick des Königs eingebracht;
> Ich hatte tausend Feinde und sehr wenig Ruhm:
> Doch endlich regnet es Ehren und Güter nur so auf mich
> Wegen einer Jahrmarkts-Farce.[120]

In der Farce für den Jahrmarkt, das heißt: den Hof, ging es komisch, heldenhaft und patriotisch zugleich zu. Die schöne junge Prinzessin von Navarra flieht vor ihrem tyrannischen Vormund und den verliebten Nachstellungen des Herzogs von Foix, dem sie ewigen Hass geschworen hat, ohne ihn zu kennen, in ein Schloss, das genau auf der Frontlinie zwischen den verfeindeten Armeen Spaniens und Frankreichs liegt. Nach mancherlei mäßig komischen Verkleidungen, Verwechslungen und Verhaftungen kommt es, wie es in diesem Genre kommen muss: Alle Probleme lösen sich wie von selbst, die künstlich aufgebauten Hindernisse verschwinden, und die beiden von Anfang an füreinander Bestimmten, die Prinzessin und der Herzog, finden zueinander, aber natürlich erst, nachdem der Herzog die französischen Armeen zu einem glorreichen Sieg geführt hat. Die Quintessenz des Ganzen darf am Schluss Morillo, der Herr des exponiert gelegenen Schlosses, aussprechen: Der Herzog von Foix hat sich über mich mokiert! Genauso machte sich Voltaire über sein höfisches Publikum lustig, mit dem Unterschied, dass dieses mehrheitlich nichts davon merkte.

Als frisch etablierter Höfling musste sich Voltaire ein tragfähiges Netzwerk aufbauen, um sich in dieser Position zu behaupten. Die bei Weitem wertvollste dieser nützlichen Freundschaften knüpfte er mit Jeanne-Antoinette Le Normant d'Etiolles, geborene Poisson, verheiratet mit einem Financier, der nichts dabei fand, sie für künftige höhere Aufgaben «freizustellen». Wie Voltaire 1745 am Hof eingeführt, wurde sie wie geplant die Geliebte des Königs und bald auch dessen *maîtresse en titre*, womit ihr eine Schlüsselposition als Patronage-Maklerin zufiel; der politisch und kulturell desinteressierte Ludwig XV. belohnte sie für alle diese Dienste mit der Erhebung zur Marquise de Pompadour. Durch ihr ausgeprägtes politisches Geschick verteidigte sie diese Position auch nach dem Ende der amourösen Beziehungen und blieb bis zu ihrem frühen Tod im Jahr 1764 eine der einflussreichsten Persönlichkeiten der Hofgesellschaft. In ihrer Funktion als «Hausministerin» erwies Madame de Pompadour dem bewunderten Voltaire, in dessen *Zaïre* sie als Fünfzehnjährige öffentlich aufgetreten war, mancherlei gute Dienste. Dieser revanchierte sich gleich zu Beginn ihrer Karriere mit Versen wie diesen:

> Aufrichtige und zärtliche Pompadour,
> Denn ich darf Ihnen vorauseilend
> Diesen Namen geben, der sich auf Amour reimt,
> Und bald der schönste Name Frankreichs sein wird.[121]

Noch heller erstrahlte 1745 der Name des Maréchal de Saxe, mit dem Frankreich nach peinlichen Durststrecken plötzlich wieder einen Feldherrn von Format besaß. Dieser uneheliche und protestantische Sohn Augusts des Starken von Sachsen und Polen und der Gräfin Aurora von Königsmarck war nach einer Lehrzeit beim großen Prinz Eugen in französische Dienste getreten und brachte seine überragenden Talente als Feldherr und Militärtheoretiker jetzt in den bislang so erfolglosen Krieg gegen Habsburg in Flandern ein. Dort erfocht er im Mai 1745 den glänzenden Sieg von Fontenoy gegen die Engländer, der in das Ruhmesalbum der französischen Militärgeschichte eingehen sollte. Zwischen dem General und Voltaire gab es eine delikate Querverbindung: Beide hatten eine Liaison mit der Schauspielerin Adrienne Lecouvreur unterhalten, deren schimpfliches Begräbnis Voltaire mit so starken Worten gebrandmarkt hatte. Jetzt verfügte die französische Monarchie mit dem hoch gebildeten Außenminister D'Argenson, der klugen Mätresse Pompadour, dem erfolgreichen Kommandanten aus Sachsen und dem brillanten Staatshistoriographen Voltaire über ein starkes Team, mit der Folge, dass Letzterer endlich statt nebensächlicher Scharmützel und ruhmloser Rückzüge etwas wirklich Rühmenswertes zu verewigen hatte.

Das tat er gleich zweimal. In seinem Gedicht *Die Schlacht von Fontenoy* schlug er heroische Töne an: «Wie groß sind die Franzosen, wenn ihr Herr sie führt!»[122] Das war eine Verbeugung vor dem König, der sich höchstselbst ins Kriegsgebiet bemüht hatte, vom Schlachtgetümmel aber tunlichst Abstand hielt. Und nicht nur der Maréchal de Saxe, sondern auch der Herzog von Richelieu, der ebenfalls mitgekämpft hatte, wird verbal in den Himmel gehoben. Das eigentliche Wunder aber ist die Haltung des Hofes:

Wie sind die Höflinge, eben noch so süß, verspielt und liebenswürdig,
Im Kampf zu unbezähmbaren Löwen geworden?[123]

Von Schmusekatern zu Raubtieren, das war wahrlich eine erstaunliche Verwandlung – und nur mit subversiver Ironie zu erklären. In seiner sehr viel nüchterneren *Geschichte des Kriegs von 1741* erklärte Voltaire den Sieg von Fontenoy den Fakten entsprechend durch schwere taktische Fehler der Engländer, die von den Franzosen geschickt ausgenutzt wurden. In diesem weit ausgespannten Panorama des europäischen Kriegsgeschehens, das er in den nächsten Jahren bis zum Frieden von Aachen im Jahr 1748 fortführen sollte, kamen die eigentlichen Protagonisten zu ihrem Recht. Friedrich II. verteidigte seine Beute Schlesien und durfte sich erstmals in Berlin als «der Große» akklamieren lassen. Und der Marschall von Sachsen, dessen Bericht über die Schlacht von Rocoux Voltaire als nobles Selbstzeugnis eines wahren Aristokraten in voller Länge wiedergab, führte die Feldzüge im Norden mit der Eroberung von Maastricht zu einem erfolgreichen Abschluss. Bei allem Bemühen um Objektivität scheint in diesem Hauptwerk der Voltaire'schen Hofhistoriographie doch die Erleichterung über das Ende der Demütigungen Frankreichs und damit ein kräftiger Patriotismus durch; in diesem Punkt musste der Neu-Höfling also nicht heucheln.

Die Aufnahme in die Akademie und der Streit mit Friedrich II. von Preußen über den Krieg

Ganz andere Töne schlug Voltaire in der Korrespondenz mit dem Vertreter einer Macht an, die bislang in seinen Werken die Rolle des Bösen oder Lächerlichen gespielt hatte:

> Seligster Vater, Eure Heiligkeit wird die Kühnheit verzeihen, die sich einer Eurer niedrigsten Gläubigen erlaubt, der zugleich einer der größten Bewunderer der Tugend ist, nämlich dem Haupt der wahren Religion dieses Werk gegen den Begründer einer falschen und barbarischen Sekte zu unterbreiten.[124]

Mit diesen wohlgesetzten Worten beginnt ein Brief, den Voltaire am 17. August 1745 an Papst Benedikt XIV. richtete, dem als einzigem Pontifex des achtzehnten Jahrhunderts der Ruf vorauseilte, nicht allen Bestrebungen der Aufklärung von vornherein ablehnend gegenüberzustehen. Im selben salbungsvollen Ton ging das italienisch verfasste Schreiben denn auch weiter: «Wem könnte ich schicklicher die Grausamkeit und die Irrtümer eines falschen Propheten widmen als dem Vikar und Nacheiferer eines Gottes der Wahrheit und der Milde?»[125]

Das Schreiben war der Höhepunkt eines von langer Hand eingefädelten Manövers, um den allerhöchsten Segen der katholischen Kirche zu erlangen, damit an Honorigkeit in Frankreich zu gewinnen und endlich doch noch in die Académie française aufgenommen zu werden. Voltaire hatte zuerst versucht, den Marquis d'Argenson dafür einzuspannen. Nach der Weigerung des Außenministers, für eine solche Farce offizielle Schritte zu

Die Aufnahme in die Akademie

unternehmen, griff der große Spötter auf weniger prominente Mittelsmänner zurück und verbuchte schon bald einen ersten Erfolg: Der Heilige Vater hatte ihm als Zeichen seiner Gewogenheit Medaillen mit seinem Porträt geschickt. Dem Dank für diese Gabe fügte Voltaire in einem zweiten, ebenfalls auf den 17. August datierten und wiederum in erlesenem Italienisch gehaltenen Schreiben ein lateinisches Distichon bei, das den Lambertini-Papst als Zierde Roms und Vater des Weltkreises preist, der die Welt mit seinen Schriften belehrt habe und mit seinen Tugenden ziere. Doch damit war der Schmeichelei noch nicht Genüge getan:

> Möge es mir erlaubt sein, allerseligster Vater, Ihnen zusammen mit der ganzen Christenheit meine Ergebenheit auszudrücken und den Himmel darum zu bitten, dass Eure Heiligkeit nach einem sehr langen Leben unter die Heiligen aufgenommen werden möge, deren Kanonisation Ihr mit so viel Anstrengung und Erfolg erforscht habt.[126]

Dieser fromme Wunsch – wenn es denn einer war – hat sich nur zur Hälfte erfüllt: Benedikt XIV. wurde zwar stolze dreiundachtzig Jahre alt, aber bis heute nicht heiliggesprochen.

Der Pontifex antwortete mit väterlicher Jovialität. Er monierte milde die Metrik des lateinischen Verses und dankte für das wundervolle Gedicht. Das bezog sich auf das Ruhmespoem zur Schlacht von Fontenoy, das Voltaire ebenfalls beigelegt hatte. Zu *Mahomet* verlor der Heilige Vater, wie die im Vatikanischen Archiv aufbewahrten Vorlagen belegen, jedoch kein Wort. Damit drohte die ganze Operation ihren Sinn zu verlieren. Voltaire schritt daraufhin zu einer Fälschung: In den Kopien, die er in Paris zirkulieren ließ, lobte der Papst die wunderschöne Tragödie *Mahomet*, die er mit höchstem Vergnügen gelesen habe. Unabhängig von dieser dreisten «Verbesserung» zeigt der Briefwechsel, dass Voltaire sehr viel mehr über die Kurie wusste als die Kurie über ihn. Benedikt XIV. hatte sich tatsächlich als Spezialist für Heiligsprechungen einen Namen gemacht. Doch in Rom hatte man offensichtlich noch nie etwas von den *Lettres philosophiques* und ihrem Verfasser gehört, geschweige denn von dessen vielen «gottlosen» Versen. Diese Ignoranz spiegelt die kulturelle Isolation des Papsttums im Zeitalter der Aufklärung auch unter dem «liberalen» Lambertini-Papst wider.

Für Voltaire erfüllte die Brief-Komödie ihren Zweck, wie er d'Argental im Oktober 1745 triumphierend und spöttisch mitteilte:

> Ich erteile Ihnen meinen Segen, ich erlasse Ihnen die Strafen des Fegefeuers und gewähre Ihnen Ablässe. So muss Ihr sehr heiliger Diener mit Ihnen reden, der Ihnen zugleich diesen Brief des Papstes beifügt.[127]

Dass der Papst am Schluss seiner Schreiben dem «geliebten Sohn» Voltaire seinen Segen spendete, war die Krönung des geschickt eingefädelten Unternehmens.

Um seinen neugewonnenen Ruf der Ehrbarkeit zusätzlich abzusichern, verfasste Voltaire den Text zu einem weiteren Singspiel, für das erneut Rameau die Musik lieferte: Im *Tempel des Ruhms* versuchen drei Herrscher, dieses Heiligtum für sich zu erobern. Den ersten Anlauf unternimmt der blutrünstige König Bélus von Babylon, der wegen seiner Missetaten von Apollo und den Musen empört zurückgewiesen wird. Als Zweiter tritt Bacchus an, der im Tempel ewige Trunkenheit herrschen lassen möchte. Doch das ist nicht das Programm, das der strenge Hohepriester für diese heiligen Hallen vorgesehen hat. Danach kommt, sieht und siegt Trajan, der tugendhafteste aller römischen Kaiser, den schon die frühen Christen ins Paradies versetzt hatten. Bevor er triumphal in den Tempel des Ruhms einziehen kann, muss er noch mächtige Feinde besiegen. Danach aber steht seiner Regierung im Zeichen allgemeiner Seligkeit nichts mehr im Wege:

> Jeder Rang, jedes Geschlecht, jedes Alter
> Muss nach Glück streben.[128]

Das war auch die Maxime der *Discours en vers sur l'homme* (Abhandlungen in Versen über den Menschen), die Voltaire bereits ab 1738 verfasst hatte und 1745 erstmals vollständig veröffentlichte: Der Mensch ist von Gott zum Glücklichsein geboren, aber dieses Ziel ist schwer zu erreichen, denn dem stehen die Gesetze einer ungerechten Gesellschaft ebenso entgegen wie die Laster, die den Menschen nur allzu oft beherrschen. Die richtige Einstellung, die diese aus dem *Traité de métaphysique* abgeleitete Lebensphilosophie in Versen lehrte, bestand darin, die unvollkommenen Lebensbedingungen auf Erden fröhlich und dankbar anzunehmen, sich im

Die Aufnahme in die Akademie

Genuss zu mäßigen und den Neid, der alles vergällen kann, zu überwinden. Der siebte und letzte *Discours* erklärt schließlich, was Tugend ist: «Tugend besteht darin, seinen Mitmenschen Gutes zu tun, und nicht in sinnlosen Praktiken der Selbstabtötung».[129] Das war eine Spitze gegen die Kirche, deren Haupt Voltaire eben noch gehuldigt hatte, und zugleich ein Plädoyer für eine freie Gesellschaft, in der jeder seines Glückes Schmied sein durfte. Darin stimmten die Abhandlungen in Versen und der pompöse *Ruhmestempel* überein.

Mit Trajan, der darin nach ruhmvollen Kriegstaten den Weltkreis beglückt, war natürlich Ludwig XV. gemeint. Der Vergleich sollte schmeicheln, doch wie alle allzu hochgestochenen Lobeshymnen war er vom Umschlag in unfreiwillige Komik bedroht. Der echte Imperator hatte Roms Imperium im Norden und Osten um neue Provinzen erweitert, Ludwig XV. hatte dem Sieg seines Generals zugesehen. Ernst gemeint war jedoch der Appell an den apathischen König, seinen Untertanen so viel irdisches Glück wie möglich zu gewähren. Dass dieser den Aufruf im Geiste der Aufklärung goutierte, darf bezweifelt werden. Nach dem Ende des Singspiels soll Voltaire dem König zugeraunt haben: Ist Trajan zufrieden? Die dreiste Vertraulichkeit habe dieser mit eisigem Schweigen quittiert. Ein unverdächtiger Zeitzeuge beschrieb das Nachspiel der Aufführung anders: Der König habe sich positiv über die Musik Rameaus geäußert, Voltaires Libretto hingegen heftig kritisiert und beim anschließenden Bankett kein einziges Mal das Wort an ihn gerichtet.

Obwohl er sich der dauerhaften Ungunst seines Dienstherrn sicher sein durfte, erfüllte Voltaire seine Aufgaben als königlicher Zeithistoriker pflichtgemäß mit der Darstellung des europäischen Krieges, der sich von jetzt an für Frankreich immer günstiger entwickelte. Parallel dazu führte er seinen eigenen Feldzug um die Eroberung der Akademie weiter. Am 19. März 1746 wurde ein Sitz vakant, was er postwendend zu seinen Gunsten auszunutzen versuchte: Gleich am nächsten Tag schrieb er an den Grafen und die Gräfin d'Argental:

> Voltaire ist krank, Voltaire ist kaum in der Lage, sich zu rühren, Voltaire wird alt und grau und kann nicht einmal ehrenhaft an die Türen klopfen ... Er wird sich sehr geschmeichelt fühlen, wenn man ihn will, aber er fürchtet sich davor, dafür Schritte zu unternehmen.[130]

Deshalb sollten seine «göttlichen Engel» etwas für ihn tun. Das war pure Untertreibung, denn natürlich war er in Sachen seiner Kandidatur keineswegs untätig geblieben. Der Wahrheit entsprachen hingegen die gravierenden Magenbeschwerden, die ihn so oft in entscheidenden Momenten heimsuchten; zudem war sein Privatleben durch die heimliche Liaison mit seiner Nichte, von der Madame du Châtelet nichts ahnen sollte, nicht einfacher geworden.

Am 25. April 1746 war es endlich so weit: Voltaire wurde in die Académie française aufgenommen, nach eigenen Worten einstimmig, doch das Glanzresultat war frei erfunden. Die Register der Académie erwähnen nur eine Mehrheit der Stimmen, zudem wurden nach der Wahl auf den literarischen Olymp wie im vatikanischen Konklave keine Einzelheiten und erst recht keine Stimmenauszählungen bekannt gegeben. Für seine Gegner im Lager der Jansenisten und Jesuiten war diese weitere offizielle Anerkennung Voltaires ein Affront, der eine Fülle von Kampfschriften nach sich zog. Doch wie immer wusste sich der Attackierte mit Gegenangriffen zu wehren. Ein neu gewählter *académicien* schuldete denjenigen, die ihn in ihren Kreis aufzunehmen geruht hatten, eine feierliche Erstlingsrede. Dafür gab es feste Muster: Lob auf Kardinal Richelieu, den Gründer der Institution, und auf ihre Präsidenten, eine verbale Verbeugung vor dem König, Dank an die Wähler. In seiner Ansprache vom 9. Mai nahm Voltaire dieses Schema auf und kehrte es schon mit den ersten Sätzen ins Gegenteil um: «Euer Gründer hat in Eure Einrichtung die ganze Noblesse und Größe seiner Seele eingebracht: Er wollte, dass Sie immer frei und gleich sein sollen.»[131] Freiheit und Gleichheit waren ein merkwürdiges Motto für ein Gremium, das, wie Voltaire aus seinen historischen Studien genau wusste, im Auftrag des Kardinals Richelieu die Macht des Königs über die Sprache, die Literaten und die Kultur insgesamt festigen sollte. Diese Absichten verkehrte das Neumitglied Voltaire jetzt ins Gegenteil: Für ihn sollte die Pflege von Sprache und Literatur über alle kleinlichen Interessen von Personen und Korporationen erhaben sein, den Fortschritt der Vernunft befördern und einer aufgeklärten Zivilgesellschaft dienen, in der sich eine von Bevormundung befreite Kultur ungehindert entfalten konnte. Insofern war die in feierlichen Tönen gehaltene Rede eine Provokation, die nahtlos an die *Lettres philosophiques* anknüpfte.

Die Aufnahme in die Akademie

Natürlich bedurfte ein so kühner Text weihevoller Einkleidungen. Sie wurden vom Hauptthema der Rede, dem Siegeszug der französischen Sprache im Europa der Gegenwart, reichlich geliefert. Mit einem solchen Triumph habe noch am Ende des sechzehnten Jahrhunderts niemand rechnen können: Montaignes Sprache, so Voltaire, war weder edel noch korrekt, sondern im Gegensatz zu den klugen Gedanken, die sie ausdrückte, und der lebhaften Einbildungskraft, die sie widerspiegelte, ungeschlacht und naiv. Der Reinigungs- und Veredelungsprozess, der das Französische im achtzehnten Jahrhundert zur *lingua franca* der Gebildeten gemacht hatte, setzte mit Corneille und Racine ein und führte dazu, dass jetzt sogar ein König von Preußen perfekt Französisch schreibt und spricht. Wer es dem Schöngeist auf dem Berliner Thron beigebracht hatte, musste Voltaire nicht eigens erwähnen. So lautete der Tenor seiner Aufnahmerede nicht eben bescheiden: Niemand habe so viel für den Sprach- und Kulturruhm Frankreichs geleistet wie er, daher sei seine Berufung längst überfällig, und unter einem König wie Ludwig XIV., der sich als Mäzen der europäischen Gelehrtenwelt weit über die Grenzen seines Königreichs hinaus hervorgetan hatte, wäre er mit Ruhm nur so überschüttet worden. Die Eloge auf den Sonnenkönig und seinen Hof als Pflanzstätte einer neuen Kultur klang drei Jahrzehnte nach dessen Tod irritierend unzeitgemäß, da die meisten Intellektuellen diese Regierung als eine Zeit des glücklich überstandenen Despotismus betrachteten.

Die gegenläufigen Akzente waren das Resultat von Voltaires Forschungen zum Zeitalter Ludwigs XIV., die allerdings erst fünf Jahre später in Gestalt einer monumentalen Monographie der Öffentlichkeit zugänglich gemacht wurden. Die «Dankesrede» an die Akademie, die Dank nur längst Verstorbenen abstattete, erregte einen Sturm der Entrüstung. Es bedurfte keiner tiefschürfenden Analyse, um sie als das zu verstehen, was sie wirklich war: schärfste Kritik an der Gegenwart, Rechtfertigung und Verherrlichung in eigener Sache sowie Abrechnung mit literarischen Feinden. So war es kein Wunder, dass die Ansprache hohe Wellen schlug und das neue Akademiemitglied in eine Reihe heftiger Fehden verwickelte. Die undurchsichtigste – und nach Meinung seiner Freunde unwürdigste – von diesen Querelen tobte um den Operngeiger Louis Antoine Travenol, den Voltaire als vorgeschobenen Strohmann einer großen Verschwörung betrachtete und nicht nur gerichtlich verfolgen ließ, sondern in einer seiner gefürchteten Jähzornaufwallungen sogar mit eigenen Fäusten traktierte.

Trotz dieser Misshelligkeiten erhielt Voltaire im Dezember 1746 endlich das versprochene Hofamt: Aus dem Sohn des Notars und Sporteleinziehers Arouet wurde jetzt ein «Ordentlicher Edelmann der Kammer des Königs», was einer regulären Nobilitierung gleichkam – und einem hübschen Geldgeschenk. Denn der frisch gebackene «Gentilhomme» erhielt kurz darauf die Erlaubnis, das Amt weiterzuverkaufen und den hochtrabenden Titel trotzdem zu behalten, wovon er bald Gebrauch machte. Zu seinem Bedauern ließ sich das Amt des Hofhistoriographen nicht gleich mitveräußern, denn die damit verbundenen Pflichten empfand er als immer lästigere Zumutung. Am 9. Februar schrieb er seufzend an König Friedrich II. von Preußen:

> Übrigens bin ich weit davon entfernt, Sire, auf diese grauenhaften und zudem langweiligen Einzelheiten einzugehen, wie sie sich in Tagebüchern über Belagerungen, Märsche, Gegenmärsche und Laufgräben finden lassen. Darüber sollen sich ein alter Major und ein Oberstleutnant nach ihrem Rückzug in die Provinz unterhalten. Der Krieg muss seinem innersten Wesen nach etwas sehr Schäbiges sein, wenn seine Einzelheiten so öde sind. Ich habe mich bemüht, diesen Wahnsinn der Menschen *(cette folie humaine)* ein wenig als Philosoph zu betrachten.[132]

Das bedeutete für Voltaire, den Wahnsinn des laufenden Krieges und des Krieges allgemein vor Augen zu führen:

> Ich habe gezeigt, wie Spanien und England jeweils hundert Millionen Livres ausgeben, um 95 000 Livres dazuzugewinnen; wie die Nationen gegenseitig ihren Handel zerstören, um dessen Förderung sie kämpfen; wie der Krieg um die Pragmatische Sanktion zu einem Fieber geworden ist, das drei oder vier Mal sein Erscheinungsbild ändert, um dann zur Lähmung und von der Lähmung zum Krampfzustand zu werden; wie Rom seinen Segen spendet und an ein und demselben Tag der Vorhut zweier feindlicher Armeen seine Tore öffnet; wie ebenso chaotische wie gegensätzliche Interessen sich permanent überkreuzen; wie das, was im Frühling wahr war, im Herbst falsch geworden ist; wie alle Welt Frieden, Frieden schreit und Krieg bis zum Äußersten führt; wie schließlich alle Geißeln über das arme Menschengeschlecht herfallen – und wie sich in der Mitte von all dem ein Philosophen-Fürst in aller Ruhe die Zeit nimmt, Schlachten zu schlagen

Die Aufnahme in die Akademie

und Opernaufführungen zu besuchen, Krieg, Frieden, Verse und Musik zu machen weiß, die Missbräuche der Justiz beseitigt und überhaupt der schönste Geist Europas ist. Damit amüsiere ich mich momentan, Sire, wenn ich nicht gerade im Sterben liege, doch das ist sehr oft der Fall, und so leide ich mehr als alle, die sich in diesem verhängnisvollen Krieg Gewehrkugeln eingehandelt haben.¹³³

Das waren vergiftete Komplimente: Ein schöner Geist führte keine Eroberungskriege. Ein Philosophen-König hatte nur eine noble Pflicht zu erfüllen, nämlich die Lebensbedingungen seiner Untertanen zu verbessern. Dieser Aufgabe widmete sich Friedrich dadurch, dass er die Folter abschaffte (mit Ausnahme von Hochverratsprozessen) und die schönen Künste förderte. Doch das alles wurde durch die Lust am Schlachtenschlagen zunichte gemacht. Diese notdürftig verklausulierte Fundamentalkritik konnte der erfolgreiche Krieger-König nicht auf sich sitzen lassen. Aus dem Hochgefühl, die Geschicke Europas aus der Position des Siegers mitzubestimmen und zugleich als sein eigener Historiograph seine eigene Geschichte zu schreiben, entgegnete der Monarch im Ton spöttischer Herablassung:

> Das ist also ihr Votum für die Geschichte; folgen Sie, wenn es denn sein muss, dieser seltsamen Eingebung, ich stelle mich dem nicht entgegen. ... Ich meinerseits zeichne gerade die umstürzenden Entwicklungen Europas im Großen nach ... Alle Künste haben ihre Vorbilder und Vorgaben. Warum soll das nicht auch für den Krieg gelten, der das Vaterland rettet und die Völker vor dem sicheren Ruin bewahrt?¹³⁴

Damit legte der König ein für alle Mal die Rangordnung fest: Literaten wie Voltaire waren zur Unterhaltung da. Wenn es um Sein oder Nichtsein von Staaten und andere Menschheitsfragen ging, hatten sie gefälligst zu schweigen und den wenigen großen Seelen die Entscheidung zu überlassen, die das Atlasgewicht der Völkerschicksale auf ihren Schultern zu tragen vermochten. Zur eisigen Zurückweisung kam die dreiste Lüge: Preußen führte keinen Krieg zur Verteidigung von Heim und Herd, wie ihn der längst vergessene *Anti-Machiavel* als einzige Ausnahme vom Kriegsverbot gerechtfertigt hatte, sondern bedrohte andere Länder und sich selbst mit dem Ruin.

Im selben Brief vom 9. Februar kündigte Voltaire dem König ein neues Werk an:

> Sire, nun werden Sie bald *Sémiramis* bekommen. Sie ist nicht aus Rosenwasser gemacht, so dass ich sie nicht unserem sybaritischen Volk, sondern einem König gebe, der so denkt, wie man in Frankreich zur Zeit des großen Corneille und des großen Condé dachte, und der will, dass eine Tragödie tragisch und eine Komödie komisch sei.[135]

Das zeigte ein weiteres Mal die andere Seite der Medaille: Die Ablehnung des Krieges und des Kriegerfürsten minderte die Faszination von dessen Taten nicht und hatte auch keine Abwendung vom heroischen Genre zur Folge. Im Gegensatz dazu hatte Voltaire in der Rede zur Aufnahme in die Akademie ein Übermaß an Erhabenheit (*gravité*) als Maske der Mittelmäßigkeit (*médiocrité*) entlarvt. Das bezog sich unmittelbar auf das Verhalten von Politikern und Literaten, konnte aber auch auf Stücke und ihre Stilmittel gemünzt werden; in seiner eigenen Produktion gelangte dieser Grundsatz jedoch nicht zur Anwendung.

Das neue Stück duftete in der Tat nicht nach Rosenwasser, sondern war aus «Gravität» gemacht und mit Pathos geschrieben. Seine Hauptfigur ist die Königin Semiramis, die nominell über den gesamten Orient gebietet. De facto aber herrscht ihr Statthalter Assur, mit dem sie ein düsteres Geheimnis verbindet: Beide haben vor anderthalb Jahrzehnten König Ninus, Semiramis' Gatten, und, so glauben sie zumindest, auch ihren Sohn Ninias, den rechtmäßigen Thronfolger, beseitigt. Leser und Zuschauer Voltaire'scher Stücke aber wissen es besser: Seit *Oedipe* tauchen solche gemeuchelten Prinzen regelmäßig wieder auf, um dem Verlauf des Dramas die entscheidenden Wendungen zu verleihen. So ist es auch diesmal: Der strahlende junge Krieger Artace, der Semiramis in ihrem prunkvollen Palast zu Babylon seine Aufwartung macht und ihr Herz im Sturm gewinnt, ist in Wirklichkeit ihr Filius, doch das weiß bislang nur der Oberpriester Oroès. Semiramis aber wird vom Fluch der Mordtat mehr und mehr umgetrieben, und zwar nicht nur durch ihr Gewissen, sondern auch durch geheimnisvolles Stöhnen, das aus dem Mausoleum des Gemeuchelten hervordringt. So bedarf sie eines Gatten, der an ihrer Stelle und von ihren inneren Qualen unbelastet die Herrschaft übernimmt. Für Assur steht außer Frage, dass er der Erwählte sein wird, doch Semiramis entscheidet sich vor den versammelten Spitzen von Hof und Armee für Artace. In diesem kritischen Moment hat der Geist des toten Königs und mit ihm der Geist Shakespeares, dieses «betrunkenen Wilden», seinen großen Auftritt. Das Gespenst wendet sich an Artace mit einem ebenso knappen wie geheimnisvollen Befehl: In seinem Grab soll ein Opfer dargebracht werden.

Bis es so weit ist, fällt ein Schleier nach dem anderen: Oroès klärt Artace über seine Herkunft auf, und Semiramis erkennt ihn als ihren Sohn, der Inzest wird also in letzter Minute vermieden. Dann ist es Zeit, den Befehl des toten Königs auszuführen. Dieser begnügt sich nicht mit einem Lamm oder Sündenbock, sondern will schuldiges Blut fließen sehen, wie Artace beim Gang ins Mausoleum des Vaters erkennen muss. Doch wessen Blut? Artace tötet bei seinem Aufenthalt im Schattenreich des Grabmals eine schemenhafte Gestalt, die dort, Klagelaute ausstoßend, umherirrt. Doch das ist nicht, wie er meint, Assur, der soeben gefangen genommen wurde und seiner gerechten Strafe ebenfalls nicht entgehen wird, sondern Semiramis. Mit Gewissensbissen muss sich der Muttermörder wider Willen jedoch nicht plagen. Denn es ist Gerechtigkeit geschehen, wie Oroès in seinen Schlussworten verkündet:

> So lernt alle zumindest durch dieses schreckliche Exempel,
> Dass die geheimen Verbrechen die Götter zu Zeugen haben.
> Je größer der Schuldige ist, desto größer ist seine Strafe.
> Könige, zittert auf dem Thron, und fürchtet ihre Gerechtigkeit.[136]

Bei ihrer Uraufführung im August 1748 erregte diese Tragödie der Macht und ihres Missbrauchs Befremden und Heiterkeit zugleich. Auf Unverständnis stieß vor allem das plötzliche Erscheinen des Ninus-Geistes, der nicht, wie es sich für Wiedergänger gehört, in nebelschwangerer Mitternacht, sondern am helllichten Tag und vor unzähligen Zeugen auftrat. Damit war ausgeschlossen, dass es sich um eine bloße Projektion des gequälten Gewissens einer mörderischen Königin handelte. Komisch statt schrecklich wirkte der Auftritt des Gespenstes zudem dadurch, dass es bei seinem Weg auf die Bühne in den dicht gedrängten Zuschauermassen steckenblieb und sich von einem Polizisten freie Bahn schaffen lassen musste.

Von unguten Ahnungen geplagt, hatte Voltaire vierhundert Gratisbilletts an vermeintliche Bewunderer verteilen lassen, die denn auch pflichtgemäß klatschten, doch gleichzeitig durch ostentatives Gähnen ihre Langeweile kundtaten.

Wieder einmal erwies sich, dass eine Fülle von tragischen Konstellationen noch keine wirkliche Tragik garantierte. Bemerkenswerter als der erneut fehlgeschlagene Versuch, Shakespeare'sche Dramenelemente in die ganz anders geartete französische Bühnentradition zu übertragen und auf diese Weise das Regeln Sprengende regelhaft zu machen, ist die obsessive Wiederkehr der Motive, mit denen Voltaire von Stück zu Stück das Schreckliche zu steigern versuchte: der vollzogene, geplante oder in letzter Minute verhinderte Inzest, der Vater-, Mutter- oder Sohnesmord, ob geplant oder unwissend vollzogen, und die Aufdeckung der zuvor verkannten vornehmen Abstammung. Gleich nach ihrer Geburt betrügerisch vertauschte, von neidischen Rivalen entführte oder aus weiteren niederen Antrieben verschleppte Kinder, die im Laufe eines intrigenreichen Handlungsgefüges schließlich ihre wahre Identität entdecken, gehörten zum Grundbestand der Roman- und Bühnenproduktion des achtzehnten Jahrhunderts. Jenseits aller damit verbundenen Spannungseffekte stand dahinter eine der Grundfragen der Aufklärung: Wie wurde der Mensch zu dem, was er war, durch Geburt, durch Milieu oder Selbstausbildung? Wenn konservative Adelstheoretiker wie der Comte de Boulainvilliers recht hatten und die Ahnenreihe über den Charakter entschied, dann musste sich dieser genealogische Faktor durch Heldenmut und große Taten Bahn brechen, auch in der Hütte eines Bauern oder Köhlers. Wenn aber das von der Amme untergeschobene und in einer vornehmen Familie aufgezogene Tagelöhnerkind dieselben Wesenszüge wie seine aristokratischen Zieheltern entwickelte, war es um den Mythos des blauen Blutes geschehen. In seinem *Oedipe* hatte Voltaire Philoktet stolz verkünden lassen, dass nicht die Abstammung, sondern die Tugend allein zur Herrschaft qualifiziere. Doch so kühne Thesen brachte er in seinen Stücken in der Folgezeit kaum noch zu Gehör. Je ausschließlicher er für ein höfisches Publikum schrieb, desto mehr musste er dessen Erwartungen entgegenkommen. Daher übernehmen die lange verkannten Prinzen wie Artace nach Aufdeckung ihrer Identität selbstverständlich die zuvor von Unwürdigen usurpierte Macht.

Damit redete Voltaire arroganten Aristokraten nach dem Mund, aber sicher fühlen durften sie sich nicht. Die Schlussbotschaft des Stücks, dass die Schuld der Großen so groß ist, dass sie schwerste Strafen der Götter nach sich zieht, klingt harmlos. Doch sie ließ sich leicht revolutionär umdeuten. Es genügte, die Nation an die Stelle der Götter zu setzen, und schon war die Urteilsbegründung für einen pflichtvergessenen Monarchen fertig. Knapp anderthalb Jahrzehnte nach Voltaires Tod wurde Ludwig XVI. als Verbrecher gegen die Nation hingerichtet.

Eine Auszeit in Lothringen und Emilies letzte Liebe

Parallel zu *Sémiramis* arbeitete Voltaire an einer sehr viel leichteren Bühnenkost, auf die er große Hoffnungen setzte:

> Ich glaube mich eines sehr großen Erfolges sicher. Alle stimmen darin überein, dass die Lektüre des Stücks den Leser in Atem hält, ohne einen einzigen Augenblick der Länge oder Langeweile. Ich hoffe, dass die Schauspieler alle notwendige Wärme darin einbringen werden und dass es eine Unmenge an Komik geben wird, wenn das Stück gut gespielt wird. Beklagen Sie meine Verrücktheit, aber widersetzen Sie sich ihr bitte nicht.[137]

So enthusiastisch wie zu seiner Komödie *La Prude* äußerte sich Voltaire in eigener Sache eher selten. Der Titel täuscht: Die Anti-Heldin des Stücks namens Dorfise ist keineswegs prüde, im Gegenteil: Ihr Appetit auf schöne junge Männer ist ebenso unersättlich wie ihre Gier nach fremdem Gut, und gerade deshalb muss sie die Züchtige und Schamhafte spielen. Mit dieser Strategie hat sie den tugendhaften Kapitän Blanford so geblendet, dass er ihr sein Vertrauen schenkt und die Verfügung über sein Vermögen überlässt, bevor er erneut in See sticht und nach der Kaperung seines Schiffs lange Zeit verschollen bleibt. Blanford hat bei dieser Katastrophe nicht nur sich selbst, sondern einen weiteren Schiffbrüchigen gerettet, den er nach seiner Gewandung für einen jungen Türken hält. Hinter dieser Verkleidung verbirgt sich jedoch Adine, die schöne junge Tochter des kürzlich verstorbenen englischen Konsuls in Griechenland. Speziell auf ihre Rolle gründete Voltaire seine Erfolgshoffnungen: «Ihre Reise, ihre Liebe sind begründet; und sie entfacht, so scheint es mir, von Anfang bis Ende lebhafte Neugier.»[138] Adines Liebe gilt Blanford, doch dieser bleibt nach wie vor der lasterhaften Dorfise hörig, bis sich mithilfe der klugen und lebensfrohen Madame Burlet eine Intrige entspinnt, die der Heuchlerin zum Verhängnis wird. Adine wird Dorfise im Türkengewand vorgeführt, und schon entbrennt sie für den schönen Unbekannten. Bei zwei Rendezvous bedrängt sie die verkleidete Adine auf das Heftigste, trotzdem glaubt Blanford immer noch an ihre Tugend. Erst bei einem dritten Tête-à-tête des ungleichen Paares fällt es ihm wie Schuppen von den Augen, denn auf die Frage des vermeintlichen Türken, wovon sie denn künftig leben sollen, antwortet die Betrügerin: von Blanfords Vermögen. Danach steht einem glücklichen Ende nichts mehr im Wege: Der so lange genasführte Kapitän erkennt, wer ihn wirklich liebt, und fällt seiner Adine zu Füßen.

Die Uraufführung der *Prüden* fand im Dezember 1747 im privaten Rahmen auf dem Schloss Sceaux der Herzogin du Maine statt. Der dortige Aufenthalt in Gesellschaft von Madame du Châtelet war ebenso angenehm wie unfreiwillig. Was Voltaire und seine Gefährtin während der Entstehungszeit von *La Prude* und *Sémiramis* erlebt hatten, war Komödie und Tragödie zugleich und, was Intrigen und Verwicklungen betraf, dem Bühnengeschehen mindestens ebenbürtig.

Alles hatte im Oktober 1747 mit einer Soirée der Königin in Versailles begonnen, zu der auch Madame du Châtelet geladen war. Wie bei solchen Anlässen üblich, vergnügte sich die vornehme Gesellschaft zu vorgerückter Stunde beim Kartenspiel mit hohen Einsätzen. Dem damit verbundenen Risiko konnte die begnadete Mathematikerin nicht widerstehen, obwohl sie es besser wusste. Die ersten Verluste konnte ihr Voltaire mit seiner zufällig verfügbaren Barschaft noch ersetzen; als seine Gefährtin dann nochmals Spielschulden von 80 000 Livres machte, musste auch er passen. Solche Pechsträhnen gehörten zum guten Ton, Spielschulden waren Ehrenschulden – vorausgesetzt, es ging mit rechten Dingen zu. Doch dieser Meinung war Voltaire nicht: Madame, sehen Sie nicht, dass Sie mit Gaunern spielen?, raunte er der konsternierten Verliererin ins Ohr, vorsichtshalber auf Englisch, trotzdem machte dieser unvorsichtige Satz auf Französisch schnell die Runde. Dass am Tisch der Königin von Frankreich mit falschen Assen und anderen Tricks nicht nur betrogen, sondern ein regelrechter

Eine Auszeit in Lothringen und Emilies letzte Liebe 281

Unterricht im Falschspielen erteilt wurde, war in eingeweihten Kreisen kein Geheimnis, doch dies offen auszusprechen war ein Affront.

Das Problem ihrer Schulden löste Voltaires mondäne Gefährtin noch am selben Abend auf dieselbe Weise, wie sie sich diese eingehandelt hatte: mit Gewinnen am Spieltisch, diesmal als dubiose «Bankhalterin», mit einflussreichen Komplizen, die dabei mindestens ein Auge zudrückten. Danach bemühte sie sich, das von ihrem Gefährten zerschlagene Porzellan zu kitten. Voltaire, so ihre beschönigende Version, habe sich im Affekt zu einer Äußerung hinreißen lassen, die nicht ernst gemeint gewesen sei.

Der nächste «Skandal» ließ nicht lange auf sich warten. Voltaires Verbündete Madame de Pompadour setzte seinen *Enfant prodigue* auf den Spielplan der königlichen Privatbühne und übernahm selbst eine Rolle in diesem Stück, zusammen mit den namhaftesten Mitgliedern der Versailler Hofgesellschaft. Der geschmeichelte Voltaire widmete ihr daraufhin die folgenden Verse:

Pompadour, Sie verschönern
Den Hof, den Parnass, die Insel Cythera.
Zauber aller Herzen, Schatz eines einzigen Sterblichen,
Möge ein so schönes Schicksal ewig dauern!
Mögen Ihre kostbaren Tage von Festen gezeichnet werden!
Möge der Frieden auf unseren Feldern mit Ludwig wiederkehren!
Seid beide ganz ohne Feinde,
Und behaltet beide Eure Eroberungen.[139]

Das war ein eklatanter Verstoß gegen den guten Ton und die guten Sitten, denn so vertraulich kommunizierte man nicht mit einer *maîtresse en titre* und erst recht nicht über einen König, von der ironischen Verquickung militärischer und erotischer Abenteuer ganz zu schweigen. Kaum gewonnen, schien die Gunst des Hofes auch schon wieder zerronnen. Voltaire wurde zwar nicht formell verbannt, doch ließ man ihn unmissverständlich wissen, dass seine zeitweilige Abwesenheit dringend erwünscht sei. Ein angenehmes «Exil» war schnell gefunden, zuerst in Sceaux, danach in Lothringen.

Ab dem Frühjahr 1748 war Voltaire Gast bei Stanislas Leszczynski (1677–1766), dem ehemaligen König von Polen, dem durch das launische Glück nach mancherlei Niederlagen ein beschaulicher Lebensabend als

Herzog von Lothringen und Bar und Schwiegervater des französischen Königs beschieden war. Dieser unerwartete Rang fiel ihm als Folge einer der Rochaden zu, die die Großmächte nach ihren Kabinettskriegen um die polnische und die österreichische Erbfolge veranstalteten: Das Haus Lothringen, dessen Chef Franz Stephan mit der österreichischen Erbtochter Maria Theresia verehelicht war, erhielt die Toskana, die der letzte Großherzog aus dem Hause Medici durch seinen erbenlosen Tod 1737 vakant gemacht hatte, und Lothringen nebst Bar ging an den entthronten polnischen Monarchen, allerdings nur auf Lebenszeit, danach sollte das Gebiet an Frankreich fallen. Doch bis es so weit war, mussten Ludwig XV. und seine Minister lange warten.

Der ebenso joviale wie lebenslustige und gebildete Greis war entschlossen, die Fassaden-Herrschaft auf Abruf, die ihm Fortuna zugespielt hatte, so lange wie möglich auszukosten. Politisch und finanziell hatten schon jetzt französische Verwalter das Sagen, dem Herzog blieb allein die Hoheit über seine Garde und seine Feste. Da ihm sein Schwiegersohn als Ersatz für die Einkünfte aus dem Land, die an Frankreich flossen, eine Pension von anderthalb Millionen Livres zahlte, konnte der kultivierte Epikuräer seinen Höflingen aufwendige Unterhaltung und hohe Gehälter bieten. Zudem musste in der Umgebung dieses bekennenden Hedonisten niemand fürchten, wegen loser Reden bespitzelt oder gar zur Verantwortung gezogen zu werden. Für einen solchen Monarchen war Voltaire die Krönung einer Hofgesellschaft, die er auf seinen Schlössern in Lunéville und Commercy versammelte: «Bis jetzt, mein lieber Voltaire, habe ich geglaubt, dass nichts fruchtbarer sei als Ihr überlegener Geist. Aber jetzt sehe ich, dass Ihr Herz dem Geist mindestens ebenbürtig ist.»[140] Das klang wie die schwülstigen Werbebriefe aus Berlin und Potsdam, war aber anders gemeint: Stanislas suchte keinen Sprach- und Poesielehrer, sondern einen renommierten *homme de lettres*, dem wie ihm selbst nichts Menschliches fremd war. So nahm es der siebzigjährige Herzog mit philosophischem Gleichmut hin, dass ihm ein junger Offizier namens Jean François de Saint-Lambert seine Geliebte ausgespannt hatte.

Locker und heiter wie erhofft ließ sich der Aufenthalt Voltaires und seiner Gefährtin in Lothringen auch an. Doch dann brach in diese Atmosphäre des gelassenen Laisser-faire plötzlich die große, tragische Leidenschaft ein: Madame du Châtelet, die sich von Voltaire seit Längerem erotisch vernachlässigt fühlte, verfiel dem schmucken Gardehauptmann Saint-Lambert mit einer bedingungslosen Hingabe, über deren Einseitigkeit, Widersinnigkeit und Zerstörungspotential sie sich stets klarsichtig Rechenschaft ablegte: «Ich kann nichts bereuen, denn dass Ihr mich liebt, habe ich allein zu verantworten. Wenn ich Sie bei Madame Galaizière nicht angesprochen hätte, würdet Ihr mich keineswegs lieben.»[141] Bei einem Bankett dieser Hofdame waren sich die beiden nähergekommen, und zwar im wahrsten Sinne des Wortes: Die verliebte Marquise war dem zehn Jahre jüngeren Offizier und Lebemann am Ende dieses Tête-à-tête ohnmächtig in die Arme gesunken, sehr zu dessen Erstaunen und Verlegenheit. Für Saint-Lambert hatte Voltaires Emilie nicht einmal den Reiz einer Eroberung, schließlich eroberte sie ihn; schön war die Zweiundvierzigjährige nach landläufigen Kriterien nie gewesen. Von ihrer Klugheit, geschweige denn ihrem wissenschaftlichen Rang hatte der umschwärmte Schönling, der sich im Kreis der Hofgesellschaft auch als Verseschmied versuchte, ohnehin keinen Begriff. So kam es, wie es kommen musste: Der immer heißer Umworbene ließ sich eine Zeitlang lieben, obwohl ihm die Passion der Geliebten zunehmend unheimlich, lästig und sogar peinlich wurde.

So stellt sich zumindest das Bild von Voltaires «Rivalen» dar, wie es dessen Biographen seit zwei Jahrhunderten gezeichnet haben. Ob diese Charakterbeschreibung Saint-Lambert gerecht wird, sei dahingestellt. Ein ausgewogeneres Urteil lautet, dass die Liaison mit Voltaires Gefährtin für ihn das war, was die vielen vorangegangenen Amouren für diese selbst gewesen waren: ein amüsantes und zeitweise pikantes Spiel, das wie alle Affären dieser Art ein baldiges und möglichst einvernehmliches Ende finden musste. Dass die immer leidenschaftlicheren Liebesschwüre der Marquise keine pathetischen Leerformeln, sondern Ausdruck tiefer Gefühle waren, war bei einer so gewandten Autorin und Gefährtin des wortgewaltigsten Dramatikers seiner Zeit schwer zu erkennen. Zur selben Zeit befand sich auch Voltaire mit der Beziehung zu seiner Nichte weiterhin auf amourösen Abwegen. So saßen beide, die Jüngerin Newtons und der *homme de lettres*, abends in verschiedenen Flügeln des Schlosses Commercy und schrieben ihren Allerliebsten heimlich hochfliegende Herzensergüsse.

Zwei Erzählungen voller Ironie und Optimismus

In dieser Zeit des Versteckspielens im lothringischen Château de Commercy veröffentlichte Voltaire eine Erzählung, die ihre Entstehung wahrscheinlich schon dem Zerstreuungsbedürfnis der Herzogin du Maine auf Schloss Sceaux verdankte. Sie hieß ursprünglich *Memnon*, doch ihren Siegeszug trat sie, wohlweislich anonym, ab September 1748 unter dem Titel *Zadig oder das Schicksal* an. Dieser Erfolg war den jesuitischen Sittenwächtern ein Dorn im Auge. In ihrem kritischen Rezensionsorgan, dem *Journal de Trévoux*, das jede Publikation im Geiste der Aufklärung als staats- und sittengefährdend denunzierte, wurde Voltaires erste große philosophische Novelle denn auch ausführlich besprochen:

> Dieses Werk ist absolut einzigartig. Der uns unbekannte Autor muss viel Esprit, große Übung im Schreiben und zahlreiche Kenntnisse besitzen. Er erzählt mit Leichtigkeit und schildert mit Anmut.[142]

Doch diese Qualitäten machen das Buch nur umso gefährlicher und schädlicher.

> Der Held des Buches ist Zadig, ein liebenswerter Abenteurer mit allen guten Eigenschaften, sogar denen des Philosophen ... Eine einzige wichtige Sache ist ihm jedoch unbekannt, und das ist die Pflicht, die Ordnung der Vorsehung zu respektieren.

Zadig ist also ein Freigeist, der auf seiner abenteuerlichen Weltfahrt Erfahrungen macht, die der Lehre der Kirche widersprechen. So betrachtet er alle Religionen und ihre Kultformen als gleichermaßen zufällig, absonderlich, willkürlich und damit überflüssig. Hinter diesen von Menschen erfundenen Seltsamkeiten wie Dogmen und Riten erkennt Zadig – so der hellsichtige Rezensent weiter – einen gütigen Schöpfergott, der den Menschen nicht nur mit Verstand, sondern auch mit Leidenschaften ausgestattet hat; diese maßvoll auszuleben, ist deshalb nicht nur erlaubt, sondern sogar ausdrücklicher Wille des Himmels. Als besonders verwerflich vermerkt der anonyme Jesuit die daraus gezogenen Schlussfolgerungen: Dass auf Erden alles gefährlich und zugleich notwendig ist und dass die irdische Welt nur einer von Millionen bewohnter Himmelskörper ist, die der allmächtige Schöpfer hervorgebracht hat. Abneigung schärft die Wahrnehmung: Bündiger und treffender lassen sich die Kernaussagen von Voltaires Erzählung kaum zusammenfassen.

Die Geschichte spielt wie *Sémiramis* im Orient und ist als eine Abfolge märchenhaft anmutender Traum- und Alptraumszenen komponiert. Der moralisch wohlgeratene und mit zeitlichen Gütern reichlich gesegnete Titelheld hat auf seiner Lebens- und Weltfahrt viele traumatische Erlebnisse. Zuerst will ihm der arrogante Sohn eines Ministers seine Braut entführen, die ihn danach schnöde verlässt, weil er bei ihrer Verteidigung eine Augenverletzung erlitten hat, die Schlimmes befürchten lässt – die Schöne, die ihm eben noch ewige Treue gelobt hat, erträgt den Anblick eines Einäugigen nicht. Einäugig wird Zadig zwar nicht, doch meint es das Schicksal auch in der Folgezeit nicht gut mit ihm. Seine ungeschönte Weltsicht und die Aufrichtigkeit, mit der er seine Skepsis gegenüber allen theologischen und philosophischen Heilslehren verkündet, bringen ihm statt des verdienten Lohnes Verfolgung und Kerker ein. Danach spült ihn das kapriziöse Glück plötzlich zum Ersten Minister des Königs empor, um ihn von dieser Höhe flugs umso tiefer abstürzen zu lassen: Er verliebt sich in die Königin und diese sich in ihn, was der König verständlicherweise gar nicht goutiert. Auf der anschließenden Irrfahrt durch die wichtigsten Länder des Orients tut Zadig viel Gutes im Sinne der Aufklärung: Er bekämpft die Witwenverbrennung und schlichtet religiöse Streitigkeiten mit dem Hinweis darauf, dass alle Kontrahenten letztlich denselben unsichtbaren Gott verehren. Zadig selbst wird von einem Eremiten, der sich als Mensch gewordener Engel entpuppt, darüber belehrt, dass das Böse ein konstitutives Element der Weltordnung und für die Genese des Guten unverzichtbar ist. Damit war die christliche Lehre von der Erbsünde sehr zum Ärger des *Journal de Trévoux* hinfällig, das Problem der Theodizee gelöst und dem Glückssucher Zadig eine endgültige Antwort erteilt. Dieser ist zunächst noch ungläubig, doch dann bewahrheitet sich die Lehre des Himmelsboten voll und ganz: Wie Ödipus gelingt es Zadig, Rätsel zu lösen, die den Fluch über Babylon aufheben, und danach die rechtmäßige Herrschaft über das ganze Reich anzutreten, und zwar an der Seite der seinetwegen einst verstoßenen und danach von ihm befreiten Königin:

> So schwelgte das Reich in Frieden, in Ruhm und Überfluss; es wurde das schönste Zeitalter auf Erden, denn es wurde von Gerechtigkeit und Liebe regiert. Man segnete Zadig, und Zadig segnete den Himmel.[143]

So lauten die märchenhaft klingenden Schlussworte der bitter-süßen Geschichte. Am Ende siegt die in Zadig personifizierte Güte über das vielköpfige Böse. Wie die ähnlich schließende *Henriade* hat die Novelle eine versöhnliche Botschaft zu verkünden: Neid, Gier und übersteigerter Geltungstrieb gehören zum Menschen und damit zum öffentlichen Leben, doch lassen sie sich überwinden. Denn im Menschen schlummert eine starke Gegenkraft zum Bösen: das Mitleid. Sie kommt zur Geltung, als Zadig auf seiner Wanderung einen armen Fischer trifft, der sich das Leben nehmen will, weil er nichts mehr fängt: «Ach was, sagte Zadig zu sich selbst, es gibt also Menschen, die genauso unglücklich sind wie ich.»[144] Aus dieser Erkenntnis entspringt der Wille, dem Fischer das Leben zu retten. Zadig tröstet den Verzweifelten mit tiefsinnigen philosophischen Betrachtungen:

> Man sagt, dass man weniger unglücklich ist, wenn man sein Unglück mit anderen teilt; aber das kommt laut Zarathustra nicht von der Bosheit, sondern von der Not des Menschen. Man fühlt sich dann zu einem Unglücklichen wie zu sich selbst hingezogen.[145]

Der Mitleidstrieb ist also eine heilsame Form des Egoismus:

> Die Freude eines glücklichen Menschen wäre für einen Unglücklichen eine Beleidigung; aber zwei Unglückliche sind wie zwei schwache Bäumchen, die sich aufeinander stützen und so gegen das Gewitter wappnen.[146]

Die Welt, in der das Böse seinen prominenten Platz behauptet, wird allein durch zwischenmenschliche Solidarität erträglich, die ein Teil des Selbsterhaltungstriebs ist. Diese Moral kommt ohne Gott, Priester und Kirche aus; gelehrt wurde sie laut Voltaire, seit es Philosophen wie Zarathustra gibt, also lange vor der Erfindung des Christentums. Das musste den Jesuiten besonders ärgern.

Voltaire verkündete diese Botschaft in einem neuen, von ihm selbst kreierten Genre, der philosophischen Märchen-Novelle, in einer neuen, Burleskes und Tiefernstes verschmelzenden Sprache und in einer neuen Komposition, deren Kunst darin besteht, kunstlos zu wirken. Das Panoptikum der rasch aufeinanderfolgenden Szenen wirkt auf den ersten Blick willkürlich aneinandergereiht, ja durcheinander gewürfelt, folgt aber bei näherem Hinsehen einem stringenten Ideen-Kurs, der sich durch die philosophische Auswertung der scheinbar zusammenhanglosen Begebenheiten ergibt. Genauso soll Voltaire nach einhelligem Bericht seiner Freunde auch erzählt haben: erfindungsreich und mit unerschöpflicher Phantasie, ohne dabei die übergeordneten Ziele aus dem Auge zu verlieren: zu beweisen, wie Mensch und Welt beschaffen sind, und warum.

An die Seite des *Zadig* gehört die Erzählung *Micromégas*, die erst 1751 veröffentlicht wurde, doch gleichfalls eine lange Entstehungsgeschichte hat. Erste Erwähnungen finden sich schon 1739 in Voltaires Korrespondenz mit dem preußischen Kronprinzen, damals noch unter dem Titel *Gangan*. Wie bei allen Werken, die ihm wirklich am Herzen lagen, feilte Voltaire auch an dieser Geschichte, die mit ihrer Rahmenhandlung in die Anfänge der Gattung Science-fiction gehört, lange und hingebungsvoll. Ihr Titelheld (dessen Name auf Griechisch «Kleingroß» bedeutet) ist ein Bewohner des Sterns Sirius, dessen Verhältnisse fremd und zugleich sehr irdisch anmuten. Im frühen Erwachsenenalter von 450 Jahren verfasste Micromégas nämlich eine gelehrte Abhandlung, die postwendend die sirianische Inquisition auf den Plan rief:

> Der Mufti seines Landes, ein total ignoranter alter Mann, fand in seinem Buch verdächtige, übelklingende, kühne, häretische und nach Häresie riechende Sätze und verfolgte es energisch. Dabei ging es darum, ob die substantielle Form der Sirius-Flöhe mit der der Sirius-Schnecken wesensgleich sei oder nicht.[147]

Das war eine der gewagtesten Passagen, die Voltaire bislang verfasst hatte, schließlich glich die Floh-Schnecken-Kontroverse den theologischen Debatten darüber, ob Gottvater und Gottessohn wesensgleich seien oder nicht; zudem spielte der Begriff «substantielle Form» auf die zwischen

Katholiken und Protestanten strittige Frage nach der Wandlung der Hostie und der realen oder symbolischen Präsenz Christi im Abendmahl an. Auch der Ausgang des Prozesses, der über Micromégas' Jugendwerk geführt wurde und 220 Jahre dauerte, klang nach dem Planeten Erde: «Schließlich ließ der Mufti das Buch von Rechtsgelehrten verurteilen, die es nicht gelesen hatten, und sein Verfasser erhielt den Befehl, sich die nächsten 800 Jahre vom Hof fernzuhalten.»[148] Micromégas erging es also wie Voltaire nach der Rohan-Chabot-Affäre. Während Voltaire damals nach England in eine fortschrittlichere Welt ging, tritt Micromégas eine Kavalierstour durch den Kosmos an, teils auf einem Sonnenstrahl, teils auf einem Kometen.

Auf dem Saturn schließt er Freundschaft mit dem Sekretär der dortigen Akademie der Wissenschaften, obwohl dieser Geistesgemeinschaft anfangs große Hindernisse entgegenstehen: Ein ausgewachsener Siriander wie Micromégas misst immerhin 36 Erden-Kilometer, ein Saturnianer dagegen nur deren zwei, was dem Besucher vom Sirius erst einmal ein mokantes Überlegenheitsgefühl verleiht. Doch dieses verfliegt rasch, denn die Bildung des saturnischen Sekretärs ist umgekehrt proportional zu seinen Körpermaßen. Schon in frühester Kindheit hat er mehr von Geometrie begriffen als der hoch begabte Erdling Blaise Pascal, der es danach vorzog, ein mittelmäßiger Metaphysiker zu werden. Auch unter den Jansenisten machte sich Voltaire mit dieser Satire keine neuen Freunde.

Gemeinsam erreicht das ungleiche Duo nach 150 Millionen Meilen den Planeten Jupiter und danach, am 5. Juli 1737, die Erde, die ganz am Anfang der Geschichte als «kleiner Ameisenhaufen»[149] vorgestellt wurde. Diesen umrunden die Forschungsreisenden in 36 Stunden. Das Urteil, das sie nach diesem ersten Augenschein fällen, ist vernichtend:

> Beachten Sie die Form dieses Globus, wie er an den Polen abgeflacht ist, wie ungeschickt er sich um die Sonne dreht, und zwar so, dass die Polargegend unbewohnbar ist. So glaube ich, dass hier niemand wohnt, denn Lebewesen mit gesundem Verstand möchten hier sicher nicht verweilen.[150]

Erst als sie ein Vergrößerungsglas mit einem Durchmesser von mehr als vierzig Metern auf die Erde richten, erkennen die intergalaktischen Reisenden, dass sie sich getäuscht haben und dieser elende Schlammhaufen doch bewohnt ist. Den Größenverhältnissen entsprechend reden sie die Erden-

Zwei Erzählungen voller Ironie und Optimismus

bewohner an mit «Ihr fast unsichtbaren Insekten, die im Abgrund des unendlich Kleinen zu erschaffen der Hand des Schöpfers gefiel»[151] und sind zutiefst erstaunt, als sich diese «Atome» als räsonierende Wesen wie sie selbst entpuppen. Noch verblüffter sind sie, als diese Nano-Wesen stolz darauf verweisen, dass sie auf ihrem Planeten zu den Größten gehören und dass es dort Mikroorganismen gibt, die man nur unter einem viel kleineren Mikroskop erkennen kann.

Diese Größenvergleiche sind wie vieles in der Erzählung Spott über Pascal. Dieser hatte im berühmten Aphorismus 72 seiner *Pensées* über das unendlich Große, über die Verlorenheit der Welt im Kosmos, und das unendlich Kleine, von winzigen Insekten abwärts bis zu für das menschliche Auge unsichtbaren Lebensformen, meditiert und daraus den Schluss gezogen, dass der Mensch, denkendes Schilfrohr, Staubkorn und Gigant zugleich, vor diesem doppelten Abgrund erschauern müsse: vor dem Nichts, aus dem er hervorgegangen ist, ohne zu wissen warum, und vor dem Unendlichen, in dem er wieder versinken wird. Aus diesem existenziellen Entsetzen über unfassbare Dimensionen und die Unhaltbarkeit des eigenen Daseins konnte nur der Sprung in den Glauben mit den Erklärungen der Bibel, Sündenfall und Erbsünde, heraushelfen.

Voltaire zog aus derselben Betrachtung den umgekehrten Schluss: Die *condition humaine* ist zugegebenermaßen rätselhaft, aber nicht durch Religion erklärbar, sondern nur durch Ironie und Spott erträglich. Von einer herausgehobenen Position des angeblichen Ausnahmegeschöpfs Mensch kann – so die Diagnose des Sirius- und des Saturnbewohners – keine Rede sein, seine wirkliche Stellung in Zeit und Raum muss vollkommen neu ausgemessen werden, ebenso wie seine Lebensbedingungen. Diese Neubestimmung fällt ernüchternd aus. Das zeigt sich schon am Raum. Wenn der Saturn – immerhin neunhundertmal größer als die Erde – ein bloßer Tropfen im Ozean ist, dann ist die Erde quasi ein kosmisches Nichts. Das gilt auch für die andere Dimension, die Zeit: Auf dem Saturn lebt man 15 000 Erdenjahre, auf Sirius noch tausendmal länger, doch selbst das sind keine kosmischen Rekordwerte. Zudem gibt es außer Zeit und Raum auf Sirius dreihundert weitere Dimensionen, anderswo sogar deren dreitausend.

Aus all dem zieht Micromégas den Schluss, dass die winzigen Erdlinge auf ihrem bescheidenen Planeten einigermaßen komfortabel leben können.

Doch diese leichtfertige Hypothese wird von den Befragten empört bestritten. Unser Leben ist kurz und elend, so lautet ihr Fazit. Schuld daran sind die Mächtigen, die aus Gier nach Eroberungen und Ruhm permanent Kriege mit Soldaten führen, von denen nicht einmal jeder Hundertste überlebt.

Doch sollte man nicht sie bestrafen, sondern die sesshaften Barbaren (*barbares sédentaires*), die aus der Tiefe ihres Kabinettes während ihrer Verdauungsphasen das Massaker an einer Million Menschen befehlen und danach Gott feierlich dafür danken lassen.[152]

Mit den *barbares sédentaires* waren die «christlichen» Fürsten gemeint, die aus nichtigen Gründen Weltenbrände anzettelten und danach ein *Te Deum laudamus* singen ließen. Mit solch unerbittlicher Schärfe hatte sich der Kriegsverächter und Kriegerbewunderer Voltaire noch nie zum Krieg geäußert. Was mochte sein «Freund», der Kriegsherr in Potsdam, davon halten? Zu den «sesshaften» Kriegsanzettlern gehörte er nicht, er kämpfte an der Spitze seiner eigenen Armee, aber das machte es nicht besser, sondern noch schlimmer. Nur zwei Beobachtungen der Reisenden heben sich positiv von all dieser Misere ab: Ein großer Wissenschaftler hat die Gravitationsgesetze entdeckt, die man auf Sirius und Saturn natürlich schon lange kennt, und auch eine mit dem Namen Locke verbundene Philosophie des gesunden Menschenverstands ist dabei, sich auf der Welt durchzusetzen, während die grotesken Phantasien eines gewissen Heiligen Thomas über den Vorrang des Menschen im Kosmos allmählich der verdienten Lächerlichkeit anheimzufallen scheinen. Beim Abschied überreicht der Sirianer den Menschen ein Buch, das sie über den Sinn des Daseins aufklären soll. Dieses wird dem Sekretär der Pariser Akademie der Wissenschaften überbracht. Als er es öffnet, sieht er, dass es lauter weiße Seiten enthält: «Aha», sagte er, «hatte ich's mir doch gedacht.»[153] So lautet der Schlusssatz der Erzählung.

Doch so unwissend sind die Bewohner der fremden Welten in Wirklichkeit keineswegs. Ihr Wissen besteht nicht zuletzt darin, dass sie ihr Nicht-Wissen erkennen und ihre Existenz wie die des Kosmos als ein großes Rätsel empfinden:

Zwei Erzählungen voller Ironie und Optimismus 291

> Sie sehen also, wir sterben quasi im Moment der Geburt. Unser Leben ist ein Punkt, unsere Lebensdauer ein Augenblick, unser Planet ein Atom. Kaum hat man damit begonnen, sich etwas zu bilden, da ist der Tod auch schon da, bevor man Erfahrungen gesammelt hat.[154]

Dieser bewegenden Klage des Saturnianers entgegnet Micromégas mit erhabener Abgeklärtheit:

> Sie wissen sehr wohl, dass es keinen Unterschied macht, ob man eine Ewigkeit oder nur einen Tag gelebt hat, wenn wir unseren Körper den Elementen zurückgeben müssen und damit die Natur in anderer Form wiederbeleben, was man sterben nennt, wenn dieser Augenblick der Metamorphose gekommen ist.[155]

Das klingt nach Lukrez: Die ewige Natur bringt hervor und zerstört, und in diesem ewigen Kreislauf ist ein Menschenleben nur eine kurze Episode. Doch so materialistisch ist die Aussage nicht gemeint:

> Aber es gibt überall Wesen mit gesundem Verstand, die die Dinge richtig verstehen und dem Urheber der Natur danken. Er hat in diesem Universum eine einzigartige Vielfalt mit wunderbarer Einheitlichkeit verbreitet. Zum Beispiel sind alle denkenden Wesen verschieden und zugleich ähnlich durch die Gabe zu denken und zu begehren.[156]

Rebellion und Hinnahme, Protest und Unterwerfung – diese Haltungen gegenüber der Natur und ihrem Schöpfer treffen nicht nur in der Diskussion der beiden Kosmosreisenden hart aufeinander, sondern auch im Denken und Fühlen Voltaires. Für ihn machte die Dauer des Lebens sehr wohl einen Unterschied, für ihn war sein immer wiederkehrender Krankheitszustand ein Skandal und der Tod bis zum Schluss unannehmbar. Das Problem, wie sich die am eigenen Leib erfahrene *miseria humana* mit der Annahme eines liebenden Gottes vereinbaren ließ, war durch die billigen Versöhnungsformeln, dass das Gute des Bösen bedurfte, nicht gelöst, sondern nur verdeckt. Die besänftigenden Floskeln Micromégas' lassen diesen Grundwiderspruch nur noch erbarmungsloser hervortreten: Alle höheren Wesen des Kosmos denken ja nicht nur, sondern begehren auch, und zwar nichts so sehr wie das, was ihnen verwehrt wird, nämlich Gesundheit und

Ewigkeit. So war es nur noch eine Frage der Zeit und der Erschütterungen, die sie mit sich bringen würde, wie lange Voltaires Gedankengebäude des optimistischen Deismus in seinen Grundfesten erhalten bleiben würde. Für den Kritiker des *Journal de Trévoux* war dieser Zusammenbruch bereits vollzogen, er sah in *Micromégas* statt des reinen Gottesglaubens das nackte Nichts triumphieren. Für den empörten Rezensenten aus dem Jesuitenorden wimmelte es in diesem kurzen Text nur so vor fatalen Ideen. Neben dem allgegenwärtigen Materialismus erhebe der Spinozismus sein hässliches Haupt, vom zersetzenden Pyrrhonismus ganz zu schweigen. Zu diesen kapitalen Delikten gesellten sich die Unterwanderung aller kirchlichen und weltlichen Autoritäten durch die systematische Verleumdung ihrer Häupter sowie empörende Sittenlosigkeit und eine kosmische Nestbeschmutzung, die das Irdische mit unerträglicher Distanz betrachtete und dadurch relativierte. Nach christlicher Lehre stand der Mensch, die Krone der Schöpfung, im Zentrum des Kosmos, und mit ihm die Erde, die von diesem lästerlichen Autoren als Ameisenhaufen beschimpft wurde. Anderthalb Jahrhunderte zuvor war ein selbsternannter Seher und Deuter des Kosmos namens Giordano Bruno auf dem Scheiterhaufen verbrannt worden, weil er es gewagt hatte, die Unendlichkeit des Universums und die Vielzahl bewohnter Welten, darunter bessere als die Erde, zu verkünden.

Tod im Kindbett

Kurz nach der Veröffentlichung des *Zadig* mit seiner Schlussvision der besten aller Welten in einem imaginären Babylon holte Voltaire die Welt, wie sie wirklich ist, ein. Über das, was in den intimen Gemächern von Schloss Cirey Mitte Oktober 1748 geschah, liegt nur der quellenkritisch problematische «Bericht» Sébastien Longchamps vor, der es von Emilies Kammerdiener zu Voltaires Sekretär gebracht hatte, von diesem später in Unehren entlassen wurde und knapp ein Jahrzehnt nach dessen Tod einem ehemaligen Jesuiten seine «Erinnerungen» zu Protokoll gab. Demnach trat Voltaire kurz vor dem Abendessen ohne Vorankündigung, aber auch ohne böse Ahnung in die Räumlichkeiten seiner Gefährtin ein und überraschte

Tod im Kindbett 293

sie in den Armen Saint-Lamberts. Minutiöse Rekonstruktionen detailversessener Biographen haben allerdings ergeben, dass das so nicht stimmen kann. Nach ihren detektivischen Recherchen hatte der eifersüchtige *homme de lettres* bereits Verdacht geschöpft, da das Zimmer der Marquise nicht geheizt war, woraus er den Schluss zog, dass Saint-Lambert die fehlende Wärme lieferte. So suchte er durch seinen plötzlichen Überfall nur noch den endgültigen Beweis für Emilies «Untreue» und wurde fündig: Seine Gefährtin und der schöne Offizier «saßen auf dem Sofa, und zwar, wie es schien, nicht mit gelehrter Konversation beschäftigt».[157] Ironischer als sein Sekretär hätte es Voltaire selbst nicht ausdrücken können.

Glaubt man Longchamp, so wurde er jetzt dringend als Schlichter benötigt: Voltaire wollte alles stehen und liegen lassen und abreisen, aber sein Sekretär verhinderte den abrupten Aufbruch mit der Notlüge, dass keine Kutsche verfügbar sei. Danach vermittelte er ein Gespräch zwischen seinem Herrn und seiner Herrin, das er getreulich notierte, sei es aus der Schlüssellochperspektive, sei es nach Wiedergabe durch eine(n) der Beteiligten. Voltaire habe dabei ausgerufen, was gehörnte Männer in solchen Situationen zu sagen pflegen: Ich habe alles für Sie geopfert, und zum Dank betrügen Sie mich! Die kluge Antwort der «Betrügerin» habe gelautet: Ich liebe Sie immer noch und schone darüber hinaus Ihre Gesundheit. Sie kennen schließlich mein Temperament. Ist es nicht besser, dass ein Freund Sie ersetzt als irgendein anderer? Vor so viel entwaffnender Offenheit und Wahrheit musste selbst ein Voltaire kapitulieren. Er gab seiner Gefährtin recht, außer in einem Punkt: Musste es dann vor meinen Augen sein? Danach – so Longchamp weiter – sei der verwirrte und bestürzte Saint-Lambert zu den beiden gestoßen und vom Betrogenen mit wahrhaft philosophischer Großmut begrüßt worden: Ihr seid im Recht, ich bin im Unrecht. Sie sind im glücklichen Alter, in dem man liebt und gefällt; genießen Sie diese nur allzu kurzen Augenblicke. Ein Alter und Kranker wie ich ist nicht mehr für das Vergnügen geschaffen.[158]

Das war die Stimme eines abgeklärten Weisen, allerdings wider besseres Wissen, denn nach dem Zeugnis seiner heißgeliebten Nichte war Voltaire die Freude an den sinnlichen Genüssen keineswegs abhandengekommen. Doch die hier eingenommene Pose des Entsagenden erwies sich als ausbaufähig, wie ein kurz nach der In-flagranti-Szene entstandenes Gedicht bezeugt:

Saint-Lambert, nur für dich
Haben sich diese schönen Blumen geöffnet;
Deine Hand pflücke die Rosen,
Und die Dornen sind für mich.
... Ergreife die flüchtige Gunst
Der Götter des Pindus und der Liebe.
Es ist die Zeit der Illusion.
Ich habe nur noch Vernunft:
Und, leider, selbst davon kaum genug.[159]

Der getragene Ton kippt ins Burleske um, und so gehen die Verse auch weiter: Saint-Lambert soll die Astronomin, die am Abend mit tintenbekleckster Hand aus ihrer Studierstube zu den normalen Sterblichen herabsteigt, schleunigst in ihr Boudoir schicken, wo sie sich für ihn schön macht, damit es zu dem stimmigen Schluss kommen kann:

Und sing ihr auf deinem Dudelsack
Die schönen Melodien, die die Liebe immer wieder hören will
Und die Newton nicht gekannt hat.[160]

Gegen die Anziehungskraft eines schönen Körpers kann auch die Entdeckung der Gravitation nichts ausrichten. Davon versteht selbst der große Newton nichts, der sich, wie Voltaire schon Jahre zuvor konsterniert notiert hatte, von den Frauen ein Leben lang ferngehalten hat.

Damit war gesagt, was sich zu dieser Situation sagen ließ, und das Leben, sprich: die *ménage à trois*, ging weiter, als sei nichts geschehen. Die neue Konstellation blieb am lothringischen Hof nicht unbemerkt, allerdings ohne für allzu viel Klatsch zu sorgen. So machten es schließlich alle. Voltaire machte das Beste daraus und verfasste kurz nacheinander zwei Komödien: *Die Frau, die recht hat* und *Nanine oder das besiegte Vorurteil*. Im ersten der beiden Lustspiele durchkreuzt eine beherzte Gattin die von schnöder Gewinnsucht diktierten Pläne ihres Gatten, die gemeinsamen Kinder mit denen eines berüchtigten Wucherers zu verheiraten. Stattdessen findet gleich vier Mal Herz zum Herzen, und auch der zuvor so herzlose Vater ist einverstanden, weil er inzwischen in Indien ein Vermögen gemacht hat. Liebe siegt über Konventionen: Darin darf man einen Nachhall der «Verzichtserklärung» an Saint-Lambert sehen.

Zum selben glücklichen Ende kommt es auch im Schwester-Stück *Nanine*, das an den Erfolgsroman *Pamela* von Samuel Richardson angelehnt ist. Im Mittelpunkt steht die Liebe des Grafen d'Olban zu Nanine, einem Mädchen von niederem Stand und hoher Bildung. Sie hat in einem britischen Buch gelesen, dass alle Menschen Brüder und gleich sind, doch in Frankreich ist die Wirklichkeit von so paradiesischen Zuständen weit entfernt. Nanines Ziehmutter, die den Grafen selbst heiraten möchte, droht ihrem Mündel mit Gunstentzug und Verbannung, doch am Ende setzen sich Güte und Vernunft durch, und die Liebenden kommen zusammen. Allerdings wird dieser Bruch mit den Konventionen durch die Schlusswendung des Stücks entschärft und dieses dadurch für eine Aufführung vor höfischem Publikum brauchbar gemacht:

Möge dieser Tag
Die würdige Belohnung der Tugenden bringen,
Doch ohne jemals weitere Folgen zu zeitigen.[161]

Die Ständegesellschaft mochte die eine oder andere Ausnahme zulassen, doch davon abgesehen schloss sie die Reihen fest.

Anfang 1749 stellte Emilie du Châtelet fest, dass die Natur ihr einen Streich gespielt hatte oder, wie es der wortgewandte Kammerdiener Longchamp ausdrückte: Die Aufmerksamkeiten des Herrn von Saint-Lambert gegenüber Madame hatten diese in den Stand versetzt, Mutter zu werden. Die Marquise war am Boden zerstört, denn mit dieser Schwangerschaft hatte sie eine eherne Regel gebrochen: Liebhaber ja, aber Kinder nur ehelich gezeugt! Der Marquis war seit Jahren nicht in ihrer Nähe gesichtet worden und kam als Vater daher nicht infrage. Das musste sich jetzt schleunigst ändern, wollten alle Beteiligten – Emilie, Saint-Lambert und Voltaire – ihren Ruf wahren. Während sich der Kindsvater kühl und unbeteiligt gab, fädelte Voltaire eine Intrige ein, die als Theaterstück aufgrund ihrer eklatanten Unmoral auf keiner Bühne Frankreichs hätte gespielt werden können. Als Erstes musste der Ehemann herbeigeschafft werden, was unter dem Vorwand eines dringlichen Prozesses, bei dem sein guter Rat unverzichtbar sei, kein Problem war. Die treue Seele kam und wusste nicht, wie ihr geschah. Zu seinen Ehren wurde ein großes ländliches Fest gegeben; auf ein diskretes Signal Voltaires hin zogen sich die Gäste zurück, so dass die

Eheleute Gelegenheit zu einem trauten Beisammensein fanden. Der nach eigenem Bericht allen Situationen, auch den heikelsten, gewachsene Longchamp füllte den Becher des Hausherrn stets aufs Neue mit süßem Wein, bis sich der erwünschte Effekt endlich einstellte:

> So kam dem Marquis in den Sinn, dass er seine ehelichen Pflichten an seiner Gattin seit Langem zu erfüllen versäumt hatte. Diese heuchelte zunächst Erstaunen und Zurückhaltung, um schließlich nachzugeben, so dass sich ihr Gatte für den glücklichsten aller Menschen hielt.[162]

Glaubt man der süffisanten Erzählung des Sekretärs, ging das noch einige Wochen so weiter. Dann war der große Augenblick gekommen: Dem vierundfünfzigjährigen Offizier wurde eröffnet, dass er ein weiteres Mal Vater werden würde. Entgegen Emilies Befürchtungen reagierte der Betrogene nicht mit Misstrauen, sondern mit Begeisterung, ja er posaunte seine späte Vaterschaft regelrecht heraus.

Diese Klippe war also umschifft, doch Erleichterung wollte sich trotzdem nicht einstellen. Wie Voltaire, dem Regisseur der schäbigen Farce, zumute war, spiegelt sein Brief an seine Nichte vom 18. Januar 1749 wider. Diese hatte ihm vorgeworfen, sein Leben den «kleinen Phantasien» seiner kapriziösen Gefährtin zu unterwerfen. Ob Madame Denis Wind von deren Affäre mit Saint-Lambert bekommen hatte, ist nicht bekannt. Auf jeden Fall drängte sie ihren Onkel, sich dem Einfluss der mondänen Dame, die ihn an der Vollendung seiner großen Projekte hindere, zu entziehen – und das hieß konkret: mit ihr zusammenzuziehen. Um diesem Wunsch den nötigen Nachdruck zu verleihen, behauptete sie, mit einer zweiten Eheschließung zu liebäugeln. Das sollte Voltaire eifersüchtig machen, doch dem Drängen seiner Geliebten nachgeben konnte er jetzt weniger denn je, wie er dieser ungewohnt gewunden mitteilte: «Habe ich Ihnen nicht mein Herz geöffnet, wissen Sie nicht, dass ich mich verpflichtet fühle, einen Skandal zu vermeiden, den die Öffentlichkeit ins Lächerliche ziehen würde?»[163] Ob mit diesem Aufsehen die bloße Trennung von Emilie gemeint war oder auf die mit deren Schwangerschaft verbundenen Schwierigkeiten angespielt wird, ist unklar. Auf jeden Fall fühlte sich Voltaire zu einer ungewöhnlich pathetischen Erklärung seiner Loyalität gegenüber Emilie du Châtelet verpflichtet:

Habe ich Ihnen nicht offenbart, dass ich meinen einmal eingeschlagenen Kurs beibehalten, eine Liaison von zwanzig Jahren respektieren und darüber hinaus am Hof von Lothringen und in der Einsamkeit, in der ich mich momentan befinde, Schutz gegen die Verfolgungen finden muss, denen ich permanent ausgesetzt bin?[164]

Natürlich wurde neben der Bedrohung durch die Behörden auch noch die Karte der dauernden Krankheiten ausgespielt. Auf diese Weise versuchte der hin- und hergerissene *homme de lettres* seiner Nichte die Absage an einen gemeinsamen Haushalt annehmbar zu machen, nicht ohne ausgesuchte Schmeicheleien hinzuzufügen:

> Was mich betrifft, so bleibt mir nur, Sie zu lieben und anzubeten und Ihre Entscheidung abzuwarten. Alles, was ich weiß, ist, dass wir nicht umziehen werden und dass trotzdem mein einziges Glück darin bestünde, mit Ihnen zusammenzuwohnen.[165]

Vor diesem Hintergrund gestaltete sich das Zusammenleben mit Emilie immer schwieriger. Der allgegenwärtige Longchamp weiß von unschönen Szenen zu berichten, die belegen, dass die Nerven der beiden, die die ersten Monate des Jahres 1749 in Paris verbrachten, zum Zerreißen gespannt waren. Einmal kam Madame zu spät von ihren mathematischen Studien zum Abendessen, das daraufhin kalt wurde, was Voltaire als Anschlag auf seine ohnehin zerrüttete Gesundheit empfand. Als am nächsten Morgen ein klärendes Beziehungsgespräch anstand, habe Voltaire das Frühstücksgeschirr auf dem Boden zerschmettert – und kurz darauf einen Diener ausgeschickt, um das kostbare Service nachzukaufen. Die allgemeine Gereiztheit führte sogar zu einer philosophischen Missstimmung, die ihren Ausdruck in der Korrespondenz mit dem Preußenkönig fand:

> Je länger ich darüber nachdenke, desto mehr gelange ich zu der Ansicht Eurer Majestät. Ich hielt leidenschaftlich daran fest, dass wir frei sein sollten. Die Erfahrung und die Vernunft überzeugen mich jetzt, dass wir Maschinen sind, die dazu geschaffen sind, eine bestimmte Zeit zu laufen – und wie es Gott gefällt.[166]

In seiner Abhandlung über Metaphysik hatte Voltaire daran festgehalten, dass der Mensch das tun kann, was ihm sein Wille als lohnend und lockend vor Augen führt. Selbst diese sehr eingeschränkte Willensfreiheit schien jetzt fragwürdig geworden zu sein. Stattdessen schien der blinde Determinismus zu herrschen, den der König seit Langem predigte, allerdings ohne Gott, den Voltaire am Schluss seines Schreibens zum Meister aller Schicksale erhob. Im selben Brief lobte er nicht nur die Verse seines gekrönten Sprachschülers über den grünen Klee, sondern kommentierte auch dessen *Ode sur la guerre* mit ungewöhnlicher Offenherzigkeit:

> Ich würde gerne glauben, dass die Ode auf den Krieg das Werk eines armen Bürgers und guten Poeten ist, der es satthat, seinen Zehnten und den Zehnten vom Zehnten zu zahlen und sein Land von streitenden Königen verwüstet zu sehen. Doch keineswegs: Sie stammt von einem König, der den ganzen Hader begonnen hat, sie ist von dem, der mit den Waffen in der Hand eine Provinz und fünf Schlachten gewonnen hat. Ihre Majestät macht schöne Verse, aber sie verspottet die Welt.[167]

Die kriegskritischen Töne aus der Perspektive der Kriegsopfer, die im Gedicht des Kriegsherrn angeschlagen werden, sind also bloß ein literarisches Spiel. Oder vielleicht doch nicht oder nicht nur? Voltaire fuhr fort:

> Allerdings, wer weiß schon, ob Sie nicht all das wirklich denken, wenn Sie es schreiben? Es ist gut möglich, dass die Menschlichkeit zu Ihnen im selben Kabinett spricht, in dem Sie Order geben, Armeen zu versammeln. Heute ist man von der Leidenschaft für Helden begeistert, morgen denkt man als Philosoph.[168]

So gespalten war zumindest Voltaire selbst, in dem Faszination und Abscheu weiterhin in einem ungeklärten Verhältnis zueinander standen. Kurz darauf nahm die Korrespondenz zwischen dem *homme de lettres* und dem Monarchen eine Wendung ins Medizinische. Die Aufregungen in Cirey hatten Voltaires nahezu chronische Magen-Darm-Beschwerden weiter verschlimmert, wie aus den Briefen dieser kritischen Monate hervorgeht. Deshalb wandte er sich an Friedrich mit der Bitte, ihm eine Packung der Wunderpillen zu schicken, die ein deutscher Arzt namens Georg Ernst Stahl als Heilmittel gegen jegliche Art von Gebresten erfunden haben wollte. Die königliche Antwort klang wenig ermutigend:

Tod im Kindbett

Damit können Sie ganz Frankreich eine Abführkur verabreichen und die Mitglieder Ihrer drei Akademien töten. Glauben Sie nur nicht, dass das Bonbons sind. Hier werden sie nur von schwangeren Frauen benutzt. Sie kommen schon auf merkwürdige Ideen, ausgerechnet von mir, der ich in Sachen Medizin immer ein ausgesprochener Atheist gewesen bin, Heilmittel zu erwarten.[169]

Wer die Krankheit hatte, bekam den Spott dazu – der König von Preußen war unerreicht in der Kunst, sich die Schwächen seiner Mitmenschen zu Nutze zu machen.

Währenddessen schwankte Madame du Châtelet zwischen der Furcht vor den Folgen ihrer späten Schwangerschaft und der Hoffnung, ihren immer kühleren und distanzierteren Liebhaber doch noch zurückzugewinnen. Zu diesem Zweck schrieb sie ihm glühende Liebesbriefe, die kaum je im selben Ton erwidert wurden. Ihre Ablenkung von Furcht und Verzweiflung bestand in der Beschäftigung mit einer neuen Arbeit zu Newton, in dessen Werk sie bei aller Hochschätzung auch Aspekte fand, die der Abklärung und Präzisierung bedurften. Voltaires Ablenkung bestand zu dieser Zeit in literarischen Fehden mit seinem Feind Claude Prosper Jolyot de Crébillon, in der erfolgreichen Aufführung der *Nanine* und vor allem im Beginn des Briefwechsels mit dem sechsunddreißigjährigen Denis Diderot, dem aufgehenden Stern am Himmel der französischen Aufklärer.

Ende Juni 1749 war es dann an der Zeit, nach Commercy zurückzukehren, wo Emilie ihr Kind zur Welt bringen wollte und wo Saint-Lambert sich umso rarer machte, je leidenschaftlicher er von seiner verschmähten Geliebten umworben wurde:

Lassen Sie mich nicht in Ungewissheit, ich bin so niedergeschlagen und entmutigt, dass ich zutiefst erschrocken wäre, wenn ich an Vorahnungen glaubte. Ich möchte Sie nur noch einmal wiedersehen.[170]

Der verzweifelte Brief wurde drei Tage vor der Geburt verfasst, die am 3. September stattfand und wider Erwarten ohne Komplikationen verlief. So verkündete Voltaire das freudige Ereignis in den launigsten Tönen:

Madame du Châtelet hat während ihrer Arbeit an ihrem *Newton* eine leichte Unpässlichkeit verspürt; daraufhin rief sie ihre Kammerdienerin, die gerade noch ein Handtuch ausbreiten und darauf ein kleines Mädchen in Empfang nehmen konnte, das man dann in seine Wiege legte. Die Mutter ordnete ihre Papiere und legte sich dann zu Bett, wo alle bis zur gegenwärtigen Stunde wie die Murmeltiere schlafen.[171]

Doch die Erleichterung war verfrüht. Schon bald stellte sich ein Fieber ein, gegen das die aus Nancy herbeigerufenen Ärzte Drogen verordneten, die den Zustand nur weiter verschlimmerten. Am Abend des 10. September 1749 war die Kranke bewusstlos und kurz darauf tot.

Herr Voltaire war außer sich vor Schmerz, fiel am Fuß der Treppe, beim Verschlag der Wache, zu Boden und schlug mit dem Kopf gegen den Fußboden... Als er Herrn de Saint-Lambert sah, sagte er zu ihm unter Tränen: Wie um alles in der Welt kamen Sie dazu, ihr ein Kind zu machen?

So lautete die Version Longchamps fast vier Jahrzehnte nach dem traurigen Ereignis.[172] Zwanzig Monate nach der Mutter starb auch die Tochter.

Mit dem Tod war die Komödie der Täuschungen noch nicht zu Ende. Madame du Châtelet hatte ein Medaillon mit dem Bild Saint-Lamberts getragen; dieses musste schleunigst gegen das ihres Gatten ausgetauscht werden. Daraufhin soll Voltaire nach dem Bericht Longchamps ausgerufen haben: «So sind sie, die Frauen! Ich habe Richelieu verdrängt, Saint-Lambert mich, einer verjagt den anderen. So gehen die Dinge dieser Welt.»[173] Das klang unversöhnlich. Die Verse hingegen, die er kurz darauf unter ein Porträt der verlorenen Gefährtin geschrieben haben soll, stimmten bereits abgeklärte Töne an:

> Das Universum hat die erhabene Emilie verloren,
> Sie liebte die Vergnügungen, die Künste, die Wahrheit.
> Als die Götter ihr Seele und Genie verliehen,
> Hatten sie für sich allein die Unsterblichkeit reserviert.[174]

Das war ein Grabspruch für die Ewigkeit. Fassung und Fassungslosigkeit lösten sich in der Seelenlage Voltaires ab. Was den Literaten, der so viele seiner Helden und Heldinnen heroische Tode auf der Bühne hatte sterben lassen, besonders erschütterte, waren die grotesken, ganz und gar nicht erhabenen Umstände dieses Sterbens. Ebenso erniedrigend waren die Geschäfte, die jetzt zur Erledigung anstanden. Der gemeinsame Haushalt in Cirey musste aufgelöst und jedes Möbelstück und jedes Buch sortiert werden: Gehörte es ihr, gehört es mir? Zudem harrte ein heikler Nachlass der sofortigen Entsorgung: Die Korrespondenz der freigeistigen Newton-Anhängerin und Newton-Verbesserin durfte keinesfalls in falsche Hände gelangen.

Longchamp weiß mit seinem sicheren Gespür für makabre Komik zu berichten, wie der Marquis und sein Bruder bei der Suche danach auf eine Kassette mit Briefen stießen. Auf deren Deckel sei ein Brief geklebt gewesen, in dem die Marquise ihren Gatten beschwor, den Inhalt ungelesen zu vernichten. Doch das habe diesen erst recht neugierig gemacht. Als sich seine Miene nach der Lektüre der ersten Schriftstücke verfinsterte, habe sein Bruder das ganze Paket kurzerhand in den brennenden Kamin geworfen. Wahrscheinlich handelte es sich dabei um die Korrespondenz mit Saint-Lambert. Madame du Châtelets Briefwechsel mit Voltaire ist bis auf sehr wenige Ausnahmen verschollen. Wer ihn verschwinden ließ, lässt sich nicht sicher ermitteln; als Hauptverdächtiger gilt Saint-Lambert. Beweise dafür gibt es nicht.

FÜNFTES KAPITEL

AM HOF DES KRIEGERKÖNIGS

1750–1752

Trauer um Emilie, erfolglose Dramen und der Weg nach Potsdam

Warum sich Voltaire nach dem Tod seiner Gefährtin so rasch wieder fing, machen die Briefe deutlich, die er an seine Nichte schickte:

> Mein liebes Kind, ich habe nach zwanzig Jahren einen Freund verloren. Seit Langem betrachtete ich, wie Sie wissen, Madame du Châtelet nicht mehr als Frau, und ich bin sicher, dass Sie meinen Schmerz nachvollziehen können ... Von Cirey werde ich nach Paris kommen, um Sie zu umarmen und um in Ihnen meinen einzigen Trost und die einzige Hoffnung meines Lebens zu finden.[1]

Todesfälle machen egoistisch, die Überlebenden müssen sehen, wie sie ohne die verlorene Person auskommen. In dieser Hinsicht hatte Voltaire Ersatz gefunden. In allen anderen Trauerbriefen lautete seine Formulierung so, dass er eine langjährige Freundin verloren habe; das ungewöhnliche Maskulinum im Schreiben an Madame Denis betont nochmals die seit geraumer Zeit geschlechtsneutrale Beziehung zu der Verstorbenen. Noch klarer, um nicht zu sagen: brutaler, stellte Voltaire die emotionalen Prioritäten eine Woche später in einem Brief an dieselbe dar:

> Mein liebes Kind, ich bin das Opfer der Freundschaft gewesen ... Urteilen Sie durch meine Trauer, meine Situation, ob ich eine Seele habe, die zum Lieben geschaffen ist, und ob Sie mir nicht lieber sind als eine Person, für die ich, wie Sie wissen, nur noch die Gefühle der Dankbarkeit aufbrachte. Schenken Sie mir also Ihr ganzes Herz und trauern Sie eines Tages so um mich, wie ich um Madame du Châtelet trauere. Schreiben Sie mir, und seien Sie die einzige und teure Tröstung der wenigen Tage, die mir noch bleiben.[2]

Der erste Satz klingt rätselhaft. Voltaire hatte immer wieder neidlos betont, wie viel er von Emilies mathematischen und physikalischen Forschungen profitiert hatte, und kurz darauf ist ja auch von Dankesschuld die Rede. Mit dem «Opfer» kann also nur die peinliche Rolle als abgehalfterter und gehörnter Ex-Liebhaber gemeint sein. Bei aller Trauer blieb also ein beträchtliches Quantum Groll.

Dazu passte, dass die Marquise bei ihrem Tod einen gigantischen Schuldenberg von 165 000 Livres hinterließ. Im markanten Gegensatz dazu hatte sich die Vermögens- und Einkommenslage Voltaires in den letzten anderthalb Jahrzehnten immer erfreulicher gestaltet. Dabei zahlte sich Risiko mit Augenmaß aus: Die Investitionen in den Transatlantikhandel, speziell von Cadiz nach Südamerika, und die daraus bezogenen Einnahmen waren durch die Kriege auf dem europäischen Festland stets gefährdet, doch verloren die Firmen, denen Voltaire sein Geld anvertraute, nur ein einziges Schiff. Eine sichere Quelle des Profits war weiterhin die Versorgung der französischen Truppen mit Kleidung und Lebensmitteln. Die Erträge aus diesen Anlagen reinvestierte er wie gehabt in Kredite, die er an Persönlichkeiten des europäischen Hochadels vergab, die dafür in Form von Leibrenten Zinsen zahlten. Obwohl diese Schuldner oft genug säumig waren, kam auf diese Weise Jahr für Jahr eine erkleckliche Summe zusammen; für 1749 belief sie sich auf exakt 76 038 Livres. Damit konnte man auf großem Fuß leben. Im Oktober dieses Jahres siedelte Voltaire in eine Pariser Etagenwohnung über, in der er schon mit Madame du Châtelet abgestiegen war. Im Zustand völliger Erschöpfung sei er – so Longchamp – nachts durch die vertrauten Räumlichkeiten geirrt und habe nach Emilie gerufen.

Doch wie immer zeichnete sich am düsteren Horizont ein Silberstreif ab: Anfang Januar 1750 zog Madame Denis bei ihm ein und bewohnte die Zimmerfluchten, die vorher Emilie gehört hatten. Auch in zwei Erzählungen aus dieser Zeit der Niedergeschlagenheit glimmt am Ende ein kräftiger Hoffnungsschimmer auf. Voltaire schrieb eine zweite Version des *Memnon* – der Erzählung, die er 1748 anonym unter dem Titel *Zadig oder das Schicksal* veröffentlicht hatte – und versah sie jetzt mit dem Untertitel *ou la sagesse humaine* (oder *die menschliche Weisheit*). Der Titelheld will in dieser Neufassung sein Leben der Gelehrsamkeit und Weisheit widmen und entsagt daher allen irdischen Genüssen. Postwendend wird er wie ein neuer

Hiob von allen nur erdenklichen Schicksalsschlägen heimgesucht, die ihn seinen Besitz, sein Haus und ein Auge kosten. Erst durch ein Wesen von einem fremden Stern – Micromégas lässt grüßen – erkennt er seinen Irrtum:

> Dein Schicksal wird sich wenden, sagte das Wesen vom Stern. Du wirst zwar einäugig bleiben, aber davon abgesehen ziemlich glücklich sein, wenn du nur den Plan begräbst, vollständig weise sein zu wollen.³

Lebensklugheit besteht im vernünftigen Lebensgenuss, nicht in wahnhafter Weltabgewandtheit.

Das lernt und lehrt auch der kluge Inder Omri in der Kurznovelle *Lettre d'un Turc (Brief eines Türken)*. Er begegnet einem Fakir, der durch seine Abtötungsübungen am Ganges in den fünfunddreißigsten Himmel aufsteigen möchte und dafür alles Irdische zurücklässt. Von Omri, dem Vertreter des gesunden Menschenverstands, zu einem aktiven Leben in der Gesellschaft bekehrt, verliert er sein Ansehen beim Volk und kehrt deshalb flugs in seine Einsiedlerzelle zurück, wo er sich wieder auf sein Nagelbett legt und erneut als Guru verehrt wird.

Um dieselbe Zeit brachte Voltaire ein Drama zur Aufführung, das er in den angespannten Frühjahrsmonaten des Jahres 1749 verfasst hatte, um damit eine literarische Kontroverse gegen seinen Feind Crébillon zu führen. Dieser sechsundsiebzigjährige Hauptzensor für Theaterstücke hatte einige Jahre zuvor die Aufführung von Voltaires *Mahomet* in Paris verboten, hier war also eine Rechnung offen. Crébillon hatte seine großen Publikumserfolge zu Beginn des Jahrhunderts gefeiert und war weitgehend vergessen, erschien aber plötzlich wieder mit Neuproduktionen auf der Bühne und wurde dabei von Madame de Pompadour und dem König begünstigt und gefördert. Das ließ Voltaire nicht ruhen. Er nahm für sich in Anspruch, die Gattung der großen Tragödie als Einziger zeitgemäß erneuert zu haben, was es jetzt gegen den in seinen Augen altertümlichen und rückständigen Crébillon zu beweisen galt. Dieser hatte zuletzt eine *Electre* und einen *Catilina* vorgelegt – Voltaire antwortete mit *Oreste* und *Rome sauvée (Das gerettete Rom)*.

Nach den Erschütterungen durch den Tod Emilies gab sich Voltaire gegenüber seinen Konkurrenten eine Zeitlang generöser und friedlicher als gewohnt. In der Vorrede zum *Oreste* stattete er seinem Rivalen und Vorläufer sogar Respekt und Dank ab, obwohl er dessen Stücke in vielem für verfehlt hielt. Crébillon hatte in die blutrünstige Atriden-Thematik galante Episoden eingebaut; das war in Voltaires Augen eine Barbarei, die die große Tradition der antiken Dramatiker Aischylos, Sophokles und Euripides verwässerte und veruntreute. Sein Versuch, den düsteren Stoff mit den überlebensgroßen Charakteren der Gattenmörderin Klytemnestra, ihrer rachedurstigen Tochter Elektra und des düsteren Muttermörders Orest dem Pariser Publikum des Jahres 1750 zu vermitteln, misslang allerdings gründlich. Erneut schlug das Übermaß an (melo)dramatischen Szenen in unfreiwillige Komik um, so dass das Publikum nicht schluchzte, sondern johlte.

Voltaires Drama um das vor dem Aufrührer Catilina *Gerettete Rom* wurde von der Comédie-Française sogar kaltlächelnd abgelehnt, so dass eine Notlösung gefunden werden musste: Voltaire kaufte Kostüme, heuerte geeignetes Personal an und veranstaltete eine Privataufführung vor handverlesenen Gästen. Diese wussten die Qualität der Diskurse, die der Putschist Catilina und sein Gegner, der Konsul Cicero, über das Wesen der wahren Republik führten, zwar durchaus zu schätzen, doch der Funke sprang selbst in diesem sorgfältig ausgewählten Kreis von Anhängern und Bewunderern beiderlei Geschlechts nicht über.

In Potsdam wurden diese Misserfolge freudig registriert. Friedrich II. hatte Voltaire zwar pflichtschuldig zum Tod Madame du Châtelets kondoliert, doch war ihm sehr wohl bewusst, dass seine Chancen, den berühmten *homme de lettres* nach Preußen zu locken und damit eine kostbare Trophäe für seinen Hof zu erwerben, dadurch stark gestiegen waren. Diese günstige Konjunktur nutzte er in den für Voltaire so trüben Wintermonaten 1749/50 weidlich aus: Berlin, so lockte er, werde mit Voltaire ein neuer Parnass und ein neues Athen werden, wo der große Dichter und Philosoph endlich die zu Hause schnöde verweigerte Anerkennung finden werde. Viele Tropfen höhlten schließlich den Stein. Am 8. Mai 1750 begann Voltaire seinen Brief an den König von Preußen mit den folgenden Versen:

Ja, großer Mann, ich sage Euch,
Ich muss mich ganz erneuern;
Ich werde in Euer Paradies kommen,
Um vom Feuer, das mich einst entflammte,
Den einen oder anderen Funken wiederzubeleben.[4]

Das Gedicht schließt mit der Erwartung, dass Friedrichs Güte, Eloquenz und Verse für ihn einen Jungbrunnen bedeuten werden. Diese Hoffnung sollte sich bewahrheiten, doch auf ganz andere Art und Weise, als Gastgeber und Gast ahnen konnten.

Die Sätze, die auf die Verse folgten, schlugen pessimistischere Töne an:

> Man darf seinen Helden nicht täuschen. Sie werden, Sire, einen hinfälligen Melancholiker treffen, dem Sie ein großes Vergnügen machen werden, welches er Ihnen kaum erwidern wird. Meine Einbildungskraft wird von der Ihren gespeist werden. Seien Sie gütigerweise darauf gefasst, alles zu geben, ohne etwas zu empfangen. Ich befinde mich wirklich in einem sehr schlechten Zustand. D'Arnaud wird Ihnen davon berichtet haben. Aber schließlich wissen Sie, dass ich hundertmal lieber bei Ihnen als anderswo sterben möchte.[5]

Das waren konventionelle Demutsfloskeln, doch spiegelt die so kläglich vorgebrachte Bitte um das Gnadenbrot für einen alten, ausgeschriebenen Literaten wohl auch authentische Seelenzustände wider: Verunsicherung durch den Verlust des Lebensmittelpunkts in Cirey, Enttäuschung über die höhnische Reaktion des Pariser Publikums, Frustration durch die abweisende Haltung des Hofes in Versailles. Von all dem war Friedrich II. bestens unterrichtet, und er streute kräftig Salz in diese Wunden. «D'Arnaud», mit vollem Namen Baculard d'Arnaud, war sein Agent und Informant in Frankreich und nach dessen eigener Einschätzung ein strahlend aufgehender Stern am literarischen Himmel, der altmodische Altvordere wie Voltaire bald in den Schatten stellen würde. Genauso hatte ihn der König, der unbestrittene Meister des «Teile und herrsche», auch in Versen begrüßt, die Voltaire auf seinem Weg nach Berlin zur Kenntnis gebracht wurden. Damit war von vornherein klargestellt, dass diesen auf Schloss Sanssouci kein beschaulicher Lebensabend, sondern heftige Konkurrenz erwarten würde. Eines der Lieblingsspiele des Monarchen bestand darin, intellektuelle Schaukämpfe zu veranstalten, dabei selbst der Schiedsrichter zu sein und über die Unterlegenen Hohn und Spott auszuschütten. Die spannende Frage, die man sich in Potsdam stellte, lautete daher, ob bzw. wie lange sich der alternde *homme de lettres* aus Cirey in dieser Arena behaupten würde. Voltaire kannte diese Vorlieben, warum also ließ er sich auf diese riskante Partie ein?

Späte Verklärung: Die Tafelrunde von Sanssouci als Begegnung freier Geister. Voltaire ist vom Betrachter aus gesehen der zweite Tischgast links vom König. Gemälde von Adolph von Menzel

Solange es auf eine Fortsetzung der wechselseitigen Beweihräucherung hinauslief, wie sie sich seit mehr als einem Jahrzehnt eingespielt hatte, waren keine Probleme zu erwarten. Doch damit konnte es kaum sein Bewenden haben, dazu hätte Voltaire nicht an den Hof kommen müssen. Zudem hatten sich schon jetzt Risse in der Fassade der ostentativen Bewunderung gezeigt.

Voltaire musste wissen, dass für den Monarchen der persönliche Ruhm des Kriegers an erster Stelle kam, das Faible für Ideen der Aufklärung erst weit danach. Abendliche Flötenkonzerte und angeregte Gespräche mit renommierten Gelehrten waren integraler Bestandteil eines aristokratischen und autokratischen Selbstverständnisses und einer entsprechenden Inszenierung, nicht Selbstzweck oder gar Hauptzweck. Auch das hatte Voltaire erst kürzlich in seinen Schreiben an den Monarchen mit großem Scharfsinn konstatiert. Die entscheidende Frage für Voltaire lautete also: Wie sollte sich ein freier Diskurs in einer Tafelrunde entfalten, in der eines der Mitglieder unumschränkte Macht über Leben und Tod der anderen hatte? Hier eine dienende Rolle einzunehmen, lief darauf hinaus, den intellektuellen Hofnarren zu spielen, mit der dauernden Angst im Nacken, rote Linien zu überschreiten.

Zu solch höfischer Geschmeidigkeit oder gar Gefügigkeit aber war Voltaire nicht geschaffen. Sein Esprit – darüber waren sich alle, Freunde wie Feinde, ausnahmsweise einig – entfaltete sich voll und ganz erst durch die Lust am Widerspruch. Widerspruch – auch das war hinlänglich bekannt – ertrug der Selbstherrscher aller Preußen jedoch nur sehr begrenzt. Einfluss auf weitreichende Entscheidungen als Philosoph an der Seite eines Philosophen-Königs konnte Voltaire ebenfalls nicht erhoffen, dazu regierte Friedrich, der stets das Eigeninteresse seiner Entourage fürchtete, viel zu selbständig. Ratgeber waren für ihn Instrumente, derer man sich bediente, solange sie nützlich waren. «Man presst die Orange aus und wirft danach die Schale weg.» Diesen Vergleich – so wurde Voltaire nach einem Jahr am Hof des Hohenzollernkönigs von glaubwürdiger Seite berichtet – habe sein Dienstherr ausdrücklich auf ihn gemünzt. Das war hässlich ausgedrückt, doch in der Sache nichts Neues. Entsprechend hoch war die Fluktuation am preußischen Hof, besonders während Voltaires Aufenthalt. Hinzu kam die homosexuelle Prägung, die Voltaire bei seinem früheren Besuch mit einer Mischung aus Widerwillen und Amüsement bemerkt hatte. Wie sollte sich ein *homme de lettres*, für den die intellektuelle Ebenbürtigkeit des schönen Geschlechts außer Frage stand, in solchen Zirkeln behaupten?

Rein rational betrachtet musste die Übersiedlung nach Preußen also ein Fiasko werden. Die Erklärung dafür, dass es überhaupt so weit kam, liegt darin, dass die Entscheidung eben nicht nach Vernunftgründen, sondern in einer tiefen Lebenskrise sehr emotional gefällt wurde. Das zeigt sich schon an den Umständen, unter denen sie zustande kam. Entgegen seiner Ankündigung, bei Friedrich seinen Lebensabend verbringen und dann dort zufrieden sterben zu wollen, sah Voltaire zunächst keinen dauerhaften, sondern einen auf einige Monate befristeten Aufenthalt in Potsdam vor. Vorher unternahm er noch einen letzten Versuch, diesen Hof gegen den anderen Hof in Versailles auszuspielen. Ein königlicher Historiograph und Kammeredelmann konnte nicht einfach wegziehen, er musste formell um Urlaub ersuchen, und zwar persönlich in einer Audienz beim Monarchen. Ohne Zweifel erhoffte sich Voltaire von diesem Zusammentreffen im Juni 1750 die Aufforderung zu bleiben, womöglich mit noch höheren Titeln und Einkünften. Doch Ludwig XV. zeigte sich äußerst ungnädig: Voltaire könne jederzeit gehen, wenn er gehen wolle. Mit dieser eisigen Verabschiedung war das Dienstverhältnis gekündigt.

Trauer um Emilie

Madame de Pompadour gab dem Scheidenden immerhin noch herzliche Grüße an den König von Preußen mit auf den Weg, doch diese freundliche Geste wurde nicht erwidert. Als Voltaire die Grüße ausrichtete, lautete Friedrichs Antwort nur: Madame Pompadour? Kenne ich nicht! Die Reaktion zeigte weitere Risiken, die mit der Auswanderung verbunden waren: Tatsächlich verscherzte sich Voltaire damit die Gunst der Mächtigen in seiner Heimat bis zu seinem Lebensende. Den Hof von Versailles sollte er nach seinem offiziellen Abschiedsbesuch niemals wiedersehen. Die Illusion, dort eine respektierte und honorierte Position einzunehmen, war damit endgültig verflogen. So – und nur so – betrachtet, hatte das Ende der intellektuellen Partnerschaft mit Madame du Châtelet, die diese Hoffnungen bis zum Schluss genährt hatte, auch sein Gutes. Die allerletzten Illusionen von einem sinnerfüllten Leben an der Seite der Mächtigen sollten ihm die nachfolgenden zweieinhalb Jahre in Potsdam austreiben.

Dem französischen Hof, der seine Dienste so schnöde geringschätzte, hinterließ Voltaire unmittelbar vor seiner Abreise nach Potsdam ein Abschiedsgeschenk besonderer Art: das Pamphlet *La voix du sage et du peuple*.[6] Das Thema, über das sich *Die Stimme des Weisen und des Volkes* zu Gehör brachte, war hochaktuell und wurde heiß diskutiert: Wie sahen gerechte Steuern aus? In Anbetracht der chronischen Finanznot der Monarchie war 1750 eine Einkommenssteuer von fünf Prozent geplant, die ausnahmslos von allen, also auch vom Adel und vom geistlichen Stand, eingefordert werden sollte. Die Kleriker aber verweigerten die Zahlung unter Verweis auf uralte Privilegien, die der Kirche enorme Rabatte bei den öffentlichen Abgaben einräumten. An diesem Punkt setzte Voltaires erste tagespolitische Denkschrift ein:

> Die Qualität einer Regierung bemisst sich daran, wie sie alle Berufsklassen des Staates gleichermaßen schützt und bewahrt. Die Regierung kann nur gut sein, wenn es nur eine einzige Macht im Staat gibt.

In Frankreich aber gibt es deren zwei, denn die katholische Kirche ist ein Staat im Staat. Das ist eine Fehlentwicklung, die sofort korrigiert werden muss:

Man missbraucht die Unterscheidung zwischen geistlicher und weltlicher Gewalt. Erkennt man etwa in meinem Haus zwei Herren an? Mich, der ich Familienvater bin, und den Lehrer meiner Kinder, der von meinem Lohn lebt?

Damit waren die Geistlichen gemeint, die in einem wohlgeordneten Staatswesen eine Behördenorganisation zur moralischen Unterweisung des Volkes im Geist von Mitmenschlichkeit und Toleranz, aber keine bevorrechtigte Körperschaft bilden sollten. Die Konsequenz lautete also, dass die Kirche für ihre riesigen Besitztümer den vollen Steuersatz zu entrichten habe, und das sofort. Wenn nicht, würde es mit Frankreich bergab gehen:

> In jedem Staat ist es das größte Unglück, wenn die Gesetzgebungshoheit bestritten wird. Die glücklichen Jahre der französischen Monarchie waren die letzten Jahre Heinrichs IV., die Jahre Ludwigs XIV. und die Jahre Ludwigs XV., als dieser König selbst regierte.

Das galt – wie Voltaire genau wusste – ohne Einschränkung für den ersten und mit großen Abstrichen für den zweiten der hier aufgeführten Monarchen. Doch wann hatte der fünfzehnte Ludwig jemals Fähigkeit und Neigung gezeigt, in eigener Person zu herrschen?

In dieser Hinsicht war der preußische König, bei dem Voltaire am 21. Juli 1750 eintraf, ein leuchtendes Vorbild: Hier mischte sich niemand in die Regierung ein, erst recht nicht die Geistlichkeit. Die Begrüßung, die dem so lange Umworbenen zuteilwurde, fiel überaus herzlich aus. Doch hinter den Kulissen sah es anders aus. Über diplomatische Kanäle hatte Friedrich II. in Versailles verlauten lassen, dass er seinen Gast jederzeit als *persona non grata* behandeln werde, wenn es dessen Landesherr wünsche. Die Antwort Ludwigs XV. war an Geringschätzung nicht zu überbieten: Voltaire sei in seiner Heimat überflüssig und zudem als unverträglich berüchtigt, wie sein Gastgeber schon noch sehen werde. Für einen längeren Aufenthalt, auf den sich der Neuankömmling jetzt allmählich einstellte, waren das denkbar schlechte Voraussetzungen. In Potsdam erhielt der illustre Gast ein Appartement im Westflügel des Schlosses Sanssouci und ein weiteres im Grand Palais zugewiesen, ab 1751 wohnte er zeitweise im «Marquisat», einer ländlichen «Ermitage» nahe der Stadt; in Berlin logierte

Trauer um Emilie

er zunächst im Schloss Charlottenburg, 1752 mietete er eine Wohnung in der Nähe des Gendarmenmarkts.

Wie prekär, beneidet und bestritten sich seine Stellung am Hof Friedrichs II. von Anfang an gestaltete, war Voltaire nicht bewusst. Vielmehr wiegte er sich in Illusionen, wie ein Brief an den Herzog von Richelieu belegt:

> Im Übrigen hat der König von Preußen mir gegenüber sein Wort gehalten, sogar über das Versprochene hinaus ... Ich genieße hier eine vollständige Freiheit und bin in nichts eingeschränkt ... Die Soupers mit dem König sind sehr angenehm, und ich unterhalte mich dabei aufs Beste, denn das hält den Geist auf Trab. Die Unterhaltung ist oft sehr instruktiv und nährt die Seele. Und wenn es meine Gesundheit fordert, dispensiert man mich davon.[7]

Allerdings musste Voltaire auf liebgewordene Gesellschaft verzichten:

> Meine Nichte will einen Teil der Zeit, die mir noch zu leben bleibt, bei mir verbringen. Ich habe ihr eine jährliche Pension von 4000 Livres gesichert, die der König [Friedrich II.] nach meinem Tod in Paris auszahlen wird. Aber da ich sah, dass das Leben in Potsdam, das mir gut gefällt, eine Frau in Verzweiflung stürzen würde, ist es mir lieber, auf ihre Gegenwart zu verzichten; ich lasse ihr in Paris mein Haus, mein Silbergeschirr, meine Pferde, ich vermehre ihr Vermögen.[8]

Außerdem, so Voltaire weiter, gab es zu Potsdam keine Alternativen.

> Auch Madame de Pompadour ist ja, so scheint es, auf Distanz zu mir gegangen. Soll ich auf die Gunst, auf die vertraute Gesellschaft eines der größten Könige der Erde, eines Mannes, der in die Unsterblichkeit eingehen wird, verzichten, um stattdessen um das gute Wort einer Dame zu betteln, das ich nicht erlangen werde?[9]

Der Herzog musste nach der Lektüre dieses Briefes den Eindruck gewinnen, dass Voltaire nicht ihn, sondern vor allem sich selbst davon überzeugen wollte, die richtige Wahl getroffen zu haben. Ebenso klar zeichnete sich ab, dass der Neu-Preuße nur auf ein Signal des Entgegenkommens und der Wertschätzung wartete, um nach Frankreich zurückzukehren. Doch dort zeigte man ihm mehr denn je die kalte Schulter und entzog ihm das Amt des Hofhistoriographen. Begründung: Ein Staatsgeschichtsschreiber musste am Hofe weilen, damit der Nachwelt auch nicht die kleinste Heldentat seines Monarchen verloren ging. Der wahre Grund war, dass man Voltaires Auswanderung als Verrat empfand.

Der Monarch in Potsdam sprang sofort ein und füllte die Lücke:

> Ich musste eine Pension des Königs annehmen, weil die anderen das auch tun, weil das Hin- und Herreisen viel Geld kostet, weil es nobler ist, sie eines Tages zurückzugeben, als es schändlich ist, sie anzunehmen, wenn es überhaupt schändlich sein kann, eine Pension von einem König anzunehmen, der so vielen Fürsten eine Pension bezahlt.[10]

Mit der Annahme des Jahresgehalts von 5000 Talern war allerdings eine entscheidende Veränderung von Voltaires Status verbunden: Er war nicht mehr ein freier Reisender, der nach Belieben kommen und gehen konnte, sondern als Königlicher Kammerherr ein Mitglied der Hofgesellschaft, dessen Pflichten und Rechte sein gekrönter Dienstherr bestimmte. Der selbst gewählte Schritt in die Abhängigkeit sollte sich schnell als Fehler erweisen.

Im Haifischbecken der Hofgesellschaft, auf dem Glatteis der Hirschel-Affäre

Was zwischen Juli 1750 und Januar 1753 am Potsdamer Hof geschah, ist als Schlüsselepisode der Aufklärung in die europäische Kulturgeschichte eingegangen und wird bis heute von französischer und deutscher Seite sehr unterschiedlich und mit der unterschwelligen Tendenz zur Parteinahme beurteilt. Eine nüchterne Bestandsaufnahme fällt vor allem deshalb schwer, weil die reichlich fließenden Quellen selbst in hohem Maße parteiisch und teilweise sogar «kontaminiert» sind. Als sich statt der geplanten Harmonie von Geist und Macht die Spannungen und Konflikte häuften und schließlich die Symptome völliger Zerrüttung zutage traten, waren beide Seiten bestrebt, sich vor dem europäischen Publikum, das diesen Rosenkrieg zwischen dem König und dem *homme de lettres* mit schadenfroher Faszination verfolgte, ins rechte Licht zu setzen. Das galt

Im Haifischbecken der Hofgesellschaft 315

vor allem für Voltaire, der sich aus guten Gründen für den Hauptgeschädigten dieser seltsamen Mesalliance hielt. Um seinen schwer lädierten Ruf wiederherzustellen, zog er die Briefe, die er aus Potsdam und Berlin an Madame Denis geschrieben hatte, ein und schrieb sie neu, also mit dem Wissen des Rückblicks, das die Chronik der Ereignisse zu seinen Gunsten und zu Ungunsten der anderen und speziell zum Nachteil des Königs einfärbte.

Andere Berichte stammen von Mitgliedern der Hof- und Tischgesellschaft von Sanssouci, die durch Gehaltszahlungen von Friedrich abhängig waren: ein bunt gemischter Kreis, der das Spektrum der königlichen Passionen, Interessen und Ambitionen widerspiegelte. Dazu gehörten Paradiesvögel wie der geistreiche Venezianer Francesco Algarotti, der seine Bisexualität in englischen Skandalaffären ausgelebt hatte, Newtons Physik der eleganten Damenwelt vermittelte und hinreißend obszöne Verse verfasste, sowie Julien Offray de La Mettrie, der sich als bekennender Hedonist, radikaler Materialist und unkonventioneller Mediziner hervorgetan hatte. Er war von Friedrich wohlweislich nicht als Arzt, sondern als Vorleser angestellt worden und diente als sein Faktotum zur Abschreckung zartbesaiteter Gemüter und als Aushängeschild der preußischen Toleranz in Glaubenssachen. Darüber hinaus hatte der König schon lange vor der Anwerbung Voltaires systematisches Headhunting in der französischen Gelehrtenwelt betrieben. So wurde der renommierte Naturforscher Pierre Louis Moreau de Maupertuis Präsident der Berliner Akademie der Wissenschaften. Madame du Châtelet hatte ihn als kompetenten Gesprächs- und Korrespondenzpartner geschätzt, während Voltaire ihn als möglichen Rivalen um deren Gunst fürchten gelernt hatte. Eine sehr viel intimere Stellung nahm Claude-Etienne Darget ein, der vom Posten eines französischen Botschaftssekretärs in die Dienste des Königs übergewechselt war und von diesem bezeichnenderweise mit dem Kosenamen «Lucine» bedacht wurde. Im Gegensatz dazu blickte der Marquis d'Argens, ein weiterer enger Vertrauter des Königs, auf ein bewegtes Vorleben als Abenteurer und Frauenheld an so unterschiedlichen Plätzen wie Algier, Konstantinopel und Rom zurück. Zudem durfte er sich rühmen, mit radikal aufgeklärten Schriften den Zorn von Zensur und Inquisition erregt zu haben; so war es kein Zufall, dass Voltaire in ihm einen Gesinnungsgenossen und Verbündeten sah.

Die meisten dieser «Höflinge» hatten somit manches gemeinsam: Sie waren in ihren Heimatländern mehr oder weniger geächtet, auf das Refugium in Berlin angewiesen und von der Gunst des Königs abhängig. Darüber hinaus vertraten sie, wenngleich mit unterschiedlicher Radikalität, weltanschauliche Positionen, die in keinem anderen politischen Zentrum Europas geduldet worden wären. In dieser sorgfältig komponierten Zusammensetzung sollten sie ihren Arbeitgeber als intellektuelle Ausnahmegestalt und kreativen Anreger einer europäischen Geistesavantgarde ausweisen. Doch das war nur die eine Seite der Medaille. Bei aller Exzentrizität dieses bizarren Kreises strebte Friedrich zugleich nach einer Honorigkeit, die ihm in der Welt der Höfe und des Hochadels Prestige als Förderer der Künste und Wissenschaften einbringen sollte. So war es für die Mitglieder der Potsdamer «Camarilla» schwierig zu ermessen, bis zu welchem Punkt intellektuelle Provokationen erwünscht waren und ab wann sie als Affront gegen die Ehre des Monarchen gelten würden. Die damit verbundene Angst, Unwillen zu erregen, war also integraler Bestandteil des Hofes. Dem König fiel dadurch die Rolle eines Schiedsrichters zu, der nicht nur in Sachen Esprit die Rangordnung bestimmte, sondern gegebenenfalls auch über Gnade oder Ungnade entschied.

Voltaire tauchte also in ein hoch kompetitives Milieu ein, dessen Spielregeln er nicht wirklich kannte. Zu seinen Pflichten als Neu-Höfling gehörte es selbstverständlich, an den aufwändig inszenierten Zeremonien des Hofes teilzunehmen: an Bällen, Opernaufführungen, Empfängen bei anderen Mitgliedern der königlichen Familie und natürlich, wie schon im Brief an den Herzog von Richelieu aufgeführt, an den Konzerten und Abendgesellschaften des Königs. Dazu kamen die Aufgaben, die Voltaire schon zu Beginn seiner Bekanntschaft mit dem Kronprinzen und späteren König übernommen hatte: die Durchsicht und sprachliche Verbesserung von dessen Texten, in Versen und in Prosa. Doch auch diese Tätigkeit gewann jetzt einen anderen Beigeschmack. Von Cirey aus ließen sich königliche Missgriffe in Grammatik und Vokabular leichter und folgenloser korrigieren als aus der Position eines Königlichen Kammerherrn, zumal sein ehemaliger Zögling inzwischen davon überzeugt war, nur noch Bestätigung und Lob statt gestrichene Passagen erwarten zu dürfen.

Rivalitäten und Konkurrenzkämpfe waren Alltag des Hofes. So richteten sich aller Augen darauf, wie dessen prominentestes Mitglied sich bei solchen Auseinandersetzungen schlagen würde. Eine erste Runde ging Ende des Jahres 1750 an Voltaire. Baculard d'Arnaud, der junge Literat, den Friedrich zum Herausforderer in dieser Partie um Gunst und Prestige auserkoren hatte, hatte nach dem Streit um ein von ihm verfasstes Vorwort zu einer Werkausgabe Voltaires diesen in Frankreich verleumdet und wurde daraufhin auf dessen Drängen vom König kaltgestellt. Doch damit war die Affäre noch nicht zu Ende. Der König verzichtete ungern auf eine Figur, die sich so ausgezeichnet als Gegenspieler einsetzen ließ, schließlich lebte der ganze Hof von diesen virtuos konstruierten Antagonismen. Zudem hatte D'Arnaud in Potsdam weiterhin seine Anhänger, die nur auf die Gelegenheit zur Revanche warteten. Entgegen seinen hochgemuten Erwartungen, in Potsdam und Berlin die Position des allgemein respektierten und einflussreichen Weltweisen bekleiden zu können, fand sich Voltaire also in einer Rolle wieder, die kein Höfling vermeiden konnte: als Mitglied einer Hofpartei.

Trotzdem war er keineswegs bereit, eine andere Rolle aufzugeben, die er seit Jahrzehnten sehr erfolgreich spielte, nämlich die des kühn spekulierenden Geschäftsmanns. Das Vermögen, das er mit seinen Investitionen gewonnen hatte, bildete seit Langem das Fundament seiner Unabhängigkeit und Selbstbehauptung in einer ständischen Gesellschaft, in der man das Manko nichtadeliger Geburt mit Geld ausgleichen musste. Als besonders profitabel hatten sich Geschäfte erwiesen, bei deren Abwicklung sich Politik und Kommerz verquickten; wer dabei über Auskünfte aus dem Machtzentrum verfügte, machte den größten Gewinn. Zu diesen «Vorinformierten» hatte Voltaire einst beim lukrativen Kauf der lothringischen «Vorzugsaktien» gehört, und auf ein ähnliches Unternehmen ließ er sich im September 1750 mit den jüdischen Bankiers Abraham Hirschel, Vater und Sohn, in Berlin ein. Die daraus entspringende «Hirschel-Affäre» gilt seit jeher als Schlüsselepisode für das Verhältnis zwischen Friedrich II. und Voltaire, und zwar zum moralischen Nachteil des Letzteren.

Die Angelegenheit begann Anfang September damit, dass Voltaire dem Bankhaus Hirschel, dem ein Juwelenhandel angeschlossen war, gut 13 000 Livres in Form eines im März 1751 fälligen Wechselbriefes, das heißt eines Schuldscheins, überwies. Gut zwei Monate später kaufte er bei derselben Firma Diamanten, die er zur Ausstattung einer Aufführung des *Geretteten Rom* im Palais von Friedrichs Bruder Prinz Heinrich benötigte.

Ende November 1750 ließ er der Hirschel-Bank einen weiteren Wechselbrief über 40 000 Livres zukommen, der auf seinen Pariser Notar ausgestellt wurde. In den Begleitpapieren zu dieser Operation war nebulös von einvernehmlich getroffenen Abmachungen die Rede, doch steht außer Zweifel, dass Hirschel als Mittelsmann für Voltaire in Dresden Papiere aufkaufen sollte, die man im heutigen Bankerjargon als «Hochrisikoprodukte» bezeichnen würde. Den Zweiten Schlesichen Krieg hatte Friedrich II. wie üblich mit Anleihen finanziert, die laut Friedensschluss im Dezember 1745 der Verlierer Sachsen aus seinen Steuereinnahmen zurückzahlen sollte. Doch das war leichter gesagt als getan, so dass der Großteil der ausstehenden Beträge Ende 1750 weiterhin der Tilgung harrte. Das hatte zur Folge, dass die Schuldtitel, die auf den europäischen Wertpapiermärkten zirkulierten, stark im Wert gesunken waren, teilweise um gut ein Drittel der Nominalsumme.

Dem Kapitalverlust der überwiegend preußischen Gläubiger sah deren Landesherr nicht tatenlos zu, sondern erzwang in einem neuen Abkommen, dass seine «Landeskinder» den vollen Betrag von Sachsen ersetzt bekommen sollten. An diesem Punkt griff Voltaire am 24. November 1750 zu. In seiner Eigenschaft als königlicher Kammerherr betrachtete er sich als Preuße *honoris causa* und daher rückerstattungsberechtigt und wies das Bankhaus Hirschel daher an, Schuldtitel zum niedrigen Tageskurs zu kaufen, um sich die Differenz zum Nominalwert von der sächsischen Steuerbehörde auszahlen zu lassen oder diese Papiere selbst lukrativ wieder abzustoßen. Doch kaum hatte er die entsprechende Zahlungsanweisung über die 40 000 Livres unterzeichnet, machte er sie auch schon wieder rückgängig. Am Hof von Versailles wäre eine solche Operation für einen königlichen Günstling unter allgemeinem Augenzwinkern durchgegangen; in Potsdam aber regierte kein Laissez-faire-Monarch wie Ludwig XV., sondern ein waschechter Autokrat, der zwischen «privat» und «öffentlich» viel rigoroser unterschied.

So wurden die 40 000 Livres dem Bankhaus Hirschel nicht gutgeschrieben, und der Kauf der günstigen Schuldtitel fand nicht statt. Damit hätte alles sein Bewenden haben können, wäre nicht die Ehre aller Seiten ins Spiel gekommen. Abraham Hirschel Sohn fühlte sich durch die Annullierung der Transaktion desavouiert. Um ihn zu besänftigen und zugleich zu verhindern, dass die Affäre an die große Glocke gehängt wurde, kaufte

Im Haifischbecken der Hofgesellschaft

ihm Voltaire für 9000 Livres Diamanten ab, deren Preis auf die erste, nicht stornierte Zahlung von etwas mehr als 13 000 Livres angerechnet wurde; die restlichen gut 4000 Livres wurden Voltaire zurückerstattet. Damit schien im Dezember 1750 endgültig alles abgewickelt und bereinigt zu sein. Doch schon drei Tage später gelangte Voltaire nach eingehender Prüfung der frisch erworbenen Juwelen zu der Überzeugung, der Düpierte in einem von langer Hand vorbereiteten Betrugsmanöver zu sein. Er verlangte eine erneute Schätzung seiner frisch erworbenen Preziosen und überhäufte den Verkäufer mit wüsten Beschimpfungen. Als dieser den gesperrten Wechselbrief über 40 000 Livres entgegen der Vereinbarung nicht bis zum Jahresende zurückgab, reichte Voltaire Klage gegen ihn ein.

Der nachfolgende Prozess schlug hohe Wellen und wurde vor der obersten Instanz der preußischen Justiz geführt. In seinem Verlauf sagte Voltaire in einem entscheidenden Punkt die Unwahrheit: Er habe die 40 000 Livres überwiesen, um davon in Dresden Juwelen und Pelze gegen den eisigen preußischen Winter kaufen zu lassen. Am 8. Februar 1751 erging daraufhin ein Urteil, das einer Ohrfeige für den Gewinner gleichkam: Voltaire wurde zwar in Sachen Wechselbrief Recht gegeben, doch Hirschel musste nur eine symbolische Buße von 30 Livres zahlen. Der eigentliche Stein des Anstoßes wurde etwas später durch eine gütliche Übereinkunft ausgeräumt: Hirschel nahm die strittigen Diamanten zurück und zahlte dafür 6000 Livres, so dass Voltaire unter dem Strich ein Minus von 3000 Livres zu verbuchen hatte. Diese Differenz war für einen Finanzmagnaten wie Voltaire lächerlich gering, aber das ganze Verfahren war eine moralische Katastrophe für einen Philosophen, der mit dem Anspruch auftrat, Europa das gute Leben zu lehren. Von Hamburg über London bis Paris fielen die Journale über den gierigen Spekulanten und seinen jüdischen Geschäftspartner her, oft mit antisemitischen Ausfällen. Die schärfste Kritik behielt sich der König selbst vor. Er strafte seinen Höfling mit wahrhaft eisiger Verachtung ab:

> Ich war sehr froh, Sie bei mir zu empfangen; ich schätzte Ihren Esprit, Ihre Talente, Ihre Kenntnisse, und ich musste glauben, dass ein Mann Ihres Alters, der Fehden mit anderen Autoren und der öffentlichen Ungewitter müde, hierherkommen würde, wie um sich in einen sicheren Hafen zu flüchten.[11]

Doch stattdessen habe der angeblich so abgeklärte Weise damit begonnen, unter seinen echten oder eingebildeten Gegnern in Preußen aufzuräumen, etwa durch die von ihm durchgesetzte Entlassung d'Arnauds. Darüber hinaus habe er sich durch Besuche beim russischen Botschafter in Haupt- und Staatsangelegenheiten eingemischt, die ihn nichts angingen, und dabei den Eindruck erweckt, in Friedrichs Auftrag zu handeln. Des Weiteren habe er mit der Reichsgräfin von Bentinck konferiert oder sogar konspiriert, deren Prozess gegen ihren Gatten gleichfalls hohe politische Wellen weit über Preußen hinaus schlug. Nach diesem ersten Sündenregister ging es dann richtig zur Sache:

> Sie haben die hässlichste Affäre der Welt mit dem Juden gehabt und damit in der ganzen Stadt entsetzliches Aufsehen erregt. Die Affäre der sächsischen Schuldtitel ist so publik, dass mich von dort schwere Anklagen erreichen. Was mich betrifft, so habe ich bis zu Ihrer Ankunft den Frieden in meinem Hause bewahrt. Und ich warne Sie: Sie sind hier an der falschen Adresse, wenn Sie Ihrer Leidenschaft für Intrigen und Kabalen weiterhin freien Lauf lassen wollen. Ich liebe milde und friedfertige Leute, die in ihr Betragen nicht die heftigen Leidenschaften der Tragödie einfließen lassen. Falls Sie sich dazu entschließen können, künftig als Philosoph zu leben, freut es mich, Sie zu sehen. Wenn Sie sich aber weiterhin den Stürmen Ihrer Leidenschaften hingeben und mit aller Welt Streit anfangen, tun Sie mir mit Ihrer Gegen-wart keinen Gefallen und können genauso gut in Berlin bleiben.

Das war mehr als eine Abmahnung, das war die Androhung der Kündigung. Voltaires Ehre hätte es verlangt, umgehend abzureisen. Stattdessen verfasste er zwei Briefe. Der erste, auf den 25. Februar 1751 datierte, antwortete auf die Vorwürfe des Königs mit ruhiger Würde und Gelassenheit: Es habe ihm ferngelegen, sich in die dem König vorbehaltenen Angelegenheiten einmischen zu wollen, und Intrigen habe er nicht angezettelt. So mündet das versöhnliche Schreiben in die Hoffnung, den gedeihlichen Gedankenaustausch wiederaufzunehmen, als sei nichts gewesen:

> Ich werde alles opfern, um die Ruhe dieses Aufenthalts zu genießen, den Sie durch alles, was sie tun, so rühmlich gestalten. Lassen Sie mich hoffen, dass ich Ihre jüngsten Produktionen zu sehen bekomme, für mich gibt es keinen süßeren Trost als diesen.[12]

Im Haifischbecken der Hofgesellschaft 321

Doch so schnell ging Friedrich nicht zur Tagesordnung über, wie der zweite Brief Voltaires vom 27. Februar zeigt:

> Sire, nach reiflicher Betrachtung aller Dinge habe ich mit dem Prozess gegen einen Juden einen schweren Fehler (*une lourde faute*) begangen, und dafür bitte ich Eure Majestät, Ihre Philosophie und Ihre Güte, um Pardon. Ich war verärgert, ich wollte um jeden Preis beweisen, dass ich betrogen worden war. Ich habe es bewiesen, und nachdem ich diesen unseligen Prozess gewonnen habe, habe ich diesem verfluchten Hebräer mehr gegeben, als ich ihm ursprünglich geboten habe.[13]

Voltaire nahm die judenfeindlichen Anwürfe der Presse auf, um sich selbst damit zu rechtfertigen: Er habe nicht gewusst, dass Geschäfte mit Juden in Berlin als unfein gelten. Ansonsten war das Ganze für ihn ein Sturm im Wasserglas, den man so schnell wie möglich vergessen sollte. Deshalb war nicht Donnergrollen, sondern Gelassenheit die richtige Haltung, um die Affäre zu begraben: «Ich habe Ihrer Königlichen Hoheit der Markgräfin von Bayreuth [Friedrichs Schwester] geschrieben, dass Bruder Voltaire jetzt Buße tut. Haben Sie also Mitleid mit Bruder Voltaire.»[14] Von aufrichtiger Zerknirschung keine Spur, im Gegenteil: der ironische Ton der Selbstanklage ist zugleich eine Gegenoffensive: Das Ganze lohnt doch die Aufregung nicht. Und außerdem, so der Tenor des Schreibens, sei der König auf seinen Gast doch mindestens ebenso angewiesen wie dieser auf ihn:

> Zählen Sie darauf, Sire, dass Bruder Voltaire ein braver Biedermann ist, der niemandem Böses will und der sich die Freiheit nimmt, Eure Majestät von ganzem Herzen zu lieben. Und wem würdet Ihr die Früchte Eures schönen Geistes zeigen, wenn nicht Eurem alten Bewunderer? Er hat kein Talent mehr, aber immer noch Geschmack und empfindet weiterhin lebhaft, und Eure Einbildungskraft ist für seine Seele geschaffen. Er ist ganz von Schwäche gezeichnet, aber seien Sie sich sicher: Seine größte Schwäche gilt Ihnen.[15]

Das war eine unerhört kühne Antwort an die Adresse eines wütenden Potentaten.

Der Empfänger verstand das richtig und war nicht beschwichtigt. So musste Voltaire schon einen Tag später brieflich nachlegen:

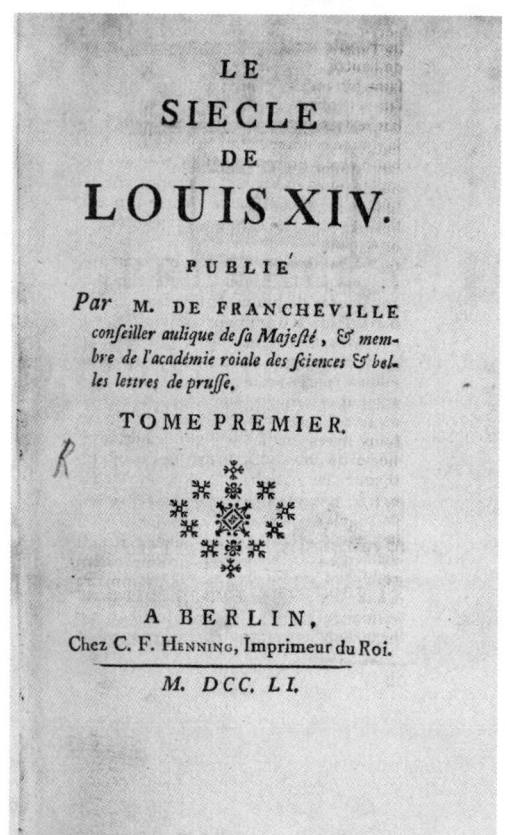

«Das Zeitalter Ludwigs XIV.», Titelseite der Erstausgabe von 1751

Ich habe in meinem Alter ein fast nicht wiedergutzumachendes Unrecht begangen. Ich habe mich nie von der verfluchten Idee heilen können, in allen Angelegenheiten stets vorzupreschen ... Ich war von der Wut getrieben, dass ich gegen einen Mann recht hatte, gegen den es gar nicht erlaubt ist, recht zu haben. Seien Sie versichert, dass ich niemals einen so tiefen und bitteren Schmerz empfunden habe.[16]

Auch das war kein Schuldeingeständnis, im Gegenteil: Es war schließlich kein Unrecht, seine legitimen Interessen mit allen juristischen Mitteln durchzusetzen. So fällt das scheinbare Schuldeingeständnis umgehend in den Ton des Vortags zurück: «Wenn die Königin von Saba bei Salomo in Ungnade gefallen wäre, hätte sie nicht mehr gelitten als ich.»[17] Friedrich, der Philosophenkönig, ist also der Salomo von heute. Das war ein pikanter Vergleich, denn der weise Monarch des Alten Testaments, das Philosoph und König gleichermaßen abgrundtief verachteten, war ja im Gegensatz zu seinem lebenden Ebenbild ein großer Verehrer des weiblichen Geschlechts.

Daraufhin herrschte erst einmal Funkstille, Voltaire zog sich für eine Weile ins «Marquisat» in der ländlichen Umgebung Potsdams zurück und nahm danach seine üblichen Tätigkeiten wieder auf: Er korrigierte Arbeiten des Königs, arbeitete an eigenen kleineren Texten in Prosa und in Versen, die seinem Dienstherrn gefallen mussten, und brachte im Dezember 1751 sein monumentales *Siècle de Louis XIV* heraus. Mit der Veröffentlichung dieses Opus magnum über *Das Zeitalter Ludwigs XIV.* war ein Hauptzweck seines Preußen-Aufenthalts erfüllt. So war der Schein des Einvernehmens wieder gewahrt, aber das Verhältnis zum König erwies sich seit der Hirschel-Affäre als so unheilbar zerrüttet, dass Voltaire nur noch auf die Gelegenheit zum Absprung wartete. Diese führte er schließlich im Herbst 1752 selbst herbei.

Spott über Maupertuis und die Berliner Akademie

Bei seiner Ankunft in Potsdam und Berlin war Voltaire von Maupertuis, dem Präsidenten der Berliner Akademie der Wissenschaften, freundlich aufgenommen worden, doch dieser gute Kontakt war nicht von Dauer. Oberflächlich betrachtet verschlechterte sich das Verhältnis zu Friedrichs herausragendem Vorzeigegelehrten durch einen Streit, in dem es wie so häufig in dieser Zeit um die Priorität und damit den Ruhm der Entdeckung ging. Der Schweizer Physiker Johann Samuel König, der Maupertuis' Buch *Essai de cosmologie* ins Lateinische übersetzt hatte, warf diesem vor, das von ihm formulierte «Prinzip der kleinsten Wirkung» stamme in Wahrheit von Leibniz. Voltaire nahm in der erbittert geführten Auseinandersetzung Partei für König, der von Maupertuis nicht nur irriger Thesen, sondern sogar der Fälschung von Dokumenten bezichtigt wurde – zu

Unrecht, wie heute feststeht. Diese Streitigkeiten hatten schon die Hirschel-Affäre überschattet. Ja, Voltaire war sogar davon überzeugt, dass der jüdische Bankier nur das Werkzeug in den Händen einflussreicher Kreise war, die eine Verschwörung gegen ihn angezettelt hatten:

> Man hat Hirschel daran gehindert, sich mit mir zu einigen, als ich genug in der Hand hatte, um ihn ins Gefängnis werfen zu lassen ... Ein wichtiger Mann sagte mir heute Morgen: Ich bedaure Sie sehr, man will Sie von hier entfernen, das ist die Quelle von allem.[18]

Als einen der Drahtzieher verdächtigte er Maupertuis.

Im September 1752 ging Voltaire zum Angriff gegen die vermeintlichen Verschwörer über. In seiner anonym veröffentlichten *Réponse d'un académicien de Berlin à un académicien de Paris* zog ein vorgeblich unparteiischer Schiedsrichter eine Bilanz des Streits zwischen König und Maupertuis, in der Maupertuis als uneinsichtiger, rückständiger und bösartiger alter Platzhirsch dargestellt wurde, der dem hoffnungsvollen wissenschaftlichen Nachwuchs nicht verzeihen konnte, seine falschen und oft sogar abstrusen Meinungen zu widerlegen.

Das war ein erster Schritt Voltaires zur Unterminierung und Aufgabe seiner eigenen Stellung, denn mit Maupertuis' Ehre beschädigte er auch die Ehre der Akademie und damit die Ehre Friedrichs II. Dieser reagierte umgehend und publizierte unter dem nicht sonderlich originellen Titel *Lettre d'un académicien de Berlin à un académicien de Paris* eine Gegenschrift, die eine Reihe notdürftig verschleierter Seitenhiebe gegen Voltaire enthielt. Wie immer, wenn er angegriffen wurde oder sich angegriffen fühlte, antwortete dieser mit einer verbalen Gegenattacke, der *Histoire du docteur Akakia*. Der Form nach war diese «Geschichte» eine Satire, die Maupertuis dem homerischen Gelächter der Gelehrtenwelt preisgeben sollte, doch kamen die darin vorgebrachten Vorwürfe einer systematischen Rufvernichtung, ja einer intellektuellen Hinrichtung gleich.

Entsprechend dünn ist die fiktionale Einkleidung. Ein Gelehrter aus Saint-Malo, Maupertuis' Heimatstadt, ist dem wissenschaftlichen Größenwahn verfallen und hält sich für größer als der Riese Leibniz, obwohl er selbst nur gut anderthalb Meter groß ist (was dem Körpermaß des Angeschwärzten entsprach). Ein gutmütiger Kollege schweizerischer Herkunft will ihn von dieser Selbstüberschätzung heilen und wird als Lohn für seine Uneigennützigkeit als Fälscher denunziert. Spätestens jetzt fiel beim letzten Leser der Groschen, worum es wirklich ging. Daraufhin tritt ein anderer Heiler, Doktor Akakia (griechisch: ohne Arglist), seines Zeichens Leibarzt des Papstes, auf den Plan und verfasst einen Traktat, der die irren und wirren Lehren des Verrückten aus Saint-Malo widerlegen und die Menschheit dadurch vor schweren Fehlgriffen bewahren soll. Nach Lektüre der wahnhaften Texte ist der menschenfreundliche und wohlwollende Gutachter felsenfest davon überzeugt, dass sie nie und nimmer vom illustren Herrn Maupertuis stammen können – Gerüchte, die das Gegenteil behaupten, müssen böswillige Verleumdung sein. Stattdessen muss ein diabolischer Fälscher am Werke sein, dem es das Handwerk zu legen gilt:

> Dieser große Mann [Maupertuis] ist so weit von jeder Scharlatanerie entfernt, dass er dem Publikum nie und nimmer Briefe zugemutet hätte, die an niemanden gerichtet waren, und hätte vor allem nicht gewisse kleine Fehler begangen, die man nur einem jungen Mann verzeihen kann.[19]

Da in europäischen Gelehrtenkreisen jeder wusste, dass die nachfolgenden Thesen und Theorien sehr wohl von Maupertuis stammten, machte diese fingierte Ehrenrettung alles nur noch schlimmer. Bei der Auflistung und Verspottung von Maupertuis' «Forschungsergebnissen» ging Voltaire mit akribischer Sorgfalt vor. Er exzerpierte Wort für Wort Aussagen seines Feindes aus dessen Werken und riss diese Fundstücke zugleich aus dem Zusammenhang. Auf diese Weise ergab sich ein vergiftetes Florilegium, das seinesgleichen suchte.

Der irregeleitete Gelehrte – so die maliziöse Zusammenstellung – behauptete, dass Kometen aus Gold und Diamanten auf die Erde fallen würden und ein anderer Himmelskörper den Mond stehlen werde, dass das linke Auge das rechte Bein lenke, dass sinnvolle Medizin nur ohne Theorie möglich und der beste Arzt derjenige sei, der am wenigsten nachdenke. Zudem rühme er sich der Entdeckung, dass das reife Lebensalter nicht im Zeichen der Kraft stehe, sondern bereits eine Phase des Zerfalls und des Todes sei. Auf das Gutachten des Doktors Akakia folgt ein «Dekret der römischen Inquisition», in dem auf der Grundlage dieser Expertise weitere bizarre Lehrsätze Maupertuis' als irrtümlich und schädlich verurteilt und damit der Lächerlichkeit preisgegeben werden: Dass sich das Kind im Mutterleib nach den Gesetzen der Erdanziehung entwickelt, dass das Gedächtnis dem Menschen mehr Verlust als Gewinn einbringt, dass die deutsche Nation unheilbar dumm und der Stein der Weisen nicht unmöglich ist. Als Konsequenz all dieser Irrtümer – so der Befehl der Inquisition – solle der verrückte Möchtegern-Wissenschaftler von seinem wahnwitzigen Lieblingsprojekt Abstand nehmen, ein Loch durch den Mittelpunkt der Erde bis zu den Antipoden zu graben: «Dieses Loch würde es erforderlich machen, drei- oder vierhundert Meilen Erde auszuheben, was das Gleichgewicht Europas ernsthaft gefährden könnte.»[20] Von einer solchen Bohrung durch das Erdinnere hatte Maupertuis tatsächlich geträumt, jetzt hatte er den Schaden und den Spott davon. Ganz zum Schluss erteilt die Inquisition dem zu Maßregelnden moralische Anweisungen von heiligem Ernst: «Dass er niemandem die Freiheit zu einer gerechten Verteidigung nehmen möge ... Dass er glauben möge, dass alle Gebildeten (*gens de lettres*) gleich sind und dass auch er durch diese Gleichheit nur gewinnen könne.»[21] Das hieß, im Reich des Geistes zählen nicht Protektion und akademische Titel, sondern nur die besseren Argumente; die Mächtigen haben sich daher aus dem Wettstreit der Gelehrten herauszuhalten.

Die geharnischte Satire erschien Ende November 1752 im Druck, und zwar mit der Druckerlaubnis für einen anderen Text, also ohne königliche Genehmigung. Wie unschwer vorhersehbar, wurde sie postwendend beschlagnahmt, am 24. Dezember vom Henker öffentlich verbrannt und die nach dem Autodafé übriggebliebene Asche Maupertuis als Zeichen der Wiedergutmachung zugeschickt. Voltaire soll die Zeremonie mit schwarzem Humor aufgenommen haben: «Ah, schauen Sie, wie sich Maupertuis' Geist ganz und gar in Rauch auflöst. Und in was für einen schwarzen und dichten Rauch!»[22] Die gespenstische Zeremonie konnte die Verbreitung des Textes nicht verhindern, sondern machte das Publikum erst recht neugierig und sorgte für europaweite Aufmerksamkeit. Voltaire schwankte zwischen Spott und Angst. Er fürchtete das Schlimmste: Gefangenschaft, Folter, Tod. Um sich so weit wie möglich gegen repressive Maßnahmen zu schützen, unterstellte er sich als Untertan des französischen Königs dem Schutz des französischen Botschafters, der davon postwendend nach Versailles berichtete. Dort sah man keinen Grund, zugunsten des abtrünnigen

Ex-Historiographen zu intervenieren. Das war auch nicht nötig, denn wie immer bei Voltaire folgte auf die Panik die Phase des kühlen Blutes und der klug konzipierten Strategie.

Die Veröffentlichung einer so bösartigen Satire auf den Präsidenten einer Institution, die mit dem Prestige des Königs aufs Engste verknüpft war, kann nur den Zweck gehabt haben, die endgültige Trennung von diesem herbeizuführen. Alle anderen Erklärungen ergeben keinen Sinn. Allerdings strebte Voltaire einen Abschied in Ehren an, bei dem beide Seiten ihr Gesicht wahrten. Dieser Aufbruch mit erhobenem Haupt war jetzt akut gefährdet. Offensichtlich hatte Voltaire die Heftigkeit der Reaktionen unterschätzt, die er mit seinem *Doktor Akakia* auslöste.

Die erste und dringlichste Maßnahme bestand für ihn jetzt darin, den direkten Kontakt mit dem König wiederaufzunehmen. Zu diesem Zweck verfasste er am Neujahrstag 1753 zwei Briefe an Friedrich, in denen er sich als unschuldig, ja geradezu als Opfer darstellte:

Ich bin Ihnen seit sechzehn Jahren durch ihre Güte verbunden, wurde in meinem Alter zu Ihnen gerufen und durch Ihre heiligen Versprechen gegen die Ängste abgesichert, die mit einer Übersiedlung verknüpft waren, die mich so viel gekostet hat, und dann hatte ich die Ehre, zweieinhalb Jahre am Stück mit Ihnen zu leben. So ist es mir jetzt unmöglich, Gefühle zu leugnen, die in meinem Herzen über mein Vaterland, meinen dortigen König und Wohltäter (*bienfaiteur*), über meine Familie, meine Freunde, meine Anstellungen triumphiert haben – und jetzt habe ich alles verloren.[23]

Ludwig XV. als «bienfaiteur» Voltaires – das war, wie der Empfänger des Schreibens wusste, eine sehr eigenwillige Version der Umstände, die Voltaire nach Potsdam geführt hatten. Doch das tat der Schlüssigkeit und Schlagkraft der Argumentation keinen Abbruch. Sie lief darauf hinaus, nicht der Verräter, sondern der Verratene zu sein. Der König habe seine Zusicherungen nicht eingehalten und, schlimmer noch, seine Gesinnung gewechselt, was von schlechtem Charakter zeuge:

Ich habe Sie zu meinem Idol erhoben, und ein Mann von Ehre wechselt seine Religion nicht. Und sechzehn Jahre grenzenloser Ergebenheit können durch einen Augenblick des Unglücks nicht zerstört werden.[24]

Das waren stolze Worte der Selbstbehauptung, die Voltaire in einem späteren Schreiben vom selben Tag wiederholte und mit der Bitte verband, Rücksicht auf Alter, Krankheit und Schutzlosigkeit zu nehmen: Der König möge durch sein Wohlwollen «die Schande, mit der Sie mich überhäufen, wiedergutmachen».[25] Über seine zukünftige Tätigkeit – so Voltaire weiter – habe allein Friedrich zu entscheiden, der schließlich den Bruch herbeigeführt habe: «Bestimmen Sie über ein Leben, das ich Ihnen gewidmet habe und dessen Ende Sie so bitter gemacht haben.»[26] Deutlicher konnte man es weder jetzt noch später sagen: Die Schuld für das Ende des harmonischen Miteinanders lag beim Monarchen allein.

Was hierauf folgte, lässt sich am besten als Stellungskrieg mit festgefahrenen Fronten und Anwerbung auswärtiger Hilfstruppen umreißen. Aus Furcht vor Anschlägen verschanzte sich Voltaire in seinem Haus, nahm Personenschutz durch den französischen Botschafter in Anspruch und mobilisierte sein weit gespanntes Netzwerk in ganz Europa. Das Letztere tat auch der König, und so hagelte es in Deutschland, Holland und Frankreich Broschüren für und gegen die beiden Kontrahenten. Seinen beiden Neujahrsbriefen an den König ließ Voltaire die Abzeichen seiner Würde folgen: Er schickte dem König den Schlüssel, den er als Königlicher Kammerherr besaß, und den von Friedrich verliehenen Verdienstorden. Das war nicht nur eine stilvolle Kündigung, mit der er rüderen Maßnahmen seines ehemaligen Dienstherrn zuvorkommen wollte, sondern auch ein symbolischer Austritt aus dessen Rechtshoheit. Ebenso symbolisch schickte der König diese Insignien wieder zurück, um damit die Handlungshoheit für sich zu reklamieren. Nach mancherlei Hin und Her einigte man sich schließlich auf einen stilvollen Abschied.

Am 17. März 1753 wurde Voltaire vom König huldvoll empfangen und nach der Zusage, im Herbst nach Potsdam zurückzukehren, mit allen Anzeichen königlicher Gnade und einer Menge Bargeld entlassen. Am frühen Morgen des 26. März brach er dann in Richtung Leipzig auf. Die äußeren Formen waren damit vollendet gewahrt. Doch der Schein trog. Friedrich II. hatte für seinen scheidenden Gast zwei unangenehme Überraschungen in petto. Doch bevor diese böse Geschichte zu erzählen ist, soll der intellektuelle Ertrag von Voltaires «preußischen Jahren» bilanziert werden.

Nur für Eingeweihte:
Was wirklich von der Religion zu halten ist

Die höfischen Pflichten mit ihren Korrekturen an königlichen Texten, Bearbeitungen eigener Stücke für die Berliner Bühne, Opernaufführungen, Konzerten und Soupers ließen Voltaire nur wenig Zeit für eigene literarische Neuproduktionen. Diese verleugnen ihren Entstehungsort nicht, denn am Hofe eines Königs, der offiziell Calvinist war, sich seinen Vertrauten als Atheist offenbarte und über eine lutherische Kirche gebot, ließ es sich freier über Philosophie und Religion schreiben als in Frankreich. Gleich der erste Text, der im Umkreis von Sanssouci entstand, traf den Geschmack des Schlossherrn voll und ganz. In seinem *Dialog zwischen Marc Aurel und einem Mönch (Dialogue entre Marc Aurèle et un récollet)* ließ Voltaire die abgeklärte Weisheit des kaiserlichen Stoikers wirkungsvoll auf den Fanatismus des ignoranten religiösen Fanatikers treffen, der damit die unheilvolle Zukunft des finsteren Mittelalters vorwegnahm. An der literarischen Gattung des Zwiegesprächs, die er damit erstmals ausprobierte, fand Voltaire Gefallen. Von jetzt an sollten in zahlreichen seiner Texte Weisheit und Dummheit, Toleranz und Verfolgungswut gegeneinander antreten. Die Wahrheit, um die es dabei geht, muss in diesen Auseinandersetzungen nicht mühsam gesucht werden, denn sie steht von vornherein fest. So kommt es auch nicht zu fruchtbaren Synthesen der unterschiedlichen Positionen, sondern immer nur zum Triumph der Aufklärung und ihrer überlegenen Argumente über die zerstörerischen Gegenkräfte von Obskurantismus und Fanatismus.

In enger Zusammenarbeit mit dem König, dessen kritische Bemerkungen und Bedenken er berücksichtigte, schrieb Voltaire sodann sein *Poème sur la loi naturelle*, dessen Titel ursprünglich nicht dem «Naturgesetz», sondern der «natürlichen Religion» gewidmet sein sollte. Wie schon die früheren Abhandlungen über Gott, die Welt und den Menschen in Vers und Prosa ist es ein Manifest des puren Deismus und der dazugehörigen Mitmenschlichkeitsmoral. Ihm geht eine vollmundige Huldigung an den König von Preußen voraus, die eine Entstehungszeit des Werks vor dem *Doktor Akakia* belegt und später von Voltaire als

Geste vorsichtiger Wiederannäherung in die erste Druckfassung von 1756 übernommen wurde:

> Eure Heldentaten, Eure Herrschaft, Eure Werke
> Werden einst die Lektionen der Helden und der Weisen bilden,
> Ihr seht mit demselben unerschütterlichen Auge
> Die Kapricen des Schicksals,
> Den Thron und die Hütte, das Leben und den Tod;
> Unerschütterlicher Philosoph, stärkt meine Seele;
> Bedeckt mich mit den Strahlen der reinen Flamme,
> Die von der Vernunft erleuchtet und vom Vorurteil erstickt wird.[27]

Friedrich II. wird hier im Stile Homers wie eine männliche Muse der Dichtkunst und der Vernunft angerufen. Das war eine wahrhaft erlesene Schmeichelei. Zudem wird das nachfolgende Gedicht über das natürliche Gesetz dadurch als erhabene Gemeinschaftsarbeit zwischen Voltaire und seinem kongenialen Protektor ausgewiesen:

> Mögen wir, wenn irgend möglich, ein schwaches Licht hineintragen
> In diese Nacht des Irrtums, in die die Welt versunken ist.[28]

Macht und Geist sind vereint im Kampf für den Fortschritt, gegen die Mächte des Aberglaubens und der Rückständigkeit. Diese Formel verlieh Voltaires Aufenthalt in Preußen die Bedeutung einer Menschheitsmission.

Der gedankliche Parcours des Poems wird von den kurzen Prosa-Zusammenfassungen der vier Hauptteile auf den Punkt gebracht. Dabei hat das Resümee zum ersten Teil programmatischen Charakter:

> Gott hat den Menschen die Ideen der Gerechtigkeit verliehen und dazu das Gewissen, sie dazu anzuhalten, so wie er ihnen alles gegeben hat, was für sie nötig ist. Darin besteht das natürliche Gesetz, auf das sich die Religion gründet; auf dieses Prinzip allein stützt sich das, was hier entwickelt wird.[29]

Da war er wieder in all seiner Pracht und Herrlichkeit, der liebe Gott, an dessen Existenz Voltaire so verzweifelt zu glauben versuchte. Suchen muss man ihn nicht in obskuren heiligen Schriften, die von machtgierigen Priestern erfunden sind, sondern in den Herzen der Menschen, denn dort hat er seinen unauslöschlichen Abdruck hinterlassen. Aus den Ideen der Gerechtigkeit und dem Gewissen entspringt die natürliche Moral der goldenen Regel: «Was du nicht willst, was man dir tu...». Der Hang zur Mitmenschlichkeit und zur praktischen Solidarität ist also nicht das Produkt der Erziehung, sondern jedem Menschen von Natur aus mitgegeben und daher universell. Umgekehrt werden Verbrecher und Verbrechen von niemandem und nirgendwo geschätzt. Wer dieses Gesetz der Natur bricht wie Alexander der Große, der einen Freund im Affekt erschlug, wird danach vom eigenen Gewissen lebenslang bestraft und unauslöschliche Reue empfinden. In diesem Punkt war Friedrich II. zu Voltaires Entsetzen anderer Meinung. Er mokierte sich über die angeblichen Gewissensbisse eines Kriegsherrn, der wie der mazedonische König über so viele Leichen gegangen war, und sprach damit zweifellos in eigener Sache.

Nach diesen pathetischen Bekenntnissen in den Teilen eins und zwei folgen in den Abschnitten drei und vier der obligate Aufruf zur Toleranz an die Gläubigen der großen Religionen Judentum, Christentum und Islam, die die einfachen Wahrheiten der natürlichen Religion so grausam entstellt haben, und die Aufforderung an die weltlichen Machthaber, die Kirchen und ihre ewig streitsüchtigen Theologen so zu zähmen, dass sie keinen öffentlichen Schaden mehr anrichten können. Ein Wiederaufflackern des religiösen Fanatismus ist allerdings stets zu befürchten, und daher ist Wachsamkeit erste Königspflicht. Glücklicherweise herrscht momentan Ruhe an allen konfessionellen Fronten, was nicht zuletzt ein Verdienst des duldsamen Papstes ist, der Voltaire als seinen «geliebten Sohn» gesegnet hat:

Rom, das noch heute diese Grundsätze [die Abkehr von Religionskriegen] beherzigt,
Verknüpft den Thron mit dem Altar durch legitime Bande;
Seine Bürger leben in Frieden und werden weise regiert,
Erobern nicht mehr und sind umso glücklicher.[30]

Selten gab sich Voltaire so konziliant wie hier. Auch für die weltlichen Herrscher hatte sein Lehrgedicht beglückende Ratschläge parat:

> Jede Kirche hat ihre Gesetze, jedes Volk seine Bräuche:
> Aber ich behaupte, dass ein König, den seine Pflicht dazu anhält,
> Frieden, Ordnung und Sicherheit zu wahren,
> Dieselbe Macht über alle seine Untertanen haben soll.
> Sie sind alle seine Kinder; und diese große Familie
> Hat ihr Vertrauen auf seine väterliche Fürsorge gesetzt.
> Der Kaufmann, der Arbeiter, der Priester, der Soldat
> Sind alle gleichermaßen Glieder des Staates.[31]

Diesen Fürstenspiegel in Versen musste Friedrich II. mit gemischten Gefühlen aufnehmen. Für Ordnung in seinen Staaten sorgte er in der Tat mit eiserner Hand, doch der Friede war seine Sache nicht. Und von bürgerlicher Gleichheit konnte in Preußen erst recht keine Rede sein. Die Junker waren Kleinkönige auf ihren Gütern, die Juden mussten erpresserische Schutzgelder bezahlen, und der König hütete sich, Privilegien anzutasten und Diskriminierungen abzubauen. Das Poem mündet in ein Schlussgebet, in dem sich die versöhnlichen Töne zu einer regelrechten Hymne an den gütigen Schöpfergott steigern:

> O Gott, den wir verkennen, o Gott, den alles verkündet,
> Höre die letzten Worte, die mein Mund zu Dir spricht,
> Wenn ich mich getäuscht habe, dann auf der Suche nach Deinem Gesetz,
> Mein Herz kann irren, aber es ist voll von Dir.
> Und ich sehe ohne Furcht die Ewigkeit erscheinen.[32]

Nicht alles ist gut, aber das Ganze ist gut: Dieser empfindsame Wohlfühl-Deismus herrscht über weite Strecken vor, bleibt aber nicht unwidersprochen. Am Ende des dritten Teil-Gedichts brechen plötzlich Molltöne durch, als es an die Schilderung der *condition humaine* geht:

> Ich glaube zu sehen, wie Sträflinge in einem finsteren Kerker
> Sich zerfleischen, statt sich zu helfen,
> Und sich mit den eisernen Ketten bekämpfen, die sie fesseln.[33]

Stattdessen sollten sich die Menschen, diese in ein Dasein zum Tode geworfenen Kreaturen, solidarisieren und gegenseitig unterstützen. Dieser Appell an eine menschliche Schicksalsgemeinschaft im Zeichen von Leid und Unglück kommt einer Empörung gegen den mitleidlosen Gott, der diese elenden Lebensbedingungen geschaffen hat, verdächtig nahe. Voltaire hielt sich also weiterhin beide Optionen offen, den Glauben an den guten Gott und den Zweifel an allen Glaubenssystemen.

Alle Religionen deformieren also die natürliche Religion. Wie diese Entstellung im Falle des Christentums aussah und welche Folgen sie hatte, war Voltaire eine eigenständige Abhandlung wert. In seinem *Sermon des Cinquante* (Predigt der Fünfzig) ließ er für Eingeweihte – der Text zirkulierte wohlweislich anonym – die Maske fallen und schrieb ein für alle Mal seine wahre Meinung über die heiligen Bücher der Religion nieder, in der er aufgewachsen und erzogen worden war. Das Ergebnis war eine Fundamentalkritik von vernichtender Wucht. Die Rahmenhandlung des Textes ist bewusst schemenhaft gehalten:

> Fünfzig gebildete, fromme und vernünftige Personen versammeln sich seit einem Jahr jeden Sonntag in einer großen Handelsstadt. Sie sprechen Gebete, wonach ein Mitglied der Sozietät eine Rede hält; anschließend isst man gemeinsam zu Abend und beschließt den Abend mit einer Kollekte zugunsten der Armen.[34]

Der Vorsitz über diese Versammlung fällt jedem Mitglied turnusmäßig zu, zusammen mit der Pflicht, ein Gebet zu sprechen und die Sonntagspredigt zu halten. Der Ablauf einer solchen Sitzung – so die dünne Fiktion – solle im Folgenden wiedergegeben werden, auf dass dieser Bericht Früchte tragen möge. Ausgelassen wird in dieser Kurzpräsentation, dass die Zusammenkünfte geheim sein müssen; anderenfalls gäbe es keine Predigt der Fünfzig, sondern einen Scheiterhaufen für fünfzig.

Das Gebet ist eine kurze, aber innige Ansprache an den grundgütigen Schöpfer, dem sich jeder Mensch guten Willens und vernünftiger Sinnesart rückhaltlos unterwerfen muss. Das einzige Gebet, das sich an einen solchen Gott richten kann, drückt die Hoffnung aus, dass es mit dem Aberglauben der diversen Religionen bald ein Ende haben möge. Zum Aberglauben zählt alles, was über den Glauben an einen Gott hinausgeht, der den Menschen zu Frieden, Freundschaft und Fortschritt geschaffen hat. Mit diesem Aberglauben gemeint sind «unwürdige Opfer», «infame Mysterien» und «absurde Fabeln».[35] Dieses ganze von Menschen gemachte Brimborium verzerre auf groteske Weise das erhabene Antlitz des Allmächtigen. Daran schließt sich die Predigt mit der Aussicht an, dass nach der Überwindung des Aberglaubens eine Ära der Vernunft anbrechen möge: «Jede Religion, die nur einem Volk gehört, ist falsch.»[36] Die natürliche Religion ist ebenso universell wie die Brüderlichkeitsmoral, die ihr entspringt. Daher lautet der Umkehrschluss: Jede Religion, deren Dogmen dieser universellen Moral widersprechen, ist nachweislich falsch.

Auf diesen Prüfstand werden danach «die Bücher der Hebräer und derjenigen, die ihnen nachgefolgt sind»,[37] gestellt, also das Alte und das Neue Testament. Dabei ist das Urteil über das Alte Testament bereits vorab gefällt:

> Ihr wisst, meine Brüder, welches Grauen uns packte, als wir die Schriften der Hebräer in Augenschein nahmen und dabei unser Augenmerk auf alle Verstöße gegen Reinheit, Nächstenliebe, guten Glauben, Gerechtigkeit und universelle Vernunft richteten, Verstöße, die man nicht nur in jedem Kapitel, sondern dort, Gipfel des Unglücks, auch noch geheiligt vorfindet.[38]

So fällt die Bilanz der heiligen Bücher der Juden genauso vernichtend aus wie das summarische Urteil über dieses «abscheuliche Volk»[39] (*peuple abominable*) mit seinen Menschenopfern und seinem «Kannibalengesetz».[40] Das Alte Testament wird als eine einzige Abfolge von brutaler Gewalt, schäbigem Betrug, zum Himmel schreiender Unmoral und lachhafter Wundergeschichten zum Ruhme eines Gottes abgetan, der sein angeblich erwähltes Volk zu einer Räuberbande macht. «Wie viele Verbrechen werden da im Namen des Herrn begangen!»[41] Das Ergebnis der Prüfung lässt also an Eindeutigkeit nichts zu wünschen übrig: Von der natürlichen Religion ist hier nichts mehr übrig, sie ist auf schauerliche Weise deformiert.

Jetzt bleibt noch die daraus erwachsene christliche Religion zu beurteilen. Vorab ist hier nichts Gutes zu erwarten, war doch der Stifter dieser neuen Sekte aus dem Stamm des verbrecherischen Königs David hervorgegangen, der seine Karriere als Räuber begann und diese als mörderischer Ehebrecher krönte: «Schauen wir also, auf welche Vorwände, Fakten, Wunder und Vorhersagen und somit auf welche Fundamente diese ekelhafte und abscheuliche Geschichte gebaut ist.»[42]

Diese Grundlagen sind extrem widersprüchlich. Das Christentum bekämpft die jüdische Religion bis aufs Blut und eignet sich trotzdem deren heilige Bücher an. Diese Texte deuten die verlogenen christlichen Theologen dadurch um, dass sie ihnen einen auf das Christentum vorausdeutenden Sinn unterschieben: «So bekämpfen sich diese Religionen mit denselben Waffen, sie rufen dieselben Propheten für sich als Zeugen auf, sie bezeugen dieselben Vorhersagen.»[43] Was aus so verdorbenen Wurzeln hervorgeht, kann nur die übelsten Früchte tragen. So heißt es zu Jesus von Nazareth:

> Es gab bei den Juden immer Leute aus der Hefe des Volkes, die Prophezeiungen verkündeten, um sich vom Pöbel abzuheben: Hier haben wir einen von diesen, der den meisten Lärm veranstaltet hat und den man zum Gott erhoben hat. Das ist in wenigen Worten seine Geschichte, wie sie in den Büchern berichtet wird, die man Evangelien nennt.[44]

Deren Autoren widersprechen sich aufs Absurdeste; selbst bei so elementaren Fakten wie den Ahnen ihres «Gottes» sind sie sich nicht einig, womit die Lügenhaftigkeit ihrer Wundergeschichten zu Genüge belegt ist. Das ist kein Wunder, denn ursprünglich gab es sage und schreibe neunundvierzig «Evangelien», die sich allesamt an abergläubischer Verblendung überboten und von denen vier der schlimmsten nach einem willkürlichen Ausscheidungsverfahren übrigblieben: «Wieviel Dummheit, großer Gott, wie viel Elend, wie viele kindische und hassenswerte Dinge!»[45]

Damit sind die vorgeblichen Wundertaten Christi gemeint, die als plumpe Betrugsmanöver eines Bauerntölpels entlarvt werden. Wenn er nicht gerade einen Feigenbaum verdammt, weil dieser außerhalb der Reifezeit keine Früchte trägt, verflucht er wahllos alle, die ihm nicht folgen wollen, und sagt ein Weltenende voraus, das bis heute nicht eingetroffen ist. Wie der Herr, so die Jünger. Nach der Hinrichtung ihres Meisters fingieren sie seine Wiederauferstehung und machen danach aus dessen abstruser Lehre eine Religion und damit ein Herrschaftsinstrument. Sie reihen Fälschung an Fälschung, erfinden reihenweise Wunder, bringen das dumme Volk durch Heilsversprechen und das Schüren von Angst auf ihre Seite und gewinnen mit Feuer und Schwert allmählich an Macht, die sie systematisch zur Oberhoheit über Fürsten und Republiken erweitern. Damit ist aufs

Engste der Prozess der Dogmatisierung verbunden, der zu aberwitzigen Resultaten führt. So muss man jetzt glauben, dass der Leib Gottes in einem Stückchen Teig eingefangen ist, und andere Ungeheuerlichkeiten mehr. So ist kaum zu erklären, wie intelligente Menschen, die in anspruchsvollen Berufen ihren Mann stehen, diese schlecht erfundenen Hirngespinste glauben können. Daher bleibt nur die Hoffnung, dass der gütige Gott und seine aufgeklärten Diener diese hässliche, den Menschen, die Natur und vor allem Gott selbst herabwürdigende Lehre binnen Kurzem vom Erdboden verschwinden lassen werden, ganz ohne Gewalt, durch Belehrung und Einsicht allein.

Zum Thema der christlichen Religionen und ihrer Kirchen hatte Voltaire damit ein für alle Mal seine wahre Meinung ausgedrückt. Je nach anvisiertem Publikum, Stoßrichtung und Zielsetzung konnte er sich in späteren Schriften zum selben Thema verbindlicher und kompromissbereiter äußern, doch grundsätzlich sollte sich an dieser Sicht der Dinge nichts mehr ändern. In zahlreichen Texten der 1760er- und 70er-Jahre nahm er die Argumente der *Predigt der Fünfzig* wieder auf und passte sie einem veränderten Wirkungszusammenhang an. Denn in dieser Zeit ging es nicht mehr darum, einen atheistischen König zu unterhalten, sondern die Unterdrückungs- und Verfolgungsmechanismen der katholischen Kirche in Frankreich anzuprangern und auszuschalten.

Die neue Geschichtsschreibung I:
Die List der Vernunft im Zeitalter Ludwigs XIV.

Das alles überstrahlende intellektuelle Großereignis von Voltaires Aufenthalt in Preußen war die Veröffentlichung seines *Zeitalters Ludwigs XIV.* im Dezember 1751, denn mit diesem *Siècle de Louis XIV* beginnt eine neue Epoche der europäischen Historiographie. Den umstürzenden Neuanfang, den er damit vollzog, hatte Voltaire parallel zur mühseligen Sammlung der Quellen in den 1740er-Jahren in zwei kurzen Manifesten programmatisch eingefordert. Seine *Remarques sur l'histoire* (Bemerkungen über die Geschichte) setzen mit einem furiosen Rundumschlag ein: Alles, was man dem

Die neue Geschichtsschreibung I: Die List der Vernunft

Publikum bis heute in Sachen Geschichtsschreibung vorzulegen gewagt hat, seien dümmliche Fabeln, die entweder blind die antike Überlieferung nachschreiben oder, noch schlimmer, die kindischen Erzählungen des Alten Testaments mit Sintflut und Arche Noah zugrunde legen. Die Grundfehler aller bisherigen Historiker bestehen somit darin, sich ohne die notwendige Quellenkritik an der Überlieferung, besonders der ältesten, zu orientieren und sich darüber hinaus auf Haupt- und Staatsaktionen, also auf die dünne Oberfläche der Geschichte, zu konzentrieren. Mit den Zeugnissen vergangener Jahrhunderte richtig umzugehen, heißt stattdessen, das Licht der Aufklärung in eine Vergangenheit hineinzutragen, die von finsterem Aberglauben systematisch verdunkelt wird. Dann schrumpft zum Beispiel die angeblich von erhabenen Mysterien verklärte Geschichte des Alten Ägypten zu einer peinlichen Anfangsetappe, in der mit natürlicher Vernunft begabte Menschen ihr kritisches Urteilsvermögen systematisch ausschalten – mit der Folge, dass sie Affen als Götter anbeten und sich einem angeblichen Gottmenschen namens Pharao unterwerfen.

Quellenkritik bedeutete für Voltaire damit nicht nur im modernen Sinne einen kritischen Umgang mit den Quellen, sondern auch eine kritische Bewertung der dargestellten Geschichte und schließlich die kritische Auswahl der historischen Gegenstände, mit denen sich ein aufgeklärter Geist überhaupt sinnvoll beschäftigen sollte. Lohnt es sich, etwas aus und von einer Epoche zu wissen, oder gehört dieser Gegenstand in die Rumpelkammer der Ignoranz, des Obskurantismus oder auch nur des überflüssigen Gedächtnisballasts? Dieser kritischen Befragung hält laut Voltaire der Großteil der Geschichte nicht stand:

> Ich möchte, dass man eine ernsthafte Untersuchung der Geschichte an dem Punkt beginnt, an dem sie für uns wirklich interessant wird. Und es scheint mir, dass das am Ende des 15. Jahrhunderts der Fall ist.[46]

Denn von da an beginnt mit der Erfindung des Buchdrucks, der Ausbreitung humanistischer Bildung, der Glaubensspaltung durch die Reformationen, der Entdeckung Amerikas und des Seewegs nach Indien ein Prozess der Globalisierung, der nicht mehr durch künstlich erzwungene Einheit, sondern durch belebende, nicht selten auch gewaltsam ausgetragene Konkurrenz geprägt ist und trotz mancherlei Rückschläge und Rückwendungen wie der Religionskriege in das Zeitalter der Aufklärung mündet. Der Wert der Geschichte wird also konsequent am Nutzen für die Gegenwart bemessen. Der tiefste Sinn historischer Studien besteht darin, das denkende Individuum mit Scham über so viele vergeudete Jahrhunderte und zugleich mit Stolz darüber zu erfüllen, welche zivilisatorischen Großleistungen Heroen des Geistes wie Newton gegen alle Widerstände der finsteren Gegenkräfte in Kirche und Adel erbracht haben. Sinnvoll betriebene Geschichtsforschung ist also eine Quelle der Selbstvergewisserung und Anstoß zu zielgerichtetem Handeln: Wo kommen wir her, wo stehen wir, was ist als Nächstes zur Verbesserung der Menschheitszustände zu tun?

> Das ist die Geschichte, die jeder kennen muss. Dort findet man weder dubiose Vorhersagen noch lügnerische Orakel noch falsche Wunder noch sinnfreie Fabeln; in dieser Geschichte ist alles wahr, und zwar im Großen, denn an kleinen Details halten sich nur kleine Geister fest. In dieser Geschichte betrifft alles uns, alles ist für uns gemacht.[47]

Voraussetzung für diese nützliche Geschichtsschreibung sind also die Beschränkung auf den richtigen Zeitraum und eine Erweiterung der Perspektiven, die einem radikalen Paradigmenwechsel gleichkommt. Ihn umreißt Voltaire in den an die *Bemerkungen über die Geschichte* anschließenden *Neuen Betrachtungen über die Geschichte* sehr präzise:

> Ich möchte erfahren, welches die Kräfte eines Landes vor einem Krieg waren und ob der Krieg diese verringert oder vermehrt hat. War Spanien zum Beispiel vor der Eroberung der Neuen Welt reicher als heute? Um wie viel war Spaniens Bevölkerung zur Zeit Karls V. höher als unter Philipp IV.? Warum zählte Amsterdam vor zweihundert Jahren kaum 20 000 Einwohner und hat heute 240 000 Einwohner? Und woher wissen wir das überhaupt?[48]

Statistik, Wirtschaft, Demographie, materielle Kultur und schöne Künste, Feste und Propaganda, Geschmack und Mentalitäten der verschiedenen Schichten – alle diese bislang vernachlässigten Aspekte der Geschichte werden damit zum Pflichtpensum des Historikers. Solche Forderungen nach einer ganzheitlichen Geschichtsschreibung, die auch den Alltag und die scheinbar unveränderlichen Lebensgewohnheiten mit den dazugehörigen Bewusstseinshorizonten ins Blickfeld rückt, hatte schon Francesco Guicciardini um 1530 erhoben.

Eingelöst wurden diese Forderungen erstmals in Voltaires *Zeitalter Ludwigs XIV.* Die Neuartigkeit dieses Ansatzes verkünden die ersten Zeilen der Einleitung wie ein Fanal:

> Hier soll nicht nur das Leben Ludwigs XIV. beschrieben werden; wir planen ein größeres Vorhaben. Es geht um den Versuch, der Nachwelt nicht die Handlungen eines einzelnen Menschen, sondern den Geist der Menschen im hellsten aller Zeitalter [siècle le plus éclairé qui fut jamais] zu schildern.[49]

Dieses «siècle le plus éclairé qui fut jamais» unter Ludwig XIV. steht in einer erhabenen Abfolge von großen Zeitaltern. Die erste der zivilisatorischen Großzeiten verortete Voltaire im Griechenland des Perikles, die zweite im Rom des Augustus, die dritte im Florenz der Medici. Gemeinsam war all diesen Höhepunkten der Menschheitsgeschichte, dass Künste und Wissenschaften durch die systematische Förderung der Mächtigen florierten und weit über ihre Ausgangspunkte hinaus ausstrahlten. Die ersten dieser kostbaren Errungenschaften gingen zwar mit dem Ende der Antike für fast anderthalb Jahrtausende verloren, doch verlief die Entwicklung der Zivilisation in Europa mit dem Beginn der Renaissance trotz mancher Rückschläge und Barbarei wieder unaufhaltsam nach oben und übertraf schließlich die kulturellen Standards des Altertums bei Weitem. Den vorläufigen Höhepunkt dieser Aufwärtsbewegung bildet das «Jahrhundert Ludwigs XIV.», und zwar nicht, weil in dieser Zeit größere Künstler als Michelangelo oder Raffael wirkten, sondern weil sich unter diesem König eine viel umfassendere und weiter reichende Veränderung Bahn brach: «Dafür hat sich die menschliche Vernunft insgesamt perfektioniert. Ja, die gesunde Philosophie ist erst seit dieser Zeit bekannt.»[50] Von Frankreich aus verbreitete sich diese in ganz Europa, auch in England, wo sie die glücklichsten Ergebnisse hervorbrachte.

Das Fazit lautete also: Frankreich zuerst! Diesen Vorrang hatte Voltaire in seinen *Lettres philosophiques* den Briten eingeräumt, und in späteren Texten sollte er ihnen diese Priorität in Sachen Aufklärung auch wieder zurückgeben. Dass er sich hier so patriotisch präsentierte, hatte mit der langen Entstehungsgeschichte des Werks zu tun, das er als königlicher Historiograph begonnen hatte. Das hohe Lob, das darin einem Souverän gezollt wurde, dessen Bild sich seit seinem Tod immer mehr verdunkelt hatte, sollte eine doppelte Funktion erfüllen: Es sollte den apathischen und an Kultur desinteressierten Ludwig XV. wachrütteln und anspornen. Und es sollte eine entscheidende, bislang von den Historikern ungenügend freigelegte Dynamik vor Augen führen: dass sich Geschichte anders als von oben geplant und oft sogar gegenläufig zu den Absichten der Mächtigen vollzieht. Ludwig XIV., so die durchgehende These des *Siècle*, ordnete alle seine Regierungsmaßnahmen, auch im Bereich der Kultur, seiner persönlichen Größe unter, die wiederum der Stärkung der Monarchie, also letztlich der Staatsgewalt, zugutekommen sollte. Doch in dieser klugen Rechnung steckte ein schwerer Fehler: Die Entwicklung des Geistes ließ sich nicht steuern, die Entfaltung der Vernunft nicht aufhalten.

So wurde der Hof des Sonnenkönigs ganz anders als geplant zur Keimzelle neuer Werte und Ideen, die das vom König scheinbar für die Ewigkeit errichtete Herrschaftssystem in seinen politischen, sozialen und ideologischen Grundfesten erschüttern sollten. Voltaire schrieb hier in eigener Sache: Er sah sich selbst als ein Produkt dieses Zeitalters, das in ihm seine eigene Hinterfragung und Widerlegung hervorbrachte. Die von ihm aufgedeckte Dialektik der Geschichte war eine Warnung an die Herrschenden und schränkte die Rolle des mächtigsten Monarchen aller Zeiten zugleich wesentlich ein: Die Herrschenden glauben, die Geschichte souverän in ihrem Interesse zu lenken, doch das ist, überblickt man die Jahrtausende, eine Illusion; sie wird zwar von ihnen beeinflusst, gestaut oder beschleunigt, je nachdem wie der Prozess der Zivilisation gefördert oder behindert wird, doch folgt sie dabei Gesetzen, die keine Macht der Welt auf Dauer außer Kraft setzen kann. Das erlaubte, was den künftigen Verlauf der Geschichte betraf, trotz zahlloser Rück- und Stillstände einen gedämpften Optimismus im Großen.

Die neue Geschichtsschreibung II: «Le siècle de Louis XIV» als politisches Manifest

Für Voltaire war das Zeitalter Ludwigs XIV. zwar der bislang höchste Gipfel der Zivilisation, doch alles andere als ein Goldenes Zeitalter:

> Die Vollendung der kultivierten Künste durch friedliche Bürger hindert Fürsten nicht daran, ihren Ehrgeiz auszuleben, das Volk nicht an Aufständen und Mönche nicht an hinterhältigen Manövern. So ähneln sich alle Jahrhunderte durch die Bösartigkeit der Menschen.[51]

Das wird fraglos auch in Zukunft so bleiben; jeder weitere Fortschritt wird darin bestehen, dieses Zerstörungspotential einzudämmen und so weit wie möglich aus der öffentlichen Sphäre zu verbannen, doch völlig verschwinden wird diese Destruktivität nie. Unter Ludwig XIV. ist es selbst mit dieser Zurückdrängung nicht weit her. Denn dieser König, der im Ballett die Rolle des Sonnengottes Apollo tanzt, ordnet alle seine Regierungshandlungen dem «chimärenhaften Ehrenpunkt»[52] unter und hat bei dieser Politik nach der Devise «Der König von Frankreich zuerst!» freie Hand. Nach dem Zusammenbruch des schnell zum Jahrmarkt der Eitelkeiten absinkenden Fronde-Aufstands aus Hoch- und Amtsadel in den Jugendjahren des Königs hat die Monarchie nämlich keine Gegenkräfte mehr zu fürchten. So sind Vorwände für den nächsten Feldzug stets parat, und seien sie noch so sehr an den Haaren herbeigezogen: «Wenn die Rechtsgründe der Könige nach den Gesetzen der Nationen vor einem unparteiischen Gericht beurteilt würden, erschiene die Affäre ein klein wenig zweifelhaft.»[53] Das gilt für alle Kriege, mit denen Ludwig XIV. ein halbes Jahrhundert lang halb Europa überzieht, mit Ausnahme des letzten, des Spanischen Erbfolgekriegs, bei dem laut Voltaire das politische Schicksal Frankreichs auf dem Spiel stand. Ausgerechnet diese letzte große militärische Auseinandersetzung aber verläuft jahrelang katastrophal, so dass der stolzeste Monarch, den die Geschichte je gesehen hat, am Ende seines Lebens bei den Holländern, die er am Anfang seiner Herrschaft überrannt hat, um Frieden betteln muss. Die Geschichte geht also eigene, den Plänen des vermeintlichen Geschichtsgestalters entgegengesetzte Wege. Immerhin bleibt Frankreich nach dem Tod des Sonnenkönigs statt der angestrebten politischen Hegemonie ein kultureller Ehrenplatz vorbehalten, schließlich spricht das gebildete und vornehme Europa jetzt Französisch, eine Sprache, die hundert Jahre zuvor noch als rückständig und ungeschlacht galt.

In Monarchien prägen Monarchen das öffentliche Klima, Werte und Mentalitäten – an diesem politischen Credo hielt Voltaire lebenslang fest. Das hervorstechende Merkmal des Sonnenkönigs ist sein grenzenloses Ruhmesbedürfnis, das in Form von Ehrgeiz und Konkurrenz die Gesellschaft von oben nach unten zu durchdringen beginnt, von den elitären höfischen Zirkeln bis ins besser situierte Bürgertum. «Dieser Durst nach Ruhm, der Ludwig XIV. dazu trieb, sich in allem von den anderen Königen abzuheben»,[54] bestimmt also das Schicksal Frankreichs und Europas. Das treibt nicht nur die Entwicklung der Zivilisation voran, sondern hat auch Schattenseiten:

> Das Volk des Siegers zieht niemals Nutzen aus der Niederlage des Besiegten, das Volk zahlt immer alles; es leidet ebenso sehr unter dem Erfolg der eigenen Waffen wie unter der Niederlage; und auf den Frieden ist das Volk auch nach den größten Siegen fast ebenso angewiesen, als wenn die Feinde bereits seine Grenzfestungen eingenommen hätten.[55]

So lautet die schonungslose Bilanz von fünfzig Jahren Eroberungspolitik. Überlagert und zurückgedrängt wird diese ernüchternde Einsicht immer dann, wenn der Ruhm oder gar die nackte Existenz Frankreichs auf dem Spiel steht. Dann wird die mit ihren erzählerischen, analytischen und ironisch hinterfragenden Elementen so ausgewogene Darstellung plötzlich von den Tönen des Heldenepos abgelöst. Mit romanhaften Zügen werden zum Beispiel zwei Schlüsselepisoden des Spanischen Erbfolgekrieges, das blutige Getümmel der opferreichen Schlacht von Höchstädt und der verzweifelte Abwehrkampf des Marschalls von Villars gegen die drohende Invasion Frankreichs, geschildert. Die durch Generationen anerzogene Verehrung des friedlichen Bürgers für den Kriegeradel, der mit dem Schwert in der Hand das Vaterland verteidigt, zeigt sich hier weiterhin lebendig. Trotzdem diskreditiert der verlustreiche Krieg die europäische Zivilisation

Die neue Geschichtsschreibung II: «Le siècle de Louis XIV» 343

als Ganze, da die europäischen Mächte die Konflikte in ihre überseeischen Kolonien und sogar bis ins hinterste Asien exportieren.

Voltaires Urteil über die Wirkungen Ludwigs XIV. im Inneren fällt gleichermaßen zwiespältig aus:

> Aus allem, was berichtet wurde, geht hervor, dass dieser Monarch in allem die Größe und den Ruhm liebte. Ein Fürst, der so große Dinge wie er verrichtet hätte und dabei einfach und bescheiden geblieben wäre, wäre der erste der Könige gewesen, und so war Ludwig nur der zweite.[56]

Das Prinzip der *émulation*, des ambitionierten Sich-Messens, das dieser König in großen Teilen der Gesellschaft zur Geltung gebracht hat, bewirkt Fortschritt, doch der damit verknüpfte Personenkult um den König hat schwere Schäden zur Folge, unter anderem die Finanzkrise, unter der Frankreich bis in die Gegenwart leidet. Das Positive ist also die neue Moral der Dienstbereitschaft, des Bildungsstrebens und des Reformwillens, die sich nach und nach durchzusetzen beginnt, auch wenn die Erfolge einstweilen überschaubar bleiben. Denn auch hier folgt nach euphorischen Passagen unweigerlich die Ernüchterung, ausgerechnet im Lob auf den großen General und Festungsarchitekten Vauban: Er ist laut Voltaire der Einzige, der das Wohl des Staates seinen persönlichen Interessen voranstellt. Allzu große Fortschritte kann das zuvor so hoch gelobte Prinzip uneigennütziger Pflichterfüllung also noch nicht gemacht haben. Trotzdem – so das Fazit des *Siècle de Louis XIV* – hat dieser König dadurch, dass er seine persönliche Würde mit der Größe des Staates gleichsetzte, seinem Land mehr Gutes getan als zwanzig Könige vor ihm zusammen, immer mit Ausnahme des guten Königs Henri IV, der allerdings zu früh ermordet wurde, um das Werk der kulturellen Veredelung einer materiell und mental verwüsteten Nation nachhaltig in Angriff nehmen zu können.

Die Konkurrenz, die der *roi soleil* überall bewusst erzeugt, wird mit exemplarischer Härte am Hof selbst ausgetragen, und er selbst ist dabei der alleinige Schieds- und Preisrichter. Diese Rivalität hat zur Folge, dass sich kein Günstling seiner Stellung auch nur bis zum nächsten Tag sicher sein kann. Durch die unaufhörliche Neuaustarierung von Gnade und Einfluss, die auf scharfsichtiger Menschenkenntnis beruht, gelingt es Ludwig XIV., den jahrhundertelang unruhigen, auf Mitregierung drängenden

Adel weitgehend zu zähmen. Rein politisch gesehen ist das seine größte Leistung: Der König verkörpert als sterbliche Person die unsterbliche Würde des Staates so perfekt, dass die mächtigsten Aristokraten ihre Größe und ihren sozialen Rang allein dadurch bestätigt sehen, dass sie sich am Hof aufhalten, wo sie dem Monarchen als Staffage seines Ruhmes dienen und auf diese Weise von ihm beaufsichtigt und gegeneinander ausgespielt werden.

Das nobelste Ergebnis dieser allgegenwärtigen Konkurrenz aber ist die «révolution de l'esprit»,[57] die sich ausgerechnet unter der Regierung eines Königs vollzog, der Schriftsteller und bildende Künstler ebenso zu domestizieren versuchte wie die Adligen und nichts mehr hasste als Revolutionen. Der Versuch, die Intellektuellen an den Hof zu binden, war lange Zeit genauso von Erfolg gekrönt wie die Unterordnung des Adels, der *Parlements* und der Ständeversammlungen. Dichter wie Corneille und Racine wurden an den Hof berufen, sangen dort das Hohelied der alle Gegensätze versöhnenden Monarchie sowie der aristokratischen Werte Selbstüberwindung und Affektkontrolle und schufen damit für das Theater bis heute verbindliche Maßstäbe. Aber dieser Wettbewerb der Poeten und Gelehrten erzeugte Ideen und Kräfte der Aufklärung, die sich schon gegen Ende der Regierungszeit Ludwigs XIV. nicht mehr eindämmen ließen. War Europa um die Mitte des siebzehnten Jahrhunderts noch ganz vom Gezänk der Theologen, zum Beispiel über die Gnade und ihre Exklusivität, erfüllt, so reagierte ein gutes halbes Jahrhundert später die Elite auf diese absurden Spitzfindigkeiten nur noch mit Desinteresse und Verachtung. Darin zeigte sich der Umsturz, den der König, der wie kein anderer nach ganzheitlicher Macht gestrebt hatte, ungewollt herbeigeführt hatte.

Diese Entwicklung nahm ihren Anfang in Frankreich, doch dann setzte sich dieses Wunder des Geistes anderswo fort:

> Aus dem Schoß der Königlichen Gesellschaft der Wissenschaften, die man auch Freie Gesellschaft von London nennen könnte, sind in unseren Tagen die Entdeckungen über das Licht, über das Prinzip der Gravitation, über die Fixsterne, über höhere Geometrie und hundert andere Erfindungen hervorgegangen, so dass man unter diesem Gesichtspunkt genauso gut von einem *Zeitalter der Engländer* wie einem *Zeitalter Ludwigs XIV.* sprechen könnte.[58]

Eine solche Bezeichnung wäre umso berechtigter, als ein Isaac Newton mehr Ruhm verdient als alle Mächtigen dieser Welt. Denn England hat wie die Niederlande ein kostbares Gut, das im Frankreich Ludwigs XIV. nicht gedieh: eine Freiheit und eine Gleichheit, die «das natürliche Recht des Menschen ist».[59]

Vor diesem Hintergrund zeigt sich, dass das Zeitalter des Sonnenkönigs für Frankreich trotz aller fataler Nebenwirkungen eine heilsame Radikalkur war, die es jetzt, im Licht der unumkehrbar gewordenen Aufklärung, mit anderen Mitteln fortzusetzen gilt:

> Fast auf der ganzen Welt dienen Missbräuche als Gesetze; und wenn sich die weisesten aller Menschen versammelten, um Gesetze zu machen, wo ist der Staat, dessen Form gänzlich fortbestünde?[60]

Alles wandelt sich. Ökonomie, Gesellschaft und Kultur sind permanent im Fluss; das zeigt sich am Zeitalter Ludwigs XIV. so deutlich wie nie zuvor. Daraus folgt eine Lehre, die die Mächtigen bis heute nicht begriffen haben: Ludwig XIV. regierte eine Zeitlang im Einklang mit dem Geist der Zeit, was seiner Herrschaft eine Dynamik ohnegleichen verlieh. Diese Übereinstimmung mit den innovativen Tendenzen der Epoche aber ging nach einigen Jahrzehnten verloren, und seine Nachfolger haben sie nicht wiederherstellen können. Das zeigt sich daran, dass heutzutage der Hof den König dominiert und nicht umgekehrt; das war eine fatale Verschiebung, die das Erbe des trotz aller Beschränktheiten großen Königs Ludwig XIV. akut gefährdet. Die erste Kulturgeschichte der europäischen Historiographie ist damit zugleich ein politisches Manifest, das alles infrage stellt, was scheinbar auf Dauer geschaffen ist. Noch war das Volk in dumpfem Aberglauben befangen und musste vormundschaftlich regiert werden, statt sich selbst zu bestimmen. Doch auch das konnte sich eines nicht allzu fernen Tages ändern, wenn die Aufklärung breitere Schichten erreicht hatte.

Voltaires erstes historiographisches Opus magnum erregte bei seiner Veröffentlichung ungeheures Aufsehen, wurde als staatsgefährdend eingestuft und rief eine Fülle von Gegenschriften hervor, besonders vonseiten der Maupertuis-Fraktion. Unter diesen Gegnern tat sich ein gewisser Laurent Angliviel de la Beaumelle hervor, der mit einer eigentümlichen Mischung von Pedanterie und Furor daranging, das Werk als im Einzelnen fehlerhaft und im Großen oberflächlich, also dem erhabenen Gegenstand unwürdig anzuprangern. Damit nicht genug: Voltaire – so die wütenden Verrisse – sei an dieser Aufgabe, die seinen beschränkten Horizont bei Weitem übersteige, eklatant gescheitert und offenbare durch die endlose Aneinanderreihung schmeichlerischer Hofanekdoten sein wahres Wesen als speichelleckerischer Kostgänger der Mächtigen. Zudem zeigten die zahlreichen Schwächen des Werks ein seniles Nachlassen der Kräfte. Obwohl allen Eingeweihten klar war, dass das eine Retourkutsche für den *Doktor Akakia* darstellte und es deshalb ratsam war, die wüsten Anwürfe mit souveränem Stillschweigen zu übergehen, ließ sich Voltaire Anfang 1753 auf eine Replik ein, das *Supplément au Siècle de Louis XIV*. In der Vorrede zu dieser «Ergänzung» schildert er die Vorgeschichte der Affäre, und zwar so, dass er als uneigennütziger Förderer la Beaumelles dastand, der ihm diese Unterstützung übel gelohnt habe: «Ich weiß wohl, dass die Literatur ein dauerhafter Krieg ist, aber auf einen solchen Feldzug war ich denn doch nicht gefasst.»[61] Die Kampagne – so das Leitmotiv von Voltaires Verteidigungsschrift – ziele darauf ab, nicht nur den Verfasser als Person, sondern die von ihm geschaffene neue Historiographie insgesamt zu diskreditieren:

> Ich habe das *Siècle de Louis XIV* niemandem gewidmet, weil weder die Wahrheit noch die Freiheit solche Widmungen lieben und diese beiden Güter, die dem Menschengeschlecht als Ganzem gehören sollten, niemandes Protektion benötigen.[62]

Das waren in Stein gemeißelte Worte, die nicht nur den Vorwurf der Liebedienerei widerlegen sollten, sondern darüber hinaus das soziale Gefüge der Literaten und der Literatur im Ancien Régime aufsprengten: Die historische Wahrheit, wie sie im *Zeitalter Ludwigs XIV.* für die Ewigkeit niedergeschrieben war, wandte sich nicht mehr an einzelne Potentaten, sondern an die urteilsfähige Öffentlichkeit aller Länder.

Auf diese unerschütterliche Selbstbehauptung folgte ein langer Katalog detaillierter Bemerkungen, die die Haltlosigkeit der la Beaumelle'schen Kritik belegen sollten. Sie lassen erkennen, wie minutiös Voltaire bei seinen Recherchen vorgegangen war und wie eigenständig er dieses Material ausgewertet hatte, nicht zuletzt die mündlichen Aussagen noch lebender Zeitzeugen. Besonders die Einarbeitung dieser «oral history» hatte ihm Maupertuis' wütender Parteigänger zum Vorwurf gemacht: Solche Aussagen seien unseriös, da subjektiv und zudem nicht überprüfbar. Voltaire leugnete die Standortgebundenheit dieser Auslassungen nicht, doch rechtfertigten sie sich für ihn durch einen höheren Wahrheitsgehalt: Gerade durch ihre Einseitigkeit spiegelten sie das Spektrum der Parteien und Mentalitäten wider und vervollständigten dadurch das ganzheitliche Tableau einer Epoche und ihres Geistes. So stand am Ende der Kampfschrift ein weiteres stolzes Fazit:

> Ich habe erfahren, dass einige Protestanten mir zu wenig Respekt für ihre Sekte vorwerfen; ich erfahre, dass einige Katholiken schreien, ich hätte die Protestanten zu sehr geschont, zu sehr beklagt, zu sehr gelobt. Beweist das nicht, dass ich meinem Wesen treu geblieben bin, dass ich unparteiisch bin?[63]

Der kritische Leser des einundzwanzigsten Jahrhunderts wird Voltaire recht geben. Sein *Zeitalter Ludwigs XIV.* ist zwar reich an Hofklatsch, Hofgerüchten und Hofintrigen, doch haben alle diese Anekdoten ihren festen Platz in der Architektur des Werkes. Mit scheinbar nebensächlichen oder gar dubiosen Informationen zum Liebesleben des Königs oder zur Kriminalchronik der Zeit, zum Beispiel zu der höfischen Vergiftungshysterie der 1660er-Jahre, fangen sie Facetten und Nuancen einer Atmosphäre und eines Lebensgefühls ein, das hier in einzigartiger Fülle, Dichte und Authentizität rekonstruiert wird. Die unvergleichliche Anschaulichkeit, mit der eine versunkene Epoche wieder ins Blickfeld gerückt und ins Bewusstsein gehoben wird, erreicht Voltaire überwiegend mit erzählerischen Mitteln. Niemals zuvor oder danach wurde Geschichte so elegant, so geistreich und zugleich so fesselnd vergegenwärtigt. Geschichtsschreibung für den Salon – so die im gelehrsamkeitsschweren Deutschland der Zeit sofort aufkommende und dort bis heute verbreitete Abqualifizierung – ist das *Siècle de Louis XIV* trotzdem nicht. Wie in Voltaires philosophischen Märchenerzählungen folgt auch in seinem monumentalen Geschichtswerk auf scheinbar schwerelos plaudernde Erzählung eine unvermutet tiefgründige und sarkastische Analyse, die mit ihrem übergeordneten Erkenntnisgewinn nicht nur die vorangehenden, auf den ersten Blick oft weitschweifig anmutenden Passagen rechtfertigt, sondern ihnen durch die Schärfe und

Ironie des Urteils oft sogar einen anderen, nicht selten gegenteiligen Sinn verleiht. Der Leser muss also ständig auf der Hut sein und dadurch seine eigene Ansicht überprüfen. Er muss stets mit Fallstricken und Widerhaken rechnen, etwa wenn nach langen, heroisch eingefärbten Erzählungen von Schlachten und Scharmützeln plötzlich die absolute Sinnlosigkeit dieses Krieges aufscheint.[64]

So hat Voltaires Selbsteinschätzung unter dem Strich seine Berechtigung:

> Bei Historikern muss man die Fehler unterscheiden. Ein falsches Datum, ein vertauschter Name gehören in das Verzeichnis der *errata*. Wenn der Rahmen des Werks aber wahr ist, wenn die Interessen, Motive und Ereignisse aber mit größtmöglicher Treue entwickelt werden, gleicht es einer gut gemachten Statue, der man allenfalls eine etwas nachlässige Faltung in der Gewandung vorwerfen kann.[65]

Solche nachlässigen Faltungen hat die Geschichtswissenschaft in den nachfolgenden zweieinhalb Jahrhunderten genüsslich aufgelistet, doch in seiner Gesamtdarstellung, Thesenbildung und vor allem Lesbarkeit ist Voltaires *Siècle de Louis XIV* bis heute unübertroffen. Der beste Beleg für diese ungebrochene Aussagekraft ist darin zu finden, dass die scharfsinnigen Analysen des großen Historiker-Soziologen Norbert Elias über *Die höfische Gesellschaft* und den *Prozeß der Zivilisation* in vieler Hinsicht darauf aufbauen.

Die Deutschlandreise und ihr jähes Ende

Voltaires Aufbruch vom preußischen Hof im März 1753 war stilvoll. Der scheidende Gast des Königs fuhr als ein Herr von Stand, in großer Karosse und mit ansehnlicher Dienerschaft. Er reiste durch ein fremdes Land, zuerst nach Leipzig, dann nach Gotha und Kassel. An allen diesen Stationen, in der Universitäts- und Messestadt und in den beiden kleineren fürstlichen Zentren, vergewisserten ihn negative wie positive Reaktionen seiner europäischen Berühmtheit. Während der Aufklärungsdramatiker Johann Christoph Gottsched die Werke des illustren Besuchers positiv beurteilte (und rezensierte), verweigerte ihm dessen Gattin Luise, die sich als Verteidigerin der deutschen Sprache und Literatur gegen den übermächtigen Einfluss Frankreichs verstand, eine Visite. Im Gegensatz dazu wurde Voltaire in Gotha von der Herzogin so enthusiastisch empfangen, dass er ihr eine rasch umgearbeitete Version seines ursprünglich Friedrich II. zugeeigneten Lehrgedichts über das natürliche Gesetz widmete und sogar, Gipfel der Selbstüberwindung, einige Brocken der deutschen Sprache zu lernen begann, ohne sich diese wie das Englische und Italienische jemals anzueignen. Dazu waren die inneren Widerstände gegen das in seinen Ohren grobe Idiom eines kulturell rückständigen Landes ohne vorzeigbare Literatur denn doch zu stark.

Die insgesamt gelassene, ja heitere Stimmung dieser *Tour d'Allemagne* wich bald dem nackten Entsetzen. Am 17. April 1753 erschien in der angesehenen *Gazette de Hollande*, einem Leib- und Magenblatt der europäischen Elite, das vor allem in Diplomatenkreisen als Pflichtlektüre galt, ein offener Brief Friedrichs II. an Voltaire, der auf die Mitte des Vormonats datiert war. Darin wurden die Umstände, unter denen der *homme de lettres* Preußen verlassen hatte, in ausgesucht beleidigendem und demütigendem Ton geschildert. Der König habe diesen mit allen Zeichen der Ungnade entlassen, weil er die missbräuchliche Verwendung seiner eigenen Werke befürchtete, und daher ultimativ deren Herausgabe gefordert. So kündigte man einem Domestiken, der sich als untreu erwiesen hatte. Das war Wasser auf die Mühlen von Voltaires Feinden und stellte ihn vor der europäischen Öffentlichkeit als suspektes, ja ehrloses Individuum bloß, das alle Leute von Stand und Anstand tunlichst zu meiden hatten. Der zeitlich genau abgestimmte Racheakt wirft ein bezeichnendes Licht auf den König, der wie in seinen Kriegen nach der Devise «Angriff ist die beste Verteidigung» vorging. In Voltaires Fall sollte sich diese Strategie jedoch als kontraproduktiv erweisen, denn der böse Brief zwang den Angeprangerten zur Gegenwehr. Doch dazu später.

Zuvor erfolgte ein zweiter Schlag aus Potsdam. In Kassel hatte Voltaire zu seiner Beunruhigung den Baron von Pöllnitz angetroffen. Wurde er von diesem Faktotum des Preußenkönigs beschattet, und wenn ja, warum? Pöllnitz war nicht der einzige Agent, der auf die Spur Voltaires gesetzt worden war. Schon am 11. April ergingen an den preußischen Residenten (so der Titel von Gesandten zweiter Klasse) in der Freien Reichsstadt Frankfurt,

Baron Franz von Freytag, genaue Instruktionen, wie mit Voltaire bei dessen Aufenthalt am Main zu verfahren sei: Dem Ex-Kammerherrn waren alle Abzeichen seiner in Preußen bekleideten Würde nebst Orden abzunehmen; darüber hinaus war sein Gepäck aufs Genaueste zu durchsuchen, damit alle Texte des Königs beschlagnahmt und nach Potsdam zurückgeschickt werden können. Sollte sich Voltaire gegen diese Maßnahmen wehren, sei ihm mit Arrest zu drohen; reiche das nicht aus, solle er gefangen gesetzt werden.

Warum solche Schikanen und Repressalien? Die einzig sichere Antwort ist, dass der König vor Wut tobte: «Viele Verbrecher werden aufs Rad geflochten, die sich weniger zuschulden kommen ließen als er»,[66] schrieb er an seine Schwester, die Markgräfin von Bayreuth. In einem Schreiben an seinen Vertrauten Darget, der in Frankreich weilte und die Aufgabe hatte, Voltaire dort mit allen Mitteln zu diskreditieren, ist von dessen Unehrlichkeiten, Gaunereien und Schändlichkeiten die Rede. Selbst diese Beschimpfungen ließen sich noch steigern. Maupertuis, so Friedrich, habe zu empfindlich reagiert. Über den Biss eines Affen wie Voltaire müsse man mit Achselzucken hinwegsehen, nachdem man diesen gebührend ausgepeitscht habe. Nochmals: Woher rührte diese Wut? Schlüssel, Kreuz und Ehrenzeichen hatte Voltaire schon in Potsdam zurückgeben wollen. Vermutlich hatte der König die Annahme der Insignien abgelehnt, um sie später mit Schimpf und Schande zurückfordern zu können. An ungedruckten Papieren hatte Voltaire nur Friedrichs Briefe im Gepäck. Von diesen konnte für den König keine Gefahr ausgehen, wohl aber für Voltaire; ein besonders beleidigendes Schreiben an diesen gab Friedrich an Maupertuis weiter, damit dieser seine eigene Kampagne gegen den verhassten Rivalen damit schmücken konnte.

Außer der Korrespondenz hatte Voltaire die dritte Auflage der *Werke des Philosophen von Sanssouci* im Gepäck. Diese Sammlung der königlichen Gedichte und Prosatexte war zwar gedruckt, aber nur an handverlesene Mitglieder der höchsten Kreise und speziell der Hofgesellschaft verteilt worden. Das zeigt, dass sich der gekrönte Verseschmied der Qualität und Wirkung seiner literarischen Produktion alles andere als sicher war. Da in der letzten Ausgabe die Verbesserungen Voltaires eingearbeitet worden waren, spricht vieles dafür, dass der Monarch befürchtete, von seinem Sprachlehrer außer Diensten als unbegabter oder sogar unbelehrbarer

Die Deutschlandreise und ihr jähes Ende 351

Schüler vorgeführt zu werden. In einer ironisch hingeworfenen Bemerkung seiner *Mémoires* hatte Voltaire die lyrischen Ergüsse von Sanssouci als «Kronjuwelen des Hauses Brandenburg»[67] bezeichnet und damit deutlich gemacht, was er von den Elaboraten des Kronprinzen und Königs wirklich hielt.

Die Angst des königlichen Poeten vor einem von Voltaire angeführten europäischen Hohngelächter war so groß, dass ein Plan B entworfen wurde: Falls der observierte *homme de lettres* nicht über Frankfurt, sondern direkt nach Versailles reiste, sollte der preußische Botschafter dort die Herausgabe der potentiell peinlichen Texte verlangen. Eine Begründung war schnell bei der Hand: Voltaire habe selbst Präsident der Berliner Akademie werden wollen, Maupertuis zu diesem Zweck übel verunglimpft und sei als Strafe dafür mit Schimpf und Schande aus Preußen verjagt worden. Um ganz sicherzugehen, ließ Friedrich dem Schweizer Physiker Johann Samuel König, dessen Ehrenrettung durch Voltaire die Lawine überhaupt erst ins Rollen gebracht hatte, gefälschte Dokumente zukommen, in denen ihn sein Bundesgenosse zu diffamieren schien. Der erfolgreichste Kriegsherr der Gegenwart fürchtete den König der satirischen Feder und wusste sich nur mit Lügen zu helfen.

Doch diese zusätzlichen Manöver erübrigten sich. Voltaire kam am Abend des 31. Mai 1753 in Frankfurt an und stieg im Gasthof «Zum Goldenen Löwen» ab, wo er ein Appartement reserviert hatte. Bis dahin war keiner seiner Schritte unbemerkt geblieben, denn der hyperkorrekte preußische Resident Franz von Freytag, der glaubte, im Zeichen eines akuten Staatsnotstands einen Staatsverbrecher einfangen zu müssen, hatte Stadttore und Straßen mit Spitzeln gespickt. Am nächsten Morgen erfolgte dann die minutiöse Ausführung der königlichen Befehle: In Anwesenheit eines Frankfurter Senators, der dem Vorgehen einen Hauch von Legalität verschaffen sollte, wurden Voltaires Gepäckstücke acht Stunden lang durchwühlt und die dabei aufgefundenen Papiere requiriert. Freytag behauptete, die Handschrift des Königs nicht zu kennen, obwohl er einen von diesem höchstselbst verfassten Brief besaß, und erklärte daher auch die Manuskripte Voltaires für beschlagnahmt. Allerdings war das in Frankfurt vorgefundene Gepäck unvollständig. Voltaire hatte in Leipzig postalisch eine große Bücherkiste aufgegeben, auf deren Eintreffen nun gewartet werden musste. Um auf Nummer sicher zu gehen, erklärte Freytag Voltaire zum Gefangenen auf Ehrenwort, was bedeutete, dass er seinen Gasthof nicht mehr verlassen durfte. Dass der preußische Geschäftsträger in der Freien Reichsstadt keinerlei Kompetenzen für eine solche Verhaftung besaß, machte das Unternehmen «Philosophenfang» zur juristischen Farce. Nachdem der erste Schrecken ausgestanden war, reagierte der festgesetzte Reisende mit gewohnter Souveränität. Auf Bitten der Herzogin von Gotha hatte er mit der Arbeit an den *Annales de l'Empire*, einem Abriss der jüngeren Geschichte des Heiligen Römischen Reiches deutscher Nation, begonnen und dabei nützliche Einblicke in die komplizierte Verfassung dieses lockeren Verbundes von Fürsten und Städten gewonnen. Oberster Gerichtsherr in Frankfurt war demnach Kaiser Franz I., und an diesen wandte er sich am 5. Juni mit einem Brief, in dem er flammenden Protest gegen das ganz und gar ungesetzliche Vorgehen Freytags und seiner Handlanger einlegte. Bei aller Empörung über das Vorgehen der «akkreditierten Briganten», die ihm in einer freien Stadt aufgelauert hatten, bot es sich an, in diesem Schreiben an das Reichsoberhaupt den König von Preußen selbst von allen Beschuldigungen auszunehmen und wider besseres Wissen die Verantwortung für diesen Überfall subalternen Rohlingen zuzuschieben:

> Ich bin weit davon entfernt zu argwöhnen, dass sich ein großer König in einer solchen Angelegenheit zu solch extremen Maßnahmen hinreißen lässt, die seinem Rang, seiner Würde und seiner Gerechtigkeit widersprechen würden ... Aber es ist nur allzu wahrscheinlich, dass sein Resident, der die edlen und großzügigen Empfindungen seines Herrn nicht kennt, verhängnisvolle Gewalttaten begehen wird.[68]

In Wien dürfte man bei der Lektüre dieser ironisch gedrechselten Wendungen verständnisinnig geschmunzelt haben, denn dort traute man dem König noch viel schlimmere Gewalttaten zu. Trotzdem wollte man mit der unangenehmen Affäre so wenig wie möglich zu tun haben. Am Ende rafften sich die kaiserlichen Beamten nur dazu auf, den Magistrat von Frankfurt um eine Stellungnahme zu ersuchen. Dieser folgte dem Befehl am 23. Juli, als Voltaire schon nicht mehr in der Stadt weilte, und versuchte im Nachhinein, gute Miene zum bösen Spiel zu machen: Man habe von Anfang an ein mulmiges Gefühl gehabt und deshalb dreimal beim preußischen König nachgefragt, auf welcher Rechtsgrundlage dieser den Festzusetzenden verfolge. Dieser habe daraufhin Voltaire unter anderem beschul-

Die Deutschlandreise und ihr jähes Ende 353

digt, zwei wertvolle Diamanten entwendet zu haben. Auf der Grundlage eines Rechtshilfeersuchens wegen Diebstahls habe man dann den entsprechenden Hausarrest verfügt. Das war eine mehr als dürftige Legalisierung ex post, selbst wenn man berücksichtigt, dass beim ersten «Besuch» Freytags im Gasthof eine Frankfurter Autoritätsperson den stummen Statisten gespielt hatte.

Doch zurück zu Voltaires Hausarrest in Frankfurt: Am 11. Juni 1753, nur zwölf Tage nach seiner Festsetzung, traf Madame Denis zur Unterstützung ihres Onkels und Lebenspartners in der Freien Reichsstadt ein, sechs Tage später folgte die kaum weniger sehnlich erwartete Bücherkiste, so dass Freytag endlich das angebliche *corpus delicti* der königlichen Poesiesammlung requirieren konnte. Damit hätte alles zu Ende sein können, doch der überängstliche Freytag konnte nicht loslassen. Hatte er wirklich alles beschlagnahmt, oder würde ihm sein wütender Dienstherr gravierende Unterlassungen vorhalten? Was ihm dann blühte, wusste er nur allzu gut – auf unzuverlässige Diener wartete in Preußen Festungshaft oder Schlimmeres. Voltaire musste also bis auf Weiteres in Frankfurt bleiben und ergriff spektakuläre Gegenmaßnahmen. Am 20. Juni inszenierte er im sicheren Wissen, dass jeder seiner Schritte überwacht wurde, einen Fluchtversuch, der natürlich von Freytags Schergen wunschgemäß unterbunden wurde, und dies ebenfalls, wie geplant, vor großem Publikum.

In der Zwischenzeit hatte sich nicht nur die europäische Öffentlichkeit, sondern auch die politische Klasse Frankfurts in zwei Lager gespalten, von denen das pro-Voltaire'sche die stärkeren publizistischen Bataillone auffahren konnte. Das begriff Ende Juni endlich auch der Drahtzieher der Affäre in Potsdam und gab die Order, Voltaire ziehen zu lassen, dem man in der Zwischenzeit beträchtliche Summen abgepresst hatte. Am 8. Juli 1753 schüttelte Voltaire endlich den Staub der ungastlichen Stadt am Main von den Füßen.

Anstatt nun aber nach so vielen Unannehmlichkeiten die Flucht nach Frankreich anzutreten und sich damit weiteren Nachstellungen zu entziehen, reiste Voltaire mit ostentativer Gelassenheit durch südwestdeutsche Residenzstädte. Die Botschaft war eindeutig und kam an: Ich bin das unschuldige Opfer eines Tyrannen. In Mainz und Mannheim, wo der geistliche und der weltliche Kurfürst ihren brandenburgischen Kollegen ebenfalls fürchten gelernt hatten, wurde er triumphal empfangen und zeigte sich auch wieder zu Scherzen aufgelegt: «Mir ging es ein wenig wie den wandernden Rittern, die von einem verzauberten Schloss in eine Höhle zogen und danach von der Höhle in ein Schloss.»[69] So schrieb Voltaire an die Herzogin von Sachsen-Gotha, «die beste Fürstin der Welt, die mildeste, weiseste und gerechteste, die Gott sei Dank keine Verse schreibt».

In den gastlichen Schlössern von Mainz und Mannheim eröffnete Voltaire die Kampagne um die Deutungshoheit über die Frankfurter Vorkommnisse. In diversen Schreiben an den Frankfurter Rat verlangte er ein strenges juristisches Vorgehen gegen Freytag sowie die Rückerstattung der während seines Arrests gezahlten Gelder; teilweisen Erfolg hatte nur die letztere Forderung. Die Frankfurter Magistrate erklärten die Angelegenheit für abgeschlossen und sahen mögliche Übergriffe nur auf der Seite des preußischen Residenten. Dieser wurde von seinem König erst belobigt, dann mit Rücksicht auf die öffentliche Meinung getadelt, aber nicht völlig fallengelassen. Den Voltaire zugedachten Imageschaden hatte Friedrich trotzdem.

SECHSTES KAPITEL

ZWISCHENSPIEL IM ELSASS UND IN GENF

1753–1758

Die Misere der deutschen Geschichte
und die Heilkraft der Bäder

Mitte August 1753 siedelte Voltaire nach Straßburg und Anfang Oktober nach Colmar über, wo er bis Juni 1754 blieb. In diese Zeit fiel eine private Tragödie: Seine Nichte Louise Denis war von ihm schwanger und erlitt eine Fehlgeburt. Es war aber auch die Zeit, in der sich der bald sechzigjährige Voltaire, dessen Gesundheit durch die überstandenen Aufregungen schwer gelitten hatte, fragen musste, wie und wo er den nächsten Lebensabschnitt verbringen wollte. Aus Versailles kamen weiterhin negative Signale: Eine Rückkehr des ehemaligen Kammerherrn und Hofhistoriographen war unerwünscht. Daraufhin machte sich dieser daran, seine eigene Geschichte zu schreiben, allerdings nicht nach den Regeln des historischen Metiers:

> Momentan bin ich damit beschäftigt, die Briefe an eine gewisse Madame Daurade zu ordnen. Dabei handelt es sich um ein Manuskript des 16. Jahrhunderts, das mir ein Manuskriptjäger anvertraut hat. Man kann aus diesem alten Schinken ein Werk im Stil von *Pamela* machen, eine spannende Geschichte, die im 19. Jahrhundert viel Neugier erregen wird.[1]

Das geheimnisvolle Manuskript bestand in Wirklichkeit aus den Briefen, die Voltaire an Madame Denis und deren Schwester gerichtet hatte. Voltaires Lebensgefährtin war denn auch die Einzige, die wusste, was mit den kryptischen Formulierungen gemeint war. Madame Daurade war sie selbst; «im Stil von *Pamela*» hieß, dass Voltaire seine Schreiben in Anlehnung an den gleichnamigen Erfolgsroman von Samuel Richardson «überarbeitet» hatte, und zwar so, dass daraus ein Melodrama der von einem finsteren Tyrannen verfolgten Unschuld wurde. Das neunzehnte Jahrhundert würde daran sein Vergnügen haben, weil der Verfasser diesen «Enthüllungs-

Die Misere der deutschen Geschichte 357

roman» erst nach seinem Tod veröffentlicht sehen wollte. *Pamela* sollte also seine posthume Rache an Friedrich II. sein: «Ich würde gerne eines Tages aus der anderen Welt zurückkehren, um zu sehen, was es für Wirkungen erzielt.»² Zu diesem Auftritt als Gespenst kam es jedoch nicht, weil der Band mit den «aufbereiteten» Briefen verloren ging. Der Verdacht, das Manuskript vernichtet zu haben, fällt bis heute vorrangig auf Madame Denis, die bei der dubiosen Operation von Anfang an ein schlechtes Gefühl hatte und die Schreiben ihres Onkels nur nach mehrfachem Insistieren zur Verfügung stellte.

Zu Beginn des Jahres 1754 erschienen Voltaires *Annales de l'Empire* im Druck, die er in einem Brief an Madame Denis sehr zurückhaltend umriss:

> Dieses Werk ist nur dazu gedacht, wie ein Wörterbuch benutzt zu werden … Es ist ein Almanach für die Zeit von Karl dem Großen an … Der zweite Band ist interessanter, da ich dort die Trockenheit des Ganzen etwas aufgelockert habe.³

Ähnlich bescheidene Töne schlug die Vorrede an:

> Diese kurzen Annalen umfassen alle Hauptereignisse seit der Erneuerung des Reichs im Westen. Man findet darin fünf oder sechs Vasallenkönigreiche dieses Reiches, den langen Streit der Päpste mit den Kaisern, den Streit Roms mit Kaisern und Päpsten und den hartnäckigen Kampf des Feudalrechts gegen die oberste Macht. Man sieht darin, wie Rom, so oft kurz davor, unterworfen zu werden, einem fremden Joch entkommt und wie die Regierungsform, die bis heute in Deutschland fortbesteht, sich etabliert.⁴

Die *Reichsannalen* entsprechen dieser etwas lieblosen Beschreibung ihres Verfassers voll und ganz, mit Ausnahme des Umfangs, der immerhin fast fünfhundert Buchseiten umfasst. Ansonsten ist die Materie so öde, wie sie angekündigt wird: endlose Reihen von Päpsten, Kaisern, Kurfürsten, wie sie aufeinander folgen und sich wechselseitig bekriegen, ohne dass die Zivilisation daraus größere Vorteile zieht. Kräftige Schübe erfährt diese Entwicklung aus Deutschland allein durch die Erfindung des Buchdrucks und durch die Reformation, die das Verdienst für sich in Anspruch nehmen darf, das fatale römische Religionsmonopol mit seinen Unterdrückungs- und Ausbeutungsmechanismen aufgebrochen zu haben.

Mehr trug dieses Heilige Römische Reich, das laut Voltaire weder heilig noch römisch noch ein wirkliches Reich war, zum Fortschritt der Menschheit nicht bei. Das lag daran, dass es außer Luther keine großen Neuerer, sondern überwiegend Bewahrung, Stillstand und sogar Rückschritt erlebt hatte. Ein gerüttelt Maß an Schuld an der deutschen Misere wurde den Päpsten zugeschoben, die sich durch perfide Fälschungen die Oberhoheit über das Reich sicherten, nach Belieben Kaiser ab- und einsetzten, deren Autorität schmälerten und das politische Leben in diesem merkwürdigen, mit der Zeit immer stärker zersplitterten Gebilde bewusst lähmten. So war am Ende nur ein deprimierendes Fazit zu ziehen:

> Diese Geschichte ist fast nichts anderes als eine weite Szenerie von Schwächen, von Fehlern, Verbrechen und Unglücksfällen, zwischen denen man einige Tugenden und einige Erfolge sieht, so wie man fruchtbare Täler in einer langen Kette von Felsen und Abgründen bemerkt.⁵

Der Ausflug in die deutsche Geschichte trug nicht dazu bei, Voltaire das Land, seine Bewohner und seine Sprache näherzubringen. Frankreichs Nachbar im Osten blieb für ihn eine Art Freilichtmuseum Alteuropas mit allen dazugehörigen Merkmalen der Rückständigkeit und Barbarei wie Adelsarroganz, Leibeigenschaft und Aberglauben; dass Candide, der «Held» seines berühmtesten Werkes, einem baufälligen Schloss des finstersten Westfalen entspringt, ist also kein Zufall. Der Hauptzweck der *Annales de l'Empire* bestand denn auch darin, Skizze und Vorlage für ein viel größeres Werk zu sein, mit dessen Vorbereitung Voltaire bereits seit den Studien für sein *Siècle de Louis XIV* begonnen hatte.

Konzipiert war nicht weniger als eine «Universalgeschichte», so der provisorische Arbeitstitel. Teilkapitel daraus hatte Voltaire seit Längerem im Kreis seiner Freunde und derer, die er dafür hielt, zirkulieren lassen, und zwar ziemlich sorglos, was die Kontrolle über den Rückfluss der Manuskriptseiten betraf. Umso größer war sein Entsetzen, als Anfang 1754 unter seinem Namen ein *Abriss der Weltgeschichte (Abrégé de l'histoire universelle)* veröffentlicht wurde. Zu allem Überfluss war diesem Raubdruck eine Kampfansage gegen die Könige vorangestellt, die keine Skrupel kennen, die Interessen des Menschengeschlechts ihrem Bedürfnis nach Ruhm und Ehre zu opfern. Angesichts der Erfahrungen, die Voltaire mit dem preußischen Autokraten gemacht hatte, klang diese Verdammung glaubwürdig. Er selbst war davon überzeugt, dass Friedrich II. das Pamphlet verfasst oder in Auftrag gegeben hatte. Heißer ist nach heutigem Kenntnisstand die Spur, die zu seinem ehemaligen Sekretär Longchamp führt. Dieser hatte sich während der Abwesenheit Voltaires nachweislich an dessen zurückgelassenen Manuskripten bedient.

Wer auch immer die Rolle des Verräters gespielt hat, er handelte dem chronisch kranken, nach einhelligem Zeugnis zum Skelett abgemagerten Voltaire endlose Scherereien mit den elsässischen Behörden und zahlreiche literarische Anfeindungen in Paris ein. Die Unglückssträhne setzte sich mit einem tiefen Zerwürfnis zwischen Voltaire und Madame Denis fort. Seine Nichte, Geliebte und, wie sie ihr Onkel jetzt meist bezeichnete, Krankenpflegerin hegte eigene literarische Ambitionen und fühlte sich bei der Arbeit an ihrer Tragödie *Alceste* ungenügend unterstützt; dazu kamen hässliche Querelen über den Umgang mit den Finanzen Voltaires, dem sie übermäßige Sparsamkeit, ja regelrechten Geiz vorwarf. Ein Lichtblick in dieser düsteren Zeit, in der sich Voltaire brieflich mehrfach für fast schon tot erklärte, war ein Kuraufenthalt im lothringischen Modebad Plombières. Mehr Geschmack als am angeblichen Heilwasser fand der renitente Patient am mondänen Leben, das sich während des «Après-Bain» entfaltete:

Ich erwarte nichts vom Wasser und seinem traurigen Gebrauch,
Das Vergnügen allein bringt die Gesundheit zurück.[6]

– so lebenslustige Verse schmiedete Voltaire schon Mitte Juli 1754 wieder, und auch charmante Schmeicheleien flossen ihm wie von selbst aus der Feder:

Fern von Ihnen und von Ihrem Bild,
Befinde ich mich auf einem traurigen Ufer.[7]

Was fast wie eine Liebeserklärung klingt, war an die Herzogin von Sachsen-Gotha gerichtet, Voltaires treue Unterstützerin und Vertraute im fremd gebliebenen Deutschland. Wie an einem traurigen Ufer oder gar im Schattenreich der in die Unterwelt verbannten Proserpina – so eine weitere Metapher des eleganten kleinen Poems – ging es in Plombières keineswegs zu. Stattdessen wurde üppig getafelt und beim Glücksspiel hoch gesetzt; einmal musste Voltaire in dieser munteren Runde sogar einen Streit wegen des Vorwurfs gezinkter Karten schlichten.

Ein Herrenhaus vor den Toren Genfs

Doch das lockere Leben in Plombières konnte nicht ewig dauern. Die Frage, wo es weitergehen sollte, war weiterhin offen. Im Herbst 1754 zogen Voltaire und seine Nichte, mit der er sich mittlerweile wieder ausgesöhnt hatte, nach Lyon, wo sie den Herzog von Richelieu trafen und Voltaires *Brutus* eine glanzvolle, heftig applaudierte Aufführung erlebte. Doch zum dauerhaften Verbleib lud die Rhonemetropole nicht ein; auf französischem Boden konnte sich ein Autor so vieler «anstößiger» Schriften wie Voltaire nicht wirklich sicher fühlen. Zum Höfling taugte ein kritischer Geist wie er erst recht nicht. Also war es an der Zeit, einen Schlussstrich unter das Kapitel Monarchien zu ziehen und es mit der Alternative, der Republik, zu versuchen. Groß war die Auswahl an diesen nicht. Nach Venedig, Exil so vieler missliebiger Literaten, gescheiterter Financiers und Unternehmer, zog es Voltaire nicht, trotz aller Bewunderung für die äußerlich so glanzvolle Stadt, die die menschliche Zivilisation dem Wasser abgerungen hatte. Doch von einem oligarchischen Regime wie dort war nichts Gutes, erst recht keine Geistesfreiheit, zu erwarten. Verlockender erschien da schon das Angebot, im waadtländischen Prangins ein hübsches Herrenhaus am See zu beziehen; die Waadt war Untertanengebiet Berns, einer weiteren oligarchisch regierten Stadtrepublik, die sich allerdings durch aufgeklärtes intellektuelles Leben empfahl. Der Weg dorthin führte über Genf. Und in der Stadt Calvins wurde dem berühmten *homme de lettres* am Abend des 12. Dezember 1754 ein Empfang bereitet, der Balsam für seine geschundene Seele war:

> Wir wurden in Genf großartig empfangen, man erwies uns sogar die Gefälligkeit, die Stadttore bis halb sieben Uhr abends offen und bewacht zu halten, was man sonst für niemanden macht. Aber diese Herren hatten die Freundlichkeit zu sagen, dass sie die Tore stets für Verdienste offen hielten.[8]

Ein Herrenhaus vor den Toren Genfs

Diese Herren: Das waren vor allem die Mitglieder des «Stammes Tronchin», wie Voltaire die einflussreiche Genfer Sippe mit liebevoller Ironie bezeichnete. Der wichtigste von ihnen, François Tronchin, der Prototyp des gebildeten und aufgeklärten Patriziers, Jurist, Naturforscher und Hobby-Dichter, war seit Langem ein Bewunderer der *Henriade* und des *Oedipe* und daher stolz, den berühmten *homme de lettres* in seiner Heimatstadt und sogar für einige Tage in seinem Stadtpalais begrüßen zu dürfen. Ein weiterer prominenter Angehöriger des mächtigen Clans war Théodore Tronchin, der sich als Mediziner einen europäischen Namen gemacht hatte. Er sollte von jetzt an Voltaires Haus- und Leibarzt sein und stellte in dieser Funktion die wichtigsten Diagnosen zum Zustand seines Dauerpatienten. Er glaubte bei diesem eine natürliche Disposition zur Krankheit festzustellen, was, modern ausgedrückt, auf psychosomatische Symptome hinauslief. Tronchin wurde in der Folgezeit Zeuge von Angstzuständen, die immer dann eintraten, wenn sich in Paris oder Versailles Unheil zusammenbraute und Verfolgung drohte, und sah sich dadurch nicht nur in seiner Diagnose, sondern auch in seiner tiefen Abneigung gegen seinen Patienten bestätigt. Für die konservativen Mitglieder der Genfer *classe politique* war der berühmte Gast ein Gefährder der gottgewollten Ordnung, ja geradezu ein Vorbote kommender revolutionärer Stürme.

Revolutionäre Unruhen hatte die Führung der Republik Genf durchaus zu befürchten. Seit dem siebzehnten Jahrhundert hatten sich die Machtverhältnisse stetig zugunsten einer kleinen patrizischen Oberschicht und zum Nachteil des mittleren Bürgertums verändert. Diese oligarchische Verengung schlug sich darin nieder, dass die fünfundzwanzig Mitglieder des Kleinen Rates, dem auch François Tronchin angehörte, zum beherrschenden Gremium in Legislative und Exekutive aufstiegen, während der sogenannte Generalrat, in dem auch der Mittelstand Sitz und Stimme hatte, kaum noch einberufen wurde. Für weitere Missstimmung sorgte, dass die Verleihung des Bürgerrechts im achtzehnten Jahrhundert so restriktiv gehandhabt wurde, dass neu eingewanderte Familien, die sich nicht teuer einkaufen konnten, als Fremde ohne politische Rechte galten. Dieser Status als Bürger zweiter Klasse übertrug sich sogar auf ihre in Genf geborenen Kinder. Die Ständegesellschaft des Ancien Régime prägte also auch das soziale Gefüge der Republik. Von Freiheit und Gleichheit konnte keine Rede sein.

Wie in Frankreich war auch in Genf das Konfessionelle Zeitalter mit seinem Zwang zur Rechtgläubigkeit keineswegs zu Ende. Zwar war die unter Calvin beispiellos rigorose Sozialdisziplinierung mit ihrer allgegenwärtigen Sittenaufsicht und -gerichtsbarkeit einigermaßen aufgeweicht, was sich in der hohen Zahl außerehelicher Geburten zeigte, doch waren die traditionellen Mechanismen der Glaubens- und Sozialkontrolle unter der Leitung des Konsistoriums, des berühmt-berüchtigten kirchlichen Tribunals, weiter in Kraft. Darüber konnte auch der aufgeklärte Habitus von Angehörigen der Führungsschicht nicht hinwegtäuschen. So herrschte in der kleinen Metropole am großen See, die um die Mitte des achtzehnten Jahrhunderts etwa 25 000 Einwohner zählte, dieselbe Ambivalenz wie in Paris und in Versailles: Vieles, was offiziell verboten war, wurde stillschweigend geduldet, wenn die Regelübertreter die nötige Protektion genossen oder die «Verstöße» im privaten Rahmen begangen wurden, während andere, bei objektiver Betrachtung keineswegs schwerere «Delikte» plötzlich harsche Sanktionen nach sich ziehen konnten. Dieses informelle Regelwerk war nur den Eingeweihten vertraut, obwohl auch diese gelegentlich abstürzen konnten. Die Rechtsunsicherheit, die daraus entsprang, war wie überall in Europa vor der Französischen Revolution gewollt. Potentielle Aufrührer und besonders subversive Intellektuelle sollten dadurch in Schach gehalten werden. Für Voltaire, den kritischsten aller Geister, war Genf daher ein potentiell problematischer Wirkungsort.

Doch erst einmal fügte sich alles aufs Beste. Von der «liberalen» Fraktion des Patriziats gefeiert und hofiert, machten sich Voltaire und Madame Denis bald auf die Suche nach einem dauerhaften Wohnsitz, denn das Schloss von Prangins bei Nyon, das sie im Dezember 1754 bezogen hatten, war alles andere als ein Traumdomizil. Der Fallwind von den savoyischen Alpen blies durch die undichten Fenster und trieb Eiseskälte in kahle und ungemütliche Räumlichkeiten, wo sich Voltaire, in mehrere Decken gehüllt, beim Kamin verschanzte und seine Nichte wortreich das schöne Leben in Paris beschwor: So beschrieb Cosimo Alessandro Collini, der junge Florentiner, den Voltaire in Preußen als Sekretär angestellt hatte, diese ungemütliche und unfrohe Übergangszeit. Umso willkommener war das Angebot, das in diesen tristen Tagen aus Genf eintraf: Vor den Toren der Stadt, auf einem lieblichen Hügel gelegen, mit Gärten, die bis zum sanften Ufer der Rhone reichten, stand ein herrschaftliches Landhaus oder, je nach

Ein Herrenhaus vor den Toren Genfs

Standpunkt und Perspektive, ländliches Herrenhaus zum Verkauf, das zu Recht den schönen Namen «Les Délices» trug, frei übersetzt: «mein Entzücken». Für einige Jahre sollte dieses Domizil Voltaires Sanssouci werden. Doch bis es so weit war, mussten rechtliche Hindernisse überwunden werden, die wie ein dunkler Schatten der Vergangenheit in die Gegenwart hineinragten: Katholiken durften auf dem Boden der Republik Genf keine Immobilien erwerben, auch wenn sie, wie Voltaire, mit der römischen Kirche notorisch auf Kriegsfuß standen. So musste ein Strohmann gefunden werden, der offiziell den Kauf tätigte und das Anwesen an Voltaire «weitervermietete». Dieses Geschäft gestaltete sich kompliziert, ganz zu schweigen von den erbrechtlichen Regelungen, die Madame de Denis im Fall des Ablebens ihres Onkels begünstigen sollten. Hinzu kamen Eifersüchteleien unter jüngeren Patriziern, wer dem berühmten *homme de lettres* bei der Aushebelung des «Katholikenverbots» behilflich sein durfte. Schließlich wurde einem jüngeren Mitglied des «Tronchin-Stammes» namens Jean Robert die heiß begehrte Ehre zuteil, so dass der Vertrag, den Voltaire mit den Finessen des gewieften Geschäftsmanns ausgehandelt hatte, Ende Januar 1755 unter Dach und Fach war und der Umzug im März stattfinden konnte.

In der Zwischenzeit waren beunruhigende Nachrichten aus Paris an die Rhone gelangt. Wie manche Unannehmlichkeiten zuvor waren die Misshelligkeiten auch diesmal auf den allzu legeren, um nicht zu sagen: leichtfertigen Umgang Voltaires mit seinen ungedruckten Texten zurückzuführen. Wieder einmal hatten sich Gerüchte verdichtet, dass sein satirisches Versepos über die Jungfrau von Orléans kurz vor der Drucklegung stehe. Obwohl diese Ankündigung verfrüht war – das Erscheinen von *La Pucelle* sollte weitere sieben Jahre auf sich warten lassen –, stieg das Interesse des Publikums an diesem vermutlich skandalösesten Werk Voltaires ins Unermessliche. Dieser wiederum fand weiterhin so viel diabolisches Vergnügen an der Entzauberung des Nationalmythos, dass er regelmäßig weitere «Gesänge» hinzufügte, die sich für fromme Gemüter wie Blasphemie und Pornographie lasen. Speziell in den konservativen Kreisen Genfs mussten die gleichermaßen religionskritischen wie freizügigen Verse für Empörung sorgen. So wäre es dringend geboten gewesen, diesen literarischen Sprengstoff sorgsam unter Verschluss zu halten. Doch davon konnte keine Rede sein: In Paris zirkulierten Teile des anstößigen Epos und riefen prompt die Behörden mit Verbot und Verurteilung auf den Plan.

Ein entzückender Garten und ein unerwarteter Rivale

Während sich Paris über Voltaires *Jungfrau* echauffierte, pflanzte dieser im Garten seines lieblichen Anwesens Lavendel, Rosmarin, Minze sowie weitere Zier- und Nutzpflanzen; vor allem dem reichlich ausgesäten Rhabarber schrieb er heilende Wirkungen für seine diversen Gebrechen zu. Als Gärtner legte er denselben Ehrgeiz wie als Dichter an den Tag, wie ein Brief an Jean Robert Tronchin, den nominellen Besitzer des Grundstücks, vom 28. März 1755 belegt: «Ich flehe Sie an, mir alles, was Sie haben, an Blumen und Gemüse zu schicken. Dem Garten fehlt es an allem, man muss hier alles neu machen. Ich gründe Karthago neu.»[9] Dieser Anspruch wurde acht Tage später im Schreiben an denselben Blumenlieferanten weiter gesteigert: «Sorgen Sie gnädigerweise dafür, dass Ihr Garten der am besten bestückte auf Genfer Staatsgebiet wird.»[10] Ob dieses ambitiöse Ziel erreicht wurde, ist nicht bezeugt. Sicher hingegen ist, dass «Les Délices» nach Voltaires Umbauten das einzige Genfer Domizil mit einem Privattheater wurde; daraus entsprangen erste Unstimmigkeiten mit den dortigen Behörden. Schon im Frühjahr 1755 wurde ihm diskret mitgeteilt, dass die von ihm selbst inszenierten Aufführungen seiner Stücke das Missfallen des Konsistoriums erregt hätten und künftig zu unterlassen seien. Darin zeigte sich die ganze Diskrepanz zwischen dem Geist und den Institutionen der Zeit. Den inkriminierten Darbietungen hatten einige handverlesene Patrizier beigewohnt, und diese hatten sogar ausgiebig applaudiert. Doch alle Formen von Theater waren in der Stadt Calvins offiziell als unzüchtig verboten. Ob Genf ein öffentliches Schauspielhaus bekommen sollte oder nicht, wurde wenig später eine der großen öffentlichen Kontroversen, in der sich Voltaire und ein achtzehn Jahre jüngerer Genfer namens Jean-Jacques Rousseau als Gegner gegenüberstanden.

Unter den beanstandeten Aufführungen in «Les Délices» war auch eine Premiere: *L'Orphelin de la Chine* (Das Waisenkind aus China), also erneut ein «exotisches» Stück. Um ihm so viel Landeskolorit wie möglich zu verleihen, hatte Voltaire eifrig die Berichte europäischer Missionare über das Reich der Mitte studiert. Sie bestärkten ihn in seinem Respekt vor dieser großen außereuropäischen Kultur. In seinen Augen verfügte China über die älteste glaubwürdige Geschichtsüberlieferung aller Nationen und hatte sich auch als erste von diesen zu zivilisieren begonnen, was sich in der vorbildlichen Moral des Konfuzianismus und im Fehlen von Konfessionsbildungen niederschlug. Diese Hochachtung hatte Voltaire bereits in den ersten Kapiteln seiner Universalgeschichte zum Ausdruck gebracht, jetzt bekam sie das Genfer und kurz darauf, am 20. August 1755, auch das Pariser Publikum auf der Bühne vorgeführt. Die Handlung folgt dem bekannten Muster der Voltaire'schen Dramen.

Wieder steht ein vertauschter Knabe, das «Waisenkind von China», im Mittelpunkt der Verwicklungen. Seine wahre Identität als Sohn des Kaisers, die ihm im Laufe des Stücks offenbart wird, muss geheim gehalten werden, weil das Reich von Dschingis Khan erobert worden ist, der die alte Dynastie mit Stumpf und Stiel ausrotten will. Dieser größte aller Eroberer gebärdet sich vier Akte hindurch wie ein wütender Barbar, bis er am Ende von der Liebe zu einer Chinesin namens Idamé zur Humanität bekehrt wird und allen Beteiligten nicht nur das Leben, sondern auch Ehren und Würden schenkt. In die sentimentale Grundstimmung des Stücks hat der Historiker Voltaire wichtige Elemente seiner Kulturtheorie eingefügt:

> Du kennst den Stolz unserer eifersüchtigen Völker
> Und das erhabene Alter unserer Künste und unserer Gesetze,
> Die seit jeher ganz reine Religion,
> Die erhärtete Abfolge von hundert Jahrhunderten des Ruhms,
> Das alles verbot uns in unseren Vorkehrungen
> Eine unwürdige Verbindung mit anderen Nationen.[11]

Mit diesem selbstgewissen Verweis auf die überlegenen Traditionen Chinas erklärt Idamé dem Eroberer, warum sie ihm einst ihre Hand verweigerte: Die Vertreterin einer so alten und hohen Zivilisation lässt sich nicht mit dahergelaufenen Wilden ein. Doch in dieser Abschottung lauern Gefahren. Sie führen dazu, dass sich das kulturell verfeinerte China gegen die ungestüm anrennenden Mongolen militärisch nicht behaupten kann. Wer sich auf seinen Errungenschaften ausruht und die Konkurrenz mit nachrückenden Kräften verweigert, bleibt stehen und fällt zurück. Das galt für Völker genauso wie für Intellektuelle und war in Voltaires Augen ausschlaggebend für den gegenwärtigen Rückstand des einst so innovativen Chinas gegenüber Europa. Doch hat das Aufeinandertreffen von hoher und niedriger Zivilisationsstufe im Stück auch ein Gutes: Dschingis Khan erkennt die moralische Überlegenheit der Besiegten an und bekennt sich zu ihrem Tugendkanon. Dieser Ausgang des Konflikts, eine der großen Hoffnungen der europäischen Aufklärung, erntete in Paris rauschenden Beifall.

In Genf aber erregte das Stück mit seiner undogmatischen Humanitätsmoral die Bedenken der Pastorenschaft. Auf deren Abmahnung entgegnete Voltaire mit einer Beteuerung seines Gehorsams, deren ironische Untertöne auch den humorlosesten Sittenwächtern nicht verborgen bleiben konnten: «Mögen Ihre Pastoren von mir aus in die komische Oper gehen, aber ich will nicht, dass man in meinem Haus vor zehn Personen ein Stück voller Moral und Tugend aufführt, wenn Ihnen das missfällt.»[12] Das war zu viel des Spotts. Auch in Genf zirkulierten inzwischen Verse aus *La Pucelle*, die mit ihrer Mischung aus Anzüglichkeit und Religionskritik hohe Wellen der Empörung schlugen und aufgrund eines Ratsbeschlusses feierlich vom Henker verbrannt wurden.

Voltaire musste offiziell die Verfasserschaft verleugnen, um Schlimmeres zu verhindern. Die anfängliche Begeisterung über die so liebenswürdigen Genfer machte zunehmend skeptischen Überlegungen Platz: War es an der Zeit, auf der Suche nach einem Refugium für Gedanken- und Publikationsfreiheit weiterzuziehen?

Im Spätsommer 1755, in dem solche Überlegungen aufkamen, sah sich Voltaire an einer weiteren Front vehement attackiert. Sechs Jahre zuvor hatte der Genfer Uhrmachersohn Jean-Jacques Rousseau mit seiner Abhandlung über die von der Akademie in Dijon ausgeschriebene Preisfrage, ob der Fortschritt der Wissenschaften und Künste die Sitten der Menschen veredelt habe, kategorisch geantwortet: «Nein, ganz im Gegenteil». Der Mensch sei im Naturzustand ein instinktgeleitetes Tier gewesen, habe dafür aber leidlos und bedürfnislos im Einklang mit seinen Anlagen und seiner Umgebung gelebt; heutzutage aber herrsche in den Sitten eine zivilisierte Uniformität vor, hinter der ein erbarmungsloser Konkurrenzkampf tobe, der den Menschen zutiefst unglücklich mache. Mit diesem provokanten Essay, der sich frontal gegen den Fortschrittsglauben der Aufklärung wandte, wurde der siebenunddreißigjährige Autor nach einem ziellosen Wanderleben und erfolglosen Komödien schlagartig berühmt – und gewann den Preis. Vieles spricht allerdings dafür, dass die Juroren den wortgewaltigen Angriff gegen das Zeitalter der Vernunft nicht ernst nahmen und Rousseau als ein amüsantes Enfant terrible betrachteten.

Über den nächsten Essay zu den Ursachen der Ungleichheit unter den Menschen, den Rousseau auf die Preisfrage der Dijoner Akademie von 1754 einreichte, konnte jedoch kein Preisrichter mehr schmunzeln. In diesem radikalen Manifest der Zivilisationskritik wird der Prozess der Entfremdung des Menschen von seiner Natur und damit von sich selbst im Ton einer leidenschaftlichen Klage und Anklage Etappe für Etappe präzise nachgezeichnet. Im Naturzustand lebt der Mensch solitär. Sein Verstand schlummert unausgebildet, da er nicht benötigt wird. Weil es kein dauerhaftes Zusammenleben von Mann und Frau gibt, gibt es auch keine Moral, sondern nur eine grenzenlose Freiheit, die dem Menschen bis heute von Rechts wegen gehört und für die er jederzeit ein Äquivalent einklagen kann. Dieser selige Urzustand der leidlosen Ungebundenheit geht durch unglückselige Zufälle wie die Entdeckung der Metalle und den Anbau von Getreide zu Ende. Danach setzt der unheilvolle Prozess der Zivilisation ein, der den Menschen in die Geschichte und damit in eine selbst gemachte und selbst zu verantwortende Verwandlung entlässt – ein zweiter, säkularer Sündenfall. Die damit angestoßene Entwicklung vollzieht sich anfangs langsam, nimmt dann aber Fahrt auf und schießt schließlich erschreckend weit über das Ziel hinaus. So war das Zusammenleben der Menschen auf einer ersten Etappe dieser Entwicklung in überschaubaren dörflichen Gemeinschaften Rousseau zufolge noch weitgehend mit ihrer Natur vereinbar und daher der am wenigsten unglückliche Aggregatszustand der Geschichte.

Der im achtzehnten Jahrhundert erreichte Entwicklungsstand aber ist niederschmetternd: Der von der Natur mitfühlend und mitleidend geschaffene Mensch erstickt die innere Stimme, die ihn zu Gottesglauben und Solidarität aufruft, und mutiert zum maskentragenden moralischen Monstrum, das nach immer mehr Macht und Genuss strebt, seine Verkommenheit hinter einer dicken Tünche aus Esprit und Höflichkeit verbirgt und dabei zutiefst mit sich im Unreinen lebt. Im Zuge dieser verbalen Parforcetour durch die Geschichte der Menschheit prangert Rousseau nicht nur wie im ersten Diskurs Wissenschaften und Künste als Hauptursachen der menschlichen Misere an, sondern erklärt darüber hinaus alle vermeintlichen Errungenschaften der Zivilisation wie die Ausbildung von Privateigentum, sozialen Hierarchien und Staat für illegitim.

Aus der Sackgasse dieser Fehlentwicklung gibt es für Rousseau drei Auswege. Erstens kann sich der einsichtige Einzelne durch den Wegzug aus den Städten, den Brutstätten der moralischen Verderbnis und Entfremdung, und die Übersiedlung in ländliche Rückzugsräume den zerstörerischen Einflüssen der Überzivilisation entziehen. Zweitens kann eine neue Erziehung nach den Prinzipien der Natur die kommenden Generationen gegen die falschen Werte des Zeitalters immunisieren und zu einer besseren Lebensalternative anleiten. Und drittens kann eine Neugründung der menschlichen Gemeinschaft auf der Grundlage der natürlichen Freiheit des Individuums eine Gesellschaft und einen Staat begründen, die diese Freiheit auf höherer Ebene weiterentwickeln. Alle drei Lösungen, die Rousseau in den folgenden sieben Jahren in seinen großen Texten ausarbeiten sollte, liefen auf Revolutionen hinaus, auch wenn er sich gegen diesen Vorwurf stets vehement verwahrte.

Von diesem wortmächtigen Publizisten, der plötzlich aus dem Nichts aufgetaucht war, fühlte sich Voltaire in höchstem Maße herausgefordert. Ohne Zweifel kam in den jetzt anhebenden Auseinandersetzungen auch persönliche Rivalität ins Spiel. Voltaire war nicht bereit, seine Meinungsführerschaft in Europa zu teilen, erst recht nicht mit diesem dahergelaufenen Taugenichts und Hätschelkind aristokratischer Salons. Zudem sah er durch dessen Pamphlete die Grundwerte und Errungenschaften der Aufklärung angeschwärzt und damit auch seine eigenen weltanschaulichen Positionen bestritten, was seine Stellung in der Öffentlichkeit und seine publizistische Tätigkeit fundamental infrage stellte. Je mehr sich die Auseinandersetzungen in der Folgezeit zuspitzten, desto stärker kam auf beiden Seiten eine tiefe emotionale Betroffenheit ins Spiel. Bei Voltaire steigerte sich der Streit mit dem in seinen Augen empörend irrationalen Konkurrenten zu einem Hass, der nach Vernichtung drängte. Sein erster Brief an Rousseau vom 30. August 1755 aber, der auf den Essay über die Ursachen der Ungleichheit Bezug nimmt, ist noch von souveränem Spott geprägt:

> Mein Herr, ich habe Ihr neues Buch gegen das Menschengeschlecht erhalten, und ich danke Ihnen dafür; Sie werden den Menschen gefallen, aber Sie werden sie nicht verbessern. Sie malen mit sehr zutreffenden Farben die Schrecken der menschlichen Gesellschaft aus, von der sich Ignoranz und Schwäche so viele Annehmlichkeiten versprechen. Nie zuvor hat man so viel Geist darauf verwendet, uns wieder zu Tieren zu machen.[13]

Ein entzückender Garten und ein unerwarteter Rivale 369

Das waren erlesen formulierte Bosheiten. Rousseau wird als Hofnarr der feinen Leute geschildert, ihm wird die sittliche Ernsthaftigkeit abgesprochen und eine Absicht unterstellt, die er nie gehegt hat: Es geht nicht darum, den Menschen zum Tier zu machen, sondern ihn wieder mit seinen natürlichen Anlagen zu versöhnen.

Den scheinbar scherzhaften Ton nahm Voltaire im Anschluss an diese Passagen noch einmal auf:

> Wenn man Ihr Werk liest, bekommt man Lust, wieder auf vier Pfoten zu laufen. Doch da ich seit mehr als sechzig Jahren diese Gewohnheit abgelegt habe, fühle ich zu meinem Bedauern, dass ich sie nicht wiederaufnehmen kann. Und so überlasse ich diese natürliche Gangart denen, die ihrer würdiger sind als Sie und ich ... Ich begnüge mich damit, ein friedlicher Wilder in der Einsamkeit zu sein, die ich bei Ihrem Vaterland gewählt habe, wo auch Sie sein sollten.[14]

Das klang nach einer Einladung, die am Ende des Briefs auch ausgesprochen wird: «Sie sollten Ihre angeschlagene Gesundheit in heimatlicher Luft wiederherstellen, die Freiheit genießen, mit mir die Milch unserer Kühe trinken und von unseren Kräutern kosten.»[15] Das war zugleich die Werbung um ein Bündnis. Gewiss, Künste und Wissenschaften haben mancherlei Übel zur Folge gehabt – so Voltaire im zweiten, ernst gestimmten Teil des Schreibens –, doch nur für diejenigen, die sich diesen edlen Beschäftigungen gewidmet haben wie Galilei, der wegen des Nachweises physikalischer Wahrheiten verfolgt und zur Abschwörung gezwungen wurde. Auch ihm selbst sei das Literaten-Dasein durch eine endlose Abfolge von Verleumdungen, Denunziationen, Entstellungen seiner Werke durch Raubdrucke und Diebstähle von Manuskripten gründlich vergällt worden. Solch deprimierende Erfahrungen machen alle Kämpfer für den Fortschritt. Der wahre Feind sind die geistlosen Mächtigen, gegen die sich die Vertreter der Aufklärung zusammenschließen müssen, statt sich zu befehden: «Die großen Verbrechen wurden immer nur von hochgestellten Ignoranten begangen.»[16] Gegen sie heißt es die Reihen zu schließen, statt die Zivilisation schlechtzumachen:

> Wissenschaft und Literatur nähren die Seele, reinigen und trösten sie; und sie machen sogar Ihren Ruhm aus, wenn Sie gegen sie schreiben. Sie sind wie Achill, der sich gegen den Ruhm empört, und wie der Pater Malebranche, dessen brillante Einbildungskraft gegen die Einbildungskraft schrieb.[17]

Rousseau war in seiner Verdammung seines Zeitalters tatsächlich so weit gegangen, den denkenden und schreibenden Menschen als eine degenerierte Spezies zu beschreiben. Diese Intellektuellen-Schelte bekam er hier mit einer spöttischen Unterstellung heimgezahlt: Sie schreiben ja auch, um berühmt zu werden!

Der Empfänger des aus spielerisch verbrämter Ablehnung und kritischer Wertschätzung meisterlich kombinierten Schreibens reagierte enthusiastisch. Er fühlte sich vom berühmtesten *homme de lettres* der Zeit als ebenbürtig anerkannt, unterschätzte offenbar die tiefen Gegensätze, die bereits in diesen Zeilen aufbrachen, und formulierte in seiner Replik seinerseits gute Ratschläge:

> Verachten Sie getrost leeres Gerede, mit dem man Ihnen nicht vorrangig wehtun, sondern Sie davon abhalten will, Gutes zu tun. Je mehr man Sie kritisiert, desto mehr müssen Sie sich bewundern lassen. Ein gutes Buch ist eine abschreckende Antwort auf gedruckte Beschimpfungen. Und wer würde es wagen, Ihnen Schriften zuzuschreiben, die Sie gar nicht verfasst haben?[18]

Das klang so sehr nach Ehrenrettung, dass Voltaire diesen Brief mit der Zustimmung des Verfassers in einer viel gelesenen Zeitschrift veröffentlichen ließ. Dabei konnte man diese scheinbar apologetischen Zeilen auch kritisch auslegen: Wenn es keine falschen Zuschreibungen gab, musste Voltaire zum Beispiel die anstößigen Verse aus *La Pucelle* entgegen seinen öffentlichen Beteuerungen selbst verfasst haben.

Im gesetzten Alter von einundsechzig Jahren und längst eine europäische Institution, schien es Voltaire angebracht, zu sammeln und zu ordnen. Einen Vertrag über eine Gesamtausgabe seiner Werke hatte er in Paris bereits 1751 geschlossen; sie sollte erst sieben Jahre später beendet werden. Trotzdem vereinbarte er mit den angesehenen Genfer Verlegern Cramer, Vater und Sohn, eine weitere Edition, ohne dabei auf das bereits weit vorangeschrittene Unternehmen in Frankreich hinzuweisen. Das war kein Versehen, sondern wohlerwogene Strategie. Voltaire verabscheute Monopole, nicht nur bei Kirchen, sondern auch bei Geschäften, und setzte konsequent auf Vielfalt und Konkurrenz. Zwei Verlage bedienten eine größere Nachfrage als einer allein. Den Ärger der Düpierten und die daraus resultierenden Streitigkeiten nahm er in Kauf.

Das Erdbeben von Lissabon, ein Lehrgedicht über die Katastrophe und eine Debatte mit Rousseau

Die herbstliche Harmonie des Jahres 1755 mit den allmählich welkenden Pflanzen im Mustergarten von «Les Délices» wurde am 23. November durch die Nachricht von einer Katastrophe gestört, die Voltaire schon am Tag darauf in einem Brief an Jean Robert Tronchin in Lyon gedanklich und emotional zu bewältigen suchte:

> Mein Herr, was für eine grausame Physik! Man wird sich sehr schwer tun zu erraten, wie die Gesetze der Bewegung so schreckliche Zerstörungen in der besten der möglichen Welten bewirken können. Hunderttausend Ameisen, darunter unser Nächster, alle mit einem Schlag zerschmettert in unserem Ameisenhaufen, und die Hälfte davon ist ohne Zweifel unter unaussprechlichen Qualen inmitten der Trümmer zugrunde gegangen, aus denen man sie nicht herausziehen kann... Was für ein elendes Spiel des Zufalls ist doch das Spiel des menschlichen Lebens.[19]

Ein Seebeben von ungewöhnlicher Stärke mit dem Epizentrum vor der portugiesischen Küste hatte am 1. November 1755 im nördlichen Afrika und auf Teilen der Iberischen Halbinsel verheerend gewütet. In die Erinnerung der Menschheit ging es als «Erdbeben von Lissabon» ein, denn allein hier forderte es nach heutigen Schätzungen etwa 25 000 Todesopfer; Voltaire ging zunächst sogar vom vierfachen Blutzoll aus. Auf den Tsunami, der die tiefergelegenen Stadtteile meterhoch überflutet und ganze Stadtviertel zum Einsturz gebracht hatte, war eine Feuersbrunst gefolgt, die auf den Zeitpunkt der Katastrophe zurückzuführen war: Am Tag des Allerheiligenfestes um 10 Uhr vormittags hielten sich die meisten Einwohner in den Kirchen der Stadt auf, hatten aber ihre Herde und Öfen für den danach geplanten Festschmaus schon einmal auf kleine Flamme gestellt.

Der Zusammenbruch der öffentlichen Ordnung am Tejo war so vollständig, dass sich die Nachricht von der Zerstörung der Stadt nur mit Verzögerung verbreitete. Als die ersten Berichte eintrafen, war die Bestürzung ebenso groß wie der Drang, das Geschehene zu erklären, und zwar physi-

Erdbeben, Tsunami und Feuersbrunst in Lissabon am 1. November 1755 in einer zeitgenössischen Darstellung

kalisch und metaphysisch. Auch Voltaire sah seine Weltsicht herausgefordert und machte sich unverzüglich an die Deutungsarbeit. Als wollte die Natur ihm dabei Nachhilfeunterricht erteilen, bebte oder besser: zuckte kurz darauf am 9. Dezember auch bei Genf die Erde. Doch bedrohlich wurde die Lage nicht. Der Genfer See blieb im Gegensatz zum Atlantik spiegelglatt, so dass im höher gelegenen «Les Délices», aber auch in der Stadt selbst schnell Entwarnung gegeben werden konnte.

In einer ersten mündlichen Reaktion auf die Schreckensnachricht soll Voltaire nach einem glaubwürdigen Ohrenzeugenbericht ausgerufen haben: Jetzt ist die Vorsehung endgültig am A... Die seriöse Aufarbeitung und Auswertung der Katastrophe war zu Beginn des Jahres 1756 mit dem *Poème sur le désastre de Lisbonne* fertig. Darin wählte er dezentere Ausdrucksmittel, doch versöhnlicher gab er sich nicht. Das deutete schon der Untertitel an: *Oder Überprüfung des Axioms: Alles ist gut.* Dass diese optimistische Aussage im nachfolgenden philosophischen Lehrgedicht der kritischen Überprüfung nicht standhalten würde, war zu vermuten. Kritische Zeitgenossen hatten Voltaires Verse in vielen seiner Dramen als glatt, oberflächlich und psychologisch unglaubwürdig empfunden. In sei-

Das Erdbeben von Lissabon

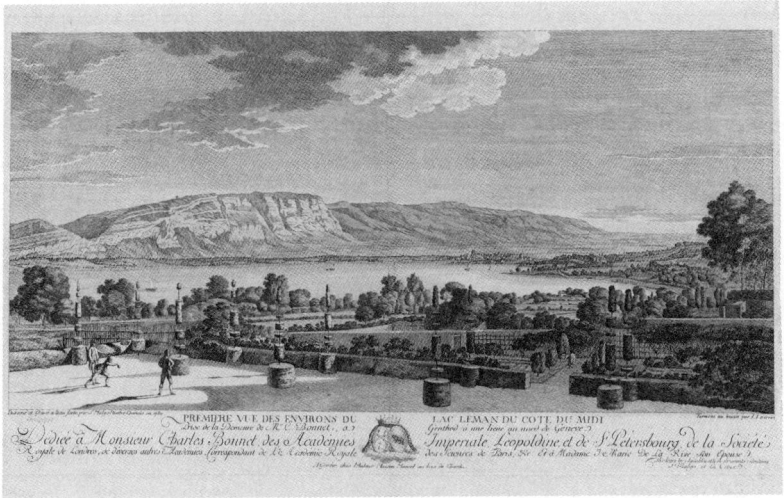

Blick auf den Genfer See von Süden. Zeitgenössische Darstellung

nem lyrischen Essay über die Jahrhundert-Katastrophe am Tejo aber steigert sich seine Sprache zu einer Ausdruckskraft, die echte Empfindung durchscheinen lässt und dadurch bis heute zu fesseln, ja zu erschüttern vermag – nicht zuletzt festgefügte philosophische Systeme und ihre Sinnkonstruktionen.

Die ungewöhnliche Eindringlichkeit des Textes speist sich aus unterschiedlichen Quellen: Voltaire fühlt sich ein in die Schrecken, Qualen und die Todesangst der Verschütteten, hat grenzenloses Mitleid mit den Opfern, abgrundtiefe Verachtung für alle Deutungen, die den Leidtragenden der Katastrophe die Schuld in die Schuhe schieben, und Hohn und Spott für alle übrigen schönfärbenden Erklärungen. Er empört sich über eine Natur, die den Menschen so fatale Streiche spielt, entsetzt sich wütend über eine Welt, in der ein solches Desaster geschehen kann, und zweifelt an einem Schöpfer, der das alles zulässt oder sogar anordnet. Damit war für ihn jegliche philosophische Schule oder Richtung widerlegt, die in Anlehnung an Leibniz oder Pope die Schöpfung als Ganze für gut oder sogar perfekt erklärte, und eine umfassende Sinnfrage gestellt: War die bislang so plausible Annahme, dass die Welt ihre Entstehung der Schöpfung durch einen gütigen, den Menschen zu Fortschritt und Humanität anleitenden Gott verdankte, im Licht dieses Unglücks noch aufrechtzuerhalten?

Von Theodizee, also einer Gerechtsprechung Gottes, konnte jedenfalls angesichts des namenlosen Elends im zerstörten Lissabon keine Rede mehr sein:

> Wollt ihr auf die ersterbenden Hilfeschreie der Verschütteten,
> Auf das grausige Schauspiel der rauchenden Trümmer,
> Immer noch antworten: Das ist die Wirkung ewig gültiger Naturgesetze,
> Die die Beschlüsse eines freien und guten Gottes notwendigerweise bestimmen?[20]

Wer diese Frage bejahte, verwickelte sich unweigerlich in unauflösliche Widersprüche:

> Der ewige Schöpfer, hält er nicht in seinen Händen
> Unendlich viele Mittel zur Umsetzung seiner Pläne?[21]

Wenn Gott wirklich frei, also allmächtig wäre, hätte er das Unglück verhindern können. Wenn das Beben jedoch unabwendbar war, also von den unabänderlichen Gesetzen der Natur determiniert, hatte sich die Schöpfung dem Willen ihres Schöpfers entzogen, so dass dieser weder frei noch souverän war. Dann aber blieben nur noch zwei gleichermaßen beunruhigende Alternativen: Entweder wollte Gott die von ihm für die Ewigkeit geschaffenen Gesetze nicht durchbrechen, da ihm der Mensch solche Eingriffe in die Weltmechanik nicht wert schien. Oder, schlimmer noch, er hatte das Unglück absichtlich herbeigeführt, weil die sündigen Menschen eine solche Strafe verdient hatten.

Genauso lautete die gängige Erklärung der Katastrophe, wie sie von allen Geistlichen aller Konfessionen verkündet wurde. Ja, deren Streit, der zwei Jahrhunderte vergiftet und verwüstet hatte, lebte plötzlich aufs Heftigste und Hässlichste wieder auf. So wurde von protestantischen Kanzeln eine Erklärung von ausgesuchter Häme verkündet: Gott wollte die Katholiken für ihren gottlosen Aberglauben bestrafen und ließ die Kirchen deshalb genau in dem Moment einstürzen, als die betrogenen Gläubigen zu Tausenden zusammenkamen, um einen erfundenen Feiertag zu begehen. Gott als Attentäter: Solche Behauptungen waren für Voltaire Ausdruck einer menschenverachtenden Religion:

> Werdet ihr, im Anblick so zahlreicher Opfer, weiterhin zu sagen wagen:
> Gott hat Rache geübt, ihr Tod ist der Preis ihrer Untaten?
> Doch welches Verbrechen, welche Sünde sollen die Kinder begangen haben,
> Die an der Mutterbrust zerquetscht werden und verbluten?[22]

Zudem war Lissabon wohl kaum lasterhafter und daher strafwürdiger als Paris. Nicht nur die Geistlichen aller Couleur, die den Willen Gottes genauestens zu kennen behaupteten, sondern auch diejenigen, die in geschützter Behaustheit behaglich darüber debattierten, warum es die einen so hart getroffen hatte und die anderen verschont geblieben waren, luden in Voltaires Augen moralische Schuld auf sich, da sie ebenfalls die Opfer zu Tätern machten. Das galt in besonderem Maße für die selbsternannten Weltweisen, die deklarierten, der Untergang des Einzelnen sei in Relation zum Weltganzen ganz unbedeutend:

> Wären die unglücklichen Bewohner der verwüsteten Ufer
> Im Horror ihrer Qualen etwa getröstet,
> Wenn ihnen jemand sagte: Fallt, sterbt nur ruhig;
> Eure Zufluchtstätten werden zum Wohle der Welt vernichtet;
> Andere Hände werden eure ausgebrannten Paläste wieder aufbauen,
> Andere Völkerschaften werden aus euren zerborstenen Mauern hervorgehen;
> An eurem fatalen Verlust wird sich der Norden bereichern,
> All euer Leid und Elend ist nach allgemeinen Gesetzen ein Segen;
> Gott sieht euch mit demselben Auge wie die Würmer,
> Die euch bald in euren Gräbern zerfressen werden.[23]

Das war in der Tat ein schöner Trost: zu ersticken oder zu verdursten in der beruhigenden Gewissheit, in der besten aller Welten zugrundezugehen. Die «Philosophen», die ein Unglück von solchen Ausmaßen zu einer Nebensächlichkeit des Weltganzen und der Weltgeschichte herabstufen, versündigen sich genauso an ihren Mitmenschen wie die Geistlichen, die diesen Tod für verdient erklären. Bei all diesen unwürdigen Querelen blieb die Frage aller Fragen weiterhin unbeantwortet:

> Warum aber leiden wir unter einem gerechten Herrn?
> Das ist der Knoten, der aufgelöst werden muss.²⁴

Aber darauf weiß niemand eine befriedigende Antwort zu geben. Das zeigt sich an den Sinnangeboten aller Theologen und philosophischen Schulen, die nacheinander auf den Prüfstand gestellt und für ungenügd befunden werden. Für gläubige Calvinisten ist Gott, der große Töpfer, seinem bescheidenen Gefäß, dem Menschen, keinerlei Rechenschaft schuldig. Doch warum hat er dieser Kreatur dann das Streben nach Ewigkeit und Glück eingepflanzt? Etwa, um sein Geschöpf durch die Unerfüllbarkeit dieser Sehnsucht zu quälen?

> Aber wie soll man einen Gott, der die Güte selbst ist, verstehen,
> Der seine geliebten Kinder mit Gütern segnet
> Und zugleich mit vollen Händen Übel über sie austeilt?²⁵

Damit ist der grundsätzliche Widerspruch auf den Punkt gebracht:

> Das Böse kann nicht von einem vollendet guten Wesen kommen;
> Doch von einem anderen Wesen kommt es auch nicht,
> Denn Gott allein ist ja der Herr.²⁶

Dahinter zeichnen sich zwei weitere, noch viel bestürzendere Deutungsmöglichkeiten ab. Die eine Erklärung besagt, dass Gott nicht gut, sondern böse ist und sich an den Qualen seiner Geschöpfe ergötzt; in diesem Fall wäre er nach christlicher Auslegung nicht Gott, sondern Teufel. Eine Variante dieser Sichtweise wäre, dass dieser Teufel dem guten Gott die Schöpfung aus der Hand genommen und zumindest die äußere Welt nach seinen eigenen Vorstellungen gestaltet hat. Solche schwarz-weiß zeichnenden Schöpfungslehren gab es seit der Antike. Die Alternative dazu wäre, dass die atheistischen Materialisten doch recht haben: Dann wäre die Welt nicht von einem höheren Wesen aus dem Nichts geschaffen, sondern ewig und unendlich und der Mensch nichts anderes als Materie, aus Atomen zusammengefügt und gleichermaßen vergänglich.

Aber auch diese Lehre wird von Voltaire als untauglich verworfen:

> Dieses Unglück, so sagt ihr, bedeutet das Glück eines anderen Wesens.
> Aus meinem blutenden Körper werden tausend Insekten geboren werden;

Wenn der Tod die Übel, die ich erduldet habe, vollendet hat,
Was für ein herrlicher Trost ist es, von Würmern verzehrt zu werden![27]

Wer den Tod als Bestandteil einer gütigen Natur schönredet, betrügt sich selbst und seine Mitmenschen:

Und ich sehe in euch nur den schwächlichen Versuch
Eines stolzen Unglücklichen, der behauptet, glücklich zu sein.[28]

Am Schluss des großen Lehrgedichts steht folgerichtig keine Lehre, sondern die vollständige Infragestellung aller Lehren:

Der Mensch ist sich selbst ein Fremder und kennt den Menschen nicht.
Was bin ich, wo bin ich, wohin gehe ich, von woher bin ich ins Leben gezogen worden?
Gefolterte Atome auf diesem Haufen Morast,
Die der Tod verschlingt und mit denen das blinde Schicksal spielt,
Aber es sind denkende Atome, Atome, deren Sinne
Von Gedanken geleitet werden und die den Himmel durchmessen haben.[29]

Für Pascal war der Mensch ein denkendes Schilfrohr, das ebenso wie Voltaires Atom weiß, dass es sterben muss, aber Offenbarung und Trost in der Bibel findet. Für Voltaire bleiben dem zum Leben verdammten Menschen nur zwei Einstellungen zur Auswahl: rebellieren oder stumm erdulden. Doch der Aufstand gegen die *condition humaine* hat nur weitere Qualen, nämlich sinnlose Selbstzerfleischung, zur Folge:

In tiefer Nacht forsche ich nach Erkenntnis
Und kann nur leiden, doch nicht grollen.

Auf diese Weise kommt Voltaires Anklage gegen die zum Himmel schreienden Widersprüche der menschlichen Lebensbedingungen zu dem Schluss, dass der Mensch die Gesetze der nicht für ihn gemachten Welt nur stumm erdulden kann. Später fügte er noch eine Aufhellung hinzu: Das Gedicht endete jetzt mit dem Wort «espérance», Hoffnung.

Doch diese Hoffnung blieb mehr als vage. Für Voltaire wurden durch das Erdbeben alle Gewissheiten brüchig, auch die lange selbst gehegten. In den folgenden Jahrzehnten wurde er zwar nicht müde, die Existenz des liebenden Schöpfergottes geradezu staccatohaft einzuhämmern, doch diese Lehre gilt für die anderen. Die Gesellschaft benötigt einen solchen Glauben, weil sie sonst auseinanderfällt und von sozialen Revolutionen heimgesucht wird. Angezettelt werden diese Umstürze von einem Volk, das nicht mehr auf Gerechtigkeit im Jenseits hofft, sondern die Seligkeit bereits auf Erden sucht. Voltaire selbst aber war durch das Erdbeben an seiner eigenen, Jahrzehnte hindurch entwickelten Weltsicht irregeworden. An deren Stelle trat eine Skepsis, die alle Bereiche des Lebens und Sterbens umfasst. Wenn es keinen gütigen Schöpfergott gibt, dann ist auch seine irdische Blaupause, der aufgeklärte Reform-Monarch, hinfällig geworden. Beide hatten eines gemeinsam: Sie hinterließen in dieser Welt keine Spuren.

Die Resonanz auf Voltaires Widerlegung aller philosophischen und theologischen Doktrinen und Dogmen war heftig. Von der katholischen und reformierten Geistlichkeit erscholl in seltener Einmütigkeit Empörung über diese lästerliche Anklage gegen Gott und die Schöpfung. Voltaire hatte diese Reaktionen vorausgeahnt und leugnete daher die Verfasserschaft des Gedichts, doch damit konnte er niemanden täuschen, auch nicht seinen «Brieffreund» Jean-Jacques Rousseau. Im August 1756 hielt dieser seinen Einspruch gegen Voltaires Schilderung der Welt und des Menschen in einem langen Schreiben an diesen fest und eröffnete damit einen Schlagabtausch, der einen intellektuellen Gipfelpunkt im Zeitalter der Aufklärung und der aufkommenden Gegenbewegungen markiert. Voltaire, so der Vorwurf Rousseaus, fiel bei dem Unterfangen, die optimistischen Ideen von Leibniz und Pope zu widerlegen, ins umgekehrte Extrem:

> Sie überfrachten das Bild unseres Leidens so sehr, dass Sie dessen Empfinden nur noch weiter verschlimmern: Anstatt mich zu trösten, wie ich es erhoffte, drücken Sie mich nur noch tiefer herab. Ja, man könnte geradezu sagen, Sie fürchten, dass ich nicht sehen könnte, wie unglücklich ich bin; und Sie scheinen zu glauben, mich dadurch zu beruhigen, dass Sie mir belegen, dass alles schlecht ist.[30]

Um die Widrigkeiten und Widerwärtigkeiten des Lebens auszuhalten, so Rousseau, braucht der leidende Mensch Ermutigung, Trost und Motivation. Voltaire aber zieht ihn mit sich hinab in die Niederungen von Verzweiflung, Aussichtslosigkeit, Groll und Rebellion, weil er die vernünftige Hoffnung

Das Erdbeben von Lissabon

auf einen liebenden und gütigen Gott leugnet. Dabei empfindet jeder Mensch guten Willens, dass dieser Gott existiert, wenn er nur vorurteilslos in sich hineinhorcht, also die Stimme der Natur in sich nicht erstickt.

Mit dieser Entgegnung Rousseaus brach der Jahrhundert-Gegensatz zwischen Empfindsamkeit und Ratio und, weit in die Zukunft vorausweisend, zwischen Aufklärung und Romantik auf:

> In diesem bizarren Widerspiel zwischen dem, was Sie belegen, und dem, was ich fühle: Beheben Sie die Unruhe, die mich verstört, und sagen Sie mir, wer sich irrt, ich mit der Empfindung oder Sie mit dem Verstand.

Für Rousseau lag auf der Hand, wer sich irrt, denn das untrügliche Gefühl, dass die Welt aus den Händen ihres liebevollen Schöpfers gut hervorgegangen ist, täuscht den Menschen nicht. Die alles zersetzende Vernunft ist dagegen im Unrecht. Für Rousseau stand das Gottes-Gefühl auch gar nicht im Gegensatz zu einer vernunftbetonten Betrachtung und Deutung der Natur, die ihren erhabenen Schöpfer in ihrem Erscheinungsbild gleichfalls nicht verleugnet. Und selbst wenn diese Weltsicht wider Erwarten falsch wäre, hätte sie im Gegensatz zur deprimierenden Schwarzmalerei Voltaires den Vorzug, dass sie den Menschen zum Leben ermutigt und nicht mit Resignation erfüllt. Solche Aufmunterung habe der Mensch umso dringender nötig, als er selbst durch die von ihm fehlgeleitete Zivilisation die Ursache seiner Misere sei. Hätten sich die Portugiesen im Jahr 1755 wie ihre Vorfahren in grauer Vorzeit damit begnügt, in einfachen selbstgebauten Hütten aus Lehm und Stroh zu leben und ihren Schöpfer, wie es sich gehört, in freier Natur mit stiller Andacht zu verehren, so wäre das Erdbeben ohne schädliche Folgen geblieben. So war für Rousseau unter dem Strich nicht alles, aber das Ganze gut.

Diese Replik ließ Voltaire, wie immer, wenn sich Widerspruch zu seinen Texten und Thesen rührte, nicht ruhen. Seine Entgegnung verfasste er in Form eines «Avertissement»,[31] also einer kommentierenden Erklärung zum Lehrgedicht des «Herrn von Voltaire». Durch diese literarische Fiktion leugnete er nicht mehr die Urheberschaft des Poems, wohl aber die von dessen Interpretation. Auch das war natürlich eine Camouflage, auf die das Publikum nicht hereinfiel. Seine Erläuterung zu seinen Versen befasste sich besonders mit Rousseaus Argument, der Mensch brauche Tröstung. In Katastrophen wie der von Lissabon war Trost auch für Voltaire angebracht, doch durfte er nicht auf Selbstbetrug beruhen:

> Im Übrigen ist die Lehre, dass alles gut ist, genauso niederschmetternd wie der Glaube an die Allmacht der Fatalität. Die Menschen täuschen sich über ihr Leiden durch verallgemeinerte Theorien hinweg, so wie sich der Einzelne seinen persönlichen Kummer durch persönliche Illusionen erträglich macht.

Solche Illusionen werden von den Religionen erzeugt und sind verhängnisvoll, weil sie die Gläubigen mit Fanatismus und Unduldsamkeit infizieren und so von Skepsis und Solidarität abhalten, den einzig angemessenen und vernünftigen Reaktionen auf ihr elendes Dasein. Die Würde des Menschen besteht darin, den Blick auf die Sinnlosigkeit des Ganzen auszuhalten:

> Die Natur hat die Menschen zu grausamen Leiden bestimmt ... Welches ist der letzte Grund dieser Übel? Ich kann es nicht sagen, aber die Natur hat mir die Fähigkeit mitgegeben, zumindest einen Teil der Misere, der sie mich unterwirft, zu überwinden.

Der Hoffnung, die Voltaire an den Schluss seines philosophischen Lehrgedichts setzte, fehlte somit der Glaube, nicht aber die Liebe. In einem leidvollen Dasein, in dem Gott und die Natur schweigen, müssen alle gequälten Kreaturen zusammenrücken und sich helfen, statt sich wegen absurder Dogmen zu bekämpfen. Nur dieser solidarische Widerstand gegen ein widriges Geschick verleiht dem ansonsten sinnlosen Dasein des Menschen hohe Dignität. Der Mensch besitzt in dieser finsteren Welt nur ein schwaches Licht, den Verstand. Gegen diese Leuchtkraft der *raison* haben sich in reflexartigem Schulterschluss alle Religionen und Kirchen der Welt verschworen, da sie in diesem Licht als Betrug entlarvt werden. Der einzige Weg zu einem einigermaßen erträglichen Leben in dieser unwirtlichen Welt besteht also darin, dieses Licht mit allen Kräften zu stärken, um damit die zerstörerischen Leidenschaften einzudämmen, die ohne diese Gegenwehr das Unglück des Menschen nur vergrößern:

> Die Natur hat den Menschen Mitgefühl und Neigung zu ihresgleichen mitgegeben. Wenn diese guten Anlagen von einem aufgeklärten Verstand angeführt

werden, werden wir die Laster und die Verbrechen überwinden können. Uns kann es egal sein, ob alles gut ist, vorausgesetzt, wir wirken dafür, dass alles besser wird, als es vorher war.

So schließt Voltaires Kommentar zu seinem Jahrhundertgedicht über das Jahrhundertunglück mit einem Silberstreif am düsteren Horizont. Dass es eines nicht allzu fernen Tages besser werden könnte, ohne jemals gut zu werden, war kein bloßes Zugeständnis an den Zeitgeist. In seinen monumentalen Geschichtswerken zeichnete Voltaire diesen langsamen, windungsreichen und stets von Rückschlägen bedrohten Aufstieg zu humaneren Lebensformen ausführlich nach; der Blick zurück auf die Geschichte rechtfertigte also einen skeptischen Optimismus. Doch eine Versöhnung mit der *condition humaine* bedeutete das nicht. Der Tod blieb für Voltaire unannehmbar, philosophisch und persönlich, weil er das vorangehende Dasein entwertete, ja absurd machte und deshalb selbst absurd war. Die Schlussfolgerung, wegen dieser Sinnlosigkeit nicht zu grollen, sondern still zu dulden, galt für die anderen, nicht für ihn selbst, da er sich selbst seinen Groll nicht nehmen lassen wollte. Dasselbe galt für den Glauben an den gütigen Schöpfergott, den er den anderen empfahl. Für Voltaire selbst verliehen allein Protest und Auflehnung gegen die misslungene Schöpfung dem Einzelnen Würde – vom *Poème sur le désastre de Lisbonne* zum Existenzialismus eines Albert Camus war es nur noch ein Schritt.

Wie der weite Weg zu einer schrittweisen Besserung der menschlichen Lebensbedingungen verlaufen sollte, wurde in der Debatte zwischen Rousseau und Voltaire ebenfalls erörtert. Im Bestreben, trotz aller Meinungsverschiedenheiten eine Werte- und Kampfunion mit dem prominenten Korrespondenzpartner einzugehen, hatte Rousseau dafür plädiert, in der Fehde gegen die Gegner der selbstbestimmten Zivilgesellschaft die Meinungsfreiheit außer Kraft zu setzen. Dagegen erhob Voltaire in seinem *Avertissement* über sein eigenes Lehrgedicht, in dem er in dritter Person auftritt, entschiedenen Einspruch:

> Von der alles umfassenden Toleranz jede intolerante Ansicht auszuschließen, ist eine falsche Maxime, die durch den trügerischen Anstrich von Gerechtigkeit verführerisch wirkt. Doch Herr Voltaire war nicht bereit, diese zu akzeptieren. Die Gesetze haben für ihn nur Verfügungsgewalt über äußere Handlungen.

Das heißt, sie müssen einen Menschen nur dafür bestrafen, selbst Verfolgung ausgeübt zu haben, aber nicht dafür, behauptet zu haben, dass eine solche Verfolgung von Gott selbst befohlen wird. Die Gesellschaft hat das Recht, einem Menschen seine Freiheit wegzunehmen, wenn er eine verrückte Tat begangen hat, doch nicht, weil er abwegige Ideen entwickelt hat.

Eine solche Meinungsfreiheit war damals illusorisch, und auch im einundzwanzigsten Jahrhundert ist sie überall aufs Höchste gefährdet.

Entfremdung von Genf und philosophische Dialoge

Neben der umfassenden Freiheit zu denken, zu glauben und zu publizieren war für Voltaire die Zusammenarbeit mit Gleichgesinnten ein weiterer Weg zum – stets relativen – Fortschritt. Eine solche Bildung intellektueller Synergien hatte es für Voltaire seit dem Tod seiner Emilie nicht mehr gegeben. Mit dem Jahrhundertunternehmen der *Encyclopédie*, die das empirisch gesicherte Wissen der Menschheit, gereinigt von allen religiösen oder philosophischen Vorurteilen, zu sammeln und zu verbreiten suchte, taten sich unversehens neue Perspektiven eines produktiven Schulterschlusses auf, wie Voltaires Brief vom 9. Dezember 1755 an den prominenten Mathematiker und Physiker Jean-Baptiste le Rond d'Alembert zeigt:

> Ich würde mir noch gerne den Artikel *Geschichte* aufladen, denn ich glaube, zu diesem Thema einige kuriose Dinge beisteuern zu können, ohne dabei zu sehr in ausführliche oder zu gefährliche Einzelheiten zu gehen.[32]

Die *Encyclopédie*, die der Philosoph und Literat Denis Diderot seit 1750 zusammen mit d'Alembert herausgab, war hochgradig gefährdet, weil sie auf der Basis der reinen Wissenschaftlichkeit staatstragende Mythen und Legenden zerpflückte und dadurch die beherrschende Stellung der katholischen Religion und Kirche, aber auch die sakral überhöhte Position der Monarchie infrage stellte. Den Artikel zur Geschichte schrieb Voltaire tat-

Entfremdung von Genf und philosophische Dialoge 383

sächlich, doch gestaltete sich die Zusammenarbeit mit dem Hauptherausgeber Diderot nicht immer reibungslos. Das hing auch damit zusammen, dass Voltaire schnell leidenschaftlichen Anteil an der Konzeption und der Verwirklichung des ganzen Projekts nahm, häufig Einfluss auszuüben versuchte, sich einmischte und die Qualität mancher Beiträge und Beiträger scharf kritisierte.

Voltaires Gedicht über das Erdbeben von Lissabon schlug das ganze Jahr 1756 hindurch hohe Wellen. Im März erhielt er einen anonymen Brief, in dem er ultimativ aufgefordert wurde, den religiösen Frieden in der Schweiz nicht länger zu stören. Gesiegelt war das Schreiben mit einem «H», so dass Voltaire den berühmten Berner Mediziner und Dichter Albrecht von Haller der Verfasserschaft verdächtigte. Dieser war nach der Rückkehr in seine Heimatstadt Bern allmählich von den aufgeklärten Positionen seiner frühen Jahre abgerückt und hatte mehrere von Voltaires Werken sehr kritisch rezensiert. Von Voltaire brieflich zur Rede gestellt, reagierte von Haller indigniert auf die unverschämte Unterstellung, war sich aber nicht zu schade, einen Abdruck seines Siegelrings beizufügen, der seine Unschuld ein für alle Mal bewies. Es dauerte einige Monate, bis Voltaire einen Berner Pastor namens Altmann als Autor des Drohschreibens ausfindig machen konnte; für diesen und für viele seiner Amtsgenossen war der *homme de lettres* aus Frankreich die Verkörperung des Bösen. Dieses negative Image verbreitete sich jetzt auch in Genf. Ob es um ein allzu üppig ausgefallenes Neujahrsmahl, um seinen Hausmantel aus Samt und Hermelin für sage und schreibe 432 Livres oder um sein jährliches Haushaltsbudget ging, das auf unmoralische 20 000 Livres geschätzt wurde – dem Klatsch und Tratsch der kleinen Stadt am See entging nichts, was in «Les Délices» geschah. Reichlich Anlass zum Lästern bot sich im Juni 1756, als Voltaires Sekretär Cosimo Alessandro Collini in Unehren entlassen wurde und in Unfrieden seiner Wege zog. Den Grund für die Kündigung deutete Voltaire in einem Brief an den befreundeten Advokaten Sébastien Dupont nur an:

> Es ist wahr, dass der Betreffende [Collini] sich gegenüber meiner Nichte und mir, die wir ihn mit Freundschaftsbeweisen und Geschenken nur so überhäuft haben, undankbar verhalten hat.[33]

Collini selbst nannte Liebschaften mit Dorfschönheiten von Prangins als Grund für das Zerwürfnis, doch damit hätte er Voltaire kaum erzürnt. Ausschlaggebend war vielmehr, dass er es gegenüber Madame Denis an Respekt hatte fehlen lassen – die Ehre seiner Lebensgefährtin betrachtete Voltaire als seine eigene Ehre.

Unwillen und Neid in führenden Kreisen Genfs erregten überdies die Besucherströme, die sich zu Voltaire in das liebliche Anwesen auf dem Hügel bewegten und die Stadt Calvins oftmals links liegen ließen. Das alles störte zunehmend das anfangs so harmonische Verhältnis von Gastgebern und Gast. Die Genfer Patrizier hegten immer mehr den Verdacht, dass ihr illustrer Gast sie als hinterwäldlerische Provinzler und intellektuelle Schoßhündchen verachte – und kamen damit der Wahrheit ziemlich nahe. Voltaire versuchte gegenzusteuern und ergriff zugleich Vorsichtsmaßnahmen. So pachtete er ein stattliches Herrenhaus namens Grand-Montriond zwischen Lausanne und Ouchy, also auf Berner Untertanengebiet; damit war für den Fall der Fälle ein Fluchtpunkt geschaffen. Im Mai 1756 stattete er Bern einen Besuch ab und ließ dabei den bezwingenden Charme spielen, den er als geistreicher Causeur jederzeit in Gesellschaft entfalten konnte; schließlich galt es, in der mächtigen Republik an der Aare einflussreiche Persönlichkeiten für sich einzunehmen. Die moralischen Vorbehalte von Hallers und der konservativen Pastoren gegen seine Schriften räumte er damit allerdings nicht aus. Dieselben Bedenkenträger sahen sich durch die Ausgabe der *Gesammelten Werke* bestätigt, die ebenfalls im Mai in Genf erschien. Diese «Cramer-Edition» enthält neben vielen ursprünglich anonym erschienenen Arbeiten aus der Feder Voltaires eine Fülle kleinerer und kleinster Texte, von denen die meisten später in einzelne Artikel seines *Philosophischen Wörterbuches* eingehen sollten. Doch waren auch zwei kurze Abhandlungen zu den großen Fragen des menschlichen Daseins darunter, die den Geistlichen aller Konfessionen die Haare zu Berge stehen ließen.

Der *Dialog zwischen einem Brahmanen und einem Jesuiten über die Notwendigkeit und die Verkettung der Dinge*, der am Ufer des Ganges spielt, fällt aus dem Rahmen der Voltaire'schen Religionserörterungen, weil hier beide Seiten extreme und daher unhaltbare Positionen vertreten. Trotzdem hat der Hindu-Gelehrte zu einigen wichtigen Fragen die besseren Antworten. Die Position des europäischen Missionars beschränkt sich auf das stupide Mantra «Der Mensch ist frei» und «Die Geschichte ist offen».

Diese platten Gemeinplätze versucht der Brahmane mit wahrhaft verblüffenden Argumenten zu widerlegen:

> Ich bin zum Beispiel, so wie Ihr mich hier seht, eine der Hauptursachen für den beklagenswerten Tod Eures guten Königs Henri IV, und Sie sehen mich deshalb immer noch untröstlich.[34]

Der Jesuit glaubt sich verständlicherweise verspottet, doch die Auflösung folgt auf dem Fuß: Bei einem Spaziergang am Meer im Jahr 1550 trat der Brahmane – der 180 Jahre alt und entsprechend weise ist – aus Versehen mit dem linken Fuß so heftig auf, dass er einen Freund in die Fluten stieß, der darin ertrank; dessen Witwe zog mit einem armenischen Kaufmann nach Europa; ihre Tochter heiratete einen Griechen; deren Tochter ließ sich in Frankreich nieder und ehelichte dort einen gewissen Ravaillac, den Vater des berüchtigten Königsmörders von 1610. Die Nutzanwendung aus der Geschichte lautet:

> Wenn das alles nicht so geschehen wäre, hätte sich das Machtsystem Europas grundlegend verändert ... Sie sehen also, dass alles von meinem linken Fuß abhing, der wiederum mit allen anderen Ereignissen des Universums verknüpft war, den vergangenen, gegenwärtigen und zukünftigen.[35]

Diese Mischung aus Chaostheorie und Vorherbestimmung durch das Schicksal verschlägt dem bornierten Mitglied der Societas Jesu die Sprache, er will die verdächtigen Thesen von seinen Oberen prüfen lassen.

Dass der Verlauf der Geschichte von der Vernetzung unendlich zahlreicher Faktoren und Einflüsse bestimmt ist und der Zufall oft die großen Pläne der Mächtigen durchkreuzt, gehört zu Voltaires Geschichtstheorie, im Gegensatz zum Fatalismus indischer Prägung, der eine verdächtige Ähnlichkeit zur calvinistischen Prädestinationslehre aufweist. In seinen Geschichtswerken geht es um den Nachweis, dass der Einzelne, wenn er in Einklang mit den Gesetzen der Zeit handelt, tiefgreifende Veränderungen bewirken, ja säkulare Entwicklungen zum Besseren anstoßen kann. Die Schicksalsergebenheit des Hindu-Gelehrten steht im Gegensatz dazu für eine früh entwickelte Hochkultur, der wie der chinesischen die Dynamik abhandengekommen ist. Recht hat der Weise vom Ganges allerdings mit der Behauptung, dass fromme Gebete die Welt um kein Jota verändern. Der Gott, der den grenzenlosen Kosmos geschaffen hat, mischt sich in das Treiben seiner Kreaturen nicht ein, dazu sind sie viel zu unwichtig. Und auch in der Frage der Willensfreiheit sind Voltaire und der Brahmane sich einig: «Frei sein heißt, das zu machen, was man will, und nicht, das zu wollen, was man will.»[36] In der Voltaire'schen Auslegung war das weiterhin die einzig mögliche Lösung eines durch theologische und philosophische Spitzfindigkeiten unnötig kompliziert gewordenen Problems. Einerseits lässt sich der Wille des Menschen nicht erzwingen, erst recht nicht durch die Gebote einer erpresserischen Religion wie der christlichen, die ihm durch die Unerfüllbarkeit ihrer Gebote nur ein schlechtes Gewissen machen will. Andererseits ist er auch nicht frei, weil die Leidenschaften in den meisten Fällen die Oberhand gegenüber dem nüchtern abwägenden Verstand gewinnen. Doch auf eine absolute Unfreiheit des Willens und damit Straflosigkeit oder auch nur mildernde Umstände nach begangenen Verbrechen kann sich niemand berufen. Vielmehr ist jeder Mensch für jede von ihm bewusst getroffene Entscheidung voll und ganz verantwortlich; schließlich ist ihm Mitgefühl für seine Artgenossen von Natur aus mitgegeben. Zudem sagt ihm der gesunde Menschenverstand, ob er in Einklang mit der universellen Mitmenschlichkeitsmoral handelt oder nicht.

In einem zweiten Dialog, den Voltaire 1756 veröffentlichte, treffen zwei berühmte Philosophen der Antike aufeinander: der aus der Schule Epikurs hervorgegangene Materialist Lukrez aus Rom und der Stoiker Poseidonios aus Rhodos. Lukrez trägt in dieser hochstehenden – und im Gegensatz zum Streitgespräch am Ganges ohne Häme und Ironie geführten – Debatte die Argumente der französischen Atheisten vor: Die Materie ist ewig und wie die Zeit unendlich, sie existiert aus sich selbst heraus und kann von Natur aus mit Intelligenz begabt sein. Doch damit überzeugt er Poseidonios nicht, der dieselben Argumente wie Voltaire in seinem *Traité de métaphysique* vorbringt. So kommt es anders: Im Verlauf des Gesprächs wird der Jünger des Epikur von seinem Gegenüber zum Glauben an einen Schöpfergott bekehrt. Poseidonios' Argumente lauten: Es kann keine Weltmechanik ohne einen allmächtigen Weltmechaniker geben; die Bewegung der Materie ist nicht dasselbe wie ein denkender menschlicher Geist; Ideen entspringen nicht Atomen, sondern werden von einem Höchsten Wesen (*être suprême*) verliehen. Allerdings kann auch der Weise aus Rhodos nicht schlüssig erklären, wie das Böse in die gut erschaffene Welt gekommen ist. Das Argument, dass zwischen dem *être suprême* und dem Menschen ein so tiefer Abgrund klafft, dass das Geschöpf die Ratschlüsse des Schöpfers nicht nachvollziehen kann, reicht zur Erklärung dieses Widerspruchs nicht aus. So kann auch die Konversion des Materialisten zum Gottesglauben des Stoikers am Ende nicht wirklich überzeugen. Stattdessen drängt sich dem Leser die Frage auf, ob Lukrez mit seiner beunruhigenden Behauptung, dass die Seele des Menschen schon zu Lebzeiten zu sterben beginnt und mit dem physischen Tod gänzlich erlischt, nicht doch recht hat.

Ein universalgeschichtliches Sittengemälde:
Die Nationen der Welt und die Besonderheit der Juden

Das Großereignis von Voltaires ersten Genfer Jahren war im Dezember 1756 der Druck seiner ab Januar 1757 in Paris verkauften Universalgeschichte in sieben Bänden, an der er anderthalb Jahrzehnte gearbeitet hatte und von der einzelne Kapitel bereits 1754 unautorisiert in Umlauf gebracht worden waren. Der ursprüngliche Titel *Essai sur l'histoire générale et sur les meurs et l'esprit des nations depuis Charlemagne jusqà nos jours*, also *Versuch über die allgemeine Geschichte und die Sitten und den Geist der Nationen von Karl dem Großen bis zu unseren Tagen*, stapelt genauso tief wie die endgültige Bezeichnung als *Essai sur les mœurs et l'esprit des nations et sur les principaux faits de l'histoire depuis Charlemagne jusqu'à Louis XIII* (*Versuch über die Sitten und den Geist der Nationen und über die wichtigsten Tatsachen der Geschichte von Karl dem Großen bis zu Ludwig XIII.*), denn was hier geschildert, gedeutet und kommentiert wird, ist weder ein Essay noch ein Sittengemälde, sondern eine monumentale Darstellung der Weltgeschichte von den Uranfängen bis zum Tod Ludwig XIII. im Jahr 1643; danach beschreibt und erklärt das *Zeitalter Ludwigs XIV.* den weiteren Verlauf der Geschichte bis zu Voltaires Gegenwart. 1765 publizierte Voltaire eine *Philosophie de l'Histoire* (*Philosophie der Geschichte*), die er 1769 als *Discours pré-*

liminaire, später *Introduction*, seiner Weltzivilisationsgeschichte, die am Ende 197 Kapitel umfasste, voranstellte. Diese Einleitung bringt es ihrerseits auf 53 Kapitel und führt am Beispiel der ältesten Menschheitskulturen leitende Perspektiven, Prämissen und Prinzipien der Darstellung ein. Zusammen mit den methodischen Erläuterungen am Beginn des eigentlichen *Essai sur les mœurs* ergibt sich daraus ein Programm, das an Transparenz nichts zu wünschen übrig lässt.

Der Parcours durch die Jahrtausende, zu dem Voltaire den Leser einlädt, will auf philosophische Art belehren, schildert und deutet also Geschichte zur praktischen Nutzanwendung in der Gegenwart. Es geht darum, die Kräfte zu identifizieren, die im Prozess der Zivilisation Hemmung und Bewegung, Rückschritt und Aufbruch bewirken, und dadurch aufzuzeigen, wie sich weiterer Fortschritt in der Zukunft bewerkstelligen lässt. Zu diesem Zweck nimmt Voltaires Weltgeschichte leidenschaftlich Partei, malt schwarz-weiß, kritisiert und lobt, klagt an und verherrlicht, je nach Leistung für die Zwischenbilanz der Zivilisation, die er im Namen der Menschheit im 197. und letzten Kapitel zieht. Sie fällt durchwachsen aus:

> Noch einmal muss man zugeben, dass diese Geschichte im Allgemeinen eine Anhäufung von Verbrechen, Verrücktheiten und Unglücksfällen ist, unter die wir einige Tugenden und einige glückliche Zeiten eingestreut gesehen haben, so wie man in gottverlassenen Wüsten hier und dort einzelne menschliche Behausungen entdecken kann.[37]

Das war kein schmeichelhaftes Fazit für den Menschen und seinen vermutlichen Schöpfer. Zudem gab es Rätsel auf. Der Mensch – so Voltaires anthropologische Basisthese – hat zu jeder Zeit dasselbe Rüstzeug für seinen Weg durch die Geschichte erhalten, nämlich denselben Verstand und dasselbe moralische Empfinden, das heißt Einfühlungsvermögen, Mitleid und Wohlwollen für seinesgleichen. Trotzdem tritt er während der viertausend Jahre, in denen er seine Spuren hinterlassen hat, überwiegend abergläubisch, gewalttätig, intolerant und bösartig auf. Das hängt – wie das Erdbeben von Lissabon zeigte – mit den schroffen Widersprüchen der menschlichen Existenz zusammen, die alle Ursehnsüchte unerfüllt lassen. Doch einen mindestens ebenso großen Anteil an seiner Misere hat der

Mensch selbst zu verantworten, und zwar nicht, wie Rousseau behauptete, durch seinen Weg in die Zivilisation, sondern durch die Mutlosigkeit und Inkonsequenz, mit der er diesen Weg beschritten hat und bis heute beschreitet. Wenn zum Beispiel die alten Ägypter Tiere als Götter anbeten und ihren Pharaonen-Tyrannen gigantische Pyramiden errichten, so sind sie an diesem peinlichen Absinken in Irrationalität und Unterwürfigkeit selbst schuld. Was der Mensch schon in einem frühen Stadium der Geschichte durch die richtige Nutzung seiner intellektuellen Ressourcen erreichen kann, zeigen die Griechen, die zumindest eine Zeitlang Gedankenfreiheit, die kostbarste Errungenschaft der Zivilisation überhaupt, walten lassen.

Umso erhabener nehmen sich vor diesem düsteren Hintergrund die Lichtgestalten aus, die durch ihr Genie und ihren Mut das vorherrschende Dunkelgrau der Geschichte blitzartig erhellen. Ob sie danach meteorgleich untergehen wie Giordano Bruno oder ihr Zeitalter dauerhaft erhellen wie Isaac Newton, hängt von der Qualität der Zeiten ab, in denen sie wirken. Ist der Kontrast zu den repressiven Kräften übermächtig, enden sie als Märtyrer des Geistes, stehen sie im Einklang mit den dynamischen Tendenzen ihrer Zeit, bewirken sie dauerhaften Fortschritt. Die wahren Helden der Geschichte aber sind sie in jedem Fall. So treten drei große Prägekräfte hervor, deren unterschiedlich starker Einfluss über Glück und Unglück in der Weltgeschichte entscheidet: erstens die Triebnatur des Menschen, die von Empathie, Selbsterhaltungstrieb und zerstörerischen Passionen beherrscht wird; zweitens die Ratio, die diesen Kräften allein Widerstand zu leisten vermag; und schließlich die Kraft, die Voltaire *coutume* nennt: die Sitten, Gebräuche, Traditionen und Mentalitäten der verschiedenen Nationen. Sie sind viel stärker als die natürlichen Anlagen und die Vernunft, die ohnehin permanent von Verkümmerung und Absterben bedroht ist. Der Verlauf der Geschichte hängt also im Wesentlichen von den *coutumes* ab, deren Entstehung Voltaire auf drei Hauptfaktoren zurückführt:

> Drei Dinge nehmen unablässig Einfluss auf den Geist der Menschen: das Klima, die Regierung und die Religion; nur so kann man das Rätsel dieser Welt erklären.[38]

Im schlimmsten Fall machen diese drei Kräfte den Menschen zur willfährigen Verfügungsmasse der Mächtigen, die sich dabei der Methoden der Tyrannei und der systematischen Verdummung durch Aberglauben und Fanatismus bedienen. Ein mindestens ebenso verhängnisvolles Hemmnis des zivilisatorischen Fortschritts ist der Krieg, von dessen fatalen Folgen so viele Kapitel der weltgeschichtlichen Erzählung zeugen:

> In welch blühendem Zustand befände sich Europa heute ohne die permanenten Kriege, die den Kontinent reiner Nichtigkeiten und Lächerlichkeiten wegen ins Unglück stürzen! ... Die Vielzahl der Soldaten, die von allen Fürsten dauerhaft unter Waffen gehalten werden, ist wahrhaftig ein überaus beklagenswertes Übel.[39]

Das war die ultimative Abrechnung mit dem Kriegsherrn in Potsdam, der wenige Wochen zuvor in seinen dritten großen Krieg, den Siebenjährigen Krieg, eingetreten war, der sich zum ersten wirklichen Weltkrieg erweitern sollte. In jüngster Zeit, so Voltaire, scheint jedoch hinter den Leichenbergen auf dem Schlachtfeld ein hellerer Horizont auf:

> Die Völker mischen sich in den Krieg nicht ein, den ihre Herren führen; die Bürger einer belagerten Stadt wechseln oft von einer Herrschaft zur anderen, ohne dass es einen einzigen Einwohner das Leben kostet.[40]

Damit relativiert sich das vorangehende Pauschalurteil über die Historie beträchtlich: Die Mächtigen von heute sind charakterlich nicht besser als im alten Babylon, aber die Geschichte hat ihnen Zügel in Form von Gesetzen und Öffentlichkeit angelegt. So treten jetzt die konstruktiven Seiten der menschlichen Natur, die eine vernünftige Ordnung und eine Moral des wechselseitigen Wohlwollens fordert, deutlicher hervor.

Das gilt mit Abstrichen auch für die Religion, die bei Weitem wichtigste und gefährlichste Prägekraft des Menschen. Als stärkste *coutume* spiegelt sie die Paradoxie der *condition humaine* ganz rein wider: Sie entspringt aus dem Streben nach Frieden und Eintracht zwischen Menschen und Göttern und bewirkt doch fast immer das Gegenteil. Sie besteht anfangs aus dem Kult eines guten Schöpfergottes und sinkt doch schnell zur Priesterherrschaft ab, der schlechtesten Staatsform überhaupt. Trotzdem kann sogar die Religion das Gute im Menschen und in der Geschichte fördern, wie Voltaire in einer verblüffenden argumentativen Kehrtwendung darlegt. Obwohl das Papsttum mit seinen maßlosen Machtansprüchen auf der Basis einer erfundenen Religion die europäische Geschichte jahrhundertelang gelähmt und oftmals sogar zurückgeworfen hat, tritt in Voltaires Schlussbilanz der Menschheitshistorie ausgerechnet ein Papst als einer der größten Wohltäter der Menschheitsgeschichte hervor: Alexander III. (1159–1181) hat erfolgreich die Leibeigenschaft bekämpft und durch seine Unterstützung der italienischen Stadtrepubliken der Freiheit dauerhaft eine Gasse gebahnt. Man glaubt geradezu, das ironische Lächeln des Patriarchen von «Les Délices» bei der Niederschrift dieser Zeilen vor Augen zu haben: Wie würden die ehrenfesten Freunde von der *Encyclopédie* über dieses Lob eines Pontifex Maximus im finsteren Mittelalter die Stirn runzeln und den Kopf schütteln! Doch der Wahrheit musste die Ehre erwiesen werden, auch wenn sie unbequem war. Insgesamt mehren sich für Voltaire im achtzehnten Jahrhundert die Zeichen, dass die Zeiten des religiösen Fanatismus in seiner verheerendsten Gestalt vorbei sind, auch in der islamischen Kultursphäre.

Deren Begründer Mohammed erfährt im siebten Kapitel des *Essai* eine viel differenziertere und positivere Beurteilung als im *Mahomet*, wo er eine bloße Symbolgestalt für den Missbrauch des Aberglaubens als Mittel zur Macht war. Hier werden ihm nicht nur Willensstärke und Eloquenz, sondern auch ein aufrichtiger Glaube an die von ihm gestiftete Religion und der dazugehörige Enthusiasmus bezeugt. Das läuft zwar wie bei allen Religionsstiftern aus Voltaires Sicht auf einen kolossalen Selbstbetrug hinaus, erklärt aber viel schlüssiger die Dynamik, mit der die neue Religion des Islam in der Folgezeit die hohe Kultur Arabiens und des Orients zu begründen vermag. Diese ist dem christlichen Westen lange weit überlegen, wie sich am Aufeinandertreffen der barbarischen Kreuzfahrer und des humanen Sultans Saladin im zwölften Jahrhundert zeigt, bis sie ab der Mitte des sechzehnten Jahrhunderts in Rückstand gerät. Zuvor aber hatte sich die islamische Welt entgegengesetzt zur christlichen entwickelt: Sie wurde immer duldsamer und offener für fremde Einflüsse, während der Okzident im Wahn der Ketzerbekämpfung und Inquisitionstribunale versank.

Sehr gut schneiden im globalen Geschichtsvergleich auch die Zivilisationen Chinas und Indiens ab. Im Reich der Mitte, das mit seinen voll entwickelten Errungenschaften in die Geschichte eintritt, anstatt diese wie Europa nach und nach auszubilden, herrschen unter einer weise beratenen Monarchie eine humane Moral, vernünftige Gesetze und ein rationaler Kult des Höchsten Wesens ohne theologische oder philosophische Spitzfindigkeiten, bis hier ebenfalls am Beginn der Neuzeit ein Prozess der Erstarrung einsetzt. Auch in Indien ist unter der Priesterherrschaft der Brahmanen der allen Menschen ursprünglich gemeinsame Kult eines gütigen Schöpfergottes noch erkennbar, bis er durch das wilde Wuchern religiöser Dogmen und Riten fast bis zur Unkenntlichkeit entstellt wird.

Im Gegensatz zu dieser Hochschätzung von Muslimen, Chinesen und Indern schildert Voltaire in der *Philosophie der Geschichte* und im *Essai sur les mœurs* das jüdische Volk mit den abschreckendsten Zügen und knüpft damit an seine judenfeindliche Darstellung *Des juifs (Über die Juden)* aus den 1740er-Jahren an. Getreu seinem Grundsatz, dass sich in der Erfindung der Religionen die Eigenschaften der Nationen und damit ihr zivilisatorisches Niveau widerspiegeln, fällt er ein vernichtendes Urteil: Die jüdische Religion predige den Hass auf alle anderen Völker, ja sogar den Mord an diesen; die Juden, die sich als Erwähltes Volk verstünden, kennten keine Gastfreundschaft, seien geborene Wucherer und Betrüger und würden als natürliche Sklaven von allen anderen Nationen zutiefst verachtet. In ihren heiligen Schriften wimmele es nicht nur von Unmenschlichkeit und Grausamkeit, sondern auch von betrügerischen Wundergeschichten. Betrüger *par excellence* seien auch ihre Propheten, die permanent zum Fanatismus aufriefen. Mit diesem vehementen Verdammungsurteil meinte und traf Voltaire mindestens ebenso sehr das Christentum, das sich aus jüdischen Wurzeln entwickelt hat und dieses fatale Erbe weiter verschlimmere. Die auffallende Häufigkeit der Wörter «Juden» und «jüdisch» in Voltaires Werk erklärt sich überwiegend aus seiner Ablehnung aller Offenbarungsreligionen und ihres Exklusivitätsanspruchs – überwiegend, aber nicht allein.

Voltaire hat durch die Zuschreibung negativer Eigenschaften an «die Juden» in Vergangenheit und Gegenwart antisemitische Klischees aufgenommen und ausgebaut und dadurch antisemitische Strömungen gestärkt. So schrieb ausgerechnet er, der gewiefte Geschäftsmann und Börsenspekulant, ihnen ganz im Sinne der judenfeindlichen Tradition Habgier und maßlosen Erwerbstrieb zu. Auf der anderen Seite hatte er schon in den

Ein universalgeschichtliches Sittengemälde 393

Lettres philosophiques das Ideal einer Zivilgesellschaft entworfen, in der alle Religionen, auch die jüdische, reine Privatsache werden sollten und damit einer bürgerlichen Gleichheit und Gleichberechtigung nicht mehr entgegenstehen durften. Damit nahm er Thesen von Christian Wilhelm Dohm vorweg, der 1781 in seiner aufsehenerregenden Schrift *Über die bürgerliche Verbesserung der Juden* ihre rechtliche Gleichstellung forderte, dafür aber auch ihre Assimilation voraussetzte.

Die Gegensätzlichkeit, ja Widersprüchlichkeit dieser Haltung zu den Juden, die im Frankreich des achtzehnten Jahrhunderts eine winzige Minderheit von 40 000 Personen bildeten, kommt am schlagendsten in den Kapiteln 12 und 13 des *Traité sur la tolérance* zum Ausdruck, die der Frage gewidmet sind, ob es in den Büchern des Alten Testaments so etwas wie religiöse Duldsamkeit gegeben habe. Gleich zu Beginn dieser Erörterung kommt Voltaire zu einer überraschenden Feststellung:

> Gott kümmert sich um die Götzen verehrenden Niniviter ebenso wie um die Juden; er bedroht sie, er verzeiht ihnen. Melchisedech, der kein Jude war, opferte Gott. Balaam, ein Götzendiener, war Prophet! Die Schrift lehrt uns also, dass Gott nicht nur alle anderen Völker tolerierte, sondern dass er sich ihnen sogar mit väterlicher Fürsorge widmete – und wir wagen es, intolerant zu sein.[41]

Zumindest der Gott, den sich die Juden laut Voltaire erfanden, ist in Sachen Religion weitherzig. Das sage – wie im Folgenden ausführlich dargelegt wird – noch nichts über das jüdische Volk aus, das diesen Gott verehrte, aber oft genug gegen seine Gebote verstoßen habe. So fällt das Schlussurteil zum Thema jüdische Religion, Juden und Toleranz ambivalent aus:

> In einem Wort, wenn man das Judentum (*le judaïsme*) aus der Nähe betrachtet, wird man erstaunt darüber sein, die größte Toleranz inmitten der barbarischsten Schrecken zu finden. Das ist ein Widerspruch, in der Tat; fast alle Völker haben sich durch Widersprüche regiert. Glücklich der Widerspruch, der trotz blutiger Gesetze milde Sitten herbeiführt.[42]

Zutiefst widersprüchlich oder besser: gespalten sind nicht nur die Völker in ihrer Haltung zur Toleranz, sondern auch die Ansichten und Äußerungen Voltaires zum jüdischen Volk und seiner Religion. Diese Haltung teilte er mit anderen Aufklärern, die das Judentum in der Tradition eines christlichen Antijudaismus als Inbegriff der Unvernunft, blinden Gesetzeserfüllung und Geistfeindlichkeit verachteten, sich ein assimiliertes, «vernünftiges» Judentum aber zumindest theoretisch vorstellen konnten. In diesem Sinne stehen Voltaires hasserfüllte Tiraden, wie noch zu zeigen sein wird, Textpassagen gegenüber, in denen die brutale Verfolgung der Juden durch christliche Inquisitionen mit einer Verve gegeißelt wird, die der Anklage der Justizmorde im Frankreich des achtzehnten Jahrhunderts kaum nachsteht. Im Gegensatz zu diesem religiösen Fanatismus wird die jüdische Religion für tolerant, zeitgemäß und zukunftsfähig befunden – falls sie sich ihres archaischen Ballasts wie des Anspruchs auf Exklusivität entledige. Das lief wie bei Dohm auf die Aufgabe der historisch gewachsenen Identität einer verfolgten und diskriminierten Minderheit hinaus. Dass sich dieselbe Forderung Voltaires an die katholische Mehrheit richtete, bedeutete daher nicht dasselbe.

Das vorläufige Endergebnis der Menschheitsgeschichte ist für Voltaire ein fragiler und hybrider Zustand: Die Kräfte der Beharrung und des Fortschritts stehen sich um die Mitte des achtzehnten Jahrhunderts zwar weiterhin unversöhnlich gegenüber, doch tragen sie ihre Gegensätze zivilisierter aus als in der Vergangenheit. Obwohl sich die Waagschale zugunsten der humanen Kräfte neigt, kann die Tünche der Duldsamkeit jederzeit abblättern und die Fratze des Fanatismus wieder hervortreten. So schien Voltaire jetzt ein sehr gedämpfter Optimismus angebracht, gepaart mit Wachsamkeit gegenüber dem Wiederaufflackern der Intoleranz. Unheimlich und faszinierend an diesem historischen Zwischen- und Zwitterzustand ist die Gleichzeitigkeit des Ungleichzeitigen, die Voltaire in einem der luzidesten Kapitel seiner Geschichtsphilosophie beschreibt. Überschrieben ist es *Des sauvages (Von den Wilden)*, was den Leser auf eine Erkenntnis fördernde Art und Weise irritieren soll:

> Verstehen Sie unter Wilden Landbewohner, die mit ihren Weibchen und einigen Tieren in Hütten hausen und den Unbilden der Jahreszeiten ausgesetzt sind, die nur ihren kleinen Ausschnitt Land, der sie ernährt, kennen und dazu den Markt, auf dem sie gelegentlich ihre Waren verkaufen, um ein paar grobe Kleidungsstücke zu erwerben, die eine Sprache sprechen, die man in den Städten nicht versteht, die wenig Ideen im Kopf haben und folglich wenige Ausdrücke für diese

haben, die, ohne zu wissen warum, einem Mann mit Feder unterworfen sind, dem sie jedes Jahr die Hälfte dessen abliefern, was sie im Schweiße ihres Angesichts verdient haben, die sich an gewissen Tagen in einer Art Scheune versammeln, um Zeremonien zu begehen, bei denen sie nichts verstehen und einem anders gekleideten Mann zuhören, dessen Rede sie nicht begreifen, die manchmal zum Schlag der Trommel ihre Hütten verlassen, um sich in einem fremden Land töten zu lassen und ihresgleichen zu töten zum Viertel des Lohnes, den sie zu Hause durch ihre Arbeit verdienen können?[43]

Wer diese Wilden treffen will, muss nicht lange suchen und erst recht nicht weit reisen, man findet sie schon ein paar Meilen von Paris entfernt. Hellsichtiger hat die Kluft zwischen Eliten- und Volkskultur im achtzehnten Jahrhundert bis heute kein Historiker beschrieben. Für Voltaire stellte sich damit ein Jahrhundertproblem: Mit welchen Methoden, wann und mit welchen Konsequenzen konnte die Aufklärung das Volk erreichen? Solange das nicht der Fall war, gab es zu einer aufgeklärten Monarchie keine Alternative. Dass eine solche nicht in Sicht war, änderte nichts an ihrer Wünschbarkeit; beides hatte sie, wie das Erdbeben von Lissabon gezeigt hatte, mit dem lieben Gott gemeinsam.

Vergegenwärtigung der Vergangenheit, Gegenwartsdiagnose, anthropologischer Traktat, Religionspsychologie und -soziologie, großer Geschichtsroman: Das alles ist Voltaires *Essai* und noch mehr. Mit provokanter Eleganz und Prägnanz, Anschaulichkeit, Darstellungskraft und analytischer Tiefe führt er eine bei aller Grautönung im Einzelnen sinnhaltige, motivierende und anspornende Geschichte vor Augen, die sich trotz aller zerstörerischer Anlagen des Menschen aufwärtsbewegt. Darüber hinaus zeugt das monumentale Werk von einer stupenden Vertrautheit mit den Quellen und der damals verfügbaren wissenschaftlichen Literatur.

Dadurch fordert der Historiker Voltaire seine professionellen Nachfolger bis heute zu einer unbequemen Selbstbefragung heraus. In zweieinhalb Jahrhunderten emsiger Forschungstätigkeit haben sie sein Bild der Vergangenheit in zahlreichen Aspekten und Einzelheiten korrigiert, modifiziert und erweitert. Aber haben sie mit diesem ungeheuren Aufwand an Gelehrsamkeit das Bild der Geschichte im Großen, um das es Voltaire allein ging, grundlegend verändert? Wie immer man auf diese Frage auch antwortet, als Heilmittel gegen Geschichtsverzweiflung, Fortschrittsskepsis und das Totsagen der Geschichte ist sein *Essai* bis heute konkurrenzlos. Mit ihrem Fazit, dass die Zeit der Gräuel im Wesentlichen vorbei sei, doch jederzeit wieder anbrechen könne, war Voltaires Universalgeschichte zum Zeitpunkt ihres Erscheinens verblüffend aktuell. Anfang Januar 1757 nämlich versuchte ein offenbar geistig unzurechnungsfähiger Fanatiker namens Pierre Damiens, König Ludwig XV. zu ermorden, verletzte diesen mit einem Messer jedoch nur leicht. Bedenklicher als das missglückte Attentat erschien Voltaire die nachfolgende Orgie einer von der Justiz angeordneten Grausamkeit, die ihren Höhepunkt in der Vierteilung des vorher mit flüssigem Blei gefolterten Möchtegern-Königsmörders fand. An eine Wiederholung der bösen alten Zeit aber glaubte er trotzdem nicht:

> Châtel [Jean Châtel, nach einem erfolglosen Anschlag auf Henri IV 1594 gegen dessen Willen geviertelt] und Ravaillac [der Mörder von Henri IV] wurden von der epidemisch tobenden Wut berauscht, die damals in Frankreich herrschte, sie wurden vom öffentlichen Fanatismus inspiriert ... Davon kann heute keine Rede mehr sein.[44]

Das war eine Entwarnung und ein Freispruch in eigener Sache. Denn konservative Kreise schoben Voltaire und anderen «gottlosen» Philosophen, die mit ihrer zersetzenden Kritik die Sakralität der Monarchie und des Monarchen zerstört hätten, die Schuld an dem Anschlag zu.

Im Siebenjährigen Krieg zwischen allen Stühlen

Der Krieg, das schlimmste Übel der Geschichte, brach einige Monate vor dem missglückten Attentat auf den französischen König über Europa und seine Kolonien jenseits des Atlantiks herein: Ende August 1756 überschritten preußische Truppen die Grenzen zum Nachbarland Sachsen, womit ein Krieg, der sieben Jahre dauern sollte, seinen Anfang nahm. Lieber *praevenire* als *praeveniri*, besser «zuvorkommen» und die unvermeidlichen

Feindseligkeiten selbst beginnen, als von ihnen überrollt zu werden: Nach diesem Motto eröffnete Voltaires einstiger Sprachschüler eine bewaffnete Auseinandersetzung, die er nach menschlichem Ermessen nicht gewinnen konnte. Nicht nur Österreich, Russland, Schweden und die meisten größeren Territorien des Reiches hatten sich gegen Friedrich II. zusammengeschlossen, sondern auch Voltaires Heimatland trat jetzt dieser Koalition bei. Vorausgegangen war im Mai 1756 das in ganz Europa viel bestaunte *renversement des alliances*, die «Umkehrung der Allianzen»: Habsburg und Frankreich schlossen ein Bündnis, das der jahrhundertelangen Dauerfeindschaft und -rivalität der beiden Großmächte ein Ende bereitete. Als Gegenleistung für Truppenhilfe im Kampf gegen den Schlesien-Räuber in Potsdam hatte Maria Theresia Ludwig XV. die Abtretung ihrer niederländischen Besitzungen versprochen. Für den Hof von Versailles stand also viel auf dem Spiel, nicht zuletzt die Ehre, die kürzlich durch die Erfolge des Marschalls von Sachsen wieder aufpoliert worden war. Preußen konnte hingegen nur auf die Unterstützung Englands zählen, die sich im Wesentlichen auf Subsidienzahlungen beschränkte.

Voltaires Position in diesem Konflikt stand nicht erst seit der Kriegserklärung an den Krieg im *Essai sur les mœurs* fest:

> So wird das Blut in Deutschland in Strömen fließen, und nach aller Wahrscheinlichkeit wird sich ganz Europa vor dem Jahresende im Kriegszustand befinden. Dabei werden fünfhundert oder sechshundert Personen gewinnen. Der Rest wird leiden.[45]

Das war ein inzwischen gesicherter weltanschaulicher Standpunkt, der weiter dadurch gefestigt wurde, dass Voltaire mit Protagonisten auf allen Seiten der Fronten persönliche Beziehungen geknüpft hatte. An Luise Dorothea, die von ihm so hoch geschätzte und hoch gelobte Herzogin von Sachsen-Gotha, die ihn nach dem Ende seines preußischen Abenteuers und in den daran anschließenden Verwicklungen so tatkräftig unterstützt hatte, schrieb er im Januar 1757:

> Vierhunderttausend Soldaten werden also den Norden Deutschlands überschwemmen. So wird die ganze Klugheit Eurer Hoheit nötig sein, um zu verhindern, dass ein so schrecklicher Schlag in Ihren Staaten spürbar wird. Sie

befinden sich zwischen den Krieg führenden Parteien. Mögen Sie diesen den Geist des Friedens und der Gerechtigkeit einflößen können, der Ihr Herz durchpulst.[46]

Die Hoffnungen, dass das kleine Sachsen-Gotha beim Waffengang der Großen unbeschadet davonkommen möge, erwiesen sich rasch als illusorisch. Der sehr viel weniger kluge Gatte von Voltaires kluger Briefpartnerin reihte sich unter die Verbündeten Friedrichs ein, und seine Untertanen hatten dafür einen hohen Preis zu zahlen, genau wie Voltaire vorhergesagt hatte.

Emotional beteiligt war Voltaire auf beiden Seiten. Einer der Heerführer Frankreichs war ein alter Bekannter: Dem Herzog von Richelieu hatte Voltaire als Ehevermittler, Kreditgeber und Weihrauchschwenker gedient, der Herzog seinerseits dem *homme de lettres* als kluger Informant, wenn nötig auch als warnender Ratgeber. Halb ironisch, halb ernsthaft hatte Voltaire diesen erfolgreichsten Herzensbrecher des Jahrhunderts in seinen Briefen stets als «mein Held» angeredet. Dieses leitmotivische *mon héros* nahm er auch in seinem Brief vom 4. Februar 1757 auf, doch gewann es nun eine neue Bedeutung: «Ich weiß nicht, ob mein Held bereits den Geschichtswälzer erhalten hat, der mit Karl dem Großen und sogar noch früher beginnt und mit dem Sieger von Mahon endet.»[47] Damit spielte Voltaire auf seinen *Essai sur les mœurs* und die von Richelieu im Vorjahr geleitete Einnahme der Festung San Felipe am Eingang des Hafens von Mahón auf der Baleareninsel Menorca an, die den Briten gehört hatte. Allerdings sollte sich diese viel bejubelte Erstürmung zusammen mit einigen gleichfalls von Richelieu gegen Hannover'sche Truppen auf dem Festland gewonnenen Scharmützeln als einziger Grund zum Feiern im ganzen Krieg erweisen. Was folgte, waren katastrophale Niederlagen Frankreichs, und auch an diesen war Richelieu beteiligt. In Voltaires Schreiben schwingt noch ein letzter Nachhall der alten Bewunderung für den aristokratischen Schlachtensieger mit, allerdings wird sie schon durch die nachfolgenden Sätze fast völlig zunichtegemacht: «Sie werden in Ihrem Dienstjahr kaum Zeit zum Lesen finden. Dieser Dienst ist ja mit seinen extremen Schrecknissen ganz von Gewalt geprägt gewesen.»[48] Doch das, so der Historiker Voltaire, war ja nichts Neues. Richelieu sollte im *Essai sur les mœurs* nachlesen und sich belehren lassen, um sich mit anderen Feldherren in ähnlichen Situationen zu vergleichen und produktive Schlüsse aus deren Niederlagen zu ziehen, vor allem aber, um das darin gefällte Schlussurteil zu akzeptieren: Krieg ist Barbarei und zerstört die Zivilisation.

Im selben Brief stellte sich der Herr von «Les Délices» als viel umworben dar:

> Der König von Preußen hat mir gerade einen äußerst liebenswürdigen Brief geschrieben, also muss es ihm wohl sehr schlecht gehen. Die Selbstherrscherin aller Russen will, dass ich nach Petersburg komme; wäre ich fünfundzwanzig, würde ich es machen.[49]

Die damit gemeinte Zarin Elisabeth war eine Hauptfeindin des Preußenkönigs. Voltaire lehnte zwar die Einladung ab, doch der Aufforderung, ein Geschichtswerk über ihren Vater, Zar Peter den Großen, zu schreiben, kam er nach. Der Groll über das «Attentat» von Frankfurt am Main war nicht verwunden, wie die ebenso lieblose wie zutreffende Bemerkung über Friedrich II. zeigt. Dieser brauchte in der Tat dringend Verbündete, und Voltaire war eine Macht, zwar ohne Bataillone, doch mit Resonanz in ganz Europa. Im Februar 1757 stand es um die preußische Sache schlecht – und bald darauf noch viel schlechter. Im Juni 1757 erlitt der König bei Kolin in Böhmen eine so vernichtende Niederlage, dass er alles verloren gab und an Selbstmord dachte. Solche defätistischen Gedanken teilte er seinem Vertrauten d'Argens mit und sorgte zugleich dafür, dass Voltaire davon in einer Kopie Kenntnis erhielt. Dieser legte das Schreiben mit der ironischen Notiz ab: «Testament des Königs von Preußen in Versen, als er sterben wollte, 1757, einige Monate vor Roßbach, eigenhändig geschrieben».[50]

Die heroische Haltung des «Siegen oder Untergehen» ließ Voltaire nicht unberührt. Am 15. Oktober 1757 griff er zur Feder und schrieb seinem einstigen Schüler und ehemaligen Herrn einen Lehrbrief von brutaler Offenheit; darin argumentierte er als Philosoph und Lebenslehrer, aber auch als Betroffener, da mit dem Schicksal des geschlagenen Monarchen das Ansehen der Aufklärung insgesamt auf dem Spiel stand:

> Es geht hier nicht darum, mit Ihrer Majestät darüber zu diskutieren, was das Denkmal Ihrer großen Seele und Ihres großen Genies vervollkommnen kann. Es geht um Sie und zugleich um das Interesse des gesamten gesunden Teils der Menschheit, den die Philosophie an Ihren Ruhm und an Ihre Erhaltung bindet.⁵¹

Ein Philosophen-König konnte sich nach einer verlorenen Schlacht nicht einfach aus der Welt und damit aus der Verantwortung davonstehlen:

> Sie wollen sterben. Ich spreche mit Ihnen hier nicht über den schmerzlichen Schrecken, den dieser Plan einflößt. Ich beschwöre Sie, immerhin in Erwägung zu ziehen, dass Sie von Ihrem hohen Rang aus kaum sehen können, was die Menschen denken und wie der Geist der Zeit beschaffen ist ... Sie lieben den Ruhm so sehr, dass Sie auf eine Art und Weise sterben wollen, die die Menschen nur selten wählen und kein Herrscher Europas seit dem Untergang des Römischen Reichs sich auch nur vorstellen konnte. Aber, Sire, wenn Sie den Ruhm so sehr lieben, wie können Sie sich dann auf ein Projekt versteifen, das Sie diesen Ruhm verlieren lässt?⁵²

Über den königlichen Suizid werden die Freunde trauern, die Feinde aber triumphieren oder spotten. Bewundern wird einen solchen Abgang von der historischen Bühne jedoch niemand: «Ich füge hinzu – und es ist Zeit, das zu sagen –, dass niemand Sie als Märtyrer der Freiheit betrachten wird.»⁵³ Voltaire ersparte dem König hinzuzufügen, dass das Gegenteil der Fall wäre: Für die europäische Öffentlichkeit war der König ein Friedens- und Rechtsbrecher; für sie wäre sein Selbstmord nicht heroisch, sondern ein Schuldeingeständnis und überdies ein Akt feiger Selbstbezogenheit.

Hierauf folgt die Moral des eigentümlichen Trostbriefs: Ein König bleibt ein König, auch wenn er die eine oder andere Provinz verliert. Das gilt umso mehr für einen König, der zugleich Philosoph sein will:

> Aber ein Philosoph kann auf Staaten verzichten ... Lohnt es sich denn überhaupt, Philosoph zu sein, wenn Sie nicht als Privatmann leben können, oder, wenn Sie Herrscher bleiben, nicht im Unglück leben können?⁵⁴

Die Niederlage war also die Probe aufs Exempel: War der König ein echter Philosoph, oder war sein Philosophieren nur Fassade? Die Ermahnungen

Voltaires, die sich im Laufe des kriegerischen Auf und Ab in den folgenden Jahren wiederholten, prallten am Adressaten ab. Als es zwei Jahre später nach der verlorenen Schlacht von Kunersdorf ähnlich verzweifelt um Friedrich stand, gab er dem selbsternannten Lebenslehrer die in seinen Augen einzig angemessene Antwort: Was wusste ein Privatmann wie Voltaire in seinem idyllischen Refugium schon von aristokratischer Ehre? Ein König musste sich seines Ranges bewusst sein. Und das hieß: siegen oder ruhmvoll sterben. Der Selbstmord schied damit endgültig aus. Der Tod an der Spitze der eigenen Armee war unter dem Gesichtspunkt des Ruhmes entschieden vorzuziehen.

In diesem Bewusstsein setzte Friedrich II. im Herbst 1757 alles auf eine Karte und ging zum Gegenangriff über. Am 5. November nutzte er die katastrophalen Stellungsfehler des französischen Marschalls Soubise, eines Günstlings der Madame de Pompadour, bei Roßbach in Sachsen kaltblütig aus und schlug die dreimal so starke französische Armee vernichtend. Nach dieser demütigenden Niederlage seiner Landsleute fühlte sich Voltaire hin- und hergerissen. Die Verehrung der Alles-oder-nichts-Herrscher vom Schlage Karls XII., die aus persönlicher Ehrsucht das Schicksal ihrer Völker aufs Spiel setzten, hatte er glücklich überwunden, doch konnte er nicht umhin, dem Sieger zähneknirschend seinen Respekt zu bezeugen: «Alle Fehler des Menschen traten hinter dem Ruhm des Helden zurück.»[55] Diese Anerkennung ist umso bemerkenswerter, als sie sich in den *Mémoires pour servir à la vie de M. Voltaire* findet, die derselbe «M. de Voltaire» zwischen 1753 und 1757 verfasste, um seinen Aufenthalt in Preußen und damit sich selbst vor der europäischen Öffentlichkeit im günstigsten Licht und seinen damaligen Gastgeber ein weiteres Mal als Despoten darzustellen. Der Widerwille, der sich in Voltaires Bewunderung mischte, erklärte sich aus seinem gekränkten Nationalstolz, wie sein Brief an d'Alembert vom 6. Dezember 1757 zeigt:

> Der König von Preußen schreibt mir andauernd Verse, mal verzweifelt, mal als Held; und ich in meiner Einsiedelei versuche, Philosoph zu sein. Er hat jetzt erreicht, was er schon immer wollte, nämlich die Franzosen schlagen, von ihnen bewundert werden und sich über sie lustig machen; aber die Österreicher verspotten ihn, und zwar ernsthaft. Unsere Schande vom 5. November hat ihm Ruhm verschafft; aber mit diesem flüchtigen und allzu leicht erworbenen Ruhm wird er sich begnügen müssen. Er wird seine Staaten zusammen mit

denen, die er erobert hat, verlieren, es sei denn, die Franzosen entdecken das Geheimnis, ihre sämtlichen Armeen zu verlieren, wie sie es im Krieg von 1741 taten.[56]

In seinen historischen Werken hatte Voltaire durchgehend einen moderaten, von nationalistischer Übersteigerung freien Patriotismus an den Tag gelegt, der dem traditionellen Grundsatz folgte, dass die Ehre des Einzelnen untrennbar mit dem Prestige der Nation zusammenhängt. Die nationale und persönliche Ehre aber war nach der «Schande von Roßbach» beschädigt, wie Voltaire am Ufer des Genfer Sees schnell zu spüren bekam. In Lausanne wie in Genf wurde die peinliche Niederlage der *Grande Nation* mit kaum verhüllter Häme über die hochmütige Nation aufgenommen, die nun tief gefallen war. Voltaire war sich bewusst, dass die verbalen Nadelstiche nicht nur die Größe Frankreichs mindern, sondern auch seine eigene Stellung beschädigen sollten, und reagierte indigniert: Sollte sich Friedrich nur über die angeblich dekadenten Franzosen lustig machen, die Österreicher würden diese Scharte schon wieder auswetzen und seine geschlagenen Landsleute retten! Solche Rachegelüste zeigen, wie gestört Voltaires Verhältnis zum preußischen König weiterhin war, trotz der wahrhaft philosophischen Epistel vom 15. Oktober. Doch die Hoffnung, dass Habsburg die Schande seines Verbündeten wettmachen würde, erwies sich rasch als trügerisch. Genau einen Monat nach Roßbach schlug Friedrich bei Leuthen in Schlesien auch die österreichische Armee vernichtend, und das mit einem kaum weniger ungünstigen Zahlenverhältnis von 35 000 zu 65 000 Mann. Der Krieg, den die europäische Öffentlichkeit schon für entschieden gehalten hatte, ging damit in die nächsten, nicht minder verlustreichen Runden.

Bei aller Anteilnahme an diesen aufregenden Ereignissen war das in weiten Teilen Europas so blutige Jahr 1757 für Voltaire ein Intervall des Atemholens und der Entspannung. Im gleichfalls calvinistischen, doch im Vergleich mit Genf viel weniger strengen Lausanne gab es ein Theater, auf dessen Bühne seine Stücke eifrig beklatscht wurden. So viel Harmonie verlockte ihn dazu, wieder einmal den Stachel gegen die verordnete Rechtgläubigkeit zu löcken. Schon in seiner Universalgeschichte hatte er an Calvin und seinem «tyrannischen Geist» in Genf kein gutes Haar gelassen. Diese negative Bewertung steigerte er jetzt in einem offenen Brief zu unverhohlener Kritik an Grausamkeit und Barbarei des Reformators, was bei den Genfer Pastoren gar nicht gut ankam. Doch die Zeiten hatten sich auch im «reformierten Rom» gewandelt: Die politischen Gremien der Republik waren nicht bereit, die Vorwürfe ihrer kirchlichen Hirten in einen politischen Prozess umzumünzen. Für Voltaire war das ein persönlicher Triumph und zugleich ein Zeichen dafür, dass die Aufklärung an einem Ort gesiegt hatte, wo so lange der religiöse Fanatismus in reinster Form geherrscht hatte. Aber dieser Gegner war noch längst nicht geschlagen, wie sich bald zeigen sollte.

Diderot, Genf und die Encyclopédie

Im Spätherbst 1757 erhielt Voltaire Besuch von Madame de la Live d'Epinay, der Vertrauten von Denis Diderot, des hauptverantwortlichen Herausgebers der *Encyclopédie*. In ihren Briefen an ihren Freund Frédéric Melchior Grimm, einen führenden Vertreter der Pariser Atheisten, beschreibt sie das Alltagsleben in «Les Délices» und speziell die dortige Hausherrin, Madame Denis:

> Sie ist eine kleine dicke Frau, die keinen Esprit hat, aber geistvoll erscheinen möchte, die permanent brüllt, entscheidet, politisiert, Verse schmiedet, räsoniert und Unsinn redet. Sie betet ihren Onkel an – als Onkel und als Mann.[57]

Das Bild, das die Aristokratin von Voltaires Gefährtin zeichnet, entspricht dem Klischee der Aufsteigerin, der Ruhm und Reichtum ihres Gefährten zu Kopf gestiegen sind und die das Verhalten einer Geisteselite nachahmt, zu der sie aufgrund ihrer bescheidenen Talente nicht gehört. Den Rang, den sie an der Seite des berühmtesten *homme de lettres* der Zeit beanspruchte, versuchte sie auch äußerlich zu dokumentieren, wie Voltaires Briefe im ironischen Plauderton berichten:

> Außerdem bitte vierzehn Ellen rotvioletten Samtstoff aus Utrecht liefern. Das ist nochmals eine Bestellung der unersättlichen Madame Denis. Diese Pariserinnen bekommen einfach nie genug. Sie erschöpfen Geduld und Güte des Herrn Tron-

chin [Jean Robert, der Adressat des Briefes]. Und sie bringen ihren Onkel an den Bettelstab.⁵⁸

Davon konnte natürlich keine Rede sein. Voltaires Vermögensverhältnisse hatten sich, wie eine mit seinen Genfer Bankiers vorgenommene Bestandsaufnahme zeigte, weiterhin so erfreulich entwickelt, dass er über ein Jahreseinkommen von stolzen 80 000 Livres verfügte. Das zeigte, dass er bei seinen geschäftlichen Operationen weiterhin über ein glückliches Händchen verfügte, obwohl er bei seinen Investitionen das Risiko wie gehabt nicht scheute. So fuhr sein Kapital mit, wenn spanische Galeonen sich auf den Weg nach Südamerika machten, und natürlich sprang er weiterhin ein, wenn europäischen Potentaten das dringend benötigte Kleingeld für aufwendige Schlossbauten oder anspruchsvolle Mätressen auszugehen drohte. Erst kürzlich hatte er dem pfälzischen Kurfürsten Karl Theodor die ansehnliche Summe von 130 000 Livres geliehen, natürlich gegen die übliche «Leibrente», hinter der sich saftige 10 Prozent Zinsen verbargen. Allerdings war es auch bei diesem illustren Schuldner um die Zahlungsmoral nicht zum Besten bestellt, so dass Voltaire öfter mit der bei einem so hoch gestellten Kunden angebrachten Höflichkeit mahnen musste. Auf seine «Madame Denis» aber ließ er trotz seines onkelhaften Spotts über ihre Einkaufsgewohnheiten nichts kommen. Ihre Lebhaftigkeit und Loyalität, ihre regelmäßig benötigten guten Dienste als Krankenpflegerin, ihre Rolle als Herrin des «Besucherzentrums» «Les Délices» – das alles machte sie Voltaire längst unentbehrlich. An den Pariser Literaten und Theaterliebhaber Henri Lambert d'Herbigny, Marquis de Thibouville, einen seiner wichtigsten «Brückenköpfe» in der Hauptstadt, schrieb er im November 1757:

> Sie leben mitten im lärmigen und umtriebigen Paris, umgeben von aufregenden Neuigkeiten und Intrigen, und müssen uns einsame Kranke in ihren Briefen damit trösten. Wir haben auf die Welt Verzicht geleistet, aber wir werden sie weiterhin lieben, wenn Sie uns davon erzählen.⁵⁹

Das war pure Ironie, Voltaire war der Welt keineswegs abhandengekommen, sondern ließ die Welt zu sich kommen. Dieser Lebensstil tat nicht nur seiner stets angegriffenen Gesundheit gut, die auch der «Wunderdoktor»

Tronchin nicht dauerhaft zu stabilisieren vermochte, sondern war auch seinem Arbeitsrhythmus förderlich. So setzte sich die behagliche Ruhe auch im Jahr 1758 fort, wie immer mit einigen dunklen Wolken am Horizont. Das große Unternehmen der *Encyclopédie* war inzwischen zum Buchstaben «G» vorangeschritten. Damit wurde ein Artikel über Genf fällig, den Diderot selbst verfasste. Neunzehn Jahre jünger als Voltaire und kleinbürgerlichen Verhältnissen entstammend, verkörperte er als Atheist und Monarchiekritiker einen neuen, radikaleren und zugleich empfindsameren Typus des Aufklärers. Was die Genfer aus seiner Feder über ihre Stadt zu lesen bekamen, ließ ihnen die Haare zu Berge stehen: Ihre Pastoren hätten sich zu einem vernünftigen «Sozinianismus» bekehrt, sich also der Lehre des von ihnen 1553 auf dem Scheiterhaufen verbrannten Antitrinitariers Servet zugewandt und damit den obsoleten Glauben an den Gottessohn Christus endlich fallen gelassen! Das mochte für den einen oder anderen Patrizier insgeheim zutreffen, doch zugeben konnte das in Genf niemand. Die *compagnie des pasteurs* fühlte sich in ihrer Identität und Ehre getroffen und fasste Gegenmaßnahmen ins Auge. Als prominentester Mitarbeiter der *Encyclopédie* stand Voltaire zwischen den Fronten. Mit den kühnen Thesen Diderots war er grundsätzlich einverstanden, wie er d'Alembert, dem er den Beitrag fälschlich zuschrieb, am 29. Dezember 1757 mitteilte:

> Mein lieber und mutiger Philosoph, ich habe gerade Ihren exzellenten Artikel *Genf* gelesen. Ich denke, dass der Rat der Stadt und das Volk Ihnen feierliche Danksagungen schulden, selbst von den Priestern haben Sie solche verdient. Aber sie alle sind zu feige, um die Ansichten einzugestehen, die Sie aufgedeckt haben, und unverschämt genug, um sich über das Lob zu beklagen, das Sie ihnen dafür gespendet haben, sich ein wenig der Vernunft anzunähern.[60]

Nur gut, dass Voltaires Genfer «Freunde» nicht zu lesen bekamen, was er wirklich von ihnen hielt. Im Übrigen, so der Brief weiter, handele es sich um einen Sturm im Wasserglas. Die Genfer würden die Angelegenheit schon deshalb nicht an die große Glocke hängen, weil sonst Wahrheiten ans Licht kämen, die dem Artikel recht gäben – zu viele von ihnen hätten schließlich aus dem Munde des Theologieprofessors Vernes gehört, dass er Christus nicht als Gott betrachte. Und der französische Hof werde sich in das Gezänk der calvinistischen Häretiker ohnehin nicht einmischen. Mit beiden Vorhersagen lag Voltaire falsch. Wie Versailles konnte sich auch Genf weiterhin von seiner traditionellen Seite zeigen. Derselbe Vernes, der angeblich so lockere Reden im Munde führte, gehörte ebenso wie Mitglieder des «Stammes Tronchin» dem geistlichen Gericht des Konsistoriums an, das den «Fall *Encyclopédie*» jetzt an sich zog. Trotzdem glaubte Voltaire immer noch, dass sich die Affäre mit gesundem Menschenverstand beilegen ließ, wie der Brief an seinen Arzt Théodore Tronchin vom 8. Januar 1758 zeigt:

> Mein lieber Aesculap, ich habe Ihren Brief an Madame Denis gelesen. Ich glaube nicht, dass Herr d'Alembert die *Encyclopédie* aufgeben wird. Er fühlt sich schnell abgestoßen, aber er engagiert sich auch gern. Das große Werk braucht ihn, und man wird es nicht hinnehmen, dass er es aufgibt. Noch erstaunter wäre ich, wenn er zum Artikel über Genf einen Widerruf verfasst. Widerrufe taugen für den heiligen Augustinus, aber nicht für ihn.[61]

Wenn die Pastoren gar keine Ruhe geben, so die anschließende Warnung, habe er Dokumente in der Hinterhand, die die Richtigkeit von d'Alemberts Behauptungen belegten. Denselben selbstbewussten und ironischen Ton schlug Voltaire vier Tage später in einem weiteren Schreiben an Tronchin an: «Es gibt fast keine Autodafés [wörtlich: Akte des Glaubens] mehr, und es gibt sehr wenig Fé [Glauben].»[62] Wenn einige unverbesserliche Fanatiker dennoch das Holz für einen Scheiterhaufen zusammentrügen, würden er und seine Nichte kommen und die Flammen mit den Spritzen löschen, die ihm Tronchin gegen seine Gebresten verordnete. So viel Spott über die Religion seiner Heimatstadt und über seine Heilkunst kam bei dem gefeierten Mediziner mit Einsitz im obersten geistlichen Gericht an die falsche Adresse. Der Prozess wurde weitergeführt, doch zu einer regelrechten Verurteilung rang sich das Tribunal nicht durch, sehr zur Enttäuschung der Pastoren.

Trotzdem täuschte sich Voltaire mit seinen optimistischen Vorhersagen. D'Alembert war nicht so kämpferisch gestimmt, wie er gemeint hatte,

Diderot, Genf und die Encyclopédie

sondern warf, der endlosen Streitigkeiten müde, das Handtuch und zog sich aus dem Unternehmen *Encyclopédie* zurück. Das lag nicht an den Genfer Querelen, sondern an dem Sturm, der in Paris und Versailles losbrach und mit dem Voltaire nicht gerechnet hatte. Die Jesuiten denunzierten die *Encyclopédie* als akute Gefahr für Staat, Kirche, Ordnung und Moral und der Hof stimmte in diese Anklagen ein – nach den katastrophalen Niederlagen im Siebenjährigen Krieg hatte die «Partei der Frommen», die auf ostentative Reue und Buße, aber auch auf die Offensive gegen die bösen *philosophes* setzte, Oberwasser. Diderot ließ sich davon nicht einschüchtern, und auch Voltaire war weiterhin mit von der Partie.

Im Sommer 1758 machten die ausstehenden Zinszahlungen des Kurfürsten eine Reise in die liebliche Pfalz notwendig. In Schwetzingen, wo der Hof weilte, wurde der Bankier-Philosoph mit ausgesuchter Höflichkeit empfangen und gefeiert. So führte das dortige Hoftheater zu seinen Ehren seinen *Mahomet* auf. Voltaire wiederum konnte seinem säumigen Schuldner erste Kapitel eines Werks vorlesen, das den eigentlichen Ertrag des Jahres 1758 bilden sollte, die lästige Pflichtarbeit der Geschichte Peters des Großen einstweilen in den Hintergrund treten ließ und Mitte Januar 1759 in Genf von den Verlegern Cramer mit dem Titel *Candide ou l'optimisme* ohne Nennung eines Verfassers gedruckt wurde. Voltaire war durch die Maßnahmen kirchlicher und staatlicher Obrigkeiten gegen frühere, weitaus harmlosere Werke gewarnt und ging bei der Verbreitung seiner Erzählung diesmal geradezu generalstabsmäßig vor.

Ab dem 15. Januar 1759 begann das Verlagshaus Cramer mit der Auslieferung des Texts an seine Abnehmer in weiten Teilen Europas – unter der Hand, versteht sich. Am 20. Februar erreichten die ersten, wie gehabt in «harmlosen» Planwagen versteckten Exemplare Paris, drei Tage später zirkulierte das Buch in Genf. Wie erwartet, bestanden die offiziellen Reaktionen überall aus heller Empörung. Die Genfer Pastorengesellschaft resümierte zutiefst indigniert, das abscheuliche Machwerk «enthalte schmutzige Dinge, flöße den Geist der Unmenschlichkeit ein, verstoße gegen die guten Sitten und beleidige die Vorsehung».[63] Die vom ersten Bürgermeister daraufhin angeordnete Durchsuchung der Cramer'schen Werkstätten und sämtlicher Buchhandlungen der Stadt blieb jedoch ergebnislos – das anstößige Werk konnte nicht mehr vernichtet werden, schon Anfang März war es mit 6000 verkauften Exemplaren ein Bestseller, die zahlreichen

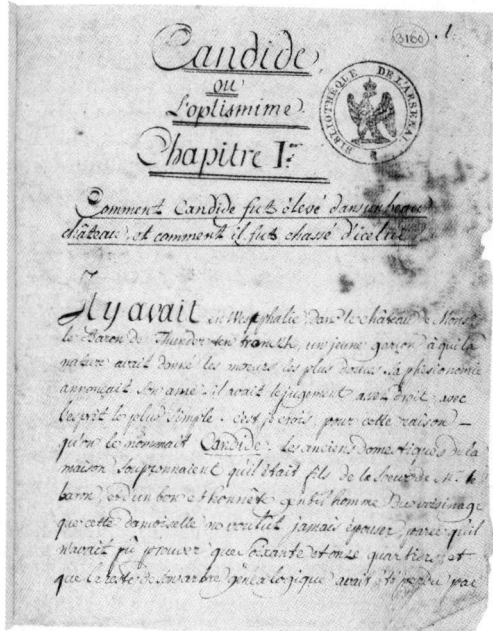

«Candide oder Der Optimismus», erste Manuskriptseite

Raubdrucke nicht einmal miteingerechnet. Aus Paris schickte der mit Voltaire befreundete Herzog von La Vallière erste Erfolgsmeldungen: «Vielleicht ist kein Buch jemals auf lebhaftere Nachfrage gestoßen. Man findet es bezaubernd (*charmant*), man nennt Sie als Autor, ich leugne das ab, aber man glaubt mir nicht.»[64] Diese Begeisterung teilte der mit der Beschlagnahmung des Skandalbuchs betraute Polizeioffizier nicht: «Es handelt sich um einen schlechten Scherz über alle Länder und alle Bräuche, der des Verfassers, dem man das Buch zuschreibt, unwürdig ist: M. de Voltaire.»[65]

«Candide»: Ein charmanter Blick in den Abgrund

Voltaire mischte in diesem Verwirrspiel über die Verfasserschaft des *Candide*, das letztlich niemanden täuschte, kräftig mit. Anfang April 1759 ging beim Lütticher *Journal encyclopédique* ein Schreiben von ihm ein, das er unter fremdem Namen verfasst hatte und das die Öffentlichkeit angeblich über die heiß diskutierte Verfasserfrage des *Candide* aufklären sollte:

> Ich weiß nicht, von welchem Herrn de V. Sie sprechen wollen; aber ich erkläre Ihnen, dass dieses kleine Buch von meinem Bruder, Herrn Démad, stammt, der zurzeit Hauptmann im Regiment Braunschweig ist ... Im Übrigen habe ich, meine Herren, die Ehre, Sie darüber zu informieren, dass mein Bruder, der Hauptmann, der Spaßvogel des Regiments und ein sehr guter Christ ist, der zu seiner Zerstreuung im Winterquartier den Roman *Candide* verfasst hat, und zwar vor allem mit der Absicht, die Sozinianer zu bekehren. Denn diese Ketzer begnügen sich nicht damit, lauthals die Dreieinigkeit und die ewigen Höllenstrafen zu leugnen, sie behaupten darüber hinaus, dass Gott aus unserer Welt notwendigerweise die beste aller möglichen Welten gemacht hat und dass alles gut ist. Diese Idee aber widerspricht der Lehre von der Erbsünde.[66]

Weiter konnte man den Spott über die jüngsten Ereignisse und ihre Urheber kaum treiben. Die Genfer Pastoren hatten sich darüber beschwert, von Diderot als Sozianer bezeichnet zu werden. Diese Widerlegung nimmt ihnen hier ein «Bruder Lustig» ab, der zum Amüsement seiner Kameraden in der Atempause zwischen zwei Schlachten die Doktrin des Sündenfalls belegen möchte, durch den die Menschen von Natur aus dem Bösen zuneigen. So wurden mit einem Schlag gleich alle Parteien der Lächerlichkeit preisgegeben: die konservativen Theologen, die die Schlechtigkeit des irdischen Jammertals mit der ungebrochenen Macht der Erbsünde begründeten, und ihre Widersacher, die im Stile von Leibniz und Pope von der besten aller möglichen Welten schwadronierten.

Voltaires Philosophie war von beiden Positionen gleich weit entfernt: Die Welt war seiner Ansicht nach in einem miserablen Zustand, und die Menschen waren von ausgesuchter Bösartigkeit, aber mit der verlorenen Unschuld der Ureltern im Paradies hatte das alles nichts zu tun. Auch die begeisterten Leser des *Candide* wie La Vallière und die empörten Polizisten sahen nur die halbe Wahrheit. Die Erzählung kommt tatsächlich «charmant» daher, doch das Lächeln oder Schmunzeln musste einem aufmerksamen Leser schnell vergehen. Die philosophische Novelle hetzt zwar nicht zur Unmenschlichkeit auf, wie der Hüter von Ordnung und Moral meinte, aber sie zeigt mit süffisanter Eleganz die moralischen Abgründe, die sich in jedem Menschen auftun. Darüber hinaus deckt sie die Widersprüche und Widrigkeiten einer Welt auf, deren Heillosigkeit nicht der Mensch, sondern allenfalls ihr Schöpfer zu verantworten hat – wenn es ihn denn gibt. Doch Antworten auf solche oder andere Fragen darf der Leser in dieser Novelle nicht erwarten. Sie werden zwar immer wieder gestellt, aber Lösungen für die damit aufgeworfenen Probleme werden nicht angeboten, weil es sie nicht gibt.

Das Entsetzen über den König von Preußen, der sich nicht als friedlicher Liebhaber und Schützer der Musen, sondern als Kriegstreiber par excellence entpuppte; das Elend, in das dieser Krieg große Teile der Welt stürzte; die Katastrophe von Lissabon, das hysterische Gezänk um die *Encyclopédie*, die zunehmende Unduldsamkeit der verschiedenen Konfessionen – all das stimmte Voltaire immer unversöhnlicher und fand Eingang in die nachtschwarze Geschichte von Candide, dem *esprit simple*, dem tumben Tor mit seinem anfangs grenzenlosen Optimismus. Die Rahmenhandlung ist ein lockeres Band: Candide, der – wie der Name sagt – sanfte und naive Protagonist der Novelle, wächst in einem westfälischen Schloss unter dem Regiment eines adelsstolzen Barons als uneheliche Sohn von dessen Schwester und unter der Obhut des Hauslehrers Pangloss auf. Dieser hat sich nach offenbar oberflächlicher Lektüre von Leibniz und Pope einer Philosophie verschrieben, nach welcher alles in dieser besten aller Welten einen Sinn hat, auch das scheinbar Sinnwidrige. Als Candide, erfüllt von dieser anspornenden Lebenslehre, erste Annäherungsversuche an Cunégonde, die dralle Tochter des Barons wagt, wird er von diesem flugs des Schlosses verwiesen und tritt eine Weltreise an, die ihn mit ausgesuchter Brutalität eines Schlechteren belehrt. Und nicht nur ihn: Auf seinen haarsträubenden Stationen trifft Candide immer wieder auf Leidensgenossen beiderlei Geschlechts, denen das Schicksal noch viel übler mitspielt als ihm selbst.

Wie in *Micromégas* reihen sich in rascher Abfolge Szenen aneinander, die mit ihrer märchenhaft anmutenden Unwirklichkeit – oder besser:

Überwirklichkeit – allein der Willkür einer wild ausschweifenden Einbildungskraft zu gehorchen scheinen, tatsächlich jedoch sorgsam, ja systematisch komponiert sind: Dem Leser begegnen Menschenverbrennungen, die in Lissabon ein erneutes Erdbeben verhindern sollen, Affen, die sich mit Menschenfrauen paaren, und zwar sehr zu deren Vergnügen, Menschenfresser, die den Helden nur deshalb nicht verzehren, weil er zuvor einen mit ihnen verfeindeten Jesuiten getötet hat, eine afrikanische Mutter, die ihren Sohn in die Sklaverei verkauft, damit er glücklich wird, ein König, der freie Menschen an der Weiterreise hindert, und die Quacksalberei der Pariser Ärzte, die ihre gesunden Patienten krank machen. Alle diese scheinbar ungeordnet aufeinander folgenden Episoden sind Bestandteile einer einzigen großen Beweisführung, deren Ergebnisse lehrsatzartig in das grelle Panoptikum der blutigen Erzählungen eingefügt werden. Sie lauten: Der Krieg ist eine erbärmliche Menschenschlachterei, die sich gerne heroisch verkleidet; die Religion ist ein Katalysator der menschlichen Gemeinheit und Grausamkeit; der Mensch ist dem Menschen ein Wolf und das Leben der Menschen eine einzige Abfolge von Elend und Unglück:

> Ich bin in Elend und Schande alt geworden, habe nur noch die Hälfte meines Hinterteils und erinnere mich doch immer daran, dass ich die Tochter eines Papstes bin. Ich habe mich hundertmal töten wollen, aber ich liebte immer noch das Leben. Diese lächerliche Schwäche ist vielleicht eine unserer verhängnisvollsten Neigungen, denn gibt es etwas Verrückteres, als dauernd eine Bürde weiterzutragen, die man hundertmal zu Boden werfen möchte?[67]

So lautet die Lebensbilanz einer alten Frau, die den Weg Candides und seines Lehrers Pangloss kreuzt. Dessen Wahnidee, in der besten aller möglichen Welten zu leben, stößt bei der vom Leben gebeutelten Papsttochter verständlicherweise auf Widerspruch:

> Und wenn sich nur ein Einziger findet, der nicht oft sein Leben verflucht hat und sich nicht selbst oft gesagt hat, dass er der Unglücklichste aller Menschen ist, dann werfen Sie mich den Kopf voraus ins Meer.[68]

Diese Wette kann die geschworene Pessimistin gar nicht verlieren: Alle Personen der Novelle mit Ausnahme von Pangloss und seinem Schützling Candide, dem es erst allmählich wie Schuppen von den Augen fällt, wetteifern geradezu darum, wen es am härtesten getroffen hat. Dafür können sie handfeste Beweise vorzeigen, denn ihnen allen sind bei der Schreckensreise durchs Leben nicht nur alle Illusionen, sondern auch wichtige Körperteile abhandengekommen. Das Fazit lautet also: Das Leben ist ein Martyrium ohne anschließende Erlösung im Himmel; und zu diesen Qualen leisten die Religionen tatkräftige Beihilfe, da sie die angeborene Grausamkeit des Menschen zu zerstörerischen Höchstleistungen anspornen.

Nur im abgeschiedenen Anden-Land Eldorado scheint das Streben nach Glück nicht von vornherein aussichtslos zu sein. Hier herrscht ein fürsorglicher Monarch, der seinen Untertanen einen vernünftigen Deismus und eine Wertordnung predigt, die moralische Qualitäten höher als Reichtum und Ruhm einschätzt. Trotzdem lädt das «Goldland» nicht zum dauerhaften Verweilen ein, dafür ist die Bevormundung zu stark und der Freiraum für Selbstentfaltung und Eigenverantwortung zu gering. Die Zauberformel für eine humane Gesellschaft besteht nicht in Gängelung, sondern in der Vereinbarkeit von Ehrgeiz und Geltungstrieb auf der einen Seite und Gemeinnutz und harmonischem Zusammenleben auf der anderen. Doch in Anbetracht der menschlichen Natur kommt das der Quadratur des Kreises gleich.

Am Ende aller Irrfahrten kommen die Überlebenden auf einer kleinen Insel vor Istanbul zusammen, wo sie, vor den Verfolgungen einer mörderischen Welt einigermaßen geschützt, ein geruhsames, halbwegs glückliches Leben führen könnten: im Rückblick auf überstandene Fährnisse, klug geworden durch bittere Erfahrungen und vereint durch Solidarität und wechselseitige Überlebenshilfe. Doch einen so milde verklärten Ausweg und Ausklang gewährt Voltaire seinen Anti-Helden und seinen Lesern nicht. Der Kreis schließt sich zwar, wie es sich für eine gute Geschichte gehört, doch nicht zum Guten: Am Ende sind alle betrogen, vor allem um ihre Hoffnungen. Candide hat zwar jetzt die einst heiß begehrte Cunégonde für sich, doch von Begehren oder auch nur stiller Eintracht kann keine Rede mehr sein: «Seine Frau wurde alle Tage hässlicher, gehässig und unausstehlich. Und die Alte war krank und noch schlechter gelaunt als Cunégonde.»[69] So ist alle Mühe umsonst gewesen. Den anderen geht es nicht besser. Pangloss verkündet zwar sein absurdes Credo «Im Großen ist alles gut» unverdrossen weiter, glaubt aber an diese lebensfremde Lehre im Grunde selbst nicht mehr und verzehrt sich vor ungestilltem Ehrgeiz, weil ihm ein Philosophie-Lehrstuhl in Deutschland versagt bleibt. Der manichäisch gepolte

«Candide»: Ein charmanter Blick in den Abgrund 413

Ultra-Pessimist Martin, den Candide auf seiner Irrfahrt aufgelesen hat, sieht sich darin bestätigt, in der Hölle auf Erden zu leben, und teilt diese Überzeugung ungefragt täglich aufs Neue mit. Zur allgemeinen Unzufriedenheit kommt die lähmende Langeweile, die alle unleidlich und gereizt macht. Das einzige Rezept gegen die vollständige Verzweiflung über die verlorenen Lebensziele ist die Arbeit im eigenen Garten: «Das ist gut gesagt, antwortete Candide, aber wir müssen unseren Garten bestellen.»[70] Arbeit allein lässt die Absurdität des Lebens vergessen, doch Sinn verleiht sie ihm nicht.

Das Fazit lautete also ähnlich wie im *Poème sur le désastre de Lisbonne*, nur noch unbarmherziger: Der Mensch muss sich sein Leben schönreden, um überhaupt leben zu können. Diese ernüchternde Philosophie verquickte sich mit mancherlei persönlicher Abrechnung. Kurz nachdem der Baron Thunder-ten-tronckh Candide aus seinem Schloss vertrieben hat, fällt dieser im Nachbardorf Valdberghoff-trarbk-dikdorff Werbern in die Hände, die ihn zuerst betrunken machen, dann fesseln und schließlich in ein Regiment des Königs der Bulgaren verbringen, wo er mit brutalem Drill für seinen Einsatz in der Schlacht fit gemacht werden soll. Als er in einer Pause dieser unmenschlichen Abrichtung einen Spaziergang unternimmt, um auf andere Gedanken zu kommen, wird er als Deserteur in den Kerker geworfen und vor die Wahl gestellt: Will er sechsunddreißigmal Spießrutenlaufen oder gleich zwölf Kugeln in den Kopf gejagt bekommen?

> Er hatte gut reden, dass der Wille frei ist und dass er weder das eine noch das andere wollte, eine Wahl musste gleichwohl getroffen werden; und aufgrund des Geschenks Gottes, das man Freiheit nennt, entschied er sich für die Ruten.[71]

Als er sich nach zwei «Durchgängen» und viertausend Stockschlägen doch noch für die zweite, schnellere Lösung entscheidet und alles zur Erschießung bereit ist, kommt der König der Bulgaren zufällig vorbei und erkundigt sich nach dem Fall,

> und da dieser König einen genialen Geist besaß, schloss er aus allem, was er von Candide erfuhr, dass er einen jungen Metaphysiker vor sich hatte, der nichts von den Dingen dieser Welt verstand, und gewährte ihm eine Milde, die in allen Zeitungen und in allen Jahrhunderten gelobt werden wird.[72]

Das war der Preußenkönig, wie er leibte und lebte – und gleich danach zum fröhlichen Sterben fürs Vaterland aufrief:

> Nichts war so schön, so anmutig, so brillant wie die zwei Armeen. Die Trompeten, Pfeifen, Oboen, Trommeln und Kanonen bildeten eine Harmonie, wie es sie in der Hölle nie gegeben hat. Zuerst machten die Kanonen ungefähr sechstausend Mann auf beiden Seiten nieder; danach schafften die Musketen neun- bis zehntausend Schurken aus dieser Welt, deren Oberfläche sie bisher beleidigt hatten. Und auch das Bajonett war der zureichende Grund (*raison suffisante*) für den Tod von einigen Tausend Menschen.[73]

Debatten über den freien Willen erübrigen sich, wenn Tyrannen das Sagen haben, und alles Philosophieren über die beste aller Welten nimmt sich vor den Schrecken des Krieges lächerlich aus. Die Absage an die Idee der aufgeklärten Monarchie im Hier und Jetzt konnte nicht vollständiger ausfallen. Der Friedhof der Illusionen war um ein weiteres Grab reicher.

SIEBTES KAPITEL

DER PATRIARCH VON FERNEY

1759–1766

Zwei Landgüter für die Freiheit und die Polemik

An den Ufern des Genfer Sees waren die Gräuel, die Candide erleben muss, nur ein fernes Echo. Doch eitel Harmonie herrschte auch hier nicht. Das vernichtende Urteil der Genfer Pastoren über seine philosophische Novelle gab Voltaire zu denken. Ähnlich harsche Reaktionen der Lausanner Kirchenvertreter waren schließlich der Tropfen, der das Fass zum Überlaufen brachte:

> Ich halte an meinem Plan fest, Besitzungen in Frankreich, in der Schweiz, in Genf und sogar in Savoyen zu haben. Irgendwo wird gesagt, dass man nicht zwei Herren dienen kann; ich will vier davon haben, um gar keinen zu haben und voll und ganz das schönste Geschenk der Natur, das man Freiheit nennt, zu genießen.[1]

Der Vermehrung der Wohnsitze lag ein kühles Kalkül der Fluchtwege zugrunde: Die Distanz von Genf nach Lausanne war mit einer Übernachtung, vielleicht sogar in einer einzigen Parforcetour zu schaffen. Nach den jüngsten Misshelligkeiten konnte allerdings auch dieses Refugium nicht mehr als sicher gelten. Wer der Welt den Spiegel vorhielt, musste sich vor ihr in Acht nehmen; für Candide reichte ein Inselchen, für den kritischen Weltbürger Voltaire mussten es vier Stützpunkte in drei Ländern sein. So kamen 1759 zwei neue Domizile namens Ferney und Tourney hinzu, beide auf französischem Boden gelegen, doch am äußersten östlichen Rand des Königreichs und von Versailles mindestens sechs Kuriertage entfernt, von «Les Délices» aber nur zehn Kilometer, so dass sich jetzt ein vielversprechendes Flucht-Dreieck ergab. Sollte Ludwig XV., der sich feindseliger denn je gab, seine Häscher schicken, waren die rettenden Stadtmauern von Genf nicht fern; wenn die dortigen Patrizier ebenfalls grollten, blieb als letzter Rückzugpunkt noch das Berner Waadtland. Solche Überlegungen

Zwei Landgüter für die Freiheit und die Polemik

waren keineswegs von Panikattacken diktiert. Das Erscheinen des *Candide* bot dem *Parlement* von Paris erneut die willkommene Gelegenheit, sich als Hüter der Moral in Szene zu setzen und einen Rundumschlag gegen deren angebliche Feinde zu führen; neben materialistischen Schriften wurden auch Voltaires Gedicht über das Naturgesetz und die ganze *Encyclopédie* in einem Aufwasch verdammt.

Mit Ferney und Tourney erwarb Voltaire nicht nur zwei neue Wohnsitze, sondern auch ein beträchtliches Quantum an Titeln und Vornehmheit. Zum Herrensitz von Ferney, der sich mit vier Türmen wie eine ritterliche Trutzburg ausnahm, gehörten feudale Herrenrechte, die er in seinen Geschichtswerken als hässliches Überbleibsel eines barbarischen Zeitalters angeprangert hatte. Als Hoheitszeichen seiner neu erworbenen Gerichtsbarkeit über das Dorf Ferney stand sogar ein klappriger Galgen neben dem Schloss. Die Vorbesitzer des Lehens hatten ihre «Vasallen» frei nach dem Motto Friedrichs II. wie eine Orange ausgepresst und die Schale weggeworfen. Seit sieben Jahren war in der Dorfkirche keine Hochzeit mehr gefeiert worden, die wenigen verbliebenen Einwohner ächzten unter der Last der Abgaben und Steuern, viel guter Grund und Boden blieb unbestellt. Für dieses Anwesen und die dazugehörigen Privilegien zahlte Voltaire an die Vorbesitzer, die Erben des großen Humanisten Guillaume Budé, 130 000 Livres, 50 000 kamen für die sogleich in Angriff genommenen Umbauten des Schlosses dazu, denen die wackeligen Türme zum Opfer fielen. Der gerissene Geschäftsmann Voltaire zeigte sich in Ausgabelaune. Sein neues Anwesen sollte seinen Rang spiegeln und dessen Garten schöner werden als in «Les Délices», dafür war das Beste gerade gut genug.

Beim Erwerb von Tourney hatte Voltaire es mit einem Verhandlungspartner zu tun, der ihm in Sachen Geschäftssinn mindestens ebenbürtig war: An Charles de Brosses, seines Zeichens hoher Richter im *Parlement* von Dijon und Verfasser eines geistreichen Italienreiseberichts, biss er sich bei seinen Versuchen, den Preis zu drücken, die Zähne aus. Obwohl das Dörfchen Tourney und das dazugehörige Herrenhaus in einem noch beklagenswerteren Verfallszustand als Ferney waren, verlangte und erhielt de Brosses dafür, dass er Voltaire diesen Besitz zu seinen Lebzeiten zum Nießbrauch überließ, stolze 35 000 Livres; dazu kamen horrende Reparaturkosten. Nach Abschluss dieses Handels rieb sich der Verkäufer die Hände, denn die Ärzte gaben dem Käufer höchstens noch drei Jahre Lebenszeit.

Zwei Landgüter für die Freiheit und die Polemik 419

Doch Voltaire wusste, was er von solchen Prognosen zu halten hatte. Am Ende wurden es knapp zwei Jahrzehnte – und de Brosses segnete vor ihm das Zeitliche. Der Schloss-, Lehens- und Gerichtsherr Voltaire hatte jetzt seine festen Burgen, auf denen er den Kampf für die Aufklärung und gegen die Mächte des Obskurantismus und des Fanatismus führen konnte. In den neunzehn Jahren, die er in Ferney verbrachte, wurde Voltaire zur mythischen Gestalt, die sich der Nachwelt unauflöslich einprägte, für die einen als Hassfigur, für die anderen als überlebensgroße Verkörperung der Vernunft und des Fortschritts. Als Herr seines eigenen Hofes erlebte der Fünfundsechzigjährige und so oft schon Totgesagte eine intellektuelle Verjüngung, die einer Wiedergeburt im Alter gleichkam, doch ohne jede Altersmilde und dafür mit einem Kampfgeist, der Europa in Staunen versetzte. Von jetzt an reihte sich Kampfschrift an Kampfschrift, in den unterschiedlichsten Tonlagen, je nach Adressat und Zweck, von scheinbarer Verneigung vor einem «guten», zur Duldsamkeit bekehrten Christentum bis hin zur radikalen Abrechnung mit dem fatalen Phänomen Religion an und für sich.

Das erste und kürzeste dieser Manifeste mit dem Titel *Galimatias dramatique*, was sich frei mit «Viel Lärm um nichts» übersetzen lässt, war wohl schon vor dem befreienden Schlösserkauf entstanden und konnte nun publiziert werden. Darin treten ein Jesuit, ein Jansenist, ein Quäker, ein Lutheraner, ein Puritaner, ein Muslim und ein Jude mit ebenso knappen wie absurden Aussagen gegeneinander an, um den chinesischen Schiedsrichter von der alleinigen Wahrheit ihrer Doktrin zu überzeugen. Doch dessen Stoßseufzer im Namen des Konfuzius lautet: «Haben alle diese Leute den Verstand verloren? Herr Oberwärter der chinesischen Irrenhäuser, sperren Sie jeden dieser Verrückten in eine eigene Zelle.»[2]

Im November 1759 folgte die *Relation de la maladie, de la confession, de la mort et de l'apparition du Jésuite Berthier avec la relation du Voyage de Frère Garassise* nach. Mit diesem *Bericht von Krankheit, Beichte, Tod und Wiedererscheinen des Jesuiten Berhier samt der Erzählung von der Reise des Bruders Garassise* eröffnete Voltaire den Kampf gegen den Orden seiner alten Gymnasiallehrer, der sich die Unterdrückung der Aufklärung in jedweder Form auf die Fahnen geschrieben hatte. Der Titel des Textes verspricht ein Heiligenleben mit obligaten Wundertaten, doch was er zu berichten hat, kommt dem Gegenteil gleich. Den Titelhelden gab es wirklich: Guillaume-François Berthier hatte sich als Herausgeber des *Journal de Trévoux* vehement für das Verbot der *Encyclopédie* eingesetzt, und dieser Kampf gegen die Stimme der Vernunft wurde ihm in dieser geharnischten Satire gründlich heimgezahlt. Auf dem Weg von Paris nach Versailles, wo er weiter Stimmung gegen die Aufklärung machen will, wird Berthier von einer plötzlichen Übelkeit mit nachfolgenden Lähmungserscheinungen befallen. Ein Arzt diagnostiziert ein Übermaß an schwarzer Galle, ein anderer ein leeres Gehirn als Ursache des Anfalls, doch erst ein dritter, empirisch orientierter Mediziner findet den wahren Grund: Berthier ist von den Dämpfen seines Gepäcks vergiftet. Man öffnet den Koffer und findet diverse Ausgaben des *Journal de Trévoux*. Die Krankheit ist so weit vorangeschritten, dass zur Beichte übergegangen werden muss. Bei der Befragung durch den Beichtvater bekennt der Moribunde seine haarsträubende Ignoranz, gepaart mit Menschenverachtung und Verfolgungswut, wofür ihm gehörig die Leviten gelesen werden. Damit wurde der Text von der Satire zur Anklageschrift. Am Ende erkennt der Beichtende, dass sein Beichtvater Jansenist, also ein Todfeind, ist, und stirbt vor Wut darüber.

Kurz darauf erscheint er einem Mitbruder im Traum und schildert diesem sein Elend im Purgatorium. Zur Tilgung seiner Sündenstrafen, die sich auf stolze 333 333 Jahre belaufen, ist ihm eine ganz besondere Buße auferlegt worden:

> Ich muss jeden Morgen einem Jansenisten eine Tasse Schokolade zubereiten, während des Abendessens mit lauter Stimme eine *Lettre provinciale* lesen und während der übrigen Zeit die Hemden der Nonnen von Port-Royal flicken.[3]

Für einen Angehörigen des Ordens, der entscheidend dazu beigetragen hatte, dieses Kloster dem Erdboden gleichmachen zu lassen, war das wahrlich eine schwere Strafe.

Aus den ersten Monaten des Jahres 1760 stammt die *Réflexions pour les sots*. In diesen *Überlegungen für die Dummen* werden, anders, als der Titel erwarten lässt, ernste Töne angeschlagen. Sie beginnen mit einer Kampfansage an das Ancien Régime insgesamt:

> Wenn die große Zahl der Regierten aus Ochsen und die kleine Zahl der Regierenden aus Ochsenwärtern bestünde, täte die kleine Zahl gut, die große in Un-

wissenheit zu halten. Aber dem ist nun einmal nicht so. Mehrere Nationen, die lange Zeit Hornvieh waren und gemuht haben, fangen an zu denken.[4]

Das haben diejenigen, die sich für Ochsenwärter halten, noch nicht begriffen. So ist es an der Zeit, ihnen Nachhilfe zu erteilen: «Wenn die Zeit des Denkens einmal gekommen ist, lassen sich die Geister die einmal erworbene Kraft nicht mehr nehmen.»[5] Die vormals Dummen sind also klug geworden oder werden es bald sein. In England haben die Mächtigen diesen Wandel verstanden: «König William, Königin Anne, die Könige George I. und George II. haben keine Skrofeln geheilt.»[6] Damit fasste Voltaire ein heißes Eisen an, denn der französische König betätigte sich weiterhin als *roi thaumaturge*, also als Wunderheiler von Gottes Gnaden. Doch damit erregte er nicht mehr Ehrfurcht, sondern das Gegenteil:

> Früher hätte ein König, der sich geweigert hätte, sich dieses Privilegs zu bedienen, die Nation in Aufruhr gestürzt. Heute brächte ein König, der davon Gebrauch macht, die ganze Nation zum Lachen.[7]

Was Voltaire im Irrealis formulierte, war französische Realität: Ludwig XV. legte wie seine Vorgänger seine vermeintlich wundertätige Hand auf die Häupter von Skrofel-Kranken und machte sich dadurch lächerlich. An diese Majestätsbeleidigung schloss Voltaire das Hohelied der Gedankenfreiheit an, die allein ein Land zum Aufblühen bringen kann. Zu dieser Gedankenfreiheit auf der Basis uneingeschränkter religiöser Toleranz gehört auch das Recht, ungestraft Tabus zu brechen. Freies Denken mutiger Zeitkritiker hat, anders als die Hetze religiöser Eiferer, nie öffentliches Unheil angerichtet. Zuerst haben die Jesuiten die Jansenisten, ihre Todfeinde, mit Verleumdungen, Bespitzelungen und königlichen Haftbefehlen verfolgt, dann haben es diese ihren Verfolgern gründlich heimgezahlt.

> Die Philosophen aber haben sich auf keine Weise in diese Querelen eingemischt; sie haben diese Querelen der Verachtung preisgegeben und damit der Nation einen ewig gültigen Dienst erwiesen.[8]

Im Alter von sechsundsechzig Jahren machte Voltaire von der als Freiheitsrecht deklarierten Lizenz zur Kühnheit reichlich Gebrauch. Wenig später legte er im Kampf gegen *l'infâme*, die «schändliche» katholische Monopolkirche, mit den *Dialogues chrétiens ou préservatif contre l'Encyclopédie* kräftig nach. In der ersten Gesprächsrunde dieser *Christlichen Dialoge oder Verhütung gegen die Encyclopédie* treten ein katholischer Priester und ein Vertreter der *Encyclopédie* gegeneinander an. Während der Geistliche wütend gegen diese große Sammlung des menschlichen Wissens wütet, von der er nach stolzem Eingeständnis nicht eine Zeile gelesen hat, tritt sein Gegenpart bewusst moderat und respektvoll gegenüber Andersdenkenden auf:

> Herr Hume, der berühmte Skeptiker, wird in England ebenso geehrt wie der frömmste Gläubige. Sie wissen so gut wie ich, dass der Glaube ein Geschenk Gottes ist und dass man sich nicht gegen diejenigen ereifern sollte, die in Ermangelung dieser kostbaren Fackel auf die Überzeugung bauen, die aus der kritischen Überprüfung hervorgeht.⁹

Glaube lässt sich nicht erzwingen, erst recht nicht gegen den Einspruch der Vernunft. Diese ist zwar nur ein kleines Licht, doch allemal erhellender als die «Fackel» der Religion. Auf diese ironischen Einwände reagiert der Priester mit Wutausbrüchen und ruft nach der Inquisition und ihren Scheiterhaufen. Der Appell der Vernunft an die Mächtigen aber lautet:

> Unsere Magistrate, deren religiöse Gefühle irregeführt und missbraucht worden sind, werden den Standpunkten dieser aufgeklärten Männer [der Enzyklopädisten] Gerechtigkeit widerfahren lassen, die die ganze Welt belehren und damit den Ruhm der Nation mehren.¹⁰

Diese Hoffnung Voltaires erfüllte sich zu seinen Lebzeiten nicht.

Im zweiten Teil des Dialogs lässt Voltaire seiner satirischen Ader dann freien Lauf: Ein katholischer Priester und ein calvinistischer Pastor lassen die tiefe Abneigung, die sie gegeneinander hegen, ruhen und schmieden ein gemeinsames Bündnis gegen die *Encyclopédie*. Einig sind sich die verfeindeten Eiferer in der Ablehnung der Aufklärung, uneinig hingegen in den Methoden, die in diesem Kampf zum Einsatz gelangen sollen. Der Katholik setzt auf Verbrennen, der Reformierte auf Verleumden, und er hat die besseren Argumente:

Voltaires Schloss in Ferney, Hauptfassade. Foto um 1900

Ich bin sicher, dass unser geheimes Bündnis eine sehr gute Wirkung haben wird: Diese fromme Vereinigung wird dem Publikum unverdächtig erscheinen. Wenn es unsere beiden Parteien gegen die Leute von der *Encyclopédie* entfesselt sieht, wird man diese unweigerlich für verbrecherisch halten.[11]

Die Leitmotive der *Réflexions* und der *Dialogues* nahm Voltaire in der ersten Hälfte des Jahres 1760 in drei weiteren Schriften erneut auf. Zugleich nahm er darin persönliche Feinde aufs Korn: den Marquis de Pompignan, der vor der Académie française eine Anklagerede gegen die *Encyclopédie* gehalten hatte, und den Ex-Jesuiten Fréron, den er als Verleumder, Gauner, Plagiator, Falschspieler, Feigling, Hurenbock und Spion bezeichnet; dazu ergriff er in einer fingierten Gerichtsrede Partei für einen Kneipenwirt namens Ramponeau, der durch Zufall ebenfalls in kirchliche Streitigkeiten verwickelt worden war.

Mit dem Erwerb von Ferney und Tourney war nicht nur eine Statuserhöhung, sondern auch eine Reihe pompöser neuer Titel verbunden. In Notariatsurkunden und anderen offiziellen Schriftstücken signierte jetzt «Der noble Herr François Marie Arouet de Voltaire, Ritter, königlicher Kammeredelmann, Graf von Tourney, Prégny et Chambésy, Herr von Ferney». Was diese Maskerade zu bedeuten hatte, erklärte der frischgebackene Feudalherr in seinen Briefen: «Ich habe mir durch Stoßen nach links und rechts eine kleine Souveränität errichtet. Ich habe alles gemacht, was ich wollte.»¹² Die Souveränität war ironisch und ernst zugleich gemeint:

> Ich bleibe zu Hause, ich habe schönes, freies und unabhängiges Land, an der Grenze Frankreichs. Das Land, das ich bewohne, ist eine Ebene von etwa 20 Meilen [80 Kilometer], auf allen Seiten von Bergen umschlossen; im Kleinen ähnelt es dem Königreich Kaschmir.¹³

Dieses Königreich – so der Brief weiter – umfasste zwar nur zwei abgelegene Pfarreien im toten Winkel der Staatsgewalt, aber regiert wurde es von Voltaire, der Fleisch gewordenen Vernunft. Aus diesem vernachlässigten und verarmten Grenzstreifen sollte jetzt ein Musterland des Fortschritts werden. Diesem Zweck allein hatten die feudalen Rechte und Titel des aufgeklärten Feudalherrn zu dienen.

Gefällige Schriften, gutsherrliche Wohltaten

1760 wurde das Jahr der praktischen Betätigungen, besonders der Bauten. Wie alles im Leben Voltaires wurde daraus ein Ärgernis in den Augen der Mächtigen und eine Provokation der Wohlgesinnten. Das galt für das Schlosstheater, das mit höchster Priorität angebaut wurde, und noch mehr für die Kirche von Ferney. Wie alles in diesem Dorf war sie hässlich und hinfällig. Da sie dem neuen Theatersaal direkt gegenüber stand, störte sie erst recht, vor allem wenn das Publikum aus dem Fenster blickte. In seiner Eigenschaft als Patronatsherr wollte Voltaire daher eine neue, schönere und vor allem entferntere Kirche errichten lassen, doch damit stieß er in ein frommes Wespennest. Schon die Verlagerung eines großen Kruzifixes traf bei der zuständigen Geistlichkeit und den von ihr aufgehetzten Bauern auf Missfallen und Misstrauen. Schnell machte ein angeblicher Ausruf Voltaires in der andächtigen Gemeinde die Runde: «Schafft mir diesen Gehenkten vom Halse!», sollte er über den Gekreuzigten gesagt haben. Ob wahr oder erfunden, die Stimmung heizte sich so weit auf, dass Voltaire

Gefällige Schriften, gutsherrliche Wohltaten

Voltaires Kirche in Ferney

sich damit begnügen musste, die alte Kirche gründlich zu erneuern und teilweise umzubauen. Im Stil von Päpsten und Kardinälen verewigte er sein frommes Mäzenatentum auf der Fassade mit einer Inschrift. Sie bestand aus gerade einmal drei Wörtern: «Deo erexit Voltaire». Das hieß wörtlich «Für Gott errichtete Voltaire»; zu ergänzen war: diese Kirche. *Erexit* war ein selbstgewisses Wort zwischen zwei großen Namen, so lautete der nachdenkliche Kommentar eines befreundeten Abbés, der «widmete» oder «weihte» besser, da demütiger gefunden hätte, doch damit beim Bauherrn auf Ablehnung stieß. Das Ganze war eine Farce zur Irreführung der kirchlichen Autoritäten, denn der christliche Gott, der in dieser Kirche angebetet wurde, war nicht der Gott Voltaires, der wiederum keine Kirche brauchte. Trotzdem war die kostspielige Umgestaltung eine kluge Investition, denn in Frankreich häuften sich die Anklagen gegen die «gottlosen» Philosophen und deren «Oberhaupt» in Ferney, das jetzt als Nachweis sei-

«Für Gott errichtet von Voltaire, 1761»: Die fromme Widmungstafel an der Kirche von Ferney

ner frommen Gesinnung nach einem päpstlichen Segen auch noch eine Kirchenfront vorzeigen konnte.

In das erste Jahr von Ferney fällt die Entstehung von vier Theaterstücken, von denen die beiden ersten, *Socrate (Sokrates)* und *Le Caffé ou L'Ecossaise (Das Café oder Die Schottin)* nicht für die Bühne, sondern nur zum Lesen bestimmt waren. In der Tragödie um den athenischen Philosophen geht es um hohe Ideen und niedrige Intrigen, um aufgehetzte Volksmengen und tröstende Gewissheiten wie den «gerechten Gott, der die Tugend belohnt, das Verbrechen bestraft und die Schwächen verzeiht».[14] Vier Jahre nach dem Tsunami von Lissabon tauchte somit der liebe Gott wieder auf; er hatte noch viel mehr zu bieten als Gerechtigkeit und Verzeihung: «Da wir denken, werden wir immer denken. Der Gedanke ist das Wesen des Menschen.»[15] Das war nicht weniger als das Versprechen der unsterblichen Seele: «Die Materie vergeht nicht, warum soll dann die Seele vergehen?»[16] Das sagt der milde Deist Sokrates, bevor er unschuldig den Giftbecher leert. Dass Voltaire noch so dachte, darf mit Fug und Recht bezweifelt werden. Für die frommen Sprüche gibt es eine bessere Erklärung: Im Kampf

Gleichgewicht der Kräfte: Neben der Kirche kommt im Schlosspark von Ferney auch die Allegorie der Weinrebe und des Weins zu ihrem Recht.

um die *Encyclopédie* war öffentliche Mäßigung angebracht, zusammen mit weiteren Nachweisen guter Gesinnung.

Das Café oder Die Schottin war eine Komödie und stammte angeblich von einem Bruder des schottischen Philosophen David Hume – auch im Alter wurde Voltaire der Verwirrspiele nicht müde. Im Mittelpunkt des Stücks steht ein windiger Schreiberling namens Frélon, der seine Käuflichkeit offen eingesteht. «Frelon» bedeutet Hornisse und war dem Namen des verhassten Ex-Jesuiten Fréron ähnlich genug, um auch dem letzten Leser zu verstehen zu geben, wer hier gemeint war. Die besondere Spezialität der «Hornisse» besteht darin, die Cafébesucher zu belauschen und danach bei den Behörden zu denunzieren; wenn die Bespitzelung nichts ergeben hat, genügen auch frei erfundene Verleumdungen. Eines seiner Opfer ist eine junge Schottin namens Lindane, die mittel- und schutzlos im Pariser Exil lebt und sich durch Frélons Machenschaften von dem jungen Lord verlassen glaubt, den sie heimlich liebt. Im letzten Moment taucht dann in Gestalt des reichen Kaufmanns Freeport der souveräne Gegenspieler auf, der die perfiden Pläne des Intriganten durchkreuzt und zum Scheitern bringt:

Lindane wird rehabilitiert und als verloren geglaubte Tochter eines anderen Lords identifiziert. Dann muss nur noch die Erbfeindschaft zwischen den beiden Lord-Sippen beigelegt werden, bis sich Herz zum Herzen findet – und der Verräter lebenslanges Hausverbot im Café erhält. Obwohl nicht für die Bühne geschrieben, wurde das mäßig komische Rührstück Ende Juli 1760 in Paris uraufgeführt. Für diesen Anlass hatten Voltaire und seine Freunde von der *Encyclopédie* Vorsorge getroffen: Die Darbietung wurde frenetisch beklatscht und als Triumph über die Gegner der *philosophes* bejubelt. Damit hatte das Stück seinen einzigen Zweck erfüllt oder, wie es Voltaire als Kommentator zur «britischen» Komödie ausdrückte: «Das Wichtigste ist, dass dieses Stück eine exzellente Moral vermittelt.»[17]

Das galt auch für das Drama *Tancrède*, das Anfang September 1760 ebenfalls in Paris uraufgeführt wurde und das empfindsame Publikum zu Tränen rührte. Es spielt unter normannischen Rittern, die anno 1005 von Syrakus aus die Eroberung Siziliens in Angriff nehmen, doch durch Rangstreitigkeiten und amouröse Rivalitäten gespalten sind. Nach zahlreichen Familienzwisten, Missverständnissen, abgefangenen Botschaften, ungerechten Verurteilungen und maurischen Attacken stirbt der siegreiche Held Tancrède an seinen Wunden, doch erst, nachdem er seine Geliebte Aménaïde von allen Anschuldigungen, auch seinen eigenen, reinigen konnte, wonach auch diese entseelt zu Boden sinkt. Wie fast immer, wenn der kühle Rationalist Voltaire große Gefühle mit den dazugehörigen Schrecknissen beschwor, war der ganze pompöse Aufwand von geheimer Ironie durchsetzt. Doch das blieb dem Publikum verborgen, und so tat auch dieses Stück seine Schuldigkeit. Vor dem Hintergrund weiterer peinlicher Niederlagen der französischen Armeen weckte es mit Ausrufen der Sorte «Wie ist doch allen wohlgeborenen Herzen das Vaterland teuer!» patriotische Gefühle. Auch das durfte im Kampf für die *Encyclopédie* und gegen die Jesuiten als Pluspunkt verbucht werden.

An die Seite dieser Gutwetterstücke gehört, zeitlich wie qualitativ, Voltaires ungeliebteste historische Arbeit, die *Histoire de l'empire de Russie sous Pierre le Grand*, die *Geschichte des russischen Reichs unter Peter dem Großen*. Das Unbehagen des Autors an seinem Werk hatte mehrere Gründe: die Unkenntnis der Sprache der Quellen, die Unvertrautheit mit Land und Leuten sowie der Umstand, dass es sich um eine Auftragsarbeit von einer Zarin und nach deren Tod von einer zweiten Zarin handelte. Was dabei

Gefällige Schriften, gutsherrliche Wohltaten 429

Katharina II., Voltaires
Protektorin im fernen Sankt
Petersburg. Porträt von Fjodor
Rokotow

herauskam, war die einseitige Verherrlichung des «despotischsten aller Herrscher»,[18] der sein in Rückständigkeit und Finsternis dahinvegetierendes Volk mit eiserner Hand zur Zivilisation erzog und dabei über Leichen ging, sogar über die seines Sohnes. Doch diese «vielleicht unumgänglichen Grausamkeiten»[19] wurden vom durchschlagenden Erfolg seiner Maßnahmen, die den Fortschritt fördern sollten, überstrahlt und damit gerechtfertigt, nach der Devise: wohl dem Land, das einen solchen Zwingherrn zur Aufklärung hat: «In Afrika gibt es noch große Klimazonen, wo die Menschen einen Zar Peter benötigen.»[20] Die Vernunft setzt sich in einem Land, in dem Aberglaube und Adelsarroganz seit Jahrhunderten herrschen, nicht von selbst durch, daher ist die Gewalt, die diese Missstände bekämpft, letztlich gut. So fiel das Schlussurteil über den autoritären Erneuerer, «der zweimal seine Staaten verließ, um sie besser zu regieren, der mit eigener Hand fast alle nötigen Metiers beherrschte, um seinem Volk damit ein Beispiel zu geben, und der der Gründer und Vater seines Reichs war»,[21] nicht nur versöhnlich, sondern geradezu apologetisch aus. Und dieses Lob strahlte weit in die Zukunft aus: Die schönste Rechtfertigung des großen

Zaren bestand darin, dass die jetzt glücklich regierende Zarin Katharina sein Werk erfolgreich fortsetzte. Das war Propaganda statt kritischer Historiographie. Voltaire wusste warum – auch Sankt Petersburg konnte im Notfall ein Fluchtpunkt werden.

1760 schloss Voltaire eine weitere Gefälligkeitsarbeit ab: Er edierte die Werke des großen Dramatikers Pierre Corneille und schuf damit eine ansehnliche Mitgift für die achtzehnjährige Marie Françoise Corneille, eine sehr entfernte Verwandte des Dichters, die er zusammen mit Madame Denis unter seine Fittiche nahm und 1763 vorteilhaft verheiratete; der Herr von Ferney begann damit seine späte Karriere als patriarchalischer Wohltäter.

Überschattet wurde der Sommer 1760 vom Zerwürfnis mit Jean-Jacques Rousseau. Für Voltaire kam dessen bitterböser Absagebrief vom 17. Juni völlig unerwartet:

> Ich liebe Sie durchaus nicht, mein Herr. Sie haben mir, Ihrem Schüler und Bewunderer, die schlimmsten Übel zugefügt. Sie haben Genf zum Dank für das Asyl, das man Ihnen dort gewährte, ins Verderben gestürzt. Sie haben mir meine Mitbürger zum Preis des Beifalls, den ich Ihnen unter diesen so reichlich gespendet habe, entfremdet; Sie machen mir den Aufenthalt in meinem Heimatland unerträglich. Sie werden mich in der Fremde sterben lassen, des Trostes beraubt, den man Sterbenden spendet ...[22]

Was war geschehen, um solch larmoyante Anklagetöne zu provozieren? In der Debatte, ob Genf ein öffentliches Schauspielhaus haben sollte oder nicht, hatten die beiden Publizisten gegensätzliche Standpunkte vertreten. Für den rigiden Moralisten Rousseau war das Theater ein Hort der Unmoral: Schauspielerinnen und Schauspieler drückten auf der Bühne Gefühle aus, die nicht die ihren waren, verloren damit jeglichen inneren Halt, versanken in Unsittlichkeit und verbreiteten diese im Publikum. Natürlich war der produktive Theaterschriftsteller Voltaire anderer Meinung und betonte die moralische Veredelungskraft der Schaubühne. Zu einer persönlichen Kontroverse artete die Diskussion zunächst nicht aus, obwohl sich Rousseau 1757 von der *Encyclopédie* und seinem ehemaligen Freund Diderot losgesagt hatte. Dem Hassausbruch gegen Voltaire gingen Nachrichten aus Genf voraus, die Rousseau ein dort ansässiger französischer Calvinist zukommen ließ. Sie gipfelten in der Anklage, dass Voltaire die reinen, einfachen Sitten Genfs zersetze und damit alle Übel der Über-Zivilisation an einem bislang davon verschonten Platz verbreite.

Voltaire beantwortete den Scheidebrief nicht, zog aber eine radikale Schlussfolgerung daraus: Rousseau musste restlos den Verstand verloren haben. Von nun an verfolgte er die Publikationen des «Verrückten» mit Ausdrücken abgrundtiefer Verachtung, die selbst im alles andere als zimperlichen Milieu der Pariser Literatenwelt aus dem Rahmen fielen.

Gegen den «verrückten Jean-Jacques» und andere Unvernunft

Voltaires Feldzug gegen Rousseau setzte 1761 ein, als dessen Briefroman *Julie ou La Nouvelle Héloïse (Julie oder Die neue Heloise)* erschien. Mit seiner bittersüßen, tragisch-romantischen Liebeshandlung und seiner hoch emotionalen Sprache traf er den Geschmack der jungen Generation, die nach großen Gefühlen lechzte, und wurde zum Sensationserfolg. Bei oberflächlicher Betrachtung erzählt der Roman eine Herz-Schmerz-Geschichte: Zwei Liebende unterschiedlichen Standes, die Adlige Julie und ihr bürgerlicher Hauslehrer Saint-Preux, werden trotz aller sozialen Widerstände ein Liebespaar, zeugen ein Kind, das vor der Geburt bei einem Unfall Julies stirbt, werden getrennt, verlieren sich aus den Augen und treffen am Ende wieder zusammen, doch unter völlig veränderten Umständen: Julie hat den viel älteren und reichen Herrn Volmar geehelicht, den sie nicht liebt, aber achtet, bleibt diesem trotz ihrer Liebe zu Saint-Preux treu und stirbt bei der Rettung ihres Kindes vor dem Ertrinken einen ebenso schönen wie heroischen Tod. Die teilweise sehr klischeehafte Handlung gewinnt durch die Verknüpfung mit Rousseaus Zivilisationskritik philosophische Tiefe und polemische Stoßrichtungen. So wird Paris als Sündenpfuhl einer dekadenten Gesellschaft angeprangert, gegen deren moralisch zersetzende Wirkungen nur die Flucht in die ländliche Idylle am Genfer See helfen kann. Dort kommt es im Landhaus des Patriarchen Volmar zu einer Neuordnung des Lebens nach den Regeln einer künstlich wiederhergestellten Natur. Die neue Gesellschaft lebt von den Früchten, die auf Volmars Besitzungen angebaut werden, und auch die Beziehungen zwischen Herrn und Gesinde sind «natürlich» geregelt. Sie beruhen nicht mehr auf den alten ständischen Hierarchien, sondern auf Lohnbasis einerseits und persönlicher Wertschätzung andererseits, was eine perfekte Ausnutzung der menschlichen Ressourcen erlaubt.

Für Voltaire war diese antizivilisatorische Utopie eine Herausforderung ohnegleichen und ihr Erfolg beim Publikum eine persönliche Kränkung. Sein von ihm selbst verfasster *Brief an Herrn von Voltaire über die Neue Heloise* (*Lettre à M. de Voltaire sur la Nouvelle Héloïse*) beginnt relativ harmlos mit Spott über Rousseaus exaltierte Sprache der Empfindsamkeit und über seine Paris-Kritik, und steigert sich dann zu einer erbarmungslosen Abrechnung, in der alle Register des ständischen Hochmuts und der persönlichen Verunglimpfung gezogen werden. So wird die Behauptung aufgestellt, dass die unglückliche Liebesgeschichte des Romans einen autobiographischen Hintergrund habe, der den Verfasser sehr schlecht dastehen lässt. Diesem werden als Sohn eines «Uhrmachergehilfen» soziale Ehrbarkeit und Anstand abgesprochen, sein Roman wird als sprachlich und inhaltlich verunglückt lächerlich gemacht und danach als gefährliches Manifest der Ordnungsstörung angeklagt: Mit der Verächtlichmachung des Adels werden die guten Sitten untergraben, so dass die Reaktion des *Parlement de Paris*, das das Werk verdammt, voll und ganz gerechtfertigt erscheint und Rousseau als «falscher Diogenes» und Feind «unserer Religion» – das heißt der katholischen – der allgemeinen Verachtung preisgegeben wird. Damit stellte sich Voltaire auf die Seite der Institutionen und Mächte, die die *Encyclopédie* und ihn selbst bekämpften. Rousseau, der Feind der Aufklärung und der Zivilisation, reihte sich für ihn in die Riege der Jesuiten und anderer Obskurantisten ein. Wie die meisten von diesen wird «Jean-Jacques», wie er durchgehend tituliert wird, nicht als intellektueller Gegner ernst genommen, sondern mit den Mitteln der Satire lächerlich gemacht. Er erscheint als größenwahnsinniger Parvenü, der glaubt, in einer Debatte, die sein Fassungsvermögen übersteigt, mitreden zu dürfen:

> Ich zittere für unseren Freund Jean-Jacques, ich habe Angst um sein Leben. Es ist wahr, dass der Klerus, der Adel, das *Parlement* und sogar die Damen für die Beschimpfungen und die verrückten Behauptungen seines Romans nur Lachen

übrig hatten. Zum Glück für ihn ist die Langeweile, die seine sechs Romanbände verbreiten, so ungeheuer groß, dass diejenigen, die sonst auf seine kleinen Frechheiten reagiert hätten, das Buch links liegen ließen und sich um seinen Verfasser nicht kümmerten.[23]

Hierauf folgt der Bericht über einen «Skandal», der kürzlich in Paris für Aufsehen gesorgt habe: Die Geiger des Opernorchesters hätten «Jean-Jacques» zur Rede gestellt, weil er mit seinen unsinnigen Theorien die Musik verhunze und den wahren Meister der edlen Klänge, Jean-Philippe Rameau, anschwärze, um ihm danach mit ihren Violinbögen eine gehörige Abreibung zukommen zu lassen. Das waren wilde Hassphantasien, in denen sich Voltaires eigene Demütigungen widerspiegelten. Doch damit nicht genug. In seinem *Antwortschreiben des Kaisers von China (Rescrit de l'empereur de la Chine)* wird Rousseaus Schrift über den ewigen Frieden verspottet, die sich auf eine ältere Abhandlung des Abbé de Saint-Pierre stützt. In der treffsicheren Kurzsatire beschwert sich der Kaiser von China, der sich für den ersten Monarchen der Welt und seine Hauptstadt für deren Zentrum hält, darüber, in dieses schöne Projekt nicht einbezogen worden zu sein, und startet flugs ein alternatives Unternehmen: «Unsere Bevollmächtigten werden allen Herrschern der Welt befehlen, keinen Streit mehr anzufangen; sonst droht ihnen als erste Strafe eine neue Broschüre von Jean-Jacques und als zweite der Bann des Universums.»[24]

Die Genfer Kontroversen über den moralischen Wert oder Unwert des Theaters nahm Voltaire in der *Unterhaltung des Intendanten der höfischen Unterhaltung mit dem Abbé Grizel (Conversation de M. l'Intendant des Menus en exercice avec M. l'Abbé Grizel)* auf. Auch in diesen polemischen Text sind autobiographische Elemente eingegangen. Die Ehrenrettung der Bühne als moralische Anstalt verquickt sich mit vehementen Anklagen gegen einen bigotten Klerus, der einer großen Tragödin wie Adrienne Lecouvreur das kirchliche Begräbnis verweigerte. Diese inhumane Haltung wird in den Gesprächen zwischen einem aufgeklärten Kulturmanager und einem unbelehrbaren Mönch als Symptom einer viel umfassenderen Verlogenheit erklärt: Die Kirche hat sich im Lauf ihrer Geschichte von ihren Armutsidealen abgewandt und unmäßig bereichert, verurteilt aber alle Bankiers, die sich dem ehrenhaften Beruf korrekter Geldgeschäfte widmen, zur ewigen Verdammnis. Zudem lobt sie den Frieden und die Friedfertigen und hetzt gleichzeitig die Völker gegen ihre legitimen Herrscher auf. Doch auch die katastrophale Fehlentwicklung von Kirche und Religion ist nur Teil eines viel umfassenderen Missstands: «Lassen Sie unsere Gesetze, unsere Bräuche, unsere Gewohnheiten Revue passieren – alles ist gleichermaßen widersprüchlich.»²⁵

Im Alter von siebenundsechzig Jahren formulierte Voltaire damit die endgültige Absage an das Frankreich seiner Zeit. Nicht die Zivilisation war das Grundübel der Gegenwart, wie «Jean-Jacques» meinte, sondern der Stillstand oder schlimmer noch: die Rückwärtsbewegung der Machtverhältnisse und Machtausübung sowie der Institutionen in allen relevanten Lebensbereichen, besonders in den Sektoren Finanzen, Justiz, Kultur und Religion. Die Entwicklung des Staates und seiner Einrichtungen hatte mit der Entfaltung der Wissenschaft und der Vernunft nicht nur nicht Schritt gehalten, sondern war durch die dumpfe Opposition zu diesem Fortschritt immer tiefer in Korruption, Cliquenwirtschaft und Fanatismus abgesunken. Die Schlussfolgerung daraus lautete: Wenn die Eliten, die von diesen Zuständen profitieren, einen Totalumsturz als Folge des Reformstaus verhindern wollen, dann müssen sie im eigenen Interesse schnell zu grundlegenden Veränderungen schreiten. Als Erstes müssen sie sich von der Illusion freimachen, dass Frankreich dem übrigen Europa überlegen sei; als Zweites müssen sie von den anderen lernen:

> Wir müssen hoffen, dass wir eines Tages vom Beispiel unserer Nachbarn profitieren werden. Zeigen Sie mir eine einzige Kunst, eine einzige Wissenschaft, in der wir nicht unsere Meister in fremden Nationen finden.²⁶

In den *Unterhaltungen eines Wilden mit einem Akademiker* (*Entretiens d'un sauvage et d'un bachelier*), einer weiteren anonymen «Broschüre» des an Kampfschriften reichen Jahres 1761, wird wieder Rousseau aufs Korn genommen, diesmal mit seinem Diskurs über die Entstehung der Ungleichheit. Im Dialog des borniert und selbstgerechten Akademikers, der sich als Anhänger von Leibniz und seinen Theorien präsentiert, mit dem äußerst vernünftigen «Wilden» wird zuerst Rousseaus idyllischer Naturzustand widerlegt. Davon will der «Eingeborene» aus Guyana nichts wissen. Auf den Einwurf des dümmlichen Stubengelehrten, dass er sicherlich viele solitär lebende Kameraden habe, da der Zustand der Einsamkeit ja dem Menschen von Natur aus angemessen sei und die Vergesellschaftung ein spätes Dekadenzphänomen darstelle, antwortet er frank und frei:

> Solche Leute habe ich nie gesehen. Der Mensch scheint mir für die Gesellschaft geboren zu sein, wie verschiedene Tierarten auch. Jede Art folgt ihrem Instinkt; wir leben bei uns alle in Gesellschaft.[27]

Daraus schließt der bornierte Akademiker messerscharf, dass die Guyaner Städte und Könige wie die Europäer haben, womit er sich ein weiteres Mal im Irrtum befindet:

> Benachbarte Familien leisten sich Hilfe. Wir wohnen in einem warmen Land, wo man wenig Bedürfnisse hat. Wir verschaffen uns leicht unsere Nahrung, wir heiraten, machen Kinder, ziehen sie auf und sterben. Alles ist wie bei euch, von einigen Zeremonien abgesehen.[28]

Zu dieser Grundausstattung gehört viel gesunder Menschenverstand, wie der arrogante Europäer zu seinem Erstaunen erfährt. Auf seine Frage «Denken Sie manchmal?» erhält er die lakonisch-ironische Antwort: «Wir können es nicht lassen, einige Ideen zu haben.»[29] Diese Ideen zum Wesen des Menschen sind ein kleiner Katechismus des reinen Deismus und als solcher die Kurzzusammenfassung von Voltaires früheren Auslassungen zu diesem Thema. Dazu kommen jedoch erregende neue Erkenntnisse: Standen in der *Philosophie de l'histoire* die «Schwarzen» für Voltaire noch zwischen Mensch und Tier, so sind jetzt alle Menschen gleich. Sie haben alle denselben *sens commun*, von dem sie allerdings unterschiedlichen Gebrauch machen. Diese Nutzanwendung ist bei den «Wilden» unvoreingenommener als bei den Europäern. Von der unsinnigen Theorie der besten aller Welten will der Guyaner jedenfalls nichts wissen: «Was? Das Unendliche Wesen soll nichts Besseres schaffen können als das, was wir sehen?»[30] Die Bilanz, die der Leibniz-Adept für seine These vorbringt, belegt deren Unsinnigkeit: Im angeblich besten Teil der besten aller Welten, in Europa, sind nach seiner Rechnung vom Trojanischen Krieg bis heute in bewaffneten Konflikten 555 Millionen Menschen plus ein paar weitere Hunderttausend ums Leben gekommen, Frauen und Kinder nicht mit eingerechnet. Ein Argument gegen die europäische Zivilisation ist das für Voltaire jedoch genauso wenig wie deren Rechtfertigung: Die große Aufgabe der Zukunft besteht darin, mit der Kraft der reinen Vernunft die unleugbaren Schattenseiten der historischen Entwicklung im Namen der natürlichen Gleichheit aller Menschen zurückzudrängen.

Drei weitere polemische Texte desselben Jahres widmen sich anderen Verfemten, Unterdrückten und Diskriminierten. In der *Unterhaltung zwischen Ariste und Acrotal (Entretien d'Ariste et d'Acrotal)* wird ein weiteres Mal die Partei der *philosophes* und mit ihnen die *Encyclopédie* gegen den Vorwurf der Unterwanderung aller Werte in Schutz genommen. Dieser Vorwurf fällt stattdessen auf ihre Ankläger, die Jesuiten, selbst zurück, die einst zum Königsmord aufriefen und weiterhin die Menschheit in Aberglauben, Ignoranz und Krieg stürzen möchten.

An einer ganz anderen Front zeigte sich Voltaire nicht weniger radikal. Im Kurzdialog *L'Education des filles* geht es nicht nur um die Erziehung der Mädchen, sondern auch um die Gleichberechtigung eines in unnatürlicher Unmündigkeit gehaltenen Geschlechts. Auf die Frage, warum sie ihren geliebten Eraste nicht heiraten will, antwortet die kluge und selbstbewusste Mélinde: «Ich habe Angst, tyrannisiert zu werden.»[31] Diese Furcht ist nur allzu berechtigt, denn Mädchen werden durch eine Erziehung zur Unselbständigkeit in künstlicher Abhängigkeit von den Männern gehalten. Deshalb wird Mélinde einen anderen heiraten, den sie nicht liebt, aber respektiert, da er ihr die nötigen Freiräume zur Selbstentfaltung lassen wird:

> Schließlich hat mich meine Mutter immer als ein denkendes Wesen betrachtet, dessen Seele es zu pflegen galt, und nicht als eine Puppe, die man ausstaffiert, vorzeigt und danach wieder einschließt.[32]

Der dritte Text, *Die Predigt des Rabbis Akib*, ist die Ehrenrettung eines zum vernünftigen Gottesglauben und zu Toleranz bekehrten Judentums. In seiner Rede macht der kluge jüdische Gottesgelehrte den Christen in aller Milde eine Reihe von sehr berechtigten Vorwürfen: Im Gegensatz zu den Muslimen, die in Spanien jahrhundertelang gegenüber religiösen Minderheiten duldsam gewesen waren, haben sie alle Andersgläubigen mit Feuer und Schwert verfolgt, besonders lange und grausam die Juden. Die wahren Wilden sind daher die fanatischen Katholiken. Sie haben sich überdies heimtückisch die heiligen Bücher der Juden angeeignet, was deren Verfolgung nicht nur unrechtmäßig, sondern sogar widersinnig erscheinen lässt, sind die Juden doch in religiöser Hinsicht die Väter der Christen und der Muslime zugleich. Nicht weniger pervers sind die gängigen antijüdischen Klischees: Nicht die Juden, sondern die Römer haben Jesus Christus zum Tode verurteilt, der sich im Übrigen nie als Sohn Gottes bezeichnet habe. Zugleich rückt der weise Prediger von der Theorie des erwählten Volkes ab: Wie alle Völker hatten auch die Juden eine barbarische Vergangenheit, die sie jedoch im Geiste der Aufklärung hinter sich gelassen haben, so dass einer Gleichbehandlung aller Glaubensrichtungen in Zukunft nichts mehr im Wege steht.

Doch davon – so die bewegende Anklage des Rabbis – ist die Welt und besonders Portugal noch weit entfernt. Denn dort sind erst kürzlich siebenunddreißig seiner Glaubensbrüder in die Hände der Inquisition gefallen; drei von ihnen wurden zu Tode gepeitscht, zwei ins Gefängnis geworfen:

> Bleiben zweiunddreißig, die bei dieser Opferhandlung der Wilden von den Flammen verzehrt wurden. Was war ihr Verbrechen? Nichts anderes, als geboren worden zu sein. Ihre Väter zeugten sie in der Religion, die ihre Vorfahren seit fünftausend Jahren bekannt haben. Sie sind als Israeliten geboren.[33]

Untermalt wird dieses schauerliche Autodafé von Gebeten, die die Christen den Juden gestohlen haben; sie bestrafen die unglückseligen Unschuldigen also dafür, in einer Religion aufgewachsen zu sein, die sie als Grundlage und Ausgangspunkt ihres eigenen Glaubens betrachten. Das ist der Gipfel der Perversität. Mit der Stimme des Rabbis sprach Voltaire, der Verächter des Alten Testaments und Verteidiger der Glaubensfreiheit. Die Anprangerung der empörenden Vorgänge von Lissabon war eines von zwei Präludien, die seinen Kampf gegen religiöse Intoleranz und Unterdrückung eröffneten. Das zweite Vorspiel betraf wie die nachfolgenden Dramen den Südwesten Frankreichs.

Dort hatte die seit 1685 offiziell verbotene reformierte Kirche trotz brutaler Verfolgung überlebt. Nach einer leichten Lockerung während der Régence hatte Ludwig XV. die repressiven Maßnahmen 1724 wieder in Kraft gesetzt, um den katholischen Klerus für sich einzunehmen. Diese Maßregeln bedrohten alle, die die «angeblich reformierte Religion» bekannten, mit schwersten Strafen: Hugenottinnen sollten lebenslang ins Gefängnis gesperrt werden, Hugenotten mussten bis zum Lebensende Sklavendienste auf den königlichen Galeeren leisten, hugenottischen Pastoren drohte die Todesstrafe. Wer diesem Terror entgehen wollte, musste nach katholischem Ritus heiraten und seine Kinder katholisch taufen lassen; wenn Eltern dies unterließen, galt ihr Nachwuchs als unehelich. Legale Berufstätigkeit konnte nur mit einer «Rechtgläubigkeitsbescheinigung» des zuständigen Gemeindepfarrers ausgeübt werden. Diese Gesetze blieben kein toter Buchstabe. Obwohl einzelne Intendanten im Geiste der Aufklärung über diese «Delikte» hinwegzusehen versuchten, nahm die Zahl der Verurteilungen ab den 1740er-Jahren wieder deutlich zu. So stieß Voltaire bei seinen Recherchen auf acht Hinrichtungen reformierter Pastoren allein zwischen 1745 und 1762.

Die Gründe für das gespenstische Aufflackern religiöser Unduldsamkeit in ihrer mörderischsten Form waren vielfältig. Zum einen wurde die Verfolgung vom Hof gefördert, denn hier suchte man Sündenböcke. Die demütigenden Niederlagen der französischen Armee erweckten in breiten Kreisen den Eindruck, dass Gott der Monarchie seinen Segen entzogen habe. Hatten die Krankheiten des jungen Königs noch zu spontanen Massengebeten und Massenprozessionen geführt, so war diese Popularität um 1760 längst erloschen. Ein weiterer Grund für den rapiden Reputationsverlust war die schleichende Brotteuerung, die apokalyptische Ängste und Verschwörungstheorien aufkommen ließ: Hatte Ludwig XV. seine heiligste Pflicht, für das ungefährdete Überleben der kleinen Leute zu sorgen, verraten und stattdessen mit den Reichen und Mächtigen ein Bündnis geschlossen, um deren Profite durch steigende Getreidepreise zu mehren und sich der lästigen Armen durch gezielt provozierte Hungersnöte zu entledigen? Solche Phantasien von einem «Hungerkomplott» (*Complot de famine*) machten durch alle Provinzen des Königreichs die Runde und drohten dem Königtum den letzten Rest seiner sakralen Weihe zu rauben. Gegenmaßnahmen, die ihm seine Volkstümlichkeit und den Mächtigen insgesamt ihr gefährdetes Ansehen zurückgeben sollten, waren daher dringend erforderlich. Nach solchen Strategien musste man nicht lange suchen: Kaum etwas fand bei der katholischen Mehrheit der Bevölkerung mehr Anklang als ein hartes Vorgehen gegen die «Ketzer», die sich seit jeher bestens zu Sündenböcken eigneten.

Vor diesem Hintergrund einer aufgeheizten Stimmungslage gewann der Prozess gegen den reformierten Pastor Rochette aus Caussade bei Montauban im Jurisdiktionsbereich des *Parlement de Toulouse* die Bedeutung eines Exempels. Rochette hatte sich offen als Prediger der verbotenen Religion bekannt und damit nach dem geltenden Gesetz sein Todesurteil unterschrieben. Trotzdem konnte und wollte Voltaire, der diese Vorgänge aufmerksam beobachtete, nicht glauben, dass es zum Äußersten kommen würde: «Man sagt, dass man den Prediger von Caussade nicht hängen soll ... Ich verlasse mich in dieser Hinsicht auf Sie und Ihr Gewissen».[34] So lautete sein Appell an den Herzog von Richelieu, der seinen Einfluss für ein milderes Urteil geltend machen sollte. Doch eine Herzensangelegenheit war der Fall Rochette für Voltaire trotzdem nicht, was angesichts seiner Querelen mit den Genfer Pastoren nicht verwunderlich, denn die Religion Calvins stand in seinen Augen weder für Vernunft noch für Toleranz. Doch die einfache Menschlichkeit verlangte es, «Religionsfrevel» insgesamt aus dem Strafrecht zu entfernen und allenfalls, wenn sie die öffentliche Ordnung störten, als Bagatelldelikte mit Bagatellstrafen zu belegen. In diesem Sinne empörte sich Voltaire auch über die Hinrichtung des greisen portugiesischen Jesuiten Gabriele Malagrida, dem 1758 wegen angeblicher Verwicklung in ein Attentat auf den König ein sehr anfechtbarer Prozess gemacht worden war, nachdem er sich durch Predigten, in denen er das Erdbeben von Lissabon als Gottesstrafe für die Kirchenfeindlichkeit der Regierung erklärt hatte, beim allmächtigen Minister Pombal unbeliebt gemacht hatte. Als «Kompromiss» schlug Voltaire deshalb vor, Rochette zum Tode zu verurteilen, um die Volksseele zu beruhigen, und ihn danach postwendend durch den König begnadigen zu lassen. Doch es kam anders: Das *Parlement* von Toulouse verurteilte den Pastor und drei Adlige, die vergeblich versucht hatten, ihn zu befreien, zum Tode und ließ die Urteile vollstrecken.

Die Affäre Calas oder Die Aufdeckung eines Justizmordes

Fast gleichzeitig mit dem Fall Rochette begann der Fall Calas, der durch die Publikationen des investigativen Journalisten Voltaire als einer der berüchtigsten Justizmorde der Geschichte in die Erinnerung Europas eingehen sollte. Seine Recherchen haben bis ins einundzwanzigste Jahrhundert immer neue Nachforschungen angestoßen, so dass sich die dramatischen Vorgänge vom Herbst 1761 in der *rue des Filatiers* von Toulouse minutiös, Stunde für Stunde, nachvollziehen lassen, einschließlich der bis heute offenen Fragen. In dieser zentral gelegenen Straße der aquitanischen Metropole hatten der gut situierte Textilkaufmann Jean Calas, Jahrgang 1698, und seine elf Jahre jüngere Gattin Anne Rose, geborene Cabibel, ihr Haus. Beide waren nach Familientradition und innerer Überzeugung Calvinisten, hatten sich aber den Zwangsmaßnahmen gefügt und ihre Heirat sowie die Taufe ihrer sechs Kinder nach katholischem Ritus vollziehen lassen. Nachbarn und Geschäftspartner wussten, dass das eine rein äußerliche Anpassung war, ohne dass dem allseits als ehrenhaft geschätzten Kaufmann daraus gravierende Nachteile erwuchsen. Für seine Söhne sah die Situation anders aus. Sein Ältester namens Marc-Antoine, der Intellektuelle der Familie, strebte nach höheren akademischen Weihen, doch ein Studium der Rechte mit nachfolgender Tätigkeit bei Gericht blieb ihm als Sohn des notorischen Calvinisten versagt. Um der Diskriminierung zu entgehen, bekannte sich sein jüngerer Bruder Louis formell zum Katholizismus. Daraufhin hatte ihm sein Vater nach den gesetzlichen Regelungen eine jährliche Pension auszubezahlen – eine Regelung, die dieser auch klaglos befolgte. Eine weitere Hauptperson des sich anbahnenden Dramas trug wesentlich zu diesem Übertritt bei: Jeanne Viguière, bejahrte Hausdienerin, der Familie Calas zutiefst ergeben und zugleich glühende Katholikin. Nach Voltaires Recherchen spielte sich danach Folgendes ab:

Am Abend des 13. Oktober versammeln sich das Ehepaar Calas und dessen Söhne Marc-Antoine, 29, und Pierre, 28, der im väterlichen Geschäft aushilft, sowie ein junger Freund der Familie namens Gaubert Lavaysse gegen 19 Uhr zum Souper im Speisezimmer, das wie die übrigen Wohnräume im ersten Stock über dem Laden und dem angeschlossenen Magazin liegt.

Die Affäre Calas 441

Lavaysse will sich bei dieser Gelegenheit verabschieden, denn als Reeder-Lehrling ist er auf dem Sprung nach Santo Domingo, um dort für eine Firma aus Bordeaux zu arbeiten. Das schmackhafte, aber nicht übertrieben opulente Menü wird von Jeanne Viguière serviert, und alle greifen mit Appetit zu, auch Marc-Antoine, wie die spätere Autopsie bestätigen wird. Beim Dessert erhebt sich dieser plötzlich und verlässt den Raum. Auf Jeannes Frage, ob ihm kalt sei, behauptet er zu schwitzen. Alle glauben, dass er seinen üblichen Abendspaziergang machen will. Um halb zehn verabschiedet sich Lavaysse, die Tafel wird aufgehoben und die Dienerin, die wie Pierre Calas eingeschlafen ist, geweckt. Pierre begleitet Lavaysse nach unten zum Ausgang; dabei bemerken sie, dass die Tür zum Laden offensteht. Dahinter zeichnet sich eine makabre Silhouette ab: Marc-Antoine, erhängt an der halboffenen Tür zum Magazin.

Hätten alle Beteiligten schon am Abend des 13. Oktober diese Version zu Protokoll gegeben, wäre der Fall vielleicht ohne größeres Aufsehen zu den Akten gelegt worden. Doch so schilderten sie die Vorgänge erst bei der zweiten Vernehmung am nächsten Tag. In ihrer ersten Aussage behaupteten Vater und Sohn – Lavaysse wurde dazu noch nicht befragt –, Marc-Antoine habe leblos auf dem Boden gelegen. Mit dieser Notlüge – so die glaubwürdige Erklärung der Angehörigen vom 15. Oktober – sollte dem Selbstmörder die entwürdigende Verscharrung außerhalb des Friedhofs erspart bleiben, die das Gesetz für ihn vorsah. Mit diesem Versuch, die Ehre des Verstorbenen zu retten, stürzte die ganze Familie ins Unglück. Denn der zuständige Untersuchungsbeamte David de Beaudrigue aus einer der führenden Familien der städtischen Oligarchie, Mitglied des obersten kommunalen Regierungsorgans und bekennender Protestantenfresser, hatte schon bei der ersten Inspektion des Tatorts eine Erklärung des Tathergangs parat, die von der inzwischen zusammengelaufenen Volksmenge begeistert begrüßt und umgehend verbreitet wurde: Marc-Antoine wollte wie Louis katholisch werden und wurde dafür von den Seinen zum Tode verurteilt. Das war vor dem Hintergrund der familiären Verhältnisse eine plausible Theorie, der eine ihrer Verantwortung bewusste Justiz nachgehen musste. Allerdings handelte es sich dabei um eine Hypothese unter einigen anderen, die nicht weiterverfolgt wurden. Mit diesem absichtlichen Versäumnis begann die Entwicklung, die zum Justizmord führte. Die Schlussfolgerung, die Beaudrigue bereits am Tatabend zog, lautete nämlich: Mord aus religiösem Fanatismus, der als Selbstmord verschleiert werden sollte.

Weitere Nachforschungen, die diese Bezeichnung verdienten, wurden gar nicht erst erwogen. So blieb ein bemerkenswertes Faktum unberücksichtigt: Der Tote hatte vor dem Abendessen bei einer Bank eine größere Summe abgehoben, die sich nicht mehr bei ihm fand und auch nie mehr auftauchen sollte. Statt solchen Spuren nachzugehen, die auf einen unbekannten Dritten als Täter und damit auf einen Raubmord hinweisen konnten, erließen die Behörden einen Aufruf an die Bevölkerung, durch zusätzliche Aussagen den folgenden «Tathergang» zu bestätigen: Marc-Antoine Calas wollte feierlich zur katholischen Religion übertreten, wurde daher von einer protestantischen Geheimversammlung nach den Gesetzen dieser Religion zum Tode verurteilt und in Ausführung dieses Urteils von seinem Vater, seiner Mutter und seinem jüngeren Bruder Pierre erwürgt oder erhängt, wobei die Dienerin Jeanne Viguière und der Besucher Gaubert Lavaysse Beihilfe leisteten. Doch obwohl *tout Toulouse* felsenfest von diesem Komplott überzeugt war, blieben die erhofften Beweise aus: Trotz mehrfacher Zusatznachfragen konnte kein Priester die These der Anklage bestätigen, dass Jean Calas' Ältester zum Katholizismus übertreten wollte. Doch das kümmerte weder die kirchlichen noch die städtischen Behörden. So wurde das Begräbnis des angeblichen Möchtegern-Konvertiten zu einer pompösen Feier ausgestaltet, die eines Heiligen würdig gewesen wäre: Über dem Katafalk stand triumphierend die Statue eines Skeletts mit einem Palmwedel in der Hand, dem Attribut der Märtyrer. Währenddessen vernahmen die Justizorgane die Angeklagten, die standhaft blieben und die Beschuldigungen empört zurückwiesen. Trotzdem verurteilte das städtische Gericht in erster Instanz alle angeklagten Angehörigen zum Tode.

Das Urteil erregte auf der Straße helle Begeisterung, hatte aber selbst in den Augen derjenigen Juristen, die von der Schuld der Familie überzeugt waren, einen Schönheitsfehler: das fehlende Geständnis. Daraufhin zog das *Parlement* von Toulouse als Oberinstanz das Verfahren an sich. Auch dessen Ankläger votierte sofort für die Hinrichtung der ganzen Familie, doch entschied sich das Gericht mit hauchdünner Mehrheit für ein gestaffeltes Vorgehen: zuerst die Folter des Vaters, danach dessen Exekution. Davon versprach man sich das ersehnte Geständnis, dem dann die Hin-

Die Affäre Calas 443

Der Abschied des zu Unrecht verurteilten Jean Calas von den Seinen:
Teil einer großen Pressekampagne

richtung der übrigen Familie folgen sollte. Am 9. März 1762 wurden dem dreiundsechzigjährigen Jean Calas zuerst die Schultern ausgerenkt und danach zehn Krüge Wasser eingeflößt. Während dieser Torturen wurde er von Beaudrigue bedrängt, endlich zu gestehen – vergeblich. Als der schreckliche Jurist mit seinen Kräften am Ende war, lösten ihn zwei Mönche ab, die ebenfalls nichts erreichten. Danach wurde Jean Calas auf dem Richtplatz aufs Rad geflochten, wo ihm der Henker sämtliche Gelenke zertrümmerte. Währenddessen beschwor ihn sein hochgestellter Peiniger erneut, endlich sein Gewissen zu erleichtern und das Verbrechen zu gestehen. Doch der Sterbende blieb standhaft, wie ein bis zum Schluss anwesender Priester tief erschüttert bestätigte.

In Versailles, wo man den Prozess mit billigender Aufmerksamkeit verfolgte, war der Hof genauso konsterniert wie das *Parlement* in Toulouse: Was nun? Da die Sentenz auf gemeinschaftlichen Mord gelautet hatte, hätte jetzt die Hinrichtung der übrigen Familienmitglieder erfolgen müssen. Doch das wagte das Gericht nicht mehr anzuordnen. Stattdessen ließ es diese Anklage fallen. Doch ein Freispruch war das mitnichten: Pierre Calas wurde in ein Kloster gesperrt, wo er konvertieren sollte, konnte aber bald fliehen. Seine beiden Schwestern, die am 13. Oktober in Nîmes waren, wurden per *lettre de cachet* verhaftet. Für die aufgeklärte öffentliche Meinung gestand das höchste Gericht von Toulouse durch den Verzicht auf weitere Anklagen ein, ein Fehlurteil gefällt zu haben. Denn alleine konnte der bejahrte Familienvater seinen kraftstrotzenden Sohn schließlich nicht erwürgt oder erhängt haben.

Voltaire erfuhr am 22. März 1762 vom Fall Calas und zog daraus zunächst die Schlüsse der großen Mehrheit:

> Sie haben vielleicht von dem guten Hugenotten gehört, den das *Parlement* von Toulouse wegen der Erwürgung seines Sohnes rädern ließ. Und doch glaubte dieser heilige Calvinist eine gute Tat vollbracht zu haben, wollte sein Sohn doch katholisch werden; ihn zu töten, hieß also, einen Akt des Verrats am Glauben zu verhindern. Er hatte seinen Sohn Gott geopfert und glaubte sich damit Abraham weit überlegen, der ja nur Gott gehorcht hatte. Unser Calvinist aber hatte seinen Sohn aus eigenem Antrieb erhängt, und zwar zur Erleichterung seines Gewissens. Wir sind nicht viel wert, aber die Hugenotten sind schlimmer als wir – und außerdem wettern sie gegen die Komödie.[35]

Doch diese Haltung schlug schon drei Tage später, am 25. März, in Skepsis um:

> Hier behauptet man, dass er [Jean Calas] vollkommen unschuldig ist, und dass er dafür sterbend Gott als Zeugen angerufen hat. Man behauptet, dass drei Richter gegen das Urteil Protest eingelegt haben. Dieses Abenteuer geht mir zu Herzen, es vergällt mir alle Freuden, ja es zersetzt sie. Wir müssen entweder das *Parlement* von Toulouse oder die Protestanten mit den Augen des Schreckens betrachten.[36]

Wer hier ein verabscheuungswürdiges Verbrechen begangen hatte, stand für Voltaire schon zwei Tage später fest:

> Zwei Kinder dieses Unglücklichen sind in meiner Nachbarschaft. Sie führen Himmel und Erde als Beweis an und rühren alle zu Tränen. Sie schwören, dass

Die Affäre Calas 445

ihr Vater unschuldig, der sanfteste aller Menschen und der beste aller Väter war ... Er hat seinen Richtern verziehen, und der Dominikaner, den man ihm zur Seite gestellt hatte, sagt, dass er genauso heilig sterben möchte wie dieser Unglückliche.[37]

Dazu kamen die skandalösen Unterlassungen der Behörden, das Fehlen von Augenzeugen, die abstruse Theorie vom Vater als Einzeltäter und das Fehlen von Spuren, die auf Kampf und Gegenwehr und damit auf weitere Tatbeteiligte hinwiesen. Für Voltaire war der Fall damit klar: Justizmord aus religiösem Fanatismus! Jean Calas wurde dem volkstümlichen Aberglauben und damit der Machtgier der infamen katholischen Kirche geopfert, die im Schulterschluss mit den reaktionären Machteliten Frankreichs zum Gegenangriff auf die Kräfte der Vernunft angetreten war und die Welt wieder in Ignoranz und Fanatismus versinken lassen wollte. *Ecraser l'infâme*, die «Infame» zerschmettern, so lautete ab Juli 1759 sein Motto in zahlreichen Briefen an Gleichgesinnte. Eine Definition von «l'infâme» wird darin nicht mitgeliefert, erübrigte sich aber auch: Die oder das Schändliche stand, wie die Adressaten wussten, für den Unterdrückungsapparat der katholischen Monopolkirche einschließlich der Haltungen, die sie förderte, also Aberglauben, Bigotterie und Denunziantentum.

Im Kampf gegen diese verhasste Institution und die übrigen Schuldigen an diesem Justizmord schritt Voltaire zur Tat und machte das abgelegene Dörfchen Ferney zum Zentrum einer Pressekampagne, wie sie die Welt noch nicht gesehen hatte. Er aktivierte sein gesamtes Beziehungsnetz, und das reichte weit: Zwei Reichsfürsten, eine Reichsfürstin sowie der König von Preußen und der König von Schweden wurden mobilisiert. Dabei verfolgte Voltaire vier miteinander verwobene Ziele: erstens die überlebende Familie Calas, deren sämtliche Besitzungen eingezogen worden waren, komplett zu rehabilitieren, zweitens das inhumane System der französischen Justiz vor der europäischen Öffentlichkeit anzuprangern, drittens dadurch Reformen einzuleiten und viertens dem Grundsatz umfassender religiöser Toleranz zum Durchbruch zu verhelfen.

Mit diesen Motiven verwoben sich sehr persönliche Antriebe. Wie sein Brief vom 25. März 1762 zeigte, fühlte sich Voltaire von den Geschehnissen in Toulouse direkt berührt, ja ergriffen und angegriffen: Eine Justiz, die dem Angeklagten kaum Chancen zur Verteidigung bot, war auch für ihn eine akute Bedrohung. Eigene Erfahrungen mit diesem Unrechtssystem mögen gleichfalls eine Rolle gespielt haben. So fielen rationale und emotionale Empörung wie beim Erdbeben von Lissabon zusammen und verliehen seinen Texten erneut eine beispiellose Eindringlichkeit und Durchschlagskraft.

Zur Rehabilitierung der Familie Calas verfasste Voltaire nicht nur Hunderte von Briefen, sondern auch eine ohne Namensnennung veröffentlichte Broschüre *Originaldokumente zum Todesurteil gegen die Herren Calas und das in Toulouse gefällte Urteil betreffend (Pièces originales concernant la mort des sieurs Calas et le jugement rendu à Toulouse)*. Sie besteht aus einem Schreiben der Witwe Calas und einem an sie gerichteten Brief ihres jüngsten Sohns Donat, die beide von Voltaire in enger Absprache mit den Betroffenen verfasst wurden. In beiden Texten traf er den Ton perfekt: die Trauer der Hinterbliebenen, ihre Rat- und Hilflosigkeit sowie die Fassungslosigkeit über das ungerechte Urteil. Im Laufe des Jahres 1762 fügte Voltaire weitere, gleichfalls anonym publizierte Schriftstücke mit derselben Botschaft hinzu. Dabei stützte er sich auf die Berichte von Juristen, die ebenfalls im Dienst der Familie Calas tätig waren und zu diesem Zweck medizinische Gutachten in Auftrag gaben, die die These «Selbstmord statt Mord» zur autoritativen Expertenmeinung erhoben. Voltaire seinerseits überzeugte maßgebliche Rechtsgelehrte von der Unhaltbarkeit des Verfahrens in Toulouse und bewirkte damit einen Umschwung der öffentlichen Meinung zugunsten der Familie Calas. Darüber hinaus intervenierte er rastlos bei einflussreichen Persönlichkeiten.

Diese Anstrengungen zeitigten schließlich Resultate. Im März 1763 beschloss der königliche Rat einstimmig, Verlauf und Ergebnis des Prozesses zu überprüfen und diesen zu diesem Zweck an sich zu ziehen. Im Juni 1764 wurde das Urteil kassiert und für ungültig erklärt, im März 1765 wurde die ganze Familie Calas einschließlich ihres Oberhaupts rehabilitiert und vom König für ihre finanziellen Verluste großzügig entschädigt. Voltaire hatte auf der ganzen Linie gesiegt und mit ihm zum ersten Mal die Vierte Gewalt, die öffentliche Meinung im Geiste der Aufklärung. Der Patriarch von Ferney wurde daraufhin als *l'homme de Calas* zu einer populären Rettergestalt.

Was sich wirklich am 13. Oktober 1761 in der *rue des Filatiers* in Toulouse abgespielt hat, ist bis heute nicht geklärt. Voltaire ergriff Partei für die

Familie Calas und folgte deren Darstellung der Ereignisse, die nicht immer frei von Widersprüchen war. Trotzdem ist die bis heute gelegentlich vorgebrachte oder zumindest suggerierte umgekehrte These, dass das ursprüngliche Urteil das richtige gewesen sei, nach nüchterner Prüfung aller Indizien entschieden zurückzuweisen. Am meisten spricht immer noch für einen Suizid, obwohl dieser am Querbalken der Tür zwischen Balken und Magazin schwer zu bewerkstelligen war, doch ist auch ein Raubmord durch einen Unbekannten nicht völlig von der Hand zu weisen.

Der Traktat über die Toleranz und das Bekenntnis des atheistischen Dorfpfarrers Jean Meslier

Mit der Annullierung des Fehlurteils und der Rehabilitierung der Familie Calas war der Fall für Voltaire nicht abgeschlossen, denn die eigentliche Gedankenarbeit war noch zu leisten. Was der Familie Calas angetan worden war, ließ sich nicht als bedauerliche Fehlleistung eines ansonsten intakten Justizsystems kleinreden. Der sorgfältig geplante und minutiös durchgeführte Justizmord zeigte, dass etwas faul war im Staate Frankreich: «Dann fürchtet jeder für sich selbst, man sieht, dass niemand seines Lebens sicher ist vor einem Gericht, das doch das Leben der Bürger schützen soll.»[38] Die ganze öffentliche Ordnung war schief gebaut und musste von Grund auf neu errichtet werden, denn ihre vornehmste Aufgabe bestand darin, die natürlichen Freiheiten des Menschen zu verteidigen, statt sie mit Füßen zu treten. In einem System, das auf der Verquickung einer repressiven Monopolreligion mit einer rückständigen politischen Gewalt beruhte, die keiner Kontrolle durch die Öffentlichkeit unterworfen war, wurden Willkür und Missbrauch Tür und Tor geöffnet.

Das ist die Botschaft von Voltaires ohne Namensnennung veröffentlichtem *Traité sur la tolérance à l'occasion de la mort de Jean Calas*. Der *Traktat über die Toleranz aus Anlass des Todes von Jean Calas* zirkulierte Anfang 1763 zuerst, wie üblich, im kleinen Kreis, erregte aber schnell über den Verlagsort Genf hinaus höchstes Aufsehen, sehr zur Zufriedenheit des Verfassers, der die über Anlass, Zeit und Ort weit hinausreichende

Ausstrahlung seines Werkes gegenüber seinem Verleger Cramer stolz hervorhob:

> Ich sehe am Erfolg des Buches ..., dass Sie getrost viertausend Exemplare hätten drucken können, ohne dass diese Auflage genügt hätte. Dieses Werk ist im Übrigen kein Zugvogel, sondern für alle Jahreszeiten gedacht.[39]

Das bewahrheitete sich noch im Jahr 2015; nach den islamistischen Anschlägen auf *Charlie Hebdo* war Voltaires *Traktat über die Toleranz* eines der meistverkauften Bücher Frankreichs.

Um durch die sorgfältige Auswertung des Falls Calas zu allgemeingültigen Aussagen zu gelangen, musste Voltaire diesen in einen größeren geschichtlichen Zusammenhang einordnen. Die Leitfrage dieser historischen Untersuchung lautete, wie es die wichtigsten Reiche der Vergangenheit mit der Frage der Religion und der religiösen Duldsamkeit gehalten hatten. Der Anspruch auf Überzeitlichkeit, verbunden mit der Hoffnung auf Resonanz bei den Mächtigen, machte ein ungewöhnliches Maß an Zurückhaltung und Kompromissbereitschaft erforderlich. Als ein Vogel, der überall nisten und nirgendwo vertrieben werden sollte, ist der *Traité* überwiegend in einem verbindlichen, ja über weite Strecken versöhnlichen Ton gehalten, der sich von den weitaus kritischeren Abhandlungen zur Religionsfrage vorher und nachher auffallend abhebt. Voltaire wollte etwas erreichen, und so gab er sich staatstragend. Doch seine wahre Überzeugung verhehlte er trotzdem nicht, wie schon die Passage über die Angst vor der grassierenden Rechtsunsicherheit zeigt.

So ist die Argumentation eigentümlich durchmischt. Dass der Geist religiöser Duldsamkeit, aus der historischen Vogelschau betrachtet, stets der Ordnung und Harmonie im Staate zugutegekommen sei, wird so konziliant, ja salbungsvoll vorgetragen, dass auch konservative Hardliner sich darüber kaum echauffieren konnten. Dazu fehlt es nicht an Bemerkungen, die die Herrschenden zu ihrem Vorteil auslegen oder sogar als Schmeichelei verstehen konnten. So durften sie sich auf ihre Fahnen schreiben, dass der Geist der Verfolgungswut im letzten halben Jahrhundert nahezu überall ausgetrieben worden sei, speziell in Paris, wo «die Vernunft über den Fanatismus triumphiert».[40] Allerdings entsprang daraus die Verpflichtung, nicht beim Erreichten stehen zu bleiben, sondern diesen Weg konsequent

Die erste Seite von Voltaires «Traktat über die Toleranz», 1763

weiterzubeschreiten. Denn jetzt – so Voltaires Appell – war der Boden dafür bereitet, durch eine weise Gesetzgebung die letzten Reste der Intoleranz auszurotten, die in Toulouse so unzeitgemäß und unmenschlich ihre hässliche Fratze gezeigt hatten – zum letzten Mal, wenn die Regierenden es nur wollten. Lob spendete er sogar seinen notorischen Gegnern von der allein seligmachenden Kirche, wenn sie wie einige vorbildliche Bischöfe und Priester Duldsamkeit gegenüber Andersgläubigen an den Tag legten. Selbst eine Verbeugung vor der Theologie, wenn sie in dieselbe Richtung tendierte, gehörte zum Angebot dieser Versöhnung im Geiste entspannter Mitmenschlichkeit. Miteinbezogen in diesen Pakt wird erneut die jüdische Religion, die sich im Laufe ihrer Geschichte von ihren barbarischen Wurzeln und Bräuchen zunehmend abgelöst, Abweichungen toleriert und ihre

Fähigkeit zu aufgeklärter Vernunft damit unter Beweis gestellt habe. So mündet die Hymne auf die Toleranz in ein weihevolles «Alle Menschen werden Brüder»-Gebet an den lieben Schöpfergott, der von den Makeln seiner Schöpfung über weite Strecken freigesprochen wird: «Du hast uns unser Herz nicht gegeben, um uns zu hassen, und die Hände nicht, um uns zu erwürgen.»[41] Ein Hundsfott, wem da nicht Tränen der Rührung über die Wangen flossen.

Doch das war nur die Schauseite des Traktats. Selbst so viel überquellende Empfindsamkeit konnte die Risse in diesem harmonischen Weltgebäude nicht völlig verdecken, wie schon die nächste Zeile des «ökumenischen» Gebets zeigt: «Mach, dass wir uns gegenseitig helfen, um die Bürde eines harten und kurzen Lebens zu ertragen.»[42] Woher aber kam dieses Elend?

> Wenn es schwachen Kreaturen, die in der Unendlichkeit des Universums verloren und für dessen Rest nicht einmal wahrzunehmen sind, erlaubt ist, Dich, der Du alles gegeben hast und dessen Beschlüsse ewig und unabänderlich sind, um etwas zu bitten, so geruhe, die Fehler, die unserer Natur anhaften, mit Mitleid zu betrachten.[43]

Das klang fast nach einem reuigen Bekenntnis zur Erbsünde, konnte aber auch umgekehrt ausgelegt werden: Gott hat uns unsere Natur verliehen, und diese Natur ist unser Unglück. Unter der Tünche des tränenseligen «Gott ist unser aller allseitig verehrter Vater» brachen für den nachdenklichen Leser die Abgründe auf, die sich seit dem Erdbeben von Lissabon nicht mehr schließen wollten.

Sehr moderat fiel auch die praktische Nutzanwendung aus: Die Calvinisten sollen in Frankreich einen regulären Zivilstatus auf der Grundlage aller bürgerlichen Freiheiten erhalten, also Rechtssicherheit und Gewissensfreiheit sowie Zugang zu allen bürgerlichen Berufen. Von öffentlichen Ämtern solle man sie weiterhin getrost ausschließen, das verletze ihre Menschenrechte in keiner Weise, ebenso wenig das Verbot öffentlicher Gottesdienste. Das war ein Minimalprogramm, aber als solches hatte es den Vorteil, gemäßigte Reformkräfte nicht von vornherein vor den Kopf zu stoßen. Selbst zu einer partiellen Ehrenrettung des Aberglaubens zeigte sich Voltaire bei diesem Entgegenkommen bereit:

Der Traktat über die Toleranz 451

So groß ist die Schwäche des Menschengeschlechts und so groß seine Perversität, dass es für dieses besser ist, jedem nur denkbaren Aberglauben unterworfen zu sein – vorausgesetzt, dieser ist nicht mörderisch –, als ohne Religion zu leben.[44]

Das war das Kernstück des taktischen Angebots, das Voltaire in eigener Sache und im Namen der *Encyclopédie* an die Mächtigen richtete: Wir planen keinen Totalumsturz, das Volk wird Volk bleiben, wir haben nicht die Absicht, es mit revolutionären Ideen zu infizieren. Auf dieser Grundlage konnte man sich über alle ideologischen Divergenzen hinweg die Hände reichen.

Was der Verfasser des sich so moderat gebenden *Traité* wirklich dachte, blitzt an einigen weiteren Stellen auf: Das Christentum ist durch seine absurden Legenden und Dogmen so unglaubwürdig geworden, dass es selbst das unwissende Volk zum Atheismus verführt. Darin schlummert eine große Gefahr, die Voltaire eindringlich vor Augen führt: Wenn die einfachen Leute nicht mehr an einen belohnenden und strafenden Gott glauben, sind die Grundfesten jeder sozialen und politischen Ordnung gefährdet, denn dann holen sich die Armen auf Erden das, was sie im Jenseits nicht mehr erhoffen. Verdient hätte die katholische Kirche diesen Untergang allemal, denn ihre Verfolgungswut hat das Leben in Frankreich jahrhundertelang zur Hölle auf Erden gemacht und mehr als 50 Millionen Menschenleben gekostet. In Wirklichkeit ist Frankreich, dessen Fortschritte eben noch in den Himmel gehoben wurden, also zutiefst rückständig:

> Es hat sechzig Jahre gedauert, bis wir akzeptiert haben, was Newton längst bewiesen hatte; wir haben kaum damit begonnen, das Leben unserer Kinder durch Impfung zu retten; wir setzen erst seit sehr kurzer Zeit die wahren Prinzipien der Landwirtschaft um. Wann werden wir endlich damit beginnen, die wahren Prinzipien der Menschlichkeit umzusetzen? Und wie können wir die Stirn haben, den Heiden vorzuwerfen, dass sie christliche Märtyrer getötet haben, wenn wir uns unter denselben Umständen derselben Grausamkeit schuldig gemacht haben?[45]

Zudem starben die christlichen Märtyrer der Frühzeit laut Voltaire ja nicht für ihren Glauben, sondern als unverbesserliche Fanatiker und Staatsverbrecher.

Die Toleranz hat also in der Praxis nur zwei Grenzen. Überschritten sind sie zum einen, wenn unbelehrbare Vertreter einer Religion wie die Jesuiten zur Verfolgung und Diskriminierung Andersgläubiger und Andersdenkender aufrufen; zum anderen, wenn im Namen einer Religion die Gesetze missachtet werden. Alles andere hat den Staat nicht zu interessieren. Das bedeutet, dass alle Konfessionen, die diese Spielregeln befolgen, gleichzustellen und zur Privatsache zu erklären sind. Der Staat darf somit nicht, wie im selben Text vorgeschlagen, die Reformierten als Bürger zweiter Klasse diskriminieren.

Voltaire sah seine Theorie, dass die Absurditäten der christlichen Religion das Volk zum Atheismus führen mussten, durch ein Manuskript bestätigt, das seit Mitte der 1730er-Jahre in den Kreisen kirchenkritischer Intellektueller zirkulierte und großes Aufsehen erregte. Dieser sensationelle Text war das umfangreiche *Mémoire* des Jean Meslier (1664–1729), der es aus einfachsten Verhältnissen zum Pfarrer zweier armer Landpfarreien in der Champagne gebracht hatte. Was er nach seinem Tod seinen Schäfchen und darüber hinaus der ganzen Menschheit als Vermächtnis hinterließ, war kein frommes Erbauungsbuch, sondern der Aufruf zu einer doppelten Revolution, in der das religiöse und das politische Joch zusammen abgeschüttelt werden sollen. Da das Christentum wie alle Religionen ein infamer Betrug zur Ausbeutung der Armen durch die Reichen ist, muss es abgeschafft werden. In Wirklichkeit ist die Welt wie auch die Seele des Menschen Materie. Der liebe Gott ist eine Erfindung der Mächtigen, um die kleinen Leute in Furcht und Abhängigkeit zu halten; mit dem Versprechen des ewigen Lebens wird eine Belohnung im Jenseits vorgegaukelt, die das Volk hienieden gefügig und gehorsam machen soll. Religion ist also ein reines Herrschaftsmittel zur Stabilisierung einer zutiefst ungerechten Weltordnung, die es nach der Abschaffung der Religion von unten nach oben umzukehren gilt.

Mesliers radikale Lehre erregte durch die Konsequenz ihrer Beweisführung und die Forderung nach einer politischen und sozialen Revolution selbst unter geschworenen Kirchenkritikern Unbehagen, sogar in den Pariser Atheistensalons um den Baron d'Holbach, Grimm und Helvétius. Denn diese Gottesleugnung atmet Empörung statt Versöhnung des Menschen mit seinem Schicksal, wie sie die materiell bestens gestellten Gottesleugner der Hauptstadt lehrten. Für sie stand die Befreiung des Menschen

Der Traktat über die Toleranz 453

von Todes-, Gottes- und Jenseitsfurcht im Mittelpunkt, nicht die Gleichheit der Menschen im Diesseits. Wären die Menschen erst einmal von der Wahnvorstellung der Erlösung durch ein höheres Wesen befreit, würden sie sich bei ihrem Tod zufrieden und im Einklang mit der Natur wieder mit der Materie vereinen, aus der sie hervorgegangen waren. Meslier hingegen klagte für die Verdammten dieser Erde ein menschenwürdiges Leben im Hier und Jetzt ein, das ihnen durch den Betrug mit dem Jenseits gestohlen wurde. An einen solchen irdischen Umsturz dachten die Pariser Atheisten nicht im Entferntesten; sie predigten stattdessen eine unverbindliche Brüderlichkeitsethik und Fürsorge für die Armen.

Voltaire kannte Mesliers *Mémoire*, dass durch ihn den geläufigen Titel *Testament de Jean Meslier* erhielt, spätestens seit 1745. Seine zwiespältigen Eindrücke hallten noch siebzehn Jahre später in einem Kurzkommentar nach: «Ich komme immer wieder zu Jean Meslier zurück ... Sein Bericht ist zu lang, zu langweilig und sogar empörend.»[46] Es kam nicht oft vor, dass sich Voltaire in Sachen Religionskritik übertroffen fühlte, doch vor diesem erbitterten Gottesleugner, der überdies die Legitimität des Privateigentums bestritt und eine absolute soziale und wirtschaftliche Gleichheit im Zeichen eines Gütergemeinschaftskommunismus predigte, schreckte selbst er zurück. Auf der anderen Seite war ein Geistlicher, der alles negierte und ins Gegenteil verkehrte, was das Christentum lehrte, eine Verlockung, der kein *philosophe* im Kampf gegen die «infame» Kirche widerstehen konnte: «Ich glaube, nichts ist wirkungsvoller als das Testament eines Priesters, der auf dem Sterbebett Gott um Verzeihung dafür bittet, die Menschen betrogen zu haben.»[47] So beschloss Voltaire 1761, der Öffentlichkeit Auszüge aus dem *Mémoire* zugänglich zu machen, allerdings in einer «Überarbeitung», die auf eine weitreichende Entschärfung und somit auf eine Verfälschung der ursprünglichen Argumentation hinauslief. Wie Voltaire dabei vorging, zeigt sich schon im eben zitierten Brief: In Wirklichkeit hatte sich Meslier bei seinen Pfarrkindern entschuldigt und nicht bei Gott, dessen Existenz er vehement bestritt. Voltaire, der das Vermächtnis des Pfarrers nicht in der Originalversion, sondern nur in einem stark verkürzten Auszug las, machte aus dessen radikaler Gottesleugnung einen milden Deismus, der zu anderen, weitgehend unverändert belassenen Passagen mit ihrer wütenden Polemik gegen das Christentum nicht passen will. Für Meslier sind zwar alle Religionen auf Betrug gebaut, doch Christus ist der groteskeste Betrüger von allen:

> Dieser Jesus verspricht häufig, dass er die Welt von der Sünde befreien wird. Gibt es eine falschere Prophezeiung als diese, und ist unser Jahrhundert nicht der sprechende Beweis dafür? ... Was ist das für ein Gott, der kommt, um sich kreuzigen zu lassen und zu sterben, um die Welt zu retten, und so viele Nationen in der Verdammnis belässt?[48]

Auf den Originalton Mesliers folgt am Ende der Voltaire'schen Ausgabe ein Appell zu einem gereinigten Gottesglauben im Stil des *Traité sur la tolérance*:

> So will ich zum Schluss Gott, der von dieser Sekte [dem Christentum] so beleidigt wird, darum bitten, dass er geruhen möge, uns zu der natürlichen Religion zurückzuführen, deren erklärter Feind das Christentum ist – zu dieser heiligen Religion, die Gott ins Herz aller Menschen versenkt hat und die uns lehrt, dass wir unseren Nächsten nur so behandeln sollen, wie wir von ihm behandelt werden wollen.[49]

Seine «Bearbeitung» Mesliers ließ Voltaire 1762 zusammen mit dem thematisch verwandten *Sermon des cinquante (Die Predigt der Fünfzig)* bei Cramer in Genf drucken und schickte beide Texte an ausgewählte Gleichgesinnte und solche, die er dafür hielt, darunter die Herzogin von Sachsen-Gotha. Auch wenn diese Broschüre wie üblich keinen Verfassernamen trug, war diese Semi-Publizität riskant.

Im «Calas-Jahr» 1762 war Voltaire auch noch an einer ganz anderen Front aktiv. Im April und Mai waren kurz nacheinander Rousseaus politischer Traktat *Du contrat social ou principes du droit politique (Vom Gesellschaftsvertrag oder Prinzipien des politischen Rechts)* und sein Erziehungsroman *Emile ou De l'éducation (Emile oder Über die Erziehung)* erschienen, die in Paris und Genf postwendend als staatsgefährdend verdammt wurden. An diesen offiziellen Verurteilungen war Voltaire nach heutigem Wissensstand nicht beteiligt, weder als «Gutachter» noch als Denunziant. Doch reihte er sich an vorderster Stelle unter die vehementen Kritiker dieser Aufsehen erregenden Werke ein, durch die er die Errungenschaften der Aufklärung im Allgemeinen und sein Eintreten für die *Encyclopédie* im Be-

Der Traktat über die Toleranz   455

sonderen aufs Höchste gefährdet sah. In *Emile* entwickelte Rousseau eine «negative» Pädagogik, deren Hauptzweck darin bestand, die kommenden Generationen vor der Ansteckung durch die Fehlentwicklungen der Zivilisation zu schützen und zu einem Leben im Einklang mit der Natur zurückzuführen. Für Voltaire war das ein Aufruf zum Rückfall in eine Barbarei, die die Menschheit im Laufe ihrer Geschichte mühsam überwunden hatte. Die fundamentale Ablehnung im Großen hinderte ihn jedoch nicht daran, das in den Erziehungsroman eingefügte *Glaubensbekenntnis des savoyischen Vikars (Profession de foi du vicaire savoyard)* als Manifest eines «natürlichen» Deismus zusammen mit eigenen Texten derselben Stoßrichtung nachdrucken zu lassen.

Den *Gesellschaftsvertrag* des geborenen Genfers Rousseau hielt Voltaire sogar einer eigenen Entgegnung für würdig. Diese verfasste er im Namen eines fiktiven Genfers, der in den 65 kurzen Kapiteln seiner *Idées républicaines* seine Republik gegen die Fundamentalkritik seines Mitbürgers verteidigt und dessen zentrale Thesen als widersinnig nachzuweisen sucht. Rousseau erklärt im *Gesellschaftsvertrag* sämtliche Staaten seiner Zeit für unrechtmäßig, weil sie durch gewaltsame oder schleichende Usurpation der Macht und nicht durch den einzig legitimen Tausch der natürlichen Freiheit gegen die neu geschaffene politische Freiheit zustande gekommen seien. Die Freiheit in Gesellschaft und Staat beruht auf der Gleichheit aller Vertragschließenden vor dem Gesetz und sieht die strikte Kontrolle der ausführenden Organe der Regierung durch den Souverän, das heißt die versammelten Bürger, vor. Durch diese Theorie der Nichtübertragbarkeit und Nichtrepräsentierbarkeit von Souveränität wurden alle Gremien, die ihre legislative Kompetenz durch Delegierung, auch durch freie Wahlen, erhalten hatten, wie zum Beispiel Parlamente, als oligarchische Körperschaften abgewertet. Zur Widerlegung dieser Ideen stimmte Voltaire hinter der Maske eines Genfer Patrioten ein Loblied auf dessen kleine, aber feine Republik an der Rhone an. Nach der Vertreibung des Bischofs und Stadtherrn während der Reformation habe sich das befreite Gemeinwesen nach altrömischem Vorbild organisiert:

> Wir sind alle gleich geboren, und so sind wir auch geblieben. Und wir haben die Würden, das heißt die Bürde der öffentlichen Ämter, denen übertragen, von denen wir glaubten, dass sie diese am besten tragen können.[50]

Diese Kernpassage aus Kapitel zehn erweckt den Eindruck, als sei der Freistaat Genf auf dem Prinzip der Gleichheit aufgebaut. Ganz ähnliche Töne werden im dreizehnten Kapitel angeschlagen:

> Die bürgerliche Regierung ist der Wille aller, der von einem Einzelnen oder mehreren ausgeführt wird, auf der Grundlage der Gesetze, die von allen getragen werden.[51]

Das entsprach schlicht und ergreifend nicht den Tatsachen, wie Voltaire genau wusste: Genf war eine lupenreine Oligarchie, die sich ein immer durchsichtigeres demokratisches Mäntelchen umhängte. Genau diesen Prozess hatte Rousseau als schleichende Usurpation angeprangert, in Genf und allen anderen ähnlich konstituierten Staaten: Die Wenigen, die im Auftrag der Vielen die Staatsgeschäfte führen, also rechtlich gesehen ein rein exekutives und damit untergeordnetes Organ sind, ziehen nach und nach die Hoheit im Staat an sich; rückgängig zu machen ist dieser Missbrauch nur dadurch, dass die Urversammlung aller Bürger wieder in ihre Rechte eingesetzt wird. Für den Verfasser der *Idées républicaines* war Genf hingegen die perfekte Republik, die die natürliche Freiheit ihrer Bürger als kostbarstes Gut hegte und pflegte.

Rousseau stand jetzt als Nestbeschmutzer, Voltaire als Verteidiger von Genf da. Diese nicht ganz ehrliche Verbeugung vor der zeitweiligen Wahlheimat sollte seine Position im Kampf für durchgreifende Reformen in Frankreich stärken. Dort wurde im Januar 1762 unter dem Titel *L'Ecueil du sage* (Die Klippe des Weisen) eine Komödie Voltaires aufgeführt, die eigentlich *Le Droit du seigneur* (Das Recht des Herrn) hieß. Die Handlung folgt den bekannten Mustern: Nach diversen Verwicklungen und Intrigen wird die wahre Identität der Hauptfigur, in diesem Fall der schönen, zartbesaiteten und kultivierten Acante, aufgedeckt. Sie ist kein Bauernmädchen, sondern die Tochter eines Adeligen und muss daher nicht den rohen Parvenü Maturin heiraten, dem sie versprochen war. Am Ende findet sich Aristokratin zu Aristokrat und damit Herz zum Herzen, während der reich gewordene Pächter mit einer burschikosen Braut seines eigenen Standes vorliebnehmen muss. Trotzdem ist dieser die bei Weitem interessanteste Gestalt im ansonsten reichlich faden Plot. Voltaire zeichnete mit dem rohen Aufsteiger den Prototyp einer hässlichen neuen Elite, die allein durch ihre Geschäftstüchtigkeit, sprich Verschlagenheit, nach oben kommt und mit ihrem neuen Geld bald die neue Gesellschaft beherrschen wird. Damit beschrieb er, fraglos ungewollt und unbewusst, auch seinen eigenen sozialen Werdegang, der dem Maturins an Gerissenheit und Skrupellosigkeit bei finanziellen Operationen in nichts nachstand. Das für sich genommen belanglose Stück gewinnt durch ein weiteres autobiographisches Motiv weiter an Interesse: Wie Acante nahm Voltaire durch seinen angeblichen Erzeuger Rochebrune adelige Abkunft und damit Werte in Anspruch, die der schnöden Erwerbsgier Maturins und seines offiziellen Vaters diametral entgegenstanden.

«Die Jungfrau von Orléans»: Spott über die «Infame»

In das bewegte Jahr 1762 fiel ein publizistisches Großereignis. Im Mai brachte das Genfer Verlagshaus Cramer *La Pucelle* heraus, das Versepos über die Jungfrau von Orléans, das in Voltaires Korrespondenz schon 1734 als Projekt erwähnt wurde und von dem danach in diversen Raubdrucken einzelne Partien kursierten, die ihr Verfasser regelmäßig verleugnete. Seit Jahrzehnten hatte Voltaire neue *chants* hinzugefügt, so dass die anonym veröffentlichte Ausgabe jetzt einundzwanzig «Gesänge» zählte. Doch das war noch nicht der Endstand. Bis 1773 kamen zwei weitere *chants* hinzu, so dass das komplette Epos schließlich auf stattliche 8561 Verse kam. Sie bilden das satirische Gegenstück zu den zahlreichen theoretischen Abhandlungen dieser Jahre, die die Widersinnigkeit der christlichen Religion mit den Mitteln der Vernunft belegen sollen. Doch das war eine Methode, mit der in Voltaires Augen diesen Hirngespinsten zu viel der Ehre erwiesen wurde. Um diese Phantasmagorien endgültig der verdienten Lächerlichkeit preiszugeben, musste eine zweite Front eröffnet werden, an der mit den Waffen des Spotts gekämpft wurde. Die falsche Ehrwürdigkeit der frommen Legenden ließ sich am besten durch den Nachweis der ihnen innewohnenden Komik widerlegen, groteske Mythen mussten durch den Beleg ihrer Absurdität gestürzt werden, befreiendes Lachen brach den Bann der angemaßten Sakralität durchschlagender als alle gravitätischen Beweisführungen.

Diesem Programm entsprechend wird die Gestalt der Jeanne d'Arc, die sich 1430 von Gott berufen fühlte, Frankreich von den Engländern zu befreien, und mit dieser Mission erst Erfolg hatte, aber dann in die Hände ihrer Feinde fiel und als Ketzerin verbrannt wurde, konsequent aus dem historischen Zusammenhang herausgenommen, ihrer Tragik entkleidet und ins Groteske gewendet. Am Ende des Epos steht daher nicht ihr Tod auf dem Scheiterhaufen, sondern, gegen jede Wahrscheinlichkeit, der Triumph ihrer Jungfräulichkeit:

> Aus himmlischer Höhe klatschte Dionysius Beifall,
> Auf seinem Pferd zitterte der heilige Georg vor Freude.
> Der Esel ließ sein misstönendes Organ donnernd erschallen
> Und verdoppelte damit den Schrecken der Briten.
> Der König, den man in den Rang der Eroberer erhob,
> Traf sich zum Liebesmahl mit Agnes in Orléans.
> In derselben Nacht erfüllte die stolze und zarte Jeanne,
> Nachdem sie ihren schönen Esel zum Himmel zurückgeschickt hatte,
> Die heiligen Gesetze ihres Eides
> Und hielt ihrem Freund Dunois ihr Wort.
> Lourdis mischte sich unter die Getreuen
> Und schrie unentwegt: Engländer! Sie ist Jungfrau![52]

Damit schließt sich der Kreis, den die Verse 11 bis 18 des ersten Gesangs eröffnet haben:

> Jeanne zeigte hinter einem weiblichen Gesicht,
> Hinter Korsett und Rock,
> Den starken Mut eines wahren Roland.
> Ich hingegen ziehe am Abend und für meinen Gebrauch
> Eine Schönheit vor, die sanft wie ein Schaf ist;
> Aber Jeanne hatte das Herz eines Löwen:
> Sie werden es sehen, wenn Sie dieses Werk lesen.
> Sie werden angesichts ihrer neuen Heldentaten zittern,
> Und die größte ihrer erstaunlichen Leistungen
> Bestand darin, ihre Jungfräulichkeit zu bewahren.[53]

In den achteinhalbtausend Versen dazwischen entfaltet sich ein burleskes Szenario zwischen Erde, Hölle und Himmel. Da sich der französische

«Die Jungfrau von Orléans»: Spott über die «Infame»

König in den Armen seiner überirdisch schönen Geliebten Agnès Sorel verausgabt und sein Reich durch die scheinbar unabwendbare Eroberung von Orléans ganz an die stürmisch vordringenden Engländer zu verlieren droht, greift Dionysius, der Schutzheilige der französischen Könige, ein, um das Schlimmste zu verhindern. Als dieser auf einem Sonnenstrahl in die Versammlung der munter zechenden und zotenden französischen Heerführer herabschwebt, kommt es zuerst zu einem bezeichnenden Missverständnis:

> Richemont mit dem Herz aus Eisen,
> Gottesleugner und unerbittlicher Flucher,
> Erhob die Stimme und sagte, das sei der Teufel,
> Der aus dem Schlund der Hölle hierhergekommen sei,
> Und fand es sehr schön, mit Luzifer reden zu können.[54]

Doch dieser Irrtum wird rasch aufgeklärt:

> Dann sagte er ihnen: Erschreckt nicht,
> Ich bin Dionysius, und von Beruf bin ich Heiliger.
> Ich liebe Gallien und habe das Land bekehrt,
> Und meine gute Seele ist sehr empört,
> Dass Karlchen, mein viel geliebter Sohn,
> Dessen Land in Schutt und Asche liegt,
> Sich damit amüsiert, zwei Brüste zu kosen,
> anstatt sein Land zu verteidigen.[55]

Karlchen ist König Karl VII., und die einige Verse zuvor ausgiebig beschriebenen Brüste gehören Agnès Sorel. Als selbsternannter Heiler will der Heilige das Übel mit dem stärksten Gegenmittel kurieren: Wenn eine Hure wie Agnès das Land ins Unglück stürzt, muss es von einer Jungfrau gerettet werden. Mit dieser Strategie erregt Dionysius bei den Generälen jedoch nur ungläubige Heiterkeit. Erstens gibt es in ganz Frankreich keine Jungfrau mehr, und zweitens sind Jungfrauen im Krieg gegen die Engländer keine taugliche Waffe. Beides will Dionysius nicht glauben; über die ironische Abfuhr empört, zitiert er seinen Sonnenstrahl herbei und macht sich auf die Suche nach dem angeblich so raren Gut der Jungfräulichkeit.

Auf diesen komischen Prolog folgt ein Kommentar, durch den Voltaire unmittelbar zum Leser spricht – ein Verfahren, das sich durch die nachfolgenden Gesänge hindurch wiederholt:

> Lassen wir ihn ziehen, und während er sich
> Auf seinem Lichtstrahl niederlässt,
> Magst Du, mein lesender Freund, in der Liebe
> Das Gut finden, das er jetzt sucht.[56]

Das höchste Gut ist nicht Enthaltsamkeit, sondern Freude am Leben, zu der das Epos anleiten soll:

> Ich will gegen sie [die Kleriker] eines Tages ein schönes Buch machen,
> Ich werde die große Kunst lehren, gut zu leben.[57]

Dabei soll der heilige Dionysius als abschreckendes Gegenbeispiel helfen: Richtig leben heißt, maßvoll, aber mit allen Sinnen zu genießen. Sinnlichkeit ist denn auch so ausgeprägt der Grundton der *Pucelle*, dass schon die gewiss nicht prüden Zeitgenossen häufig von Obszönität sprachen, etwa wenn das Bauernmädchen Jeanne, das Dionysius nach mühsamer Suche als einzig noch vorhandene Jungfrau ausfindig macht, von einem geifernden Mönch bestürmt wird, nackt ausgezogen und ausgepeitscht wird oder mit ihrem Gegenpart Agnès die Kleidung tauscht. In diesen «freizügigen» Passagen tobt sich jedoch keine abgestandene Altmänner-Geilheit aus, ihr Duktus ist nicht schwül, sondern stets leichtfüßig und vor allem ironisch und damit zweckgerichtet. Das Erotische und das Komische verschmelzen zu einer einzigen großen Beweisführung: Obszön ist allein die Kirche mit ihrer abstrusen und lebensfeindlichen Lehre, gegen die sich die natürlichen Anlagen und Antriebe des Menschen behaupten müssen, was ihnen nach einer Fülle tolldreister Episoden am Ende ja auch gelingt. Man konnte die «Infame» auch lachend zerschmettern.

Mit dem – vorläufigen – Abschluss seines satirischen Epos war Voltaire, der Kämpfer gegen die Unrechtsjustiz des Ancien Régime, die ihn das ganze Jahr 1763 in Atem hielt, wieder auf den Geschmack am Fabulieren gekommen. So fügte er im Winter, den er in produktiver Zurückgezogenheit und mit deutlich verbesserter Gesundheit überwiegend als Schlossherr von Ferney verbrachte, und in den Monaten danach der *Pucelle* einen bunten Strauß von Geschwister-Texten hinzu: das Lesedrama *Saül* sowie die Erzählungen *Ce qui plaît aux dames* (Was den Damen gefällt), *L'Education d'un prince* (Die Erziehung eines Prinzen), *L'Education d'une fille* (Die Erziehung eines Mädchens), *Les Trois manières* (Drei Arten), *Thélème et Macare*, *L'Origine des métiers* (Der Ursprung der Berufe), *Azolan, Le Blanc et le Noir* (Schwarz und Weiß), *Jeannot et Colin*.

In *Saül* wird der gleichnamige König Israels wie sein Nachfolger David als Räuberhauptmann und dessen Sohn Salomon als Wüstling entlarvt. Die meisten der Erzählungen sind in Versen gehalten und gehen auf ältere Vorbilder, italienische und englische Novellensammlungen sowie antike Mythen, zurück. Wie schon ihre anspruchsvoller angelegten Vorgänger *Micromégas* und *Candide* verquicken sie den Ton des Märchens mit den Belehrungen der *Encyclopédie*. Sie vermitteln im galanten Plauderton des Salons, eingestreut zwischen die Erscheinungen von Feen und Dämonen, ernste Warnungen und tiefe Wahrheiten, zum Beispiel die Widersinnigkeit des klösterlichen Lebens und der christlichen Erziehungsprinzipien sowie die fatale Rolle geistlicher Beichtväter in der Politik. Nach dem burlesken Spott des Jeanne-d'Arc-Epos erschloss sich Voltaire damit ein neues Medium: Aufklärung, getarnt im Gewande lockerer Unterhaltungslektüre. Dass der Kontrast solcher Texte zu so gelehrten und gewichtigen Abhandlungen wie dem *Traité de la tolérance* sein Stammpublikum irritieren musste, war ihm bewusst. In einem Brief an seinen Vertrauten Etienne-Noël Damilaville vom Dezember 1763 räumte er ein:

> Es stimmt, dass *Ce qui plaît aux dames* einen recht amüsanten Gegensatz zum Buch über die Toleranz bildet; daher habe ich Ihnen dieses theologische Buch wie einem unserer heiligen Apostel zukommen lassen, und *Ce qui plaît aux dames* Bruder Thiriot, der nicht so fest im Glauben steht und den man durch eine solche Geschichte wiedererwecken muss.[58]

Überzeugungsarbeit konnte verschiedene Formen annehmen, ernste und heitere, aber auch bösartige. Im Laufe des Jahres 1764 steigerten sich die Auseinandersetzungen zwischen Jean-Jacques Rousseau auf der einen Seite und Genf mit seinem Verteidiger Voltaire auf der anderen Seite zu unerhörter Schärfe. Rousseau hatte auf die Verurteilung seiner Bücher durch den Genfer Rat mit der Rückgabe seines Bürgerrechts reagiert. Auf die *Lettres écrites de la campagne* von Jean Robert Tronchin, seines Zeichens Staatsanwalt der Republik Genf (und nicht mit dem gleichnamigen jüngeren Geschäfts- und Briefpartner Voltaires zu verwechseln), die ihn vehement attackierten, antwortete er mit einer ausführlichen Gegenschrift, den *Lettres écrites de la montagne*. Der Titel *Bergbriefe* klang nicht zufällig nach «Bergpredigt». In diesem Schlüsselwerk, seinem politischen Evangelium, zeigt Rousseau am Beispiel des real existierenden Genfs und zum Nutzen eines noch zu schaffenden besseren Genfs, wie sich die abstrakten Grundsätze seines *Contrat social* in der Gegenwart praktisch umsetzen ließen. Dabei rechnet er zugleich mit seinen Hauptfeinden ab: mit dem Genfer Patriziat, das sich auf Kosten der Handwerker und Ladenbesitzer die Souveränität im Staat erschlichen habe, mit der bigotten Genfer Geistlichkeit, die sich auf den unmenschlichen und machtgierigen Fanatiker Calvin berufe – und mit Voltaire, der dauernd von Toleranz schreibe, diese jedoch einem Gegner wie ihm systematisch verweigere. Dabei wusste Rousseau nicht einmal, wie recht er mit dieser Anklage hatte, denn das mörderischste der gegen ihn gerichteten Pamphlete schrieb er dem Pastor Jacob Vernes zu und nicht Voltaire, der es tatsächlich verfasst hatte.

In diesen *Sentiments des citoyens* (Gefühle der Bürger) machte sich Voltaire hinter der Maske eines staatstragenden Genfers zum Wortführer der Wohlgesinnten. Deren Gefühle ließen sich in einem Satz zusammenfassen: «Mit einem Verrückten hat man Mitleid; aber wenn aus Wahnsinn Wut wird, bindet man ihn fest. Die Toleranz, die reine Tugend ist, wäre sonst ein Laster.»[59] Im Gegensatz dazu hatte Voltaire in der Debatte über das Erdbeben von Lissabon dafür votiert, umfassende Toleranz, also die uneingeschränkte Freiheit, zu denken und zu schreiben, sogar den Intoleranten zuzugestehen, die gegen diese Freiheit zu Felde zogen. Solche Intoleranz konnte man Rousseau nicht vorwerfen, sondern nur eine von Konservativen wie Aufklärern gleichermaßen abweichende Meinung. Diese Freiheit des Andersdenkenden aber wurde ihm von Voltaire verweigert, der sich im Falle Rousseaus konsequent auf die Seite der Mächte stellte, die ihn selbst oft genug bekämpft hatten. Rousseaus *Bergbriefe* – so Voltaires *Gefühle der Bürger* – waren gegen die Fundamente des christlichen Glaubens gerichtet, attackierten die guten Sitten und untergruben damit die Fundamente von Gesellschaft und Staat. Ein großer Teil der Denunziationsschrift zielt unter die Gürtellinie: Rousseau, dieser «verkleidete Gaukler»,⁶⁰ hat sich mit einer Geschlechtskrankheit angesteckt, die er auf seine unglückselige Gefährtin übertragen hat – und so weiter. Der Verfolgte wird hier zum Verfolger. Nicht nur dieser Rollentausch, sondern auch die Maßlosigkeit der Wut, die sich hier austobt, verstört bis heute.

Der Kontrast ist umso stärker, als Voltaire kurz zuvor in seinem *Catéchisme de l'honnête homme* (*Katechismus des Ehrenmannes*) die vehementen Attacken gegen das Christentum, die er Rousseau vorwarf, selbst weiter zugespitzt hatte. In Form eines Dialogs zwischen einem Dogmatiker und einem Deisten stellte er die Ausbreitung dieser Religion als den Triumph der menschlichen Dummheit und Gemeinheit schlechthin dar. So weit war Rousseau in seinem *Glaubensbekenntnis des savoyischen Vikars* bei Weitem nicht gegangen – und trotzdem diese Anklagen! Selbst dem alles andere als zimperlichen König Friedrich II. von Preußen war dieser Furor unheimlich. Im Briefwechsel mit Voltaire fand er dafür mahnende Worte: Einen Irren verfolgt man nicht, man bedauert ihn.

Parallel zu seinem Vernichtungskrieg gegen den einzigen Konkurrenten, der es zeitweise in Sachen Öffentlichkeitsresonanz mit ihm aufnehmen konnte, verfasste Voltaire unter dem Titel *Discours aux Welches* (*Rede an die Welschen*) eine Schrift an «seine Landsleute»,⁶¹ in der er mit allen Mitteln subversiver Ironie den Anspruch Frankreichs, Speerspitze der Zivilisation und Kulturnation Nummer eins zu sein, der Lächerlichkeit preisgab. Diesem Anspruch stand die Geschichte des Landes entgegen, die mit souveränem Spott bedacht wird: «Bedenkt, dass sechshundert Jahre lang niemand von euch außer einigen eurer Druiden lesen oder schreiben konnte.»⁶² In der Gegenwart sieht es nicht viel besser aus:

> Ich habe gehört – und kann es nicht wirklich glauben –, dass ihr die einzige Nation der Welt seid, wo man das Recht kaufen kann, Menschen zu richten und andere Menschen im Krieg in den Tod zu führen. Man versichert mir, dass ihr die Gelder, die dem Staatsschatz gehören, durch fünfzig Hände gehen lasst; und wenn es am Ende alle diese Kanäle passiert hat, ist höchstens noch der fünfte Teil übrig.⁶³

Sarkastischer und treffender konnte man die öffentlichen Zustände in Frankreich kaum zusammenfassen: Öffentliche Ämter, auch im sensiblen Bereich der Justiz, waren genauso käuflich wie Regimenter für blutjunge Adlige, mit der unvermeidlichen Folge, dass die französischen Truppen von den perfekt gedrillten Preußen zusammengeschossen wurden, siehe die Schlacht bei Roßbach. Auch die Diagnose zu den Staatsfinanzen traf ins Schwarze. So lautet das politische Fazit: Frankreich lädt Aristokraten und Bankiers zu strafloser Selbstbedienung ein. Kulturell sah es nicht besser aus:

> Ihr habt ein paar Moden erfunden, das gebe ich zu, obwohl ihr heute fast alles Angesagte von den Briten übernehmt. Aber hat nicht ein Genuese den vierten Teil der Welt entdeckt, in dem ihr zwei oder drei Inselchen besitzt?[64]

Damit ist eine schier endlose Liste der Rückständigkeiten und Peinlichkeiten eröffnet: Der Seeweg nach Indien? Von einem Portugiesen erschlossen. Das Teleskop? Von Galilei erfunden. Selbst die Deutschen rangieren weiter vorn, haben sie doch mit Berthold Schwarz das Schießpulver, mit Gutenberg die Druckerpresse und mit Guericke die Luftpumpe erfunden, von England mit den welterklärenden und weltbewegenden Gedankenleistungen Newtons ganz zu schweigen. Europäische Spitze ist Frankreich nur durch die Schriftsteller, die wie Corneille, Racine und Molière dem Theater unsterbliche Tragödien und Komödien geschenkt und damit die französische Sprache wider Erwarten zum Idiom der vornehmen Welt erhoben haben. Dass er sich selbst um diesen Aufstieg mehr als alle anderen verdient gemacht hatte, musste Voltaire nicht ausdrücklich erwähnen. Davon abgesehen aber hieß es für die angeblich so große Nation: Hausaufgaben machen, nachholen, aufholen!

Das «Dictionnaire philosophique»:
Wut und Empörung der alten Eliten

Voltaires Landsleute reagierten wie erwartet auf den *Discours aux Welches*: Sie waren gekränkt. Doch dieser Protest war ein schwaches Lüftchen im Vergleich zu dem Sturm, den im Juli 1764 das Erscheinen von Voltaires *Dictionnaire philosophique portatif* erregte, seines *Taschenwörterbuchs der Philosophie*. Bereits im September wurde das Werk in Genf öffentlich verbrannt, ein halbes Jahr später folgte das Autodafé des Texts in Paris. Wie bei Voltaires zeitkritischen Werken üblich trug das Wörterbuch keinen Verfassernamen und gab als Druckort London an, was niemanden täuschte; in Wirklichkeit erschien es bei Cramer in Genf. Voltaire setzte dieses Versteckspiel bis in die Korrespondenz mit seinen engsten Vertrauten fort. An d'Alembert schrieb er im Juli 1764:

> Ich habe von diesem schrecklichen kleinen Wörterbuch reden hören. Es ist ein Werk Satans und daher für Sie wie gemacht, obwohl Sie es nicht benötigen ... Glücklicherweise habe ich an diesem schmutzigen Machwerk keinerlei Anteil. Ich bin die Unschuld selbst, wie Sie mir bei Gelegenheit bestätigen werden. Brüder müssen sich gegenseitig helfen.[65]

Briefe wie dieser dienten einem präzisen Zweck: Sie kündigten den «Brüdern» an, dass weitere Exemplare des «verruchten» Buches zu ihnen unterwegs waren, um an weitere Interessenten verteilt zu werden. Auf dem Pariser Schwarzmarkt wurden schließlich horrende Summen für dieses Handbuch der Aufklärung auf 344 Seiten im Oktavformat bezahlt.

Eine bewusste Irreführung ist schon der Titel. Ein «Wörterbuch» ist der verbotene Bestseller nur formell, nämlich durch seine Einteilung in Stichwörter: von Abbé, Abraham und Adam bis Transsubstantiation, Tyrannei und Tugend (*vertu*). Wie diese Beispiele zeigen, umfasst das *Dictionnaire* Schlüsselbegriffe aus den Bereichen Philosophie, Theologie und Politik und stellt damit eine Summe der Voltaire'schen Weltsicht dar. Jeder dieser Artikel ist ein funkelnd geschliffenes Textjuwel, das die in früheren Werken entwickelten Ideen und Argumente mit höchster Präzision und schneidender Schärfe auf den Punkt bringt. So fügen sich die anfangs 73, nach diversen Bearbeitungen bis 1769 schließlich auf 118 angewachsenen Essays zu einem Querschnitt durch die reale und mentale Welt der Gegenwart zusammen, die vor dem Tribunal der reinen Vernunft der Untauglichkeit, der Unmenschlichkeit und vor allem der Lächerlichkeit überführt wird. In diesem Urteil über alles geschichtlich Gewordene hat am Ende nichts Bestand, außer der kritischen Methode, die dieser Abrechnung zugrunde liegt: «Ein exzellenter Kritiker wäre ein Künstler mit viel Wissen und viel Geschmack, ohne Vorurteile und Neid. Doch so etwas ist schwer zu finden.»[66] So lautet der Schluss zum Lemma *Critique*, das überwiegend

Literaturkritik formuliert, doch darüber hinaus die Vorgehensweise im Großen vorgibt. Sie besteht darin, alles zu hinterfragen und dadurch alle Standpunkte als interessengebunden und von Interessen diktiert nachzuweisen. In diesem Säurebad der souveränen Ironie werden alle religiösen und politischen Dogmen vollständig zersetzt, so im Artikel «Etats, Gouvernements»:

> Stärken und Schwächen der Regierungen sind in jüngster Zeit von allen Seiten genauestens beleuchtet worden. Sagen Sie, die Sie viel gereist sind, in welchem Staat und welchem Regierungssystem Sie geboren werden möchten. Ich gehe davon aus, dass ein großer französischer Grundherr gerne in Deutschland geboren wäre, denn da wäre er Herr und nicht Untertan.[67]

Gesinnungen werden von Eigennutz diktiert, das ist ein Grundgesetz der menschlichen Existenz. «Doch welche Wahl würde ein weiser, freier Mann mittleren Vermögens und ohne Vorurteile treffen?»[68] Darüber kommen ein Aufsichtsratsmitglied der französischen Indienkompanie und ein Brahmane ins Gespräch. Der weise Inder trägt die Ansicht Voltaires vor:

> Ich sehe, dass es auf der Welt nur sehr wenige Republiken gibt. Die Menschen sind selten würdig, sich selbst zu regieren. Dieses Glück darf nur kleinen Völkern gehören, die sich auf Inseln oder zwischen Bergen verstecken wie Kaninchen, die sich vor fleischfressenden Bestien in Sicherheit zu bringen suchen, doch nach einiger Zeit von diesen entdeckt und verspeist werden.[69]

Aus Frankreich im Hier und Jetzt eine Republik zu machen, hieße, das Land noch mehr als jetzt schon den Reichen zum Fraß vorzuwerfen. Wenn die notwendigen Kontrollmechanismen fehlen – und die sind einstweilen nicht in Sicht –, sind Freistaaten ein Freibrief zur Entfesselung des hemmungslosen Egoismus, der nur von einer vernünftig angeleiteten Monarchie einigermaßen in Schach gehalten werden kann. Doch damit ist die Frage nach der relativ besten aller politischen Welten noch nicht beantwortet.

> Noch einmal, sagte der Indienrat, welchen Staat würden Sie wählen? Den, wo man nur den Gesetzen gehorcht. Das ist eine alte Antwort, sagte der Rat. Doch dadurch ist sie nicht schlecht, sagte der Brahmane. Und wo ist dieses Land? Der Brahmane sagte: Man muss es suchen.[70]

Danach heißt es nur noch: «Siehe den Artikel Genf.» Doch dieses Stichwort sucht der Leser ebenso vergeblich wie die beste aller politischen Welten. Mit mehr Ironie konnte man die politische und kulturelle Verfassung des zeitweiligen Exilorts kaum bedenken. Dass sich der ehrenfeste Staatsanwalt Jean Robert Tronchin wie die meisten Patrizier über das «abscheuliche Wörterbuch» heftig empörte, verwundert nicht. In Potsdam hatte Voltaire durch seine Satire über Maupertuis die Scheidung von Friedrich II. vollzogen. Sein erstes von zwei Abschiedsgeschenken für Genf war das *Dictionnaire philosophique*; das zweite bestand einige Jahre später aus einem satirischen Epos, das es in sich hatte – doch dazu später.

Auch in Sachen Religion gibt das fiktive Gespräch in Indien die Leitmotive des Wörterbuchs vor: Alle Glaubenssysteme sind von Menschen gemacht und gehorchen daher den Gesetzen der verschiedenen Gesellschaften, die ihrerseits von den Faktoren Klima und Geographie bestimmt werden. Glaube – so der für fromme Gemüter bis heute anstößige Artikel zum Stichwort *Foi* – ist nicht die feste Überzeugung, dass es ein Höheres Wesen gibt, denn diese entspringe der Vernunft und sei mit ihr vereinbar. «Glaube heißt nicht zu glauben, was wahr scheint, sondern was unserem Verstand falsch scheint.»[71] Glaube beruhe auf der systematischen Verdunkelung des Lichts, das der Mensch von Natur erhalten hat. Das ist die Quintessenz des nachfolgenden Gesprächs zwischen einem Hindu-Guru und dessen Jünger. Dass auf *Foi* das Stichwort *Folie*, «Wahnsinn», folgt, sagt ein Übriges.

Alle bestehenden Bräuche und Institutionen sind auf Aberglauben, Vorurteil und Heuchelei gegründet: «Seit zweitausend Jahren wettert man in Prosa und in Versen gegen den Luxus, und doch hat man ihn immer innig geliebt.»[72] An dieser Bigotterie und Doppelzüngigkeit wird sich auch in Zukunft kaum etwas ändern. Das gilt auch für das Phänomen der Religion und sogar für die Toleranz, so erstrebenswert und utopisch diese auch sein mag. So mündet das Stichwort «Toleranz» in dasselbe Fazit, das Voltaire schon im 19. Kapitel seines Traktats zu diesem Thema gezogen hatte: Vertreter verfeindeter christlicher Glaubensrichtungen disputieren in China, das sie missionieren wollen, so lautstark und hasserfüllt, dass sie zur Wahrung der öffentlichen Ordnung in ein Staatsgefängnis gesperrt werden müssen. Auf den Appell des weisen Mandarins, der über ihre Freilassung zu entscheiden hat, sich in ihrer Glaubenslehre zu einigen, reagieren sie ebenso mit schroffer Ablehnung wie auf die Aufforderung, sich dann doch wenigstens gegenseitig zu verzeihen. So bleibt am Ende nur ein kümmerlicher Kompromiss: Man tut so, als ob man sich respektiert. Der Appell zur Toleranz, mit dem das gleichlautende Stichwort des *Dictionnaire philosophique* beginnt, ist daher ein Aufruf zur Überwindung der Religion an und für sich: Wir sind alle von Schwächen und Irrtümern durchdrungen. Verzeihen wir uns also gegenseitig unsere Dummheiten, das ist das erste Gesetz der Natur.»[73] Die größte dieser Dummheiten aber, die Religion, ist letztlich unverzeihlich, denn Fanatismus, die unvermeidliche Begleiterscheinung jeder Religion, und Toleranz sind unvereinbar.

Die wichtigsten Aspekte seiner immer radikaleren Religionskritik vertiefte Voltaire während der Arbeit an seinem *Taschenwörterbuch* in kleineren Texten: Die systematische Kritik an der Bibel behandelte er in seinem bereits erwähnten *Catéchisme de l'honnête homme* und im *Dialogue du douteur et de l'adorateur* (*Gespräch zwischen einem Zweifler und einem Frommen*). Um die Absurdität und Verdummungskraft des christlichen Wunderglaubens geht es in den *Lettres* (später: *Questions*) *sur les miracles* (*Briefe/Fragen über die Wunder*) und am originellsten im *Dialogue du chapon et de la poularde*. Das tieftraurige und zugleich hochphilosophische Gespräch zwischen einem kastrierten Hahn und einem Masthuhn, das ebenfalls seiner Fortpflanzungsorgane beraubt wurde, kreist um die grenzenlose Grausamkeit der Menschen, die sich nicht nur wegen lächerlicher Meinungsverschiedenheiten in unverständlichen Disputen zu Tode rösten, sondern in der Nachfolge des barbarischen Idioten Descartes auch allen anderen Lebewesen Seele und Würde absprechen. Der Dialog der gequälten Kreaturen, die am Ende vom Koch abgeholt und ihrer finalen Bestimmung, dem Kochtopf, zugeführt werden, ist aber auch Sinnbild des menschlichen Lebens: Seine Würde besteht darin, sich des Verstandes zu bedienen und nachzudenken, bevor die Klappe fällt.

Leben und Schreiben auf Schloss Ferney

Die empörten Reaktionen, die sein Vademecum der radikalen Aufklärung in Genf hervorrief, bestärkten Voltaire in seinem schon länger erwogenen Entschluss, sein Anwesen «Les Délices» aufzugeben und nur noch in Ferney zu residieren. Doch das war leichter gesagt als getan; die Abstoßung des Besitzes erwies sich als mindestens ebenso kompliziert wie der Ankauf, was Voltaires Ressentiments gegen die «allerkleinste Republik», wie er Genf im vertrauten Kreis zu nennen pflegte, weiter vertiefte. Anfang April 1765 war es endlich so weit: Madame Denis und ihr Onkel kehrten ihrem «Entzücken» ohne Bedauern den Rücken. Umso genüsslicher ging Voltaire daran, «sein» Ferney zu einem kulturellen und mondänen Zentrum auszugestalten, das die Stadt Calvins weit überstrahlte. Das kleine Dorf im Ländchen Gex war längst ein Besuchermagnet ersten Ranges geworden: Voltaire gesehen und mit ihm gesprochen zu haben war ein Prestigetitel der Intellektuellen, der vornehmen Welt und der Halbwelt.

Zu allen drei Milieus gehörte Giacomo Casanova, der selbsternannte Chevalier de Seintgal und unbestrittene Trendsetter in Sachen eleganter Mode und Lebensart, der dem Patriarchen von Ferney erstmals 1760 seine Aufwartung machte. Bis 1778 folgte ihm nach, was Rang und Namen hatte oder sich einen solchen erwerben wollte: Junge Männer aus gutem Hause machten auf ihrer Kavalierstour ebenso Station bei Voltaire wie Literaten von Rang wie der renommierte schottische Schriftsteller James Boswell. Alle Besucher beschrieben mehr oder weniger einheitlich die gleiche Szenerie, allerdings je nach Sympathie oder Antipathie mit unterschiedlichen Wertungen. Die Rede ist stets von einem altersgebeugten, fast zum Skelett abgemagerten Mann in altertümlicher, meist eher nachlässiger Gewandung, mit unheimlich lebendigen, leuchtenden und durchdringenden Augen, der nur den Mund zu öffnen brauchte, um alles um ihn herum verstummen und verblassen zu lassen, meistens mit einem Lächeln auf dem Raubvogelgesicht, das die einen als schrecklich und die anderen als gütig empfanden: furchtbar, wenn es um den Kampf gegen «l'infâme» ging, milde und mitmenschlich, wenn es wieder einmal zu Unrecht von der Justiz Verfolgte zu retten galt.

So gastfreundlich sich der «Graf von Tourney und Herr von Ferney» in Erfüllung der Verpflichtungen, die sich aus seiner Rolle als Haupt der europäischen Aufklärung ergaben, auch gerierte – der unablässige Strom der Bewunderer und Neugierigen ermüdete ihn zusehends. Vor allem die Zudringlichkeit der Besserwisser und Profilierungsneurotiker empfand er als unerträglich. Mit Voltaire diskutiert und die besseren Argumente für sich gehabt zu haben, wurde geradezu ein Ehrentitel in den Kreisen europäischer Intellektueller und solcher, die es sein wollten. Wenn Voltaire wie im Falle Casanovas und Boswells solche Gespräche von vornherein abblockte, reagierten die Zurückgewiesenen mit narzisstischer Kränkung und gaben vor, Voltaire habe ja nur einer Niederlage entgehen wollen.

Auch ohne Besucher war der Herrensitz von Ferney keineswegs entvölkert. Zum Kernbestand von Voltaires Hofhaltung gehörten die «Hofdame» Denis, die sich mit dieser Rolle in der Provinz allerdings immer weniger anfreunden konnte, sein unwandelbar treuer und kompetenter Sekretär Jean-Louis Wagnière, dem er seine Werke diktierte und dessen schöne Handschrift das Entzücken der Voltaire-Forscher bildet, das «Fräulein Corneille», das inzwischen geheiratet hatte und mit ihrer Familie in Ferney lebte, ein Ex-Jesuit namens Antoine Adam, der überwiegend als Gegner im Schachspiel diente, dazu mehr oder weniger entfernte Verwandte, je nach Bedürftigkeit oder Krankheit länger oder kürzer, sowie weiteres Dienstpersonal für Küche, Kutsche und Garten.

Von einem beschaulichen Lebensabend im Kreis seiner Lieben und einzelner handverlesener Besucher, wie ihn Voltaire in seinen Briefen immer wieder sehnsüchtig beschwor, konnte auch in den folgenden Jahren keine Rede sein. Statt in den intellektuellen Ruhestand zu treten, auf den seine zahlreichen Feinde hofften, produzierte er weiterhin Texte in staunenswerter Fülle und Vielfalt. Das Hauptstück dieser rastlosen Tätigkeit bildete 1765 die *Philosophie de l'histoire* (Philosophie der Geschichte), die als majestätische Ouvertüre dem monumentalen *Essai sur les mœurs* vorangestellt wurde. Dazu kam eine Reihe kurzer, aber gewichtiger Texte, die als Satire oder Anklage dem Kampf gegen religiöse Intoleranz und politische Willkür dienten, je nach Adressaten und Zweck mit unterschiedlichem Schärfegrad, von relativ milde über ironisch ätzend bis unerbittlich hart.

Ungewöhnlich optimistische, ja geradezu pathetische Töne schlug Voltaire in *Conformez-vous aux temps* an. In diesem Aufruf an die Mäch-

Leben und Schreiben auf Schloss Ferney

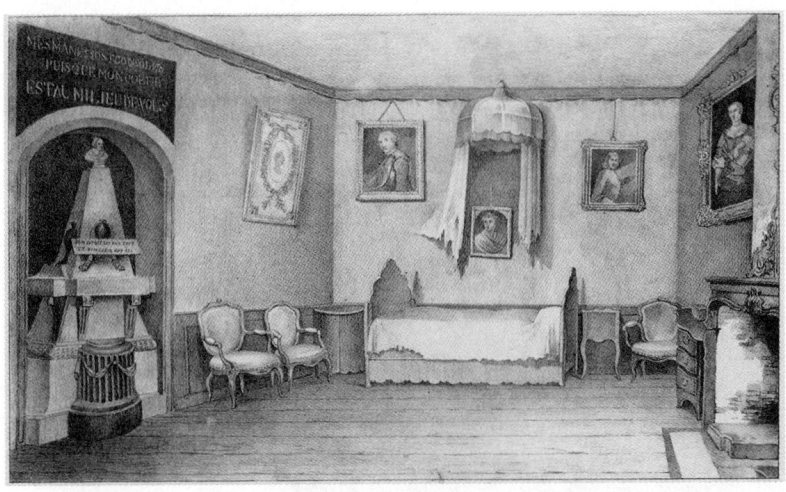

Ein Schloss mit bürgerlichem Interieur: Voltaires Ruhezimmer in Ferney

tigen, sich «der Zeit anzupassen» und endlich die Zeichen der Zeit zu verstehen, ist der Aberglaube überall auf dem Rückzug, der Fortschritt der Aufklärung hingegen unaufhaltsam. Schon bald – so die strahlende Zukunftsvision – werde die Vernunft die öffentliche Meinung so beeinflussen und lenken, dass die Mächtigen sich zu Reformen im Geiste der Menschlichkeit bequemen müssen, ob sie wollen oder nicht. Im Gegensatz dazu trieft *De l'horrible danger de la lecture* (*Von der schrecklichen Gefahr der Lektüre*) nur so vor Spott: Der Obermufti des Osmanischen Reiches verbietet den Buchdruck, da das Volk in Ignoranz und Fanatismus gehalten werden muss. Dass die damit angeprangerten Kräfte des Obskurantismus nicht am Bosporus, sondern in Paris, in der Sorbonne und im Pariser *Parlement* ihr Unwesen treiben, erschloss sich dem Leser von selbst.

In der *Conversation de Lucien, Erasme et Rabelais dans les Champs-Elysées* (*Unterhaltung zwischen Lukian, Erasmus und Rabelais auf den Elysischen Feldern*) nutzte Voltaire die alte Gattung des Jenseits-Gesprächs illustrer Geister dazu, die Reihen der Vernunft und des Fortschritts gegen die Feinde der *Encyclopédie* und der Aufklärung zu schließen. Obwohl von ganz unterschiedlichem Temperament, haben sich alle drei Literaten, die

Schloss Ferney,
zwei Innenansichten im
heutigen Zustand

zum Gedankenaustausch zusammenkommen, als Satiriker gegen die Unduldsamkeit und Verfolgungswut ihrer Zeit hervorgetan: der antike Autor Lukian mit ausschweifender Phantasie, der Humanistenfürst Erasmus von Rotterdam würdevoll und diskret, Rabelais, der Verfasser der tolldreisten Romane über *Gargantua und Pantagruel*, hingegen mit überquellendem Hohn und einer gehörigen Portion Obszönität. Ungeachtet aller Meinungsunterschiede im Einzelnen schließen die drei ein Bündnis gegen die Mönche, die die menschliche Natur unterdrücken und ihren höchsten Ruhm daraus ziehen, den gesunden Menschenverstand in allen Lebensbereichen auszuschalten.

Burlesk und ernst zugleich ist die Tonlage in dem Kurzdialog *Des païens et des sous-fermiers* (*Von Heiden und Unter-Steuerpächtern*). Ein Unter-Steuerpächter, der von einem eifernden Prediger wegen seiner Geldgeschäfte als Heide beschimpft wird, überführt hier die Kirche, die im

Reichtum schwimmt, aber ehrenwerte Bankiers als Wucherer anklagt, der Heuchelei und des Opportunismus gegenüber den Mächtigen.

In der generationenübergreifenden *Querelle des Anciens et des Modernes*, in der sich Lobredner des Altertums und der Moderne gegenüberstanden, hatte Voltaire seit Längerem die Partei derjenigen ergriffen, die die Überlegenheit der Gegenwart verkündeten. Auf diese Seite schlug er sich auch in *Les Anciens et les Modernes ou la toilette de Madame de Pompadour* (Die Alten und die Neuen oder Die Toilette der Madame de Pompadour), allerdings mit bemerkenswerten Zwischentönen. So gesteht er freimütig ein, dass die Geistesriesen der Antike charakterlich höher stehen als die kulturellen Protagonisten von heute, aber das ändere nichts daran, dass Künste und Wissenschaften seit den fernen Tagen Ciceros weit über den damals erreichten Stand hinaus vorangeschritten sind. Das muss am Schluss der Debatte sogar Ciceros Tochter zugeben. Sie kann auch mit

Abendliche Freizeitgestaltung in Ferney: Voltaire beim Schachspiel mit seinem Faktotum, dem Ex-Jesuiten Antoine Adam, und zwei Zuschauern. Radierung von Jean Huber, um 1775

dem versöhnlichen Fazit der Auseinandersetzung leben: Die Kultur der Antike ist nie ganz erloschen, obwohl der sittlich verwilderte Feudaladel und abergläubische Mönche achthundert Jahre lang alles dafür getan haben, sie in Vergessenheit geraten zu lassen. Die Neuzeit hat die Errungenschaften des Altertums aufgenommen, steht also auf dessen Schultern und lässt die Fackel der Vernunft dadurch umso heller erstrahlen.

Die Verdunkelung der antiken Helligkeit und den nachfolgenden Absturz in die Finsternis des Aberglaubens hat der kurze Dialog *Les dernières paroles d'Epictète à son fils* (*Die letzten Worte Epiktets an seinen Sohn*) zum

Thema. Darin muss der große stoische Philosoph Epiktet auf dem Sterbebett erleben, dass sich sein Sohn der Sekte der Christen angeschlossen und sich deren perverse Moral und blinden Fanatismus zu eigen gemacht hat. Was aus dem Aufstieg dieser Sekte in der Folgezeit hervorging, wird im *Mandement du révérendissime père en Dieu, Alexis (Hirtenbrief des verehrungswürdigsten Patriarchen Alexis)* gezeigt. Der fiktive Patriarch der russischen Kirche erweist sich in diesem Sendschreiben an seine Gläubigen als ausgezeichneter Kenner der frühen Kirchengeschichte, in der es keinen Papst und erst recht keinen römischen Primat gegeben hat. Diese Machtstellung gewann Rom erst in den nachfolgenden Jahrhunderten durch skrupellose Fälschungen, Lügen, Intrigen und Usurpationen – Missbräuche, gegen die sich die Vernunft jetzt überall zu erheben beginnt.

Gegen Ende des Jahres 1765 mehrten sich die Anzeichen dafür, dass das neue Jahr im Zeichen großer Konflikte stehen würde. Zum einen spitzte sich die politische Situation in Genf dramatisch zu; zum anderen forderten Fehlurteile der Justiz den investigativen Journalisten Voltaire zu neuen Recherchen und öffentlichen Interventionen heraus.

Der Fall Sirven:
Die Öffentlichkeit als mächtige Richterin

Der erste große Justizskandal, der Voltaire im turbulenten Jahr 1766 beschäftigte, war der Fall Sirven. Es sollte der einzige bleiben, in dem sich das Schlimmste verhindern ließ. Seine Vorgeschichte reichte bis ins Jahr 1760 zurück; öffentlich machte ihn Voltaire im Juni 1766 durch eine *Öffentliche Erklärung zu den Vorwürfen des Verwandtenmords gegen die Familien Calas und Sirven (Avis public sur les parricides imputés aux Calas et aux Sirven)*. In dieser wortmächtigen Anklage gegen die brutale Willkürjustiz einer unheiligen Allianz von Staat und Kirche, die zugleich ein Plädoyer für religiöse Toleranz ist, zeichnete er die Ereignisse mit einigen effektvollen Erfindungen zugunsten der Angeklagten, doch im Großen faktengenau nach. Was sich in der kleinen Bischofsstadt Castres in Südwestfrankreich abspielte, ähnelte in fataler Weise dem Drama um Jean Calas und seine Angehörigen, das sich zu derselben Zeit in der Metropole Toulouse zutrug. Wieder stand eine Familie von «Kryptoprotestanten» im Mittelpunkt des Geschehens, die sich wie ein beträchtlicher Teil der dortigen Bevölkerung zwar den Zwängen der äußerlichen Katholisierung gefügt hatte, doch dem reformierten Glauben ihrer Vorfahren treu geblieben war und daraus auch kein Hehl machte. Wie Jean Calas gehörten Pierre Paul Sirven, seines Zeichens *feudiste*, das heißt Spezialist für die dem Feudalherrn geschuldeten Abgaben der Bauern, und seine Gattin Antoinette, geborene Léger, zum Kreis lokaler Honoratioren. Im heiklen Metier des «Feudalitätssachverständigen», in dem es um so strittige Fragen wie alte Rechte, alte und neue Gebühren und Grundstücksgrenzen ging, hatte sich das Familienoberhaupt auf allen Seiten den Ruf der Zuverlässigkeit und Unbestechlichkeit erworben. Doch im Klima religiöser Unduldsamkeit und Verfolgungswut, das der Bischof von Castres zusammen mit dem Intendanten der Provinz Languedoc, seinem Schwager, künstlich aufheizte, war diese Reputation schon bald nichts mehr wert.

Wie im Fall Calas ging es um eine vermeintliche Familien-Selbstjustiz, die einen geplanten Übertritt zum Katholizismus verhindern sollte. Das angebliche Opfer dieser Umtriebe war Elisabeth, die zweiundzwanzigjährige geistig behinderte Tochter des Ehepaars Sirven, die nach der Hochzeit ihrer älteren Schwester Marianne in immer beängstigendere Unruhezustände verfiel. Anfang März floh sie aus dem Elternhaus in die Obhut des Bischofs und erklärte dort ihre Absicht, zum wahren, das heißt: katholischen Glauben überzutreten. In dem Kloster, wo Nonnen sie auf ihre Konversion vorbereiten wollten, trat ihre mentale Verwirrung allerdings so krass hervor, dass sie im Oktober als religiös nicht belehrbar nach Hause zurückgeschickt wurde. Bereits zu diesem Zeitpunkt schürten die örtlichen Kleriker den Verdacht, dass die Familie dem Religionswechsel mit allen Mitteln entgegenzuwirken suchte, und ordneten eine Überwachung des Hauses an. Um sich dieser Bespitzelung zu entziehen, siedelten die Sirven im Juli 1761 in ein nahegelegenes Dorf um. Doch dadurch verschlimmerte sich die Lage nur noch. Kurz darauf zog der Fall Calas weite Kreise, und die Familie Sirven geriet in den Sog der Massenhysterie, die durch die Verleumdungskampagne kirchlicher und staatlicher Stellen angefacht wurde. So wurde ihnen vorgeworfen, an reformierten Rachesynoden teilzunehmen, die Konversionswillige als Glaubensverräter mit dem Tode bestraften.

Der Fall Sirven

Ihr Schicksal schien besiegelt, als Elisabeth Mitte Dezember 1761 plötzlich verschwand und knapp drei Wochen später tot im – nicht mehr benutzten – Dorfbrunnen gefunden wurde. Von nun an lief alles ab wie vom Calas-Verfahren abgekupfert. Ein Autopsiebericht von grotesker Stümperhaftigkeit kam zu dem Schluss, dass die junge Frau nicht ertrunken, sondern mit einem Kissen erstickt worden sei; als Beleg dafür diente der Befund, dass im Magen kein Wasser gefunden worden war. In der Folgezeit konnten angesehene Mediziner noch so nachdrücklich betonen, dass sich bei Ertrunkenen das Wasser nicht dort, sondern in der Lunge sammelt – die örtlichen Richter hielten an der vorgefassten These des religiös motivierten Rachemordes fest und schritten zur «Beweisaufnahme» nach Toulouser Vorbild. Im ganzen Bezirk wurden die Geistlichen dazu verpflichtet, auf der Kanzel die Schuld der Angeklagten als erwiesen darzustellen und zu entsprechenden Zeugenaussagen aufzurufen. Doch zu Tage kam das Gegenteil der erhofften Beweise. Mehrere Dorfbewohner beeideten, dass Elisabeth ein ungesundes Interesse für den Brunnen an den Tag gelegt, diesen umkreist und sich öfter über den Rand hinabgebeugt habe. Doch das alles konnte den längst vorformulierten Schuldspruch nicht abwenden. Im März 1764 verurteilten die örtlichen Richter den Vater, der zur angeblichen Tatzeit gar nicht vor Ort gewesen war, und die Mutter zum Tod durch Erhängen und die übrigen Kinder zu lebenslanger Verbannung – aber erst, nachdem sie der Hinrichtung ihrer Eltern beigewohnt hätten. Da das Obergericht, das *Parlement* von Toulouse, wie seine Schwester-Körperschaften in ganz Frankreich wegen eines Streits mit dem König um Steuern nicht funktionsfähig war, trat dieser Schuldspruch sofort in Kraft.

Doch zu dessen Ausführung kam es nicht. Durch die Exekution von Jean Calas alarmiert, hatte sich die Familie Sirven in die Wildnis geflüchtet, wo sie von Freunden mit dem Nötigsten versorgt wurde. Von dort schlug sie sich bei Nacht und Nebel auf abenteuerlichen Geheimpfaden nach Lausanne durch.

Nach Anhörung des Vaters und seiner Töchter – die Mutter war kurz zuvor den Strapazen der Flucht zum Opfer gefallen – verfasste der zutiefst erschütterte Patriarch von Ferney im Juni 1766 einen bewegenden Bericht über diesen skandalösen Missbrauch der Justiz für religiöse Zwecke. Mit effektvollen Ausschmückungen schildert er darin, wie Marianne Sirven, die hochschwangere Tochter des zum Tode verurteilten Ehepaares, inmitten von Eis und Schnee entbindet und ihr sterbendes Kind in den Händen trägt. In Wirklichkeit kam Mariannes Sohn erst einige Monate darauf, im Juli 1762, gesund zur Welt. In diesem skandalösen Fall rechtfertigte der Zweck für Voltaire alle Mittel, auch die der literarischen Fiktion: Die Öffentlichkeit sollte Anteil nehmen, und um Rührung zu erwecken, mussten Emotionen geschürt werden. Zu diesem Zweck mobilisierte Voltaire ein weiteres Mal sein weitgespanntes Netzwerk, um den Fall europaweit bekannt zu machen und Geld für die mittellosen Flüchtlinge zu sammeln. Zu den Spendern gehörte schließlich die Crème des europäischen Hoch- und Herrscheradels, mit der Zarin Katharina II. und dem König von Preußen an der Spitze. Dazu wurden in Frankreich Himmel und Hölle in Bewegung gesetzt, um die Annullierung des Fehlurteils zu bewirken; doch im Wirrwarr der durch Streik lahmgelegten, in Zwangsurlaub geschickten und zudem chronisch langsamen Justizorgane dauerte es volle fünf Jahre, bis die Ehre der Familie Sirven wiederhergestellt und ihr der beschlagnahmte Besitz zurückgegeben wurde.

Bei der publizistischen Auswertung in seinem *Avis* vom Juni 1766 ordnete Voltaire die von ihm so aufwühlend geschilderten Umstände des Falls Sirven in größen Zusammenhänge ein:

> Es ist möglich, dass es die Formalitäten der Jurisprudenz verhindern, dass das Anliegen der Sirven dem königlichen Rat vorgelegt wird, aber der Öffentlichkeit (*public*) liegt dieser Antrag vor, und dieser Richter aller Richter hat sein Urteil gesprochen, und an diesen Richter wenden wir uns.[74]

Das war ein Verdammungsurteil und ein Umsturz zugleich: Die königliche Gerichtsbarkeit wurde als Organ der Finsternis dargestellt, die aufgeklärte Öffentlichkeit hingegen als Stimme der Vernunft, die über dem König und seinen Institutionen steht. Damit war dem alten Staat nebst seinem Oberhaupt die Legitimation abgesprochen. Die Französische Revolution begann 1766 und nicht erst 1789.

Für Voltaire war es höchste Zeit, mit dem Unrat der Geschichte aufzuräumen: «Es gibt kein Gericht im christlichen Europa, das sich nicht in fünfzehn Jahrhunderten ähnlicher Justizmorde schuldig gemacht hat».[75] Damit steht der Hauptschuldige am Pranger: das Christentum in seiner fanatisierten Gestalt. Daran knüpfen sich Reflexionen an, die mit ihrem

Der Fall Sirven 479

hohen Pathos an das Gedicht über das Erdbeben von Lissabon gemahnen: Das Leben der Menschen gleicht einer Schifffahrt auf einem wildbewegten Ozean. Doch anstatt die löchrige und schwankende Barke des Schicksals durch maßvolle Steuerung und Lenkung vor dem Untergang zu bewahren, zerfleischen sich Christen aller Couleur, Juden und Muslime gegenseitig. Das Motto des Kampfes für Gerechtigkeit und Menschlichkeit musste also in den Plural gesetzt werden: *Ecraser les Infâmes*, «die schändlichen (Religionen) zerschmettern». Solange ihnen in ihrer Gesamtheit nicht der Giftzahn gezogen war, würde sich der Fall Sirven wiederholen.

Er wiederholte sich schneller als erwartet, und das noch empörender und absurder, denn diesmal gab es zwar erneut einen Justizmord, doch keinen vorangehenden Todesfall. In seinem *Bericht vom Tod des Chevalier de la Barre* (*Relation de la mort du chevalier de la Barre*), der im Untertitel einem frei erfundenen Advokaten namens Cassin zugeschrieben wird, erzählt Voltaire die Geschichte einer tödlichen Kleinstadtintrige wie einen Detektivroman.

Im August 1765 wird auf einer Brücke von Abbeville in Nordfrankreich ein Kruzifix beschädigt. Der zuständige Bischof schreit Zeter und Mordio und verlangt die grausamste Hinrichtung des oder der Schuldigen. Der Verdacht fällt auf drei Freunde aus bester Familie, einer sechzehn, die anderen beiden neunzehn Jahre alt. Sie sind durch nächtliches Singen obszöner Lieder aufgefallen. Der älteste von ihnen, der Chevalier de la Barre, ist als Waise von seiner Tante, der lebenslustigen Äbtissin des vornehmsten städtischen Klosters, aufgezogen worden. Auf diese mondäne geistliche Dame hat Herr von Belleval, einer der einflussreichsten Honoratioren von Abbeville, ein begehrliches Auge geworfen, doch vergeblich – für die Körbe, die er bekommt, macht er den Neffen verantwortlich. Währenddessen hofft der Bürgermeister namens Duval, einen seiner Söhne mit einer reichen Erbin zu verheiraten; alles ist für die Hochzeit vorbereitet, als die Braut sich plötzlich umbesinnt und einem anderen Bewerber ihr Jawort gibt. Der wütende Bürgermeister glaubt, dass die Äbtissin dafür den Ausschlag gegeben hat.

Beide, Belleval und Duval, werden jetzt als «Untersuchungsbeamte» und zugleich Ankläger im «Fall» der Kruzifixschändung tätig. Nach wirrem Hin und Her, in dem die Anklage zwischen den drei angeblich schuldigen jungen Männern oszilliert, wird schließlich de la Barre zum Sündenbock auserkoren. Die Verstümmelung des Kruzifixes kann man ihm nicht zur Last legen, darin sind sich alle Aussagen einig. Also erfindet man eine Hostienschändung nebst weiteren «Blasphemien». Ein rasch zusammengetrommeltes Gericht aus dafür gar nicht zuständigen Mitgliedern verurteilt den jungen Adligen zur Enthauptung und anschließenden Verbrennung. Voltaires gottloses *Dictionnaire philosophique*, das man der Anstiftung zu diesem «Verbrechen» bezichtigt, soll mit in die Flammen geworfen werden. Das Urteil, das sich auf keinen Paragraphen stützen kann, geht ans *Parlement* von Paris, das ebenfalls ein Exempel gegen die *philosophes* statuieren möchte und die skandalöse Sentenz durchwinkt. Alle gehen jetzt davon aus, dass der König die beiden Fehlurteile kassieren und den Angeklagten begnadigen wird. Doch weit gefehlt: Ludwig XV. will ebenfalls ein Zeichen setzen, und so wird de la Barre, der bis zum Schluss kühles Blut und Galgenhumor bewahrt, am 1. Juli 1766 öffentlich exekutiert. In den Augen der aufgeklärten Öffentlichkeit ist der König eines Mordes durch Unterlassung schuldig, und sein Ankläger ist Voltaire.

Sein Bericht über den empörenden Justizmord ist in einem bemerkenswert sachlichen Ton gehalten, was die Anklage nur noch wirkungsvoller macht. Der literarischen Fiktion nach ist er an den Marchese Cesare Beccaria in Mailand gerichtet, der drei Jahre zuvor mit seiner Forderung, die Todesstrafe abzuschaffen, europaweit Aufsehen erregt und von kirchlicher Seite schroffen Widerspruch erfahren hatte. So weit wie Beccaria geht Voltaire hinter der Maske des Advokaten Cassin nicht, und das aus gutem Grund. Sein Bericht soll auch für Juristen annehmbar sein, die so radikalen Ideen eher skeptisch gegenüberstehen. Für sie hat ihr angeblicher Kollege daher sehr viel moderatere Argumente parat: Gesetze sind nur dazu geschaffen, Vergehen zu bestrafen, die realen Schaden anrichten sowie die Ordnung von Gesellschaft und Staat stören. Davon aber kann bei einem zerbröselten und bespuckten Stück Teig keine Rede sein. Und wenn sich der aufgehetzte Pöbel darüber erregt, dass ein junger Mann bei einer Fronleichnamsprozession nicht den Hut zieht – ein weiterer Vorwurf an de La Barre –, dann muss man die Hefe des Volkes eben besser erziehen. Dumme-Jungen-Streiche wie diese waren maximal als Ordnungswidrigkeiten einzustufen und allenfalls mit ein paar Tagen Arrest oder einer kleineren Geldbuße zu ahnden.

Der Fall Sirven

Doch wie so oft, wenn er sich um einen zurückhaltenden Ton bemühte, ließ Voltaire am Ende die Maske fallen und stellte eine Diagnose, die das Frankreich seiner Zeit insgesamt in düsterem Licht erscheinen lässt:

> Sie haben sich wahrscheinlich gewundert, mein Herr, dass sich so viele tragische Szenen in einem Land zutragen, das sich der Sanftheit seiner Sitten rühmt und in dem die Fremden massenhaft die Annehmlichkeiten einer zivilisierten Gesellschaft suchen. Aber ich will Ihnen nicht verhehlen, dass es nicht nur eine gewisse Anzahl duldsamer und liebenswürdiger Geister gibt, sondern dass sich darüber hinaus in nicht wenigen Köpfen eine alte Barbarei erhalten hat, die nichts auslöschen konnte.[76]

Damit war ein weiteres Mal die Janusköpfigkeit des späten Ancien Régime auf den Punkt gebracht: im Salon offenherzige Lästereien, in der Öffentlichkeit Strafen von archaischer Grausamkeit für «Religionsfrevel». Die Folgen dieser Schizophrenie waren laut Voltaire absehbar:

> Einige Richter haben gesagt, dass die Religion unter den gegenwärtigen Umständen dieses abschreckende Exempel brauche. Sie haben sich schwer getäuscht – nichts hat der Religion mehr Unrecht getan. So unterwirft man sich nicht die Geister, im Gegenteil: so empört man sie zur Revolte.[77]

Dieser Aufstand gegen die mörderische Kirche und ihre Religion hat in den Köpfen bereits stattgefunden, wie der staatstragende Advokat Cassin betrübt feststellen muss:

> Leider habe ich von mehreren Personen gehört, dass sie sich des Hasses gegen eine Sekte, die sich nur durch Henker behauptet, nicht erwehren können ... Sie würden es nicht glauben, mein Herr, wie dieses Ereignis bei allen Fremden Abscheu gegen unsere römisch-katholische Religion erregt hat.[78]

Tatsächlich bestand die Reaktion der Frommen darin, nicht nur die Verbrennung ketzerischer Schriften wie des *Dictionnaire*, sondern auch ein Autodafé für deren Verfasser zu fordern. Voltaire begab sich daher vorsichtshalber einige Wochen lang in die Waadt und erwog ein kollektives Auswanderungsprojekt: Er selbst, Diderot, d'Alembert und einige andere Mitstreiter, die in Frankreich ihres Lebens nicht mehr sicher waren, sollten ins Herzogtum Cleve auswandern, das Friedrich II. gehörte, mit dem sich wieder freundliche Beziehungen anbahnten. Doch zu dieser Emigration des Geistes kam es nicht. Voltaire fand produktivere Lösungen.

Beccarias epochale Schrift *Dei delitti e delle pene*, die schon 1766 ins Französische übersetzt wurde, war Voltaire im selben Jahr einen eingehenden Kommentar wert, wieder hinter der Maske eines Juristen und erneut mit der Absicht, durch moderate Argumente nachhaltige Wirkungen zu erzielen. So liest sich sein *Kommentar zum Buch von den Verbrechen und von den Strafen (Commentaire sur le livre des délits et des peines)* über weite Strecken wie eine nüchterne Auflistung von anachronistischen Missständen, die für alle unvoreingenommenen Menschen guten Willens zum Himmel schreien. Dazu gehört die Anwendung der Folter, die Bestrafung von Selbstmordversuchen und die Verfolgung von «Religionsfreveln» wie in Abbeville. In der heiß diskutierten Frage der Beibehaltung oder Abschaffung der Todesstrafe bezieht der fiktive Provinzadvokat dieselbe Position wie Beccaria. Für schwerste Staatsverbrechen wird sie nicht ausdrücklich ausgeschlossen, doch gilt von solchen Ausnahmedelikten abgesehen der Grundsatz des öffentlichen Nutzens:

> Es ist klar, dass zwanzig kräftige Räuber, die zu lebenslanger Zwangsarbeit verurteilt werden, dem Staat durch ihre Strafe nützen, während ihre Hinrichtung nur den Henker bereichert.[79]

Über diesen rein utilitaristischen Effekt hinaus ist ein humanitärer Gesichtspunkt in Rechnung zu stellen. Das zeigt sich in Russland, wo die Reform-Zarin Katharina II. Schwerverbrecher nicht aufs Schafott, sondern nach Sibirien schickt:

> Diese Verurteilten sind zu permanenter Arbeit gezwungen, wenn sie überleben wollen. Die Gelegenheiten zum lasterhaften Leben fehlen ihnen, so heiraten sie und pflanzen sich fort. Zwingen Sie die Menschen zur Arbeit, und Sie machen ehrenhafte Leute aus ihnen.[80]

Die vernünftige Strafjustiz wird auf diese Weise zu einer Volkspädagogik ohne sentimentale Illusionen. Doch Erziehung allein reicht nicht aus: «Die wahre Jurisprudenz besteht darin, die Verbrechen zu verhindern.»[81] Damit rührte Voltaire an Beccarias radikalste Idee: Eine ungerechte Gesellschaft zwingt die Armen dazu, gegen die Gesetze zu verstoßen, da diese Gesetze für die Reichen gemacht sind. Beccaria wurde deshalb von kirchlicher Seite als «Sozialist» verunglimpft. So weit ging Voltaire in der sozialen Frage nicht. Die kleinen Leute sollten genug haben, um anständig leben zu können, und vor Ausbeutung durch Kirche und Staat geschützt sein. Mehr «Sozialpolitik» findet man in seinem Kommentar zu Beccaria nicht, wohl aber ein Vernichtungsurteil über die europäische Geschichte der letzten Jahrhunderte:

> Fügt man diesen juristischen Massakern [den mehr als hunderttausend Opfern von Hexenprozessen] die unverhältnismäßig höhere Zahl von hingerichteten Ketzern hinzu, dann stellt sich dieser Teil der Welt als ein einziges riesiges Schafott dar, das von Henkern und ihren Opfern bedeckt und von Richtern, Sbirren und Gaffern umgeben ist.[82]

Mit einer solchen Geschichte muss man schleunigst Tabula rasa machen. So unbeweglich, wie sich die Institutionen in Sachen Reform zeigen, kann das nur durch eine Revolution geschehen.

ACHTES KAPITEL

LETZTE KÄMPFE FÜR EHRE, VERNUNFT UND FREIHEIT

1767–1778

Spott über Genf, Hass auf Rousseau, Satiren auf das Ancien Régime

1766 wurde es vor Voltaires Haustür, in Genf, ungemütlich. Dort hatte Rousseau mit seinen *Lettres écrites de la montagne*, seinen *Bergbriefen*, den seit Längerem schwelenden Unmut der Mittelschichten artikuliert und in konkrete Forderungen umgemünzt: Rückgabe der Souveränität an die Vollversammlungen aller Vollbürger, von denen die kürzlich zugezogenen *habitants* und ihre Nachkommen, die *natifs*, ausgeschlossen bleiben sollten. Vor diesem Hintergrund relativieren sich die Forderungen von Rousseaus *Contrat social* beträchtlich: Alle Bürger haben zwar gleichermaßen alle Rechte, aber nicht alle Einwohner sind Bürger. Von einem Grundbuch moderner Demokratie – eine gängige Bezeichnung späterer Interpreten – kann beim *Contrat social* also keine Rede sein. Doch auch die – nach heutiger Einschätzung – moderaten Forderungen Rousseaus waren für die Patrizier eine Revolution.

In Anbetracht seiner Abneigung gegen den «verrückten Jean-Jacques» und das arrogante Patriziat war es sich Voltaire schuldig, in diesen Konflikt einzugreifen. So intervenierte er zunächst auf der Seite der *représentants*, des Protestkomitees der alteingesessenen, aber gegenüber den Patriziern politisch ins Hintertreffen geratenen *bourgeois*, das sich um eine gütliche Einigung mit der regierenden Clique bemühte. Doch die angestrebte Rolle des Vermittlers konnte der Herr von Ferney nicht spielen, dazu war das Misstrauen gegen ihn auf beiden Seiten zu groß. Für die konservative Mehrheit der Genfer *classe politique* war er mehr denn je der böse Geist, der alles verneinte, was ihnen heilig war. Für die Führer der Protestbewegung hingegen war er als Feind ihres Idols Rousseau zutiefst suspekt. Vor diesem Hintergrund ergriff der verschmähte Friedensstifter die Partei der *natifs*, deren Interessen sich bislang niemand auf die Fahne geschrieben hatte. So problematisch die Staatsform der reinen Republik für Voltaire auch war, so stand für ihn doch außer Frage, dass politische Teilhabe in einer Stadt wie Genf auch den fleißigen Ladenbesitzern und Handwerkern der zweiten Generation von Zugewanderten gebührte. So spielte Voltaire erneut die Rolle des Wohltäters der Entrechteten und verfasste für deren Forderungen nach politischer Gleichberechtigung zwei Manifeste, die erwartungsgemäß weder bei den Patriziern noch bei den *bourgeois* und auch nicht bei dem Vermittler Gehör fanden, den der Hof von Versailles geschickt hatte, um eine Eskalation der Konflikte zu verhindern.

Parallel dazu setzte Voltaire mit neuen Pamphleten seinen verbalen Vernichtungskrieg gegen Rousseau fort, der ihn seinerseits als seinen erbittertsten Verfolger anprangerte. In der *Lettre au docteur Pansophe* und der *Lettre de M. de Voltaire à M. Hume* verwahrte er sich gegen den Vorwurf, die Kampagne gegen den Verfasser des *Contrat social* zu steuern, fuhr aber erneut schweres Geschütz gegen diesen auf: Zerstörung der christlichen Religion, Unterwanderung des Staates, grenzenlose Undankbarkeit gegenüber Wohltätern, abgrundtiefe Unmoral, infame Verlogenheit.

Vor dem Hintergrund dieser Fehden fühlte sich Voltaire zur Überprüfung seiner weltanschaulichen Prinzipien herausgefordert. Sie fand in einer gut fünfzig Seiten umfassenden Abhandlung unter dem Titel *Le Philosophe ignorant* (*Der unwissende Philosoph*) Niederschlag, in der er seine Glaubens- und Unglaubensartikel noch einmal griffig und akzentuiert zusammenfasste. Darin fallen die Anklänge an das düster gestimmte *Poème sur le désastre de Lisbonne* markanter aus als die Übereinstimmungen mit dem aufgehellteren *Traité de métaphysique*. Der Grundton des *Unwissenden Philosophen* von 1766 ist zutiefst pessimistisch: Der Mensch ist verloren auf diesem lächerlich winzigen Kügelchen Erde, das nicht für ihn gemacht ist und ihm keine Behaustheit bietet. Verloren ist er nicht nur in der Unendlichkeit des Kosmos, sondern auch in seinem eigenen Dasein, versklavt von einer unbarmherzigen Natur, die ihn wie alle ihrer Hervorbringungen dem Gesetz des Werdens und Vergehens unterwirft und ihm zugleich eine besondere Perfidie vorbehält: zu fühlen, wie der Geist schon zu Lebzeiten mit dem alternden und schwindenden Körper verloren geht. Auf alle wichtigen Fragen wie die nach dem Sinn dieses kümmerlichen Daseins gibt es keine überzeugenden Antworten, sondern nur eitles Geschwätz größenwahnsinniger Philosophen wie Descartes, Leibniz und Spinoza. Unterworfen ist das Mängelwesen Mensch nicht nur der mitleidlosen Natur und ihren ehernen Gesetzen, sondern auch seinem eigenen Willen. Seine Freiheit beschränkt sich darauf, das tun zu können, was er will, und das nicht zu wollen und nicht zu tun, was ihm sein Verstand als böse ausweist. Vernünftige Philosophie besteht daher darin, vom Schlammklumpen Erde aus ins unendliche Universum zu blicken, zu staunen und mithilfe der wenigen Denker, die diese Bezeichnung verdienen, die wenigen dem Menschen zugänglichen Gewissheiten oder Quasi-Gewissheiten zu sammeln und sie den abstrusen Thesen der falschen Weltdeuter entgegenzuhalten. Zu diesen mehr oder weniger gesicherten Grundsätzen gehört, dass das Seiende nicht aus dem Nichts entstanden sein kann, da sich die Materie nicht selbst zu erzeugen vermag; also muss es ein Höheres Wesen geben, das die Welt und den Menschen geschaffen hat:

> Ich setze diese höhere Intelligenz voraus, ohne zu fürchten, dass man mich jemals davon abbringen kann. Nichts erschüttert in mir diesen Lehrsatz: Jedes Werk trägt das Abzeichen seines Werkmeisters.[1]

Trotz dieses Glaubensbekenntnisses tritt der Kontrast zwischen dem Elend der *condition humaine* und der angeblichen Erhabenheit des Schöpfers in dieser Tabula rasa aller philosophischen Gewissheiten krasser hervor als in jedem anderen Werk Voltaires. Dasselbe gilt für die praktische Nutzanwendung: Wenn der gütige Schöpfer dem Menschen wirklich die universelle Moral des «Was du nicht willst, was man dir tu, ...» mit auf den Weg gegeben hat, warum ist dieses Geschöpf dann in einem derartig desolaten Zustand der Dummheit und Verrohung und die Welt permanent von Kriegen verwüstet? Vor diesem Hintergrund klingt Voltaires trutziger Rest-Optimismus aufgesetzt, wie das Pfeifen des Kindes im Walde. Dass die Welt an einen gütigen Gott glauben muss, stand für Voltaire weiterhin außer Frage, da sonst alles im hemmungslosen Egoismus versinken würde. Dass er selbst an diesen Gott glaubte, darf jedoch bezweifelt werden:

> Und dann sage ich euch, dass alles in der Natur miteinander vernetzt ist und die ewige Vorsehung mich dazu vorherbestimmt hat, diese Träumereien zu verfassen; außerdem hat sie fünf oder sechs Leser dazu vorherbestimmt, Gewinn daraus zu ziehen, und fünf oder sechs andere, sich darüber aufzuregen und sie in der endlosen Flut der sinnlosen Schriften versinken zu lassen.[2]

Das Fazit des «ignoranten Philosophen» ist ironische Skepsis, auch gegenüber dem eigenen Denken und dessen Resultaten. Gerade deshalb aber bleibt ein Axiom unerschütterlich bestehen: die absolute Toleranz im Glauben, Denken und Schreiben.

Zu den teils gelassen resignativen, teils trotzig aufmüpfigen Tönen dieses Traktats passte keine Polemik gegen die «Infâme». Sie hob sich Voltaire 1767 für eine Reihe von Abhandlungen auf, die wie intellektuelle Schrotkörner auf die intolerante Monopolkirche einprasseln und zugleich ein breites Band von Feinden mittreffen sollen. In *Les Questions de Zapata (Die Fragen von Zapata)* wird kübelweise Spott über die jüdische Religion ausgeschüttet: Der Gott des Alten Testaments sei ein Gott der Unmoral, König David ein skrupelloser Räuberhauptmann. Zugleich nimmt Voltaire die Juden gegen die mörderischen Übergriffe der Christen in Schutz: Mit welchem Recht verbrennen sie die Angehörigen eines Volkes, dessen heilige Schriften sie sich unrechtmäßig angeeignet haben? Im Zentrum der Widerlegung stehen zwei zentrale Dogmen des Christentums selbst, die Erbsünde und vor allem die Erlösung. Ein unglaubwürdigerer Erlöser als Christus, der seine baldige Wiederkehr ankündigt und dann für immer entschwindet, lasse sich nicht denken.

Diese Polemik wird im *Examen de Milord Bolingbroke* und den anschließenden *Homélies prononcées à Londres en 1765 (Predigten, die im Jahr 1765 in London gehalten wurden)* weiter gesteigert. Die Zuschreibung des ersten Texts an den britischen Aristokraten ist eine leicht durchschaubare literarische Fiktion. Die darin vorgenommene Abrechnung mit Judentum und Christentum geht weit über den Horizont skeptischen Freidenkertums hinaus. Die Juden treten darin als das barbarischste Volk des Altertums auf; ihre Sitten seien so verkommen, dass die Indianer Amerikas dagegen wie weise Philosophen erscheinen. Jesus sei ein grobschlächtiger Bauer, der von Neid getrieben soziale Gleichheit predigt und damit die Hefe des Volkes aufhetzt, aus der er selbst hervorgegangen ist. Der eigentliche Begründer des Christentums, Paulus, wandelt sich vom abgewiesenen Liebhaber zum Religionsstifter, um hinter der Maske der Frömmigkeit seine Machtgelüste ausleben zu können. Die Ausbreitung seiner Lehre ist für Bolingbroke alias Voltaire ein Triumph menschlicher Dummheit und politischer Tyrannei, die sich der Kirche für ihre finsteren Zwecke bedient, bis die politische Herrschaft selbst von der Kirche unterjocht wird. Die große Frage lautet daher erneut, wie eine so absurde und abstoßende Lehre bis heute von intelligenten Menschen geglaubt werden kann:

> Die dümmliche Gutgläubigkeit, in der die meisten Menschen hinsichtlich dieses wichtigsten aller Themen verharren, scheint zu bestätigen, dass es sich bei ihnen um elende animalische Maschinen handelt, deren Instinkt sich nur mit dem gegenwärtigen Augenblick beschäftigt. Wir behandeln unsere Intelligenz wie unseren Körper, den wir oft Scharlatanen gegen etwas Geld überantworten. ... Man muss also alles überprüfen: Das ist eine Pflicht, die niemand in Zweifel zieht. Ein Mensch, der seine Religion ohne Überprüfung annimmt, unterscheidet sich nicht von einem angeschirrten Ochsen.[3]

An diesem dumpfen Herdentrieb werde sich trotz aller Aufklärung nichts ändern. So zieht Voltaire in Sachen Religionspolitik klare Schlussfolgerungen: Die große Mehrheit der Bevölkerung braucht den Glauben an einen strafenden und belohnenden Gott, um halbwegs gesetzeskonform zu leben; Atheismus ist das Instrument von Tyrannen, die das Volk in Unmoral halten, um selbst ungestraft unmoralisch handeln zu können.

Dieselben Ideen tauchen auch in drei Texten auf, die dem Titel nach literarischen Themen gewidmet sind. Die *Honnêtetés littéraires (Literarische Nettigkeiten)* beginnen mit einem Votum für Fairness in Rezensionen sowie im Umgang der Autoren miteinander und münden in eine Besprechung älterer und neuerer Werke, die diesem guten Vorsatz hohnspricht. Voltaires Kommentare sparen nicht mit Lob für Verbündete und Gesinnungsgenossen wie d'Alembert und gehen danach zu vehementen Attacken gegen alle Feinde über, die er sich in mehr als einem halben Jahrhundert gemacht hat. Am grausamsten malträtiert wird der einzig verbliebene Gegner von Format, dem gerade deshalb ein weiteres Mal jegliche Würde abgesprochen werden muss:

> Was für ein schrecklicher Mensch ist doch dieser Jean-Jacques! Er behauptet in irgendeinem Roman, der Héloïse oder Aloïsia betitelt ist, dass er sich mit einem Lord des britischen Oberhauses duelliert und von diesem dann Almosen empfangen habe.[4]

Das behauptet nur Voltaire, der bewusst literarische Fiktion und Biographie seines Todfeindes unzulässig verquickt. Doch auch Feindschaften haben ihr Gutes, so der ganz und gar nicht versöhnliche Schluss dieser höhnischen Nicht-Nettigkeiten: Da die Jesuiten, deren Stern an den europäischen Höfen im rapiden Sinkflug begriffen sei, und die Jansenisten, die niemand mehr ernst nehme, sich nicht mehr gegenseitig zerfleischen können, hätten sie das Metier gewechselt und auf Straßenraub umgesattelt.

Sehr viel moderater im Ton ist *La Défense de mon oncle*. Diese *Verteidigung meines Onkels* wird einem fiktiven Neffen Voltaires zugeschrieben, der diese Ehrenrettung an einen gleichfalls erfundenen Theologen in Asien schickt. Ihr Thema ist Voltaires *Essai sur les mœurs* mit der vorangestellten *Philosophie de l'histoire*, die gegen ihre Kritiker, vor allem aus den Reihen der Jesuiten, in Schutz genommen werden. Die Auseinandersetzung mit diesen bot Voltaire ein weiteres Mal Gelegenheit, sein Konzept einer faktengesättigten Geschichte der Zivilisation von den Lügen einer an den Fabeln der Antike und der Bibel orientierten und zudem konfessionell parteiischen Historiographie abzugrenzen.

Noch zurückhaltender in Sprache und Thesen ist Voltaires *Lettre à S. A. Mgr le Prince de ***** sur Rabelais et sur d'autres auteurs accusés d'avoir mal parlé de la religion chrétienne*. In diesem angeblichen Brief an einen ungenannten Fürsten «über Rabelais und andere Autoren, die angeklagt werden, schlecht über die christliche Religion gesprochen zu haben», gibt sich der Autor als Verteidiger eines von Fanatismus gereinigten Christentums gegen seine atheistischen Feinde aus. Diese seien zwar weniger gefährlich als die Theologen, die Intoleranz und Verfolgung predigen, aber ihre Botschaft, dass es keinen Gott gibt, sei für die Gesellschaft pures Gift. Deshalb – so Voltaire in eigener Sache – habe er die gottlose Hinterlassenschaft des Dorfpfarrers Meslier von solchen anstößigen Stellen gereinigt und in ein Bekenntnis zu einem gütigen Schöpfergott umgeformt, ganz im Sinne der *Encyclopédie*, die ähnliche Botschaften verkünde.

In vier weiteren Schriften des erstaunlich produktiven Jahres 1767 widmete sich Voltaire aus aktuellen Anlässen politischen Fragen. Ein Ereignis betraf ihn als Herrn von Ferney ganz unmittelbar. Der Hof von Versailles reagierte ungnädig auf das Scheitern seines Vermittlers in den Genfer Wirren und verhängte eine Handelsblockade gegen die unruhige Republik an der Rhone. Hauptleidtragende dieses Boykotts waren jedoch die Bewohner des Ländchens Gex und damit Ferneys, das dadurch von lebenswichtigen Warenlieferungen abgeschnitten wurde. So war es ein Segen, dass Voltaire gute Beziehungen zum Herzog von Choiseul pflegte; der Kontakt zu diesem allmächtigen Minister und Leiter der französischen Politik war so eng und vertraut, dass Voltaire es wagen konnte, ihm sein *Dictionnaire philosophique* zu schicken. Das zahlte sich aus, denn jetzt leistete Choiseul seinem Briefpartner, den er mit freundlich herablassendem Spott als «mein altes Murmeltier» zu bezeichnen pflegte, wertvolle Dienste in Gestalt eines Passierscheins für die in Ferney dringend benötigten Güter. Trotzdem musste Voltaire in diesen bedrängten Zeiten eine große Zahl seiner Schutzbefohlenen auf eigene Kosten durchbringen.

Diesen unhaltbaren Zuständen begegnete Voltaire mit Satire und moralischer Belehrung. Der Spott war für die Genfer, die Unterweisung für Versailles und andere Höfe. Nach seinen eigenen vergeblichen Vermittlungsversuchen war Voltaire von den Rangstreitigkeiten und Eifersüchteleien der Genfer Machtkämpfe amüsiert und genervt zugleich. Die Abrechnung damit wurde sein zweites, endgültiges Abschiedsgeschenk an Genf, das einem Scheidebrief gleichkam. Die Mini-Republik an der Rhone war für Voltaire nur noch ein Jahrmarkt der Eitelkeiten, dessen Darstellung besondere literarische Kunstgriffe erforderlich machte; am besten geeignet dafür war das scheinbar heroische, in Wirklichkeit aber komische Genre, das ein unbekannter hellenistischer Autor mit seiner *Batrachomyomachie*, dem *Froschmäusekrieg*, erfunden hatte. An diesen anonymen Dichter wendet sich Voltaire, natürlich ebenfalls anonym, am Anfang seines Versepos über den *Genfer Bürgerkrieg*, *Guerre civile de Genève*:

> Erhabener, unausgewogener, geschwätziger Autor,
> Der du die Ratte und den Frosch besangst,
> Wirst du geruhen, mich in deiner Kunst zu unterweisen?[5]

Auf diese Parodie Homers folgt ein Porträt Genfs, in dem die Einheimischen ihre Stadt nicht wiedererkannten:

> Am Fuße eines Berges, den die Zeiten geschält haben,
> Auf einem Ufer, an dem die Rhone,
> Ihrem tiefen Gefängnis entronnen, ihre schöne Welle kräuselt
> Und weiter läuft, von der Saône gerufen,
> Sieht man die Stadt Genf glänzen,
> Nobel, reich, stolz und tückisch;

Spott über Genf, Hass auf Rousseau

> Man kalkuliert dort, doch lachen tut man nie.
> Die Kunst des Rechenschiebers alleine floriert:
> Man hasst Bälle, man hasst Komödien.
> Von den Melodien des großen Rameau weiß man nichts:
> Als einziges Vergnügen psalmodiert Genf
> Die uralten Konzerte des guten Königs David,
> Denn es glaubt, dass Gott die schlechten Verse liebt.
> Die düstere und grobe Spezies der Prediger
> Hat auf alle Stirnen die Trostlosigkeit eingeschrieben.[6]

Aller Unmut, der sich im Laufe eines Jahrzehnts angestaut hatte, wurde hier abgelassen: Verachtung für kulturelle Rückständigkeit, Wut über kirchliche Schikanen, Enttäuschung über die Verzagtheit der Patrizier, die sich privat aufgeklärt gaben, doch auf öffentlicher Bühne die alten, unglaubwürdig gewordenen Rollen weiterspielten. Das Thema des Spott-Epos ist denn auch die Schizophrenie des Zeitalters in einer typisch genferischen Variante.

Die Handlung des Epos basiert auf einem «Unzucht-Fall», den das Konsistorium drei Jahre zuvor an sich gezogen hatte: Ein junger Genfer aus besserer Familie namens Robert Covelle hatte mit einer jungen Frau namens Catherine Ferboz aus der Klasse der *natifs* ein uneheliches Kind gezeugt und sollte dafür nach Altväterart vor dem hohen geistlichen Gericht des Konsistoriums kniefällig Abbitte leisten. Doch dazu war Covelle, der sich in Ferney mit guten Gegenargumenten eingedeckt hatte, nicht bereit. Er zog den Prozess gegen das antiquierte Urteil durch alle Instanzen und hatte erstaunlicherweise Erfolg: Die demütigende Prozedur wurde ersatzlos gestrichen. Das ist der aus der Realität gegriffene Ausgangspunkt für Voltaires ausschweifende Hass-Phantasie. In ihr trifft das schmucke junge Paar nicht nur mit unerfreulichen (und für eingeweihte Leser jederzeit identifizierbaren) Gestalten der Genfer *classe politique* zusammen, darunter auch solche aus dem «Stamm Tronchin», sondern auch mit Jean-Jacques Rousseau und dessen Lebensgefährtin Thérèse Levasseur. Diese hausen in einem düsteren Juratal:

> Dort verkriecht sich dieser finstere Verrückte,
> Dieser Feind der menschlichen Natur,
> Von Hochmut gebläht und von Galle zerfressen ...

> Die infame Alte an seiner Seite heißt Vachine;
> Sie ist seine Circe, seine Dido, seine Alcine.
> Der Hass gegen Erde und Himmel
> Hat die Liebe in diesem hassenswerten Paar längst ersetzt.
> Und wenn manchmal, in geheimer Hitze,
> Die spitzen Knochen sich mit dem Skelett gegenüber vereinen,
> Entschwinden ihnen bei der Paarung oft die Sinne,
> Aus der reinen Freude, dem Menschengeschlecht zu schaden.[7]

Damit war der Tiefpunkt der üblen Nachrede erreicht. Die Verfolgungsängste Rousseaus, der sich zeitweise tatsächlich in ein abgelegenes Juratal zurückzog, hatten sich seit Längerem auf Voltaire fixiert. Der Patriarch von Ferney war zwar weiterhin nicht direkt an den repressiven Maßnahmen beteiligt, die in großen Teilen Europas gegen den Autor des *Emile* und des *Contrat social* ergriffen wurden, doch wurde er nicht müde, diesen zum finsteren Misanthropen, zur Gefahr für die Menschheit und zur Unperson schlechthin zu erklären: Das war Ketzerverfolgung in der aufgeklärten Variante. Genfs Reformator Calvin kam nicht besser weg:

> An diesen Orten sagte Meister Jean Calvin,
> Der schamlose Deuter des Apostels Paulus,
> Den Leuten, dass die vollkommene Tugend
> Dem Heil des Christen nutzlos ist,
> Dass Gott alles macht und der ehrenhafte Mensch nichts.[8]

Nach Hohn und Spott über Genf und die Genfer schlug Voltaire in seinen moralischen Lektionen für die Mächtigen salbungsvolle Töne an. Sein *Bélisaire* ist ein Fürstenspiegel in Dialogform. Darin erteilt der Titelheld, der durch die unverdiente Ungnade des Kaisers Justinian an den Bettelstab gebrachte General Belisar, seinem undankbaren Herrn Unterricht darüber, wie ein guter Monarch zu herrschen habe: zum Wohle aller, der Förderung von Vernunft und Toleranz ergeben, unbeeinflussbar durch die Schmeicheleien und Verleumdungen der Hof-Camarilla. Dieses Handbuch aufgeklärter Herrschaft fand in großen Teilen Europas Beifall, am enthusiastischsten in Sankt Petersburg, wo sich Zarin Katharina durch mancherlei lobende Erwähnungen geschmeichelt fühlen durfte, nicht jedoch in Versailles. Dort herrschte unheilverkündendes

Schweigen. Dadurch fühlten sich konservative Kritiker ermutigt, wieder einmal zum Angriff auf den gottlosen Philosophen in Ferney zu blasen. Sie monierten den unchristlichen Deismus und die allzu positive Schilderung heidnischer Kaiser. Voltaire konterte diese Attacken mit seinen zwei *Anecdotes sur Bélisaire*, die er zu Satiren gegen die Sorbonne, die ultrakonservative theologische Fakultät der Pariser Universität, und ihre Hardliner ausgestaltete.

Bestrebungen, die Aufklärung rückgängig zu machen und den Geist der Intoleranz wiederzubeleben, fügten sich für Voltaire in das Bild einer weit umfassenderen Misere der Zeit ein, das er im satirischen Dialog *André Destouches à Siam (André Destouches in Siam)* in den düstersten Farben malte. Darin unterhält sich der gleichnamige französische Musiker, den es nach Thailand verschlagen hat, mit einem dortigen Würdenträger namens Croutef über die Zustände in dessen Land. In diesem Gespräch mit dem Fremden aus Europa plaudert der korrupte Funktionär hemmungslos aus dem Nähkästchen:

> Wir haben neunzigtausend Beamte, die die öffentlichen Finanzen zum Blühen bringen sollen, und wenn ihnen das nicht gelingt, so ist das nicht ihre Schuld, denn es gibt nicht einen unter ihnen, der nicht mit allen Ehren einsteckt, was er abzweigen kann; und alle beuten die Landwirte zum Wohl des Staates so gut aus, wie sie können.[9]

An der Spitze des Landes – so geht der begeisterte Bericht weiter – schwelgen die Adligen in Saus und Braus; bezahlt werde ihr aufwendiger Lebensstil vom einfachen Volk, das allein für die Steuern aufzukommen habe, so schreibe es die gottgewollte Ordnung vor. Doch der krönende Schlussstein in diesem erhabenen Gebäude guter Regierung sei die Justiz:

> Wir können nach Belieben, so wie uns der Sinn steht, zur Verbannung, zu den Galeeren oder zum Galgen verurteilen oder auch einfach gar kein Urteil sprechen. Manchmal beklagen wir uns darüber, dass sich eine höhere Instanz einmischt, denn wir wollen ja, dass unsere Urteile willkürlich sind.[10]

Wie solche Urteile zustande kommen, ist nicht schwer zu erraten:

Die Folter ist unser ganz großes Vergnügen; wir haben entdeckt, dass sie die unfehlbarste Methode ist, Verbrecher mit starken Muskeln zu retten ... und wir rädern voll Heiterkeit alle Unschuldigen, denen die Natur weniger widerstandsfähige Organe verliehen hat.[11]

Die Besetzung der höchsten Richterstellen entspreche diesem System der absoluten Willkür; sie erfolge «durch Bargeld. Sie werden einsehen, dass man unmöglich gute Urteile sprechen kann, wenn man nicht dreißig- oder vierzigtausend Silberstücke zur Hand hat.»[12] Allerdings seien diese vorbildlichen Zustände gleich zweifach bedroht: Im Nachbarland Laos berufe man sich auf eine so bedenkliche Größe wie den gesunden Menschenverstand, und dieser melde sich auch in Siam immer unverschämter zu Wort. Zudem habe sich in der Oberschicht eine Haltung des «Leben und Leben lassen» durchgesetzt: «Man vergnügt sich, man tanzt, man spielt, man diniert, man soupiert, man liebt sich.»[13] Daraufhin stellt Destouches seine kritischen Nachfragen ein und bietet an, mit guter Musik zum Tanz aufzuspielen.

Die Lektion ist unmissverständlich: Siam ist Frankreich, und Frankreich tanzt auf dem Vulkan. Bündiger ließ sich die finale Krise des Ancien Régime und das Nahen der Revolution kaum beschreiben. Einige Monate zuvor hatte Voltaire in einem *Kommentar über das Lob des Kronprinzen von Frankreich* (*Commentaire sur l'éloge du Dauphin de France*) noch der Erwartung Ausdruck verliehen, dass der nächste König wie ein neuer Henri IV das von diesem begonnene Reformwerk im Geist der religiösen Toleranz vollenden werde. Doch diese Hoffnungen sollten sich schnell zerschlagen.

Subversive Novellen und Schulnoten für die europäischen Länder

Für die wirkungsvolle Verbreitung seiner Zeitkritik hatte Voltaire schon rund zwanzig Jahre zuvor mit *Zadig* eine neue Gattung geprägt: die philosophische Novelle. Diese literarische Waffe hatte sich im *Candide* bei der Zertrümmerung abstruser Weltanschauungen bestens bewährt. In der Novelle *L'Ingénu* (*Der Naive*) erhielt der lange Zeit unbelehrbare Optimist aus Westfalen 1767 einen gewitzten Bruder. Die Naivität, die ihm der Titel unterstellt, ist in Wirklichkeit nichts anderes als unverbildeter gesunder Menschenverstand, der in einer unvernünftigen Welt absonderlich erscheinen muss. Die Handlung folgt einem bekannten Schema, das der von Voltaire wenig geschätzte Montesquieu in seinen *Lettres persanes* (*Persische Briefe*) mit großem Publikumserfolg zur Anwendung gebracht hatte: Reisende aus einem exotischen Kulturkreis kommen nach Frankreich und finden die dort herrschenden Verhältnisse äußerst exotisch.

Im Falle des *Ingénu* spielt diese Rolle ein körperlich und geistig wohlgeratener junger Mann aus dem Stamm der Huronen, der im Jahr 1691 aus dem fernen Amerika in eine Honoratiorenfamilie der Basse-Bretagne hineinschneit und die dort herrschenden Sitten und Gebräuche zuerst intuitiv und dann bewusst als unnatürlich und unmenschlich demaskiert. In den ersten, aus der Perspektive des staunenden Neuankömmlings verfassten Kapiteln überwiegt die Komik, zum Beispiel wenn der junge «Heide» von seinen besorgten Gastgebern zum Christen gemacht werden soll. Der Ingénu – einen Eigennamen erhält er bis zum Schluss nicht – lernt in kürzester Zeit das Neue Testament auswendig und nimmt das Gelesene mit unerwarteten Folgen beim Wort. Die feine Gesellschaft der Basse-Bretagne unter Führung des Bischofs, der es kaum erwarten kann, einen echten Wilden aus Amerika zu taufen, wartet in der festlich geschmückten Kirche auf den Neophyten, doch dieser kommt nicht. Man findet ihn schließlich in einem nahegelegenen Fluss, wo er nicht minder ungeduldig auf seinen Täufer wartet – hatte er doch in der Apostelgeschichte gelesen, dass die frühen Christen ihren heiligen Initiationsritus in fließendem Wasser vollzogen.

Dieses Missverständnis ist nur der Anfang eines stetig voranschreitenden Enthüllungsprozesses: Schritt für Schritt deckt der «Hurone» die Widersprüche zwischen den kirchlichen Bräuchen der Gegenwart mit ihrem leeren Pomp und den einfachen, unprätentiösen Glaubens- und Lebensregeln des Evangeliums auf. Sein eigenes Evangelium ist das der reinen Natur: Es gibt einen gütigen Schöpfergott und eine universelle Moral der Mitmenschlichkeit. Das ist ein Credo, das mit den in Frankreich herrschenden religiösen und politischen Gesetzen unvereinbar ist, wie sich schnell zeigt und durch düstere Voraussagen vorweggenommen wird. Doch noch herrschen die burlesken Töne vor:

> Das Fräulein von Saint-Yves wollte unbedingt wissen, wie man es im Land der Huronen mit der Liebe halte. Dadurch, dass man sich durch schöne Taten auszeichnet, antwortete L'Ingénu, um damit den Personen zu gefallen, die Ihnen ähneln.[14]

Das war eine Liebeserklärung im Stil der galanten Empfindsamkeit, den sich der «Wilde» erstaunlich schnell angeeignet hat. Dass die feinsinnige Fragestellerin daraufhin zufrieden errötet, gehört zum Spiel. Doch die Natur lässt sich nicht lange verleugnen. Als die Rivalin der Mademoiselle de Saint-Yves nachfragt, wie viele Geliebte er denn in seiner amerikanischen Wildnis schon gehabt habe, erzählt der «Eingeborene» eine Geschichte, die die schönen Seelen am Tisch zutiefst schockiert. Seine Angebetete habe in der Prärie einen Hasen gejagt, der ihr von einem bösen Angehörigen des verfeindeten Stammes der Algonquin heimtückisch entwendet wurde. Daraufhin habe er diesen Algonquin-Dieb mit einem Keulenschlag außer Gefecht gesetzt und der Schönen ihre Beute zurückgegeben, die ihn als Belohnung für diese Heldentat zu ihrem Liebhaber Nummer eins befördert habe, bis sie leider von einem Bären gefressen worden sei.

So funktioniert Liebe im Naturzustand. Der Mensch ist ein Tier unter Tieren, allerdings mit der Fähigkeit zu denken beschenkt – oder besser: geschlagen. Das gilt für alle Menschen, egal welcher Herkunft oder Hautfarbe. Allerdings ist der Gast aus Amerika gar kein geborener, sondern ein akkulturierter «Wilder». Er stammt, wie sich im Laufe der Handlung zeigt, von Europäern ab, die in der Wildnis verschollen sind, wurde von den Huronen also nur aufgezogen. Darauf folgt eine weitere Entdeckung, die die

Subversive Novellen

Kenner Voltaire'scher Dramen längst erwartet haben: Seine Eltern sind Verwandte seiner bretonischen Gastfamilie. Doch die wahre Identität des «Naiven» ist das nicht. Er ist zwar europäischer Abstammung, aber das Leben bei den Huronen hat ihn stärker geprägt als diese Herkunft. Dadurch hat er ein Problem: Die guten Anlagen des Naturmenschen kollidieren allenthalben mit den absurden Bräuchen und Regeln, die von der machtgierigen Kirche und dem korrupten Hof zum Schutz ihrer Privilegien erfunden worden sind; damit springt die Geschichte aus dem fernen Jahr 1691 in die Gegenwart.

Unter so widrigen Verhältnissen muss L'Ingénu gegen die Windmühlen der Vorurteile kämpfen. Er will das Fräulein von Saint-Yves, das ihn genauso liebt wie er sie, heiraten, und zwar sofort, muss aber erfahren, dass das nicht geht, weil sie als seine Taufpatin nicht mehr als Gattin infrage kommt. Gegen diese widersinnige Regel kann sich der gesunde Menschenverstand noch so sehr empören; eine Ausnahmegenehmigung kann nur der Papst erteilen, und dafür ist höfische Protektion nötig. Trotzdem scheint sich alles zum Guten zu wenden, als der Europäer aus Amerika eine englische Invasionstruppe mit der Tapferkeit, die er von seinen huronischen Ersatzeltern gelernt hat, zurückschlägt und dafür am Hof von Versailles belohnt werden soll.

Mit diesem Orts- und Milieuwechsel kippt die Erzählung ins Tragische. Denn im Zentrum der Macht kommt es, wie es kommen muss: Der mutige Vaterlandsverteidiger wird nicht ausgezeichnet, sondern als Folge einer Intrige in die Bastille geworfen. Dort teilt er die Zelle mit einem ebenso gütigen wie in seine religiösen Wahnideen verbohrten Jansenisten, der unfreiwillig zum Erzieher im Geiste der von ihm verpönten Aufklärung wird. Er hält seinen Leidensgenossen nämlich zur Lektüre an, und diese trägt Früchte: Durch die Bücher von Locke und Newton bildet sich der Wilde mit seiner natürlichen Vernunft zum *philosophe* mit Voltaire'schen Einsichten. Unterdessen gerät Mademoiselle de Saint-Yves, die ihrem Geliebten nachgereist ist, um ihn zu befreien, in einen Hexenkessel höfischer Ränkespiele, aus dem sie schließlich seelisch unheilbar beschädigt hervorgeht. So gibt sie den drängenden Avancen eines korrupten Vizeministers nach, nachdem ihr ein Jesuit mit der verlogenen Kasuistik seines Ordens wortreich dargelegt hat, dass sie damit etwas moralisch Wertvolles tut. Erstaunlicherweise hält der Vizeminister danach Wort und lässt den Gefangenen aus Amerika frei.

500	Letzte Kämpfe für Ehre, Vernunft und Freiheit

Jetzt scheint einem glücklichen Ende nichts mehr im Wege zu stehen, doch es kommt anders. Das zart besaitete Fräulein kann sich den rettenden Fehltritt nicht verzeihen und stirbt aus Kummer über diesen «Verrat». L'Ingénu ist untröstlich, aber er bezwingt sein Leid dadurch, dass er ein tapferer Offizier im Dienst des Königs wird. Die Moral der traurigen Geschichte bedurfte keiner weitschweifigen Erläuterungen: Die vom Aberwitz der Religion und der Konvention gereinigte Zivilisation Europas ist gut, und der Tod ist schlecht. Beide Botschaften waren frontal gegen Rousseau gerichtet, der seine Julie einen versöhnlichen Tod sterben ließ und eine Erziehung «nach der Natur» gepredigt hatte. Auch für Voltaire hatte der Mensch von der Natur gute Eigenschaften wie Empathie und Verstand verliehen bekommen, doch die andere Seite der Medaille waren Elend, Grausamkeit, Unbehaustheit und Tod. Alle Kunst der Politik bestand darin, die positiven Anlagen des Menschen im Prozess der Zivilisation weiter auszubilden und die zerstörerischen Kräfte in ihm zurückzudrängen. Auf diesem langen Weg war die Aufklärung eine vielversprechende Etappe, mehr nicht.

Eine weitere Abrechnung mit Genf und den Genfern war Voltaires Tragödie *Les Scythes*, die im März 1767 in Ferney uraufgeführt wurde. Der Ort, die Hauptpersonen, die Handlung – alles ist auf durchsichtige Weise autobiographisch eingefärbt. Am äußersten Rand des Perserreichs, in unmittelbarer Nähe zum Gebiet der wilden und unzivilisierten Skythen, lebt der persische General Sozame. Ihn und seine schöne junge Tochter Obéïde hat ein undankbarer und korrupter König in diesen gottverlassenen Landstrich verbannt. Während der altersweise Offizier sich in philosophischer Gelassenheit übt und sein Schicksal ohne Murren akzeptiert, rebelliert Obéïde gegen das öde Dasein abseits der turbulenten Hauptstadt Ecbatane. Diese Szenerie war für das Theaterpublikum in Ferney und Paris, wo das Stück bald danach durchfiel, unschwer zu entziffern: Mit Sozame und Obéïde beschrieb Voltaire sich selbst und seine ewig unzufriedene Nichte im Ländchen Gex; die Franzosen waren die Perser, die Genfer und Schweizer die Skythen. Diese Verkleidung war für niemanden außer für Voltaire sonderlich schmeichelhaft.

Bald kommt es zu turbulenten Verwicklungen. Zuerst heiratet Obéïde auf Wunsch ihres Vaters dessen ältlichen Freund Indatire, dann kommt in Persien der heißblütige junge Athamare an die Macht und will Obéïde zu seiner Frau machen. Er tötet ihren Gatten im Duell und zieht mit Heeres-

Voltaire begrüßt Mademoiselle Clairon, die gefeierte Hauptdarstellerin seiner späten Tragödien. Radierung von Jean Huber, nach 1770

macht gegen die Skythen, wird von diesen aber besiegt und soll nach skythischem Gesetz von Obéïde rituell erdolcht werden. Nachdem sich die beiden auf dem Opferstein ihre Liebe erklärt haben, tötet Obéïde nicht Athamare, den Mörder ihres Mannes, sondern sich selbst. Vorher hatte sie noch ausgiebig Gelegenheit, eine Reihe erlesener Flüche und Verwünschungen gegen die Skythen alias die Genfer auszustoßen. Der von ihr verschonte Athamare aber muss jetzt mit der Hypothek des von ihm verschuldeten Unglücks Persien regieren.

Mit dieser seltsamen Mischung aus eigenen Lebenssituationen und Motiven seiner älteren Tragödien erzeugte Voltaire nicht Rührung, sondern tiefe Irritation: Warum beschwor er so viel Herzschmerz und Heroismus, wenn es nur darum ging, den Genfern ein weiteres Mal den Spiegel vorzuhalten? Oder war das ganze Stück mit seinen maßlos überspitzten Szenen als Satire auf die ganze Gattung gedacht? Für eine ironische Abrechnung mit der eigenen Vergangenheit spricht, dass Voltaire gegen alle gut gemeinten Ratschläge gerade die unglaubwürdigsten Episoden wie die Opferaltar-Szene besonders liebevoll ausgestaltete.

Mit der bittersüßen Novelle des europäischen Huronen kam Voltaire auf den Geschmack am Erzählen. Vom Erzählen zum Fabulieren war es nur ein kleiner Schritt: In *La Princesse de Babylone* wird der Leser in einen phantasievoll ausgemalten Orient entführt, der allerdings hinter seiner prächtigen Einkleidung und Ausschmückung auffällige Ähnlichkeiten mit dem Europa des achtzehnten Jahrhunderts aufweist. Wie in *Candide* verbindet die Handlung märchenhafte Motive, schillernde Bilderfülle und Zeitkritik von schneidender Schärfe zu einem suggestiven Erzählstrang von betörender Überwirklichkeit. So fasst das Amphitheater von Babylon schier unglaubliche fünfhunderttausend Zuschauer. Hier müssen die Bewerber um die Hand der schönen Prinzessin Formosante Aufgaben bestehen. Während die Könige von Indien, Ägypten und Skythien kläglich scheitern, besteht der junge Held Amazan aus dem entfernten Hinterland des Ganges vor dem begeisterten Publikum spielend alle Proben. Amazan hat allerdings einen mächtigen Verbündeten, den Vogel Phönix, der ihm mit seiner Weisheit aus zahlreichen Wiedergeburten in allen Fährnissen zur Seite steht. Doch vor die glückliche Vereinigung von Formosante und Amazan hat das Schicksal schwere Prüfungen gestellt. So wird Amazan in die Heimat zurückgerufen, wo sein Vater im Sterben liegt; während seiner Abwesenheit wird der dümmliche König von Indien Formosante gegenüber zudringlich und tötet im Vollrausch deren Beschützer, den Phönix. Um diesen wieder ins Leben zurückzuholen, muss die Prinzessin ins Weihrauchland Eden ziehen. Nachdem die Wiederauferstehung glücklich vollzogen ist, geht sie auf die Suche nach ihrem geliebten Amazan, der sich seinerseits auf die Suche nach ihr begibt. Alle diese Reisen und Irrfahrten werden mit traumhafter Schnelligkeit bewältigt: Formosante und ihre treue Dienerin Irla überfliegen auf einem von Greifen getragenen Teppich mühelos die höchsten Gipfel des Himalayas, Amazans Gefährt wird von pfeilschnellen Einhörnern gezogen. Auf ihren Expeditionen verpassen sich die Liebenden, von Eifersucht getrieben, jeweils um Haaresbreite, was neue Irrfahrten zur Folge hat.

Diese Irrfahrten sind der tiefere Sinn der Geschichte, denn auf ihren Weltumrundungen inspizieren Formosante und Amazan die überflogenen

Subversive Novellen

oder durchquerten Länder mit einer Leitfrage: Wie ist der Stand der Aufklärung? Bestnoten verdient sich, wie nicht anders zu erwarten, die Zarin Katharina im Land der Russen, die das Reformwerk ihres großen Vorgängers Peter kongenial fortführt: «Ihr mächtiger Geist hat erkannt, dass die Moral überall dieselbe ist, auch wenn die Kulte verschieden ausfallen.»[15] Gute Noten erhalten auch die Könige von Dänemark und Schweden, in deren Reichen der fliegende Landestester Amazan ebenfalls schöne Fortschritte der öffentlichen Vernunft konstatiert. Am besten aber schneidet Holland ab, wo Amazan Freiheit, Gleichheit und Sauberkeit, dazu Überfluss und Toleranz diagnostiziert. Wenn man an die Stelle der Sauberkeit die Brüderlichkeit setzt, ist das spätere Motto der Französischen Revolution komplett. Doch zur Revolution ruft Amazan alias Voltaire mit seinem Lob der Niederlande nicht auf; hier regieren keine Eiferer, sondern Großkaufleute mit gesundem Geschäftssinn, Bodenständigkeit und moralischem Biedersinn. Zudem taugt die republikanische Staatsform allenfalls für kleine Länder, für größere blieb England das Maß aller Dinge. Lord What-then, der Amazan das Regierungssystem des Inselkönigreichs erklärt, ist zwar chronisch betrunken und benimmt sich ziemlich ruppig, doch ein nüchternes Mitglied des Unterhauses bringt die politischen Vorzüge Britanniens auf den Punkt: Der Adel, die reichen Stadtbewohner und der König machen Gesetze, die die Interessen aller Schichten berücksichtigen, und halten sich gegenseitig in Schach.

Am unteren Ende der Bewertungsskala kümmern die Staaten Italiens im Sumpf von Korruption und Aberglauben vor sich hin. Differenzierter fällt die Diagnose zu Frankreich aus. Hier notiert der Prüfer Amazan in seinem Testbogen vielversprechende Anfänge unter Ludwig XIV., die danach in einer endlosen Orgie von Luxus und Sorglosigkeit steckengeblieben sind; Spitzenwerte erhält so nur die Oper. Beim großen Hochzeitsmenü für das schließlich glücklich vereinte Paar Formosante und Amazan wird der altägyptische Apis-Stier als Symbol des Aberglaubens geschlachtet und verzehrt. Das war ein ermutigendes Signal für die Zukunft.

Optimistisch endet auch *L'Homme aux quarante écus*, die dritte große Novelle des Annus mirabilis 1767, die im Februar 1768 veröffentlicht wurde. Danach sieht es am Anfang gar nicht aus. *Der Mann mit den vierzig Dukaten* repräsentiert, statistisch gesehen, den französischen Durchschnittsverdiener aus dem unteren Mittelstand, auf dem die ganze Steuerlast liegt.

Um die 30 Prozent Abgaben, die ihm der König abverlangt, bezahlen zu können, ist er über die Bebauung seiner Parzelle hinaus auf Nebeneinkünfte angewiesen. Auf diese Weise kommt er einigermaßen über die Runden, bis dynamische junge Ökonomen in Versailles das Sagen haben. Sie erfinden ein neues Steuersystem, das nur noch Landbesitz mit Abgaben belegt, so dass sich die jährlich an den Staat abzuführende Summe plötzlich verfünffacht. Einen solchen Betrag kann der einfache Mann aus dem Volk mit seinem gesunden Menschenverstand weder zahlen noch akzeptieren. Stattdessen startet er eine persönliche Untersuchung zur Verteilung des Reichtums und der Steuerlast in Frankreich. Bei dieser Befragung trifft er auf einen millionenschweren Financier, der gar keine Steuern entrichtet, da alle seine Einkünfte aus Handel und Börsenspekulation stammen. Und als er Bettelmönche in deren opulent ausgestattetem Kloster um eine milde Gabe bittet, erklären ihm diese, dass sie nur Almosen annehmen, aber keine geben.

Im zweiten Teil der Erzählung hat sich das Blatt wundersamerweise gewendet. Der 40-Dukaten-Mann, der jetzt «Herr André» heißt, hat geerbt und mausert sich zum Wortführer vernünftiger Reformen im Sinne Voltaires: für ein humanes Strafrecht, für eine gerechte Steuer auf alle Einkünfte und Vermögen und für religiöse Toleranz. Bemerkenswert an dieser – nach literarischen Kriterien sehr unausgewogenen – Novelle ist Voltaires Votum gegen die damals aktuelle Wirtschaftslehre der Physiokraten, die den Wohlstand der Nationen auf die Erträge von Grund und Boden zurückführten und tatsächlich von einer alle Stände und Schichten gleichermaßen erfassenden Basissteuer auf Land träumten. Der Patriarch von Ferney sah dadurch seine ureigenen Interessen in Gefahr und erkannte zugleich die unsoziale Dimension dieses Projekts.

Kurze Trennung von Madame Denis und eine fromme Inszenierung in Ferney

Kurz nach dem Erscheinen von *L'Homme aux quarante écus* wurde der kleine Hof in Ferney von heftigen Turbulenzen erschüttert. Voltaire protegierte seit einigen Jahren den Waadtländer Literaten Jean-François de la Harpe, der sich durch antiklerikale Dichtungen als Gesinnungsgenosse profiliert hatte, und lud diesen hoffungsvollen Verbündeten im Kampf gegen «l'Infâme» öfter für längere Zeit nach Ferney ein. Bei einem dieser Aufenthalte im Spätsommer 1767 kam Madame Denis dem schmucken Schützling ihres Onkels offenbar sehr nahe – so nahe, dass kurz darauf in Paris ein Kapitel von Voltaires Spottepos *Guerre civile de Genève* zu zirkulieren begann, das sein Verfasser vorerst mit höchster Geheimhaltungsstufe versehen hatte. Als Voltaire la Harpe daraufhin im Februar 1768 zur Rede stellte, flüchtete sich dieser in Ausreden, verwickelte sich in Widersprüche und räumte schließlich die «Jugendsünde» der unautorisierten Textverbreitung ein. Für einen Einunddreißigjährigen war das eine merkwürdige Ausrede. Aus seinen Aussagen ging ferner hervor, dass Madame Denis mit ihm unter einer Decke gesteckt haben musste, und das im doppelten Sinne des Wortes, wie Voltaires ehrenfester Sekretär Wagnière unmissverständlich andeutete. Am 28. Februar 1768 forderte Voltaire daraufhin Madame Denis auf, Ferney zu verlassen.

Ihren Abgang inszenierte die Geschasste im Zorn und mit dem Gestus des unschuldigen Opfers – sie verschwand, ohne sich zu verabschieden. Das häusliche Drama erzielte die gewünschte Wirkung. Wenige Stunden nach ihrem plötzlichen Aufbruch, am 1. März um zwei Uhr mittags, schrieb ihr der «Verlassene» die folgenden Zeilen:

> Zweifellos gibt es ein Geschick, und oft ist es sehr grausam. Ich bin dreimal zu Ihrer Tür gekommen, Sie haben an meine Tür geklopft. Ich wollte meinen Schmerz im Garten spazieren führen, ... ich wartete, bis Sie aufgestanden sein würden ... Kein Diener hatte mir irgendetwas gesagt, alle glaubten, ich wüsste Bescheid .... Ich bin völlig verzweifelt, und diese Hartnäckigkeit meines Unglücks lässt mich eine düstere Zukunft vorausahnen. Ich verzehre mich, und ich schreibe Ihnen.[16]

Das wirre Billett spiegelt eine chaotische Gefühlslage wider, fast wie nach dem Tod der Marquise du Châtelet. Schließlich hatte Voltaire die Trennung gewollt, was er brieflich auch nicht zurücknahm. Doch worüber war er dann so verzweifelt? Der Augenblick des Abschieds wäre schrecklich gewesen, so der Brief weiter. Also war es besser, ihn gar nicht zu erleben. Auch an den Papieren, die er der Verbannten hatte mitgeben wollen, kann es nicht gelegen haben. Das vergebliche Suchen, das Klopfen und Sich-Verfehlen an diesem Schicksalsmorgen, das so beklemmend beschworen wird, spiegelt den Widerstreit zwischen Verstand und Gefühl: Voltaire wusste, es war besser so, aber die Emotionen waren stärker. Das aufgewühlte Schreiben schließt daher mit hoffnungslosen Molltönen:

> So wird jetzt in Ferney das Grab geöffnet, das ich dort bauen ließ. Ich werde mich über La Harpe nicht beklagen; ich werde nur das Schicksal anklagen, das alles verursacht hat, und ich verzeihe La Harpe voll und ganz.[17]

Wie in früheren Lebenskrisen hielten Kummer und Schicksalsergebenheit nicht lange an; immer wenn Voltaire die Aussichtslosigkeit seiner Lage beklagte, plante er bereits Gegenmaßnahmen. So schlug er bereits einen Tag später im Brief an seinen alten Freund Damilaville gewohnt souveräne Töne an. Auch von stiller Vergebung war keine Rede mehr:

> Es ist unabdingbar, dass wir zusammen Herrn d'Alembert dazu verpflichten, diesem jungen Mann eine väterliche Standpauke zuteilwerden zu lassen; denn La Harpe hat wirklich schweres Unrecht begangen, und er hat meine Freundschaft grausam verletzt. Nochmals: Ich verzeihe ihm, aber ich wünsche, dass er bereut und sich bessert.[18]

Das klang nicht nach Bergpredigt, sondern nach Genfer Konsistorium. Wieder ganz der kühle Geschäftsmann, machte Voltaire Kassensturz. Das Ergebnis war niederschmetternd: Madame Denis hatte horrende Schulden gemacht, die sie ihm zur Begleichung überließ. Außerdem brauchte sie 20 000 Livres als jährliche «Apanage». Voltaire blieb ein reicher Mann, aber er war doch etwas weniger reich als vorher, und das ärgerte ihn.

Ärgerlich war auch, dass schnell Gerüchte über die Trennung von Ma-

Das Grabmal, das Voltaire an der Kirche von Ferney für sich selbst bauen ließ, im heutigen Zustand

dame Denis kursierten, in denen Voltaire als der Düpierte dastand. Dem musste er so schnell wie möglich seine eigene Version entgegensetzen. Am 30. März 1768 schrieb er einer alten Bekannten, der Schriftstellerin und Salonnière Du Deffand:

> Die Freundschaft, mit der Sie mich beehren, wird mir bis zu meinem Lebensende teuer sein, und so will ich Ihnen mein Herz öffnen. Vierzehn Jahre lang war ich der Herbergsvater Europas, aber jetzt habe ich zu diesem Beruf keine Lust mehr.[19]

Die drei- oder vierhundert Engländer und die nicht minder zahlreichen Gäste aus anderer Herren Länder, die den Patriarchen von Ferney in den letzten Jahren besucht hatten, hatten eines gemeinsam: Sie begafften ihren Gastgeber wie eine Sehenswürdigkeit und hakten den Besuch danach ab, von Gegenleistungen oder gar Dankbarkeit konnte keine Rede sein. Dann kam Voltaire auf die Trennung zu sprechen:

Ich bin jetzt 74 Jahre alt und durch dauernde Krankheiten zu Diät und Zurückgezogenheit gezwungen. Dieses Leben kann Madame Denis nicht entgegenkommen, die der Natur Gewalt angetan hat, um mit mir auf dem Land zu leben. Sie brauchte dauernd Feste, um den Schrecken meiner Wüstenei zu ertragen ... Denn hier ist im Sommer Neapel und im Winter Lappland. Madame Denis brauchte Paris, und die kleine Corneille brauchte Paris noch sehr viel mehr ... Ich habe daher die Anstrengung unternommen, mich von den beiden zu trennen und ihnen Vergnügungen zu verschaffen, unter denen das Vergnügen, Ihnen ihre Aufwartung zu machen, ganz oben steht. Das, Madame, ist die reine Wahrheit, die man gemäß den lobenswerten Bräuchen Ihres Landes und wohl aller Länder mit mancherlei Fabeln ausgeschmückt hat.[20]

Hofberichterstattung lebt von aufregenden Ausschmückungen und Skandalen. In diesem Fall kamen die Gerüchte den Geschehnissen näher als Voltaires angeblich reine Wahrheit.

Zu allem Überfluss schien der Herr von Ferney jetzt auch noch fromm geworden zu sein, was die Gerüchte über ihn weiter anheizte. Am Ostersonntag 1768 hielt er, von bewaffneten Jagdhütern und livrierter Dienerschaft eskortiert, seinen feierlichen Einzug in «seine» Pfarrkirche von Ferney und gebärdete sich auch während des Gottesdienstes ganz wie ein frommer Feudalherr: Er verteilte das gesegnete Brot an seine «Vasallen», nahm das Abendmahl und bestieg danach die Kanzel, um einen Diebstahl bekannt zu machen und um zum Gebet für die Gesundheit der kranken Königin von Frankreich aufzurufen. Natürlich wurde das pompöse Spektakel postwendend nach Paris gemeldet. Dort zweifelten die ehrenfesten Herren von der *Encyclopédie* entweder am Verstand des alten Mannes oder an der Aufrichtigkeit seines Verhaltens.

Den letzteren Zweifel teilte Herr Biord, der für Ferney zuständige Bischof von Annecy, der sich für den Kampf mit dem gottlosen Gegner in Ferney bestens gerüstet fühlte. Für diese Auseinandersetzung, die ganz Europa mit angehaltenem Atem verfolgte, wählte er eine kluge Taktik: Er gratulierte Voltaire wider besseres Wissen zu seiner frommen Gesinnung und machte im Anschluss daran gravierende Auflagen: Da es mit dieser Ergebenheit gegenüber der einzig wahren apostolisch-römischen Religion in früheren Lebensphasen leider nicht so gut bestellt gewesen sei, müsse er um des Seelenheils des Bekehrten willen auf Akten öffentlicher Wiedergutmachung bestehen. Das lief auf einen Voltaire im Büßerhemd hinaus –

Kurze Trennung von Madame Denis

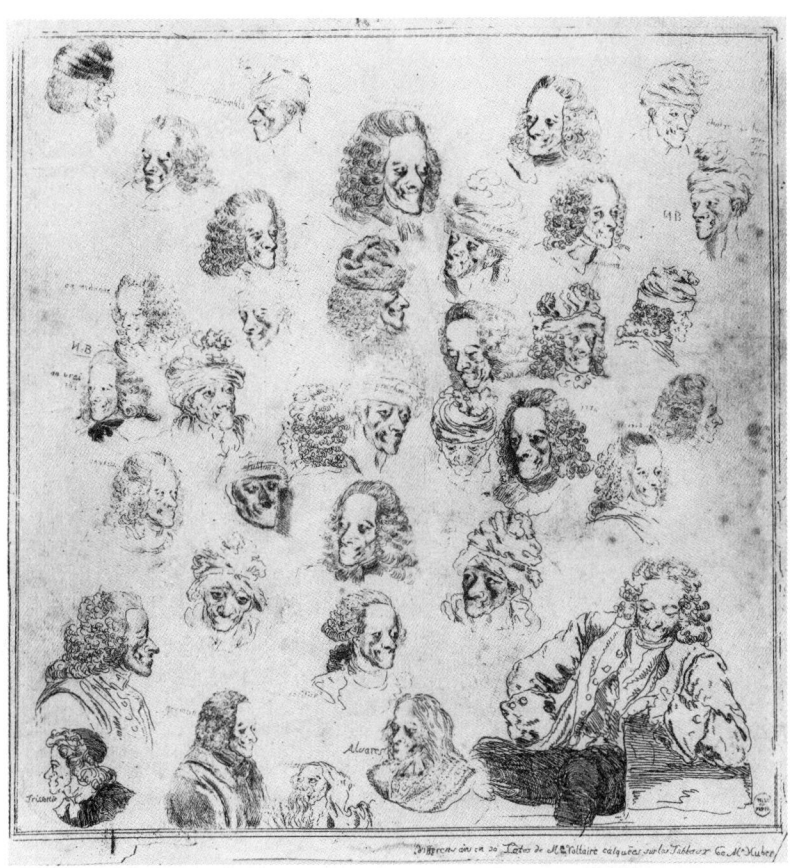

Dreißigmal der Raubvogel-Kopf Voltaires, wie ihn Jean Huber sah: von gütig bis dämonisch, meistens aber mit dem «schrecklichen Lächeln». Radierung, um 1777

was für ein Triumph! Der so Ermahnte berief sich zur Rechtfertigung des frommen Spektakels auf seine Pflichten als Schloss- und Lehensherr und seinen aufrichtigen Glauben an den lieben Gott. Doch damit kam er nicht durch. In der nächsten Runde des Schlagabtauschs ließ sich Voltaire daraufhin von «seinem» Pfarrer in Ferney und weiteren örtlichen Honoratioren ein religiöses Führungszeugnis ausstellen. Darin wurde ihm bescheinigt, die Pflichten der katholischen Religion vorbildlich erfüllt und darüber hinaus durch Fürsorge für die Armen und gezielte Wirtschaftsförderung

Wohl kaum freundlich gemeint: Der greise Voltaire über der von ihm selbst entworfenen Grabstätte in Ferney

viel Gutes getan zu haben. Doch auch damit beeindruckte er den misstrauischen Bischof nicht. Dieser legte seine Beschwerden dem zuständigen Religionsminister in Versailles vor, der die «Akte Voltaire» an den König weiterreichte. Dieser war zwar entzückt darüber, dass der verhasste «Gegenkönig» von Ferney wieder einmal ins Fettnäpfchen getreten war, doch begnügte er sich mit einer milden Zurechtweisung: Als Laie hätte Voltaire nicht von der Kanzel predigen dürfen. Damit war für alle Seiten der Fall abgeschlossen.

So stellt sich die Frage, zu welchem Zweck die Komödie eigentlich aufgeführt worden war. Voltaire spielte die Rolle des Feudalherrn zweifellos gern, so sehr er den Sinn dieser vermoderten Ordnung auch infrage stellte. Ernst hingegen war es ihm mit der moralischen Erziehung seiner «Untertanen». Als weiteres Motiv kam die Angst hinzu. Offenbar zitterte die Erschütterung über die Trennung von Madame Denis nach: Würde die «Infâme» seine momentane Schwäche ausnutzen und gezielt zurückschlagen? Und würde sie ihm im Falle seines Todes, den er nahe glaubte, ein christliches Begräbnis verweigern? Das konnte dem großen Spötter über alle religiösen Gebräuche eigentlich egal sein, zumindest bei rein rationaler Betrachtung. Doch die Ratio hatte in den Momenten existenzieller Erschütterung eben nicht das letzte Wort.

Ein literarisches Trommelfeuer mit Pamphleten, Tragödien, Satiren

Was er wirklich über Christentum und Kirche dachte, veröffentlichte der zum Schein bekehrte Herr von Ferney Anfang 1768 anonym in *Le Dîner du Comte de Boulainvilliers*. In drei Runden vor, während und nach dem Abendessen treffen die gegensätzlichen Ansichten der zu diesem fiktiven Zirkel versammelten Gesprächspartner hart aufeinander. Als Verteidiger der religiösen Tradition tritt ein Abbé Couet auf, den es bis zu seiner mysteriösen Ermordung im Jahr 1736 tatsächlich gegeben hatte. Auch der im Titel genannte Graf von Boulainvilliers hatte längst das Zeitliche gesegnet; zu Lebzeiten hatte er extrem konservative Ideen zu den unantastbaren Privilegien des Adels vertreten. Voltaire macht ihn nun zur Stimme der Aufklärung. Im Vergleich zu den zahlreichen Vorgängertexten dieser Art gewinnt das *Dîner* an Gewicht und Substanz, da Couet, der Gegenredner zu den Positionen Boulainvilliers alias Voltaire, keine bloße Karikatur eines eifernden Klerikers ist, sondern ernst genommen wird und Ernstzunehmendes zu sagen hat. Er verteidigt seinen Glauben und seine Kirche mit Bravour, muss sich aber am Ende, überwältigt von den Beweisen der Gegenpartei, geschlagen geben und in ihren Chor einstimmen: Das Christentum ist eine perfide Erfindung zum Nutzen der Mächtigen, Heiligenverehrung ist Götzendienst, Christus ist ein tumber Betrüger und die Überlieferung der Evangelien ein Lügengespinst. Vernunft und Christentum schließen sich kategorisch aus. Doch damit, so der weltkluge Abbé, ist die christliche Religion nicht abgetan:

> Es ist dringend davon abzuraten – denn es ist Zeit, die Karten auf den Tisch zu legen –, Verrückte von ihren Ketten zu befreien, die sie verehren. Das Volk von

Paris würde Sie womöglich steinigen, wenn Sie es an einem Regentag daran hindern wollten, das angebliche Skelett der heiligen Genoveva durch die Straßen zu tragen, um schönes Wetter zu erbitten.[21]

Mit seinem Votum, das Volk im dumpfen Aberglauben verharren zu lassen, stößt Couet bei einem weiteren Gast des fiktiven Abendessens, dem 1749 verstorbenen Orientalisten Nicolas Fréret, auf entschiedenen Widerspruch:

> Ich glaube nichts von dem, was Sie sagen; die Vernunft hat solche Fortschritte gemacht, dass man seit mehr als zehn Jahren diese angebliche Reliquie und die des Marcellus nicht mehr in Paris spazieren geführt hat. Ich glaube, dass es sehr einfach ist, nach und nach die verschiedenen Formen des Aberglaubens, die uns verblödet haben, auszurotten.[22]

Diesen Optimismus teilt auch Graf Boulainvilliers. Er preist die Schweiz, die Niederlande, England, Skandinavien und Norddeutschland als Vorreiter und Vorbilder gegen die Wahnvorstellungen der katholischen Religion. Als alter Soldat findet er dafür die passende Metapher: «Das Blut jedes Hydra-Kopfes, den sie abgeschlagen haben, düngt ihre Felder.»[23] Was die Dänen und die Deutschen können, können die Franzosen allemal – also ran an den Feind! Doch der kluge Abbé ist nicht überzeugt. Auch wenn alle Hirngespinste sämtlicher christlicher Sekten eines Tages beseitigt sein sollten, wird der fatale Geist des Christentums fortleben, denn das Christentum verdirbt den Charakter:

> Sie würden trotzdem Christen bleiben; Sie würden vergeblich weitergehen wollen, das wird Ihnen nie gelingen. Eine Religion der Philosophen ist nicht für die Masse der Menschen gemacht.[24]

Das sind gleich zwei gewichtige Argumente gegen überzogene Erwartungen der Aufklärung: Die Prägewirkung des Christentums geht weit über den reinen Glauben hinaus; in säkularisierter Form, als Mentalität und Einstellung zum Dasein, lebt es verderblich fort. Zudem sind Deismus und Atheismus Kopfgeburten, die die Sehnsüchte und Bedürfnisse der Masse nie und nimmer befriedigen können. Darüber hinaus spricht der Abbé die Urangst der Reichen und Mächtigen an:

Fürchten Sie nicht, dass der Unglaube (dessen enorme Fortschritte ich wohl sehe) verhängnisvoll wird, wenn er bis zum Volk vordringt und dieses zum Verbrechen verführt? Die Menschen sind grausamen Leidenschaften unterworfen und schrecklichen Unglücksfällen ausgesetzt; sie brauchen daher einen Zügel, der sie zurückhält, und einen Irrtum, der sie tröstet.[25]

Obwohl der gelehrte Fréret in seiner Erwiderung wortgewaltig die heilsamen Erziehungswirkungen des reinen, von allen Spitzfindigkeiten und Absurditäten gesäuberten Gottesglaubens preist, sind die Argumente Couets damit nicht ausgeräumt. So tragen alle drei Gesprächspartner die Ideen und Befürchtungen Voltaires vor: Ist ein geläuterter Deismus fürs Volk tauglich, und wenn ja, wann? Hoffnung und Skepsis halten sich am Ende die Waage.

Begleitet wurde Voltaires gedankenreichster und differenziertester «Religionstraktat» des Jahres 1768 von einer Fülle kleinerer Abhandlungen, die wie mit der intellektuellen Schrotflinte auf die «Infâme» gefeuert wurden. In einem fiktiven Brief eines Advokaten an einen Ex-Jesuiten, der *Lettre d'un avocat de Besançon au nommé Nonotte, Ex-Jésuite*, attackiert Voltaire hinter der durchsichtigen Maske eines Provinzadvokaten einen klerikalen Gegner, der 1762, im selben Jahr, in dem sein Orden in Frankreich aufgehoben wurde, erfolgreich versucht hatte, sich durch die ausführliche Widerlegung des *Essai sur les mœurs* auf Voltaires Kosten zu profilieren: Seine *Erreurs de Voltaire* wurden ein Bestseller, der in aufklärungsfeindlichen Kreisen mit 15 Auflagen bis ins neunzehnte Jahrhundert reißenden Absatz fand. Diesen professionellen Beckmesser moralisch zu vernichten, war für Voltaire eine Herzensangelegenheit. Nonottes Verleger hatte ihm vorgeschlagen, die gesamte Auflage von dessen Kampfschrift gegen einen gesalzenen Aufpreis aufzukaufen und so die Veröffentlichung zu verhindern. Für dieses unmoralische Angebot machte Voltaire den Verfasser selbst verantwortlich, der damit als schäbiger Erpresser dastand.

Zum Spott über die Kleriker kam der Hohn über ihre Hirngespinste. In dem *Bericht von der Vertreibung der Jesuiten aus China (Relation du bannissement des jésuites de la Chine)* erklärt ein Mitglied der Societas Jesu dem Kaiser von China die Trinität wie folgt: «Der Vater hat den Sohn gezeugt, bevor er auf der Welt war, der Sohn wurde danach von der Taube gezeugt, und die Taube geht aus Vater und Sohn hervor.»[26] Dass der hochgebildete Herrscher über das am längsten zivilisierte Volk der Welt von dieser Erklärung weder überzeugt noch erbaut ist, sondern einen Orden, der solchen Unsinn lehrt, schleunigst ausweist, verwundert nicht.

Fundamentale und zugleich psychologisch tiefsinnige Religionskritik bietet dagegen *La Profession de foi des théistes*. Die Grundthese dieses *Glaubensbekenntnisses der Deisten* lautet: Offenbar ist es dem Menschen ein tief verwurzeltes Bedürfnis, sich ein Höchstes Wesen ganz persönlich, zum Anschauen, Ansprechen und Sich-Einverleiben, einzubilden. Anders ist nicht zu erklären, dass es für fromme Gemüter das höchste der Gefühle ist, ihren Gott in Gestalt einer Oblate zu verzehren. Voltaire selbst hatte sich an Ostern in den Kreis dieser «Gottesesser» eingereiht und dabei Gelegenheit gehabt, seine «Mitbrüder» bei diesem frommen Ritus zu beobachten. Der Skandal – so die Quintessenz des Traktats – besteht darin, dass diejenigen, die es besser wissen, zu diesem Sakrileg, das die Würde des Höchsten Wesens beleidigt, schweigen und nicht die Stimme der Vernunft dagegen erheben.

Diesen Vorwurf konnte Voltaire trotz des grotesken Osterspektakels in Ferney niemand machen. In den *Vernünftigen Ratschlägen für Herrn Bergier zur Verteidigung des Christentums (Conseils raisonnables à M. Bergier pour la défense du christianisme)* nahm er mit burleskem Witz die katholische Teufelsaustreibung aufs Korn. In der nicht minder komischen *Heiligsprechung des heiligen Cucufin (Canonisation de Saint Cucufin)* war die päpstliche Praxis der Heiligsprechung an der Reihe. Die ernste Aussage nach so viel Hohn und Spott lautete: Rom erhebt lauter dubiose Charaktere zur Ehre der Altäre, anstatt dem Volk tapfere Männer von echtem Schrot und Korn wie Duguesclin und Henri IV zur Verehrung zu empfehlen. In der *Instruction du gardien des capucins de Raguse à frère Pédiculoso partant pour la Terre Sainte (Instruktion des Kapuziner-Oberen von Ragusa an Bruder Pediculoso, als dieser zum Heiligen Land aufbrach)* werden dem Mönch, dessen Name «der Lausreiche» bedeutet, detaillierte Anweisungen für eine Expedition mitgegeben, die die ewigen Wahrheiten der Bibel bestätigen soll, zum Beispiel durch den Fund der Arche-Noah-Reste auf dem Berg Ararat. Gegen die angemaßte Macht des hohen Klerus, speziell des Papstes und des Erzbischofs von Paris, sind die *Pensées détachées de M. L'Abbé de Saint-Pierre (Vermischte Gedanken des Herrn Abbé de Saint-Pierre)* und die *Lettre de l'Archevêque de Cantorbérry à M. l'Archevêque de Paris (Brief des Erzbischofs*

Ein literarisches Trommelfeuer 515

von Canterbury an den Erzbischof von Paris) gerichtet; die *Epître écrite de Constantinople aux frères (Sendbrief aus Konstantinopel an die Brüder)*, der *Sermon prêché à Bâle (Die Predigt von Basel)* und die *Homélie du pasteur Bourn (Moralpredigt des Pastors Bourn)* verbinden die Kritik an den Widersinnigkeiten des Christentums mit der Lobpreisung der von allen Dogmen befreiten natürlichen Religion.

Ein weiterer Strauß von Kampfschriften hatte unmittelbar politischen Charakter. Im *Discours aux confédérés de Kaminieck en Pologne (Rede an die Verbündeten von Kaminieck in Polen)* versuchte der Bewunderer Katharinas II., die Polen von den edlen Absichten einer Zarin zu überzeugen, die ihnen endlich die Segnungen der religiösen Toleranz bringen würde. In seiner *Epître aux Romains (Römerbrief)*, dessen Titel allein schon eine Blasphemie war, rief Voltaire die Einwohner der Ewigen Stadt dazu auf, sich ihres großen geschichtlichen Erbes würdig zu erweisen und das Joch des Papstes abzuschütteln, der sich die Herrschaft über sie durch Betrug erschlichen habe. Die *Remontrances du corps des pasteurs du Gévaudan à A.-J. Rustan (Einsprüche der Pastorengesellschaft von Gévaudan an A.-J. Rustan)* sind eine Ehrenrettung der *philosophes*, die die Rehabilitation der Familie Calas erreicht haben, also nicht zuletzt in eigener Sache.

Aus diesem Rahmen fallen vier weitere Texte, die Voltaire im wiederum unerschöpflich produktiven Jahr 1768 veröffentlichte. *Femmes, soyez soumises à vos maris (Frauen, seid euren Ehemännern untertan)* ist das Gegenteil des Titels, nämlich ein Aufruf zum Widerstand der Frauen gegen die Tyrannei der Männer. Deren Macht ist auf Gewalt und Arroganz gegründet, womit sie das schöne Geschlecht unterdrücken, das ihnen in jeder Hinsicht mindestens ebenbürtig ist. Selbst unter dem Islam leben Frauen freier und selbstbestimmter als im christlichen Europa. Das Metier des Regierens beherrschen sie mindestens genauso gut wie die Männer, wie eine gewisse deutsche Prinzessin – gemeint ist die als Prinzessin von Anhalt-Zerbst geborene Katharina II. – tagtäglich durch ihren Einsatz für aufgeklärte Reformen beweist.

In seiner Schrift *Von den Schnecken* wertete Voltaire eigene Beobachtungen im Garten von Ferney aus: Trennte man diesen Salatschädlingen den Kopf ab, so wuchs er ihnen offensichtlich nach, je nachdem, wo man den Schnitt angesetzt hatte. Bei allem Interesse an diesem naturkundlichen Phänomen konnte Voltaire der Versuchung, daraus eine Satire auf den christlichen Auferstehungsglauben zu machen, nicht widerstehen. So debattieren zwei Mönche über dieses Wunder, das sie mit einem Zitat des Paulus über die Allmacht Gottes beschließen.

Mit sehr viel weitreichenderem Anspruch trat der selbsternannte Naturforscher Voltaire in seinen *Singularités de la nature (Besonderheiten der Natur)* auf. Darin erteilte er allen Versuchen, die Natur und ihre Entstehung durch ein «System» zu erklären, eine entschiedene Absage und fiel dadurch hinter die innovativen Ansätze des Zeitalters zurück, zum Beispiel die Ordnungen des Pflanzen- und Tierreichs durch den bahnbrechenden schwedischen Botaniker und Mediziner Carl von Linné. Für Voltaire war die Welt vom Höchsten Wesen ein für alle Mal geschaffen, also weitgehend unveränderlich. Der eine oder andere Landstrich mochte früher ein Meeresarm gewesen sein, doch erdgeschichtliche Revolutionen kamen als Erklärung dafür nicht infrage. Muscheln auf italienischen Bergeshöhen ließ Voltaire als Beweis für solche Umwälzungen erst recht nicht gelten. Seine alternative Erklärung war ebenso witzig wie falsch: Solche Molluskenschalen mussten von Pilgern auf dem Weg nach Rom zurückgelassen worden sein.

Auf seinem ureigenen Terrain bewegte sich Voltaire mit den Dialogen von *A. B. C.*, die das ganze Feld seiner Ideen zu Religion und Politik abdecken und einige neue Akzente setzen, wobei «A» den Ansichten Voltaires durchgehend am nächsten kommt. Alle sind sich darin einig, dass die Seele nicht getrennt vom Körper zu denken ist und daher auch nicht unsterblich sein kann. In den Debatten über die beste Staatsform steht die Unsinnigkeit dieser Frage im Zentrum. Die Diskussion darüber ist müßig, weil die Antwort darauf von den Interessen abhängt, die dahinterstehen. Für den Aristokraten «C» ist eine Adelsherrschaft, für den entschiedenen Republikaner «B» die Selbstregierung aller Bürger die beste der politischen Welten. Doch für «A» alias Voltaire gibt es diese in der Politik genauso wenig wie in der Philosophie. Der akzeptabelste Kompromiss für fortgeschrittene Gegenden ist für ihn weiterhin das englische System als zeitgemäße Version des alten Mischverfassungsideals, also als Kombination aus Volks-, Adels- und Königsherrschaft, denn durch die dadurch garantierten wechselseitigen *checks and balances* werden so hohe Güter wie Rechtssicherheit und Religionsfreiheit gesichert. Doch das muss keineswegs der Weisheit letzter Schluss sein, denn wenn sich Gesellschaften ver-

Ein literarisches Trommelfeuer 517

ändern, müssen die Verfassungen nachziehen. Also ist im konstitutionellen Bereich alles möglich und nichts ausgeschlossen, abgesehen von einem seligen Zeitalter vollständiger ökonomischer Gleichheit, für das der Mensch zu egoistisch und zu ehrgeizig ist.

Beim Gespräch über Gott und die Welt hält «A» den Atheisten die üblichen Thesen entgegen, dass sich Materie nicht selbst erzeugen und nur ein Höchstes Wesen dem Menschen die Intelligenz verliehen haben kann. Doch selten klang dieser deistische Sermon so abgenutzt wie hier. Auf die Einwände von «C», dass der Schöpfer die Schwächen seines Geschöpfes mitgeschaffen haben muss, findet der angebliche Deist «A» eine ganz und gar unfromme Entgegnung:

> Ich will, dass mein Geschäftsführer, mein Schneider, meine Kammerdiener und sogar meine Frau an Gott glauben, denn ich bilde mir ein, dass ich so weniger bestohlen werde und weniger Hörner aufgesetzt bekomme.[27]

Das Höchste Wesen als Nacht- und Sittenwächter: Das war ein witziger Abgesang auf die Idee des lieben Gottes, dem nur noch eine politische Funktion zugeschrieben wird. Ansonsten aber gilt: Wir wissen gar nichts, weder warum wir da sind noch wohin wir gehen. Das war Voltaires letztes Wort in dieser lebenslangen Debatte mit sich selbst und den anderen.

Trotz der Kämpfe an so vielen Fronten blieb 1768 auch noch Zeit für eine neue Tragödie mit dem Titel *Les Guèbres, ou la tolérance*. Zur Handlung: Die Guèbres bilden in der spätantiken römischen Provinz Syrien eine kleine Religionsgemeinschaft im Geiste Zarathustras, den Voltaire als den frühesten Verkünder eines vernünftigen Gottesglaubens betrachtete. Ihre Angehörigen geraten in Lebensgefahr, als die fanatische Pluto-Bruderschaft unter ihrem blutrünstigen Anführer die Macht an sich reißt. Vor diesem düsteren Hintergrund kommt die unvermeidliche Liebesgeschichte ins Spiel. Die grausame Sekte entführt die schöne junge Arzame, die dem Glauben ihrer Väter nicht abschwören mag, und verurteilt sie zum Tode. Die Wende wird wie gehabt dadurch herbeigeführt, dass die wahre Identität verschleppter Personen aufgedeckt wird. Das geschieht sogar zweifach, so dass sich am Ende ein glückliches Paar in die Arme fallen darf. Der böse Pluto-Priester bezahlt seine Umtriebe mit dem Leben, der herbeieilende römische Kaiser verzeiht allen und gewährt der religiösen Minorität der

Guèbres die verdiente Toleranz. Voltaire war felsenfest davon überzeugt, dass sein Stück in Paris durchschlagenden Erfolg haben würde, doch selbst engste Freunde winkten ab. So wurde es zwar 1769 gedruckt, doch nie gespielt.

Am Ende des Wunder-Jahres 1768 blieb noch Zeit für zwei Satiren. In *Le Marseillois et le lion* (Der Mann aus Marseille und der Löwe) trifft ein Kaufmann aus Marseille in der Wüste auf einen Löwen, der gerade zu Mittag gegessen hat und ihn daher vorerst am Leben lässt. Daraufhin beginnt der verängstigte Südfranzose um sein Leben zu predigen: Gott hat den Menschen zur Krone der Schöpfung erhoben, alle anderen Lebewesen sind ihm untertan. Diesen Unsinn quittiert der König der Tiere mit einem Prankenhieb, der die Kleidung des Schwätzers zerreißt und dadurch seine eklatante körperliche Unterlegenheit offenbart. Auch das zweite biblische Argument, dass der Mensch das Ebenbild Gottes und daher unantastbar sei, zieht nicht – eine so jämmerliche Gestalt kann nicht dem Höchsten Wesen ähneln, schlussfolgert die theologisch beschlagene Raubkatze. Am Ende kauft sich der Marseiller dadurch frei, dass er dem Löwen zwei Monate lang jeweils zwei fette Schafe zu liefern verspricht. Das war nicht nur Spott über die Genesis, sondern auch ein ehrliches Votum für die Würde der Tiere.

Die Würde der Antike und ihrer großen Kaiser ist das Thema von *Les trois empereurs en Sorbonne*. Die römischen Kaiser Titus, Trajan und Mark Aurel langweilen sich im Paradies und besuchen deshalb Paris, wo man sich so gut amüsieren können soll. Sie erweisen der Reiterstatue des guten Königs Henri IV, den sie als einen der Ihren betrachten, ihre Reverenz und wohnen dann in der Sorbonne theologischen Vorträgen bei, bei denen ihnen die Haare zu Berge stehen; besonders empörend finden sie natürlich die Behauptung, dass auch die tugendhaftesten Heiden in der Hölle schmoren. Mark Aurel macht diesem Geschwätz mit dem Satz «Gott ist weder so böse noch so dumm, wie ihr sagt» ein Ende, und die wenigen Weisen von Paris entschuldigen sich für die Verrückten in diesem theologischen Irrenhaus.

Neue Attacken gegen alte Feinde
und ein Dorf der Toleranz

Im neuen Jahr 1769 nahm Voltaire als erstes eine Geschichte des *Parlement* von Paris in Angriff. Mit dieser mächtigsten Institution des Königreichs nach König und Hof hatte er mehrere Rechnungen offen. Der oberste Gerichtshof hatte regelmäßig die Verbreitung seiner Schriften zu unterbinden versucht und darüber hinaus den Kampf gegen die *Encyclopédie* angeführt. Noch schwerer wog der Justizmord am Chevalier de la Barre, der Voltaire regelrecht traumatisiert hatte. Zudem hatten die Jansenisten, die in dieser Körperschaft den Ton angaben, nach der Aufhebung des Jesuitenordens in Frankreich 1762, die sie maßgeblich mit herbeigeführt hatten, keinen Gegner mehr, mit dem sie sich zerfleischen konnten. Diesen Triumph nutzten die Mitglieder des Pariser Tribunals und ihrer zwölf Schwester-Organe in den Provinzen dazu aus, um ihren alten Traum zu verwirklichen und die Gesetzgebung Frankreichs unter ihre Kontrolle zu bringen. Unter dem starken König Ludwig XIV. hatten sie ihren Anspruch, jedes neue Gesetz auf seine Gültigkeit zu überprüfen und bei Unvereinbarkeit mit der Tradition abzulehnen, nicht durchsetzen können. Doch seit der Mitte des Jahrhunderts erzielten sie in ihrem Ringen mit der Krone einen Teilerfolg nach dem anderen, vor allem bei der Steuergesetzgebung. Um das stetig steigende Staatsdefizit auszugleichen, dekretierte der königliche Rat regelmäßig neue Abgaben, die ebenso regelmäßig von den *Parlements* als unzulässige Eingriffe in die geschützte Privatsphäre der Untertanen abgeblockt und als tyrannischer Missbrauch verurteilt wurden. In einem nächsten Schritt konnte der König zwar die Registrierung des Gesetzes dadurch erzwingen, dass er in einem sogenannten *lit de justice* der Sitzung in eigener Person beiwohnte, aber damit war die Schlacht noch nicht gewonnen. Denn daraufhin traten die Richter in einen Justizstreik, der die Rechtsprechung in ihrem Zuständigkeitsbereich lahmlegte. Als Antwort auf diese Provokation konnte der König zwar ein neues *Parlement* ernennen, doch besaßen dessen Mitglieder weder Ansehen noch Autorität, so dass de facto alle wichtigen Prozesse zum Erliegen kamen. Am Ende blieb dem König nichts anderes übrig, als klein beizugeben und die alte Korporation wieder ins Leben zu rufen.

Eine solche Demütigung hatte das Pariser *Parlement* Ludwig XV. 1753 zugefügt, als es um den Kampf gegen die Jesuiten ging. Neue, noch viel härtere Konflikte kündigten sich am Ende der 1760er-Jahre im Kampf um die Steuerhoheit an. Um ihre Position in diesen Auseinandersetzungen zu stärken, legten sich die obersten Richter eine zugkräftige Ideologie zu: Sie gaben ihre Institution als Nachfahrin einer fränkischen Urversammlung und damit als historisch legitimierte Vertretung der Nation gegenüber der Monarchie aus. Damit beanspruchten sie eine Stellung, wie sie Ober- und Unterhaus in England innehatten. Mit diesem frei erfundenen Argument hatten die Wortführer der *Parlements* in der Öffentlichkeit, der sie sich als letzter Schutzwall gegen die despotische Allmacht der Zentrale präsentierten, großen Erfolg.

Diesen Anspruch zerpflückte Voltaire in seiner bitterbösen Abrechnung genüsslich. Die angeblichen Parlamentarier hatten ihre Posten ja nicht durch Wahl übertragen bekommen, sondern durch Vererbung und Kauf ergattert. Sie repräsentierten also nicht die Nation, sondern nur deren korruptesten und rückständigsten Teil. In Wirklichkeit waren die angeblichen Volksvertreter also gierige Parvenüs, die sich patriotisch gaben, aber ausschließlich ihre oligarchischen Sonderinteressen verfolgten. Voltaires *Histoire du Parlement de Paris* erschien im Mai 1769 und schlug wie eine Bombe ein. Das war zu erwarten. Eine Überraschung hingegen war, dass die historisch fundierte Kampfschrift bald darauf Voltaire den politischen Kräften im engsten Umkreis des Königs annäherte, die drastische Maßnahmen gegen die Aushöhlung der königlichen Vollgewalt planten.

Erst einmal aber machte sich der Herr von Ferney mächtige Feinde. Einflussreiche Richter wie Denis Louis Pasquier forderten seit Längerem, dass man den permanenten Angriffen des gottlosen Aufrührers gegen die Religion und die guten Sitten ein Ende bereiten müsse. Um sich gegen solche Angriffe zu schützen, inszenierte Voltaire zu Ostern 1769 dieselbe Komödie wie im Vorjahr, doch mit neuer Rollenverteilung. Er fingierte eine schwere Krankheit, um sich die Letzte Ölung verabreichen zu lassen, aber diesmal waren die kirchlichen Akteure auf der Hut. Bischof Biord hatte klare Direktiven ausgegeben. Sie lauteten: kein Sakrament ohne formelle Zurücknahme der kirchenfeindlichen Schriften! Nach mancherlei Hin und Her endete die Farce damit, dass der «moribunde» Voltaire in seinem «Krankenbett» die Kommunion erhielt, danach flugs aufstand und

Neue Attacken gegen alte Feinde

munter seine frühlingshaften Gärten inspizierte. Die geforderte Distanzierung von seinen Schriften hatte er nicht verfasst, dafür jedoch eine Erklärung unterschrieben, dass er die katholische Religion stets respektiert habe und ihr bis zu seinem Lebensende treu bleiben wolle. Im Moment der Oblaten-Austeilung hatte er allerdings unmissverständlich erklärt, was es mit dieser angeblichen Ergebenheit gegenüber dem angestammten Glauben auf sich hatte:

> Jetzt, wo ich meinen Gott in meinem Mund habe, erkläre ich, dass ich allen, die dem König Verleumdungen über mich geschrieben haben, ausdrücklich verzeihe, umso mehr, als sie damit keinen Erfolg hatten.[28]

Angriff ist die beste Verteidigung, das galt selbst auf dem «Sterbebett».

Parallel zu dieser Schmierenkomödie ging der Kampf gegen die «Infâme» unvermindert weiter. Zu den *Drei Sendbriefen* (*Trois épîtres*), die im Frühjahr 1769 herauskamen, gehörte nicht nur ein bukolisches Schreiben an den Herrn von Saint-Lambert, den tödlichen Liebhaber der Madame du Châtelet, sondern auch eine Entgegnung auf eine atheistisch eingefärbte Schrift über die drei großen Religions-Betrüger Moses, Jesus und Mohammed. Darin hält Voltaire anfangs die Fahne des reinen Gottesglaubens hoch:

> Dieses erhabene System ist für den Menschen unentbehrlich.
> Es ist das heilige Band der Gesellschaft,
> Der erste Grund der heiligen Gerechtigkeit,
> Der Zügel des Veruchten, die Hoffnung des Gerechten.

Ja, der Glaube an den lieben Gott ist so unverzichtbar, dass Vorsorge gegen sein Verschwinden getroffen werden muss:

> Wenn der Himmel, seines erhabenen Abdrucks beraubt,
> Aufhören könnte, Gottes Gegenwart zu beweisen,
> Wenn Gott also nicht existierte, so müsste man ihn erfinden.[29]

Damit kippen die eben noch so erhabenen Verse in ätzende Satire um: Gott ist zu schön, um wahr zu sein, umso überzeugender muss man ihn dem Volk vorspiegeln. So lautete das Credo des fünfundsiebzigjährigen Agnostikers Voltaire.

Das Programm, Gott zum Nutzen der Gesellschaft zu erfinden, erfüllte er 1769 gleich dreifach. In *Alles in Gott (Tout en Dieu)* wird die Idee des Schöpfergotts, der den Menschen zum denkenden Wesen geformt hat, ein weiteres Mal durchexerziert, und zugleich ironisiert. Der angebliche Verfasser namens Abbé de Tillade denkt in diesem «Kommentar zu Malebranche», einem einflussreichen Religionsphilosophen aus dem Zeitalter Ludwigs XIV., die Vorstellung, dass alles in Gott existiert, bis in die extremsten Konsequenzen weiter: Als Ewiger Uhrmacher hat das Höchste Wesen den Tieren, diesen «Automaten», die Bewegung und den Menschen die Ideen verliehen, und zwar durch ein kleines «Wesen» im Gehirn. Die Materie des Universums gehört Gott genauso wie die Ideen. Gott ist zugleich Materie und Geist und will, dass der Geist aus der Materie hervorgeht. Die höchste Vorstellung von sich gibt dieser Allmächtige durch das Licht, das Teil der göttlichen Elemente ist.

Was es mit dem Licht auf sich hatte, hatte Newton der Welt gezeigt; daran war nichts Mystisches. Dass Tiere keine gefühl- und ratiolosen Maschinen sind, hatte Voltaire gegen Descartes belegt. Wenn alles von Gott kommt, dann auch das Böse. Das können weder Malebranche noch de Tillade erklären. «Alles in Gott» zu erklären, ist ein schwärmerischer Irrweg, aber als gescheiterter Versuch die Mühe wert.

Wenige Monate darauf erschienen in ausgeprägt historischer Perspektive die zwei Schriften über *Gott und die Menschen (Dieu et les hommes)* und, sehr viel gefühlvoller, über *Die Anbetenden oder Die Lobpreisung Gottes (Les Adorateurs ou les louanges de Dieu)*. Damit niemand auf die Idee kommen konnte, mit der These, dass die Menschen den Glauben an einen gütigen Schöpfergott brauchen, sei eine Ehrenrettung des Christentums verbunden, nahm Voltaire in seiner *Rede Kaiser Julians gegen die Christen (Discours de l'empereur Julien contre les chrétiens)* seine Lieblingsgestalt der Antike, den letzten «heidnischen» Kaiser des Römischen Reichs, wieder auf, dem er eine eindrucksvolle Rede gegen die barbarischen Fanatiker der mächtigen neuen Sekte unterlegte und ihn dadurch zum Bundesgenossen der Aufklärer erhob. Einer lebenden Kaiserin huldigte Voltaire, nicht zum ersten Mal, im *Poème de Jean Plokoff*, einer angeblichen Übersetzung aus dem Deutschen, in dem Katharina II. eine triumphale Zukunft vorhergesagt wird.

Religion in all ihren seltsamen Erscheinungsformen ist das Leitmotiv der Novelle *Les Lettres d'Amabed*, die formal an die *Princesse de Babylone* anknüpft, mit ihrer schonungslosen Brutalität aber eher an *Candide* erinnert. Amabed und seine schöne Gattin Adaté, die beide von einem weisen Brahmanen im Geist innerweltlicher Askese erzogen worden sind, werden von einem sadistischen Dominikaner-Pater unter dem Deckmantel der Freundschaft ins portugiesische Goa gelockt und dort von teuflischen Mönchen in den Kerkern der Inquisition unsäglichen Qualen ausgesetzt. Vom guten und gerechten Gouverneur in letzter Minute befreit, reisen die beiden nach Rom, um ihren Fall dem Papst vorzulegen. Dort wird ihr Folterer als Heiliger verehrt und das junge Paar wegen seiner angeblichen Bekehrung zum Christentum gefeiert. Kurz darauf besteigt mit Leo X. ein Spross der Familie Medici den Stuhl Petri, der nach dem Motto regiert «Lasst uns das Papsttum genießen, solange noch Zeit ist!» und sich nicht im Geringsten um geistliche Obliegenheiten kümmert. Und siehe da: Im Rausch der Feste vergessen Amabed und Adaté nicht nur die ihnen zugefügten Misshandlungen, sondern auch die Lehren ihres strengen Lehrers vom Ganges. So löst sich am nahezu glücklichen Ende jegliche Form der Religion in Kultur und stilvollen Hedonismus auf – wäre da nicht ein dunkler Streifen am Horizont, der den Aufstand der Frommen in der Reformation sowie die nachfolgenden Religionskriege und damit die Wiederauferstehung des Christentums in seiner scheußlichsten Form ankündigt.

In seiner «Einsamkeit» mit dem ersten Sekretär Wagnière, dem er diktierte, dem Ex-Jesuiten Adam, der vor allem kopierte, und siebenundzwanzig Dienstboten, aber ohne Madame Denis war Voltaire produktiv wie nie zuvor. Deren Anerbieten, nach Ferney zurückzukehren, stand er deshalb anfangs skeptisch gegenüber, um es im Oktober 1769 schließlich zu akzeptieren – und zugleich seine Bedingungen zu diktieren: Besucher nur noch in zuträglicher Anzahl und keine aufwendigen Feste mehr! Die neue Hausordnung blieb kein toter Buchstabe: «Voltaire-Touristen» sahen sich jetzt immer häufiger vor verschlossenen Toren.

So stand das «Reformjahr» 1770 im Zeichen großer Unternehmungen literarischer, politischer und kommerzieller Art. Den Sechsundsiebzigjährigen drängte es nach einer weiteren Synthese seiner Gedanken zu Gott, Religion, Geschichte und Wissenschaft, ausführlicher, eindringlicher, pointierter noch als in den 118 Artikeln seines *Taschenwörterbuchs* und vor allem in sich geschlossener, konsequenter und überzeugender als die *Encyclopédie*, der es durch das Zusammenwirken so vieler Autoren seiner Ansicht nach an Einheitlichkeit der Aussage und Stoßrichtung mangelte. Zu diesem Zwecke verfasste er in den folgenden beiden Jahren die *Questions sur l'Encyclopédie, par des amateurs*. Die *Fragen an die Enzyklopädie, gestellt von Laien* bestanden wie sein Taschenwörterbuch aus alphabetisch angeordneten Essays, die am Ende stolze neun Bände füllten. Von nachlassender Energie, Schreibunlust oder gar Disziplinverlust, wie sie manche Briefe dieser Zeit mit ihren Klagen über die Gebrechen des Alters beschwören, konnte keine Rede sein.

Im Gegenteil: Voltaires Arbeitstag umfasste fünfzehn Stunden, der Großteil davon war der Textproduktion gewidmet, die bereits während des Ankleidens unmittelbar nach dem Aufstehen mit einem ersten Diktat begann. Der Tagesablauf des Weisen von Ferney wurde schon in den 1760er-Jahren zu einem beliebten Thema geschäftstüchtiger Künstler, die dessen streng geregelte Stationen in Bildern und Stichen verbreiteten. So entwickelte sich eine regelrechte Voltaire-Ikonographie, vor allem aus der Werkstatt des Genfer Patriziers und vielseitigen Künstlers Jean Huber. Er zeigte den Patriarchen von Ferney am Schreibtisch, mit der Feder in der Hand oder dem treuen Wagnière diktierend, seine altmodische Minikarosse kutschierend, im Stile Vergils und Candides Bäumchen pflanzend, seine Bauern über die beste Anbaumethode beratend, Verfolgten Trost und Beistand spendend. Alle diese Motive waren aus dem Alltag gegriffen und zugleich sorgfältig ausgewählte Versatzstücke einer Legendenbildung, die das Bild Voltaires bis weit über seinen Tod hinaus bestimmen sollten.

1770 zeichnete sich im Fall der Familie Sirven, für die Voltaire weiterhin seinen ganzen Einfluss geltend machte, ein positiver Ausgang ab. Allerdings war der vorletzte Schritt auf dem langen Weg zur Aufhebung des Urteils nicht ohne Risiko: Der in Abwesenheit zum Tode verurteilte Familienvater musste sich zu diesem Zweck nach Toulouse und damit unter die Verfügungsgewalt der dortigen Gerichtsbarkeit begeben. Doch in dieser Höhle wartete ein gütiger Löwe – der neue Präsident des *Parlement* war ein Bewunderer Voltaires, die Zeiten hatten sich geändert. So wurden an dem Ort, an dem ein Jahrzehnt zuvor Fanatismus und blinder Verfolgungswille triumphiert hatten, die nötigen Maßnahmen ergriffen, die im November

Genfer Patrizier und hochbegabter Hobby-Künstler: Jean Huber porträtiert sich selbst beim Porträtieren Voltaires. Pastell, um 1773

1771 zur endgültigen Rehabilitierung aller Familienmitglieder führten. Im Januar 1772 versammelten sie sich in Ferney, um ihrem greisen Wohltäter Dank abzustatten. Das tränenreiche Treffen machte die unermüdliche «Voltaire-Berichterstattung» der Huber-Werkstatt rasch in ganz Europa bekannt.

Auch die Lust an riskanten Geschäften, die ihn früh reich gemacht hatten, war Voltaire nicht abhandengekommen. Zu Beginn der 1770er-Jahre schien sich erneut eine Gelegenheit zu einem profitablen und überdies wohltätigen Coup zu bieten, mit dem sich zugleich alte Rechnungen begleichen ließen. Trotz Aufhebung der französischen Wirtschaftsblockade waren die Beziehungen zwischen Genf und Versailles weiterhin alles andere als freundlich. Auch im Inneren der Republik hatten die Spannungen zwischen den privilegierten und den politisch rechtlosen Einwohnern nicht nachgelassen. Daher bot es sich aus der Sicht Frankreichs an, diese internen Konflikte zum eigenen Vorteil zu nutzen. Der Plan war, den arroganten Patriziern der Calvin-Stadt einen Konkurrenzort vor die Nase zu setzen, an den die chronisch unzufriedenen *natifs*, die Neu-Einwohner ohne politische Rechte, umgesiedelt werden sollten. Zu dieser «Pflanzstadt» wurde

Jean Huber, Voltaire als Grundherr von Ferney im «Cabriolet»: Das jugendfrische Pferd, der greise Kutscher, der verblüffte Bauer und der Misthaufen regen zum Schmunzeln an. Gemälde, um 1775

das zu Frankreich gehörige Dörfchen Versoix am Ufer des Genfersees auserkoren. Hier sollten – ging es nach den Absichten des leitenden französischen Ministers Choiseul und Voltaires, der sich schnell für das Projekt begeisterte – künftig die Warenströme aus dem Norden münden und unter Umgehung Genfs nach Süden weitergeleitet werden. Doch so eifrig diese Pläne verfolgt wurden, so bald wurden sie auch wieder begraben, denn am französischen Hof bahnte sich ein Machtwechsel zum Nachteil Choiseuls an.

Der lachende Dritte im Streit zwischen Frankreich und Genf war Voltaire. Er siedelte nämlich etwa zwanzig ebenso qualifizierte wie unzufriedene Genfer Familien in Ferney an und gründete mit ihnen einen neuen, rasch florierenden Gewerbezweig. Zu den bereits vorhandenen Betrieben der Ziegelei, der Färberei und der Strumpffabrik kam jetzt die Uhrmacherei, deren Vorzeigeprodukte ihr Schirmherr stolz an europäische Höfe verschickte. Allerdings brachte diese Verpflanzung auch politische Turbulenzen mit sich: Die Neu-Ferneyer waren allesamt Hugenotten und hatten daher im französischen Ländchen Gex kein Aufenthaltsrecht. Die Ausnahmegenehmigung, die Voltaire in Versailles beantragte, erhielt er vom immer

Neue Attacken gegen alte Feinde 527

Vogelscheuche, Grundherr
und Märchenerzähler: Voltaire,
die Bäuerin, ihre Töchter und ein
erschrockener Hund in Ferney.
Gemälde von Jean Huber,
um 1768

kirchenfrommeren Ludwig XV. nicht, wohl aber die zähneknirschende Zustimmung zu einer De-facto-Duldung. So gab es am äußersten Ostrand des intoleranten Königreichs Frankreich unter Voltaires Schirmherrschaft jetzt ein winziges Refugium der religiösen Freiheit.

Neben all diesen Aktivitäten blieb Zeit für ein neues Lustspiel mit alten Vorbildern und Feindbildern: Le Dépositaire ist ein Tribut an Molières Tartuffe, für Voltaire Maß und Muster aller Komödien, und an eine prägende Gestalt seiner Kindheit. Der Titel gebende Treuhänder, der Vermögensverwalter einer Pariser Pfarrei, ist nicht nur ein Frömmler vom übelsten Schlag der Jansenisten (Voltaires Bruder Armand winkte von jenseits des Grabes), sondern auch ein professioneller Veruntreuer, der sich gierig über den Besitz seiner Mündel hermacht. Doch dabei fährt ihm Ninon de Lenclos, die legendäre «Lebedame» und Philosophin einer längst versunkenen Zeit, in die Parade. Sie täuscht vor, dem Liebeswerben des Heuchlers nachzugeben, um ihn am Ende aller Verwicklungen und Intrigen der verdienten Verachtung der anständigen Leute preiszugeben. Auf der Bühne interessierten diese alten Pariser Geschichten allerdings niemanden mehr, zur Aufführung gelangte das Stück nicht.

Schon beim Ankleiden beginnt das Diktat: Das bekannteste und beliebteste Motiv aus Jean Hubers Voltaire-Bilderbögen ist erhaben und komisch zugleich. Gemälde, 1770–1772

Ruhm kam um dieselbe Zeit von anderer Seite. Die schöngeistig interessierte Gattin des in Paris äußerst erfolgreichen Genfer Bankiers Necker, Suzanne Curchod, Herrin eines der glänzendsten Hauptstadt-Salons und zugleich überzeugte Calvinistin, gab den Anstoß zu einer Geldsammlung, aus der eine repräsentative Statue Voltaires hervorgehen sollte. Wie ihr Mann, der als französischer Finanzminister später noch eine politische Schlüsselrolle spielen sollte, verstand sie dieses Werk als Huldigung an den Vorkämpfer für die Glaubensfreiheit der Hugenotten und die Rehabilitierung der unschuldigen Justizopfer und weit weniger als Hommage an den Wortführer der radikalen Aufklärung. Ihr Vorschlag für eine solche Ehrung fiel auf fruchtbaren Boden. Schnell bildete sich ein Komitee, das einem Who-is-Who des französischen Geisteslebens gleichkam. Allerdings gab es bei diesen Subskribenten ein Problem: Auch der mit weltlichen Gütern keineswegs gesegnete Jean-Jacques Rousseau zollte mit der vorgeschriebenen Mindestsumme dem Idol seiner Jugend Tribut, was dem zu Ehrenden sehr missfiel. Er bestand darauf, dass diesem «Bastard des Diogenes» seine zwei Goldstücke zurückgegeben werden sollten. Doch mit dieser Verunglimpfung eines Gegners, der in der jüngeren

Weise, bizarr, wie aus der Zeit gefallen: Voltaire an seinem Arbeitstisch beim Denken und Schreiben. Zeichnung von Jean Huber, um 1775

Generation immer mehr an Echo und Anhang gewann, kam er nicht durch.

Den Auftrag für die Skulptur erhielt der angesehene Bildhauer Jean-Baptiste Pigalle, der sich im Juni nach Ferney begab und dort das Haupt der Statue «nach dem Leben» entwarf. Für den Körper, der nach antikem Vorbild von der Hüfte aufwärts nackt wiedergegeben wurde, musste ein alter Soldat Modell stehen. Der solcherart in Marmor Porträtierte zeigte sich in einem Brief an d'Alembert zufrieden:

> Herr Pigalle hat mich sprechend und denkend wiedergegeben, obwohl mein Alter und meine Krankheit mich der Gedanken und der Worte etwas beraubt haben. Er hat mich sogar lächeln lassen – offensichtlich über die Dummheiten, die man in Ihrer großen Stadt jeden Tag begeht, aber vor allem über meine eigenen Dummheiten. Er ist als Mensch ebenso gut wie als Künstler. Das ist die Einfachheit des wahren Genies.[30]

So abgeklärt und distanziert, wie er sich hier gab, stand Voltaire dem Statuen-Projekt jedoch nicht gegenüber, wie derselbe Brief belegt:

Der Körper von einem alten Soldaten, der Kopf «nach der Natur»: Jean-Baptiste Pigalles gefeierte Statue «Voltaire nu»

Was Friedrich betrifft, so ist es unbedingt nötig, dass er mit von der Partie ist. Er schuldet mir ohne Frage eine Wiedergutmachung als König, als Philosoph, als Literat. Aber ich kann ihn nicht fragen, das müssen Sie schon zu Ende bringen. Allerdings soll er nur wenig geben.[31]

Auch wenn sich die Souveräne in Potsdam und in Ferney wieder dazu bequemten, zur Hebung des gegenseitigen Prestiges stilvolle Briefe voller Respektbezeugungen zu tauschen – «bereinigt» war das seit der «Frankfurt-Affäre» schwer gestörte Verhältnis nicht.

Die Maupeou-Revolution, ihr Scheitern und die Uhrmacher von Ferney

Als Schutzherr seines kleinen Territoriums sah sich Voltaire im Winter 1770/71 durch die schlechte Versorgungslage seiner «Vasallen» erneut zu Hilfeleistungen veranlasst. Um der ärgsten Not abzuhelfen, erfand er sogar ein Kartoffelbrot, das allerdings weder in Ferney noch in Paris, wohin der stolze Erfinder Kostproben schickte, auf Gegenliebe stieß. Kurz darauf ließ er sich in politische Manöver von größter Tragweite einbinden. Mit dem endgültigen Sturz Choiseuls an Weihnachten 1770 verlor er seinen wichtigsten Protektor. Solange der Herzog die Hand über sein «Murmeltier» in Ferney hielt, musste er nicht mit dem Schlimmsten rechnen. Doch sollte sich rasch zeigen, dass die politische Wachablösung nicht nur Nachteile und Gefahren mit sich brachte, sondern auch unerwartete Chancen bot. 1770 wiederholte sich nämlich das Patt, das sich 1753 im Machtkampf zwischen den obersten Gerichtshöfen und der Krone eingestellt hatte. Erneut spielte das *Parlement* von Paris die Vorreiterrolle: Es weigerte sich, königliche Verfügungen über dringend benötigte neue Steuern zu «registrieren» und damit zu gültigen Gesetzen zu machen, und protestierte nach harschen Gegenmaßnahmen lauthals gegen den «Despotismus» der schlechten Minister, vor denen das Königreich geschützt werden müsse. Bei diesem Widerstand konnten die Pariser Richter auf die Unterstützung ihrer Kollegen in der Provinz zählen, so dass Justiz und Gesetzgebung wieder einmal flächendeckend zum Erliegen kamen. In diesem Spiel auf Zeit – so ihr Kalkül – säßen sie am längeren Hebel, weil dieser Streik schnell rechtliches und administratives Chaos zur Folge haben würde. Doch diesmal ging ihre Rechnung nicht auf.

Nach Jahrzehnten weitgehender Apathie raffte sich der sechzigjährige König, von seinem Kanzler René de Maupeou angetrieben, unerwarteterweise zu Reformen auf. Sie fielen so einschneidend aus, dass schon die Zeitgenossen von der «Maupeou-Revolution» sprachen, und zwar überwiegend mit negativen Untertönen. Sie hätten sie auch Maupeou-Voltaire-Revolution nennen können, denn an diesem radikalen Umsturz und Neubau des französischen Justizsystems war der Patriarch von Ferney als eine

Art Chef-Propagandist führend beteiligt. Eine offizielle «Beauftragung» durch den Kanzler, die ihm missgünstige Beobachter unterstellten, ist allerdings nicht nachweisbar. Sie war auch gar nicht nötig, um den siebenundsiebzigjährigen Ankläger skandalöser Justizmorde zu energischer Intervention mit der Feder zu veranlassen – nach den Calas, dem Chevalier de la Barre und den Sirven waren weitere, kaum weniger skandalöse Fälle wie der des unschuldig geräderten Bauern Martin hinzugekommen.

So folgten Anfang 1771 nicht weniger als neun anonyme, doch in Stil und Aussage unverkennbar Voltaire'sche Broschüren in kurzen Abständen aufeinander und verkündeten mit der ganzen stilistischen Bandbreite seines Œuvres – sarkastisch, polemisch, pathetisch, larmoyant –, was er kurz zuvor in seiner Geschichte des Pariser *Parlement* ausführlich dargelegt hatte: Die französischen *Parlements* sind keine Parlamente nach englischem Vorbild und daher auch keine legitimen Repräsentanten der französischen Nation. Sie sind nicht einmal rechtmäßige Tribunale, da der Einsitz in ihnen käuflich bzw. vererbbar ist, sondern Bollwerke des finstersten Fanatismus, in denen sich korrupte Feinde des gesunden Menschenverstandes zur Verteidigung nackter Willkür und zum Himmel schreiender Privilegien verschanzen. Nach der unduldsamen Kirche galt es jetzt, ein zweites «infames» und mindestens ebenso mörderisches Machtzentrum zu zerschlagen.

Das besorgte Maupeou gründlich. So traten an die Stelle des Pariser *Parlement* mit seinem grotesk überdehnten Zuständigkeitsbereich über halb Frankreich jetzt sechs regionale Gerichte, deren Posten nicht mehr käuflich waren, sondern von der Zentrale in Versailles besetzt wurden. Weitergehende Reformen wie die Abschaffung der Folter blieben zu Voltaires Bedauern aus. Trotzdem unterstützte er den Putsch von oben nicht nur, weil er eine weniger willkürliche Justiz zu schaffen versprach und eine für ihn persönlich stets bedrohliche Institution auflöste, sondern auch aus staatspolitischen Gründen:

> Sie haben von der Einrichtung des neuen *Parlement* von Paris gehört. Der Kanzler hat bei dieser Gelegenheit eine großartige Rede gehalten. Die Verhandlungen finden regelmäßig unter enormem Zulauf des Volkes statt ... Die *Parlements* in der Provinz spielen die Bösen, sind aber nicht gefährlich. Der König wird und muss der Herr sein.[32]

Die Maupeou-Revolution 533

Voltaires monarchisches Credo galt selbst für einen lange Zeit schwachen Monarchen wie Ludwig XV., der sich im Alter zu bislang unbekannter Stärke aufzuschwingen schien. Die große Frage war, ob diese Energie von Dauer sein würde; schließlich waren zahlreiche Ansätze zur Erneuerung in den letzten Jahrzehnten durch das fehlende Durchhaltevermögen des Königs, der erst der einen und dann der anderen Hofpartei sein Ohr lieh, zunichtegemacht worden. Wenn er auch jetzt wieder einknickte, musste es für Maupeou und sein Sprachrohr Voltaire brenzlig werden. Der Kanzler war vor seiner Berufung zum Justizminister wie schon sein Vater Präsident des Pariser *Parlement* gewesen, für seine ehemaligen Amtsgenossen also ein Verräter und Nestbeschmutzer. Und Voltaire stand bei vielen der jetzt ins Exil geschickten Richter ganz oben auf der schwarzen Liste der Religionsfrevler und Staatsverbrecher. Sollten sie in ihre alten Ämter zurückkehren, würde ihre Rache fürchterlich werden. Doch zur Verblüffung aller skeptischen «Experten» hielt der König dem Druck stand.

Voltaires Eintreten für Maupeou stieß in der Öffentlichkeit auf eine nahezu geschlossene Front des Unverständnisses, ja des Unwillens. Das zeigt, wie tief die Kluft zwischen ihm und den jüngeren Vertretern der Aufklärung geworden war. In den Augen eines Diderot war Voltaires Votum für eine starke Monarchie geradezu ein Zeichen greisenhafter Schwäche. Weite Kreise der Öffentlichkeit befürchteten ganz im Sinne der von den *Parlements* lancierten Propaganda, dass jetzt eine Zeit der Kabinettsdiktatur anbrechen würde. Schließlich klaffte zwischen der Machtfülle der königlichen Zentrale, die nachdrücklicher denn je auf das Monopol der drei Gewalten pochte, und der Zivilgesellschaft, die im Namen von Vernunft und Wissenschaft Selbstregulierung und Autonomie einforderte, ein Abgrund, der durch *pouvoirs intermédiaires*, vermittelnde und mitregierende Zwischengewalten, geschlossen werden sollte. Am besten geschah das, so die jüngeren Aufklärer, durch ein echtes Parlament wie in England, aber selbst Institutionen wie die obersten Gerichtshöfe in Frankreich, über deren dominierende Eigeninteressen sich niemand Illusionen machte, waren besser als nichts. Die auf Montesquieu zurückgehende Idee der durch unabhängige Gremien «temperierten» Monarchie krankte laut Voltaire jedoch an einem Denkfehler: Körperschaften wie die *Parlements* waren in Frankreich von einem oligarchischen Korpsgeist beseelt, der Neuerungen zur Mehrung des öffentlichen Nutzens kategorisch ausschloss. In diesem

Punkt war er sich mit seinem Antipoden Rousseau ausnahmsweise einig. Im Gegensatz zu diesem setzte der Herr von Ferney weiterhin auf Reform von oben.

1771 wurde auch das kleine «Königreich» Ferney von Krisen erschüttert. Die inzwischen auf vier größere Werkstätten angewachsene Luxusuhrenherstellung war so prächtig gediehen, dass sie Neid und Gegenmaßnahmen der Konkurrenten in Genf und Frankreich hervorrief. Voltaire, der seinen fleißigen Handwerkern ansehnliche Summen vorgestreckt hatte, musste intensive diplomatische und finanzielle Anstrengungen unternehmen, um Ausfuhrsperren, Preisdumping und andere Schikanen zu überwinden. Dass er dabei beträchtliche Beträge verlor, steht außer Frage, doch vom Ruin, dessen Nahen er in seinen Briefen beschwor, kann keine Rede sein. Ärgerlicher war da schon die Saumseligkeit seiner hochgeborenen Schuldner, vor allem des Herzogs von Württemberg, der mit seinen Zinszahlungen immer mehr in Rückstand geriet. Doch auch hier fand das Finanzgenie Voltaire eine Lösung: Der selbstherrliche Fürst, der einige Jahre später einen begabten Schüler seiner Eliteschule namens Friedrich Schiller unter seine persönliche Aufsicht stellen sollte, besaß in Frankreich eine Enklave namens Montbéliard (Mömpelgard), an deren Erträgen sich sein Gläubiger mehr oder weniger schadlos halten konnte – mit welchen Mühen im Einzelnen, spiegeln seine zahlreichen Briefe an die dortigen Verwalter wider.

Die großen alten Fragen zu Gott, den Menschen und zur Politik

Trotz vieler Verpflichtungen und Widrigkeiten fand der siebenundsiebzigjährige Voltaire Zeit für intensive literarische Aktivitäten. Nicht weniger als sechs Bände der *Questions sur l'Encyclopédie* entstanden zwischen Frühjahr und Winter 1771, so dass das neunbändige Werk Anfang 1772 bei Cramer in Genf erscheinen konnte. Darüber hinaus verfasste er einen Traktat zur Gottesfrage, die ihn unter wechselnden Vorzeichen immer wieder umtrieb. In den *Lettres de Memmius* präsentiert sich der Römer, dem Lukrez seinen Verstraktat *De rerum natura* widmete, zunächst als

Gottsucher und Gottfinder. Im Gegensatz zu Lukrez, dessen Freitod als Reaktion auf eine unheilbare Krankheit er Cicero mitteilt, vertritt er mit den aus zahlreichen Traktaten Voltaires bekannten Argumenten die These, dass nur ein allmächtiger Schöpfer Urheber des Universums und der menschlichen Denkfähigkeit sein kann. Zugleich wird die christliche Lehre, dass Gott einen Sohn auf die Erde gesandt habe, als empörende Beleidigung des allmächtigen Schöpfers und des menschlichen Verstandes zurückgewiesen. Sie sei so plausibel wie die Paarung eines Elefanten mit einem Floh. Am Ende aber steht das Eingeständnis vollständigen Nichtwissens: «Ich habe das göttliche Werk betrachtet und habe den Werkmeister nicht gefunden; ich habe die Natur betrachtet, aber sie blieb stumm.»[33] Es ist ebenso unmöglich, die Existenz Gottes zu leugnen wie sie zu erkennen. Das war Agnostik pur.

Eine zweite «metaphysische» Abhandlung, die gleichfalls in umfassendes Nicht-Wissen mündet, verfasste Voltaire an einem unheilschwangeren Erinnerungsdatum, nämlich am 24. August 1772, dem zweihundertsten Jahrestag der Bartholomäusnacht, in der Tausende von Hugenotten niedergemetzelt worden waren. Doch in diesem Text mit dem engagierten Titel *Man muss eine Partei ergreifen (Il faut prendre un parti)* geht es nicht darum, sich für eine der streitenden Kirchen zu entscheiden, sondern um

> eine winzige Bagatelle, nämlich darum zu wissen, ob es einen Gott gibt. Das will ich sehr ernsthaft und in sehr gutem Glauben untersuchen, denn das interessiert mich und Sie auch.[34]

Der heiter-ironische Ton der Einleitung kann nicht über die Ernsthaftigkeit der damit angeschnittenen Frage hinwegtäuschen; der milde Spott gilt auch nicht dem Problem, sondern den darauf gegebenen Antworten, die allesamt keiner Überprüfung standhalten. Gewiss, die auf der Erde vorherrschende Bewegung spricht für einen Großen Beweger, der alles in Gang gesetzt hat. Doch wirklich überzeugen kann keiner der Theologen und Philosophen, die im Folgenden aufgerufen werden, um die Welt zu erklären, egal welcher «Partei» oder Religion sie angehören. Am Ende haben die Deisten zwar die soziale und politische Vernunft für sich, da ohne den Glauben an Gott keine Gesellschaft und kein Staat funktionieren kann, doch das ist ein reines Zweckmäßigkeitsvotum und keine Antwort auf die eingangs gestellte Frage nach Sein oder Nicht-Sein Gottes. Nachdem sich alle philosophischen und theologischen Glaubenssysteme gegenseitig widerlegt und damit aufgehoben haben, bleibt nur das Bekenntnis der Ignoranz und sehr viel unfreiwillige Komik, denn je intensiver der Mensch um Erkenntnis ringt, desto konsequenter bleibt sie ihm verschlossen. Wie das mit der Existenz eines lieben Gottes vereinbar sein kann, steht in den Sternen. Die Botschaft des Textes hebt also den Titel auf: Man muss sich entscheiden, kann es aber nicht.

Bei der Lektüre der mehr als vierhundert Artikel, die die neun Bände (zusammen mehr als dreitausend Druckseiten) der *Questions sur l'Encyclopédie* füllen, sticht dreierlei ins Auge: Der Zusammenhang mit der *Encyclopédie* ist nicht erkennbar, die Auswahl der Stichwörter folgt zwar dem Alphabet, doch ein leitendes Auswahlprinzip ist nicht sofort erkennbar: Warum folgt «Abeille», die Biene, auf «Abbé», den Abt? –, und der Ton, der hier angeschlagen wird, ist von auffallender Sanftheit: «Wer die Welt flieht, ist weise; wer sich Gott weiht, verdient Respekt. Vielleicht hat erst die Zeit eine so heilige Institution verdorben.»[35] Die Einrichtung, um die es hier geht, ist das Mönchtum, für das Voltaire seit sechs Jahrzehnten nur Hohn und Spott übrighatte. Gewiss, den asketischen Anfängen wird das Millionenvermögen der deutschen und französischen Klöster in der zweiten Hälfte des achtzehnten Jahrhunderts gegenübergestellt, woraus sich die beschriebene Dekadenz ergibt, doch das Lob der monastischen Ursprünge wird nirgendwo zurückgenommen:

> Man versuchte, in die ursprüngliche Freiheit der menschlichen Natur zurückzukehren, und zwar dadurch, dass man durch Frömmigkeit der Unruhe und der Versklavung entkam, die untrennbar mit großen Reichen verbunden ist.[36]

Wenige Passagen später wird die christliche Religion sogar als die «einzig gute, einzig notwendige, einzig bewiesene»[37] bezeichnet. Das war eine erstaunliche Ehrenrettung, zumal das Christentum im Folgenden sogar für toleranzfähig erklärt und im Kern mit der natürlichen Religion gleichgesetzt wird.

Im zweiten Abschnitt des Artikels zu «Religion» tritt Jesus Christus selbst in einem Traumgesicht auf. Am Anfang der Vision sieht Voltaire die

Die großen alten Fragen

unzähligen Toten, die in den Glaubenskriegen ums Leben gekommen sind, und beweint diese sinnlosen Opfer der menschlichen Grausamkeit. Diese Tränen öffnen ihm die Tore zu den Weisen der Antike und schließlich zu Christus, dem Weisesten der Weisen, der wegen seiner Weisheit ans Kreuz geschlagen wurde. Dieser größte aller Philosophen erklärt ihm in einfachen Sätzen, was er gelehrt hat – verehre deinen Schöpfer und tue deinen Mitmenschen nur Gutes! – und was nicht: veräußerlichte Riten und dogmatische Spitzfindigkeiten. Daraufhin bekennt sich der Traumwanderer zu dieser Religion, wird von Christus gesegnet – und erwacht mit gutem Gewissen.

War das taktische Rücksichtnahme in einer Zeit des Umbruchs, die Respektbekundungen vor gewachsenen Traditionen opportun erscheinen ließ, oder ironische Parodie modischer Gefühlsreligiosität oder Altersmilde, die so viel Versöhnung wie möglich mit den bestehenden Verhältnissen anstrebte? Wahrscheinlich von allem etwas. Am deutlichsten ist in den Fragen zur *Encyclopédie* der Rückgriff auf die Themen der eigenen Frühzeit. So wird unter «Adultère», Ehebruch, die Geschichte einer Gattin erzählt, die durch Willfährigkeit gegenüber den Gelüsten des Richters dem Gatten das Leben rettet und dafür von allen gelobt wird, außer vom heiligen Augustinus, der sich mit seinem Urteil aber auffallend zurückhält. Selbst wenn Voltaire gegen die Unvernunft verbohrter Kleriker austeilt, ist seine Ironie milde statt ätzend, zum Beispiel im Artikel «Providence», Vorsehung, der aus einem Zwiegespräch einer Nonne und eines Metaphysikers besteht. Schwester Fessue (*fesser* heißt auf Französisch den Hintern versohlen) lobt Gott, weil dieser ihr Gebet erhört und ihren kranken Spatzen vor dem sicheren Tod errettet hat, und muss sich für diesen metaphysischen Unsinn eine philosophische Strafpredigt anhören:

> Ich glaube an die allgemeine Vorsehung, meine liebe Schwester, und zwar an die, aus der für alle Ewigkeit das Gesetz abgeleitet ist, das alles so regelt, wie das Licht der Sonne entspringt; aber ich glaube mitnichten, dass eine spezielle Vorsehung den Haushalt der Welt wegen Ihres Spatzen oder wegen Ihrer Katze verändert.[38]

Das wäre auch zu viel verlangt von einem Gott, der «Milliarden und Abermilliarden anderer Sonnen und Planeten und Kometen zu lenken hat».[39] Der Mensch ist ein Sandkorn in einer Welt, die nicht einmal ein Sandkorn im Kosmos ist. Das Leitmotiv der Novelle *Micromégas* scheint in diesen

Sätzen auf und wird ebenfalls versöhnlich umgedeutet: Im Großen ist alles durch die Vorsehung festgelegt, aber der Mensch kann weiterhin das tun, was er will. Trotzdem ist die Welt nicht gut geworden. Die reine Vernunftreligion wird auf Erden erst herrschen, wenn alle Mächte die Prinzipien des ewigen Friedens akzeptieren, wie er von idealistischen Philosophen ersonnen wurde – also nie. Allenfalls Symptome der Besserung sind erkennbar.

So sind die *Questions sur l'Encyclopédie* kein Friedensschluss mit den herrschenden Verhältnissen, geschweige denn mit den Mächten, die die Ungerechtigkeit der Weltverhältnisse zu verantworten haben. Sie sind nicht einmal ein Waffenstillstandsangebot, sondern allenfalls eine moderatere Kriegserklärung.

Unversöhnt wie eh und je rechnete Voltaire in einer Reihe von Satiren mit seinen literarischen Gegnern ab. In seinem *Brief an Horaz (Epître à Horace)* beschwor er die Tafelrunde von Potsdam, in der Maupertuis seine unsterblichen Sottisen zum Besten gab, in *Les Deux Siècles* ließ er das glanzvolle Zeitalter Ludwigs XIV. in Kurzform wiederauferstehen, um im Vergleich damit die Gegenwartsliteraten niederzumachen. In *Les Systèmes* kamen ein weiteres Mal die systembildenden Philosophen an die Reihe. Sie werden von Gott aufgerufen, ihre Welterklärungen vorzutragen, und versagen in diesem Examen allesamt kläglich. Einen besonderen Tadel verdient sich Spinoza, der als Einziger gegen den Großen Prüfer aufzumucken wagt: «Verzeihen Sie mir, sagte er ganz leise, / Unter uns, ich glaube, Sie existieren gar nicht.»[40]

Im selben witzigen Ton wird die für Voltaire stets bedrohliche, da gefährlich naheliegende Alternative des Atheismus in *Les Cabales* behandelt. Ein ehrenfester Atheist möchte Voltaire, dem ruhmreichen Kämpfer gegen alle Spielarten des Fanatismus, das Ehrendiplom als standfester Gottesleugner überreichen, stößt aber bei dieser Preisverleihung auf unerwarteten Widerstand: Wie kann man die Uhr erkennen, ohne an den Uhrmacher zu glauben? So lautet die Frage des zu Ehrenden, der sich ganz und gar nicht geehrt fühlt. Daraufhin läuft sein Widerpart zu rhetorischer Hochform auf: «Ignorant, sieh doch die Wirkung meiner Überlegungen: Die Menschen sind einst Fische gewesen ... Die Austern Englands haben den Kaukasus gebildet.»[41] Als Voltaire dagegen Einspruch erhebt, bricht der missionierende Gottesleugner wie ein unduldsamer Jesuit oder Jansenist in Wut aus:

Die großen alten Fragen 539

> Geh, dummer Anbeter eines ohnmächtigen Phantoms,
> Bislang hatten wir dich vor dem Nichts bewahrt,
> Jetzt aber werden wir Dich dahin zurückschicken, so wie das Höchste Wesen,
> Das du niedrigerweise zu deinem einzigen Herrn erwählt hast.[42]

Daraufhin appelliert Voltaire an die Toleranz seines Gegenübers: Wir sollten über unsere Meinungsverschiedenheiten diskutieren, statt Verdammungen auszusprechen. Toleranz ist auch das Thema in *Le Père Nicodème et Jeannot*. Von einer so verderblichen Haltung kann der Mönch Nicodème seinem Schüler Jeannot nur abraten, auch Danken verdirbt nur die Seele. Wer dumm und unduldsam bleibt, erhält zur Belohnung ein Bistum oder eine Domherrenstelle.

Wie *Les Cabales* zeigt, stand Voltaire der Idee einer Natur, in der sich aus der Urmaterie allmählich höhere Lebensformen entwickelt haben, feindlicher denn je gegenüber. Dieser Einspruch gegen die innovativen Ansätze von Naturwissenschaftlern wie Linné und Buffon war ihm sogar eine weitere Schrift mit dem Titel *Brief über eine anonyme Schrift (Lettre sur un écrit anonyme)* wert: Alles Seiende ist im Wesentlichen so geschaffen worden, wie es ist, und auf keinen Fall einer Evolution unterworfen.

Nicht nur weltanschauliche und naturwissenschaftliche Probleme, sondern auch politische Tagesfragen fanden in Voltaires weiterhin reich fließender Textproduktion Niederschlag. Sein Drama *Les Lois de Minos – Die Gesetze des Minos –* spielt in grauer Vorzeit auf der Insel Kreta, die verblüffende Ähnlichkeiten mit dem Königreich Polen aufweist, das die Großmächte Russland, Preußen und Habsburg 1772 unter sich aufteilten. Dazu erteilt ihnen Voltaire sein Plazet. Denn in Kreta-Polen hat nicht der gutwillige König Teucer alias Stanislaw Poniatowski, sondern ein fanatischer Hohepriester namens Pharès die Macht inne, der eine junge Kriegsgefangene namens Astérie seinen barbarischen Göttern opfern möchte, am liebsten zusammen mit ihrem Verlobten Datame. Schon ist alles zu dieser blutigen Handlung bereit, als plötzlich ein weiser Alter auf den Plan tritt, der das rettende Geheimnis offenbart: Astérie ist in Wirklichkeit Teucers Tochter. Daraufhin tötet Datame Pharès, und das Zeitalter der Toleranz bricht an. Auch dieses Stück mit den üblichen Voltaire-Konstellationen und Voltaire-Effekten wollte in Paris niemand mehr sehen.

Die Tribute des Alters und ein Totengebet in eigener Sache

In menschlicher Hinsicht war 1772 ein Jahr der Verluste: Die Herzogin von Sachsen-Gotha-Altenburg, Voltaires verlässliche Verbündete im deutschen Hochadel, starb ebenso wie der chronisch unzuverlässige und unehrliche Freund Thiriot, dem Voltaire trotz aller Treuebrüche und Kapriolen bis zum Schluss seine Unterstützung gewährte. Ihm selbst dichtete man im Dezember 1772 eine Liaison mit der schönen Genferin Judith de Saussure an. Ein fast Achtzigjähriger, der es mit einer Achtundzwanzigjährigen trieb: Diese frivole Nachricht erregte in Paris Staunen und Bewunderung, sogar der Herzog von Richelieu, der sich mit solchen Heldentaten auskannte, gratulierte dazu. Der angeblich unermüdliche Liebhaber schrieb zurück, er sei angesichts der drallen Schönheit aus Furcht und Respekt in Ohnmacht gefallen, doch diese halbherzige Absage wurde erst recht als verklausuliertes Eingeständnis aufgefasst.

Nach der geschmacklosen Komödie dann das Drama. Anfang Februar 1773 stand Voltaire in einer bitterkalten Nacht auf, um Feuer zu machen, und handelte sich dabei eine Blasenerkrankung mit Urinstau und diversen Entzündungen ein. Tagelange Bäder und andere Brachialmethoden brachten kaum Besserung, die Beine schwollen an, hohes Fieber stellte sich ein. Voltaire hatte gelernt, mit Krankheiten zu leben; wenn er sich in seinen Briefen öfter als moribund bezeichnet hatte, war das in der Regel nicht wörtlich zu verstehen, zudem hatte er diesen Zustand auch das eine oder andere Mal bloß inszeniert. Im Gegensatz dazu waren sich Freunde und Besucher einig, dass es diesmal sehr ernst um ihn stand. Denselben Eindruck erweckte der Kranke in seinen Briefen:

> Geplagt von doppelten Fieberanfällen, Krampfhusten, Gicht und Harnstau will ich keine kostbaren Augenblicke mit diesem Schurken Valade vergeuden, sondern sie lieber für meinen lieben Engel verwenden, den ich bis zum Grab, dem ich sehr nahe bin, lieben werde.[43]

Der Schurke Valade hatte sich eines Raubdrucks schuldig gemacht, der liebe Engel war wie immer der *comte* d'Argental. Über der Kopfzeile dieses

Die Tribute des Alters 541

«Ein erhabenes Schauspiel der Natur»: Mit diesen Worten soll Voltaire jungen Damen vorgeführt haben, wie sein Hengst in Ferney Stuten deckt. Jean Huber ließ es sich nicht nehmen, dieses anzügliche Gerücht frei nach der biblischen Geschichte von Susanna im Bade zu illustrieren. Radierung, um 1775

Briefes notierte er «De profundis». Damit verkehrte sich dessen Aussage unversehens ins Gegenteil, denn wenn Voltaire mit Psalm 130 eines der traditionellen christlichen Totengebete in eigener Sache zitierte, konnte es nicht mehr so schlimm um ihn stehen. Dafür spricht auch die Intensität der Korrespondenz aus diesen Tagen des Leidens. Hier nur zwei Kostproben, die erste vom 1. März:

> Mein lieber Freund, dieses Paket schnüre ich anlässlich meines dreiundzwanzigsten Fieberanfalls. Sorgen Sie dafür, dass der Herr Rechtsanwalt Lacroix nach meinem Tod lernt, sich ehrenhaft zu betragen.[44]

Der achtzigjährige Voltaire als Schauspieler in einer eigenen Inszenierung. Gemälde von Jean Huber, um 1774

Und zwei Tage und fünf Fieberanfälle später an einen weiteren Vertrauten:

> Es ist schon seltsam, dass ich anlässlich meines achtundzwanzigsten Fieberanfalls, in den Armen des Todes, zwei Rechtfertigungen schreibe, eine über den infamen Raubdruck des unglückseligen Valade, die andere über Herrn de Morangiès. Diese beiden Themen haben Sie so sehr interessiert, dass ich die Schmerzen, die mich niederwerfen, zurückdränge.[45]

Der Graf von Morangiès stand im Mittelpunkt eines undurchsichtigen Finanzskandals, in dem Voltaire, immer auf der Suche nach neuen Untaten der Justiz, zu dessen Gunsten intervenierte. Auch auf dem Höhepunkt der Krankheit war er der Welt also keineswegs abhandengekommen, sondern kampf- und spottlustig wie eh und je. Das galt auch für den Umgang mit dem Tod.

Die Frage, ob die menschliche Seele sterblich oder vergänglich sei, hatte Voltaire in seinen diversen metaphysischen Betrachtungen offengelassen, da empirisch nicht zu entscheiden, wobei sich die Waagschale insgesamt zur Skepsis neigte. Diese Frage war für ihn im höchsten Alter keine Frage mehr: Nach uns das Nichts, so lautete seine kategorische Antwort. Doch

Die Tribute des Alters 543

selbst dieses Nichts ließ sich mit satirischem Witz beschwören. In seinem Gedicht *Le songe-creux, Der Traumtänzer*, beschreibt Voltaire, wie es ihm nach seinem Tod ergeht. Die erste Station im Jenseits ist die Unterwelt. Hier begegnet er drei irritierenden Dreiergruppen, den drei Parzen, das heißt den drei römischen Schicksalsgöttinnen, den drei Jenseitsflüssen und drei Richtern. Aus dieser Hölle wird er ins Elysium emporgehoben, wo ihn die Helden des Heidentums und die Heiligen des Christentums zu Tode langweilen würden, wäre er nicht schon verstorben. Auf der Flucht vor so viel Tugend und edler Gesinnung erlebt er eine Begegnung der besonderen Art:

> Da sah ich ein erschreckendes Gespenst,
> Voller Rauch, und von Wind ganz gebläht.

Diese Erscheinung ist das Nichts, das sich gebührend vorstellt:

> Man ruft mich an, und ich inspiriere
> Alle Gelehrten, die über mein riesiges Reich
> So ungeheuren Unsinn geschrieben haben.[46]

Von Hölle und Himmel gleichermaßen angeödet, wirft sich der Wanderer diesem Nichts, dem wahren König der Welt, an die Brust:

> Da an deinem Busen das ganze Universum versinkt,
> Da, nimm meine Verse, meine Person und meinen Traum:
> Ich beneide den glücklichen Sterblichen,
> Der dir gleich nach seiner Geburt angehört.[47]

Das waren literarische Spielereien, keine Bekenntnisse im Angesicht des nahenden Todes. Voltaire war nicht bereit, in die unendliche Vergessenheit einzugehen, weder als Person noch mit seinen Dichtungen. Seine diversen Gegner waren gut beraten, solchen melancholischen Ergüssen auch künftig keinen Glauben zu schenken.

In Voltaires Dramen wird viel gestorben, doch dieser Tod ist eine literarische Chiffre, voller Konventionen und Deklamationen. Ihr Verfasser aber hing mit allen Fasern am Leben, auch wenn er oft das Gegenteil behauptete. Er konnte seinen weisen Wilden und andere Teilnehmer seiner fiktiven Dialoge noch so oft predigen lassen, dass der Tod zum Leben gehöre – persönlich wusste er, dass das nicht stimmt. Sterben war nicht natürlich, sondern ein Skandal. Der Tod war für ihn das stärkste Argument gegen Gott und das einzige, das für die Atheisten spricht. Sein Spott über die verschiedenen Formen des Jenseits und über das Nichts war seine Art, Protest gegen den Tod einzulegen und Widerstand gegen ihn zu leisten.

Dass die Krankheit des Winters 1773 nicht, wie manche Empfänger der lebensbejahenden Briefe vermuteten, fingiert war, zeigte sich an den Folgen: Voltaires Textproduktion, die seit Jahren schier unerschöpflich sprudelte, schrumpfte von jetzt an beträchtlich. Immerhin reichte es in diesem Jahr des Siechtums noch zur Überarbeitung und Fertigstellung einer längeren Novelle. *Le Taureau blanc (Der weiße Stier)* nimmt die märchenhaften Motive früherer Erzählungen auf und spielt wie diese im Orient. Ihr Protagonist ist der assyrische König Nebukadnezar, der das Volk Israel besiegte und nach Babylon ins Exil führte, danach aber von Gott gestraft und für sieben Jahre in die Wildnis verjagt wurde, wo er wie die Rinder auf dem Feld Gras fressen musste. Diese Episode aus dem vierten Buch des Propheten Daniel legte Voltaire so aus, dass der hochfahrende Monarch nicht nur wie das Vieh leben musste, sondern selbst in einen weißen Stier verwandelt wurde. In dieser Gestalt verschlägt es ihn ins ägyptische Königreich Tanis, wo die schöne junge Prinzessin Amaside, die sich vor seiner Metamorphose in ihn verliebt hatte, sehnsüchtig seiner Rückkehr harrt. Allerdings hat ihr Vater ihr verboten, den Namen dieses Reichsfeindes auch nur zu erwähnen; verstößt sie gegen diesen Befehl, soll ihr der Kopf abgeschlagen werden. Natürlich ist dieses Verbot nur dazu da, um übertreten zu werden. Von der bösen Schlange verführt, die schon Eva und Adam ins Unglück gestürzt hatte, sagt sie für alle hörbar «Nebukadnezar», nachdem sie den gefangenen Stier gesehen hat, und verfällt damit wie dieser dem Tod. Doch gute Mächte, verkörpert durch den 1300 Jahre alten Propheten Mambrès und seine Kollegin Endor, verhindern das Schlimmste. Im benachbarten Memphis ist der göttliche Stier Apis gestorben; Mambrès hat daraufhin dem dortigen Hohepriester geschrieben, dass er in Gestalt eines weißen Stiers würdigen Ersatz für diesen hat. So wendet sich in dem Moment, als die Vorbereitungen für die doppelte Hinrichtung getroffen sind, alles zum Besten: Die Delegation aus Memphis trifft ein, um den neuen

Nur alt und krank oder bereits geistig verwirrt? Jean Huber (oder Jacques Cassin nach einer Vorlage Hubers) überlässt mit seiner Voltaire-Karikatur dem Betrachter die Antwort. Radierung, um 1778

Gott feierlich abzuholen, doch in diesem Augenblick sind die sieben Jahre des Fluchs abgelaufen. Nebukadnezar nimmt wieder Menschengestalt an und schließt Amaside in seine Arme.

Anklänge an *Die Prinzessin von Babylon* sind unübersehbar, doch stechen die Unterschiede deutlicher hervor: Es fehlt an zeitkritischen Bezügen, an Angriffslust und Biss. *Der weiße Stier* war Stoff zum Wohlfühlen, fast schon eine Gutenachtgeschichte für Kinder, sogar für etwas freier denkende Kleriker ohne Bedenken und Nebenwirkungen geeignet. Gewiss, der biblische Tyrann wurde sympathisch geschildert und die Religion vermenschlicht, doch blieben die gewohnten Seitenhiebe gegen Priester, Kirche und Fanatismus aus.

Unerschütterlich blieb Voltaire hingegen in seiner Ablehnung des Krieges, wie sein Gedicht *La Tactique* bezeugt. Darin verfasste er eine lyrische Entgegnung zum militärtheoretischen Werk eines jungen Offiziers namens Jacques de Guibert. Dieser hatte aus den französischen Niederlagen im Siebenjährigen Krieg seine Lehren gezogen, neue, am siegreichen Preußen orientierte Strategien vorgeschlagen und diese Vorstellungen bei einem

Besuch in Ferney auch mündlich vorgetragen. Gleich am Anfang seiner Kriegsabhandlung in Versen verleiht Voltaire dem Abscheu gegen den legalisierten Massenmord in Uniform wie gewohnt Ausdruck, ja er steigert ihn sogar noch: «Oh Freunde, das ist die Kunst, seinen Nächsten zu erwürgen.»[48] In diesem Sinne bekennt er seine unüberwindliche Abneigung gegen alle Kriegshelden von der Antike bis zu Friedrich II. von Preußen. Guibert hält lyrisch dagegen: Krieg ist erlaubt, wenn er das heilige Vaterland verteidigt und vor dem Einfall des Feindes schützt, wie es auf dem Schlachtfeld von Fontenoy geschah. Das kann Voltaire, der darüber ein heroisches Poem geschrieben hat, schlecht leugnen, und so akzeptiert er diesen Kriegsgrund und den Beruf des Soldaten – unter einer Voraussetzung:

> Damit dieses schöne Metier niemals ausgeübt werde,
> Und endlich die Gerechtigkeit auf Erden herrschen lassen möge,
> Den nicht praktizierbaren Frieden des Abbé de Saint Pierre.[49]

Der Abbé de Saint Pierre hatte das Projekt eines ewigen Friedens entworfen, der, wie Voltaire wusste, Utopie bleiben würde. Krieg hingegen würde es weiterhin geben, daran würde alle Aufklärung nichts ändern. Maximal durfte man hoffen, dass er seltener und weniger blutig werden würde.

Für die Reformen Turgots

Voltaires Harnwegserkrankung kehrte im Frühjahr 1774 nochmals heftig zurück, und mit ihr der Spott über sie. In seinem *Gespräch des Pegasus mit dem Greis (Dialogue de Pégase et du vieillard)* karikierte sich Voltaire selbst. Das geflügelte Pferd Pegasus, Symbol der Dichtkunst, ist arbeitslos, langweilt sich und sieht, wie Voltaire in Ferney Landwirtschaft betreibt, anstatt Verse zu schmieden. Doch die Aufforderung, wieder auf seinen Rücken zu steigen und – wie auf einer weit verbreiteten Illustration Hubers zu sehen – zum Himmel zu fliegen, weist der verbauerte Literat kategorisch zurück: Er hat bereits viel zu viel geschrieben, und mit so schwerem Gepäck kann man nicht davonfliegen:

Keine Verse mehr und erst recht keine Philosophie...
Ich bin in der Nacht ohne Führer und Flamme marschiert:
Ach, sieht man klarer am Rande seines Grabes?[50]

Ins Grab stieg jedoch nicht der achtzigjährige *homme de lettres*, sondern der vierundsechzigjährige König Ludwig XV. Dahingerafft hatten ihn die Pocken, was Voltaire zum Anlass nahm, in einem Gedicht auf den verblichenen Monarchen für die Impfung gegen diese tödliche Krankheit zu votieren. In einem weiteren Poem mit dem Titel Grabrede (*Eloge funèbre*), das aus diesem Anlass entstand, zog Voltaire eine summarische Bilanz dieser fünfzigjährigen Königsherrschaft. In dieser lyrischen Kurzfassung seines erstmals 1768 erschienenen, aber weiterhin in Arbeit befindlichen *Abriss des Zeitalters Ludwigs XV.* (*Précis du siècle de Louis XV*) wechseln sich Licht und Schatten ab. Licht fällt fast ausschließlich auf die Anfänge der Regierungszeit, Schatten hingegen lasten über den letzten Jahrzehnten, in denen die notwendigen Veränderungen im Zeichen der Aufklärung ausgeblieben sind. Insgesamt hielt sich der ehemalige Staatshistoriograph Voltaire in seinem Urteil sehr zurück. Er schrieb kein Wort zu den Justizmorden, und die Versäumnisse der Regierungszeit wurden sehr vage auf ein Defizit an Aufmerksamkeit und Interesse des Monarchen zurückgeführt. Der Hauptzweck dieses Nachrufs aber bestand darin, Erwartungen an den Nachfolger zu formulieren: Er – so der hoffnungsvolle Schluss des Gedichts – möge ein Zeitalter der allgemeinen Glückseligkeit heraufführen, soweit dieses auf Erden zu haben sei!

Wenn Voltaire gewusst hätte, welche Pläne der zwanzigjährige Ludwig XVI. schon zwei Monate nach seinem Regierungsantritt hegte, hätte er ihn wohl kaum als einen neuen Solon oder Mark Aurel begrüßt. Der junge König erteilte mit höchster Dringlichkeit detaillierte Anweisungen für das angeblich unmittelbar bevorstehende Ableben des Herrn von Ferney: Alle von diesem zurückgelassenen Papiere einschließlich der Korrespondenz seien sofort zu beschlagnahmen und versiegelt nach Versailles zu überführen. Dort werde er höchstpersönlich eine Überprüfung vornehmen und vernichten, was zum Schutz von Sitte und Religion keinesfalls an die Öffentlichkeit gelangen dürfe! Diese Order erging schnurstracks nach Genf, wo sie den dortigen Residenten Pierre Michel Hennin, der mit Voltaire auf vertrautem Fuße verkehrte, in ein Dilemma zwischen Pflichterfüllung einerseits und Freundschaft und besserer Einsicht andererseits stürzte: Wollte der junge Monarch seine Regierungszeit wirklich mit einem Akt beginnen, der vom aufgeklärten Europa einhellig als barbarisch verurteilt werden würde? Da zudem Meldungen über Voltaires wiederhergestellten Gesundheitszustand in Versailles eintrafen, wurde der Beschlagnahmungsbefehl bald darauf stillschweigend zurückgenommen.

Der Vorgang zeigt, wes Geistes Kind Ludwig XVI. war. Der Ururenkel des Sonnenkönigs war einerseits felsenfest von seinem göttlichen Herrschaftsauftrag, der den Schutz der Kirche vor allen Lästerern einschloss, überzeugt, andererseits aber leicht beeinflussbar und nicht in der Lage, einmal gefasste Beschlüsse konsequent durchzusetzen. Die immer tiefere Kluft zwischen dem aufgeklärten Geist der Zeit und der Rückständigkeit der Institutionen ließ sich so nicht schließen.

Unbeständigkeit und Inkonsequenz als Leitmotive der neuen politischen Ära schlugen sich gleich zu Beginn in zwei widersprüchlichen Entscheidungen von fundamentaler Bedeutung nieder. Beide betrafen ganz Frankreich im Allgemeinen und Voltaire im Besonderen. Zum einen machte Ludwig XVI. die «Maupeou-Revolution» rückgängig und setzte die alten *Parlements* wieder ein. Was als Geste guten Willens und der Versöhnung gedacht war, sollte die Monarchie in den nachfolgenden fünfzehn Jahren politisch lähmen und letztlich in die Revolution münden. Für Voltaire war die Rückkehr der verhassten Obertribunale nicht nur ein unverzeihlicher Rückschritt, sondern auch eine akute Bedrohung, denn die mit seiner tätigen Mithilfe geschassten und jetzt wiedereingesetzten Richter hatten nichts vergessen und erst recht nichts verziehen.

Die zweite große Regierungsmaßnahme des Jahres 1774 begrüßte Voltaire hingegen mit Begeisterung. Der neue Generalkontrolleur der Finanzen, Anne Robert Turgot, hatte sich als Reform-Intendant in der Provinz einen Namen gemacht und galt als Vordenker einer aufgeklärten Ökonomie, die ganz auf den Freihandel setzte. In diesem Geiste erließ er im September ein Edikt, das einer Revolution gleichkam: Von jetzt an sollte der Getreidehandel in ganz Frankreich frei und die Ausfuhr erlaubt sein, wenn eine bestimmte Preisgrenze nicht überschritten wurde. Der Bruch mit der Vergangenheit hätte nicht brüsker sein können: Eine Fülle kleinlicher Bestimmungen unterband seit Jahrhunderten den Transport der kostbaren Feldfrüchte von Provinz zu Provinz, ja von Dorf zu Dorf, selbst wenn in der einen Gegend Überfluss und in der anderen Mangel herrschte. Hinzu

Für die Reformen Turgots

kam ein ebenso altertümliches wie kontraproduktives Reglement zur Versorgung der Riesenstadt Paris, das einen großen Teil des ländlichen Frankreichs der Ausplünderung zugunsten der Metropole preisgab.

Diesen von Aberglaube und Angst diktierten Gesetzen hielt Turgot das Credo der Aufklärung entgegen: In einem so großen und klimatisch so unterschiedlich gegliederten Land wie Frankreich mit so viel fruchtbarem Boden sorgte die gütige Mutter Natur immer für eine insgesamt ausreichende Menge Weizen und damit Brot – unter der Voraussetzung, dass die ausgewogene Verteilung zwischen Regionen mit guten und schlechten Ernten gewährleistet war. Das kam einem ökonomischen Bekenntnis zu Rousseau gleich, wonach nicht die Natur, sondern der Mensch allein Quelle aller Übel war. Obwohl Voltaire die Natur weit weniger sentimental sah, unterstützte er die «Turgot-Revolution» aus vollem Herzen, zum einen, weil der aufgeklärte Minister auch als Vorkämpfer in Sachen Toleranz galt, zum anderen, weil dessen Reformen dem Ländchen Gex und damit Ferney wichtige Vorteile in Sachen Versorgung und Zölle zu bringen versprachen. Für eine Reduzierung dieser Abgaben setzte sich der Patriarch sogar persönlich bei Turgot ein und hatte Erfolg. Die Einwohner mussten sich zwar für eine nicht unbeträchtliche Summe von den Zöllen und Steuern freikaufen, konnten dafür aber ihre landwirtschaftlichen und gewerblichen Produkte weitaus günstiger vermarkten. Der dadurch bewirkte Aufschwung ließ sich in Zahlen fassen; so stellten die von Voltaire gegründeten Werkstätten Ende 1775 Uhren im Wert von einer halben Million Livres her. Auch um die Finanzen des Patriarchen stand es wieder zum Besten. Seine Investitionen in den Überseehandel, seine Kredite und Börsenspekulationen sicherten ihm ein Jahreseinkommen von 150 000 Livres, von denen mehr als die Hälfte für Investitionen, zum Beispiel in neue Anbauten, verwendet werden konnte.

Kein Wunder also, dass sich Voltaire leidenschaftlich für den aufgeklärten Finanzminister engagierte. Dieser konnte wirkungsvolle Unterstützung brauchen, sah er sich doch seit dem Frühjahr 1775 einer wachsenden Opposition gegenüber. Der freie Abzug von Getreide wurde auf dem Land von wütenden Bauern mit Gewalt unterbunden, denn dort ging die Angst vor einer künstlich herbeigeführten Hungersnot nie gesehenen Ausmaßes um. Auch in den Städten demonstrierten die kleinen Leute für eine Rückkehr zum alten System. Dabei wurden sie von den *Parlements* unterstützt,

Ungewohnt andächtig: Voltaire und die Landleute von Ferney im Abendlicht. Gemälde von Jean Huber, um 1770

die gezielt auf den Sturz eines Ministers hinarbeiteten, von dem sie die Abschaffung zahlreicher Adelsprivilegien befürchten mussten. Für Voltaire schienen daraufhin die unseligen Tage der Fronde von 1648 zurückzukehren. In seinen Kampfschriften für Turgot machte er in weitgehender Unkenntnis der volkstümlichen Mentalitäten und der dahinterstehenden Eliteninteressen fanatische Kleriker für den Kampf gegen die aufgeklärten Reformen verantwortlich und schadete deren Urheber damit, statt ihm zu nutzen. Dieser konnte in der Krise des Jahres 1775 immerhin noch auf die Unterstützung seines Königs zählen.

Doch mit dieser Rückendeckung war es schon bald vorbei. Als Turgot im Frühjahr 1776 einen weiteren Schritt zur Modernisierung der französischen Wirtschaft unternahm und die uralten Vorrechte der Zünfte abschaffte, brachte er das Fass des volkstümlichen Unwillens zum Überlaufen, so dass Ludwig XVI. nachgab. Die großen Reformen wurden rückgängig gemacht, allerdings blieben die Sonderregelungen für Gex in Kraft. Trotzdem war der Sturz des einzigen Ministers, der die marode französische Monarchie hätte zukunftsfähig machen können, für Voltaire ein harter Schlag. Die Kräfte der Beharrung, ja der Reaktion hatten ein weiteres Mal triumphiert. Neues Ungemach im alten Geist war zu erwarten.

Trotz aller politischen Aufregungen und mancher Krankheits-Rückfälle fand Voltaire die Zeit für alte und neue Tragödien. Mit *Sophonisbe* trat er in Konkurrenz zu Corneille, dem Idol seiner Jugend, der diesen vom römischen Historiker Titus Livius aus dem Ende des Zweiten Punischen Krieges überlieferten Stoff bereits 1663 auf die Bühne gebracht hatte. Die karthagische Titelheldin ist eine Nichte Hannibals, glühende Patriotin und erbitterte Feindin Roms. Als der römische Feldherr Scipio nach Afrika übersetzt und Karthago niederzuringen droht, mobilisiert sie die letzten, sehr persönlichen Reserven. Schon ihren ersten Gatten Syphax hatte sie nicht aus Neigung, sondern aus rein politischen Gründen geheiratet – vergeblich: Dieser fiel in der Schlacht, sie selbst zeitweise in die Hände der Römer. Die zweite Ehe mit dem Numiderkönig Massinissa geht sie nur ein, um diesen aus dem Bündnis mit Rom herauszulösen. Das gelingt ihr zwar, allerdings werden beide kurz danach von Scipio besiegt, der seinen Triumphzug in Rom mit diesen illustren Gefangenen schmücken möchte. Aber mit einem letzten heroischen Akt machen sie dem Sieger einen Strich durch die Rechnung. Beide bringen sich auf offener Bühne um: Sophonisbe mit dem Dolch, Massinissa mit Gift. Das Stück fiel bei der Premiere durch und erlebte nur noch drei weitere, ebenfalls sehr kühl aufgenommene Aufführungen. Die hochdramatische Geschichte ließ das Publikum kalt, weil Gegenwartsbezüge fehlten. Massinissa beruft sich zwar auf das Recht der Könige und Nationen, das durch seine Versklavung verletzt werde, doch weiter reichende politische Aussagen waren nicht erkennbar.

Das gilt auch für das Drama *Les Pélopides*, in dem Voltaire mit dem Fluch über das Geschlecht der Atriden eines der großen Themen des antiken Theaters bearbeitete. Die Brüder Atrée und Thyeste begehren dieselbe Frau namens Erope, Thyeste gewinnt sie für sich und heiratet sie. Den daraus entspringenden Bruderzwist will die Mutter der beiden in einer feierlichen Versöhnungszeremonie beilegen. Zu diesem Zweck wird auf dem Altar ein Kelch mit einer dunklen Flüssigkeit aufgestellt, die zum symbolischen Friedensschluss von Atrée und Thyeste getrunken werden soll. Doch dazu kommt es nicht. Gerade noch rechtzeitig trifft die Botschaft ein, dass Thyestes und Eropes Kind entführt wurde – und der schreckliche Verdacht erhärtet sich: Sein unschuldiges Blut füllt den Kelch! Als Atrée daraufhin auch noch dessen Eltern ermorden lässt, wird er zur Strafe für seine Missetaten in ewige Finsternis gestürzt. Auch auf seinen Nachkommen lastet der Zorn der Götter, der erst mit dem Muttermörder Orestes erlöschen wird. Wer wollte, mochte in der makabren Kelch-Episode eine finstere Parodie des christlichen Abendmahls erkennen; da die heidnische Eucharistie nicht vollzogen wurde, blieb dieser Bezug jedoch vage. Ein weiteres Mal wirkte das Übermaß des Grauens, mit dem Voltaire sein Publikum seelisch reinigen wollte, abschreckend. Zu Aufführungen von *Les Pélopides* kam es zu seinen Lebzeiten nicht.

Mit *Dom Phèdre* nahm Voltaire einen Stoff wieder auf, den er schon zu Beginn der 1760er-Jahre erstmals behandelt hatte. In diesem Drama wird die Atriden-Thematik ins mittelalterliche Spanien übertragen. König Pedro der Grausame und sein unehelicher Halbbruder Heinrich von Trastámara kämpfen um die Macht und um die Prinzessin Leonore, die Pedro in heimlicher Ehe angetraut ist. Heinrich siegt mit Hilfe des französischen Feldherrn Duguesclin, lässt Pedro ermorden und will Leonore zur Heirat zwingen, doch diese entzieht sich seinem Werben durch ihren Freitod auf offener Bühne. Das letzte Wort in der blutigen Geschichte hat der tapfere Duguesclin, der dem heimtückischen Heinrich Lektionen über wahres Rittertum und gute Herrschaft erteilt. Das nahm sich vor dem politischen Hintergrund der Zeit wie ein Wunschtraum aus, denn von einer Vorbildhaftigkeit des französischen Hofes in Europa konnte keine Rede sein. Als patriotische Herzensergießung hätte das Stück vielleicht Chancen beim Publikum gehabt, doch wurde es von seinem Verfasser in Anbetracht der negativen Erfahrungen mit seiner jüngsten Produktion nicht für die Bühne freigegeben.

Begleitet wurde die dramatische Trias von vier letzten Erzählungen, die nur noch teilweise an den Esprit der großen philosophischen Novellen heranreichen. In *L'Aventure de la mémoire* ist die Handlung immerhin witzig erfunden. Die Muse Mnemosyne, die unter anderem für die Geschichtsschreibung zuständig ist, hat sich über die sinnlosen Debatten der Theologen an der «Nonsobre» («nicht nüchtern») alias Sorbonne so geärgert, dass sie den Menschen kurzerhand das Gedächtnis wegnimmt, worauf ein unbeschreibliches Chaos ausbricht. Niemand erkennt mehr den anderen, geschweige denn sich selbst, die öffentliche Ordnung bricht zusammen und mit ihr jegliche Sittlichkeit und Scham. Damit sieht die Muse den Zweck der Übung erfüllt: Die Menschen sehen ein, dass es ohne Gedächtnis keine Identität und keine Vernunft gibt, und ehren fortan den Beruf des Historikers.

Die *Eloge historique de la raison* hingegen schwingt sich nicht mehr zu erzählerischen Höhen auf, sondern begnügt sich mit einem dürren Handlungsgerüst: Mutter Vernunft und Tochter Wahrheit inspizieren Europa und stellen allenthalben Fortschritte von Aufklärung und Menschlichkeit fest, sogar in Rom, wo Papst Clemens XIV. kurz zuvor, im Juli 1773, den Jesuitenorden aufgehoben hat. Wahre Triumphe feiert der gesunde Menschenverstand in Frankeich, wo der große Turgot unter der Schirmherrschaft des gütigen Ludwig XVI. zum Segen der Untertanen regiert. Auch Friedrich II., der in der geistvollen *Prinzessin von Babylon* bei einer ähnlichen Besichtigungstour noch leer ausgegangen war, darf sich jetzt über ausgiebige Belobigungen freuen. Das war kein Zufall. Voltaire und der König von Preußen pflegten seit einiger Zeit wieder einen gravitätischen Briefwechsel, wie er zwei Souveränen gebührte. In den Briefen aus Potsdam waren zudem brisante Informationen versteckt: Friedrich warnte seinen alten «Freund» eindringlich vor den Intrigen des Versailler Hofes.

Erzählerisch reizvoller präsentiert sich *Die Ohren des Grafen von Chesterfield und der Kaplan Goudman* (*Les Oreilles du comte de Chesterfield et le chapelain Goudman*). Ein junger Theologe namens Goudman bittet Lord Chesterfield um eine Vikarstelle, um seine Verlobte Miss Fidler heiraten zu können. Der einflussreiche Aristokrat ist jedoch schwerhörig, glaubt, dass es sich um die Behandlung einer Blasenentzündung handelt, schickt den hoffnungsvollen Kandidaten zum Chirurgen Sidrac und vergibt den kirchlichen Posten an einen anderen Bewerber, der daraufhin die Hand von Miss Fidler gewinnt. Der düpierte Goudman muss sich mit gelehrten Gesprächen trösten, in deren Verlauf er von Sidrac wichtige Informationen zum Lauf der Welt erhält. Daraus zieht er den Schluss, dass «das Schicksal unerbittlich alle Dinge dieser Welt bestimmt».[51] Dabei bedient sich die Vorsehung der moralisch dubiosesten Methoden, wie das durch die Taubheit des Lords verursachte Missverständnis belegt. Der Arzt Sidrac glaubt sogar, die anrüchige Macht des Schicksals an der menschlichen Verdauung festmachen zu können. Eingesprengt in diese Fäkalien-Dialoge sind Berichte über die religiösen Bräuche von Tahiti, die ihren liturgischen Höhepunkt in einer öffentlichen Paarung junger Leute finden. Am Ende fügt das zuvor so spröde Schicksal doch wieder alles zum Besten, allerdings auf die ihm eigene zynische Art: Der erfolgreiche Bewerber um die Pfarrstelle lässt sich von Miss Fidler scheiden und muss deshalb seine Pfründe aufgeben. Daraufhin steht Goudman vor der Wahl: Soll er das reich dotierte Vikariat annehmen oder die durch Scheidung freigewordene Dame seines Herzens ehelichen? Mit dem gesunden Menschenverstand der Briten entscheidet er sich für die Pfründe und nimmt Miss Fidler als Geliebte, «was viel angenehmer war, als sie zur Frau zu haben».[52] Dieser Schluss war mit seiner burlesken Altersweisheit *Candide* und *Micromégas* ebenbürtig. Alle Versuche, den grotesken Wechselfällen des Lebens einen tieferen Sinn zu unterlegen, werden hier souverän verspottet. Man musste das Leben hinnehmen, verstehen konnte man es nicht.

Das ist auch die Botschaft der Erzählung *Histoire de Jenni, ou l'athée et le sage*, der Geschichte von Jenni und dem Atheisten oder der Atheistin – der Typus des Glaubensleugners kommt in weiblicher und männlicher Gestalt vor, und das französische Wort lässt das Geschlecht offen. Eingefügt ist diese Lehre in eine wildbewegte Handlung, die in manchem an Candide erinnert. Der junge Brite Jenni ist die perfekte Verkörperung des Gentleman mit den Tugenden des gesunden Menschenverstandes und der Kaltblütigkeit. Diese Qualitäten kann er gut gebrauchen, denn auf seiner Kavalierstour durch Südeuropa erduldet er die Schrecken der Inquisition. Gegen die Reize der ebenso schönen wie sittenlosen Gottesleugnerin Clive-Heart erweist sich die kühle Vernunft hingegen als machtlos, ihr verfällt Jenni bis zur Hörigkeit. Mit der skrupellosen Abenteurerin flieht er, von seinem gottgläubigen Vater und dessen atheistischem, aber tugendhaftem Freund Birton verfolgt, in die amerikanischen Kolonien, wo das Paar zuerst edle Ureinwohner trifft, die einen gütigen Schöpfergott verehren, dann aber auf Wilde stößt, die sehr viel animalischere Kulte pflegen und die schöne Atheistin kurzerhand verspeisen. Auf der Rückfahrt nach Europa entspinnen sich zwischen den Überlebenden Dialoge unter prächtig gestirntem Himmel, in denen die Argumente des Deisten-Vaters über die Einwände des Atheisten triumphieren, so dass am glücklichen Ende Jenni und Birton zum positiven Gottesglauben bekehrt und in den Hafen der Ehe mit tugendhaften Frauen gelotst werden. Diese Bekehrung nimmt sich

Kriegsherr, Philosoph, Seher: Friedrich II., wie er sich selbst sah. Porträt von Anton Graff, 1781

bei näherer Betrachtung allerdings wenig überzeugend aus, denn auf die Frage nach dem Ursprung des Bösen und des Leides wie nach der Unsterblichkeit der menschlichen Seele haben die Lobredner des lieben Gottes keine schlüssigen Antworten parat. So stellt sich der Glaube an diesen erneut als ein rein politisches Desiderat dar: In einer Welt ohne Gott würde das Volk über die Stränge schlagen, die Reichen berauben und die Beute mit Prostituierten verjubeln.

Eine letzte Bilanz und ein ausbleibender Kaiser

1775 erschien Voltaires *Précis du siècle de Louis XV*, sein letztes historisches Werk, in einer Bearbeitung letzter Hand, die die Regierungszeit dieses Königs bis zu den Anfängen seines Nachfolgers fortschrieb. Der Ausblick war hoffnungsvoll: «Alles, was Ludwig XVI. von da an bis zum Ende des Jahres 1774 tat, machte ihn ganz Frankreich umso teurer.»[53] Der *Précis* präsentierte sich dem Publikum als Fortsetzung des *Siècle de Louis XIV*, das einleitend in den großen Zügen resümiert wird:

> Wir müssen jetzt sehen, was auf diese Regierungszeit folgte, die in ihren Anfängen so stürmisch, fünfzig Jahre so überaus glänzend, danach aus Widrigkeiten und etwas Glück gemischt war und schließlich in einigermaßen düsterer Tristesse endete.[54]

Mit diesem Prolog ist für den Nachfolger Ludwigs XIV. ein günstiger Ausgangspunkt gegeben, denn seine Regierungszeit beginnt in einer Talsohle der französischen Geschichte, so dass es eigentlich nur noch aufwärts gehen kann. Doch die damit verbundenen Chancen nutzt Ludwig XV. nicht. Der Sonnenkönig hatte im Interesse seiner persönlichen Machtsteigerung Anstöße zu weitreichenden kulturellen Entwicklungen gegeben; so war sein Hof zur Keimstätte neuer Ideen geworden, oft genug gegen seinen Willen und gegen seine Absichten.

Unter seinem Nachfolger aber vollzieht sich der Fortschritt des menschlichen Geistes ohne dessen Zutun. Während Ludwig XIV. Neues gestaltete, schaut Ludwig XV. desinteressiert zu, wie Neues entsteht, wenn er sich diesen Innovationen nicht sogar widersetzt. Trägerin des Fortschritts ist nun die Republik der Gelehrten und die von ihr geschaffene Öffentlichkeit, also nicht mehr die Hofgesellschaft, sondern die Zivilgesellschaft. Allerdings kann diese sich nirgendwo in Europa frei entwickeln, dem stehen herrscherliche Machtsprüche wie in Preußen oder Zensurbehörden wie in Frankreich entgegen. Trotzdem verzeichnet die Vernunft im achtzehnten Jahrhundert beachtliche Zugewinne, zum Beispiel im Kampf gegen die Jesuiten, die am Missbrauch ihrer privilegierten Stellung und ihrer Opposition gegen die Aufklärung zugrunde gehen.

Insgesamt aber ist für Voltaire das *Siècle de Louis XV*, das ja auch sein Zeitalter ist, eine Enttäuschung: Die großen Erwartungen wurden trotz aller partiellen Fortschritte von Vernunft und Wissenschaft nicht eingelöst. Diese frustrierende Bilanz ist zugleich ein nützliches Heilmittel gegen überzogenen Optimismus: Die Schlacht gegen die Kräfte der Beharrung und der Ignoranz ist noch nicht entschieden und wird vielleicht auch nie vollständig gewonnen werden. Schlimmer noch: Ein Rückfall in Barbarei ist jederzeit möglich. Deshalb lautet Voltaires finaler Appell an die Mächtigen:

Eine letzte Bilanz und ein ausbleibender Kaiser

Wenn die Vernunft pervertiert wird, wird der Mensch mit Notwendigkeit zum Tier, und die Gesellschaft ist nur noch eine Gemengelage von Bestien, die sich gegenseitig fressen, und von Affen, die über Wölfe und Füchse urteilen. Wollen Sie diese Bestien in Menschen verwandeln? Dann dulden Sie endlich, dass sie vernünftig werden.[55]

Doch dieser Absprung in die Vernunft wird in Frankreich nicht vollzogen: «Wohin man auch den Blick richtet, überall findet man Widersprüche, brutale Härte, Ungewissheit, Willkür.»[56] Die französische Strafjustiz ist weiterhin finsteres Mittelalter, denn sie beruht auf einem Kodex brutaler Unmenschlichkeit; in vielen anderen Ländern sieht es nicht besser aus.

Dazu kommt das Elend des Krieges. Die Hoffnungen des jungen Guibert, dass die Aufklärung diese äußerste Form der Verrohung durch saubere Trennung von Kombattanten und Zivilbevölkerung humaner machen würde, hat sich nicht bewahrheitet:

Was war das Ergebnis dieser unendlichen Menge von Kämpfen, deren Bericht selbst die anödet, die sich darin ausgezeichnet haben? Was bleibt von so großen Anstrengungen? Nichts als das Blut, das sinnlos in unfruchtbar und unbewohnbar gemachten Ländern vergossen wurde, nichts als verwüstete Dörfer und an den Bettelstab gebrachte Familien.[57]

Am meisten von diesem Blut hat der preußische König vergossen, der sich als Philosoph verstand und zur Aufklärung bekannte; das war kein gutes Omen für die Zukunft. Weitere bedrohliche Zeichen standen an der Wand. Europa hatte von 1756 bis 1763 seinen Krieg nach Amerika und Asien exportiert und die dortigen Kulturen irreparabel zerstört, besonders gründlich in Indien, wo die menschliche Zivilisation wie in China einst ihren Anfang genommen hatte. Und in Amerika stritten Frankreich und England um Land, das ihnen nicht gehörte. Dass Frankreich diesen Krieg verlor, war auf seine desolate Finanzsituation zurückzuführen; diese wiederum war eine Folge des absurden Besteuerungssystems, das denen, die am wenigsten besitzen, die schwersten Lasten aufbürdet. Lange werden die kleinen Leute diese Ausbeutung jedoch nicht mehr hinnehmen. Von einem Aufstand des Volkes, der jederzeit droht, ist allerdings kein Fortschritt, sondern ein noch tieferer Rückfall in die Barbarei zu befürchten, denn die große Mehrheit der Menschen in Frankreich wie im übrigen Europa mit Ausnahme Englands ist weiterhin im finstersten Aberglauben befangen: Die «Wildnis» beginnt für Voltaire weiterhin ein paar Meilen hinter Paris.

Mindestens ebenso bedenklich ist für ihn, dass die Intellektuellen ihre Aufgabe, den Fortschritt zu befördern, immer häufiger verleugnen, schlimmer noch: den Gegnern der Aufklärung in die Hände arbeiten wie Rousseau mit seiner wahnwitzigen Kritik an der Zivilisation und seinem grotesken Erziehungsprogramm, das selbst die gebildeten Schichten wieder zu Wilden machen soll. Da zudem der blinde Eigennutz privilegierter Korporationen und Schichten die dringend nötigen Reformen verhindert, wie sie vernünftige Minister vom Kaliber eines Turgot planten, stellt sich die Zukunft im Jahr 1775 äußerst ungewiss dar. Vieles spricht sogar dafür, dass das noch ungeschriebene «Jahrhundert Ludwigs XVI.» ein Zeitalter der Revolutionen sein wird. Das sagt Voltaire an keiner Stelle explizit, ist aber die Botschaft, die der aufmerksame Leser aus Voltaires letztem großem Geschichtswerk herauslesen musste: Der Tanz auf dem Vulkan ging in die letzte Runde.

Das Jahr 1776 war für Voltaire und Ferney von den üblichen Widrigkeiten des Alltags gezeichnet. Nach dem Sturz Turgots war der mühsam ausgehandelte Steuer- und Zollkompromiss für das *pays de Gex* eine Zeitlang aufs Höchste gefährdet; erst durch die Ernennung des Genfer Bankiers Necker zum Finanzminister entspannte sich die Situation. So stellte sich Voltaire jetzt die Frage, ob es nicht an der Zeit war, nach Paris zurückzukehren. Der neue König – so schien es ihm zumindest – war zwar alles andere als ein Bewunderer, doch auch kein erklärter Feind wie sein Vorgänger. Zudem würden neue Protektoren wie der Herzog von Condé, Voltaires europaweite Reputation, sein ehrwürdiges Alter und die Rückendeckung von Monarchen wie Friedrich II. und Katharina II. für sicheres Geleit und Unantastbarkeit sorgen. So lautete zumindest das Kalkül der Freunde. Für eine solche Übersiedlung sprachen auch unerfreuliche Vorkommnisse in Ferney, die zur Entfernung des zweiten Sekretärs Adam führten. Gegen die Rückkehr nach Paris sprach, dass Voltaire in seinem Musterländchen Wurzeln geschlagen und seine Rolle als Schutzherr der Landleute tief verinnerlicht hatte, von den enormen Investitionen in Schloss, Kirche und Landwirtschaft ganz zu schweigen. Ob es der Hexenkessel Paris-Versailles wert war, das alles und damit auch die Muße, die der

Eine letzte Bilanz und ein ausbleibender Kaiser 559

Entstehung neuer Werke so förderlich war, aufzugeben, musste wohl erwogen werden.

Die meisten neuen Texte des Zweiundachtzigjährigen widmeten sich wie gehabt der Gottesfrage. Dabei zeigt gerade die Obsession, mit der Voltaire die Beweise und Vorzüge des reinen Deismus erörterte, wie wenig ihn dieses selbst verkündete Dogma noch überzeugte. All diese Abhandlungen, *Lettres de quelques juifs portugais, allemands et polonais à M. de Voltaire* (Briefe einiger Juden aus Portugal, Deutschland und Polen an Herrn Voltaire), *Un chrétien contre six juifs* (Ein Christ gegen sechs Juden), *La Bible enfin expliquée* (Die Bibel endlich erklärt), *Histoire de l'établissement du christianisme* (Geschichte der Ausbreitung des Christentums), *Dialogues d'Evhémère* und *Sophronime et Adelos*, sind denselben Themen, Fragen und Problemen gewidmet: Es muss einen großen *fabricateur* des Kosmos geben, darin sind sich die vernünftigen Völker aller Weltgegenden einig, ebenso in der reinen Mitmenschlichkeitsmoral, die daraus folgt. Wie in den zahlreichen Traktaten zuvor bleiben die gravierenden Einwände wie die Frage nach dem Ursprung des Bösen unbeantwortet, doch das ändert nichts daran, dass die Gegenthesen der Atheisten noch weitaus schwächer ausfallen. Mit der gewohnten Mischung aus Ironie und Polemik wird darüber hinaus die fatale Entstellung der natürlichen Religion durch die perfiden Erfindungen des Christentums angeprangert. Auf größeres Interesse des Publikums stießen diese Publikationen verständlicherweise nicht mehr; dazu fehlte es ihnen an neuen Ideen. Im Grunde waren sie auch nicht mehr für die Außenwelt bestimmt, sondern nur noch Spiegel inneren Ringens und quälender Zweifel. Verstand und Sentiment standen in unaufhebbarem Widerspruch zueinander. Die reine Ratio diagnostizierte die Sterblichkeit der Seele und die Unerkennbarkeit Gottes, aber das Gefühl rebellierte permanent gegen diese kalte Agnostik. Das zeigte sich selbst im Alltag.

Der glaubwürdige Bericht eines Ferney-Besuchers erzählt davon, wie ihn der körperlich hinfällige zweiundachtzigjährige Voltaire in dunkler Nacht zu einem Spaziergang einlud, um mit den ersten Strahlen des aufkeimenden Morgens die Herrlichkeiten der Schöpfung und des Schöpfers zu erleben. Das waren ekstatische Momente, die den Offenbarungserlebnissen von Rousseaus savoyischem Vikar sehr nahe kommen. Auf solche Augenblicke der Euphorie aber folgten unweigerlich emotionale Abstürze: Phasen der reinen Rationalität und damit der Skepsis und der Ironie. Am

Ende von *Sophronime et Adelos* steht der Aufruf, wie der weise Stoiker Epiktet zu sterben:

> Gott, ich habe Deine Vorsehung niemals angeklagt. Ich bin krank gewesen, weil Du es so gewollt hast, und daher habe ich es auch so gewollt. Ich bin arm gewesen, weil Du es so gewollt hast, und daher war ich mit meiner Armut zufrieden. Ich habe in Niedrigkeit gelebt, weil Du es so gewollt hast, und ich habe mich daher niemals über diesen Zustand zu erheben gewünscht.[58]

Ein frommes Abschiedsgebet ist das nicht, ebenso wenig eine Kurzfassung von Voltaires irdischer Existenz; schließlich hatte er wie kaum ein anderer lebenslang nach Ruhm und Reichtum gestrebt und beides reichlich geerntet. Der Kontrast zwischen diesem Leben und dem demütigen Gebet soll komisch wirken, wie die falsche Erhabenheit der Schlusspassage mit einer weiteren Rede an Gott zeigt:

> Du willst, dass ich das großartige Schauspiel der Welt verlasse, und ich gehe davon. Ich sage Dir tausendfachen demütigen Dank, dass Du geruht hast, mich alle Deine Werke anschauen zu lassen und mir die Ordnung vor Augen zu führen, mit der Du dieses Universum regierst.[59]

Eines war sicher: Mit so viel Schicksalsergebenheit würde Voltaire nicht aus dieser Welt scheiden.

Eine ganz andere Version seines Lebens lieferte Voltaire im Sommer 1776 mit dem *Historischen Kommentar zu den Werken des Autors der Henriade (Commentaire historique sur les œuvres de l'auteur de l'Henriade)*. Ein weiteres Mal leugnete er die Autorschaft, aber es besteht kein Zweifel, dass dieser fünfzigseitige, mit Ausschnitten aus seinen Werken und mit Briefen garnierte Text von ihm selbst stammt. Darin stilisierte er seinen Werdegang so, wie er für seinen Einzug auf den Olymp der Literatur und Philosophie angemessen war. Zu diesem Zweck wurde alles Unpassende ausgeblendet und ein ruhmvoller Platz für die Ewigkeit geschaffen. Gab es jemals hässliche Auseinandersetzungen mit Friedrich II.? «Das war ein Streit unter Liebenden. Hofintrigen kommen und vergehen, aber das Wesen einer schönen und beherrschenden Leidenschaft lebt lange fort.»[60] Mit dieser bereinigten Version konnten beide Souveräne bestens leben.

Eine letzte Bilanz und ein ausbleibender Kaiser

Ein Philosoph in jedem Lebensalter: Der greise Voltaire blickt auf Ferney und sein Werk. Stich von Jean-Baptiste Le Vachez nach einer Radierung von Jean Huber

Auf ähnliche Art und Weise wurden weitere Unebenheiten eines langen und bewegten Lebens geglättet, wie zum Beispiel die mörderischen Streitigkeiten mit literarischen Konkurrenten: «Er gab zu, diesen Spott gegen einige seiner Feinde zu weit getrieben zu haben.»[61] Stilvoller ließ sich eine turbulente Vergangenheit nicht entsorgen. Im Vergleich mit den heroischen Leistungen dieses Lebens fiel der Tribut ans Menschlich-Allzumenschliche – so die Bilanz dieser Kurzautobiographie – kaum ins Gewicht. Der Kampf gegen eine ungerechte Justiz und der selbstlose Einsatz für die Armen von Ferney überstrahlen diese kleinen Schwächen, von den großen Texten für die Bühne und zur Geschichte der Menschheit ganz zu schweigen.

Speziell die Bühne ließ Voltaire keine Ruhe. Seine letzten Stücke hatten seiner Meinung nach den Zeitgeschmack nicht mehr getroffen, weil dieser inzwischen ganz von Shakespeare bestimmt war. Gegen diesen verfasste Voltaire 1777 ein Pamphlet, das in Paris nicht gut aufgenommen wurde, und zwei Dramen. Am Schluss des *Agathocle* danken im antiken

Sizilien gleich zwei Tyrannen ab, Vater und Sohn, und stellen danach die Volksherrschaft wieder her. Ein Manifest für die Demokratie, die laut Voltaire für große Staaten der Gegenwart ungeeignete Staatsform, war das Stück trotzdem nicht, sondern ein Plädoyer gegen Willkür und Fanatismus und für die natürliche Religion sowie den gütigen Gott, «den Plato unseren ungebildeten Vorfahren verkündet hat».[62] Der allgemeinen Glückseligkeit nach dem Ende der Tyrannei gingen wie üblich dramatische Verwicklungen voraus, unter anderem ein Brudermord aus Eifersucht. Uraufgeführt wurde das Drama am ersten Jahrestag von Voltaires Tod im Jahr 1779; zu mehr als einem bescheidenen Achtungserfolg reichte es trotzdem nicht.

Das zweite Stück hieß erst *Alexis* und wurde bei seiner Fertigstellung 1778 zugunsten der weiblichen Protagonistin in *Irène* umgetauft. Es spielt im elften Jahrhundert am kaiserlichen Hof von Byzanz, wo der Usurpator Nicéphore dem legitimen Thronerben Alexis zusammen mit der Herrschaft die schöne Irène, seine Braut, entrissen und zur Heirat mit ihm gezwungen hat. Doch dieser Unrechtszustand ist nicht von Dauer. Alexis kehrt mit Truppengewalt nach Byzanz zurück und befreit unter dem Jubel des Volkes die Stadt vom Tyrannen, den er eigenhändig tötet. Seiner Eheschließung mit Irène, die ihn seit jeher liebt, scheint jetzt nichts mehr im Wege zu stehen – wären da nicht ein uraltes Gesetz aus finsterer Vorzeit, das eine Kaiserin-Witwe zum Klosterleben verurteilt, und das gleichlautende Versprechen, das sie ihrem Vater gegeben hat, der sich als Mönch aus der Welt zurückgezogen hat. Zwischen ihrer Herzensneigung und der von einem unsinnigen Gesetz auferlegten Pflicht sieht Irène am Ende nur einen Ausweg: Sie erdolcht sich als Strafe für ihre Liebe.

Zu dieser literarischen Produktion gesellten sich zwei letzte politische Texte. Der *Kommentar zum Geist der Gesetze* (*Commentaire sur l'Esprit des lois*) ist eine erbarmungslose Abrechnung mit Montesquieu, dem Voltaire lebenslang mit tiefer Abneigung gegenüberstand. So listet er in seinem *Kommentar* genüsslich falsche Daten und Namensverwechslungen auf; doch die eigentliche Kritik gilt den politischen Optionen des einflussreichen Werks, die für Voltaire vom kleinlichen Eigeninteresse des hohen Amtsadligen geprägt waren. Unter verbalen Beschuss nahm er insbesondere die Rechtfertigung der *Parlements* als notwendige «Zwischengewalten» und Schutzwall gegen die Übermacht der Monarchie sowie die Versuche, Ungleichheiten und Privilegien der Gegenwart aus vermeintlich

Eine letzte Bilanz und ein ausbleibender Kaiser 563

uralten Bräuchen abzuleiten und dadurch zu rechtfertigen. Für Voltaire waren alle diese Hervorbringungen der Geschichte fragwürdig und daher abzuschaffen: Die Zukunft durfte nicht mit dem Ballast einer glücklich überwundenen Vergangenheit belastet sein, sondern musste im Namen der Vernunft und Gerechtigkeit neu gestaltet werden. Dabei war der Mensch frei und nicht, wie Montesquieu meinte, vom Klima und anderen geographischen Faktoren determiniert: Die Herrschaft der *raison* ist uneingeschränkt und universell.

Die zweite Abhandlung *Der Preis der Gerechtigkeit und der Humanität* (*Le Prix de la justice et de l'humanité*) entstand im Zusammenhang mit einer Preisfrage der «Berner Ökonomischen Gesellschaft», der Voltaire angehörte und für deren Wettbewerb er bei den europäischen Fürstinnen und Fürsten eifrig Preisgelder einwarb: Wie sollte eine zeitgemäße Strafjustiz aussehen, die den Errungenschaften der Aufklärung gerecht wurde und die Gesellschaft zugleich effizient vor Kriminalität schützte? Das Thema bot Voltaire die Gelegenheit, seine Ideen zu Beccarias epochaler Schrift gegen die Todesstrafe noch einmal zusammenzufassen und zu akzentuieren: Rechtsprechung und Religion sind konsequent zu entflechten, Verbrechen beleidigen nicht Gott, sondern gefährden die soziale Ordnung und sind daher so zu bestrafen, dass die Allgemeinheit Nutzen daraus zieht. Damit sind Hinrichtungen obsolet, und die Verhinderung von Delinquenz durch eine bessere Erziehung und eine angemessene Entlohnung der unteren Schichten rückt ganz in den Vordergrund. Auf diesem Weg sah der Dreiundachtzigjährige Europa kräftig voranschreiten: «Überall neue Einrichtungen, um zur Arbeit und folglich zur Tugend anzuhalten; überall macht die Vernunft Fortschritte, die sogar den Fanatismus erschrecken.»[63] Das klänge nach Greisen-Euphorie, wären da nicht zwei abschließende Einschränkungen:

> Zwietracht besteht nur noch im nördlichen Amerika. Die Souveräne wetteifern ansonsten nur noch miteinander darum, wer am meisten Gutes tun wird. Nützen Sie diese Augenblicke, sie sind vielleicht von kurzer Dauer.[64]

Für den Aufstand der britischen Kolonien hatte der England-Verehrer Voltaire kein Verständnis: Nur Wilde konnten gegen diese beste aller momentan möglichen Regierungen rebellieren. Der letzte Satz aber ist fast schon ein Vermächtnis: Der Sieg der Vernunft scheint sich anzubahnen, aber gesichert ist er nicht, der Rückfall in neue Barbarei ist jederzeit möglich.

Ansonsten stand das Jahr 1777 im Zeichen einer großen Enttäuschung. Kaiser Joseph II., der unfromme Sohn der frommen Maria Theresia, fuhr am 13. Juli unter dem Pseudonym «Graf von Falkenstein» auf dem Rückweg von Paris, wo er seinen Schwager Ludwig XVI. in die Tücken und Techniken des Ehelebens eingeweiht hatte, wenige Kilometer an Ferney vorbei, wo Voltaire alles für den Empfang des aufgeklärten Souveräns vorbereitet und sogar seine Parade-Perücke aufgesetzt hatte. Über die Gründe für diese Brüskierung, die die vielen Feinde Voltaires in Entzücken versetzte, gingen die Meinungen weit auseinander. Befolgte Joseph die Anweisungen Maria Theresias, wollte er Unstimmigkeiten mit dem Hof von Versailles vermeiden, für den der Patriarch von Ferney genauso wie für die Kaiserin eine Unperson war, oder wurde er schlicht durch den Übereifer einiger Voltaire-Verehrer, die seine Kutsche anhielten und nach Ferney dirigieren wollten, von diesem Plan abgebracht? Der düpierte Möchtegern-Gastgeber bevorzugte die letztere Erklärung:

> Ich hatte nicht das Glück, den großen Mann zu treffen, der in unserer Gegend vorbeigekommen ist. Mein Alter, meine Krankheiten und meine Diskretion haben mich daran gehindert, mich auf seinem Weg einzufinden. Im Vertrauen teile ich Ihnen mit, dass sich zwei jüngere und weniger diskrete Genfer Uhrmacher, die in Ferney leben, nach reichlichem Trank dazu entschlossen, ihm bis Saint-Genis entgegenzugehen, ihn dort anhielten und ihn fragten, ob er nicht zu mir kommen wolle. Der Kaiser, der sie für verwirrte Franzosen hielt, sagte ihnen, dass er unterwegs in Frankreich niemals so zur Rede gestellt worden sei.[65]

SCHLUSS

DAS ENDE IN PARIS UND DER ANFANG DER UNSTERBLICHKEIT

Eine Entschädigung für das Prestige, das Voltaire durch die «Umgehungstaktik» Josephs II. entging, war der Besuch des Landgrafen von Hessen-Kassel im Oktober 1777 und das Schauspiel, dem der hohe Gast bei dieser Gelegenheit beiwohnte. Am Feiertag des heiligen Franziskus huldigten die Landleute nicht nur dem Armen von Assisi, sondern auch und vor allem dem gütigen Herrn von Ferney. Das Ereignis stand unter dem Motto: Wenn wir Voltaire feiern, feiern wir das ganze Menschengeschlecht. Ob der Gefeierte selbst diese Devise und Verse dazu beisteuerte, ist nicht bekannt. Das rührende Fest war zugleich ein Abschied: Voltaire hatte beschlossen, nach Paris zurückzukehren. Für den treuen Wagnière – der in Ferney bleiben, die Französische Revolution menschlich abwickeln und 1801 als hoch respektierter Bürgermeister des Ortes sterben sollte – war die Abreise das Ergebnis von Intrigen: Madame Denis lechzte seit Langem nach Pariser Zerstreuungen. Voltaires Briefe von Januar und Februar 1778 lassen jedoch keinen Zweifel daran, dass er die Übersiedlung selbst wollte, wie sein ironischer Kommentar in einem Schreiben an d'Argental unmissverständlich zeigt:

> Ich sehe sehr genau, wie lächerlich ich mich in meinem Alter mache, mit krankem Herzen und dem Tod zwischen den Zähnen oder besser: im Zahnfleisch, denn Zähne habe ich ja nicht mehr. Aber ich muss sterben, wie ich gelebt habe: Dummheiten begehend.[1]

Welche «Dummheit» gab den Ausschlag? Dass Voltaire seinen Tod in Paris ahnte und vorausschauend plante, kann getrost ausgeschlossen werden, denn je mehr er von seinem Tod schrieb, desto weniger glaubte er daran. Dass die Reise nach Paris eine konsequente Fortsetzung seines Lebens war, trifft hingegen zu: Voltaire hatte die Mächte seiner Zeit lebenslang provoziert – so weit, wie es für seine persönliche Sicherheit gerade noch vertretbar war, und nicht selten darüber hinaus. Seine Fahrt nach Paris war also eine Herausforderung an den König: Wer hat die wahre Hoheit im Land, das heißt: die Hoheit über den Geist der Zeit? Genauso hat es der ansonsten so tumbe Lud-

Das Ende in Paris 567

Jean-Antoine Houdons Büste Voltaires für die Comédie-Française, 1778

wig XVI. auch verstanden: Er ließ seine Minister in den Archiven nach Haftbefehlen seines Vorgängers suchen, doch diese wurden nicht fündig. Daraufhin gab er die Parole aus: Der Hof weiß von nichts und reagiert auch nicht.

Am Nachmittag des 10. Februar 1778 traf Voltaire in Paris ein und erfuhr sofort auf kuriose Weise, wie sich die Zeiten geändert hatten. In seiner altertümlichen Gewandung auf dem Stand der 1730er-Jahre hielten ihn die Karnevalisten, die die Straßen unsicher machten, für einen der Ihren und trieben ihren Spott mit ihm. Danach stieg er mit Madame Denis im Stadtpalais des Marquis de Villette und seiner Gattin, geborene Reine Philiberte de Varicourt, ab, die Voltaire in Ferney einst unter seine Fittiche genommen hatte und aufgrund ihrer körperlichen wie moralischen Qualitäten «Belle et Bonne» nannte. Seine Ankunft sprach sich wie ein Lauffeuer herum, so dass der Strom der Besucher nicht mehr abriss, darunter Prominenz wie der Komponist Christoph Willibald Gluck und Benjamin Franklin, der Botschafter der jungen Vereinigten Staaten von Amerika in Frankreich.

So viel Trubel war der von den Strapazen der Reise geschwächte Vierundachtzigjährige nicht gewachsen. Die Beschwerden der Blase und der

Die Krönung von Houdons Büste auf offener Bühne bei der Aufführung von Voltaires Tragödie «Irène»

Harnwege, die ihn 1773 fast das Leben gekostet hatten, kehrten vehement zurück, nach heutigem Kenntnisstand waren sie wahrscheinlich Folgen von Prostatakrebs. Hinzu kamen schlechte Nachrichten aus Versailles, die vom Ärger des Königs über so viel öffentliche Aufmerksamkeit für den unerwünschten Rivalen kündeten. So wurde Théodore Tronchin, der seit einigen Jahren als gefeierter Mediziner in Paris praktizierte, an das Bett seines alten, wenig geschätzten Patienten aus Genfer Tagen gerufen. Seine Diagnose war so kalt wie richtig: Voltaire würde diesen Lebensstil, geschwächt wie er war, nicht lange überstehen.

Doch wie um den strengen Calvinisten und seine Vorhersage zu widerlegen, erholte sich der Kranke schon wenige Tage darauf, und das mondäne Leben ging munter weiter. Wie von Tronchin vorhergesagt, ließen Rückfälle nicht auf sich warten. Sie riefen die Pariser Geistlichkeit auf den Plan, die unter Führung des ultrakonservativen Erzbischofs Christophe de Beaumont seit Längerem darüber beratschlagte, wie sie mit dem Erzketzer umgehen sollte, der sich mit ungebrochener Dreistigkeit als guter Katholik ausgab. Das bewährte Inquisitionsverfahren verbot sich in Anbetracht von

Das Ende in Paris 569

Jean-Antoine Houdons Statue von 1781 zeigt Voltaire ohne Perücke in altrömischer Gewandung und Denkerpose

Voltaires Alter und Bekanntheitsgrad leider von selbst. Daher setzte man nun auf den Versuch, den Moribunden auf dem Totenbett öffentlichkeitswirksam zu «bekehren», das heißt: ihm eine Absage an seine unfrommen Werke und ein Bekenntnis zur alleinseligmachenden Kirche abzuringen. Dabei tat sich besonders ein gewisser Abbé Louis Laurent Gaultier hervor, der über seine Bemühungen, die Seele des Ketzers zu retten, eine Reihe bewusst irreführender Berichte verfasst hat.

Tatsächlich verfasste Voltaire in der Zeit seiner letzten Krankheit zwischen Ende Februar und Ende Mai 1778 zwei kurze Texte. Der eine lautet: «Ich sterbe in Anbetung Gottes, mit Liebe für meine Freunde, ohne Hass gegen meine Feinde und mit Abscheu vor dem Aberglauben.»[2] Zwei Tage später, am 2. März, unterschrieb er eine Erklärung, wonach er dem Abbé Gaultier gebeichtet und seinen Willen, in der römischen Religion zu sterben, bekundet habe, die Vergebung seiner Fehler durch die göttliche Gnade erbitte und, falls er die Kirche beleidigt habe, auf Verzeihung durch diese und durch Gott hoffe. Daraufhin erteilte ihm Gaultier die Absolution. Die Kommunion aber verweigerte der Kranke: «Herr Abbé, beachten Sie, dass

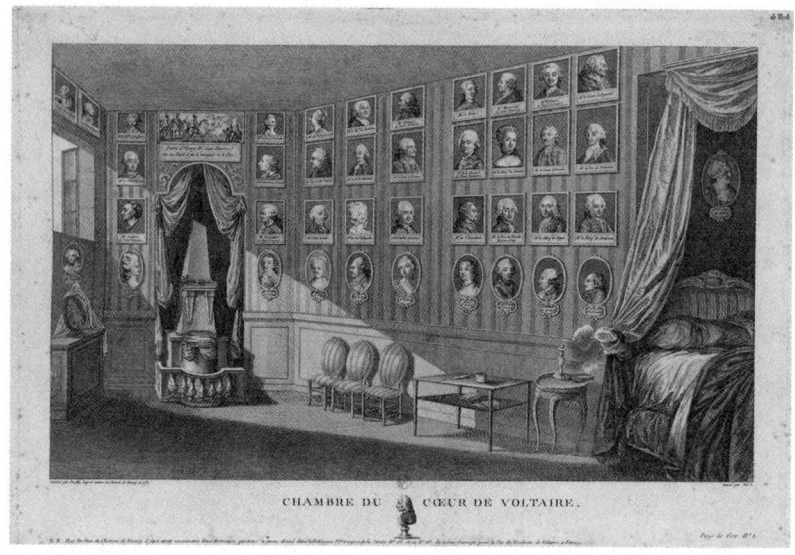

CHAMBRE DU CŒUR DE VOLTAIRE.

Makabrer Devotionalienkult: Voltaires Herz an seiner ursprünglichen Aufbewahrungsstätte (links) und bei der «Exhumierung» unter der Statue Houdons im Jahr 1924 (rechts)

ich andauernd Blut spucke, wir sollten also verhindern, dass sich mein Blut mit dem des lieben Gottes vermengt.»³ Damit war alles über den Wert der gerade signierten Deklaration gesagt. Voltaire blieb bis zum Schluss der große Spötter, selbst über das nahende eigene Ende.

Dieses zögerte sich nochmals hinaus. Am 30. März war Voltaire wieder so weit hergestellt, dass er dem größten Triumph seines Lebens beiwohnen konnte. Am Vormittag wurde er im Festsaal der Académie française feierlich empfangen, wo d'Alembert eine Lobrede auf ihn hielt. Auf dem Weg dorthin wie anschließend zur Comédie-Française waren die Straßen von einer jubelnden Menschenmenge gesäumt. In diesem Theater wurde sein letztes Stück *Irène* mit einem ungewöhnlichen Requisit aufgeführt: Auf der Bühne prangte eine Büste Voltaires, die von allen Schauspielerinnen und Schauspielern mit Girlanden umkränzt wurde. Diese Ehrung geschah, wie die dazu rezitierten Verse verkündeten, im Namen Frankreichs. Damit war es öffentlich: Das Land hatte zwei Könige, einen durch Geburt, den anderen durch Geist. Die Huldigung auf der Bühne war keine Revolution, noch nicht einmal deren Ankündigung, wohl aber Ausdruck der Hoffnung, dass

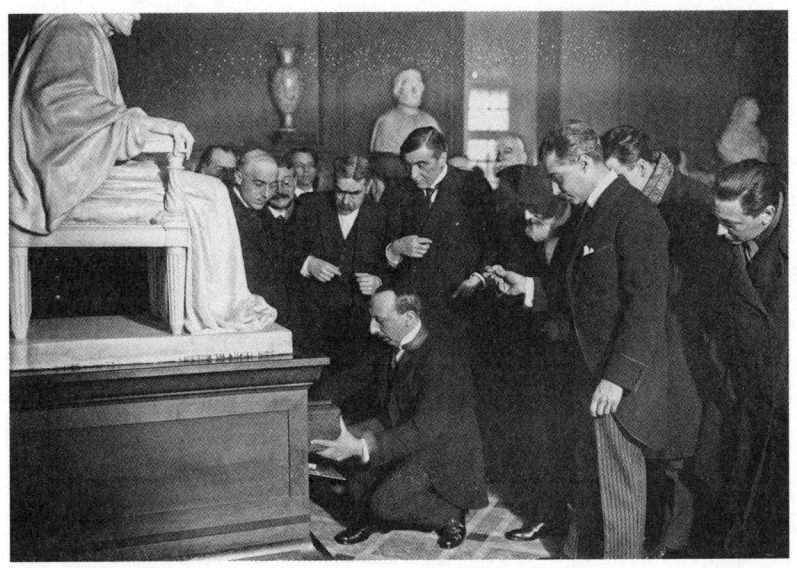

sich der König in Versailles die Prinzipien der Aufklärung zu eigen machen möge. Doch davon konnte keine Rede sein: Ludwig XVI. beobachtete die Vorgänge mit dumpfem Misstrauen, seiner üblichen Haltung gegenüber allem Neuen. Als drei Tage später *Irène* im Hoftheater von Versailles gegeben wurde, zeigte er sich ostentativ gelangweilt.

Die Euphorie des Triumphtages hielt nicht lange vor. Voltaire schlug der Akademie die Erarbeitung eines neuen Wörterbuchs vor, das den Sprachwandel berücksichtigen solle, der sich in den letzten Jahrzehnten vollzogen hatte. Das hätte bedeutet, die Autoren der Gegenwart an die Seite der «Klassiker» des siebzehnten Jahrhunderts zu stellen, und kam für diese konservative Institution nicht infrage.

Auf Drängen von Madame Denis kaufte Voltaire im April ein ansehnliches Stadthaus – und sehnte sich angesichts des hauptstädtischen Trubels immer mehr ins stille Ferney zurück. Anfang Mai kam dann die Krankheit mit Macht zurück, und das lange Sterben begann. Als es am 30. Mai so weit war, war auch der unvermeidliche Abbé Gaultier zur Stelle. Auf seine Frage, ob Voltaire die Göttlichkeit Jesu Christi anerkenne, wurde

Der greise Voltaire als Vordenker der Freiheit im zweiten Jahr der Französischen Revolution. Stich nach einer Zeichnung von Jean Huber, 1790

er von diesem mit der Hand zurückgestoßen und erhielt eine letzte Antwort: Lassen Sie mich in Ruhe sterben!

Für Voltaires Begräbnis hatte sein Neffe, der Abbé Mignot, bestens vorgesorgt: Voltaire wurde mit kirchlichem Ritus in der Zisterzienserkirche von Scellières bei Troyes beigesetzt, doch nur für dreizehn Jahre. Im Mai 1791, während der ersten, noch sehr gemäßigten Phase der Französischen Revolution wurden seine sterblichen Überreste exhumiert und in einem Triumphzug nach Paris gebracht. Auf dem Weg dorthin wurde sein Sarg von Frauen und Kindern wie der Reliquienschrein eines Heiligen geküsst und mit Blumen geschmückt und nach dem Eintreffen in der Hauptstadt am Abend des 10. Juli in einer feierlichen Zeremonie vor der knapp zwei Jahre zuvor zerstörten Bastille ausgestellt – der Geist der Freiheit, wie ihn Voltaire gelehrt und verbreitet hatte, hatte die Zwingburg der Tyrannei gestürmt, so lautete die Botschaft. Von hier aus setzte sich ein pompöser Tross in Richtung Innenstadt in Bewegung; zur opulenten Ausstattung gehörten Musikkapellen, Gesangsgruppen, die feierliche Hymnen into-

Das Ende in Paris 573

Der Prunksarkophag Voltaires bei der Überführung ins Panthéon 1791

nierten, und die siebzig Bände von Voltaires gesammelten Werken. Nach Stationen an der Oper und der Comédie-Française erreichte die Prozession um Mitternacht das Panthéon, wo der *philosophe* am 11. Juli feierlich beigesetzt wurde. Panthéon war der neue Name für die noch nicht einmal ganz fertiggestellte Kirche der heiligen Genoveva, der Patronin von Paris, die jetzt vom Vaterland den «großen Männern» gewidmet und damit umfunktioniert wurde. Nach dem Anfang April 1791 verstorbenen Grafen von Mirabeau, der dominierenden Gestalt der frühen Revolution, war Voltaire der zweite der hier bestatteten Heroen.

Das zur konstitutionellen Monarchie umgewandelte Frankreich huldigte auf diese Weise dem Vordenker der neuen Verfassung und der aus ihr hervorgehenden Freiheit. 1794 wurde Voltaires Intimfeind Jean-Jacques Rousseau, der von Robespierre verehrte Vordenker der zweiten, jakobinischen Revolution, ihm gegenüber zur letzten Ruhe gebettet.

Mit der Vereinnahmung durch die moderate Revolution hatte das Nachleben Voltaires gerade erst begonnen. Ganz in seinem Sinne haben sein Le-

Die triumphale Überführung der sterblichen Überreste Voltaires nach Paris

Der Triumphzug mit dem Sarkophag Voltaires erreicht das Panthéon, seine letzte Ruhestätte.

Das Ende in Paris

APOTHEOSE DE VOLTAIRE.

Die Apotheose des Philosophen: Im dritten Jahr der Französischen Revolution wird Voltaire als deren Vordenker in die seligen Gefilde der Tugenden und Weisheitshelden entrückt.

ben und seine Werke seitdem nicht aufgehört, zu provozieren und zu polarisieren. Als eine Kraft, die stets bezweifelt, alles infrage stellt, unaufhörlich nach den Erkenntnisse leitenden und Positionen bestimmenden Interessen forscht und die Abgründe und Absurditäten des menschlichen Lebens unbarmherzig aufdeckt, ist sie weiterhin allen staatstragenden Kräften ein Gräuel, allen festgefügten Ideologien zutiefst zuwider und für das einundzwanzigste Jahrhundert deshalb unverzichtbar und aktueller denn je. Oder wie es Voltaire in seinem Brief an Diderot vom 14. August 1776 ausdrückte:

> Die wahre Philosophie gewinnt an Boden, von Archangelsk bis Cadiz, aber unsere Feinde haben immer noch für sich den Tau des Himmels, die Erträge der Erde, die Mitra, den Geldschrank, das Schwert und das Gesindel. Alles, was wir machen konnten, beschränkte sich darauf, in ganz Europa den anständigen Leuten zu sagen, dass wir Recht haben, und die Sitten vielleicht etwas milder und anständiger zu machen ... Das Schlimme ist, dass die Philosophen nie geeint sind und die Verfolger es immer sein werden ... Leben Sie lange, mein Herr, und mögen Sie dem Monster, dem ich nur in die Ohren gebissen habe, tödliche Schläge verabreichen können.[4]

Anhang

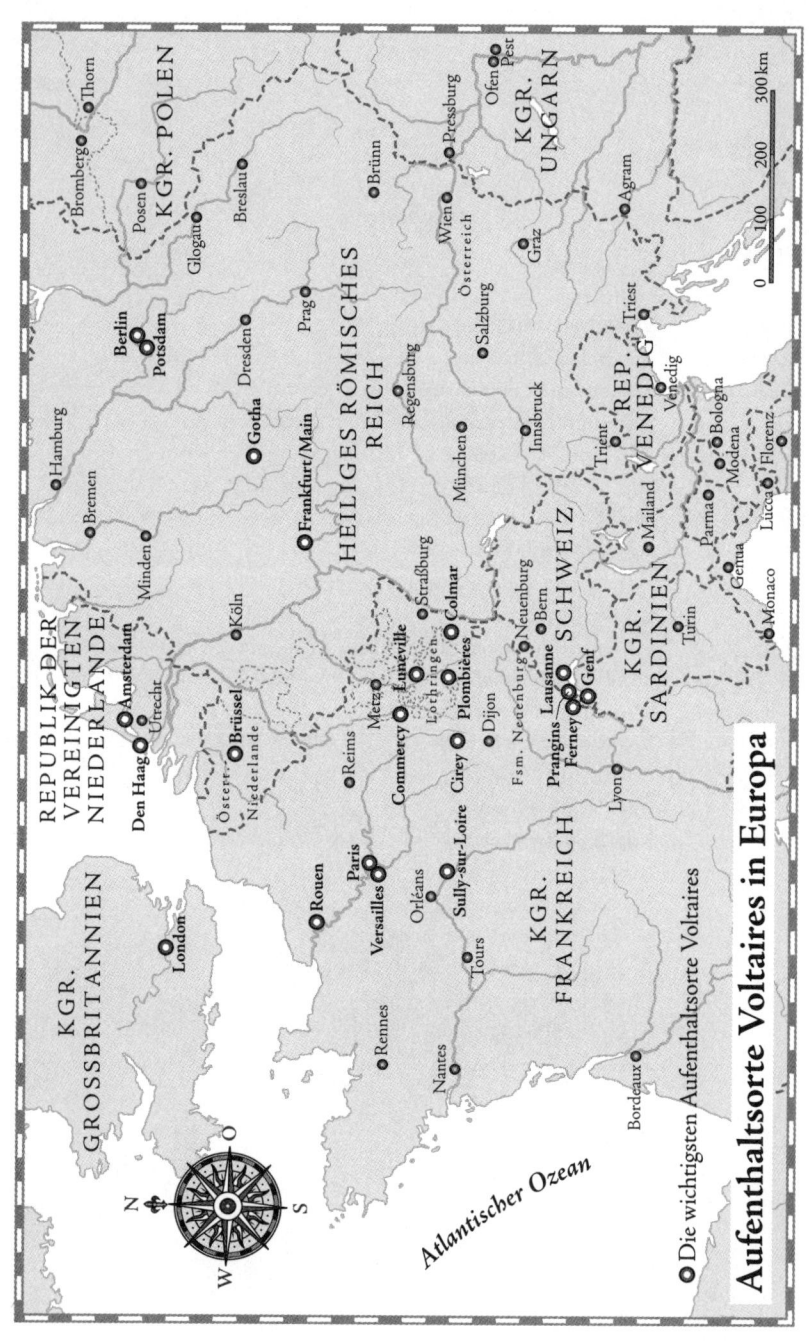

Aufenthaltsorte Voltaires in Europa

Zeittafel

1694, 21. Nov. (oder 20. Febr.)	Voltaire wird als François-Marie Arouet in Paris als Sohn eines ehemaligen Notars und künftigen Amtsträgers am zentralen Rechnungshof Frankreichs geboren. Seine Familie gehört damit zur Spitzengruppe des altständischen Bürgertums an der Grenze zum Adel; sein Vater verfügt als profilierter Jurist und Rechtsberater über enge berufliche Beziehungen zu den führenden Kreisen des Königreichs.
1701, 13. Juli	Tod von Voltaires Mutter.
1704	Voltaire tritt in das vornehme Collège Louis-le-Grand ein, das von Jesuiten-Patres geleitet wird und ihm ausgezeichnete Lateinkenntnisse sowie Vertrautheit mit dem Theater vermittelt; außerdem knüpft er dort Freundschaften mit Söhnen des (Amts-)Adels, die zum Teil lebenslang aufrechterhalten werden.
1710	Voltaire gewinnt Schulpreise für lateinische und französische Texte.
1711	Austritt aus dem Collège ohne Schlussexamen in Theologie; Beginn eines Jura-Studiums.
1713	Erfolglose Tätigkeit als Botschaftssekretär in den Niederlanden; Rückkehr nach Paris infolge eines Liebschaftsskandals.
1714	Praktikum in einem Anwaltsbüro. Voltaire verkehrt in Freidenkerkreisen und trägt dort eigene Verse vor.
1715, 1. Sept.	Ludwig XIV. stirbt, kulturelles Tauwetter unter dem Regenten Philippe d'Orléans. Voltaire vollendet seine erste Tragödie *Oedipe*, deren Aufführung die Comédie-Française ablehnt. Er überarbeitet dieses Stück und beginnt das Versepos *La Ligue* (später *La Henriade*) über die Religionskriege und den Friedensstifter Henri IV.
1716	Verbannung in die Provinz wegen satirischer Verse über den Regenten.
1717	Elf Monate Haft in der Pariser Bastille wegen Verunglimpfung des Regenten und dessen Entourage.
1718	*Oedipe* wird mit großem Erfolg aufgeführt, *La Ligue* weitgehend abgeschlossen; allmähliche Annäherung an den Regenten Philippe d'Orléans und dessen Politik. Ab Juni Namenswechsel zu «Voltaire».

1719–1721	Aufenthalte auf verschiedenen Schlössern adeliger Familien, amouröse Beziehungen zu Schauspielerinnen in Paris. Im Januar 1720 fällt Voltaires zweites Drama *Artémire* durch.
1722, 1. Januar	Voltaires Vater stirbt und benachteiligt ihn im Testament gegenüber seinem älteren Bruder Armand. Voltaire versucht erfolglos, sich durch Spitzeldienste für den diplomatischen Dienst zu qualifizieren. Heftige Kritik am Christentum in der *Epître à Julie* (später *Epître à Uranie* und *Le pour et le contre*); Abkühlung des Verhältnisses zum Regenten.
1723	Veröffentlichung des Epos *La Ligue*, das Voltaires Ruf als führender Literat begründet; schwere Erkrankung an den Pocken. Im Dezember Tod des Regenten Philippe d'Orléans.
1724	Voltaires Drama *Mariamne* (später *Hérode et Mariamne*) wird im zweiten Anlauf ein großer Erfolg.
1725	Annäherung an den Hof des jungen Ludwig XV., Protektion durch dessen polnische Gattin und die einflussreiche Marquise de Prie; Aufführung seiner Stücke im Hoftheater.
1726	Im Januar wird Voltaire nach verbalen Auseinandersetzungen mit dem Chevalier de Rohan-Chabot von dessen Lakaien auf offener Straße zusammengeschlagen. Nach Duellforderungen und vergeblichen Versuchen, den Angreifer von der Justiz belangen zu lassen, wird Voltaire erneut in der Bastille gefangen gesetzt. Im Mai geht er nach England ins Exil.
1726, Mai – 1728, Okt.	Aufenthalt in England. Voltaire erwirbt ausgezeichnete Sprachkenntnisse, wird dem König vorgestellt und studiert die kulturellen, gesellschaftlichen und politischen Verhältnisse des Gastlandes. Diese Studien finden ihren Niederschlag in den *Lettres philosophiques*, die 1733 auf Englisch und im Jahr darauf auf Französisch erscheinen. Im Vergleich mit den fortschrittlichen Verhältnissen auf der Insel wird die Rückständigkeit Frankreichs, vor allem auf kirchlich-religiösem Gebiet, kritisch herausgearbeitet. Intensive Auseinandersetzung mit den Dramen Shakespeares.
1729	Rückkehr nach Frankreich. Bereicherung auf Kosten der staatlichen Lotterie und durch nachfolgende Aktienspekulationen.
1730	Gedicht auf den Tod der Schauspielerin Adrienne Lecouvreur mit heftiger Kritik an der Diskriminierung dieses Berufsstandes durch die Kirche. Erfolgreiche Aufführung des Römerdramas *Brutus* im Dezember.
1731	Veröffentlichung der *Geschichte Karls XII., König von Schweden*; darin rigorose Abrechnung mit Eroberungskriegen und dem System eines nicht aufgeklärten Absolutismus.

Zeittafel

1732	Voltaires Drama *Eriphyle*, das Elemente des Shakespeare'schen Theaters mit der französischen Dramentradition verbindet, wird im März ein Misserfolg; im August trifft die empfindsame Tragödie *Zaïre* dagegen den Geschmack des Publikums.
1733	In der Satire *Le Temple du Goût* rechnet Voltaire mit Literaten und der Literatur der Vergangenheit ab; von jetzt an permanente Verwicklung in literarische Fehden.
1734	Die illegale Verbreitung der *Lettres philosophiques* in Paris trägt Voltaire einen Haftbefehl ein. Ab Juli hält er sich auf Schloss Cirey nahe der lothringischen Grenze auf; Beginn der fünfzehnjährigen Lebensgemeinschaft mit der bedeutenden Mathematikerin und Physikerin Emilie du Châtelet; an ihrer Seite intensive Studien der Schriften Isaac Newtons und John Lockes.
1735	Arbeit an einem großen Geschichtswerk zum Zeitalter Ludwigs XIV. und am Drama *Alzire*, das Schutz gegen Anklagen wegen subversiver Gesinnung bieten soll.
1736	In der Satire *Le Mondain* feiert Voltaire die Überlegenheit der Gegenwart gegenüber der Antike, rechtfertigt Luxuskonsum und Hedonismus und provoziert damit Gegenreaktionen von kirchlicher Seite. Im August beginnt mit einem Schreiben des preußischen Kronprinzen Friedrich ein Briefwechsel, der mit Unterbrechungen bis zum Tod Voltaires andauert.
1737–1738	Im *Traité de Métaphysique* und in den *Eléments de la philosophie de Newton* Ausarbeitung philosophischer Thesen, die an den Prinzipien naturwissenschaftlicher Empirie ausgerichtet sind und einen undogmatischen Deismus verkünden. Ende 1738 wütende Attacken von Voltaires Gegner Desfontaines in der *Voltairomanie*.
1739	Voltaire redigiert den *Anti-Machiavel* des preußischen Kronprinzen, der nach seiner Thronbesteigung am 31. Mai 1740 die Veröffentlichung des politischen Traktats zu verhindern sucht.
1740	Publikation des *Anti-Machiavel* in einer weiteren Bearbeitung Voltaires, der sich erstmals mit König Friedrich II. von Preußen trifft; dieser versucht von jetzt an, Voltaire zur Übersiedlung nach Potsdam zu überreden. Arbeit am Drama *Mahomet*.
1741–1742	Erfolgreiche Aufführung des Dramas *Mahomet* in Lille, das mit seiner rigorosen Religionskritik in Paris einen Skandal bei Jansenisten und Jesuiten erregt. Im Österreichischen Erbfolgekrieg agiert Voltaire erfolglos als Diplomat. Weiterführung der Arbeit am *Zeitalter Ludwigs XIV.*, Beginn der Studien für eine Weltgeschichte der Zivilisation.
1743, Februar	Voltaires empfindsames Drama *Mérope* wird ein Erfolg, seine Bewerbung um einen Sitz in der Académie française wird abgelehnt.

1744	Arbeit an der höfischen Ballett-Komödie *La princesse de Navarre*.
1745	Tod von Voltaires Bruder Armand. Voltaire wird königlicher Hofhistoriograph und erhält die (bald darauf eingelöste) Anwartschaft auf den Posten eines königlichen Kammer-Edelmanns. Poetische Verherrlichung französischer Kriegserfolge. Briefwechsel mit Papst Benedikt XIV., der Voltaire seinen Segen erteilt. Die *Discours en vers sur l'homme* preisen eine entspannte Lebensphilosophie auf der Basis einer deistisch begründeten Mitmenschlichkeitsmoral. Voltaire beginnt die Liaison mit seiner Nichte Louise Denis.
1746	Voltaire wird in die Académie française aufgenommen und hält aus diesem Anlass eine Rede, die Reformen einfordert. Arbeit am Machtmissbrauch-Drama *Sémiramis*, das im August 1748 in Paris durchfällt, und an der Komödie *La Prude*.
1747	Voltaire moniert an der Seite von Madame du Châtelet Falschspiel im Salon der Königin, flieht in die Provinz und beginnt dort die Arbeit an philosophischen Erzählungen, die Toleranz und einen undogmatischen Gottesglauben lehren.
1748	Aufenthalt beim lothringischen Herzog Stanislas in Lunéville und Commercy. Publikation von *Zadig oder Das Schicksal*, Arbeit an *Micromégas* (veröffentlicht 1751). Madame du Châtelet beginnt ein Liebesverhältnis mit dem Offizier Saint-Lambert und wird schwanger.
1749, 10. Sept.	Madame du Châtelet stirbt bei der Geburt einer Tochter, die gleichfalls nicht überlebt. Voltaire zieht nach Paris zurück und begründet einen gemeinsamen Haushalt mit seiner Nichte Louise Denis.
1750, Juli – 1753, März	Voltaire folgt der Einladung Friedrichs II. und siedelt nach Potsdam über, wo er zur Hofgesellschaft von Sanssouci gehört. Ab dem Herbst 1750 Eintrübung des Verhältnisses zum König durch die «Hirschel-Affäre» um Schuldtitel-Spekulationen und Diamanten. Entstehung religionskritischer Schriften, Veröffentlichung des *Siècle de Louis XIV*, das die Disziplin der Kulturgeschichte begründet. Im Herbst 1752 Bruch mit Friedrich II. durch Voltaires Satire auf Maupertuis, den Präsidenten der Berliner Akademie.
1753, Mai – Juli	Voltaire wird nach seiner Abreise auf Anordnung Friedrichs II. in der Freien Reichsstadt Frankfurt am Main festgesetzt. Großes Aufsehen in der europäischen Öffentlichkeit, beide Seiten veröffentlichen Kampfschriften, in denen sie ihre Position rechtfertigen.
1753, August – 1754, Juli	Aufenthalt Voltaires im Elsass. Erscheinen seiner *Annales de l'Empire*.

Zeittafel

1754, Dezember	Voltaire und seine Lebensgefährtin werden in Genf vom Patriziat ehrenvoll empfangen. Bis März 1755 lassen sie sich im waadtländischen Prangins nieder, das zur Republik Bern gehört.
1755	Voltaire erwirbt das Herrenhaus «Les Délices» bei Genf; in der Folgezeit pachtet er aus Sicherheitsgründen zusätzlich das Anwesen Le Grand-Montriond bei Lausanne in der Waadt. Das geistliche Tribunal von Genf beschwert sich über die Theater-Aufführungen in «Les Délices». Ab Ende November verfasst Voltaire sein philosophisches Lehrgedicht über das Erdbeben von Lissabon, eines seiner Hauptwerke, das 1756 erscheint und größtes Aufsehen, vor allem ablehnende Reaktionen der Kirchen, provoziert. Beginn der Mitarbeit an der *Encyclopédie*.
1756–1759	Zunehmende Spannungen mit den kirchlichen und politischen Behörden Genfs. Beginn des ideologischen Schlagabtauschs mit Jean-Jacques Rousseau. Voltaires Weltgeschichte der Zivilisation erscheint unter dem Titel *Essai sur les mœurs* und erregt die übliche Empörung konservativer Kreise. Voltaire nimmt den Briefwechsel mit Friedrich II. wieder auf; er versucht den König nach dessen Niederlagen im Siebenjährigen Krieg moralisch aufzurichten. Im Oktober und Dezember 1758 erwirbt er die adeligen Herrschaften Ferney und Tourney im französischen Pays de Gex. Arbeit an der philosophischen Novelle *Candide*, die bei ihrem Erscheinen Anfang 1759 größtes Aufsehen erregt. Übersiedlung nach Ferney, wo Voltaire in der Folgezeit beträchtliche Summen in den Ausbau des Schlosses und die Restaurierung der Kirche investiert. Ab dem Herbst 1759 intensiviert er seinen Kampf gegen die Monopolstellung der katholischen Kirche und ihre Intoleranz auf religiösem wie kulturellem Sektor. In den nachfolgenden anderthalb Jahrzehnten decken seine zahlreichen anonym erschienenen Schriften das Spektrum von moderaten Reformforderungen bis zu radikaler Fundamentalkritik am Christentum ab.
1760	Rousseau bricht endgültig mit Voltaire. Voltaires *Geschichte des russischen Reichs unter Peter dem Großen* rechtfertigt dessen aufgeklärten Despotismus und die regierende Zarin Katharina II.
1761	Misshelligkeiten mit den für Ferney zuständigen kirchlichen Behörden. Im Oktober Beginn des Kriminalfalls Calas in Toulouse.
1762	Veröffentlichung des satirischen Versepos *La Pucelle* über die Jungfrau von Orléans. Voltaire beginnt seine Untersuchungen und Interventionen zum Justizmord an Jean Calas und lanciert zu dessen Rehabilitierung und zur Unterstützung der übrigen enteigneten und verfolgten Familienmitglieder eine europäische Kampagne; in ähnlicher Weise engagiert er sich für die aus denselben Gründen verurteilte und vertriebene Familie Sirven.

1763, Dez.	Voltaires *Traité sur la tolérance* erscheint als summarische Kritik der Justizskandale und fordert weitreichende Reformen in Religionspolitik und Justiz.
1764	Pläne zur Ansiedlung Genfer Handwerkerfamilien im französischen Versoix scheitern. Voltaire wirbt in der Folgezeit einige von diesen nach Ferney ab und begründet dort die Uhrmacherei. Erscheinen des *Dictionnaire philosophique portatif*, einer Sammlung aphoristisch geschliffener Essays zu den großen Fragen der Aufklärung.
1765	Erscheinen der *Philosophie de l'histoire*, die in den nachfolgenden Editionen dem *Essai sur les mœurs* vorangestellt wird. Beginn der Genfer Verfassungskonflikte.
1766	Voltaire macht den Justizmord am Chevalier de la Barre europaweit publik und interveniert in den Genfer Konflikten für die politisch rechtlosen Neubürger.
1767–1768	Verspottung Genfs in einem komischen Versepos. Neue philosophische Novellen; in *L'Ingénu* verspottet Voltaire den modischen Kult des edlen Wilden und prangert diverse Formen kirchlicher und politischer Unterdrückung an. Zeitweilige Trennung von Madame Denis. Höhepunkt des Kampfes gegen «l'Infâme», die repressive katholische Kirche und den von ihr erzeugten Aberglauben, in Schriften wie *Le Dîner du comte de Boulainvilliers*.
1769	Arbeit an der *Histoire du Parlement de Paris*, in der der Anspruch dieses obersten Gerichtshofs, die französische Nation zu repräsentieren, mit historischen Argumenten widerlegt wird.
1770–1771	Voltaire engagiert sich an der Seite des Kanzlers Maupeou für eine einschneidende Justizreform, die jedoch langfristig scheitert.
1772	In den umfangreichen *Questions sur l'Encyclopédie* behandelt Voltaire die großen philosophischen und politischen Probleme der Zeit mit auffallender Konzilianz.
1773, Febr.	Schwere Erkrankung, die eine allmähliche Verlangsamung der Textproduktion zur Folge hat.
1774	Erscheinen der philosophischen Novelle *Le Taureau blanc*. Nach dem Tod Ludwigs XV. im Mai ein durchwachsenes Resümee von dessen Regierung in Gedichtform. Unterstützung des Reformministers Turgot, der die Wirtschaft Frankreichs im Sinne der Aufklärung durch Freihandel neu ordnen will, aber nach zwei Jahren von Ludwig XVI. fallengelassen wird.
1775	Voltaire veröffentlicht den *Précis du siècle de Louis XV*, in dem er eine skeptische Bilanz seines eigenen Zeitalters zieht: Die Aufklärung ist zwar in Europa vorangeschritten, doch durchgreifende Reformen sind in Frankreich ausgeblieben und revolutionäre Umstürze daher zu erwarten.

Zeittafel

1776	Voltaire veröffentlicht weitere religionskritische Schriften und eine stark beschönigende Darstellung seines eigenen Lebens.
1777	Die letzten Tragödien *Agathocle* und *Alexis* (später *Irène* betitelt) entstehen. Enttäuschung über den ausbleibenden Besuch Kaiser Josephs II.
1778, Febr.	Voltaire siedelt bereits krank nach Paris über, wo er öffentlich gefeiert wird; rasche Verschlechterung seines Gesundheitszustands. Am 30. März wird *Irène* aufgeführt und seine Büste auf offener Bühne bekränzt. Voltaire stirbt am 30. Mai ohne Versöhnung mit der katholischen Kirche, wird aber nach kirchlichem Ritus in der Abtei Scellières bei Troyes beigesetzt. Seine sterblichen Überreste werden im Juli 1791 in den nationalen Ruhmestempel des Panthéon überführt.

Anmerkungen

Alle Übersetzungen aus dem Französischen stammen, wenn nicht anders angegeben, vom Autor.

ERSTES KAPITEL
Auf dem Weg zum eigenen Namen

1 C I, 213 (Brief an Nicolas Claude Thiriot)
2 C VI, 565 (Brief vom September 1761 an Pierre-Joseph Thoulier d'Olivet)
3 C XII, 803 (Brief vom 26. April 1777 an Alexandre-Jean Mignot, Voltaires Neffen)
4 Duvernet, 11
5 Duvernet, 11
6 C III, 401 (Brief vom 1. Mai 1751 ca. an Jean-Henri-Samuel Formey)
7 C III, 401
8 Duvernet, 14
9 C I, 2 (Brief vom 8. Mai 1711 an Fyot de la Marche)
10 C I, 8 (Brief vom 7. August 1711 an Fyot de la Marche)
11 C I, 6 f. (Brief vom 23. Juli 1711 an Fyot de la Marche)
12 C I, 7
13 C I, 7
14 D 2054
15 M VIII, 410
16 C I, 23 (Brief vom 28. Dezember 1713)
17 M X, 241
18 M XXII, 1
19 Théâtre, 1, 406
20 Théâtre, 1, 407
21 Théâtre, 1, 399
22 Théâtre, 1, 413
23 Théâtre, 1, 413
24 Théâtre, 1, 412
25 Théâtre, 1, 414
26 Théâtre, 1, 427
27 Théâtre, 1, 424 f.
28 Théâtre, 1, 426
29 Théâtre, 1, 447
30 M IX, 561
31 M X, 223
32 M X, 236
33 M X, 473 f.

ZWEITES KAPITEL
Am Hof und im Exil

1 OC 2, 509
2 OC 2, 535 (Verse 445–450)
3 OC 2, 535 f. (Verse 456–461)
4 OC 2, 536 (Verse 464–468)

Anmerkungen

5 OC 2, 382 (Verse 326–328)
6 OC 2, 583 f. (Verse 176–180)
7 OC 2, 585 (Verse 216–220)
8 OC 2, 579 (Verse 65–68)
9 OC 2, 449 (Verse 187–190)
10 OC 2, 450 f. (Verse 198–204)
11 OC 2, 378 (Vers 236)
12 OC 2, 378 (Verse 238–240)
13 OC 2, 378 (Vers 244)
14 OC 2, 379 (Verse 251–253)
15 OC 2, 472 (Verse 81–86)
16 C I, 57 (Brief von Juli 1719 ca. an die Marquise de Mimeure)
17 OC 1A, 447
18 OC 1A, 447 f.
19 OC 1A, 455
20 OC 1A, 457
21 C I, 76
22 C I, 76
23 C I, 71
24 C I, 72
25 C I, 77 (Brief vom Juli 1722 ca.)
26 C I, 755 (Brief vom 20. September 1736 an die Bibliothèque française)
27 OC 1B, Epître à Uranie, 485 f., Verse 1–6
28 OC 1B, Epître à Uranie, 486, Verse 7–9
29 OC 1B, Epître à Uranie, 487 f., Verse 16–17
30 OC 1B, Epître à Uranie, 488, Verse 21–22
31 OC 1B, Epître à Uranie, 489, Verse 26–31
32 OC 1B, Epître à Uranie, 492, Verse 55–56
33 OC 1B, Epître à Uranie, 492 f., Verse 57–65
34 OC 1B, Epître à Uranie, 497, Verse 96–99
35 OC 1B, Epître à Uranie, 499, Verse 119–120
36 OC 3C, 199 f.
37 OC 3C, 280
38 OC 3C, 280
39 OC 3C, 280
40 OC 3C, 281
41 OC 3C, 300
42 OC 3C, 303 f.
43 C I, 155 (Brief vom 28. Mai 1725)
44 OC 3A, 71 f.
45 OC 3A, 75 f.
46 OC 3A, 76 f.
47 C I, 163–165
48 Beide Zitate nach C I, 168 (Brief vom 6. Oktober 1725 an König George I. von England)
49 C I, 178 f. (Brief vom 20. April 1726 ca.)
50 C I, 179
51 C I, 179 (Brief vom 23. oder 24. April 1726)
52 C I, 179
53 C I, 182 (Brief vom 26. Oktober 1726)
54 Voltaire, Œuvres complètes, Paris 1846, IX, 178
55 C I, 187
56 C I, 187
57 M XIX, 526
58 M XXIX, 558
59 Mél., Lettre 10, 27
60 Mél., Lettre 10, 27
61 Mél., Lettre 10, 28
62 Mél., Lettre 10, 28
63 Mél., Lettre 6, 17 f.
64 C I, 189
65 Mél., Lettre 3, 7
66 Mél., Lettre 1, 3
67 Mél., Lettre 3, 8
68 Mél., Lettre 4, 10
69 Mél., Lettre 3, 7

70 Mél., Lettre 2, 5
71 Mél., Lettre 6, 18
72 Mél., Lettre 5, 14
73 Mél., Lettre 7, 20
74 Mél., Lettre 5, 14
75 Mél., Lettre 5, 14
76 Mél., Lettre 5, 15
77 Mél., Lettre 5, 15 f.
78 Mél., Lettre 5, 16
79 Mél., Lettre 6, 17
80 Mél., Lettre 6, 17
81 Mél., Lettre 6, 17

82 Mél., Lettre 7, 19
83 Mél., Lettre 9, 23
84 Mél., Lettre 9, 23
85 Mél., Lettre 9, 26
86 Mél., Lettre 18, 81
87 Mél., Lettre 18, 81
88 Mél., Lettre 18, 81
89 Mél., Lettre 18, 81
90 Mél., Lettre 18, 81
91 Mél., Lettre 18, 84
92 Mél., Lettre 18, 84

DRITTES KAPITEL
Auf der Suche nach Reichtum und Ruhm

1 C I, 212 f. (Brief vom Februar 1729 an Thiriot)
2 C I, 213 (Brief vom Februar 1729)
3 C I, 215 (Brief vom 31. März 1729 an Thiriot)
4 M I, 75
5 C I, 225 (Brief an Charles Jean François Hénault vom September 1729 ca.)
6 C I, 225
7 OC 5, M IX, 558 f. (die ersten zwei Zitate); 560 f. (die nachfolgenden zwei Zitate)
8 OC 5, Discours sur la tragédie à Milord Bolingbroke, alle Zitate S. 159–161
9 OC 5, 194
10 OC 5, 191
11 OC 5, 198
12 OC 5, 201
13 OH, 271
14 OH, 55
15 OH, 53
16 OH, 55
17 OH, 55
18 OH, 272
19 OH, 272
20 OH, 56
21 OH, 56
22 OH, 56
23 C I, 248 (Brief vom 1. Juni 1731)
24 C I, 252 (Brief vom 1. Juli 1731)
25 OC 8, 184 f.
26 OC 8, 185
27 OC 8, 185
28 OC 8, 179
29 OC 8, 180
30 OC 8, 223
31 OC 8, 240
32 OC 8, 241
33 OC 5, Discours prononcé avant la représentation, 393 (alle Zitate)
34 C I, 309 (Brief vom 29. Mai 1732)
35 C I, 323 (Brief vom 25. August 1732; die nachfolgenden fünf Zitate aus demselben Brief)
36 C I, 323
37 C I, 323 f.

Anmerkungen

38 C I, 324
39 C I, 329
40 C I, 330
41 Mél., 135
42 Mél., 136
43 Mél., 136
44 Mél., 137
45 Mél., 140
46 Mél., 141
47 Mél., 155
48 Mél., Lettre 13, 41
49 Mél., Lettre 13, 38
50 Mél., Lettre 25, XXIII, 118
51 Mél., Lettre 25, XXIV, 119
52 Mél., Lettre 25, XXVIII, 121
53 Mél., Lettre 25, XXVIII, 121

54 C I, 437
55 C I, 458
56 C I, 458 (Brief vom 24. April 1734 an de Cideville)
57 C I, 459 (Brief vom 24. April 1734 an Kardinal Fleury, so auch die drei nächsten Zitate)
58 C I, 459
59 C I, 459
60 C I, 459
61 C I, 460
62 C I, 460
63 C I, 461 (Brief vom 25. April 1734)
64 C I, 461
65 C I, 468

VIERTES KAPITEL
Der homme de lettres und die Mathematikerin

1 C I, 469 (Brief vom 8. Mai 1734 an den comte d'Argental)
2 D 741
3 OC 9, Epître sur la calomnie, 293
4 C I, 493 (Brief vom August 1734)
5 C I, 487 (Brief vom 1. Juli 1734)
6 C I, 485 (Brief vom 25. Juni 1734 ca. an Jean-Baptiste Rousseau)
7 C I, 485 (Brief vom 27. Juni 1734)
8 C I, 486
9 C I, 486
10 C I, 504 (Brief vom 1. Dezember 1734)
11 C I, 536 (Brief vom 6. Mai 1735 an Formont)
12 C I, 486 (Brief vom 27. Juni 1734 an Formont)
13 D 874
14 D 874
15 C I, 500 (Brief vom 1. November 1734)

16 C I, 500
17 D 872
18 D 876
19 C I, 497 (Brief vom Oktober 1734)
20 C I, 550 (Brief vom 30. Juni 1735)
21 C I, 550 (Brief vom Juni 1735)
22 C I, 551
23 C I, 551
24 OC 14, Discours préliminaire, 117 (die nachfolgenden vier Zitate 117–120)
25 OC 14, 196
26 OC 14, 203
27 OC 14, 204
28 C I, 764
29 Mél., 206
30 Mél., 203
31 Mél., 204
32 Mél., 203
33 Mél., 206
34 Mél., 157

35 Mél., 158
36 Mél., 158
37 Mél., 165
38 Mél., 170
39 Mél., 186
40 Mél., 191
41 Mél., 202
42 D 1126
43 Mél., 143
44 C I, 742 (Brief vom 1. September 1736 ca. an den preußischen Kronprinzen)
45 C I, 742
46 C I, 769 (Brief vom 30. September 1736 ca. an den preußischen Kronprinzen)
47 D 1231
48 M XXII, 403
49 M XXII, 403
50 M XXII, 405
51 M XXII, 406
52 M XXII, 406 f.
53 M XXII, 406
54 C I, 779 (Brief vom 18. Oktober 1736)
55 C I, 779
56 M XXII, 386
57 M XXII, 386
58 Vaillot, 102
59 C II, 303 (Brief vom 1. Juni 1740 an Friedrich II.)
60 OC 18B, 228
61 OC 18B, 291
62 OC 18B, 298
63 OC 18B, 303
64 OC 18B, 298
65 D 2225
66 D 2250
67 M I, 16
68 C II, 368
69 D 2278
70 D 2281, D 2283
71 C II, 399 (Brief vom 2. November 1740)
72 C II, 406
73 C II, 406
74 C II, 406 (Brief vom 28. November an Friedrich II.)
75 D 2399
76 C II, 413 (Brief vom 15. Dezember 1740 an Friedrich II.)
77 C II, 413
78 C II, 421
79 C II, 412 f. (Brief vom 15. Dezember 1740 an Friedrich II., darin auch die weiteren zitierten Ausschnitte)
80 C II, 422
81 C II, 414 (Brief vom 20. Dezember 1740)
82 C II, 414 f.
83 C II, 415 (Brief vom 20. Dezember 1740 an Friedrich II.)
84 Théâtre I, 772
85 Théâtre I, 774
86 Théâtre I, 774
87 Théâtre I, 774
88 Théâtre I, 774
89 Théâtre I, 774 f.
90 Théâtre I, 775
91 C II, 577 (Brief von Ende Juni 1741)
92 C II, 625 (Brief vom 25. Dezember 1741 ca.)
93 C II, 623 (Brief vom 25. Dezember 1741 ca.)
94 C II, 623
95 Théâtre I, 869
96 Théâtre I, 869
97 Théâtre I, 869
98 D 2723
99 D 2770
100 C II 643 (Brief vom 15. Juni 1743 ca.)
101 Vaillot, 178
102 D 2782
103 D 2815

Anmerkungen

104 Œuvres Frédéric le Grand, 3, 26
105 D 2833
106 D 2813
107 D 2830
108 D 2904
109 M IV, 273–274
110 C II, 764 (Brief vom 8. Mai 1744 an de Cideville)
111 C II, 778 (Brief vom 5. Juni 1744 an den Herzog von Richelieu)
112 C II, 779
113 C II, 780
114 C II, 832 (Brief vom 31. Januar 1745 an de Cideville)
115 M IX, 429 und 430
116 C II, 837 (Brief vom März 1745 an den Comte d'Argental)
117 C II, 833 (Brief vom 8. Februar 1745 an den Marquis d'Argenson)
118 C II, 840 (Brief vom 1. April 1745 an Madame Denis)
119 C II, 840 f.
120 M I, 89
121 D 3132
122 M VIII, 391
123 M VIII, 390
124 C II, 891
125 C II, 891
126 C II, 892
127 D 3228
128 M IV, 377
129 Mél., 1421
130 C II, 946 (Brief vom 20. März 1746 an comte und comtesse d'Argental)
131 Mél., 241
132 C II, 1008 (Brief vom 9. Februar 1747 an Friedrich II.)
133 C II, 1008
134 D 3511
135 C II, 1007 f.
136 OC 30A, 254
137 C II, 1029 (Brief vom August 1747 ca. an den Comte d'Argental)
138 C II, 1028
139 M X, 531
140 D 3650
141 D 3648
142 OC 30B, 79
143 RC, 117
144 RC, 96
145 RC, 96
146 RC, 96 f.
147 OC 20C, 64 f.
148 OC 20C, 65
149 OC 20C, 61
150 OC 20C, 82 f.
151 OC 20C, 93
152 OC 20C, 97 f.
153 OC 20C, 103
154 OC 20C, 73
155 OC 20C, 73
156 OC 20C, 74
157 Longchamp, 80
158 Longchamp, 83–85
159 M X, 355 f.
160 M X, 356
161 Théâtre I, 939
162 Longchamp, 114 f.
163 C III, 15
164 C III, 15
165 C III, 15
166 C III, 20 (Brief vom 26. Januar 1749 an Friedrich II.)
167 C III, 19 f.
168 C III, 20
169 D 3882
170 D 4002
171 C III, 100 (Brief vom 4. September 1749 an den Comte d'Argental)
172 Longchamp, 121 f.
173 Longchamp, 124
174 Longchamp, 123

FÜNFTES KAPITEL
Am Hof des Kriegerkönigs

1 C III, 105 (Brief vom 10. September 1749)
2 C III, 108 (Brief vom 17. September 1749)
3 RC, 129
4 C III, 180
5 C III, 180
6 Die Zitate aus diesem Text aus OC 32A, 239
7 C III, 228 (Brief vom 31. August 1750 ca.)
8 C III, 228
9 C III, 229
10 C III, 228
11 D 4400, so auch das nächste Zitat
12 C III, 365
13 C III, 367
14 C III, 367
15 C III, 367
16 C III, 368
17 C III, 368
18 C III, 314 (Brief vom 2. Januar 1751 an Darget)
19 Mél., 290
20 Mél., 297
21 Mél., 299
22 Thiébault, 2, 267 f.
23 C III, 871
24 C III, 871
25 C III, 873
26 C III, 873
27 Mél., 273
28 Mél, 273
29 Mél., 275
30 Mél., 286
31 Mél., 287
32 Mél., 287
33 Mél., 284
34 Mél., 253
35 Mél., 253
36 Mél., 254
37 Mél., 254
38 Mél., 254 f.
39 Mél., 247
40 Mél., 257
41 Mél., 258
42 Mél., 260
43 Mél., 263
44 Mél., 265
45 Mél., 266
46 OH, 44
47 OH, 44
48 OH, 44
49 OH, 616
50 OH, 617
51 OH, 617 f.
52 OH, 689
53 OH, 695 f.
54 OH, 757
55 OH, 680
56 OH, 962
57 OH, 997
58 OH, 998
59 OH, 625
60 OH, 1031
61 OH, 1224
62 OH, 1223
63 OH, 1274
64 OH, 724
65 OH, 1237
66 D 5255
67 M I, 41
68 C III, 949
69 C III, 999 (Brief vom 22. Juli 1753 an die Herzogin von Sachsen-Gotha; deren Charakteristik in M I, 41)

Anmerkungen 593

SECHSTES KAPITEL
Zwischenspiel im Elsass und in Genf

1 C III, 1107 f. (Brief vom 20. Dezember 1753)
2 D 5621, vgl. D 5633
3 C IV, 29 (Brief vom 31. Januar 1754)
4 M XIII, 193
5 M XIII, 615
6 C IV, 212 (Brief vom 18. Juli 1754 an die Herzogin von Sachsen-Gotha)
7 C IV, 212
8 C IV, 306 (Brief vom 15. Dezember 1754 an Jean-Louis-Vincent Capperonnier de Gauffecourt, verfasst von Voltaire und Madame Denis)
9 C IV, 414
10 C IV, 423
11 OC 45A, 128
12 C IV, 514 (Brief vom 10. August 1755 ca. an François Tronchin)
13 C IV, 539
14 C IV, 539
15 C IV, 541
16 C IV, 541
17 C IV, 541
18 D 6469
19 C IV, 619
20 Mél., 304
21 Mél., 305
22 Mél., 304
23 Mél., 305
24 Mél., 306
25 Mél., 306
26 Mél., 307
27 Mél., 306
28 Mél., 308
29 Mél., 308 f.
30 Jean-Jacques Rousseau, Œuvres complètes, 12, Genève 1782, 92 und 93
31 M IX, 433–437
32 C IV, 632
33 C IV, 807 (Brief vom 6. Juli 1756)
34 Mél., 312
35 Mél., 312
36 Mél., 312
37 M XIII, 177
38 M XIII, 178
39 M XIII, 183
40 M XIII, 184
41 M XXV, 77
42 M XXV, 83
43 M XI, 18 f.
44 C IV, 979 (Brief vom 26. März 1757 an Thiriot)
45 C IV, 931 (Brief vom 20. Januar 1757 an die comtesse de Lutzelbourg)
46 C IV, 928 (Brief vom 18. Januar 1757)
47 C IV, 938
48 C IV, 938
49 C IV, 938
50 C IV, 1558
51 C IV, 1118
52 C IV, 1118
53 C IV, 1118
54 C IV, 1119
55 M I, 53
56 C IV, 1176
57 D 7480, 7518
58 C IV, 1151 (Brief vom 17. November 1757)
59 C IV, 1154 (Brief vom 20. November 1757 an den Marquis de Thibouville)
60 C IV, 1203
61 C V, 22
62 C V, 29
63 OC 48, 55
64 OC 48, 56

65 OC 48, 57
66 C V, 444 (Brief vom 1. April 1759)
67 OC 48, 162
68 OC 48, 165
69 OC 48, 254 f.

70 OC 48, 260
71 OC 48, 124
72 OC 48, 124
73 OC 48, 126

SIEBTES KAPITEL
Der Patriarch von Ferney

1 C V, 248 (Brief vom 21. Oktober 1758 an den Baron Charles de Brosses)
2 Mél., 335
3 Mél., 344
4 Mél., 353
5 Mél, 353
6 Mél., 353
7 Mél., 353
8 Mél., 355
9 Mél., 359
10 Mél., 360
11 Mél., 363
12 C VI, 37 (Brief vom 22. Oktober 1760 an Marie-Elisabeth de Fontaine)
13 C V, 876 (Brief vom 23. April 1760 an Maurice Pilavoine)
14 OC 49B, 340
15 OC 49B, 340
16 OC 49B, 339
17 Théâtre II, 211
18 OH, 334
19 OH, 334
20 OH, 335
21 OH, 598
22 D 8986
23 Mél., 407
24 Mél., 413
25 Mél., 425
26 Mél., 426
27 Mél., 429

28 Mél., 430
29 Mél., 430
30 Mél., 434
31 Mél., 444
32 Mél., 445
33 Mél., 450
34 C VI, 636 (Brief vom 25. Oktober 1761)
35 C VI, 838 (Brief vom 22. März 1762 an Antoine-Jean-Gabriel Le Bault)
36 C VI, 840 (Brief vom 25. März an den Kardinal de Bernis)
37 C VI, 847 (Brief vom 27. März 1762 an Balthasar de Chazel)
38 Mél., 535
39 C VII, 471 (Brief vom 15. Dezember 1763)
40 Mél., 570
41 Mél., 638
42 Mél., 638
43 Mél., 638
44 Mél., 630
45 Mél., 599 f.
46 C VI, 1079 (Brief vom 10. Oktober 1762 an Etienne-Noël Damilaville)
47 C VI, 1079
48 Mél., 490
49 Mél., 501
50 Mél., 505
51 Mél., 506
52 OC 7, 588

Anmerkungen

53 OC 7, 258 f.
54 OC 7, 273
55 OC 7, 273
56 OC 7, 276
57 OC 7, 276
58 C VII, 474 (Brief vom 16. Dezember 1763)
59 Mél., 715
60 Mél., 717
61 Mél., 685
62 Mél., 686
63 Mél., 688
64 Mél., 689
65 C VII, 778 (Brief vom 16. Juli 1764 an Jean Le Rond D'Alembert)
66 OC 1, 666
67 OC 2, 71
68 OC 2, 72
69 OC 2, 74
70 OC 2, 77 f.
71 OC 2, 125
72 OC 2, 324
73 OC 2, 552
74 Mél., 812
75 Mél., 812
76 Mél., 766
77 Mél., 766
78 Mél., 766 f.
79 Mél., 785
80 Mél., 785
81 Mél., 770
82 Mél., 785

ACHTES KAPITEL
Letzte Kämpfe für Ehre, Vernunft und Freiheit

1 Mél., 872
2 Mél., 909
3 Mél., 1002
4 Mél., 963
5 OC 63A, 79
6 OC 63A, 79 f.
7 OC 63A, 109 f.
8 OC 63A, 80 f.
9 Mél., 914
10 Mél., 914 f.
11 Mél., 915
12 Mél., 916
13 Mél., 919
14 OC 63C, 198
15 RC, 385
16 C IX, 339 f.
17 C IX, 340
18 C IX, 348
19 C IX, 402
20 C IX, 402 f.
21 Mél., 1301
22 Mél., 1301
23 Mél., 1302
24 Mél., 1302
25 Mél., 1303
26 M XXVII, 6
27 M XXVII, 399 f.
28 D app. 300, 487
29 M X, 403 (beide Zitate)
30 C X, 300 (Brief vom 22. Juni 1770 an Jean Le Rond d'Alembert)
31 C X, 300
32 C X, 700 f. (Brief vom 27. April 1771 an Mathieu-Henri Marchant de la Houlière)
33 M XXVIII, 442
34 M XXVIII, 518
35 M XVII, 23
36 M XVII, 23
37 M XX, 341

38 Mél., 1360
39 Mél., 1359
40 M X, 171
41 M X, 183
42 M X, 184
43 C XI, 265 (Brief vom 27. Februar 1773 an den comte d'Argental)
44 C XI, 270 (Brief vom 1. März 1773 an François-Louis-Claude Marin)
45 C XI, 272 (Brief vom 3. März 1773 an den chevalier de Rochefort d'Ally)
46 M X, 72
47 M X, 72
48 C XI, 519 (das Gedicht im Brief vom 19. November 1773 an Claude-Henri de Fuzée de Voisenon)
49 C XI, 522
50 MX, 205
51 RC, 577
52 RC, 595
53 OH, 1556
54 OH, 1299
55 Mél., 1563
56 Mél., 1565
57 Mél., 1494
58 Mél., 1372
59 Mél., 1372
60 M I, 96
61 M I, 116
62 OC 80C, 338
63 M XXX, 586
64 M XXX, 586
65 C XIII, 9 (Brief vom 18. Juli 1777 an Jean-Baptiste-Nicolas Delisle)

SCHLUSS

Das Ende in Paris und der Anfang der Unsterblichkeit

1 C XIII, 154 (Brief vom 30. Januar 1778 an den comte d'Argental)
2 Wagnière, I, 133
3 Wagnière, I, 132 f.
4 C XII, 608 f.

Literatur

1. Quellen

Ein Großteil der Prosatexte Voltaires einschließlich seiner weitgespannten Korrespondenz ist in der «Bibliothèque de la Pléiade» zugänglich. Diese benutzerfreundliche, da knapp und präzise kommentierte Edition wird hier als Basisausgabe zugrunde gelegt. Sie umfasst:
- Romans et contes (Hg. f. Deloffre/J. van den Heuvel), Paris 1979.
  In den Anmerkungen: «RC»
- Mélanges (Hg. J. van den Heuvel), Paris 1961.
  In den Anmerkungen: «Mél.»
- Œuvres historiques (Hg. R. Pomeau), Paris 1957.
  In den Anmerkungen: «OH»
- Correspondance (Hg. Th. Besterman), 13 Bände, Paris 1963–1993 (I: 1704–1738; II: 1739 – 1748; III: Januar 1749 – Dezember 1753; IV: Januar 1754 – Dezember 1757; V: Januar 1758 – September 1760; VI: Oktober 1760 – Dezember 1762; VII: Januar 1763 – März 1765; VIII: April 1765 – Juni 1767; IX: Juli 1767 – September 1769; X: Oktober 1769 – Juni 1772; XI: Juli 1772 – Dezember 1774; XII: Januar 1775 – Juni 1777; XIII: Juli 1777 – Mai 1778).
  In den Anmerkungen: «C» mit Bandangabe

Diese Bände erfassen mit insgesamt 15 284 Briefen den Kern der Voltaire'schen Korrespondenz. Mit 21 221 Dokumenten noch ausführlicher ist die gleichfalls von Th. Besterman in 51 Bänden von 1968 bis 1977 herausgegebene Edition *Correspondence and related documents*, die auch die wichtigsten Schreiben an Voltaire und weitere dazugehörige Quellen enthält.
In den Anmerkungen: «D» mit Referenznummer

Einige der wichtigeren Theaterstücke Voltaires sind in zwei Bänden der *Edition de la Pléiade* enthalten: Théâtre du XVIIIe siècle I und II (Hg. J. Truchet), Paris 1972 und 1974.
In den Anmerkungen: «Théâtre» mit Bandzahl

Die 1968 von der Voltaire Foundation in Oxford begonnene Neuausgabe sämtlicher Voltaire-Texte umfasst unter dem Titel Les Œuvres complètes de Voltaire bis heute mehr als 140 Bände (darunter als Bände 85–135 die oben aufgeführte Reihe Correspondence and related documents). Sie ist für die Entstehungs- und Publikationsgeschichte der Voltaire'schen Werke maßgeblich; als reine Textedition stellt sie gegenüber der Bibliothèque de la Pléiade nur in seltenen Fällen einen Mehrwert dar, einige Bände sind mit teilweise irrelevanten Kommentaren regelrecht überfrachtet. Diese Ausgabe der Œuvres complètes de Voltaire wird bei den Texten zugrunde gelegt, die in der Bibliothèque de la Pléiade nicht erfasst sind oder dieser Ausgabe ausnahmsweise durch besondere Qualität der historischen Einbettung vorzuziehen sind.
In den Anmerkungen: «OC» mit Bandzahl

Durch das noch nicht abgeschlossene Unternehmen der Voltaire Foundation ist die ältere Gesamtausgabe: Œuvres complètes de Voltaire (Hg. L. Moland), 52 Bände, Paris (Garnier) 1877–1885, keineswegs erledigt. Sie ist komplett digital erschlossen und daher leicht zum begleitenden Lesen abrufbar. Bei allen Texten, die in der Bibliothèque de la Pléiade nicht enthalten sind und in der Ausgabe der Voltaire Foundation keinen wesentlichen editorischen Mehrwert aufweisen, ist daher auf die Moland-Edition zurückgegriffen worden.
In den Anmerkungen: «M» mit Bandzahl

Zeugnisse von Zeitgenossen:

Die Berichte von Sébastien Longchamp und Jean-Louis Wagnière, in: Mémoires sur Voltaire et sur ses ouvrages, Paris 1826.
In den Anmerkungen: «Longchamp»; «Wagnière»

D. Thiébault, Mes souvenirs de vingt ans de séjour à Berlin, Paris 1804 (deutsch 1828).
In den Anmerkungen: «Thiébault»

Die Werke Friedrichs II. nach: Œuvres de Frédéric le Grand (Hg. J. D. E. Preuss), 7 Bände, Berlin 1846–1857.
In den Anmerkungen: «Œuvres Frédéric le Grand»

Literatur 599

2. Biographische Literatur (Auswahl)

Grundlegend für die lebensgeschichtlichen Fakten Voltaires:
Voltaire en son temps, sous la direction de R. Pomeau
I: R. Pomeau, D'Arouet à Voltaire 1694–1734, Oxford 1985
II: R. Vaillot, Avec Madame Du Châtelet 1734–1749, Oxford 1988; in den Anmerkungen: Vaillot
III: R. Pomeau/Ch. Mervaud, De la Cour au Jardin 1750–1759, Oxford 1991
IV: R. Pomeau, «Ecraser l'Infâme» 1759–1770, Oxford 1994
V: R. Pomeau (avec la participation de A. Billaz, M.-H. Cotoni, R. Granderoute, H. Lagrave, A. Magnan, S. Menant), On a voulu l'enterrer 1770–1791, Oxford 1994

Th. Besterman, Voltaire, London 1969 (deutsch: Voltaire, München 1971)
Die Biographie ist faktenreich, wie beim verdienstvollen Editor der Voltaire'schen Korrespondenz und anderer Quellen nicht anders zu erwarten, aber ohne jede Distanz und durch die reflexartige Parteinahme für ihren Helden mindestens ebenso sehr ein Ego-Dokument ihres Verfassers.

Für wissenschaftliche Zwecke unbrauchbar:
K. Schirmacher, Voltaire. Eine Biografie, Norderstedt 2019 (ursprünglich Leipzig 1898)

Mit Gewinn heranzuziehen:
A. J. Ayer, Voltaire. Eine intellektuelle Biographie, Frankfurt am Main 1998
D. Beales, Joseph II, 2 Bände Cambridge 1987 und 2009
T. Bergner, Voltaire: Leben und Werk eines streitbaren Denkers. Biographie, Berlin 1976
L. Binz, Histoire de Genève, Genève 1985
T. Blanning, Frederick the Great. King of Prussia, London 2015 (deutsch: Friedrich der Große. König von Preußen. Eine Biographie, München 2018)
W. Breidert (Hg.), Die Erschütterung der vollkommenen Welt. Die Wirkung des Erdbebens von Lissabon im Spiegel europäischer Zeitgenossen, Darmstadt 1994
G. Chaussinand-Nogaret, Voltaire et le Siècle des Lumières, Bruxelles 1994
G. Desnoiresterres, Voltaire et la société française au dix-huitième siècle, 8 Bände Paris 1871–1876
Th. I. Duvernet, La Vie de Voltaire, Genève 1786
D. Echeverria, The Maupeou Revolution, Baton Rouge 1985
J. Egret, Louis XV et l'opposition parlementaire, Paris 1970
P. Gay, The Party of Humanity. Studies in the French Enlightenment, London 1964
– : Voltaire's Politics. The Poet as Realist, Yale 1988
H. Gouhier, Rousseau et Voltaire: Portraits dans deux miroirs, Paris 1983
J. Hearsey, Voltaire, London 1976

A. Hertzberg, The French Enlightenment and the Jews. The Origins of Modern Antisemitism, London 1968

C. Jones, The Great Nation. France from Louis XV to Napoleon, London 2002

J. Katz, From Prejudice to Destruction. Anti-Semitism 1700–1933, Cambridge/Mass. 1982 (deutsch: Vom Vorurteil bis zur Vernichtung. Der Antisemitismus 1700–1933, Berlin 1990)

– : Le Judaisme et les Juifs vus par Voltaire, in: Dispersion et Unité (18), 135–149

B. R. Kroener (Hg.), Europa im Zeitalter Friedrichs des Großen. Wirtschaft, Gesellschaft, Kriege, München 1989

J. Kunisch, Friedrich der Große und seine Zeit, München 2004

W. Langer, Friedrich der Große und die geistige Welt Frankreichs, Hamburg 1932

G. Lanson, Voltaire, Paris 1906

G. Lauer/Unger, Thorsten (Hg.), Das Erdbeben von Lissabon und der Katastrophendiskurs im 18. Jahrhundert, Göttingen 2008

V. Le Ru, Voltaire newtonien. Le combat d'un philosophe pour la science, Paris 2005

G. Lottes/D'Aprile, I.-M. (Hg.), Hofkultur und aufgeklärte Öffentlichkeit. Potsdam im 18. Jahrhundert im europäischen Kontext, Berlin 2006

G. Mailhos, Voltaire, témoin de son temps, Bern 1987

H. T. Mason, Voltaire, a biography, London 1981

Ch. Mervaud, Voltaire et Frédéric II: une dramaturgie des Lumières, Paris 1985

P. Milza, Voltaire, Paris 2007

R. Naves, Voltaire, l'homme et l'œuvre, Paris 1966

D. Nirenberg, Anti-Judaismus. Eine andere Geschichte des westlichen Denkens, 2. Aufl. München 2017

J. Orieux, Voltaire, ou la royauté de l'esprit, Paris 1966

R. Pearson, Voltaire Almighty. A Life in the Pursuit of Freedom, London 2005

R. Pomeau, Voltaire, Paris 1994

Th. Schieder, Friedrich der Große. Ein Königtum der Widersprüche, Frankfurt am Main 1996

M. Schort, Politik und Propaganda. Der Siebenjährige Krieg in den zeitgenössischen Flugschriften, Frankfurt am Main 2006

P. W. Schroeder, The Transformation of European Politics, 1763–1848, Oxford 1994

J. S. Spink, Jean-Jacques Rousseau et Genève, Paris 1934

J. von Stackelberg, Voltaire, München 2006

J. Swann, Politics and the Parlament of Paris under Louis XV, 1754–1774, Cambridge 1995

R. Trousson, Voltaire 1778–1878, Paris 2008

Voltaire: bicentenaire de sa mort, Bruxelles 1978

Voltaire: un homme, un siècle, Paris 1979

F. Walter, Katastrophen. Eine Kulturgeschichte vom 16. bis ins 21. Jahrhundert, Stuttgart 2010

Bildnachweis

Frontispiz: © akg-images/André Held | *Seite 85:* © ullstein bild/Lebrecht Music & Arts Photo Library | *Seite 95:* © akg/André Held | *Seite 129:* © ullstein bild/Lebrecht Music & Arts Photo Library | *Seite 197:* © Lebrecht Authors/Bridgeman Images | *Seite 199:* © Heritage Images/Fine Art Images/akg-images | *Seite 206:* © akg/De Agostini Picture Library/G. Dagli Orti | *Seite 222:* © akg-images | *Seite 227:* © akg/Science Photo Library | *Seite 245, 269:* © By Docteur Ralph – Own work, CC BY-SA 4.0 | *Seite 309, 322, 373:* public domain | *Seite 372:* © akg/Fototeca Gilardi | *Seite 408:* © BnF Gallica | *Seite 423:* © akg-images/UIG/Universal History Archive | *Seite 425, 426, 427:* Foto: Volker Reinhardt | *Seite 429:* © akg/Elizaveta Becker | *Seite 443:* public domain | *Seite 449, 471:* © BnF Gallica | *Seite 472, 473:* Foto: Volker Reinhardt | *Seite 474, 501, 525, 527, 529, 541, 542, 545, 561, 572:* Aus: Gary Apgar, L'Art singulier de Jean Huber, Voir Voltaire, Paris 1995 | *Seite 507:* Foto: Volker Reinhardt | *Seite 509:* © Stefano Bianchetti/Bridgeman Images | *Seite 510:* © BnF Gallica | *Seite 526:* © akg/SNA | *Seite 528, 530:* © akg/Erich Lessing | *Seite 550:* © akg/Heritage Images/Fine Art Images | *Seite 555, 567–569:* © akg-images | *Seite 570, 571:* © BnF Gallica | *Seite 573:* © akg-images | *Seite 574:* © akg/Erich Lessing | *Seite 574:* © akg/Heritage Images/Heritage Art | *Seite 575:* © BnF Gallica

Vorsatzblätter: © Stefano Bianchetti/Bridgeman Images

Karten Seite 417 und 578: Peter Palm, Berlin

Personenregister

A
Adam, Antoine 470
Alexander der Große 74, 88
Alexander III., Papst 391
Algarotti, Francesco 315
Altmann, Alexander 383
Amelot de Chaillou, Jean Jacques 250
Aristoteles 143
Argenson, Antoine René de Voyer, Marquis d' 263, 267 f.
Argental, Charles Augustin Feriol Graf d' 194, 196, 203, 225, 239, 242, 270 f., 540, 566
Argental, Jeanne Grâce Bosc Du Bouchet Gräfin d' 271
Arouet, Armand 26, 30, 34, 262 f., 527
Arouet, Catherine 27, 92, 128, 264
Arouet, François (Vater Voltaires) 24–29, 32, 34 f., 45 f., 48, 92, 274
Arouet, Marie Marguerite (geb. Daumard, Mutter Voltaires) 24 f., 29
August der Starke, Kurfürst von Sachsen, König von Polen 164, 266
Augustus 107, 110

B
Bacon, Francis 142
Baculard d'Arnoud, François Thomas Marie de 308, 317, 320
Barre, Chevalier de la 479 f., 519, 532
Bayle, Pierre 194, 216
Beaumont, Christophe de (Erzbischof von Paris) 568
Beccaria, Cesare 480, 482 f., 563
Belisar 494
Benedikt XIV., Papst 268 f.
Bernières, Marguerite, Marquise von 94, 112, 115
Berry, Marie Louise Elisabeth d'Orléans, Herzogin von 66
Berthier, Guillaume-François 420
Biord, Jean Pierre, Bischof von Annecy 508, 520
Bodin, Jean 72
Bolingbroke, Henry Saint-John, Lord 115, 130, 154, 489
Borromeo, Carlo, Heiliger 242
Boulainvilliers, Henri, Graf von 278, 511 f.
Bourbon, Louis Henri de, s. Condé
Bourbon, Louise de, Herzogin von 61 f., 64, 66 f.
Boyer, Jean François, Bischof von Mirepoix 254–256
Breteuil, Louis Nicolas Le Tonnelier de 198
Breteuil, François Victor Le Tonnelier de 250
Bruno, Giordano 292, 389
Buffon, Georges Louis Leclerc, Graf von 539

Personenregister

C

Calas, Anne Rose (geborene Cabibel) 440
Calas, Jean 440, 443, 445, 447, 477, 532
Calas, Marc Antoine 440–442
Calas, Pierre 441, 444, 476
Calvin, Jean 91, 229, 364, 384, 402, 462, 494
Campistron, Jean Galbert de 165
Caroline von Brandenburg-Ansbach, Königin von England 130
Casanova, Giacomo 469
Châteauneuf, Abbé François de 27, 30–32, 43, 45
Châtel, Jean 396
Châtelet, Florent Claude Marquis du 199, 206 f., 209, 295, 301
Châtelet, Gabrielle Emilie Marquise du (geborene Le Tonnelier de Breteuil) 19, 196–201, 203–207, 209, 216, 224 f., 230, 232, 236 f., 239, 241 f., 250, 254, 257–260, 264 f., 272, 280, 282 f., 292 f., 295–297, 299–301, 304–307, 315, 506, 521
Choiseul, Etienne François, Graf von Stainville und Herzog von 492, 526, 531
Cideville, Pierre Robert Le Cornier de 174, 176, 189, 191, 193, 213
Clemens XIV., Papst 53
Colbert, Jean Baptiste 181
Collini, Cosimo Alessandro 362, 383 f.
Condé, Louis Henri Joseph de Bourbon, Prinz von 61, 105, 110, 262, 276
Conti, Louis François de Bourbon, Prinz von 262
Corneille, Marie Françoise 430
Corneille, Pierre 29, 52, 85, 144, 170, 182, 263, 273, 276, 344, 329, 430, 551
Correggio, Antonio da 175
Costa, Anthony (Moses) Mendes da 123 f.

Costa, John Mendes da 123
Couet, Abbé 511 f.
Covelle, Robert 493
Crébillon, Claude Prosper Jolyot de 299, 306
Cromwell, Oliver 136

D

D'Alembert, Jean-Baptiste le Rond 401, 406, 465, 490, 506, 529, 570
Damiens, Pierre, 396
Damilaville, Etienne-Noël 461, 506
Darget, Claude-Etienne (genannt Lucine) 315
De Brosses, Charles 418
De La Harpe, Jean-François 505 f.
Decartes, René 183 f., 216, 229 f., 487, 522
Demoulin 179
Denis, Louise (geborene Mignot) 264, 304 f., 315, 356 f., 359, 363, 403 f., 430, 469, 505 f., 508, 510, 523, 566 f., 571
Denis, Nicolas Charles 264, 296
Destouches, André 495 f.
D'Estrées, Gabrièle 80
D'Herbigny, Henri Lambert, Marquis de Thibouville 404
Diderot, Denis 299, 382, 403, 405, 430, 533, 575
D'Olivet, Pierre Joseph Thoulier, Abbé 209, 229 f.
Dohm, Christian Wilhelm (von) 393 f.
Dionysius, Heiliger 460
Dubois, Guillaume, Kardinal 96 f., 104
Du Deffand, Marie de Vichy de Chamrond 507
Duguesclin, Bertrand 188, 514, 552
Dunoyer, Anne Marguerite Petit 46
Dunoyer, Olympe (genannt Pimpette) 46, 47
Dupont, Sébastien 383
Duvernet, Théophile 30 f.

E

Elisabeth I., Königin von England 77, 117
Erasmus von Rotterdam 236, 471 f.
Eugen, Prinz von Savoyen 126, 200 f., 266
Euler, Leonhard 230

F

Fawkener, Edward 124 f.
Fénelon, François de 51
Ferboz, Catherine 493
Féret, Jacques Trinquillain 146
Fleury, André Hercule, Kardinal 76, 104 f., 110, 146, 150, 163, 192–194, 204, 210, 239 f., 248, 250 f., 253, 255
Fontaine-Martel, Baronin von 170, 179
Fontenelle, Bernard Le Bovier de 198
Forlay, Anne de 198
Formont, Jean-Baptiste-Nicolas 193, 202
Franklin, Benjamin 567
Franz I., Kaiser des Heiligen Römischen Reiches 150, 181, 282
Frederik IV., König von Dänemark und Norwegen 162
Fréret, Nicolas 512 f.
Fréron, Élie Catherine 423
Freytag, Hans von 350, 353
Friederike Sophie Wilhelmine, Markgräfin von Bayreuth 321
Friedrich II. (der Große), König in/von Preußen 35, 79, 161, 221–223, 225, 235–242, 247 f., 250 f., 253–255, 257, 259, 262, 267 f., 274 f., 298, 306–315, 317–318, 321, 324, 330–332, 349–351, 357, 359, 397, 399, 401, 418, 463, 467, 478, 482, 546, 553, 558, 560
Friedrich-Wilhelm I., König in Preußen 225, 237

G

Galilei, Galileo 185
Gaultier, Louis Laurent, Abbé 569, 571
George I., König von England 78, 117, 130
George II., König von England 130
Gluck, Christoph Wilibald 567
Graffigny, Françoise d'Issembourg de 232
Guibert, Jacques Antoine Hippolyte, Graf von 545, 557
Guise, Marie Louise, Prinzessin von 191, 193

H

Haller, Albrecht von 383
Hénault, Charles Jean François 194
Hennin, Pierre Michel 547
Henri III., König von Frankreich 72
Henri IV., König von Frankreich und Navarra 158, 160 f., 164, 176, 191, 202, 210, 224, 236, 244, 265, 343, 385, 396, 496, 514, 518
Hérault, René 121, 203
Hirschel, Abraham, Vater und Sohn 317–319
Hobbes, Thomas 216
Horaz 49, 143
Huber, Jean 524, 546
Hume, David 427, 487

J

Jansens, Cornelius, 28
Jore, Claude-François 189 f., 192
Joseph II., Kaiser des Heiligen Römischen Reiches 564, 566
Justinian, römischer Kaiser 494

K

Karl II., König von Spanien 77
Karl V., Kaiser des Heiligen Römischen Reiches 75

Personenregister

Karl VI., Kaiser des Heiligen Römischen Reiches 242
Karl VII., König von Frankreich 261, 459
Karl XII., König von Schweden 153, 158–162, 164, 166, 189, 201, 401
Katharina II. (die Große), Zarin von Russland 429 f., 478, 482, 494, 503, 515, 522, 558
Kepler, Johannes 185
König, Johann Samuel 323, 351
Königsmarck, Aurora Gräfin von 266

L

La Condamine, Charles Marie de 149
La Mettrie, Julien Offray de 315
La Motte-Houdard, Antoine 182
La Vallière, Louis César de La Baume Le Blanc, Herzog von 260, 408–410
La Fontaine, Jean de, 182
Lavayasse, Gaubert 440 f.
Law, John 92
Le Pelletier-Desforts, Michel Robert 149 f.
Le Tellier, Michel 57
Le Viers, Charles 104
Lecouvreur, Adrienne 151 f., 267
Leibniz, Gottfried Wilhelm, 378, 434, 487
Lenclos, Ninon de 31 f., 158, 527
Leo X., Papst 523
Leszczynska, Maria, Königin von Frankreich 111 f., 508
Leszczynski, Stanislas, Herzog von Lothringen 281 f.
Levasseur, Thérèse 493
Leyden, Johann van 243
Linné, Carl von 516, 539
Livry, Suzanne de 86
Locke, John 115, 120, 136, 184–185, 194, 204, 211, 216, 290, 499

Longchamp, Sébastien 292 f., 295–297, 300 f., 305
Ludwig IX., der Heilige, König von Frankreich 75 f., 80, 176
Ludwig XII., König von Frankreich 79
Ludwig XIII. König von Frankreich 43, 387
Ludwig XIV., König von Frankreich 32, 43, 48, 51, 55, 57, 61, 64, 105, 112, 126, 127, 136, 144, 156, 158, 163, 181, 202, 209, 250, 257, 260, 262, 273, 323, 336, 339–348, 358, 387, 519, 522, 538, 556
Ludwig XV., König von Frankreich 51, 61, 67, 76, 104 f., 110, 112, 163, 194, 248, 256, 259, 261, 266, 271, 282, 310–312, 318, 325, 340, 396 f., 416, 421, 437 f., 480, 510, 520, 527, 533, 547, 556
Ludwig XVI., König von Frankreich 105, 279, 547 f., 551, 553, 555, 564, 566, 571
Lully, Jean-Baptiste 149
Luynes, Charles Philippe d'Albert, Herzog von 253

M

Machiavelli, Niccolò 235 f., 238, 242, 247
Maine, Louis Auguste de Bourbon, Herzog von 61
Maine, Louise Bénédicte de Bourbon-Condé, Herzogin von 280, 284
Malagrida, Gabriele 439
Malebranche, Nicolas de 522
Marche, Claude Philippe Fyot de la 40, 43
Maria Theresia von Habsburg, Kaiserin 150, 242, 248, 254, 282, 564
Maupeou, René Nicolas Charles Auguste de 531–533
Maupertuis, Pierre Louis Moreau de 120, 207, 315, 323–325

Maurepas, Pierre Louis Moreau, Graf von 148, 192–194, 254 f., 262, 538
Meslier, Jean 452–454, 491
Mignot, Alexandre Jean, Abbé 572
Mirabeau, Honoré Gabriel Riqueti, Graf von 573
Mirepoix, Anne Marguerite Gabrielle de Beauvau-Craon, Marquise de 263
Molière 170, 243, 258, 260
Morangiès, Pierre Charles de Molette, Graf von 542
Montaigne, Michel Eyquem de 72, 194, 273
Montauban, Madame de 62
Montespan, Françoise de Rochechouart, Marquise de 61
Montesquieu, Charles Louis de Secondat, Baron de la Brède et de 158, 194, 497, 533, 562 f.

N
Nadal, Augustin, Abbé 106
Necker, Jacques 528, 558
Neuville, Gräfin von 200, 204
Newton, Isaac 19, 115, 130, 136, 140, 142, 152, 183, 185, 207, 213, 218, 226–230, 294, 299, 301, 315, 499, 522
Noailles, Louis Antoine de, Kardinal 116

O
Orléans, Louis Philippe de Bourbon, Herzog von Chartres und 260
Orléans, Philippe d', Regent, 5, 61, 64–67, 74–76, 94, 97, 104 f.

P
Pallu, Martin 148
Pascal, Blaise 29, 129, 133, 183, 185–188, 202, 288 f., 377
Pasquier, Denis Louis 520
Paulus, Apostel 489, 494, 516
Penn, William 134

Peter der Große, Zar von Russland 111, 159, 162, 399, 428 f., 503
Philipp II., König von Spanien 72
Philipp V., König von Spanien 77
Pigalle, Jean Baptiste 528
Polignac, Melchior de 180
Pombal, Marquis de 439
Pompadour, Jeanne Antoinette (geborene Poisson), Marquise de 258, 266 f., 281, 306, 311, 313, 401, 473
Poniatowski, Stanislaw 539
Pope, Alexander 35 130, 378
Porée, Charles, Jesuit 38, 40
Prie, Marquise de 111 f., 114, 117, 121

R
Rabelais, François 194, 471 f., 491
Racine, Jean 344
Racine, Louis 52, 144, 170, 257, 263, 273
Rameau, Jean-Philippe 213, 262, 270 f., 433, 493
Ravaillac, François 73
Richardson, Samuel 295
Richelieu, Armand-Jean de Vignerot du Plessis, Kardinal 26, 191, 272
Richelieu, Louis-François-Armand de Vignerot du Plessis, Herzog von 26, 191, 193, 200, 206, 208, 257, 259, 267, 300, 313, 398
Robespierre, Maximilien de 573
Rochebrune, Guérin de 24 f.
Rochette, François 439 f.
Rohan-Chabot, Guy Auguste, 118–120, 125, 128, 148, 151, 153, 191, 232, 288
Rousseau, Jean-Baptiste 50, 102, 103
Rousseau, Jean-Jacques 18, 30, 182, 201, 211, 228, 364, 366–371, 378 f., 430–434, 456, 461 f., 486 f., 490, 493 f., 500, 528, 534, 549, 558 f., 573
Rupelmonde, Marie-Marguerite de 97–99

Personenregister

S

Sachsen-Gotha-Altenburg, Luise Dorothea, Herzogin von 352, 354, 397
Sade, Donatien Alphonse François, Marquis de 196
Sade, Jacques François de, Abbé 196
Saint-Evremond, Charles de 158
Saint-Lambert, Jean François de 282 f., 293–295, 299–301, 521
Saint-Simon, Louis de Rouvroy, Herzog von 48, 97, 198
Saint-Simon, Herzogin von 26
Saussure, Judith de 540
Saxe, Maurice, Maréchal de 266 f.
Schiller, Friedrich (von) 534
Schwarz, Berthold 464
Schwerin, Christoph Kurt von 243
Shakespeare, William 144 f., 153 f., 170, 172, 174, 277, 561
Siquier 159
Stahl, Georg Ernst 298
Sirven, Antoinette 476
Sirven, Elisabeth 476
Sirven, Marianne 477
Sirven, Pierre Paul 476
Sixtus V., Papst 82, 104
Sophokles 50, 52, 57, 58, 85
Sorel, Agnès 459 f.
Spinoza, Baruch de 487, 538
Sully, Maximilien de Béthune, Herzog von 64–66, 87, 118
Swift, Jonathan 130

T

Thiriot, Nicolas Claude 47, 103, 123, 146–148, 165, 170, 232, 540
Thomas von Aquin 39, 290
Tronchin, François 361
Tronchin, Jean Robert, Staatsanwalt von Genf 462, 467
Tronchin, Jean Robert (Geschäftspartner Voltaires) 363 f., 371
Tronchin, Théodore 361, 406, 568
Tour, Maurice Quentin de la 205
Travenol, Louis Antoine 273
Turgot, Anne Robert Jacques 548–550, 558

V

Valade, Jacque François 540, 542
Van Duren, Jan 238
Vendôme, Philippe de 189
Vergil 49, 71, 524
Viguière, Jeanne 441 f.
Villars, Claude Louis Hector, Maréchal de 342
Villars, Jeanne Angélique Roque de Varengeville, Maréchale de 85, 87, 104
Villette, Charles Michel, Marquis de 567
Villette, Reine Philiberte (geborene Rouph de Varicourt), Marquise 567

W

Walpole, Robert 130
Wagnière, Jean-Louis 505, 523 f., 566